国家社科基金
后期资助项目

草原之镇

礼仪神器与欧亚草原社会世俗生活

郭物／著

上海古籍出版社

2015年度国家社科基金后期资助项目

（项目批准号：15FKG003）

国家社科基金后期资助项目
出版说明

后期资助项目是国家社科基金设立的一类重要项目,旨在鼓励广大社科研究者潜心治学,支持基础研究多出优秀成果。它是经过严格评审,从接近完成的科研成果中遴选立项的。为扩大后期资助项目的影响,更好地推动学术发展,促进成果转化,全国哲学社会科学工作办公室按照"统一设计、统一标识、统一版式、形成系列"的总体要求,组织出版国家社科基金后期资助项目成果。

全国哲学社会科学工作办公室

目 录

导　言 ··· 1

上编　研究篇

第一章　鍑流行的背景 ··· 7
一、欧亚草原的自然环境和生态特点 ····················· 8
二、人类进入欧亚草原地区及最初的生存适应 ········ 11
三、骑马和游牧的初步实践 ································ 15
四、小结 ·· 18

第二章　鍑研究的历史与现状 ······································ 20
一、欧美学者对鍑的研究 ··································· 20
二、日本学者对鍑的研究 ··································· 23
三、中国学者对鍑的研究 ··································· 24
四、小结 ·· 27

第三章　鍑的类型、分布与时代特点 ···························· 28
一、第一群（公元前10世纪—公元4世纪） ············ 29
二、第二群（公元前2世纪—公元8世纪） ············· 97
三、鍑的分布与时代特点 ··································· 138

第四章　鍑的起源及其在欧亚大陆的流传 ······················ 152
一、鍑的起源 ··· 152
二、鍑在欧亚大陆早期游牧人中的流传 ·················· 177
三、从鍑的发现看匈奴的西迁 ····························· 202
四、鍑在中国北方的最后扩散及余绪 ···················· 211

第五章　礼仪神器与欧亚草原游牧社会的世俗生活 …………………… 218
一、鍑与祭祀礼仪 ………………………………………………… 218
二、铜鍑环耳突起装饰的意义 …………………………………… 220
三、中国先秦时期墓葬中的铜鍑埋藏研究 ……………………… 228
四、鍑与世俗生活 ………………………………………………… 246
五、小结 …………………………………………………………… 251

下编　资 料 篇

第六章　第一群铜鍑 ……………………………………………………… 257
一、中国北方东部区 ……………………………………………… 257
二、新疆、蒙古、中亚七河及两河地区 ………………………… 281
三、西伯利亚地区 ………………………………………………… 315
四、多瑙河下游至乌拉尔河地区 ………………………………… 355
五、特型鍑 ………………………………………………………… 395
六、无法判断出土地点的铜鍑 …………………………………… 405

第七章　第二群铜鍑 ……………………………………………………… 406
一、贝加尔湖及以南的色楞格河地区 …………………………… 406
二、中国中东部区 ………………………………………………… 412
三、东北亚地区 …………………………………………………… 464
四、南西伯利亚及新疆地区 ……………………………………… 499
五、从巴尔喀什湖至伏尔加河的广大地区 ……………………… 509
六、北高加索、库班河、顿河下游地区 ………………………… 511
七、顿河下游、第聂伯河、多瑙河地区 ………………………… 513
八、无法判断出土地区的铜（铁）鍑 …………………………… 522

参考文献 …………………………………………………………………… 526

后　记 ……………………………………………………………………… 555

图表目录

图 1-1　欧亚草原分区示意图 …………………………………… 9

图 3-1　萨尔玛泰文化的铜鍑类型及分布 ……………………… 148
图 3-2　第二群青铜（铁）鍑在亚洲东部的分布示意图 ………… 149

图 4-1　北京延庆县西拨子和陕西岐山县王家村出土铜鍑 …… 154
图 4-2　陕西凤翔、山西闻喜、新疆哈巴河以及北高加索出土早期铜鍑比较 …………………………………………………… 157
图 4-3　早期铜鍑在欧亚草原的传播 …………………………… 158
图 4-4　俄罗斯叶尼塞河上游地区出土受到新疆铜鍑样式影响的铜鍑 …………………………………………………… 161
图 4-5　叶尼塞河上游、伏尔加河下游和贝加尔湖发现的早期铜鍑 …………………………………………………… 163
图 4-6　传礼县出土铜鍑 ………………………………………… 165
图 4-7　灵石旌介出土赢马簋、保德林遮峪铜豆、清涧张家土瓜出土直纹簋、师同鼎铭文 …………………………………… 170
图 4-8　和铜鍑有关系的陶器 …………………………………… 175
图 4-9　科克捷别遗址洞室墓发现的器物 ……………………… 183
图 4-10　伊朗波斯波利斯宫殿浮雕斯基泰人进贡场面以及哈萨克斯坦伊萨克金人墓墓主复原图 ……………………… 188
图 4-11　新疆、中亚天山西部地区和俄罗斯所出斜肩耳青铜鍑 … 189
图 4-12　新源县城东北农四师七十一团一连鱼塘遗址、大博采沟、尼勒克出土器物 …………………………………………… 190
图 4-13　对兽铜圈和铜鍑结合实例 ……………………………… 191
图 4-14　塔加尔文化及其影响范围所见青铜鍑 ………………… 194

图 4-15　米努辛斯克盆地布拉基诺、内蒙古四子王旗和新疆阿勒泰市莫什哈墓地发现铜镞 …… 196
图 4-16　斯基泰人青铜镞 …… 199
图 4-17　萨尔马泰人青铜镞 …… 201
图 4-18　第二群铜镞的传播示意图 …… 206
图 4-19　从山形耳向三突蘑菇状耳的发展示意图 …… 208
图 4-20　从铜镞传播看匈奴的西迁 …… 211

图 5-1　黑海北岸麦利托-玻利(Melitopol)市内麦利托-玻利古墓1号墓墓道出土铜镞 …… 220
图 5-2　甘肃省武威市凉州区张义镇河湾村出土铜镞 …… 220
图 5-3　立耳带突的铜镞 …… 222
图 5-4　中国发现的单突环首铜刀 …… 224
图 5-5　单突兽首铜剑、铜刀 …… 225
图 5-6　河北省延庆县军都山玉皇庙墓地 M18 和 M250 …… 231
图 5-7　河北省新乐县中同村 M2 …… 233
图 5-8　山西原平县阎庄镇刘庄村塔岗梁 M3 …… 235
图 5-9　山西省闻喜上郭村 76M1 …… 236
图 5-10　山西省侯马上马村墓地 M13 …… 238
图 5-11　山西省太原市南郊金胜村 M251 …… 241
图 5-12　第聂伯河中游右岸 Cherkassk 州 Ryzhanovka 村大型墓铜镞出土现场 …… 246
图 5-13　鲜卑扁体铜镞 …… 248
图 5-14　娄睿墓斜坡墓道东、西壁壁画所绘骆驼携带铜镞的驼队 …… 249
图 5-15　与娄睿墓壁画所绘相似的铜镞 …… 249
图 5-16　岩画中刻画的铜镞使用情况 …… 250

表一　太原赵卿墓铜镞摆放位置统计表 …… 240

导　言

农牧社会的二元对立是古代世界历史进程中最重要的一对矛盾,以农耕、游牧经济为主导的南北世界的博弈造就了人类波澜壮阔的冲突、交流、融合的历史。鍑是欧亚大陆,特别是草原地区游牧社会长期流行的一种大型金属容器,是农牧社会文明的结晶,具有明确的时代特征和地域特色。鍑的器形独特,一般为双直立耳(柄),筒腹或球腹,底部焊接一喇叭形圈足,后来也出现过没有圈足的铜鍑。它不但便于携带,还可一器多用,除用作烹饪炊具外,兼作盛食器、祭祀礼器。因此,鍑一经发明,很快就风靡于北方草原民族中,并广为传播。从公元前9世纪至公元8世纪近1600年间,鍑滥觞于中国北方农牧交错地带,渐渐流行于东到朝鲜半岛、西到欧洲腹地的广大地域,成为欧亚大陆草原地带游牧民族特有的大型容器,是游牧社会最为重要的物质文化遗存之一,是古代东西方文化交流和北方草原民族迁徙的物证。本书主要研究这种器物及其相关问题。

全书主要包括以下五个方面:

1. 第一章从宏观上介绍从旧石器时代至早期铁器时代之前,整个欧亚草原气候、生态环境的变化以及人类在这个大环境中的生存发展情况,依据考古学文化研究最新成果,勾勒了人类在草原地区从旧石器时代、新石器时代、青铜时代至早期铁器时代社会生产力的发展以及社会因此而做出的适应,社会经济从采集—狩猎到畜牧—农耕,到游牧—畜牧—农耕,最后到游牧为主的发展变化。本章揭示的游牧经济兴起深远的地理、生态、生产力和社会组织变化的历史背景,为后文的讨论奠定了基础。

2. 第二章全面回顾中外学者关于鍑的研究史,具体评论其得失,同时也对相关研究材料和方法进行阐述。

3. 第三章对收集到的近800多件青铜、铁、陶和银质鍑进行考古类型学的研究,挑选307件具有时代特点、代表性的样品,将其分为早晚两大群九大类。早期的铜鍑样式基本保持圈足,大的变化主要表现在耳部,每一类中的变化主要是在耳部、腹体和圈足。根据耳的不同,分为A型单突耳铜鍑、

B 型无突耳铜鍑、C 型三突耳铜鍑、D 型动物耳铜鍑、E 型肩耳铜鍑五大类。晚期铜鍑分为 G 型镂孔圈足铜鍑、H 型无镂孔圈足铜鍑、I 型无圈足铜鍑三大类。另外把一些器形特别、数量较少的归为 F 特型铜鍑,并对每类进行式别(即发展变化)的研究。在此基础上,对鍑进行分区分期,厘清不同类型鍑的演变历史和分布,梳理不同类型鍑之间相互的发展脉络关系,初步建立全世界鍑的谱系关系。

4. 第四章在考古类型学研究的基础之上,结合铜器铭文、历史背景、人群活动等,探讨了鍑的起源,同时以鍑的传播为主线,结合游牧民族相关活动的历史以及相关的遗迹遗物,复原鍑在欧亚大陆不同游牧人群中发展传播的历史。初步确定圜底或平底的鍑形器起源于中国商末中原文化与北方方国文化的交错地带,这是在商代晚期以来北方民族学习商朝青铜容器铸造及礼制的文化背景中完成的。西周中期北方民族可能使用青铜鍑,带圈足的铜鍑至迟在西周晚期已经在中国北方的农牧交错地带出现,是草原文化和中原青铜礼器文化碰撞的结晶。尔后北方各民族相互学习铜鍑制造技术,并在器形和装饰上相互区别。鍑出现之后,随着欧亚草原游牧化的进程,在不同的草原人群中广泛流传。在这个过程中,鍑既保持着基本的样式,同时又为各个草原社会所改造、创新,成为具有自身特色的一种重要器物。以匈奴使用铜鍑为界,鍑的发展大致分为两个大的阶段:早期为匈奴以前,晚期为匈奴以后至突厥时期。早晚两大群铜鍑在时代上有重合,大约是公元前 2 世纪至公元 4 世纪。时代重合的阶段,两群铜鍑除了南西伯利亚外,在流行的地域上没有太多的交集,第一群晚期铜鍑主要在阿尔泰山以西的地区使用,第二群早期铜鍑主要流行于阿尔泰山以东的地区。早期的鍑见证了欧亚草原社会从东至西民族迁徙和文化交流、互动,涉及狄人、塞人、斯基泰、萨夫罗马太—萨尔马泰、大月氏、丁零、坚昆等著名的游牧人群。通过对晚期鍑的研究,可以大致复原匈奴西迁和鲜卑扩散的过程。

5. 第五章从鍑的出土状况、装饰、技术等方面讨论鍑的象征意义以及在欧亚草原游牧社会中的历史作用。研究了鍑作为祭祀所用的神器,在游牧社会精神生活中的核心作用,同时也研究了鍑作为一种炊煮肉食的大型金属容器,在游牧社会世俗生活中扮演的重要角色。鍑不但是一种大型炊器,也是游牧社会权力的象征,在草原社会的结盟、祭祀、社交仪式、宗教活动中有着非常重要的作用,是草原社会生活中的礼仪神器。通过分析考古发现中的鍑的金属成分、制造技术、出土情况等,可以提取出很多重要的历史信息,为重建历史提供翔实的资料。比如铜鍑在墓葬中摆放的位置,就体现了先秦时期中原和周边人群复杂的互动关系。

本书按考古类型学的方法对我们掌握的约800件鍑进行谱系分析,其方法是根据一些能考知确切年代的标型鍑,找出其演变规律,建立以型式分析为基础的鍑时代框架,在此基础上,对鍑进行分期的研究,最后再对各期鍑的分布与类型作一总结。需要说明的是,本书最初主要的参考资料为米克诺斯·鄂第的长文,由于有了日本草原考古研究会和潘玲的研究成果,因此本书将主要以此书公布的材料为基础,另外加上一些新的材料。下编大致按地区记录所有已发现的铜鍑,未知年代的鍑根据考古类型学的分析大致归类,标出其所属型式。

　　过去对于铜鍑的起源问题,原来只从几个最早的发现品单纯判定,没有从整个东方青铜文化的大背景中考虑,导致现在铜鍑到底起源于何地仍有疑问。本书通过确定考古发现中最早的鍑、青铜器铭文、制作技术和文化背景等,综合研究这一问题。由于有了前面的研究,对于铜鍑的分区分期,可以有一个整体把握之上的研究。对于鍑的族属问题,避免简单地推测,通过扎实的考古工作和文献爬梳工作,说得清就尽量说清,说不清的就暂时存疑。对于鍑在礼仪和世俗社会中的使用方式及所起作用,本书主要依靠文献记载、器物观察、出土情况的分析以及相关学科的研究成果,特别是萨满教的研究成果。总之,本书采用的是一种综合研究的方法。

　　本书的学术创新体现在以下几个方面,首先是对鍑的考古类型学研究。根据鍑本身的演变和流传的特点,把它们分为两大群:第一群变化主要表现在耳部,因此,第一群铜鍑以耳部作为划分类型的根据。第二群变化主要是底部,所以,第二群铜鍑以底部作为划分类型的根据。两大群铜鍑的类型学研究单独进行,并没有直接的关系。鍑的问题是一个统一、相互联系的问题,以前的学者或缺少这方面资料,或对这个背景了解不深,造成研究工作的某些不足。和以往区域性、局部零星的研究不同,本书的类型学分析针对的是整个欧亚大陆发现的材料,在收集了几乎全部资料的基础上进行整体考虑分析,因此,基本能理清各类鍑之间的关系。型式的划分主要是反映其主要的大类和变化的大势,同时把一些器形特殊、发现数量不多的样品统归入特别型式的鍑中,单独进行记录和分析,不把这些样品作为型式分析的对象。这样既突出了研究对象的普遍性,也强调了特殊性。其次,结合欧亚草原社会的历史来研究鍑的传播是比较新颖的研究,这使本研究从一种单纯的器物研究,上升到民族史、世界史的研究。最后,在研究鍑作为礼仪神器和世俗生活用具方面,注意了出土环境和共存关系,从鍑在墓葬中的出土位置、岩画中鍑的形象、鍑中发现的残留物等方面,综合研究鍑的功能及其在欧亚草原社会神性和世俗方面的双重作用,突出了鍑所蕴含的精神象征。

鍑是一个世界性的课题,鍑的样品散落在世界各地的文物考古机构,学者要想了解这些鍑非常不容易。本书收集、研究了全世界发现的各类鍑,在欧亚草原社会游牧化和复杂化的历史背景中,通过考古学的方法和理论,对这些材料进行了细致的分析研究,为学术界了解和进一步研究这种器物提供了便利。

在研究欧亚草原社会和文化的课题中,鍑是一个非常重要的学术问题,涉及草原社会的游牧化和复杂化,体现着游牧社会统治阶级的权力,浓缩着统治阶级的统治思想和意识形态,是游牧社会礼仪祭祀中思想精神、信仰体系的象征。同时鍑也是世俗社会中一种重要的生活用具,在日常生活和节日庆典中,扮演着重要的角色。

另外,鍑本身是农业社会和牧业社会碰撞产生的文化结晶,因此,鍑在很多方面体现着北方游牧社会和南部农耕社会亦战亦和的复杂关系。

本书在以上诸多领域的很多观点属于新论,揭示了鍑背后的一些历史谜团,推进了欧亚草原游牧文化的相关研究。但仍存在以下几方面的问题。

首先是很多资料不能亲自查看原物。笔者已经利用各种机会,对中国出土的大部分鍑进行了现场观察,特别是利用在新疆考古工作的便利条件,近距离观察研究了新疆发现的鍑,而且收集了最新发现的鍑。另外还亲自到俄罗斯南西伯利亚以及乌兹别克斯坦的各个博物馆,观摩了其收藏的鍑以及相关的文物、墓葬、遗址和地理环境。尽管如此,还有很大一部分鍑,只能是通过文献、照片和线图进行了解。这必然为研究带来局限性。

其次是很多鍑在博物馆的展柜中展陈,只能隔着玻璃拍照和观察,这影响了鍑照片和线图的质量。

再次,鍑本身大多为征集品,脱离了当时的埋藏环境,相关信息已经遗失,这在很大程度上,影响了研究的准确性和深入程度。有些铜鍑,尤其是新疆出土的铜鍑时代还未能确定,导致我们对各时代各地区铜鍑的形态及相互之间的联系认识仍旧模糊。

上 编
研究篇

第一章　鍑流行的背景

当中国北方农牧交错地带的历史跨入公元前第一个千年后,由于种种原因,发生于新石器中晚期的农业扩散对北方地带社会发展的影响渐渐终结。在欧亚草原社会游牧化的背景下,由于气候变化,中国北方地带此前已渐变为畜牧—农耕经济族群,不同的地域以大致相当的速率向游牧社会转变。① 在这个以农牧交错地带为舞台的社会巨变中,有一种适应这一变化的器物产生并广泛流传,在北方草原地带流行至少一千五百年,它就是西周中晚期起源于中国北方农牧交错地带的青铜鍑。

鍑的主要形制为双立耳,有的耳部有装饰,腹体呈筒形或球形,腹下部有一圈足,有的区域还有三足的鍑,晚期还衍生出很多没有圈足的鍑。此种容器有青铜、铁和陶质,以青铜质为多。在这漫长的时光中,无论是在东方,还是在西方,器形虽有变化,但一直保持其基本的形状。这不能不说是一个传奇。由于没有相关记载,不知道制作和使用这种器物的人最初把这种器物叫作什么。在《汉书·匈奴传下》中记载了匈奴使用的炊煮器:"胡地秋冬甚寒,春夏甚风,多赍鬴鍑薪炭,重不可胜。"根据学术界大多数学者习惯的用法,我们暂且称之为"鍑"。

1869年,铜鍑第一次在欧洲被发现和研究。② 尔后,在欧亚大陆的草原和森林山地交界地带,尤其是离草原不远的森林山地中,不断有一类独具草原游牧民族文化的容器被零星采集或考古发现渐渐为人们所知。其发展时间长、分布地域广、型式多样,是古代东西方文化交流和北方草原民族迁徙的物证,因而历来为中外学者所关注。随着材料的日益丰富,人们从确定这

---

① 田广金、郭素新:《北方文化与草原文明》,收入魏坚主编:《内蒙古文物考古文集》第二辑,中国大百科全书出版社,1997年。田广金:《中国北方系青铜器文化和类型的初步研究》,苏秉琦主编:《考古学文化论集》第4辑,文物出版社,1997年。郭物:《从炊食器看中国古代北方民族的游牧化》,《饮食文化研究》2001年1期,第50—57页。

② Rómer, Flóris. A czokói bronz-edény (The bronze vessel from Czakó), Archaeológiai Értesítő II. (14.SZ), 1870, pp.290–297.

类镞的年代、族属和用途到反映的民族迁徙等问题进行了有益的探讨。本书在已有研究基础上,按考古学的方法对收集的青铜镞进行研究,力图推动青铜镞的起源、类型、传布和功能等问题研究的深入。

一、欧亚草原的自然环境和生态特点

地球上的被子植物从白垩纪末期起开始繁盛,并逐渐发展成最大的一个植物类群。其中较年轻的一个大科——禾本科从第三纪中期开始分化,并很快分布到全世界,约有4500种,其中有些是草原植被的主要物种。号称"草原之王"的针茅属,其诞生时期不迟于渐新世(3400万年前—2300万年前)。孢粉资料证明,中新世时期(2300万年前—533万年前)在欧亚大陆已广泛存在草原景观,进入第四纪以后,草原逐渐扩大其面积,至少在晚更新世(距今10万年)前已形成目前的草原类型。

内陆欧亚的核心地带欧亚草原呈连续带状往东延伸,东起中国东北松辽平原、大小兴安岭,西至欧洲多瑙河下游、喀尔巴阡山脉,大致分布在北纬40°至50°之间的地区,东西绵延近110个经度。土壤多为黑土和暗栗色土,植物以丛生禾本科为主,如针茅属、羊茅属等。此外,莎草科、豆科、菊科、藜科植物等占有相当比重。在草原植物中,旱生结构普遍存在,如叶面缩小、叶片内卷、气孔下陷等;植物的地下部分发达,其郁闭程度常超过地上部分。多数植物根系分布较浅,集中在0—30厘米的土层中。植物的发育节律与气候相适应,季相明显。以营养繁殖为主。就生活型而言,以地面芽植物为主。虽然各地组成草原的植物种类差异很大,但针茅属植物普遍,特别在欧亚草原植被中表现更为明显。

气候以大陆性干旱或半干旱为主,降水量少,分水岭一带没有或缺少森林,典型的野生动物有百灵、黄鼠、旱獭、野兔、野驴、野马、野骆驼、狼、豹等。

欧亚草原以面积广大的草原为基本地貌,其间分布着大小不等的山地、丘陵和戈壁荒漠,河流大多呈南北向。由于地理位置和山地的分割,形成了一些相对独立的地理单元。根据区系地理成分和生态环境的差异,欧亚草原区可分为3个亚区:黑海—哈萨克斯坦亚区、亚洲中部亚区和青藏高原亚区。镞主要发现于前两个亚区,本书根据研究镞的要求、自然条件和历史背景,自西向东把欧亚草原地带分为三大地区:(一)西起喀尔巴阡山,东迄乌拉尔山的西部地区及乌拉尔河西岸,南以黑海、高加索山为界,北至森林地带,第聂伯河、顿河、伏尔加河为其主要水源,以大片连续的草原为特

点;(二)西起乌拉尔山和乌拉尔河东岸,东迄阿尔泰山的中部地区,南至阿姆河上游的兴都库什山,北至鄂毕河中下游地区,鄂毕河上游支流、锡尔河、伊犁河为其主要水源,北部有草原和森林—草原景观,南部以大片草原夹杂着因干旱形成的戈壁、沙漠为特点;(三)西起阿尔泰山,东迄大兴安岭,以大片草原夹杂着山岭、戈壁荒漠为特点,叶尼塞河上游支流、黑龙江上游支流、扎希汗河、色楞格河为其主要水源,西部为阿尔泰山—天山—昆仑山形成的山地草原,中部是蒙古高原形成的草原和戈壁,南部是中国北方以长城地带为代表的农牧交错带,主要景观也是山地草原,东部大兴安岭以东是大片的草原和丘陵草原(图1-1)。

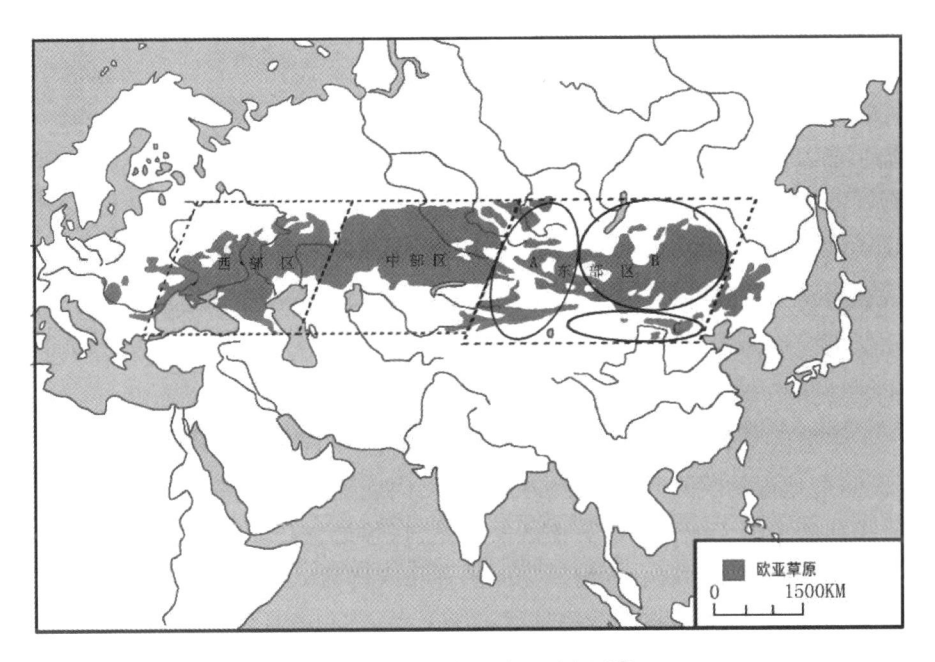

图1-1 欧亚草原分区示意图①
A. 萨彦—阿尔泰—天山地区　B. 蒙古高原地区　C. 中国北方农牧交错地带

就中国而言,干旱草原分布于内蒙古中北部、鄂尔多斯高原中西部及宁夏中部、甘肃东部、黄土高原西部和北部、新疆的低山坡。土壤为淡栗钙土、棕钙土和淡灰钙土,腐殖质层薄。植被具有明显旱生特征,组成种类少,主要有针茅属的石生针茅、沙生针茅、戈壁针茅、蒿属的旱蒿子蒿,以及无芒隐子草、藻类及一年生植物。植株高23—30厘米,覆盖度30%—40%,产草量

---

① 底图来自 Bryan Hanks, "Archaeology of the Eurasian Steppes and Mongolia", *The Annual Review of Anthropology* is online at anthro.annualreviews.org. Fig.1, June 21, 2010.

低,每公顷产干草仅2—3公斤,适于放牧羊、马等。

新疆阿尔泰山以及塔尔巴哈台山、乌尔卡沙尔山、沙乌尔山等山地分布着的山地草原,以广泛分布的沙生针茅为其重要特点。其次还有沟叶羊茅、小蒿等。草场的主要缺点是冬场面积太小,所以四季草场不平衡,夏场有富余,冬场不足。

高山草原(高寒草原)分布于青藏高原北部、东北地区、四川西北部,以及昆仑山、天山、祁连山上部,是在高寒、干燥、风强条件下发育而成的寒旱生的以多年生丛生禾草为主的植被型草地。混生垫状植物、匍匐状植物和高寒灌丛,如地梅、蚤缀、虎耳草、矮桧等。植物分布较均匀,层次不明显。草层高15—20厘米,覆盖度30%—50%,产草量低。宜作夏季牧场,适于放牧牛、羊、马等家畜。

欧亚草原东、中和西部自然环境的共同之处及显著差异一定程度上决定了这个地区历史发展的特点。由于乌拉尔山、阿尔泰山的南缘存在着宽阔的缺口,中部同样分布着贯穿东西的谷地,除了南北向的河流外,整个欧亚草原大致没有阻碍交通的地理单元,是一个巨大的天然走廊,特别是阿尔泰山及其以西的地区基本上是一个整体,如果没有干旱的荒漠,几乎可以径直从阿尔泰山的西麓到达多瑙河的河口。尽管如此,欧亚草原不同区域地理及生态环境的差异又导致经济形态和文化发展有着不同的趋势。

占据俄罗斯和蒙古大片地带的欧亚草原在许多方面类似北美洲草原,这些地区的草原质量较好,水草丰美,因此栖息着许多类似的动植物。针茅属各个种支配着大部分地区的植物,在各处与其他禾草相混,其中主要是羊茅属和冰草属。啮齿动物的进食和穴居活动对植被的维持和组成产生重大影响,这些啮齿动物种类包括大型旱獭,还有各种田鼠和其他较小种类。

阿尔泰山以东的草原,在通常的年份里,温度和湿度的适中,水草丰美,使之成为马、羊的理想生产地,但是,一旦北冰洋的寒流持续南下,当地的经济就可能遭到毁灭性的打击。蒙古草原冬天风比较大而且持久,这样雪不会很厚,动物可以整年都吃到草。由于这个原因,在条件好的年头,畜群和人口会大量繁殖,但这个地区的载畜量和可供养的人口是固定的。这就导致周期性的人口和牲畜过剩。乌拉尔山迤西也有类似的情况,只不过那儿更适合牛、猪等畜类的放养。至于乌拉尔山迤东,少有灾害性的寒流,但是,持续的干旱又限制了畜牧业的规模进一步扩大,而部分区域只能饲养骆驼。这些均一定程度上影响了欧亚草原的历史。所以从总体上可以说阿尔泰山、乌拉尔山是欧亚草原早期历史的两个分水岭，特别是阿尔泰山，是欧亚草原东西生态、民族和文化的分水岭和熔炉。

二、人类进入欧亚草原地区及最初的生存适应

人类从什么时候开始进入欧亚大陆北方草原地区活动，是一个尚未有确切答案的问题。总的来说，欧亚草原地区的气候并不优越，该地区是极易受气候变化影响的敏感地带，远古人类赖以生存的自然资源相对单调和贫乏，所以人类进入这个地区的时代相对要晚。只有在人类具备了一定的生存技术，同时全球气候处于间冰期或普遍变暖，分布于这个地区的大面积冰川消失的时候，人类才可能大规模进入这一地区长期生活。旧石器时代早期人类分布的范围有限，局限于非洲、西南欧洲和西亚、东亚等少数地区。人类在自然状态下栖身于旷野或洞穴。早期人类可能从距今20万—4万年期间的旧石器中期开始进入现今的欧亚草原地区。

目前，已经发现不少旧石器时期人类在欧亚草原活动的痕迹。比如，在波兰、俄罗斯的遗址中发现类似阿布维利文化期(Abbevillian)和阿舍利文化期(Acheulian)的手斧，阿舍利手斧在中国也有不少发现。旧石器时代晚期的人类是晚期智人，在体质上已属于现代人。此时人类已几乎到达世界的各个角落，开发了大洋洲和美洲这些前辈们未能涉足的地区。欧亚大陆高纬度地区旧石器时代的很多发现证实了古人类开发北方的历史。

2016年7—9月，新疆文物考古研究所对吉木乃县通天洞遗址进行主动性考古发掘，这是新疆地区首次发现有明确地层关系的旧石器时代文化遗存，填补了新疆旧石器考古的空白，也是中国旧石器考古的重要发现。通天洞遗址为洞穴遗址，位于阿尔泰山南麓。石器质地多为硅质岩和石英岩两种。从石器组合看，所出土的刮削器、勒瓦娄哇石核与石片等石制品风格与同类型莫斯特文化石制品风格一致，呈现出较明显的旧大陆西侧、旧石器中期向晚期过渡阶段的文化特征。这个发现在中国旧石器考古中极为罕见。而出土的动物化石保存良好，为研究古人类生存环境、狩猎方式、采集行为以及古人类食物来源和种类等提供了宝贵的研究材料。[①]

约11500—10000年间，地质时代进入全新世，属于冰后期。此时欧亚大陆的气候转暖，与旧石器时代晚期显著不同。人类社会的发展进入一个

---

① 于建军、何嘉宁：《新疆吉木乃通天洞遗址发掘获重要收获》，《中国文物报》2017年12月1日第8版。

黄金时期。在自然环境和气候适宜农业发展的一些地区，孕育了最初的农业和畜养业。新石器时代文化在世界各地繁荣发展，并形成了若干个中心。"人类开始在周围的环境中培育野生物种；充足的食物供给导致了人口的大量增加，并导致了农民扩展自己的领地，这个过程在植物驯化后变得更加迅速，并侵占了原先属于狩猎采集者的领地。定居生活导致了食物供应的变化，同时伴生而来的是食物结构和公共卫生问题"。① 欧亚草原地区由于气候环境的因素，人类依然过着采集、渔猎生活，使用打制或琢制石器，但磨制石器还没有出现。文化面貌与旧石器时代晚期有类似之处，不过地域性的色彩更加浓厚。这个时期的主要特征是出现了弓箭和动物驯养，中石器时代是弓箭传播的时代。人类以采集、渔猎为生，所用工具以处理动物皮肉的细石器为主。

随着气候持续好转，北方草原地区也变得适合农业生产。由于人口压力、耕作方式、不同阶层和人群之间的矛盾等各种原因，南部文明中的农业成果通过迁徙被带到北方草原地区。全新世的气候大暖期使北方地带开始被农业居民所占据。这些迁徙的人群同时也把语言带到了新的地区。② 这些人可能排斥、挤压了原来生活在这里使用细石器的人群，或者与之融合了。但由于生态地理环境并不一致，所以农业发展的情形也有所不同，有的地区农业发展比较充分，有的为了适应当地的自然条件而进行相应的调整。比如，新疆地区深处欧亚大陆腹心地带，以高山、沙漠、戈壁为主，塔克拉玛干沙漠中的河流，能滋养农业发展的河流流程都较短，水量不稳定，古人难于开发，绿洲范围很小，自然条件不利于农业发展。新疆绝大多数地区保持着中石器时代细石器的传统，没有发展出本地的早期农业文化。除了喀什和阿克苏地区等极少数地区将来有可能发现外部传入的新石器时代农业文化外，新石器时代发生在欧亚大陆两端的农业扩散很可能也没有影响到这里。这个局面直到公元前三千纪中晚期被外来青铜文化打断。③

由于气候反复变动，并持续地干冷化，欧亚草原畜牧业得到强化，农耕经济渐渐退出。但是草原上绝大部分的居民却无法退回原来祖先生活的故乡或者是南部的农耕区，他们或是习惯了北方的生活，或是已经成为南部农

---

① 巴-约瑟夫：《中国未来二十年的旧石器时代和新石器时代研究》，《中国文物报》2012年5月11日第5版。
② Renfrew, Colin., *Archaeology and Language: The Puzzle of Indo-European Origins*, London, 1987.
③ 郭物：《新疆早期文化发展的打断现象》，《新疆文物》2006年2期。

耕区的多余人口或异类。受政治压力和社会环境的影响,这些人只能在这个过程中,利用草原本身的资源来生存。其中最重要的成就是驯化了野马,以此为契机,草原人群实现了生产生活方式的转型,发展形成了古代农耕—牧业混合经济。这个过程可以总结为四个阶段:第一阶段,全新世的采集—渔猎经济;第二阶段,畜牧—农业混合经济的扩散;第三阶段,畜牧—农业混合经济的草原青铜时代;第四阶段,铁器时代发达的游牧—畜牧混合经济。一直存在的不同比例的农业经济和渔业在草原经济发展与演变中具有重要的作用。①

实际上,即使在游牧经济普及的时期,草原的某些地区还可以种植春小麦、大麦、燕麦、黍子等耐旱作物。因此欧亚草原最普遍的游牧经济形式是农业作为辅助手段与放牧牲畜相依随,具有半游牧的特征。农耕地区的人群和各种技术扩散到北方草原后,推进和深化了人类对草原资源的开发和利用,同时也为后来农耕、牧业二元世界的互动奠定了历史性的基础。对伏尔加河流域的萨马拉地区调查研究的结果显示,某些草原人群采集当地野生的大颗粒的植物种子作为粮食,因此,特殊的采集经济一直是补充碳水化合物类粮食的重要途径之一。②

公元前第二千纪前半期,在欧亚草原北部森林及其边缘地带,有一个畅通无阻的文化传播带。欧亚草原北缘地区活动的特殊的人群是文化传播的承担者。这些人群留下的遗物被称为"塞伊玛—图尔宾诺青铜器群"(Seima－Turbino,大约公元前2000—前1400年)。塞伊玛—图尔宾诺青铜器群现象具有重要意义。当时,在以中亚的蒙古人种(源于奥库涅夫人,短颅型头骨)为核心的北方文化圈框架下,形成了青铜铸造和金属贸易的中心,后来还影响到东欧。塞伊玛—图尔宾诺青铜器群现象可能和这个背景有关系。③

公元前第二千纪前半期引起欧亚大陆激烈变动的因素之一是草原人群发明和使用轮辐式战车,可能和辛塔什塔文化有关系。公元前17世纪—前16世纪,由于早期文化的崩溃和新的同化活动而形成两个文化圈,西部颜那亚文化之后是斯鲁伯那亚文化(Srubna Culture,公元前20/19—前15/14世纪,公元前16—前12世纪),东部的奥库涅夫文化为安德罗诺沃文化所

---

① Katie Boyle, Colin Renfrew & Marsha Levine Edited, *Ancient interactions: east and west in Eurasia*, McDonald Institute for Archaeological Research, 2002.
② Anthony, David W. *The horse, the wheel, and language: how Bronze-Age riders from the Eurasian steppes shaped the modern world*, Princeton, N.J.: Princeton University Press, 2007.
③ E.H.切尔内赫、C.B.库兹明内赫著,王博、李明华译,张良仁审校:《欧亚大陆北部的古代冶金:塞伊玛—图尔宾诺现象》,中华书局,2010年。

替代。公元前15世纪到前13世纪，欧亚草原表现为安德罗诺沃文化和斯鲁伯那亚文化的统一和扩张。斯鲁伯那亚人沿着河流进入北方森林地带深处，又来到乌克兰和克里木半岛地区。车诺勒斯文化（Chernoles Culture，公元前1050—前725年）的出现与此有关，这个文化分布在德涅斯特河与第聂伯河之间的草原森林地带，其地域正好与希罗多德著《历史》所记农业斯基泰人分布的地区相符合，这种文化在斯拉夫人群的形成中发挥重要作用。

公元前二千年纪中叶以后至前9—前8世纪为青铜时代后期，青铜器制造普及到整个草原地带和部分北亚森林地区，并发生了巨变。草原中部和西部的文化多以伊朗系统为主，而森林地带的边缘则为乌拉尔系统。目前这些集团的关系尚不太清楚，但是他们的活动范围和早期游牧民族的活动地区是一致的。

新疆首先受到辛塔什塔文化的冲击，随后安德罗诺沃文化从准噶尔盆地西部、伊犁河和塔什库尔干西部的山口、河谷和达坂进入新疆西部，并沿天山向东扩散。在北疆主要影响乌鲁木齐以西的地区，在南疆主要影响喀什、塔什库尔干地区。扩散到博格达山北麓地区的切木尔切克文化在公元前17—前13世纪左右，接受了通过天山北路文化传入的甘青地区的彩陶和农耕技术、东部南湾类型的部分文化遗产、欧亚草原绳纹陶文化的部分因素，发展成四道沟下层文化。这是一种非常发达的农耕—畜牧文化，其部分因素（马鞍形石磨盘、穿孔石锄、粟）扩散到整个新疆地区，甚至中亚地区。哈密地区的天山北路文化在受到新一轮甘青地区文化（辛店、卡约文化）的冲击后，发展成为焉不拉克文化。公元前二千纪后半期到前一千纪早期，中亚地区的萨帕利文化（Sapalli Culture）、楚斯特文化（Chust Culture，公元前15—前9世纪）、别什肯特文化（Beshkent Culture）、瓦赫什文化（Vakhsh Culture，公元前17—前15世纪）都沿着山谷、盆地进入伊犁和喀什噶尔地区。新疆公元前一千纪前期形成的各支早期铁器时代文化就是在原有文化基础上，融合这些外来文化形成的。

中国北方整个西部地区在齐家文化衰亡后，经历了一个文化衰落的时期。夏商以后的文化呈分化的态势，相继兴起的四坝文化、卡约文化、辛店文化、寺洼文化和沙井文化等延续到东周。这些继而兴起的文化人群都使用双耳罐、袋足分裆鬲。前述诸文化加上青海的诺木洪文化，都表现出和齐家文化不同程度的渊源关系，构成一个大的文化系统。中部河套地区的西岔文化、陕北李家崖文化和晋中地区文化的陶器、生产工具和房址表明其居民仍是定居并有农业的。

东部地区经过了约 400 年的间歇,生态系统逐渐得到自我恢复。距今 3 000 年左右,夏家店上层文化在西辽河地区兴起。这种文化在人种和文化因素上都有源自东方下辽河地区的高台山文化的迹象,如家畜以猪为主,畜牧业并不是很发达,更无游牧,但居民已知骑马并拥有马车。在大小凌河流域,夏家店下层文化结束后,魏营子文化兴起,这种文化年代相当于商代后期到西周前期。西周晚期至战国,大小凌河流域又兴起了以东北系铜剑为重要特征的凌河文化,其墓葬中出现殉牛,晚期的墓葬有殉马坑,随葬车马器的墓也较多。①

三、骑马和游牧的初步实践

青铜时代晚期至末期,草原东部形成与欧亚冶金圈不同的内陆亚洲冶金区和塞伊玛—图尔宾诺区系。内陆亚洲冶金区由贝加尔湖周围格拉兹科沃文化(Glazkovo Culture,公元前 18—前 13 世纪)及与萨彦·阿尔泰矿床密切相关的卡拉苏克文化(Karasuk Culture,公元前 14—前 8 世纪)两个文化中心形成。②

在经历了各种"安德罗诺沃式"文化的漫长阶段之后,卡拉苏克文化在南西伯利亚形成。这种文化的人群对于历史最有意义的贡献是对游牧经济方式的探索。更靠近中国北方地带的鹿石文化可能起到了中介的作用。丰提克地区发现鹿石、铜鍑等东方起源的文化因素可能和这些文化的活动有关系。农耕地带文明中心的技术传播,促进了邻近野蛮民族文明化的进程。

北方长城地带有三个中心,即陕甘宁青地区、内蒙古中南部和内蒙古东南部地区。这三个地区处于中原文明的边缘地带,自然环境相对优越,成为牧业文化的摇篮。距今 5 000 年,河西走廊和内蒙古高原属干旱温带草原、森林草原生态环境类型;到距今 3 000 年时,干旱温带草原、森林草原生态环境类型已经东移到内蒙古高原的东部及其以东的一些地区。距今 3 100—3 000 年蒙古和新疆温和的大气转变到干冷的阶段,大约持续到距今 2 700

---

① 林沄:《夏至战国中国北方长城地带游牧文化带的形成过程(论纲)》,《燕京学报》第 14 期,2003 年。田广金、郭素新:《北方文化与草原文明》,收入魏坚主编:《内蒙古文物考古文集》第二辑,中国大百科全书出版社,1997 年。乌恩岳斯图:《北方草原考古学文化研究——青铜时代至早期铁器时代》,科学出版社,2007 年。

② Chernykh, E. N. 1992 *Ancient metallurgy in the USSR — The Early Metal Age*, Translated by Sarah Wright, Cambridge University press, 1992, 88. Chernykh, E. N., S. V. Kuzminykh, & L. B. Orlovskaya. 2004. Ancient Metallurgy of Northern Eurasia: From the Urals to the Sayano-Altai. In *Metallurgy in Ancient Eirasia from The Urals to the Yellow River*, ed. K. M. Linduff. Chinese Studies. Lewiston, Queenston, Lampeter: The Edwin Mellen Press: 15 - 36.

年左右。气候变化的差异性导致河西走廊和内蒙古高原的居民逐批转徙到更有利于生活的地区。西周以前，陕甘宁青以及内蒙古中南部地区在牧业文化的形成过程中起着主导作用。内蒙古中南部和内蒙古东南部地区成为中国北方牧业文化兴盛和游动迂回的两个地区。夏家店上层文化分布的西辽河地区在游牧文化兴起之前，成为一个汇集各方成果的最发达的畜牧—农耕文化区。随着战国长城的修筑和匈奴的兴起，漠北杭爱山区替代了西辽河地区，成为游牧民族的一个重要基地。①

公元前二千纪后期至前一千纪早期是草原民族发明、实践骑马和游牧的时代。严格意义上讲，游牧一词是具有特定含义的。有学者认为游牧经济应具备五个条件：畜牧业在整个经济活动中处于支配地位；一年四季放养牲畜而非圈养；季节性地根据草场状况迁徙；全部人口或绝大部分人口投入到畜牧业中；贯彻生存第一的原则，即生产满足了最基本的生存需求。另外，游牧是一种不能自给自足的经济生产模式，游牧社会人群与外在世界人群有各种互动模式，以获得外来资源。② 因此，游牧经济是指以全部人口的投入，长距离的、以一定的路线在不同草场间季节性来回移动的一种经济形式。游牧社会并不是整齐划一的，类型划分涉及以下几个因素：房屋的类型，包括轻便的、固定的和永久的；畜群的构成，主要是牛的比例；次要经济的来源，主要是农业的比重；迁徙的方式，分游牧、半游牧和半定居，根据牧场不同分为草原—草原、草原—山地、森林—草原—草原等。③ 游牧经济主要不是依靠本金（动物肉），而是吃利息（乳制品、毛制品）。④ 最典型的游牧经济发生在欧亚草原，但也不尽然，比如在土耳其部分尤尔克人直到现在依然过着四季迁徙的游牧生活。⑤

游牧业的发生需要根据相关的经济技术前提、特定动因刺激和社会政治背景几个方面进行综合考虑。西方学者列举的动因大致有如下一些：自然条件变化、人口压力（以及相应的农业扩张、都市发展和聚落扩展）、工艺专门化、贸易联系、政治环境、迁徙等。对农耕和定居生活的不适应、适应新

---

① 乌恩·岳斯图：《北方草原考古学文化研究——青铜时代至早期铁器时代》，科学出版社，2007年。

② Khazanov, Anatoly M. *Nomads and the Outside World*, Cambridge University Press, 1983, p.15.

③ Ludmila Koryakova, Andrej Vladimirovich Epimakhov, *The Urals and Western Siberia in the Bronze and Iron Ages*, Cambridge University Press, 2007, p.206.

④ 王明珂：《游牧者的抉择：面对汉帝国的北亚游牧部族》，广西师范大学出版社，2008年；联经出版公司，2009年。

⑤ 松原正毅：《游牧世界》中译本，民族出版社，2002年。

环境的畜种及其比例关系、牲畜增加和草场资源枯竭迫使畜牧者迁移终于形成游牧，畜种构成、长期游动实践、畜牧业的普遍化、乳制品业、动物牵引的车辆、骑乘技术是游牧业出现所必备的技术前提。这些因素在公元前第二千纪中叶前出现在欧洲和哈萨克草原，但是在草原青铜文化中观察不到转化迹象。这一转化与在黑海北岸、中亚及这两个地区边缘地带定居国家的出现同时，游牧民与农业国家存在大量经济、社会和政治联系，农业国家提供的各种便利有助于他们完成游牧专业化。公元前第二千纪极度干旱的气候是使畜牧者放弃农业成为真正游牧民最为关键的刺激因素，公元前9世纪中晚期生态环境发生了重大的变化，欧亚草原的气候迅速变干冷。① 另外一个重要方面是外部农业社会对游牧社会的压力、影响以及相互间的联系和交流。② 从整个欧亚草原游牧化的进程看，公元前一千纪早期游牧经济的开始基于以下原因：

1. 这个时期气候持续的干冷化加剧了草原人群从畜牧—农耕经济向游牧经济的转化；2. 大量增加的马和绵羊使远距离迁徙成为可能，这两种牲畜在严冬能攫取大雪覆盖下的草料；3. 轻便的居住用具毡篷可以摆脱游动生活的不便；4. 骑马术的传播；5. 棒状马镳在公元前13—前12世纪的出现

---

① Gumilev, L. N. 1966. Istoki ritma kochevoi kultury Sredinnoi Aziyi: opyt istorikogeographicheskogo sinteza. *Narody Aziji I Afriki* 4: 25-46; 1989. *Etnogenez i biosfera zemli*. Leningrad: Leningrad State University. Khabdulina, M. K., & G. B. Zdanovich. 1984. Landchaftno-klimaticheskiye kolebaniya golotsena i voprosy kulturno-istoricheskoi situatsiyi v Severnom Kazakhstane. In *Bronzovyi vek Uralo-Irtyshskogo mezhdurechy'a*, ed. G. Zdanovich. Chelyabinsk: Chelyabinsk State University: 136-158. Kosarev, M. F. 1991. *Drevnyaya istoriya Zapadnoi Sibiri: chelovek i prirodnaya sreda*. Moscow: Nauka. Medvedev, A. P. 1999. Lesostepnoye Podony'e na rubezhe epokhi bronzy i rannego zheleznogo veka. In *Evrasiiskaya lesostep v epokhu metalla*, ed. A. D. Pryakhin. (Arkheologiya vostochno-evropeiskoi lesostepi). Voronezh: Voronezh University Press: 92-107. Tairov, A. D. 2003. *Izmeneniya klimata stepei i lesostepei Tsentralnoi Evraziyi vo II-I tys. do n.e.: meterialy k istoricheskim rekonstruktsiyam*. Chelyabinsk: Rifei. An ChengBang, Feng ZhaoDong, Tang Lingyu. Environment change and cultural response between 8,000 and 1,000 cal. yr BP in the western Loess Plateau, NW China. *Journal of Quaternary Science*, 2004, 19: 529-535. An ChengBang, Feng Zhaodong, Tang Lingyu. Evidence of a humid mid-Holocene in the western part of Chinese Loess Plateau. *Chinese Science Bulletin*, 2003, 48(22): 2472-2479. An Cheng-Bang, Tang Lingyu, L. Barton, Chen Fa-Hu. Climatic Change and Cultural Response around 4,000 cal. yr B.P. in the western part of the Chinese Loess Plateau. *Quaternary Research*, 2005, 63(3).

② Owen Lattimore. 1940. *Inner Asian Frontiers of China*. New York: American Geographic Society. Khazanov, Anatoly M. 1983. *Nomads and the Outside World*. Cambridge University Press. Barfield, Thomas J. 1993. *The Nomadic Alternative*. by Prentice-Hall, Inc. A Simon & Schuster Company. 郑君雷：《西方学者关于游牧文化起源研究的简要评述》，《社会科学战线》2004 年 3 期。

（在很多住址中有发现）；6.骑马时完美的驾驭手段，能有效保护畜群，使游牧化成为可能。① 值得注意的是，铁器的出现也是重要的因素，青铜文化为基础的贵族社会的瓦解和铁器时代的到来也为游牧化提供了基础性的变革因素。农耕区和牧业区经济、文化互动的加强应当也是其中重要的原因，农耕社会对黄金、玉石、皮毛、牲畜等来自草原的产品开始有了巨大的需求，草原社会获得了大量积累财富的机会和理由，加剧了草原社会经济、社会结构和形态、思想意识的变革。在欧亚草原的中部地区，三海子文化和卡拉苏克文化在游牧化的过程中起到了先锋主导作用。欧亚草原东部的游牧化由北亚蒙古人种在蒙古草原地区完成，这些人的南下，促成了游牧经济的大规模扩展和深化。

四、小结

尽管现在对欧亚草原早期的历史已经取得了很多认识，但人类如何进入欧亚大陆高纬度地区，早期进入的人类和晚期进入的人类是什么关系，人类在欧亚草原地区最初的活动、对大气候变化的适应、草原资源的利用，原始印欧人、印欧人迁徙，亚洲大陆东部北方地区早期文化的发展历史，东西方人群通过草原的互动、马的驯化、冶金术的传播、骑马术的起源和传播、游牧的出现以及游牧文化的形成等等，仍需要进一步研究。

东西方草原地带早期发展的历程基本相同，都经历了农业扩散阶段。但在青铜时代以前，阿尔泰山以东的地区情况有些不同。相对于西部而言，东部草原处在一个接受挑战的位置：整个阿尔泰山及其以西的地区都受到印欧人迁徙浪潮的直接冲击，这些冲击间接地影响到渤海之湾。有学者认为这些畜牧经济人群扩张的原因之一是为牛寻找草场。② 由于欧亚草原东部基本处于东亚文明圈强有力的辐射范围之内，再加上地理环境的影响，特别是面积广大的沙漠、戈壁和高山对印欧人迁徙浪潮的阻拦和弱化作用，欧亚草原西部人群的迁徙浪潮对东部草原和中原文明只产生了良性的外来压力作用。面对西部草原扩张性的文化，在青铜时代晚期以前，东部更多的是接受西部草原文化的成果，并且在此基础上创新发展，在文明化、复杂化的

---

① Kuzmina, E. E. 2000. "The Eurasian steppes the transition from early urbanism to nomadism." In Davis-Kimball, Jeannine., Eileen M. Murphy, Ludmila Koryakova, Leonid T. Yablonsky edited, *Kurgans, Ritual Sites, and Settlements Eurasian Bronze and Iron Age*, BAR International Series 890, p.122.
② 杨建华：《辛塔什塔：欧亚草原早期城市化过程的终结》，《边疆考古研究》（第五辑），2006年，第216—225页。邵会秋：《关于草原考古的几个问题——从库兹米娜〈印度-伊朗人的起源〉一书谈起》，《西域研究》2012年4期。

过程中,在本地区原有文化的基础上,融汇创新,发展出独具特色的古代中国文明。

进入公元前第一千纪,由于游牧经济的兴起和广泛实践,欧亚草原中部、东部地区突然强大起来,由于各种原因,从公元前9世纪开始,成为一个民族西向运动的策源地,这个态势一直保持到沙俄向东扩张才被改变。

欧亚大陆存在着南北、东西两个方向的互动。草原南部的农业定居文明中心和北方草原有着源远流长的互动关系,这在西方主要表现为西亚、小亚以及希腊、罗马和北方草原地区人群的互动;在中部是中亚绿洲农业文明和北方草原的互动;在东方基本是中国文明和北方草原文化的互动。以二里头文化、商、周为代表的三代文明是一个在本地多元原始文化的基础上发展起来的独特文明圈,也是东亚文明圈的核心。欧亚大陆东西方向的早期互动主要通过欧亚草原。通过草原地带,特别是中国北方地带的牧业人群,中国文明和中亚、西方文明有了沟通。一方面,这种联系在一定程度上,间接促进了中国文明的形成;另一方面,广阔的适农土地资源、相对封闭的环境使中国文明渐渐成为东亚一个强大的共同体,这个高度发达的农耕文明对北方草原社会的滋养和施加的压力也使欧亚草原中部、东部成为很多牧业民族西向扩张或者溃逃的肇源地。总之,欧亚大陆的历史包括了北方草原牧业文化圈和南方农业定居文化圈的发展与互动,东西不同牧业文化圈的发展与互动,以及通过草原地带发生的东西方农业文明圈之间的互动。这些广泛而又复杂的互动关系是旧大陆人类社会演进过程中非常重要的动力和很多历史性事件的动因。本书研究的铜鍑正好孕育于欧亚草原游牧化的过程之中,体现了南部农耕区和北方游牧区的互动,其传播也是和欧亚草原游牧民族的互动以及大规模迁徙息息相关。

第二章 鍑研究的历史与现状

青铜鍑就是在上述欧亚草原游牧化的过程中出现的,作为草原游牧文化的代表性器物,自被发现以来,历来为中外学者所注意,对它进行了很多研究,在欧美,其研究可划为五个阶段。

一、欧美学者对鍑的研究

第一阶段是从19世纪到20世纪初。1869年,匈牙利派斯特县的托尔泰尔发现了第一个青铜鍑,匈牙利学者弗洛雷斯·罗默撰文认为它应当属于迁徙时代。① 尔后,在伏尔加河—卡马河地区,阿尔泰山泰利特斯科伊湖以及叶尼塞河河谷又发现了铜鍑,学者们都认为它们属于迁徙时期。德国学者瑞吉奈克第一个指出,这些圆筒形腹体的铜鍑和斯基泰铜鍑属于两个系统,并用霍克吕契特发现铜鍑的共存物给"匈人式"铜鍑断代。② 尔后,学者们开始探讨"匈人式"铜鍑的渊源、特点、装饰的功能等问题。匈牙利学者哈穆派认为匈人式铜鍑和西伯利亚的游牧人有关系,并且指出这种器物是祭祀时盛祭品的礼器。③ 这一时期基本确定了匈人青铜鍑的性质。

第二阶段是20世纪上半叶。以四位学者的工作为代表。其一是匈牙利学者白拉·珀思塔,他穿越了俄罗斯的西部地区、丰提克(Pontic)地区、高加索、乌拉尔山并到达了西西伯利亚的托姆斯克(Tomsk)。他率先详细介绍了俄罗斯地方博物馆的藏品,把这些铜鍑归为匈人—日耳曼时期。④ 另一位匈牙利学者佐尔坦因·费尔维兹·塔卡斯通过实地考察和研究,认

---

① Rómer, Flóris. A czokói bronz-edény (The bronze vessel from Czakó), *Archaeológiai Értesítő* II. (14.SZ), 1870, pp.290-292.
② Reinecke, P. Die Scythischen Alterthümer im mittelern Europa. *Zeitschrift fur Ethnologie*, 28, Berlin, 1896, p.121.
③ Hampel, J. Skythische Denkmaler aus Ungarn. *Ethnologische Mitteilungen aus Ungarn*, 4, 1, pp.9-15, Budapest, 1895.
④ Pósta, Bela. *Archaeologische Studien auf russischem Boden*. (Hungarian-German bilingual) Budapest: Homyánszky Verlag, 1905.

为铜鍑是由匈人带入欧洲的，东欧发现的铜鍑形制吸收了中国祭祀容器的特点，并强调了其作为祭器的功能。① 还有匈牙利学者阿霍尔迪分析了匈人文化后，也认为铜鍑来源于亚洲。② 再就是马克斯·艾伯特根据在因特西萨罗马建筑中发现与铜鍑共存的罗马头盔，从而断定类似遗物的时代大约为公元4世纪。这一阶段确定了匈人青铜鍑的年代，并看出它们同中国文化的关系。

  第三阶段是20世纪60年代至80年代。苏联学者N.L.契列诺娃1967年在《塔加尔文化起源和早期史》中讨论了南西伯利亚的铜鍑。③ N.A.博科维科1977年在《东欧萨尔马特时代青铜鍑类型》中研究了萨尔马特的铜鍑。④ B.M.科西年科和B.C.弗列罗夫1978年在《顿河下游地区的青铜鍑——类型及年代问题》讨论了顿河下游地区的铜鍑。⑤ 1981年N.A.博科维科在《亚洲草原早期游牧时代的青铜鍑》中讨论了铜鍑的类型和时代，其类型的划分是根据耳部的变化。⑥ 德国学者约艾契姆·沃尔勒认为霍克吕契特式铜鍑属于阿提拉时期，同时指出了匈人铜鍑同萨尔马泰铜鍑的相似和相异之处，如匈人式铜鍑口沿和萨尔马泰铜鍑腹部绳形装饰的联系，认为匈人式铜鍑蘑菇形耳是萨尔马泰铜鍑耳部突起的发展形式，指出铜鍑的分布是不平均的，在俄罗斯比较分散而在罗马尼亚和匈牙利却很集中，铜鍑用于祭祀和日常生活。最有意义的是他研究了库托出土的匈人王冠的细节后提出，蘑菇状耳是生命树的象征。⑦ 提契推测蘑菇状把手模仿了南俄罗斯圆头王冠形别针，小格子装饰是匈人时期流行的珐琅技法。匈牙利学者鸠拉·拉斯兹罗认为器耳上的蘑菇状突起可看作葬仪容器上装饰的冠，因为蘑菇状的造型及上腹部圈形垂饰和匈人皇冠上的造型相似。⑧ 匈牙利学者伊诺娜·考夫雷格指出匈人式铜鍑大多数是不同的作坊铸造的，而有些非

---

① Takács Zoltán, Felvinczi. Chinesisch-Hunnische kunstformen, Bulletin de l'Inst, *Archeologique Bulgare*, 1925, 3. pp.18 – 205.

② Alföldi András. Leletek a hun korszakból és ethnikai szétválasztásuk. Funde aus der Hunnenzeit und ihre ethnische Sonderung. *Archaeologia Hungarica*, Budapest, 1932, Vol.9, p.34, fig.5.

③ N.L.契列诺娃：《塔加尔文化起源和早期史》，1967年。

④ N.A.博科维科：《东欧萨尔马特时代青铜鍑类型》，1977年。

⑤ B.M.科西年科、B.C.弗列罗夫：《顿河下游地区的青铜鍑——类型及年代问题》，1978年。

⑥ N.A.博科维科：《亚洲草原早期游牧时代的青铜鍑》，1981年。

⑦ Werner, Joachim, *Beiträge zur Archälogie des Attila-Reiches I – II*. München: Abhandl, der Bayerischen Akademie der Wissenschaften, 1956.

⑧ László Gyula, Études archeologiques sur l'histoire de la Société des Avars. *Archaeologia Hungarica* 34, 1955. *A népvándorláskor művészete Magyarországon* (Art of the age of migration in Hungary), Budapest: Corvina kiadó, 1970, pp.35 – 38.

常相似的可能来自同一个作坊,她认为铜鍑在东欧的出现同阿提拉公元445年征服庞若里亚有关系,提出铜鍑主要在礼仪活动中使用,并赞成蘑菇形把手装饰是生命树的象征。① 美籍奥地利学者玛恩辰-海洛芬在其名著《匈人世界》中讨论了匈人式鍑的发展、成分、形式和用途等问题,推论匈人式鍑不是起源于斯基泰人和萨尔马泰人,而是起源于中国北部和西北边境。② 这一时期是匈人青铜鍑研究的深化阶段,学者们注意了很多以前没有考虑的问题,提出了有价值的认识。

第四阶段是20世纪90年代。俄罗斯学者扎塞特斯科亚、哈霍因和戴柯奈斯库研究了乌拉尔山南端奥伦堡和罗马尼亚埃奥莱斯提的新发现后指出,第一个匈人式铜鍑公元5世纪初出现于多瑙河地区,可能和匈人首领乌尔狄斯在公元404年和408年领导的扩张运动有关,在征服庞若里亚的过程中得到传播。学者们强调铜鍑的分布的确反映了匈人从乌拉尔扩张至法国的过程,东欧发现的铜鍑应当是在多瑙河地区制造的,并且达到了其发展的巅峰。1993年,俄罗斯学者博柯维科和扎塞特斯科亚结合他们自己收集的56个容器材料,探讨了匈奴西迁的史实。③ 1994年,这两位学者在一篇大致和前述文章相同的英文文章中,总结了匈人式铜鍑研究的历史。通过细致的类型学分析,把他们收集的铜鍑分为两群。第一群铜鍑最大的特点是腹体外表被垂拱形、方形和复杂的纹饰分为四个部分。第二群铜鍑为筒形腹、圜底、腹体上部呈漏斗形,无镂孔圈足,方形大把手,口沿上为蘑菇状突起。根据有无蘑菇状突起又可把第二群铜鍑分为两组。两群铜鍑的共同特点是腹体表面都被突棱分为四个部分,这和斯基泰和萨尔马泰铜鍑截然不同,从铸造方法上也可看出其间的区别。两位学者引述美籍匈牙利学者米克罗斯·鄂第的观点,认为乌鲁木齐发现的铜鍑反映了游牧人向东的迁徙运动,指出阿尔泰山和奥伦堡发现的两件铜鍑对证明匈奴西迁问题的重要性,而卡马河发现的铜鍑显示了匈人同乌戈尔人(Ugrian)部落的联系,锡尔河发现的陶鍑可能是匈奴在这一地区居留过的证明。④ 这些细致的类型

---

① Kovrig, I. Hunnischer Kessel aus Umgebung von Várpalota. *Folia Archaeologica*, 23, pp.95 - 121, Budapest, 1972.

② Otto J. Maenchen-Helfen, *The world of the Huns*, Berkeley: University of California, 1973, pp.306 - 337.

③ N. A. Bokovenko, and Irina P. Zasetskaia, Proishoždenie kotlov "gynnnskogo tipa" vostočnoj evropi v svete problemy hunno-gunnskih svjazej. *Peterburgskij Arheologičeskij Vestnik*. S.-Peterbury: FARN, (3). 1993, pp.73 - 88.

④ Irina P. Zaseckaia & Nikolai A. Bokovenko, The Origin of Hunnish Cauldrons in East-Europe, *The Archaeology of The Steppes Methods And Strategies*, Napoli, 1994, pp.705 - 724.

学分析的确是切中问题的要害,使该问题的研究有了很大的突破。米克罗斯·鄂第对青铜鍑进行了全面的调查。他在1990年、[①]1992年、[②]1994年[③]和1995年发表文章讨论青铜鍑的问题,特别是在1995年的文章中补充了中国、俄罗斯和欧洲的新材料,从而使他的研究基于180个鍑的基础之上。鄂第按铜鍑的分布由西向东分为六个大区,依次进行论述。对于中国学者来说,除了鄂第的结论外,其有关鍑的考古发现与研究史的回顾也非常有参考价值,文中细致的图表囊括了他尽力收集的180个鍑的材料,再加上岩画的讨论,从而使本书今天的研究有一个广泛而坚实的基础。[④] 美国学者埃玛·邦克、卡娃密、林嘉琳和中国学者乌恩共同合作在1997年出版的《赛克勒藏品中的东欧亚草原古代青铜器》一书中研究了四件晚期青铜鍑,对其进行了断代和相关讨论。[⑤] 在另一本书中,埃玛·邦克研究了两件国外收藏的匈奴-鲜卑时期的青铜鍑。[⑥] 这是全面研究第二群青铜鍑的时期,一直到现在,仍在继续。俄罗斯学者根据蒙古国发现的早期铜鍑,提出了铜鍑起源问题的新看法。[⑦]

二、日本学者对鍑的研究

铜鍑颇为日本学者所重视,最早是1931年梅原末治的《中国北部发现

---

① Érdy, Miklós. Unique Xiong-nu Cauldron from Urumqi. *Inner Asia Report*, Newsletter-Harvard (Cambridge, USA), (No.7) Fall, 1990, pp.11 – 13.

② Érdy, Miklós. The Xiong-nu Type Cauldrons Throughout Central Eurasia and Their Occurrence on Petroglyphs. English-Chinese bilingual MS distributed and paper presented at The International Academic Conference on Archeological Cultures of the Northern Chinese Ancient Nations. Hohhot, Inner Mongolia, China. August 11 – 18, 1992, Ibid. MS is included in the republication of facsimile MSS. Vol. I – III. *Asian Art and Archaeology*, 600 kalmia Ave, Boulder, Co 80304, USA.

③ Érdy, Miklós. An Overview of the Xiong-nu Type Cauldron Finds of Eurasia in Three Media With Historical Observations. In: Bruno Genito ed.: *The Archaeology of the steppes-work Methods and strategies*. Napoli: Instituto Universitario Orientale, 1994.

④ Érdy, Miklós. Hun and Xiong-nu Type Cauldron Finds Throughout Eurasia, *Eurasian Students Yearbook*. Continuation of/Fortsetzung der Ural-Altaische Jahrbücher/Ural-AltaicYearbook 67, Berlin\Bloomington\London\Paris\Toronto, 1995, pp.1 – 94.

⑤ Bunker, Emma C. with Trudy S.kawami, katheryn M. Lindduff, Wu En. *Ancient Bronzes of the Eastern Eurasian Steppes from the Arthur M.Sackler collections*. New York: The Arthur M. Sackler Foundation (distributed by Harry n. Abrams, Inc, publishers), 1997, pp.178,239,240,269.

⑥ Jenny F. SO. and Emma C. Bunker, *Traders and Raiders on China's Northern Frontier*. Smithsonian Institution, Washington University, Seattle and London, 1995, pp.96 – 97.

⑦ Галдан, Г. Батдалай, Б. Амарт? вшин, Ч, Сэлэнгэйн Х? аймгдэр сумаас олдсонх? рэл тогоо, Монголын археологи - 2016, 2017, pp.327 – 334. Ковалев, А. А. Клад с рекиБудун-Гол скотлами "скифского типа" и ритуальными треножниками "дин": квопросу о судьбе трофейного металлолома в евразийских степях". Археология Евразийских степей, 2023, pp.38 – 68.

的一种铜容器及其性质》一文。① 1935 年出版的水野清一、江上波夫所著《内蒙古·長城地帶》专辟一章论述铜鍑,文章结合了中国以外的材料,参考了中原式铜器,介绍了国外的研究成果,至今仍有参考价值。② 成果比较显著的是草原考古研究会的成员高浜秀。在《中国的鍑》一文中,作者按考古学方法把铜鍑分成了八型,逐一进行简明扼要地介绍,而这八型也是按时代先后排列的,作者注意到一类直接以中原铜器为蓝本的铜鍑,更形象地反映了狄人由夷入夏的历史,其中汉代以降的铜鍑基本属于匈奴—鲜卑时期。③ 1995 年,高浜秀在《西周·東周時代における中国北辺の文化》一文中结合新疆、哈萨克斯坦和北高加索的材料,论述了相当于上文中的 A 型铜鍑,认为它们是西周、东周时代中国北方草原民族文化的典型器物。④ 1997年,东京国立博物馆出版了《大草原的骑马民族——中国北方的青铜器》一书。书中刊录了日本收藏的一些铜鍑,其综述文章和文字解说均为高浜秀所撰,他对铜鍑作了断代和对比研究。⑤ 可以说日本研究中国铜鍑的最新成果都集中体现在高浜秀的这些文章中。此外,雪嶋宏一在《スキタイの鍑》中专门用考古学的方法研究了斯基泰铜鍑,他把斯基泰铜鍑分为 A—I 九型,并对铜鍑的年代、装饰作了研究。⑥ 最近出版的由藤川繁彦主编的《中央欧亚大陆考古学》也引用了学界对铜鍑的研究成果。⑦ 2011 年,草原考古研究会各位日、俄不同研究方向的专家对铜鍑的长期研究,结集出版,这部书全面收集、介绍和分析了欧亚大陆上发现的各类鍑,极大地推进了鍑的研究,其翔实全面的材料以及深入细致的分析为学者们进一步的深入研究奠定了坚实的基础。略有遗憾的是书中铜鍑的照片稍小了一些,这些资料非常珍贵,如果能比现在大一倍,就更为完美了。⑧

三、中国学者对鍑的研究

中国学者的研究可分为两类。一类是资料介绍,或零星,或成批,并加

---

① 梅原末治:《北支那發見の一種の銅容器と其の性質》,《東方學報》第一册,京都,1931 年。
② 江上波夫、水野清一:《内蒙古·長城地帶》,东方考古学丛刊,乙种第一册,东亚考古学会,1935 年,第 173—191 页,图版二三—三四。
③ 高浜秀:《中国の鍑》,《草原考古通信》,1994 年 4 号,第 2—9 页。
④ 高浜秀:《西周·東周時代における中国北辺の文化》,《文明学原論——江上波夫先生米寿記念論集》,山川出版社,1995 年,第 339—357 页。
⑤ 高浜秀:《大草原の騎馬民族——中国北方の青銅器》,东京国立博物馆,1997 年,第 140—186 页。
⑥ 雪嶋宏一:《スキタイの鍑》,《草原考古通信》1995 年 6 号,第 2—14 页。
⑦ 藤川繁彦主编:《中央ユーラシアの考古学》,日本世界考古学系列丛书第 6 卷,同成社,1999 年 6 月。
⑧ 草原考古研究会:《鍑の研究—ユーラシア草原の祭器·什器》,雄山阁,2011 年。

以简单的族属推断;另一类是系统的研究。这里主要评述系统研究文章。

中国最早涉及铜鍑研究的是内蒙古文物考古研究所的李逸友。他在《内蒙古土默特旗出土的汉代铜器》一文中介绍了一座被破坏的墓中出土的铜鍑。① 田广金、郭素新的《鄂尔多斯式青铜器》介绍了他们收集的铜鍑,指出铜鍑环耳上的突与殷代铜刀环首上突的联系。② 顾志界讨论了中国发现的鍑,作者注意到南方出土的一些罐形铜鍑。③ 刘莉的文章介绍了新材料,修正了水野清一和江上波夫关于青铜鍑来源于斯基泰文化的观点,并结合相关的考古材料与文献,对早期铜鍑的文化归属作了推测,著者注意到陕西凤翔东社铜鍑所反映的草原文化、周文化与秦文化相融合的史实。④

1998年李学勤在《论甘肃礼县铜鍑》一文中征引了两件海外收藏的铜鍑,对比了国内发现的铜鍑,讨论了甘肃礼县发现的一件铜鍑,推测了铜鍑的起源地,另外介绍了美国学者米克罗斯·鄂第的文章。⑤ 李朝远称这类铜鍑为秦式鍑,认为这些鍑影响到山西,并出现小型化。⑥ 有学者根据腹体的变化对中国北方发现的铜鍑进行了类型学的研究,并讨论了作为明器的铜鍑,对一些问题提出了推论。⑦ 有学者收集研究了装饰垂鳞纹的铜鍑。⑧ 有学者从定名等方面讨论了铜鍑。⑨

新疆,特别是天山以北地区,是铜鍑重要的流行区。1991年,新疆的张玉忠、赵德荣发表了《伊犁河谷新发现的大型铜器及有关问题》,此文介绍了新疆发现的青铜鍑材料,特别是对乌鲁木齐南山发现的蘑菇突状耳青铜鍑进行了研究。⑩ 1992年,李肖、党彤在《新疆準噶爾盆地周緣地區出土銅器

---

① 李逸友:《内蒙古土默特旗出土的汉代铜器》,《考古通讯》1956年2期,第60—61页。《关于内蒙古土默特旗出土文物情况的补正》,《考古通讯》1957年1期,第130—131页。
② 田广金、郭素新:《鄂尔多斯式青铜器》,文物出版社,1986年,第145—149、394—402页。
③ 顾志界:《鄂尔多斯式铜(铁)釜的形态分析》,《北方文物》1986年3期,第19—22页。
④ 刘莉:《铜鍑考》,《考古与文物》1987年3期,第62页。
⑤ 李学勤:《论甘肃礼县铜鍑》,《远望集》,陕西人民美术出版社,1998年,第396—399页。
⑥ 李朝远:《新见秦式青铜鍑研究》,《文物》2004年1期。
⑦ 滕铭予:《中国北方地区两周时期铜(鍑)的再探讨——兼论秦文化中所见铜鍑》,《边疆考古研究》,科学出版社,2002年。
⑧ 高西省:《秦式铜鍑及相关问题——从新见的垂鳞纹铜鍑谈起》,上海博物馆、香港中文大学文物馆编:《中国古代青铜器国际研讨会论文集》,香港中文大学文物馆出版社,2010年。高西省、叶四虎:《论梁带村新发现春秋时期青铜鍑形器》,《中国历史文物》2010年6期。
⑨ 陈光祖:《欧亚草原地带出土"鍑类器"研究三题》,《欧亚学刊》第八辑,中华书局,2008年。
⑩ 张玉忠、赵德荣:《伊犁河谷新发现的大型铜器及有关问题》,《新疆文物》1991年2期,第42—48页。

初探》一文中讨论了新疆发现的铜鍑。① 1996 年,新疆的王博、祁小山在《新疆出土青铜鍑及其族属分析——兼谈亚欧草原青铜鍑》一文中认为草原青铜鍑主要用于祭祀,并讨论了鄂尔多斯式、南西伯利亚式、斯基泰式和萨尔马特式与年代。他们认为南西伯利亚式青铜鍑属于北迁狄人的遗物,可称为丁令人铜鍑,并且推断新疆发现的单乳突铜鍑可能属于先月氏人和月氏人文化。② 新疆伊犁是游牧民族的宜居之地,一直有铜鍑的发现,有学者专门收集研究了这些铜鍑。③

匈奴和鲜卑等历史时期的民族也使用铜鍑,发展出很多样式的铜鍑。吉林大学冯恩学在《中国境内的北方系东区青铜釜研究》一文中,以型式分析为起点,对铜鍑的断代、分期和演化趋势进行了探讨,通过与国外铜鍑详细比较研究,阐明了中国铜鍑特点和与其他地区之间的文化联系。该文根据扶风出土师同鼎的铭文,把铜鍑存在的上限提早到西周中期。并且根据外贝加尔的恰克图市沙拉郭勒镇发现的一件鍑耳,揭示了山字形耳与蘑菇突方耳之间的嬗变关系。④ 1995 年,内蒙古的卜扬武、程玺发表了《内蒙古地区铜(铁)鍑的发现及初步研究》一文,他们研究了内蒙古地区历年来发现的铜(铁)鍑及其相关材料,对它们的形制与演变、族属、源流和用途作了讨论。⑤ 1996 年,辽宁的尚晓波在《大凌河流域鲜卑文化双耳镂孔圈足釜及相关问题考》一文中,从双耳镂孔圈足鍑的分布与形态演变区分了属于鲜卑文化不同发展阶段的特点及具体的族群归属。⑥ 郭物根据铜鍑流行的时空特点以及使用人群,把铜鍑分为早晚两大群,通过类型学分析,讨论了第二群铜鍑,比较清晰地呈现了晚期铜鍑发展的脉络以及和相关人群迁徙的关系。⑦ 2015 年,潘玲根据对辽宁省北票喇嘛洞墓地发现的大批铜鍑材料以及鲜卑文化的研究,系统梳理了中国北方地区发现的晚期铜鍑,更加明确了

---

① 李肖、党彤:《新疆準噶爾盆地周緣地區出土銅器初探》,《内陸アジア史研究》1992 年 7.8 合期,第 50 页。
② 王博、祁小山:《新疆出土青铜鍑及其族属分析——兼谈亚欧草原青铜鍑》,《丝绸之路草原石人研究》,新疆人民出版社,1996 年,第 276—294 页。
③ 李溯源、吴立、李枫:《伊犁河谷铜鍑研究》,《文物》2013 年 6 期。陈坤龙、梅建军、潜伟:《丝绸之路与早期铜铁技术的交流》,《西域研究》2018 年 2 期。
④ 冯恩学:《中国境内的北方系东区青铜釜研究》,《青果集》,知识出版社,1993 年,第 318—328 页。
⑤ 卜扬武、程玺:《内蒙古地区铜(铁)鍑的发现及初步研究》,内蒙古自治区文化厅、内蒙古自治区考古博物馆学会主编:《内蒙古文物考古》1995 年 1、2 期,第 14—19 页。
⑥ 尚晓波:《大凌河流域鲜卑文化双耳镂孔圈足釜及相关问题考》,《辽海文物学刊》1996 年 1 期,第 26—32 页。
⑦ 郭物:《第二群青铜(铁)鍑在欧亚大陆的传播》,《考古学报》2007 年 1 期。

一些铜鍑的时代、起源以及其相互之间的关系，另外对器形、纹饰等问题进行了细致的对比研究。①

四、小结

总结上述一百多年的研究史，我们认为以下几个方面还有待深入研究：

铜鍑的起源问题，大家只从几个最早的发现品单纯判定，没有从整个东方青铜文化的大背景中考虑，因而导致铜鍑到底起源于何地仍有疑问。当然，用作炊煮器的铜器，特别是圜底或平底的相似铜器在别的文明中也有，并不是一个独特的现象。关键是要从欧亚草原游牧文化起源、游牧青铜文化发展的背景以及铜鍑的实际发现情况进行考虑。

关于铜鍑的传播问题，我们认为圜底或平底的铜鍑起源于中国商末中原文化与北方方国文化的交错地带。这是在商代晚期以来北方民族学习商朝青铜容器铸造及礼制的文化背景中完成的，西周中期北方民族仍大量使用青铜鍑，带圈足的铜鍑至迟在西周晚期已经出现。尔后各民族相互学习铜鍑制造技术，并相互区别。这个过程和欧亚草原游牧化以及游牧经济发展、传播的大趋势吻合。因此鍑的问题是一个统一相互联系的问题，而以前的学者或缺少这方面资料或对这个背景了解不深造成研究工作的某些不足。

关于铜鍑的分区分期，还没有一个整体把握之上的研究，而且有些铜鍑的时代还未能确定，尤其是新疆出土的铜鍑，从而使我们对各时代各地区铜鍑的形态和它们之间的联系认识仍旧模糊。

关于铜鍑的族属问题是比较复杂的，这种铜器肯定被很多人群使用过，现在的研究大多是简单地推测，国外的学者甚至把大多数的铜鍑都认为是匈奴的，其实这是一个非常复杂的问题，需要扎实的考古工作和文献爬梳工作，而且有的暂时也不可能有答案，需要新的材料和思路。

关于铜鍑的用途问题也有简单化的倾向，很少有人注意到墓葬中铜鍑摆放位置的情况，也没有对不同民族作细致地结合其文化背景的考虑。

以下我们针对上述问题，作一些尝试性的探讨。

---

① 潘玲：《中国北方晚期鍑研究》，科学出版社，2015年。

第三章　鍑的类型、分布与时代特点

本章按考古类型学的方法对我们掌握的 307 个青铜鍑进行谱系分析，其方法是根据一些能考知确切年代的标型鍑，找出演变规律，建立以型式分析为基础的青铜鍑时代框架，在此基础上，对铜鍑进行分期研究，最后再对各期铜鍑的分布与类型作总结。需要说明的是，本书最初主要的参考资料为鄂第的长文，由于有了草原考古研究会和潘玲最新的著作，因此本书将主要以这些公布的材料为基础，另外加上一些新的调查材料。下编大致按地区记录所有已经发现的铜鍑，根据考古类型学的分析大致归类未知年代的鍑，标出其所属型式。

青铜鍑流行地域广、时间长，根据青铜鍑本身的演变特点，我们在作分析的时候，把它们分为早晚两大群，第一群铜鍑样式基本都保持有圈足，变化主要表现在耳部是否有突起，其次为腹体的方圆，最后是腹体和圈足的高矮胖瘦变化，因此，第一群铜鍑的区别大类的特征部位是器物的把柄，本书称为耳部，以耳部作为划分型的根据，腹体方圆作为划分亚型的标准，以腹体变化和同类耳部细部的变化等作为划分式的标准。第一群分为 A 型单突耳铜鍑、B 型无突耳铜鍑、C 型三突耳铜鍑、D 型动物耳铜鍑、E 型肩耳铜鍑五大类，F 型为特型铜鍑。其中 E 型肩耳铜鍑以圈足或是三足作为区分亚型的标准。

第二群铜鍑虽然耳部变化也大，但区别大类的特征部位是器底，主要根据器底的不同区分型，所以，第二群铜鍑以底部作为划分型的根据，以同类耳、腹体的变化等作为划分式的标准。

特别要指出的是，虽然早晚两大群铜鍑是在一本书里进行研究，其实是两个相对独立的研究，只是在考虑第二群铜鍑最初出现的个别铜鍑来源的时候，两大群铜鍑才有一些关系。另一方面，考虑到铜鍑是一个整体的文化，因此，虽然早晚两大群分型的标准不一样，但第二群的分型英文字母代号还是接续第一群铜鍑。第二群铜鍑分为 G 型镂孔圈足铜鍑、H 型无镂孔圈足铜鍑、I 型无圈足铜鍑三大类。

这里需要说明：

1. 第一群和第二群铜鍑在时代上有重合，主要是公元前 2 世纪至公元 4 世纪。时代重合的阶段，两群铜鍑除了南西伯利亚外，在流行的地域上没有太多的交集，第一群晚期铜鍑主要在阿尔泰山以西的地区使用，第二群早期铜鍑主要流行于阿尔泰山以东的地区。

2. 虽然第一群铜鍑和第二群铜鍑的型式分析，在型的层面上，从 A 至 I 相续，实际上是两个不同的类型学分析，在类型学上并没有关系。第一群和第二群之间的关系，本书单独有一部分进行详细阐述。这样做是为了精练概括鍑的发展谱系，也为了在探讨第一群和第二群鍑的关系时，表述简洁清楚，不至于产生错乱。

3. 早期铜鍑虽然使用的人群很多，类型较多，但器形的发展相对稳定，形制发展脉络较为清晰。晚期虽然主要为匈奴和鲜卑使用，鍑只分三型，但形制变化更为多样，每一型中，有很多亚型。除了带圈足的外，还出现了桶形、罐形的无圈足鍑，耳部的变化也较大。

4. 本书的类型学分析针对的是整个欧亚大陆发现的所有材料，因此，型式的划分并不追求细节的区别，主要是反映其主要的大类和变化的大势，初步判定征集铜鍑的年代和使用区域，认识铜鍑在不同时空中衍化发展的逻辑关系。同时把一些器形特殊，发现数量不多的样品统一归入特别型式的鍑中，算作 F 型铜鍑，单独进行记录和分析，不把这些样品作为型式分析的对象，如果今后发现较多并成系列，再重新进行研究。

5. 本书的研究在类型学的基础上，使用"式样"，或者简称为"样"的概念。由于同一型式的铜鍑可能在不同地域的人群中使用，即使在同一地域使用，在基本型式相似的情况下，都有一些特殊的构件和装饰等特征，这样的铜鍑一般数量也不是特别多，值得以后单独细致研究。在本书中，为了保持分类的简洁清晰，不把这些铜鍑再做型式的分类，而是加一个"样"的概念，目的在于排除细枝末节现象的干扰，但又能表现同一型式下铜鍑的多样性。

一、第一群（公元前 10 世纪—公元 4 世纪）

（一）A 型单乳突直立环耳铜鍑

这一型铜鍑的环耳顶部均有一突起，定为 A 型，"型"用大写字母标识，又称为直立环耳单乳突型铜鍑，以铜鍑上口俯视作为区分亚型的特征，"亚型"用小写字母标识，a 型为圆口鍑；b 型为方圆或椭圆口鍑。以腹体形态作为区分"式"的标准，同时参考耳朵乳突大小、圈足高低粗细，

"式"以罗马数字标识。以装饰变化作为区分"样"的标准,"样"以阿拉伯数字标识。

AaⅠ 耳上突起小;半筒圜底腹,腹壁较直,口微侈;圈足小。

1. 陕西省岐山县麦禾营乡王家村出土一件(庞文龙、崔玫英,1989,91页,图一;草原考古研究会,2011,13—14,A-5)。耳部饰回纹,根据其形制及与之共存的銎柄短剑,时代可定为西周晚期。高39.5、口径37.6厘米。

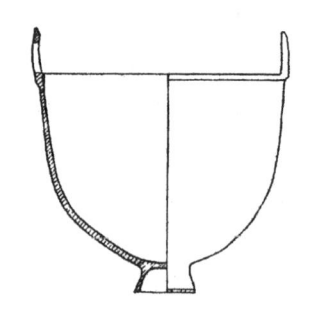

2. 北京市延庆县西拨子村出土一件(北京市文物管理处,1979,228页,图二:1,图版五:1;草原考古研究会,2011,12—14,A-1)。环耳外侧有三道凸弦纹,侈唇,底部残破,圈足已失。根据共存器物,时代为西周晚期或春秋早期。

AaⅡ 半筒圜底腹,腹壁较直,口微侈;圈足稍大。

AaⅡ-1 装饰中原青铜礼器纹饰。

1. 陕西西安北郊大白杨库收集一件(王长启,1991,9页,图一:6;草原考古研究会,2011,16,19,Ba-1)。高22.3、口径17.4厘米。腹上部有一周阴线刻划的重环纹,夹在两道弦纹之间;高圈足上有小圆形镂孔。根据重环纹流行的年代(郭宝钧,1981,156页),这件铜鍑时代不晚于春秋早期。

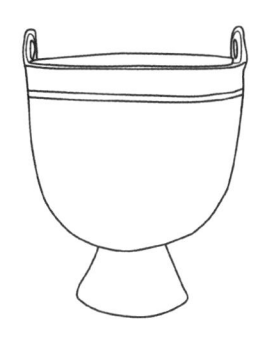

AaII-2 素面。

1. 陕西宝鸡甘峪出土一件(高次若、王桂枝,1988,21页,图版贰：2；草原考古研究会,2011,17—18,Bb-2),纽扣式乳突,根据同墓共存的铜戈和陶罐,时代为春秋早期。高24、口径22厘米。

AaIII 微敛口、球腹、圈足适中。

AaIII-1 装饰中原青铜礼器纹饰。

1. 陕西凤翔县雍城东社采集一件(陕西省雍城考古队,1984,29页,图七：2；草原考古研究会,2011,16—18,Bb-1),长方形块状乳突,口沿下饰有以凸弦纹为界的双头兽纹一周,并有纤细的底纹,根据其纹饰可定为春秋早期(刘莉,1987,61页,图一：1)。通高18.6、口径19.4厘米。

2. 陕西省韩城市梁带村 26 号墓出土一件(孙秉君等,2006,86 页;草原考古研究会,2011,17—18,Bbm‑1)。铜鍑发现于棺的东侧,耳上有突起,腹部装饰两组特有的一龙首一人首共身的纹样,龙长舌吐出延及身体。器体有龙纹装饰。通高 6.7、口径 6.5 厘米,重 175 克。26 号墓墓主为春秋早期国君芮公夫人。

AaⅢ‑2 素面。

1. 山西闻喜县上郭村墓葬出土一件(杨富斗,1994,129 页,图十三:1;草原考古研究会,2011,17—18,Bb‑3)。高 29.2、口径 27.2 厘米。口沿上有断面呈八棱形的立耳,斗状乳突,腹饰凸弦纹一周。根据共存陶鬲、铜戈,时代为春秋早期晚段。

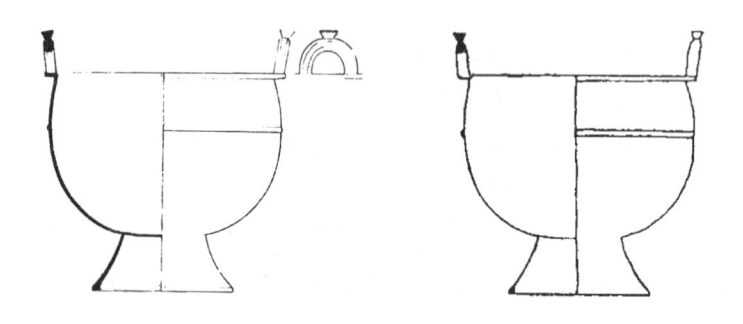

2. 俄罗斯北高加索中部帕秋俄洛斯库市市郊白修塔务山西北山麓 1951 年发现窖藏中有一件(Iessen 1954,124,Ris.13;雪嶋宏一,1995,图 A‑1;草原考古研究会,2011,259—262,Ⅰ‑1)。纽扣形突,形同陕西宝鸡甘峪铜鍑,耳呈环状贴附于口,耳外侧起弦纹,腹体半球形,腹中部有一周凸弦纹,高圈足。通高 46、圈足高 11、口径 33—34 厘米。根据共存的器物,时代为公元前 8—7 世纪,相当于春秋早期。

3. 俄罗斯北高加索中部帕秋俄洛斯库市市郊白修塔务山北峰1927年发现一件(Iessen 1954,126,Ris.15;草原考古研究会,2011,259—262,Ⅰ-2)。已经残破变形。耳呈环状,外部有凹槽纹,下部三分之一贴附于口沿,耳顶部有较大、较扁的突起。颈部有一圈凸弦纹。从器形和耳部特征看,和1951年发现的相似。

4. 俄罗斯的扎普拉沃诺伊(Zaplavnoe)发现一件(Davis-Kimball,1995,111,fig.16,c)。圈足残,耳呈环状贴附于口。时代为公元前6世纪,属萨夫罗马泰文化。

5. 哈萨克斯坦阿拉木图州テケリ市周边1940年发现一件(Spasskaya,1958,182,ris.2;草原考古研究会,2011,240,Ⅹ 003)。单乳突直立环耳,立于

口沿之上；鼓腹，口沿下有一圈凸弦纹；大圈足。高41、口径33—36厘米，重20公斤，容积20升。和萨夫罗马泰文化有关，时代为公元前5—前4世纪（草原考古研究会，2011，240）。

AaIV 尖圜底，圈足高。

AaIV-1 素面。

1. 新疆哈密地区巴里坤县兰州湾子石构房址出土一件（王博、祁小山，1996，291页，图十一：2；草原考古研究会，2011，195—196，A003）。高50.5、口径33厘米。乳突呈倒圆锥体，腹下部饰波纹。兰州湾子房址底层的碳十四年代为距今3 285+75年（王炳华，1985，255—256页），这一石房曾三次住人。根据铜鍑的形制，如尖圜底和大圈足是晚期铜鍑的特征，因此，这件铜鍑时代不会太早。另外，和铜鍑一起出土的单乳突环首铜刀可与北京延庆县军都山墓地M86所出同型刀相类比（北京—军都山，1989），后者所属文化出现于春秋中期，盛于春秋晚期，至战国早期衰落，战国中期之后融于燕文化之中，其Ⅱ式铜刀属于早期阶段。因此，可以把这件铜鍑定于春秋晚期。

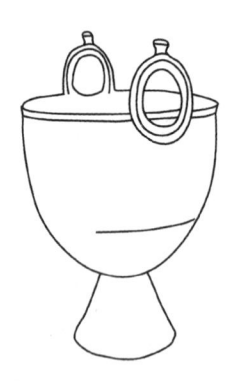

2. 新疆阿克苏地区温宿县发现一件（新疆维吾尔自治区文物事业管理局，1999，252，No.0685；草原考古研究会，2011，195—196，A009）。耳部乳突发达；球腹，口内敛。高50、口径33.2厘米。

AaIV‐2　腹部有一圈"n"形装饰。

1. 俄罗斯萨马拉县 Sobolevskii 古墓发现一件（Smirnov 1964, p.45; Davis-Kimball,1995,111,fig.16,b;草原考古研究会,2011,296—297,I‐1‐b）。高圈足。时代为公元前5世纪，属萨夫罗马泰文化。

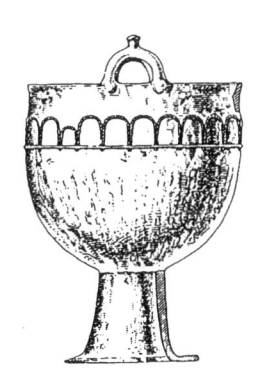

AaIV‐3　腹部有一圈半封闭或者封闭绳套纹。

1. 俄罗斯叶尼塞河上游布拉基诺（Baragina）出土一件（Chlenova,1967,Table.18‐2;Érdy,1995,Table3‐14‐2;草原考古研究会,2011,139,I.1.A.bii‐013）。耳呈环状贴附于口，腹饰半封闭绳套纹。米努辛斯克乡土博物馆藏。

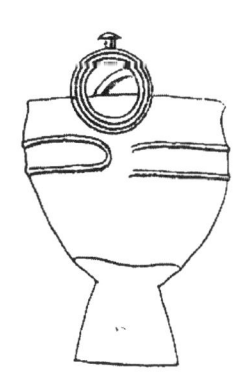

2. 俄罗斯 Shalabolino 村发现一件(Demidenko,2008,Ris.71－1;草原考古研究会,2011,138,140,I.1.A.bii－015)。耳呈玦状贴附于口沿外。腹饰半封闭绳套纹,腹下有一圈凸线纹。通高约44厘米。米努辛斯克乡土博物馆藏。

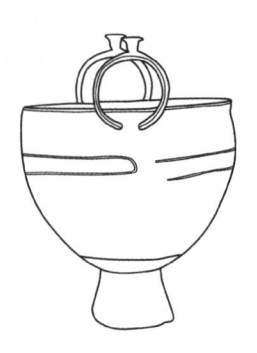

3. 俄罗斯哈卡斯国立乡土博物馆藏一件(草原考古研究会,2011,141,I.1.A.bii－023)。耳呈马掌形贴附于口沿外,腹饰封闭绳套纹,圈足和腹体之间有4条加强筋。内底有四个突起,显示圈足为后加铸上的。通高51.8、口径36.7厘米。

4. 俄罗斯米努辛斯克乡土博物馆藏一件,Migna 村发现(草原考古研究会,2011,140,I.1.A.bii－021)。耳呈马掌形贴附于口沿外,腹饰封闭绳套纹,圈足和腹体之间有4条加强筋。通高40.5、口径38厘米,重量15.8公斤。

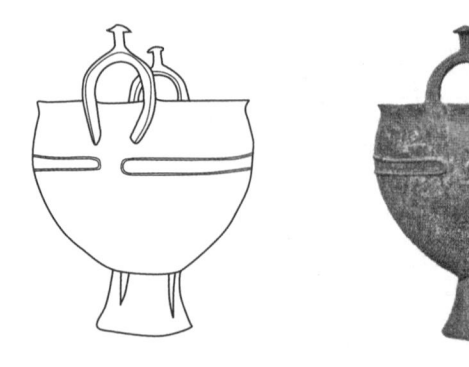

AaV 圈足矮小。

AaV-1 素面或者装饰简单。

1. 俄罗斯顿河入海口西部罗斯托夫 Rostovskaya 州 Donskii 墓群 1 号墓 3 号墓室出土一件（草原考古研究会，2011，305—306，Ⅵ-5-a，No.162，同类的还有 No.19，67）。单突环立耳，敛口球腹，腹体中部饰一圈凸弦纹，圈足残。时代为公元前 2 世纪中期。

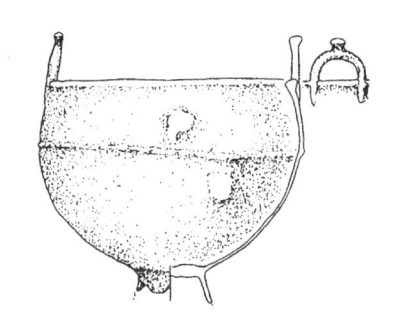

2. 俄罗斯奥伦堡州发现一件（草原考古研究会，2011，305—306，Ⅵ-5-b，No.154，同类的还有 No.155）。纽扣状单突耳，敛口球腹，圈足适中。时代为公元前 2—前 1 世纪。

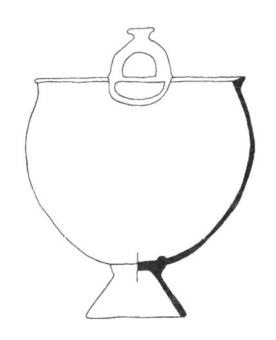

3. 俄罗斯阿利吐伯（Alitub）发现一件（Davis-Kimball，1995，129，fig.30，a）。敞口，腹饰两道绳索纹，属萨尔马泰早期文化。

4. 俄罗斯托博尔河中游地区 Krasnogorskii1 号墓地 17 号墓东南壁发现一件（Matveeva 1993, Tabl. 19 - 137；草原考古研究会，2011，154—155，I.1.A.d - 004）。半环状耳，顶部有一突起。筒形腹体，腹体上部饰两圈凸弦纹。圈足小。高约 40 厘米。属于萨盖特文化。

5. 俄罗斯奥伦堡州 Buzulukskii 郡 s.Ovsyanka 村偶然发现一件（Smirnov 1964, p.129；草原考古研究会，2011，296—297，I - 1 - d, No.8，同类的还有 No.5、6、7、9、10、11、12，时代为公元前 5—前 1 世纪）。纽扣状单乳突，直立环耳，敞口球腹，圈足适中。时代为公元前 4 世纪。

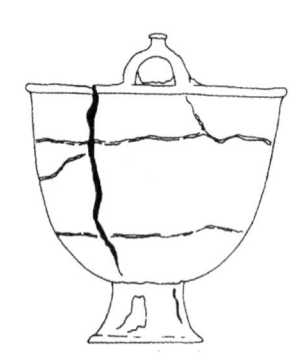

6. 俄罗斯顿河沃罗涅日恰斯托伊埃第 2 号古墓群 1 号墓出土一件（Maksimenko, Klyuchnikov and Gurkin 2001, 220, Ris.3, 5；草原考古研究会，2011, 276, V - 1 - 1）。直口半球腹。时代为公元前 5 世纪末—4 世纪。

7. 俄罗斯车尔雅宾斯克州奥伦堡市 Mias 河流域 2 号墓出土一件（Smirnov 1964,p.129；草原考古研究会,2011,297—299,III-1-a,No.20）。深腹。时代为公元前 4 世纪。

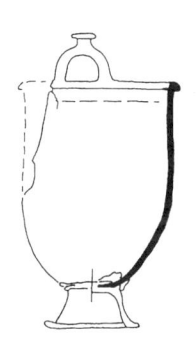

8. 俄罗斯亚速海东岸 Vysochino 的 V 号墓群 27 号墓 2 号墓室发现 2 号鍑(Bespalyi 1986；草原考古研究会,2011,307—308,VIII-1-a,No.73）。一突直立环耳，敛口球腹微尖圜底，圈足残失。横洞室墓发现，时代为公元前 4 世纪末—前 3 世纪初。

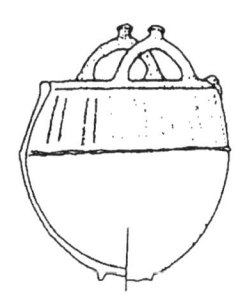

9. 俄罗斯亚速海 Miusskii 半岛 Zolotaya kosa 第 2 号墓 9 号墓室 1986 年发现一件（Davis-Kimball,1995,111,fig.16,a；Marchenko 1996,pp.83-92；草原考古研究会,2011,297 299,II-1-b,No.17,同类的还有 No.18）。小圈足。时代为公元前 2 世纪后半。

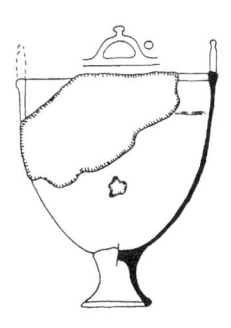

AaV‐2　与立耳相对的口沿位置有一对竖耳

1. 俄罗斯亚速海东岸地区 Krasnodarskii krai 地方 Timashevskii 地区 Novokorsunskaya 村 2 号墓 6 号墓室出土一件(Zasetskaya,Marchenko 1995, p.96;草原考古研究会,2011,305—306,VI‐4‐a,No.66)。腹饰两圈绳索纹。时代为公元前 1 世纪中。

AaV‐3　腹饰大波浪纹。

1. 俄罗斯顿河下游罗斯托夫 Rostovskaya 州 Belokalitvenskii raion 地区 Sholokhovskii 村古墓发现一件(Maksimenko 等 1984,140;草原考古研究会,2011,296—297,I‐1‐c,No.3,同类的还有 No.4)。时代为公元前 4 世纪初。

AaV‐4　耳和器体装饰比较特殊。

1. 俄罗斯西西伯利亚托博尔河—伊希姆河 Abatskii‐3 号墓地 2 号冢 7 号墓出土一件(Matveeva(ed).1994,Ris.68‐9;草原考古研究会,2011,165,II.1.A‐009)。马掌形耳,外面带槽。耳上有小蘑菇状突起,耳近一半贴附于口沿外,根部向外卷曲。耳下肩部有三圈凸弦纹。鼓腹。两耳之间的腹体上有垂直于口沿的凸弦纹。圈足大小适中。通高 36 厘米。

AaⅥ 高颈鼓腹大圈足。

1. 俄罗斯伏尔加河下游 Krasnopartizanskii 地区萨拉托夫 Saratov 州 Miloradovka 村 1 号墓 3 号墓室发现一件(Lopatin 1981；草原考古研究会，2011,299—300,Ⅳ-1-a,No.21)。大敞口,球腹,大矮圈足。时代为公元 2 世纪。

AaⅦ

1. 俄罗斯伏尔加河左岸支流卡马河流域彼尔姆(Perm)索里卡姆斯克(Solikamsk)市出土一件(Takács 1927, 146；Alfoldi, 1932, fig. 5；Maechen-helfen, 1973, pp.315；草原考古研究会, 2011, 359—360, Ⅱ-c-4),方圆耳,深筒腹,纹饰复杂。高 90 厘米(Прокошев 1948, 20)。

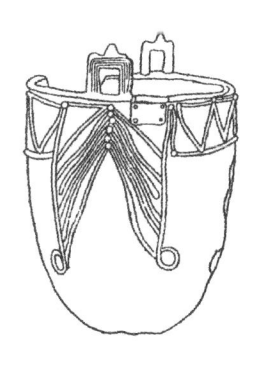

AbI　铜鍑口部俯视为方圆形。

1. 陕西志丹县张渠乡出土一件(姬乃军,1989,73页,封三:5;草原考古研究会,2011,21—22,Ca-1)。高23、长径24.1厘米,形同标本1。圈足有圆形小镂孔,与马庄类型鹿形饰板共出(宁夏—杨郎,1993,41—42页,图二三:4;钟侃、韩孔乐,1983,207页,图五:11)。时代应在春秋晚期至战国早期。

AbII　附耳;纹饰受中原铜器影响很深。

1. 内蒙古伊克昭盟准格尔旗宝亥社出土一件(伊克昭盟—宝亥社,1987,81页,图一,图三:1;草原考古研究会,2011,22—23,Cb-1)。高30.2厘米,附耳,绳索形,子母口,腹上部饰一周宽大变体窃曲纹,以"S"形云雷纹衬底,中部饰一周凸弦纹,圈足下沿起棱。时代为春秋晚期。

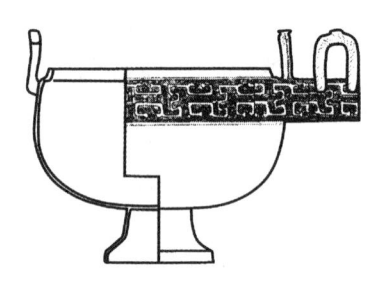

2. 山西省原平县刘庄塔岗梁M3出土一件(山西—塔岗梁,1986,21页,图版五:1,图五;草原考古研究会,2011,22—23,Cb-2)。高22.4厘米,有盖,上有四个环形纽,盖上满饰勾连雷纹,纽饰绳索纹,器腹饰勾连雷纹,上下以云雷纹作界,在带状纹饰下饰凸起绳索纹一周。时代为春秋晚期。

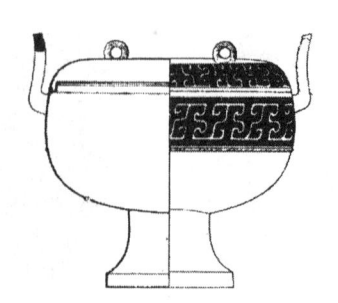

3. 山西省浑源县李峪村出土一件（山西—李峪村，1983，697 页，图二：1；草原考古研究会，2011，22—23，Cb‑4）。高 16.4 厘米。有盖，麻花纽四个，现存三，子母口；器盖器腹饰勾连云纹，填以雷纹。时代为春秋晚期（赵化成，1995，221—222 页；李夏廷，1992b，66 页）。

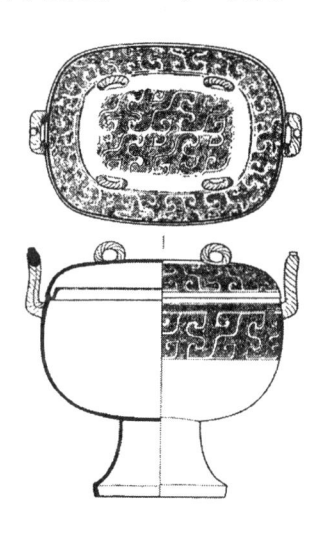

4. 山西省原平县刘庄塔岗梁出土一件（忻州—塔岗梁，1998，11 页，图十：1，图十一；草原考古研究会，2011，22—24，Cb‑3）。高 20 厘米，型同上，盖上有纹饰，腹体素面。时代为春秋晚期。

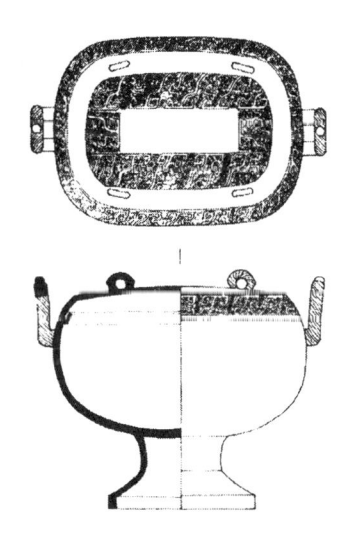

（二）B 型无乳突直立环耳铜鍑

这一型铜鍑耳部没有乳突，定为 B 型。区分亚型、式和样的标准与 A 型相同。

BaI 半筒形圈底,腹壁直或微侈。

BaI-1 装饰中原青铜礼器纹饰。

1. 陕西西安市北郊大白杨库征集一件(王长启,1991,10 页,图一：13；草原考古研究会,2011,16,19,Bbm-2)。高 11.8、口径 9.8 厘米。一耳残缺,直立环耳,纽绳纹,口微侈,腹中部有一周凸起的纽绳纹,颈部饰变形窃曲纹,如同双"S"纹,圈足上有镂孔。根据变形窃曲纹流行的年代(郭宝钧,1981,156 页),此件铜鍑的时代不晚于春秋早期。

2. 甘肃礼县 1995 年出土一件(全国考古新发现精品展,1997；李学勤,1998,396 页；草原考古研究会,2011,16,19,Ba-2)。通高 21.8、口径 18.8 厘米。耳为绳索状,腹上段饰中间有目形的变形窃曲纹,下段饰垂鳞纹；圈足有三个小镂孔。根据变形窃曲纹和垂鳞纹流行的年代(郭宝钧,1981,156 页),此件铜鍑的时代也不晚于春秋早期。

3. 美国范乔治(George Fan)博士夫妇藏一件(So and Bunker 1995, No.22；Bunker 2002, No.185；Jenny, 1995；草原考古研究会,2011,16,19,Ba-3)。高 21.9、口径 18.7 厘米,形同上,圈足无镂孔。

BaI-2 腹上部有若干圈凸弦纹。

1. 俄罗斯叶尼塞河上游萨宾斯克伊(Sabinskoe)附近草原发现一件(Chlenova,1967,Table.18-3;Érdy,1995,Table3-14-3;草原考古研究会,2011,124—125,I.1.A.a-002)。高36、口径35厘米。小环耳,腹壁上附两小竖耳,腹体深,矮圈足,腹饰四道凸弦纹。和阿尔赞2号冢5号墓室出土铜鍑接近,时代为公元前7世纪末。

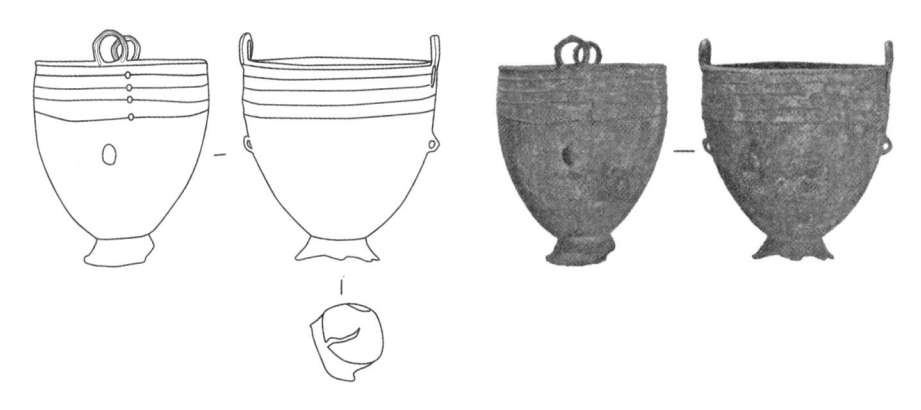

BaI-3 素面。

1. 山西临猗县程村M0002出土一件(赵慧民、李百勤、李春喜,1991,990页,图三:3;草原考古研究会,2011,18,19,Bbm-8)。高5.4、口径5.7厘米。墓葬年代为春秋中后期。

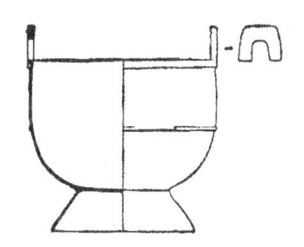

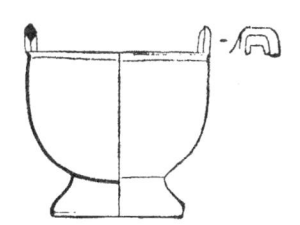

2. 山西临猗县程村M0002出土一件(赵慧民、李百勤、李春喜,1991,990页,图三:4;草原考古研究会,2011,18,19,Bbm-9),高6.8、口径6.6厘米。以上铜鍑形制大致相同,根据共存器物,其时代在春秋中期至春秋晚期,大致在公元前550年前后(田建文,1993,167—168页)。

3. 山西侯马上马墓地 M2008 出土一件（山西省考古研究所，1994，73页，图六十：2；草原考古研究会，2011，18，19，Bbm－6）。高 6、口径 5.2 厘米。

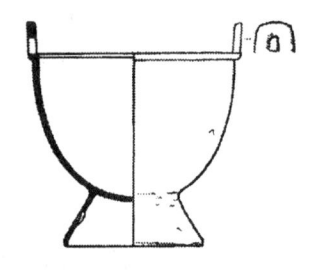

BaⅠ-4 附耳,腹饰三圈凸弦纹。

1. 俄罗斯雅库特州乡土博物馆藏一件（Berdnikova *et al.* 1991, Ris.7; Érdy, 1995, Table 5－1; 草原考古研究会,2011,128, I.1.A.bi－005）。雅库特州伊尔库茨克（Irkutsk）Kachug 区 Korsukovo 村 Korsukovskii Klad, 勒拿河支流 Zhuya 河边土丘窖藏发现一件,1980 年入藏。立耳根部贴附于口沿之外。圈足适中。共存的还有青铜杆头饰。通高 21 厘米。时代为公元前 6 世纪。

BaⅡ 圈足稍细高。

1. 俄罗斯北高加索 Nal'chik 市 Belaya Rechka 古墓出土一件（Vinogradov 1972, 35, Ris.4, 4; Il'inskaya and Terenozhkin 1983, 46 and 52; 雪嶋宏一, 1995, 图 G－1; 草原考古研究会, 2011, 276—277, Ⅵ－1）。铜鍑立于古墓下原来的地面之上, 时代为公元前 5 世纪。

2. 俄罗斯图瓦(Tuva)科凯尔(Kokel)7 号大墓中出土一件(Vainshtein et al,1966;Érdy,1995,Table3－18;草原考古研究会,2011,135,I.1.A.bi－029)。筒腹,直壁,小圈足,腹颈饰弦纹两匝。高 52、口径约 39 厘米。时代为公元前 1 世纪。

BaIII 敛口明显,球体腹,矮圈足。

BaIII-1 素面。

1. 北京延庆县玉皇庙村 M18 出土一件(Érdy,1995,Table6－6－4;辽海文物学刊,1991;北京市文物研究所 2007,290,908,图五七二:1,彩版五O;草原考古研究会,2011,26—27,Db－3)。高 20.9、口径 19.8 厘米。

2. 山西侯马上马村 M13 出土一件(山西省文物管理委员会侯马工作站,1963,242 页,图十二:5,图十四:17;草原考古研究会,2011,18－19,Bbm－5)。高 7.5 厘米,圈足底沿起棱。根据共存的铜器、陶器,M13 的年代为春秋中叶至春秋晚期之际。大致在公元前 550 年前后(田建文,1993,167—168 页)。

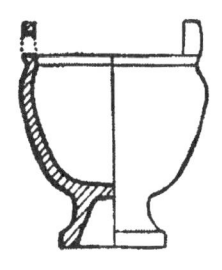

3. 山西太原金胜村 M251 出土一件（山西省考古研究所等，1996，129—130 页，图六八：5、图版八八：5；草原考古研究会，2011，18—20，Bbm‑11）。高 7.3 厘米，圈足底沿起棱。根据墓葬年代，此件铜鍑时代为春秋晚期。

4. 李家崖 83 坟 M1 出土一件（陕西省考古研究院编著：《李家崖》，文物出版社，2013，243—247 页，图二三四：1、彩版二九：3，333—334 页）。器壁较薄，腹部有修补痕迹，圈足内的泥范未取。整个器分两部分铸成，体上合缝明显，双耳是铸成后二次粘上去的。通体素面。口径 11.2、耳高 2.0、通高 15.2 厘米。此墓位置、形制和随葬名品均不同于周围的墓葬，时代为春秋晚期至战国早期。

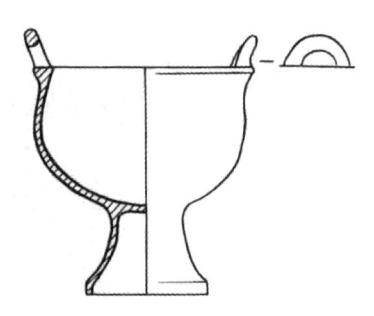

5. 河北新乐县中同村出土一件（河北省文物研究所，1985，17 页，图九：3、图十）。通高 5.5 厘米。根据共存物，时代为战国早期。

BaIII‑2　附耳，装饰中原青铜礼器纹饰。

1. 河南辉县琉璃阁甲乙墓出土一件（郭宝钧，1981，图版 74：1；草原考古研究会,2011,29,图5)。附耳,有盖,颈部饰蟠螭纹,圈足有小镂孔。时代为春秋晚期。

2. 北京故宫博物院藏一件(故宫博物院,1991,177页),原来是一中原式鼎,三足去掉后,装上圈足。鼎的时代为春秋中期(高浜秀,1994,5页)。

3. 河北怀来北辛堡墓葬出土一件(河北—北辛堡,1966,图版贰.6),附耳,时代为春秋晚期(林沄,1980,150页)。

BaIV 鼓腹、高圈足。

BaIV-1 素面。

1. 河北省唐县钓鱼台 1966 年出土一件(胡金华、冀艳坤,2007,图十;草原考古研究会,2011,26—27,Db-6)。圈足上有 3 个菱形孔。通高 22.6、口径 17—17.5 厘米。墓葬中出土青铜器、绿松石饰品、虎形金饰牌、螺旋状金卷等。时代为春秋中期。

2. 俄罗斯鄂毕河西岸 Ob'eznoe-1,1 号冢 4 号墓发现一件(Borodovskii 2008,Ris.1;草原考古研究会,2011,129,I.1.A.bi-006)。铜鍑置于木椁东南角。耳呈环状,下部近一半贴附于口沿外,腹部中部微鼓,圈足适中。通高 22、口径 16 厘米。年代约为公元前 5—前 4 世纪。

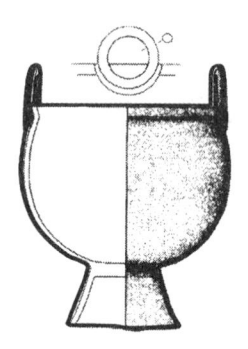

3. 河北怀来甘子堡 8 号墓出土一件(贺勇、刘建中,1993,25 页,图四:3;草原考古研究会,2011,26,27,Db-2),圈足为细高喇叭形。

4. 新疆伊犁地区尼勒克县克令乡卡哈拉木东村征集一件(郭林平，1998，76 页；草原考古研究会，2011，196，199，B003)。耳作环状贴附于口，鼓腹，口微敛，高圈足，颈部饰凸弦纹一周。高 34、口径 26.5 厘米。时代可能在春秋晚期至战国早期之间。

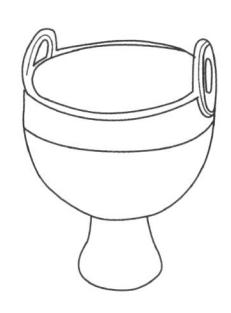

5. 河北省唐县北城子 2 号墓发现一件(郑绍宗，1991，20 页，图 4；草原考古研究会，2011，26，28，Dm－1)。小，通高 6.92、口径 4.5 厘米。时代为春秋晚至战国早期。

BaIV－2　尖圜底，绳套纹。

1. 俄罗斯阿尔泰 Ust'-Shamanikha－3 发现一件(Kungurov et al. 2001, Rıs.4－1,2；草原考古研究会，2011，131，I.1.A.bi－012)。20 世纪 70 年代，Shamonikha 河右岸河口发现。马掌状耳，根部贴附于口沿之外。腹体上部微鼓，尖圜底，腹体瘦高。腹上部饰两头封闭上下两平行线式绳套纹，腹下部有一圈铸线纹。圈足大小适中。通高约 34.5 厘米。

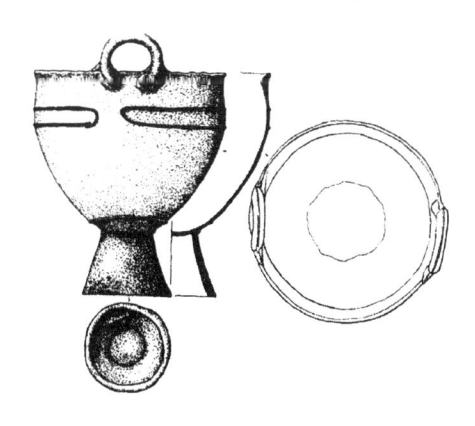

2. 俄罗斯米努辛斯克乡土博物馆藏一件,MKM.A10021－5(10073)(草原考古研究会,2011,131,I.1.A.bi－015)。米努辛斯克附近 Berezovka 村发现。马呈坏状,耳面有槽,下部近一半贴附于口沿之外。腹微鼓,圆圜底,腹上部饰两头封闭上下两平行线式绳套纹,腹下部有一圈铸线纹。圈足大小适中。通高 33 厘米。

3. 俄罗斯哈卡斯国立乡土博物馆藏一件,XKM326(草原考古研究会,2011,132,I.1.A.bi－018)。马掌状耳,耳面有槽,下部三分之一贴附于口沿之外。腹上部微鼓,尖圜底,腹上部饰半封闭上下两平行线式绳套纹,腹下部有一圈铸线纹。圈足大小适中。通高 46.2、口径 36.3 厘米。

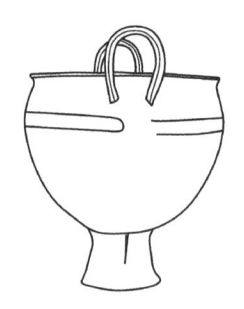

4. 俄罗斯哈卡斯国立乡土博物馆藏一件,XKM325(草原考古研究会,2011,132—133,I.1.A.bi－020)。马掌状耳,耳面有槽,下部三分之一贴附于口沿之外。腹上部微鼓,尖圜底,腹上部饰两头封闭上下两平行线式绳套纹,腹下部有一圈铸线纹。圈足大小适中。腹体和圈足之间有 3 条加强筋。通高 31.6、口径 24.1—26.3 厘米。

5. 俄罗斯科学院西伯利亚考古学·民族学研究所藏一件(福冈市博物馆编 2005,No.58;草原考古研究会,2011,135,I.1.A.bi-026)。阿尔泰出土。马掌状耳,耳面有槽,下部二分之一贴附于口沿之外。腹中上部微鼓,尖圜底,腹上部饰两头封闭上下两平行线式绳套纹。圈足残,腹体和圈足之间有 4 条加强筋。通高 50 厘米。

6. 米努辛斯克乡土博物馆藏一件 MKM.A9624(10096)(草原考古研究会,2011,165,II.1.A-012)。Berezovaya 河 Irbinskaya Dacha 山中地表发现。马掌状耳,下部二分之一贴附于口沿之外。尖圜底,腹上部饰两头封闭上下两平行线式绳套纹,两耳之间有相对的垂直于口沿的铸线纹。小圈足,圈足残,腹体和圈足之间有 4 条加强筋。高 32、口径 31 厘米。

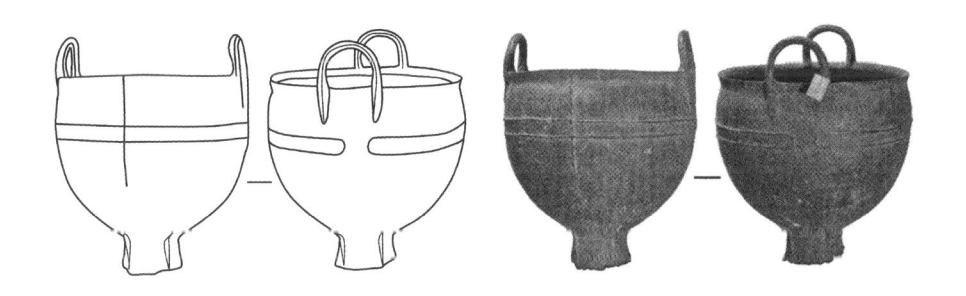

7. 俄罗斯阿尔泰 Chumsh 河 NovotroitskoeII5 号冢 3 号墓出土一件(Mogil'nikov et al. 1999,Ris.2-16;草原考古研究会,2011,129,I.1.A.bi-011)。置于木椁墓主左脚右侧。仅存一耳,马掌状耳,耳面无槽,根部贴附于口沿之外。腹微鼓,圆圜底,上部饰两道凸绳索纹构成的封闭绳套纹。圈足适中。通高 30.2、最大腹径 26、圈足高 5.8、圈足径 9 厘米。根据共存的器物,年代约为公元前 4—3 世纪。

BaV 敛口鼓腹,细高圈足。

1. 北京延庆县玉皇庙村 M250 出土一件(Érdy,1995,Table6－6－3;北京市文物研究所,2007,328,908,图五七二:1,彩版五一:1;草原考古研究会,2011,26—27,Db－4),高 23.3、口径 21 厘米,圈足十分细高。时代可能为战国早期。

2. 河北行唐李家庄发现一件(河北省文化局文物工作队—李家庄,1961,55 页,图一:1;河北省文化局文物工作队,1963;河北省博物馆—文物管理处编,1980,No.160;草原考古研究会,2011,26,27,Db－5),高 21 厘米,器表有明显的范铸痕迹,由四块瓦状外范合组而成,腹部饰凸弦纹一周。时代为战国初期。

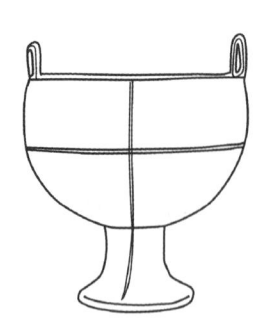

3. 新疆喀什市喀什地区博物馆藏一件（新疆维吾尔自治区文物事业管理局，1999，252页，图片编号：0738；草原考古研究会，2011，199，B‑003）。环形耳，外有凹槽纹，下面近一半贴附于口沿。半球体腹，圜底。细高圈足。高57、口径46厘米。

4. 俄罗斯顿河下游左岸支流上游 Krivolimanskii I 号墓群16号墓9号墓室出土一件（草原考古研究会，2011，311—312，XI‑5‑a，No.129）。直立环耳，耳根下有"π"形装饰。敛口球腹，细高圈足。时代为公元1世纪后半—2世纪前半。

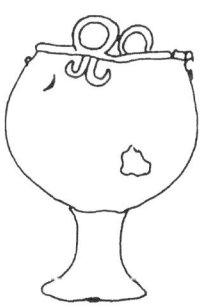

5. 西哈萨克斯坦州 LebedevkaVI 墓群24号墓出土一件（Zhelezchikov, Kriger 1980, pp.432—433；草原考古研究会，2011，307—308，VIII‑4‑a，No.91，同类的还有 No.85、86、87、88、89、90、92、93、94、95、96、97、98、99、100、101、102、103、104、160）。直立环耳，小直沿，敛口球腹尖圜底，圈足残失。时代为公元2世纪后半—3世纪初。

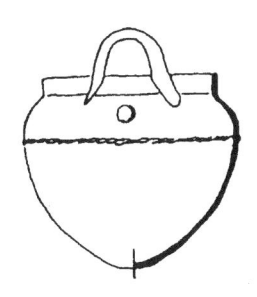

BaVI 敛口，尖圜底，颈部有小肩耳。

1. 俄罗斯顿河下游右岸罗斯托夫 Rostovskaya 州 Krepinskii 墓群 11 号墓发现一件（Raev 1986, p.54；草原考古研究会，2011，305—306，VI‐3‐a，No.63，同类的还有 No.153、81、83）。直立环耳，大敛口球腹尖圜底，小圈足。腹饰一圈绳索纹。时代为公元 1 世纪末—2 世纪中前期。

2. 俄罗斯北高加索地区 Checheno Ingushckaya ASSR 山地偶然发现一件（草原考古研究会，2011，307—308，VIII‐3‐a，No.84，同类的还有 No.82）。直立环耳，耳根下有"π"形装饰，肩部有涡旋纹装饰。小直口，敛口球腹尖圜底，圈足残失。腹饰一圈绳索纹。公元 2 世纪后半。

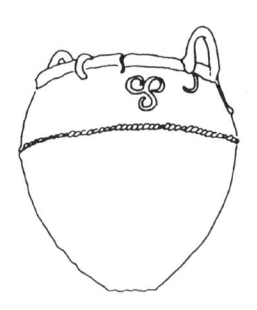

3. 乌克兰 Donskaya 州 Nizhne Gnilovskaya 村 Kruglyi 古墓发现 2 号鍑（草原考古研究会，2011，305—306，VI‐3‐b，No.64，同类的还有 No.65）。直立环耳，两耳根下的口沿外有"π"形装饰，与立耳相对的口沿位置有一对竖耳。时代为公元 1 世纪前半。

Bb1　方圆腹体。

1. 多尼埃普鲁河中游 Dnepropetrovsk 市 Orlovskoo 古墓群 6 号墓出土（埃尔米塔什博物馆藏 2490/52；Minasyan 1986,67,Ris.1,5 & 3,5；雪嶋宏一,1995,图 H‐2；草原考古研究会,2011,277—278,Ⅶ‐1‐2）。墓葬时代为公元前 4 世纪。

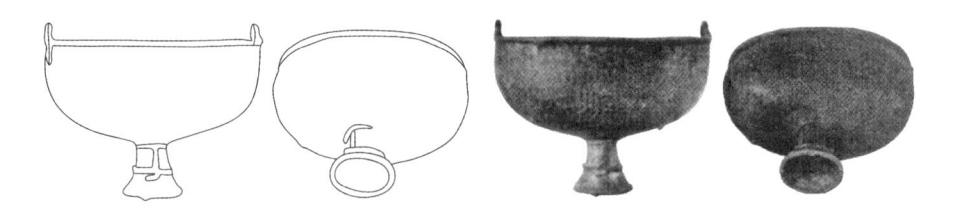

2. 1974 年山西原平县练家岗发现一件（李有成,1992,107 页,图 2；草原考古研究会,2011,22—23,Ca‐10），通高 16.2、口径 10.9—14.5 厘米。墓葬中的甗、壶等共存物时代为春秋晚期至战国早期。

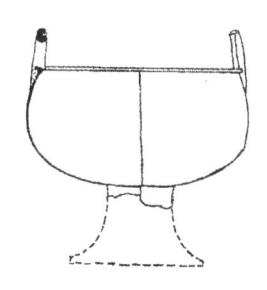

3. 2011 年 4 月黄陵县阿党镇寨头河村战国时代墓地墓葬中发现作为明器的陶鍑，如 M48 所出陶鍑，为方圆体圈足鍑（陕西省考古研究所孙周勇等：《陕西黄陵县寨头河战国戎人墓地》，《中国文物报》2012 年 1 月 6 日 5 版）。

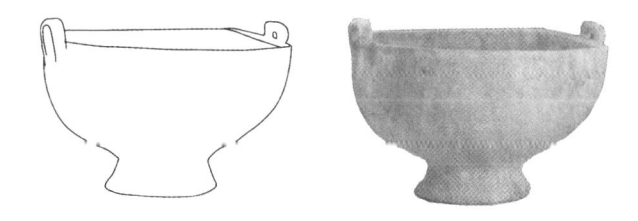

（三）C 型三乳突直立环耳铜鍑

这一系铜鍑为直立环耳，主要特征是耳上饰三个突，定为 C 型。区分亚型、式和样的标准与 A 型相同。

Ca1　直口筒腹；耳作环状贴附于口；腹体下半部有一圈铸线纹。

1. 俄罗斯伊尔库斯克北 13 公里安加拉河上的丘金岛（Shchukina）发现

一件。(Rygdylon et al. 1959,Ris.1－2;Erdy,1995,Table5－7;草原考古研究会,2011,144,146,I.1.A.biii－004)。耳呈环状,约四分之一贴附于口沿。腹体下半部有一圈铸线纹。圈足较高大。通高约 27 厘米。1953 年入藏伊尔库斯克乡土博物馆。

2. 俄罗斯米努辛斯克乡土博物馆藏一件(Demidenko 2008,Ris.70－1;草原考古研究会,2011,143,I.1.A.biii－001)。耳呈环状贴附于口沿,腹体中部有一圈凸弦纹。高 37 厘米。

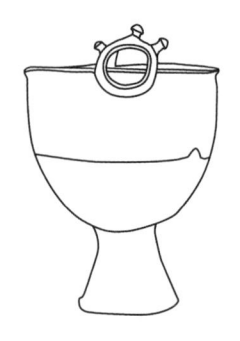

CaII 半球腹。

CaII－1 素面。

1. 第聂伯河中游左岸支流斯拉(Sula)河上游阿库希尤泰茨伊(Aksyutintsy)村斯塔依金·乌埃鲁夫地区 2 号墓出土一件(Mantsevich 1987,69,Kat.48; Il'inskaya 1968,35,Tab.XVI,13;雪嶋宏一,1995,4 页,图 D－2;草原考古研究会,2011,266—267,IV－1－1－1),墓葬时代为公元前 5 世纪初—后半。

2. Kalachevskii 地区 Vertyachii 村 6 号墓 4 号墓室出土一件（Mamontov 1993，pp.187—193；草原考古研究会，2011，299—301，图 4，V‑2‑a，No.23，同类的还有一件，见 No.24）。半球腹，很高的圈足。斜坡洞室墓，时代为前 4 世纪后半至前 3 世纪初。

3. 顿河中游右岸支流 Potudan 河 Kolbino 第 1 号墓群 14 号墓出土一件（Savchenko 2001，103—107，Ris.38，25；草原考古研究会，2011，269—270，IV‑1‑1‑22；）。敞口球腹。时代为公元前 4 世纪。

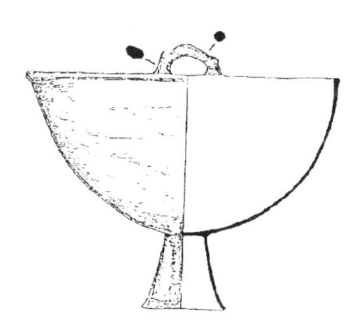

4. 俄罗斯索罗帕古墓出土一件（埃尔米塔什博物馆藏 Dn 1913 1/58；雪嶋宏一，1995，图 E‑2；草原考古研究会，2011，274—275，IV‑2‑1‑2）。立耳残失一个，圈足已掉落。敛口球腹。通高 65、口径 71—78 厘米，墓葬年代为公元前 5 世纪末—4 世纪初。

5. 俄罗斯契埃莱托姆鲁依库古墓葬东南侧室出土一件,埃尔米塔什博物馆藏,Dn 1863 1/377a(Alekseev, Murzin and Rolle 1991,206—208,Kat. 133;雪嶋宏一,1995,图 D‑8;草原考古研究会,2011,265—266,Ⅳ‑1‑1‑5)。三突立耳,内撇。敛口球腹,细高圈足,圈足残。通高 27、口径 31 厘米。有修复的痕迹。时代为前 4 世纪后半。

6. 俄罗斯第聂伯河下游左岸 Balki 村 Gaimanova Mogila 古墓出土一件(雪嶋宏一,1995,图 D‑9;草原考古研究会,2011,265—266,Ⅳ‑1‑1‑4),极端敛口球腹,高圈足,下缘扩展。通高 26、口径 20 厘米,前 4 世纪后半。

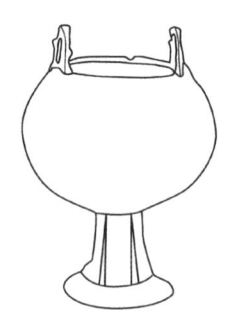

CaⅡ‑2 素面,有斜肩耳。

1. 第聂伯河中游左岸支流斯拉河上游 Volkovtsy 村 1 号墓出土一件(Il'inskaya 1968,48,Tabl.38,1;雪嶋宏一,1995,图 E‑3;草原考古研究会,2011,274—275,Ⅳ‑2‑1‑3)。直口半球腹,墓葬年代为公元前 4 世纪后半。

2. 俄罗斯第聂伯河中游左岸支流斯拉河中游 Tishki 村古墓出土一件（Il'inskaya 1968,62,Tabl.55,5;雪嶋宏一,1995,图 E-4;草原考古研究会,2011,274—275,IV-2-1-4）。立耳内撇,敛口球腹,圈足中部有一圈凸棱纹。墓葬年代为公元前 4 世纪。

3. 第聂伯河中游右岸支流恰斯明河 Martonosha 村古墓出土一件（オデッサ考古学博物馆藏 No.43715;Dzis-Rayko 1983,66,Ris.117;雪嶋宏一,1995,图 E-1;草原考古研究会,2011,274—275,IV-2-1-1）。一立耳残失,微敛口球腹,小细圈足。通高 50 厘米,墓葬年代为前 6 世纪前半。

CaⅡ-3 腹体有装饰。

1. 顿河中游沃罗涅日市恰斯托依埃古墓群 1927 年发掘 3 号墓时出土一件（俄罗斯国立历史博物馆藏;Gorodtsov 1947,19,Ris.8;雪嶋宏一,1995,图 D-4;草原考古研究会,2011,273—274,IV 1 6 1）。三突立耳,两耳根下部呈"八"字卷曲纹装饰,直口半球腹,高圈足。时代为公元前 4—前 3 世纪。

2. 索罗帕古墓南室出土一件(埃尔米塔什博物馆藏 Dn 1912 1/57; Mantsevich 1987,35—37,Kat.8;雪嶋宏一,1995,图 D‐3;草原考古研究会, 2011,271—272,Ⅳ‐1‐2‐1)。6 个三突立耳,半球腹,腹饰大波折纹。细圈足,下缘扩展。通高65、口径71—72 厘米,时代为前5 世纪末—4 世纪初。

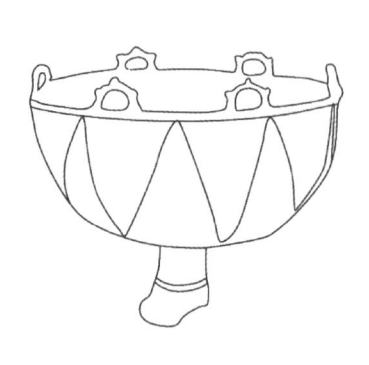

3. 俄罗斯第聂伯河下游右岸 Raskopana Mogila 发现一件(埃尔米塔什博物馆藏 Dn 1897 2/14;Melyukova 1989,111;Alekseev,Murzin and Rolle 1991,130;雪嶋宏一,1995,图 D‐13;草原考古研究会,2011,272—273,Ⅳ‐1‐5‐1)。三突双立耳,敛口球腹,小细圈足。腹体纹饰分上中下三段,最上为公牛和双圈同心圆,中间是希腊风格的阿堪瑟斯植物纹,下段也是植物纹。通高47、口径39 厘米,时代为公元前5 世纪后半—4 世纪前半。

CaⅢ 尖圜底,腹或饰绳套纹。

CaⅢ‐1 无流嘴。

1. 俄罗斯托博尔斯克市 Tyrkov 村发现一件(Pósta 1905,Abb.300,300a; Érdy,1995,Table2‐12;草原考古研究会,2011,147,Ⅰ.1.A.biii‐016)。1890 年小土丘的腐殖土中发现。耳呈马掌形,下部三分之一贴附于口沿。腹体上部饰三道凸弦纹构成的封闭绳套纹。腹体和圈足之间有加强筋。圈足高大。高

58.5、深 39、腹体内径 41—50.5、圈足高 19 厘米,重约 25 公斤(Moshinskaya 1953:202,Ris.5)。

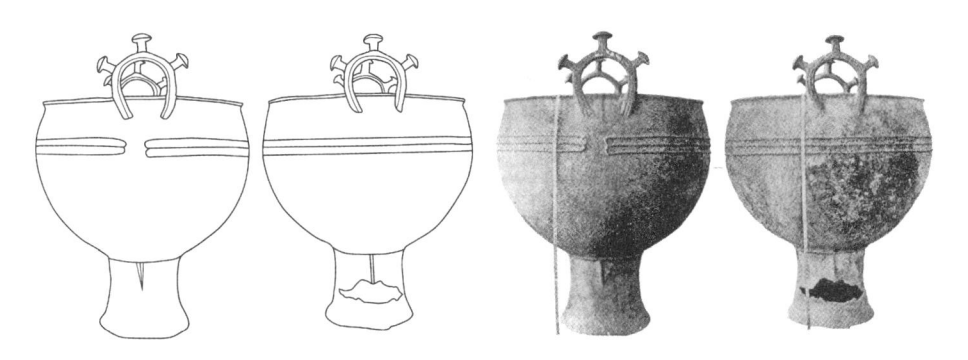

2. 俄罗斯叶尼塞河上游地区发现一件(Appelgren-Kivalo,1933:41; Jettmar,1967,pp.72—74,fig.39;草原考古研究会,2011,145,I.1.A.biii-007)。耳呈马掌状,下部约四分之一的部分贴附于口沿。腹体上部装饰三道凸弦纹构成的全封闭绳套纹。腹体下部有一圈铸纹。圈足适中。

3. 俄罗斯哈卡斯国立博物馆藏一件 XKM253-2(草原考古研究会,2011,147,I.1.A.biii-014)。耳呈马掌状,下部三分之一贴附于口沿。耳上突起粗大。腹体饰三道凸弦纹构成的封闭绳套纹。腹体下部有一圈铸线纹。腹体和圈足之间有 4 条加强筋。圈足适中,底缘外撇。

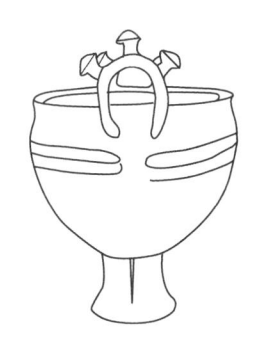

4. 俄罗斯彼尔姆(Perm)萨德林(Sadrin)地区扎马拉艾沃斯科伊 Zamaraevo 发现一件(Pósta 1905, Abb.298；Érdy, 1995, Table2-4；草原考古研究会, 2011, 154, I.1.A.d-003)。半环状耳,立于口沿之上,耳上有三个突起。腹呈半球体,略微尖圜底。高圈足,通高约45厘米。

5. 俄罗斯伊尔库茨克乡土博物馆藏一件(Rygdylon et al. 1959, Ris.1-1；Erdy, 1995, Table5-6；草原考古研究会, 2011, 148, I.1.A.biii-017)。库图拉克(Kutullaki)河河岸出土,腹饰三道弦纹。

6. 第聂伯河下游海鲁索州 Andrusovka 村发现一件,埃尔米塔什博物馆藏(Matsevich 1961, 149, Ris.12；雪嶋宏一, 1995, 图 E-7；草原考古研究会, 2011, 274—276, IV-2-2-2)。微敛口球腹,腹饰波折纹。时代为公元前4世纪。

7. 俄罗斯库班州 Khatazhukaevskii aul 古墓出土一件（Gushshina, Zasetskaya 1989, p.88; Shukin 1992, p.112; 草原考古研究会, 2011, 300—303, VI－1－b, No.27, 同类的还有 No.54）。三突直立环耳, 两耳根下口沿外有锚形装饰。时代为公元 1 世纪后半。

8. 俄罗斯库班州 Yaroslavskaya 村出土一件（Gushshina, Zasetskaya 1989, p.88; Shukin 1992, p.110; 草原考古研究会, 2011, 300—303, VI－2－b, No.61, 同类的还有 No.62）。三突环立耳, 突很小, 直口球腹, 小圈足。素面。古代墓葬的再利用。时代为公元 1 世纪后半。

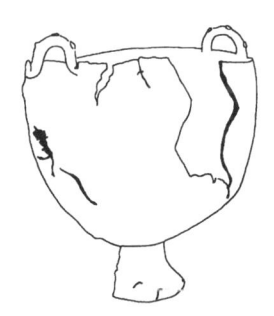

9. 俄罗斯 Saratov 州 Palassovskii 地区 Khar'kovka 村 15 号墓出土一件（Grakov 1965, p.218 草原考古研究会, 2011, 300—303, VI－2－a, No.56, 同类的还有 No.55、57、58、59、60）。三突环立耳, 小折沿, 敛口球腹尖圜底, 腹饰一圈绳索纹, 小圈足。时代为公元 1 世纪。

CaIII-2 带流嘴。

1. 俄罗斯托木斯克大学考古学民族学博物馆藏一件,Mogil'nik u ust'ya MaloiKirgizki 出土(草原考古研究会,2011,158—159,I.1.C-006)。腹饰三道凸弦纹,腹体上部有一个管状流嘴。圈足残。残高22.8、口径18.6—19.3厘米。

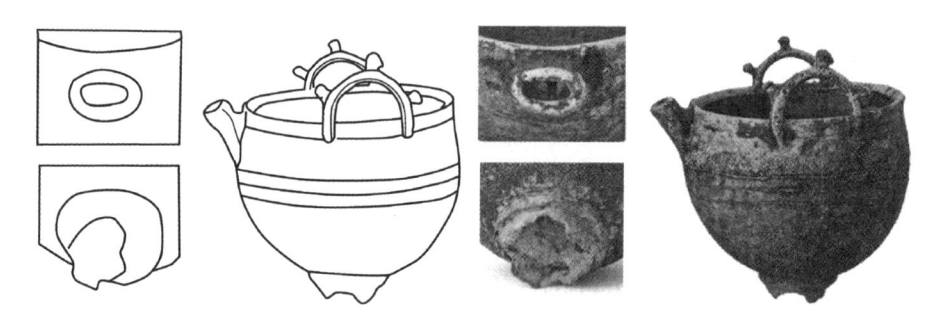

CaIII-3 口沿处有小竖鼻耳或动物浮雕。

1. 俄罗斯派提马瑞(Pyatimary I)发现一件(Davis-Kimball,1995,129,fig.30,b)。圈足残,属萨尔马泰文化早期,时代为公元前4—前1世纪。

2. Astrakhan 州 Krasnoyarskii 地区 pos.Komsomal'skii 村破坏的墓中偶然发现一件(草原考古研究会,2011,311—312,XI-3-a,No.126)。三突立耳,耳突发达,另外还有动物形的竖肩耳,折沿,敛口球腹,高圈足,已残。腹饰绳索纹。时代为公元1世纪后半—2世纪前半。

3. 俄罗斯 Volgogradskaya 州 Kamyshinskii 地区 Baranovka 村 2 号墓出土一件(Sergatskov 2000;草原考古研究会,2011,299—303,Ⅵ-1-a,No.46)。三突环立耳,两耳根下部贴附于口沿外。与立耳相对的口沿外还有一对竖鼻耳。腹体饰一圈绳索状凸弦纹。小圈足。时代为公元 1 世纪末—2 世纪初。

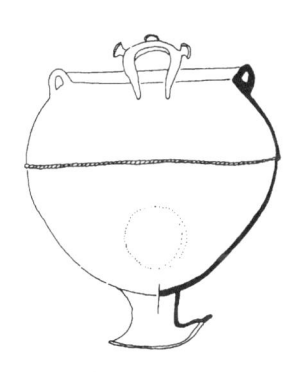

4. 俄罗斯 Saratov 州 Krasnokutskii 地区 Verkhnii Eruslan 村 1 号墓 5 号墓室出土一件(Yudin 1997;草原考古研究会,2011,299—302,Ⅵ-1-a,No.29,同类的还有 28 件,见 No.161、30、28、31、32、33、163、34、35、36、37、38、39、40、152、41、42、43、44、45、46、47、48、49、50、51、52、53)。三突环立耳,两耳根下,口沿外有锚形装饰。与立耳相对的口沿外还有一对竖鼻耳。腹体饰两圈凸弦纹。小圈足。时代为公元前 2 世纪。

5. 俄罗斯 Volgogradskaya 州 Ilovlinskii 地区 Berdiya 墓群 3 号墓 1 号铜鍑(Mordvintseva,Sergatskov 1995,p.125;草原考古研究会,2011,303—304,Ⅵ-1-a,No.45)。三突环立耳,两耳根下部口沿外装饰"π"形纹饰,末端卷曲。与立耳相对的口沿外还有一对竖鼻耳。腹体饰一圈绳索状凸弦纹。小圈足。时代为公元 1 世纪后半—2 世纪初。此墓还有另一件竖肩耳的铜鍑。

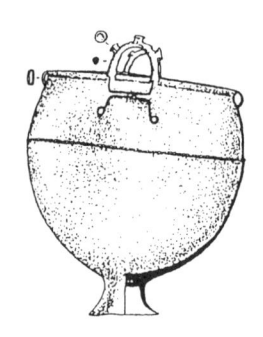

6. 俄罗斯亚速海地区 Rostovskaya 州 Vysochino 墓群 4 号墓出土一件 (Bespalyi 1983; 草原考古研究会, 2011, 305—306, VI‑7‑a, No.69)。三突环耳, 下部贴附于口沿外, 此外还有一对竖的动物形耳。时代为公元 1 世纪后半—2 世纪前半。

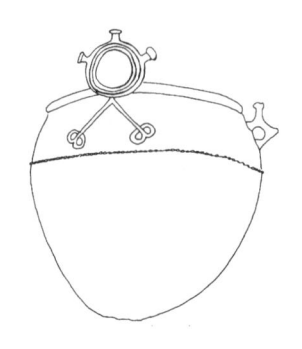

CaIV　尖圜底, 腹体细高。

CaIV‑1　无流嘴。

1. 巴尕伊沃斯基 (Bagaevskii) 发现一件 (Davis-Kimball, 1995, 149, fig.12, b)。属萨尔马泰文化中期, 时代为公元前 1—公元 1 世纪。

2. 俄罗斯 Balashovskii 郡 Saratov 县 Norka 村偶然发现一件 (草原考古研究会, 2011, 305—308, VII‑1a, No.71)。三突直立环耳, 乳突发达。小折沿, 敛口鼓腹尖圜底, 圈足残失。时代为公元 2 世纪前半—中叶。

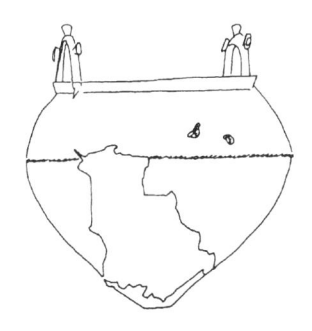

3. 萨尔马泰文化晚期墓葬发现一件（Davis-Kimball，1995，pp.156，fig.15）。时代为公元 2—4 世纪。

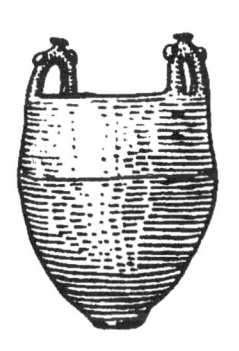

4. 萨尔马泰文化晚期墓葬发现一件（Davis-Kimball，1995，156，fig.15）。时代为公元 2—4 世纪。

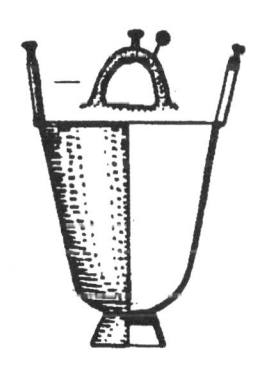

CaIV - 2　带流嘴。

1. Tbilisskii 地区 Kh.Peschanyi 村古墓 10 号墓出土 2 号鍑（草原考古研究会，2011，308—310，Ⅸ - 2 - a，No.106，同类的还有 No.107）。三突立耳，乳突发达，有流嘴和竖的肩耳，小敛口球腹，高圈足。时代为公元前 1 世纪后半。

Cb　椭圆腹体。

1. 第聂伯河下游左岸索罗帕古墓出土一件(Mantsevich 1987,98—99,Kat.72;雪嶋宏一,1995,图 F-1;草原考古研究会,2011,265—266,Ⅳ-1-1-2)。通高 47、口径 31—44 厘米。墓葬年代为公元前 5 世纪末—4 世纪初。

2. 第聂伯河下游右岸托鲁斯塔亚·莫克纳(Tolstaya Mogila)墓葬出土一件(Mozolevs'kiy 1979,144,Ris.130;雪嶋宏一,1995,图 F-2;草原考古研究会,2011,265—266,Ⅳ-1-1-3)。通高 35.2、口径 33—22.5 厘米。墓葬时代为公元 4 世纪中叶后半。

3. 第聂伯河中游右岸 Cherkassk 州 Ryzhanovka 村大型墓出土两件(Skoryi, Khokhorovs'ki, Grygor'ev and Rydsevs'ki 1999,100;Chochorowski and Skoryi 1999,fot.1;草原考古研究会,2011,265—268,Ⅳ-1-1-6、Ⅳ-1-1-7)。一大一小。鍑中发现动物骨骼。时代为公元前 350—325 年。

4. 第聂伯河中游支流恰斯明(Tyasmin)河上游卡皮塔诺卡(Kapitanovka)村487号墓出土一件(Petrenko 1967, 25, Tabl. XV, 4;雪嶋宏一,1995,图F-3;草原考古研究会,2011,267—268,Ⅳ-1-1-11)。微敛口椭圆球腹,细高圈足,圈足下部残失。墓葬时代为公元前4世纪。

5. ケルチ市郊外 Patinioti 古墓出土一件(Diamant 1967;Yakobenko 1974, 64,Ris.25,4;66,Ris.26;草原考古研究会,2011,267—268,Ⅳ-1-1-14)。敞口椭圆球腹尖圜底,细高圈足,下缘扩展。通高35.5厘米。同出斯基泰的战士雕像、杯等。时代为公元前4世纪后半。

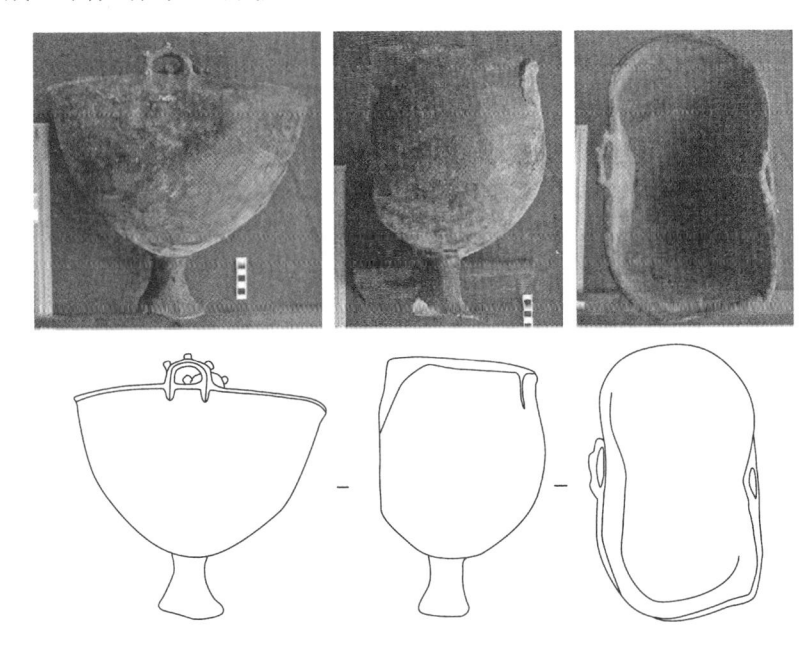

6. 亚速海北岸多莱茨库州鸠达诺夫市 Zhdanov 市近郊 Dvugorbaya Mogila 墓地 2 号墓出土一件（Privalova, Zarayskaya and Privalov 1982, 169—170, Ris.16；雪嶋宏一，1995，图 F－4；草原考古研究会，2011，267—268，Ⅳ-1-1-15）。细小圈足，圈足中部有一圈凸弦纹，敛口球腹，椭圆腹体，一侧平。通高 36、口径 49—33 厘米。表面有灰烬。墓葬年代为公元前 4 世纪。

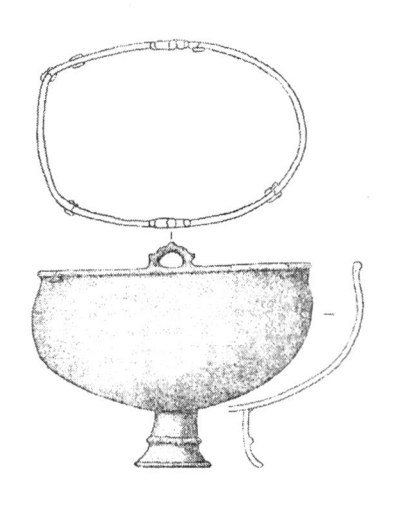

7. 顿河河口 Elizavetovskaya 村 Pyat'Brat'ev 古墓群 9 号墓 2 号墓室发现一件（亚速博物馆藏 KP 3520/44；Kocyanenko 1978, 196, Ris.3, 1；雪嶋宏一，1995，图 F－5；Demidenko 2008, 233, Ris.121；草原考古研究会，2011，269—270，Ⅳ-1-1-18）。敛口球腹，腹体椭方形。细圈足，下缘扩展。通高 41、口径 26.5—38.5 厘米，墓葬年代为前 4 世纪末—3 世纪初。

8. 顿河河口 Elizavetovskaya 村 Pyat'Brat'ev 古墓群 11 号墓出土一件（亚速博物馆藏；Kocyanenko 1978, 196, Ris.3, 3；雪嶋宏一，1995，图 F－6；Demidenko 2008, 232, Ris.120, 06.1.A；草原考古研究会，2011，269—270，Ⅳ-1-1-19）。墓葬年代为公元前 4 世纪。

9. 顿河中游右岸 Tikhaya Sosna 河流域 Durovka 村 16 号墓出土一件（Puzikova 2001,197,Ris.50,1；草原考古研究会,2011,269—270,Ⅳ-1-1-23）。耳上三突较小,圈足较高。发现于墓室中央东南部。时代为公元前4—前3世纪。

10. 杜罗夫卡村 4 号墓出土一件小型鍑（Puzikova 1966,90,Ris.32,1；Puzikova 2001,186,Ris.20,1；草原考古研究会,2011,270—271,Ⅳ-1-1-24）。圈足较高。时代为公元前3世纪早期。

11. 丘埃鲁托姆鲁依库古墓 5 号墓室出土一件（埃尔米塔什博物馆藏 Dn 1863 1/363；Alekseev, Murzin and Rolle 1991,215—217,Kat.144；雪嶋宏

一,1995,图 F‑7;草原考古研究会,2011,271—272,Ⅳ‑1‑3‑1)。三突双立耳,微敛口半球腹,腹体饰相交的双波折纹,小细高圈足。通高59、口径62—40厘米,墓葬时代为公元前4世纪后半。

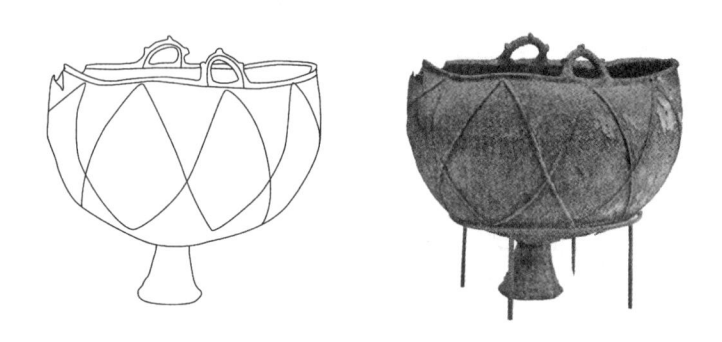

12. 黑海北岸草原麦利托‑玻利(Melitopol)市内麦利托‑玻利古墓1号墓墓道出土一件(Terenozhkin and Mozolevskiy 1988,76,Ris.80‑81;雪嶋宏一,1995,图 F‑8;草原考古研究会,2011,271—272,Ⅳ‑1‑3‑2)。微敛口半球腹,一边较平,腹体饰相交的双波折纹,小细高圈足。通高51、口径54厘米。墓葬年代为公元前4世纪后半。

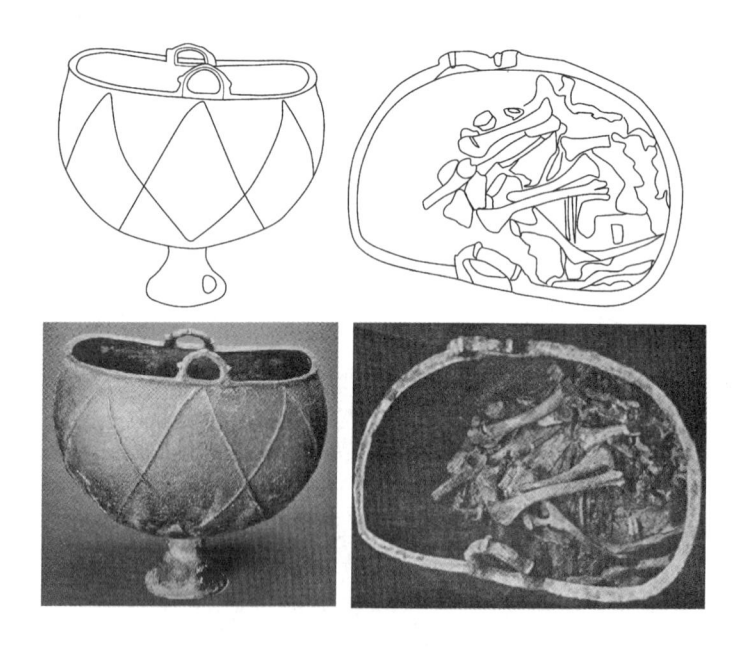

13. 恰斯托依埃古墓群11号墓发现一件(Puzikovka 2001,14,Ris.7,3;草原考古研究会,2011,273—274,Ⅳ‑1‑6‑2)。两耳根有小的卷曲纹饰。通高60、口径55—60厘米。时代为公元前4—前3世纪。

14. 沃罗涅日市近郊多罗夫卡村 4 号墓出土一件（Puzikov 1966,90, Ris.32,2;2001,186,Ris.20,2;雪嶋宏一,1995,图 D－5;草原考古研究会, 2011,273—274,Ⅳ－1－6－3）。两耳根有小的卷曲纹饰，腹体方圆，外饰波折纹。时代为公元前 3 世纪早期。

15. 沃罗涅日ヴォロネジ州 Mastyugino 村 4 号墓 2 号墓室发现一件（Medvedev 1999,Ris.56,1;草原考古研究会,2011,274—275,Ⅳ－2－1－6）。有斜肩耳，微敛口球腹，椭方圆体，尖圜底。粗圈足，圈足中部有一圈凸棱纹。

（四）D 型动物形立耳铜鍑

这一型铜鍑的耳为动物形，一般为山羊造型。区分亚型、式和样的标准与 A 型相同。

Dal－1　山羊造型耳。敛口球腹。高圈足。

1. 俄罗斯 1903 年高加索山西北库班河中流右岸支流 Belaya 河凯莱鲁

麦斯墓群希由利茨 2 号墓发现一件（Mantsevich 1961, 147, Ris.6; Piotrovsky 1986, Ris.54; Minasyan 1986; Galanina 1997, 227, 33, Table.41, 33;雪嶋宏一，1995，图 B-1;草原考古研究会，2011，260—261, II-1-1-1）。球腹，通高 46、口径 44—51.2 厘米。时代为公元前 7 世纪后半。

2. 俄罗斯 1903 年高加索山西北库班河中流右岸支流 Belaya 河凯莱鲁麦斯墓群希由利茨 2 号墓发现一件（Borovka 1929, Pl.29; Mantsevich 1961, 147, Ris. 5; Galanina 1997, 226—227, 32, Table. 41, 32;雪嶋宏一，1995，图 B-2;草原考古研究会，2011，260—261, II-1-1-2）。半球腹，通高 38.5、口径 44.5—50.5 厘米。时代为公元前 7 世纪后半。

3. 莱玛尼阿ルーマニア的黑海沿岸 Constanta 近郊 Castelu 村发现一件鍑（Florescu 1980, 191;雪嶋宏一 1995，图 C-2;草原考古研究会，2011, 260—261, II-1-1-3）。球腹，腹体有大波折纹。小圈足，已残。年代为公元前 5 世纪。

4. Temir 古墓出土一件(草原考古研究会,2011,296—297,Ⅰ-2-a)。动物形双立耳,直口半球腹,圈足残。萨尔马泰文化。时代为公元前5—4世纪。

5. 契埃莱托姆鲁依库古墓出土一件(Piotrovsk 1986,270;Alekseev,Murzin and Rolle 1991,215,Kat.142;雪嶋宏一,1995,图C-3;草原考古研究会,2011,261—262,Ⅱ-1-2-2)。通高100.1、直径68厘米,是迄今发现最大的斯基泰铜鍑。墓葬年代为公元前4世纪至3世纪初。

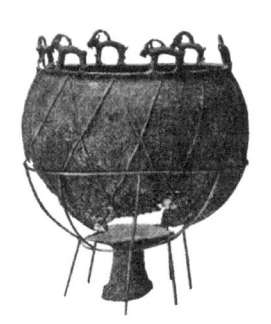

Da1-2 微敛口球腹微尖圜底,高圈足。马形或者其他有蹄动物形对耳。

1. 俄罗斯米努辛斯克乡土博物馆藏一件(Rygdylon et al. 1959,Ris.1-3;草原考古研究会,2011,153,I.1.A.c-005)。米努辛斯克盆地发现,1920年入藏。山羊圆雕耳,立于口沿之上,末端贴附于口沿。腹饰两圈弦纹,腹下部有一圈铸线纹。圈足粗大。底部有火烧的痕迹。通高约20厘米。

2. 俄罗斯戈尔诺-阿尔泰乡土博物馆藏一件(Kubarev 1979,Ris.3;Chlenova 1981,Ris.7;草原考古研究会,2011,152,I.1.A.c－002)。1974 年在 Seminsk 发现。马形耳,垂头伫足,立于口沿之上,末端贴附于口沿。腹饰连续菱格纹。

DaII 山羊造型耳增至四至六个。除动物型耳外,颈腹部一般还有一对斜肩耳;敛口球腹圜底,大高圈足。

1. 凯莱鲁麦斯 3 号墓出土一件(Mantsevich 1961, 147, Ris.7; Minasyan 1986.66,R;Galanina 1997,230,43,Table.41,43;Galanina2006,27,Ⅱ;70,Ⅱ。97;雪嶋宏一,1995,图 B－4;草原考古研究会,2011,262—263,Ⅱ－2－1－1)。已经严重变形,但形制纹饰尚存。羊形立耳,腹体饰上下双排波折纹,颈腹部另有对羊形象。年代为公元前 7 世纪后半。

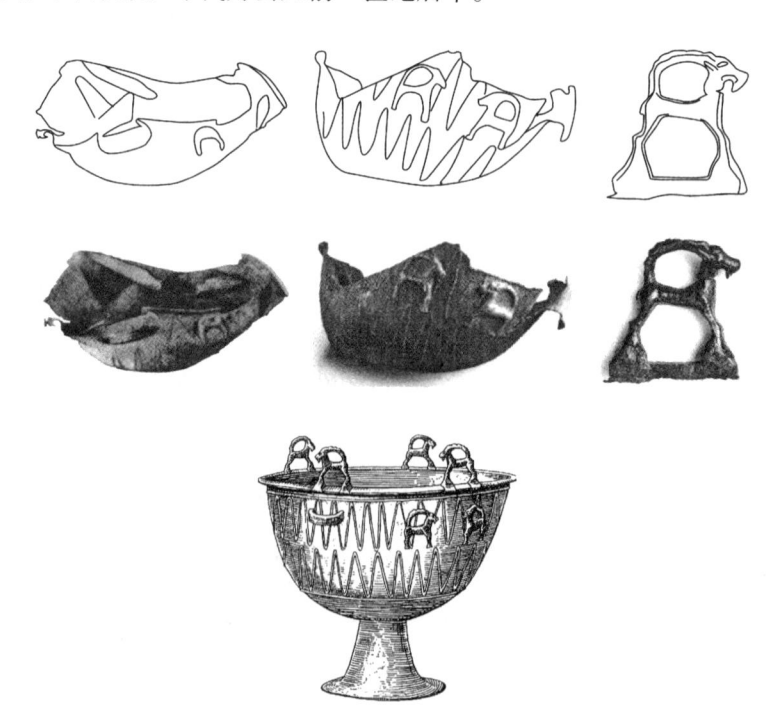

2. 罗马尼亚 Dungeni 地区 Iacobeni 村发现一件（Florescu 1980, 191；雪嶋宏一, 1995, 图 C‑1；草原考古研究会, 2011, 264—265, Ⅱ‑2‑4‑1）。口沿有两对羊形立耳, 颈腹部还有一对斜肩耳, 半球形腹体, 素面, 高细圈足, 底缘扩张。年代为公元前 6—5 世纪。

DaⅢ 一对动物形立耳, 口沿处有一个竖环耳；敛口球腹尖圜底, 细高圈足。

1. Rostovskaya 州 Myasnikovskii 地区 Valovyi Ⅰ 墓群 33 号墓出土一件（Bespalyi 1987；草原考古研究会, 2011, 308—310, Ⅹ‑3‑a, No.114, 同类的还有 No.112、113）。一对动物形竖肩耳和一对竖肩环耳, 直沿, 敛口球腹尖圜底, 腹体饰一圈绳索状凸弦纹。小圈足。时代为公元 2 世纪后半。

2. Volgogradskaya 州 Ilovlinskii 地区 Berdiya 墓群 3 号墓 1 号铜鍑（Mordvintseva, Sergatskov 1995, p.125；草原考古研究会, 2011, 303—304, 308, Ⅹ‑2‑a, No.110, 同类的还有 No.109、111）。一对野猪形竖肩耳和一对竖肩环耳, 折沿, 敛口球腹, 腹体饰一圈绳索状凸弦纹。小圈足。时代为公元 1 世纪后半至 2 世纪初。

3. Rostovskaya 州 Novocherkasskii 地区 Sokolovskii 墓群 3 号墓出土一件（Bokovenko 1977, p.229；草原考古研究会，2011，308—310，XI‑1‑a，No.118，同类的还有 No.117、119、120、121、158、157）。一对动物形竖肩耳和一对竖肩环耳，折沿，敛口球腹，腹体饰一圈绳索状凸弦纹。细高圈足。时代为公元 1 世纪晚—2 世纪初。

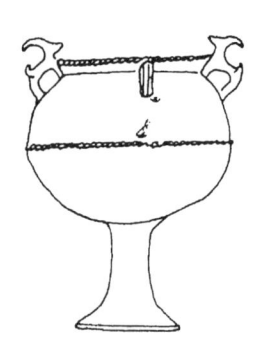

DaIV 带流嘴。

1. Astrakhan 州 Chernozemelskii 地区 s.Bassy 村发现一件（Skripkin 2000，96—99；草原考古研究会，2011，311—312，XI‑7‑a，No.164，同类的还有 No.132）。回首动物形竖肩耳，动物首粗流嘴。敛口球腹，粗高圈足。时代为公元 1 世纪后半—2 世纪前。

DbI

1. 凯莱鲁麦斯希由利茨 4 号墓出土一件（Mantsevich 1961，147，Ris.8；Minasyan 1986，66—67，Ris.3‑2；Galanina 1997，230，53，Table.41，53；雪嶋宏一，1995，图 B‑3；草原考古研究会，2011，260—261，II‑1‑2‑1）。呈椭圆形，有两道大波折纹相交错形成三角和菱格纹装饰。圈足中部有一圈凸弦纹。通高 54—60、口径 84.5 厘米。时代为公元前 7 世纪后半。

DbII

1. ドニエブル河下游右岸 Ordzhanikidze 市近郊 Strashnaya Mogila 古墓群 4 号墓 2 号墓室出土一件(Terenozhkin and Mozolevskiy 1973,148,Ris.30,4;Il'inskaya and Terenozhkin 1983,168—169;草原考古研究会,2011,262—263,Ⅱ-1-3-1)。

(五) E 型肩耳铜鍑

此型铜鍑均为肩耳,定为 E 型,有圈足者为 Ea 型,三鼎足者为 Eb 型,无圈足者为 Ec 型。区分式和样的标准与 A 型相同。

Ea1 直口,圜底,细矮圈足。

1. 蒙古民族历史博物馆藏一件(草原考古研究会,2011,70—71,X-12)。素面。

2. 蒙古ザナバザル美術館藏一件（草原考古研究会，2011，70—71，X-13）。腹部有一圈凸弦纹。通高约43厘米。

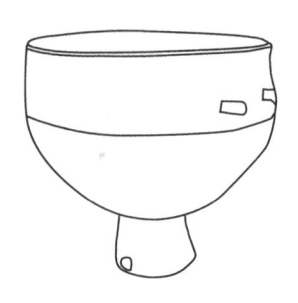

3. 蒙古民族历史博物馆藏一件（草原考古研究会，2011，70—71，X-14）。素面，小圈足。

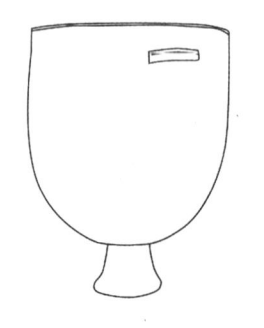

4. 吉尔吉斯斯坦费尔干纳盆地（Osh）奥什州 Kara Kulzha 地区 Kara Kulzha 河右岸1953年夏农耕时发现一件，同出的还有青铜镜、有铤三角镞和青铜环等（Zadneprovskii，1962，163；草原考古研究会，2011，203，204，Ca 015）。半环状耳，耳外有凹槽纹；桶形腹，圜底；与双耳齐高的地方有一圈凸弦纹；圈足残失。高27、口径32厘米。

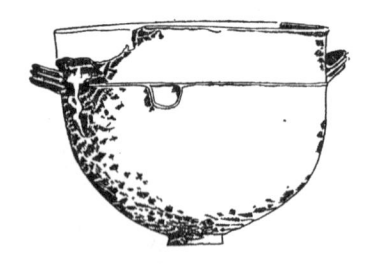

5. 俄罗斯西西伯利亚车尔雅宾斯克 Berezovka 村古墓出土一件（Kabdulina，Malyyutina 1982，p.79；草原考古研究会，2011，299—300.V-1-a，No.22）。敞口半球腹。属于萨尔马泰文化。时代为公元前4世纪初。

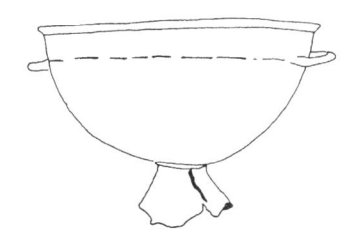

第三章　鍑的类型、分布与时代特点　·83·

EaII　敛口球腹。

1. 新疆哈密地区巴里坤奎苏南湾 1981 年发现一件（王博、祁小山，1996，290 页，图十一，3；草原考古研究会，2011，206，209，Cb 008）。素面。斜肩耳，耳外沿有凹槽纹；球形腹，口内敛，圜底；圈足适中。腹体中部偏下一面有一圈波纹，另一面为凸弦纹。残高 26.7、口径 33.3 厘米。

2. 新疆伊犁地区巩乃斯县生产建设兵团 72 团 3 连发现一件（新疆维吾尔自治区文物事业管理局，1999，371，No.1053；草原考古研究会，2011，206，Cb 002）。斜肩耳，耳外沿有凹槽纹；球形腹，口内敛，圜底；圈足适中。腹体中部偏下有一圈凸弦纹，口沿下有一圈尖头向下的锯齿样纹饰，可见的一面有六个三角纹。高 57.5、口径 42 厘米。

3. 乌兹别克斯坦撒马尔罕州撒马尔罕市北部 30 公里 Koktepa 遗址公元前 1 世纪后半建造的一个洞室墓出土一件（Isamiddinov *et al.* 2001，82；草原

考古研究会,2011,203,205,Ca 016)。洞室位于墓坑北侧,墓主为 25—35 岁女性,仰身直肢葬。随葬西汉后期的云气禽兽纹铜镜。铜鍑出于南侧直径 1.5 米的土坑中。棒状斜肩耳,直沿微外侈,球形腹,圜底;圈足适中。

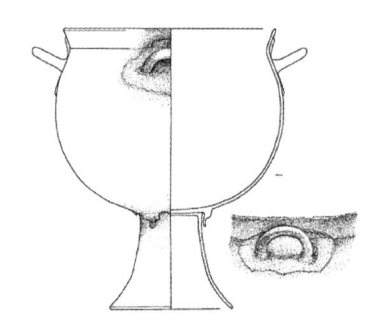

4. 乌克兰第聂伯河ドニエプル河下游左岸ソロ一八古墓出土一件(Mantsecich 1987,99—100,Kat.74;雪嶋宏一,1995,图Ⅰ-1;草原考古研究会,2011,264—265,Ⅲ-2)。极端敛口球腹,肩部有一对斜耳。细高圈足,下缘扩展。通高 47、口径 46 厘米。属斯基泰文化,时代为公元前 5 世纪末—4 世纪初。

5. 俄罗斯高加索西北库班河流域 Ulyap 村古墓地 1 号墓出土一件(Dneprovskii 1985,124,Ris.74;草原考古研究会,2011,264—265,Ⅲ-3)。微敛口球腹,肩部有一对斜耳。细圈足。通高 39、口径 40 厘米。属斯基泰文化。时代为公元前 4 世纪。

6. 哈萨克斯坦阿拉木图市东南 6 公里 1930 偶然发现一件,藏于哈萨克斯坦国立中央博物馆,编号 2292(Spasskaya 1958,180,No.19;草原考古研究会,2011,202,203,Ca 007)。斜肩耳,直沿微外侈,球形腹,圜底;圈足适中。

7. 吉尔吉斯斯坦 Chuy 州 1905 年距离别什凯克约 27 公里的地方 Uch Emchek 发现一件(Spasskaya 1958,187;草原考古研究会,2011,217,218,D 1003)。

8. 俄罗斯阿尔泰巴尔瑙尔东南 Novotroitskoe II 18 号冢 9 号墓出土一件(Mogil'nikov et al. 1999,Ris.4－9；157,I.1.B－002)。半圆环斜肩耳。耳的上下分别有一圈凸弦纹。腹体中上部微鼓。圈足大小适中。铜鍑葬于木椁内墓主脚部。根据共存的铁刀和铁质三翼镞,时代为公元前 4 世纪末—前 2 世纪初(Mogil'nikov et al. 1999：116,119—120)。

9. 俄罗斯米努辛斯克盆地 Izykhskii-Kop'1－1 墓地 1 号冢出土,唯一一件墓葬出土铜鍑(草原考古研究会,2011,166—167,II.1.B－001)。直沿稍

外折,腹体肩部有一对斜肩耳。腹体两耳中间有和口沿垂直的铸线纹。与耳同高的位置有两圈凸弦纹,弦纹之间有连续波纹。鍑体底部中央有 3 个不规则孔,底部圆形突起周缘有 13 个小孔。圈足已残失。残高 29、口径 30—32、最大腹径 34 厘米。1 号冢下面有 6 个墓室。3—5 号墓室为塔加尔文化初期,1—2 号墓为 Bidzha 期。6 号墓不清楚。铜鍑出于墓葬上层石构封堆的盗掘坑中,另外器形和 Sidorovka 墓地 1 号冢 2 号墓出土相似,因此,时代可能为塔加尔文化后半期(草原考古研究会,2011,167)。

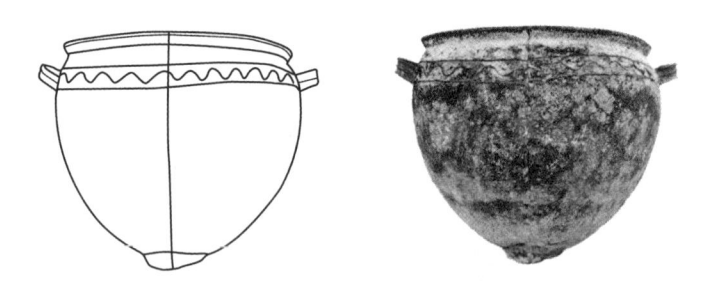

EaIII 球形腹体,斜肩耳较大。

1. 俄罗斯阿尔泰巴泽雷克二号墓出土一件(Rudenko 1970,Pl.62 - B;Jettmar,1967,pp.106),高 14.8 厘米,时代为公元前 5—4 世纪。

2. 俄罗斯图瓦 Khovuzhuk 墓地 7 号墓出土(Mannai-ool 1970,Ris.5;草原考古学会,2012,160,I.2.B - 003)。小直沿,球腹。腹体中上部有一对微微向上斜的半环状肩耳。器体外有与口沿垂直的凸弦纹。可能有很矮的圈足。通高约 11、最大腹径约 15.5 厘米。认为是公元前 5—前 3 世纪乌尤克文化墓葬出土(Mannai-ool 1970,83 - 85)。

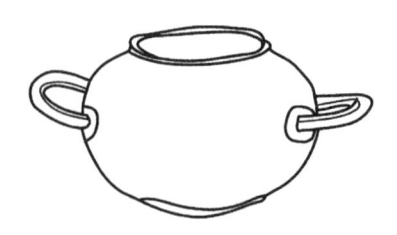

EaIV 混合耳。

1. 新疆博尔塔拉州精河县芒丁乡农民犁地的时候发现,圈足铜鍑,双斜肩耳,另外还有一对小竖环耳置于肩部。铜鍑口径61、高42厘米。

2. 俄罗斯亚速海地区 Rostovskaya 州 Vysochino 墓群28号墓出土1号鍑 (Bespalyi 1983, pp.163—172;草原考古研究会,2011,305—306,VI-6-a, No.68)。一对斜肩耳,一对竖鸡冠肩耳,敛口球腹,腹饰三圈绳索纹,圈足残。时代为公元1世纪末—2世纪前半。

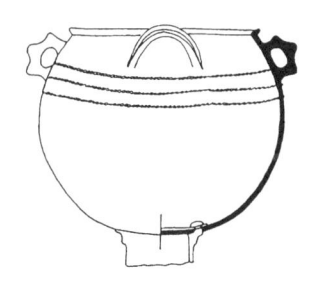

3. 哈萨克斯坦国立中央博物馆藏一件,编号2299(Spasskaya 1958, 189;草原考古研究会,2011,217,218,D 1005)。斜肩耳,剖面呈矩形,另外还有一对小竖环耳;小折沿,球形腹,口内敛,圜底;高圈足。斜肩耳下面有三圈平行的凸弦纹。

4. 吉尔吉斯斯坦 Semenovka 村北4公里 Kokdobe 河与 Malaya Aksu 河汇合处1937年7月农业耕作时发现两件(Bernshtam, 1952, 43; Spasskaya,

1958,187—188;草原考古学会,2012,219,编号 D 2005、D 2006)。斜肩耳,另外还有一对小竖环耳;球形腹,口内敛,圜底。D2005 高 41、口径 57 厘米。有学者认为这两件铜鍑原来可能有圈足(Kanimetov *et al*. 1983,25,No.23)。

Eb 三鼎足。

EbI 足简单。

1. 新疆新源县 71 团一连鱼塘在 1983 年建设作业中发现一件(王博,1987,46 页,图二:1;草原考古研究会,2011,218,220,D3001)。斜肩耳,耳沿外有凹槽纹,另外还有一对小竖环耳;小折沿,球形腹,口内敛,圜底。斜肩耳下面有三圈平行的凸弦纹。通高 34、口径 38.5 厘米,重 21 公斤。同出文物和天山东部阿拉沟塞人墓出土文物相似,后者时代为战国至西汉,因此,这件铜鍑时代应是战国至西汉。

2. 哈萨克斯坦阿拉木图市近郊建筑工地 1951 年发现一件,哈萨克斯坦国立中央博物馆收藏,编号 7228 或者 7229(Spasskaya,1958,181—182,No.26—27;草原考古学会,2012,222—223,D 3010)。斜肩耳,另外还有一对小竖环耳;口沿上套有装饰带翼对羊圆雕的环状圈,球形腹,口内敛,圜底。粗兽蹄足。

EbII 动物形蹄足.

1. 俄罗斯埃尔米塔什博物馆藏一件,1893年于今天的阿拉木图市征集(Spasskaya,1958,188,No.3;草原考古学会,2012,223,D 3012)。斜肩耳,耳沿外有凹槽纹,另外还有一对动物状小竖环耳;小折沿,球形腹,口内敛,圜底。斜肩耳下面有三圈平行的凸弦纹。粗壮高兽蹄足,转折的位置设计为一圆雕的山羊头。高62、口径47.5厘米,重约43公斤。

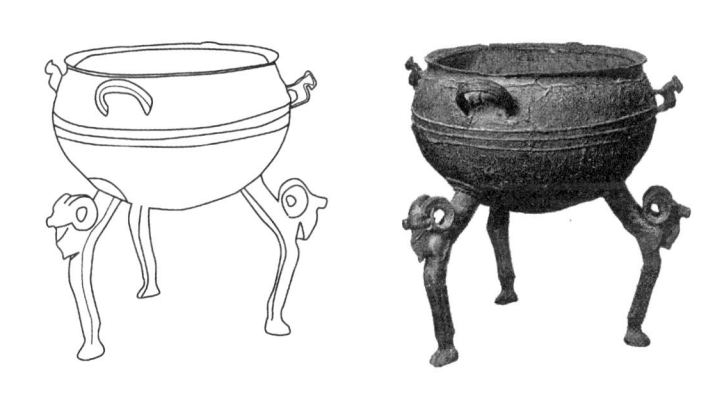

(六) F 特型鍑

此型指发现数量少,存在时空有限的鍑。根据迄今已知的材料,和其他流行的铜鍑相比,这些铜鍑器形比较特别,数量较少(发现数量少于5件)。

无圈足平底或圜底鍑。

1. 河南安阳市郭家庄东南26号墓出土一件(中国—郭家庄,1998,38页,图八:2,图九;图版肆:2),口呈椭圆形,在弧度较大的两边口沿上有两个对称的直耳,内穿绳索形提梁,侈口,束颈,下腹外鼓,底近平,底部有烟炱,颈饰凸弦纹三周。器内底部有铭文"□宁"二字。通高27.6厘米。墓葬时代为殷墟二期偏晚阶段。

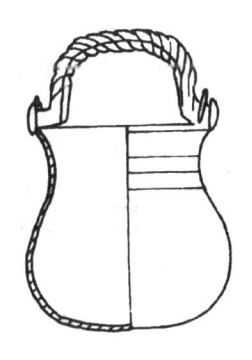

2. 1975年陕西省城固县五郎庙发现一件(唐金裕、王寿之、郭长江,1980,216页),形制为双耳,直口,深腹,底微平(底,腹有炊烟痕迹),素面,通体有两条对称凸竖棱纹,系合范铸痕,通高21、耳高3.3、口径15.7、肩径20.5、底径11厘米。根据共存的矛、瓿,年代为殷墟一期(赵丛苍,1996,13页)。

3. 中国历史博物馆藏一件商代晚期的兽面纹鍑(《中国青铜器全集·商2》,83页,图版八十、八十一),据说是1946年在河南安阳高楼庄出土。侈口,深腹,平底,腹两侧各有一对横系,连接一半环形器耳,口下饰一周兽面纹,腹饰三角纹,耳上饰三角纹和雷纹。高24.7、口径32.4厘米。时代为商代晚期。

4—11. 山西省太原晋国赵卿墓出土8件(山西—赵卿墓,1996,129页,图六八:3、图版八八)。通高4.7厘米。时代为春秋晚期。

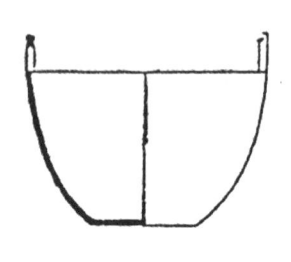

一对双立耳。

1. 图瓦阿尔赞2号冢5号墓穴发现两件铜鍑(Čugunov,2010;Čugunov,2011;草原考古研究会,2011,123,I.1.A.a‐001)。其中一件通高45.6、口径32.8—31.5厘米。时代为公元前7世纪末。阿尔赞2号冢被认为属于艾迪拜尔文化(Aldy-bel culture)(Konstantin V. Čugunov, Hermann Parzinger und Anatoli Nagler, 2010)。

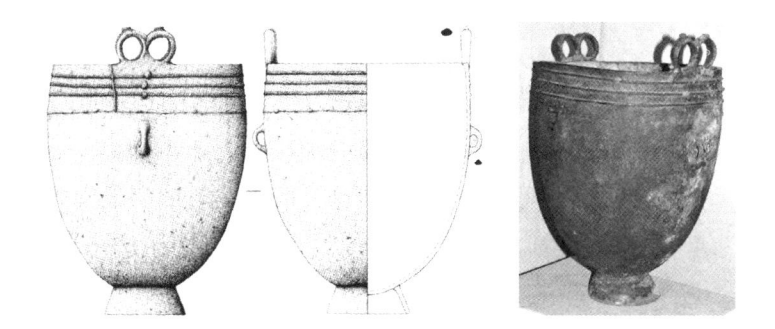

方耳铜鍑。

1. 图瓦阿尔赞 2 号冢 5 号墓穴发现两件铜鍑,其中一件铜鍑的双直立耳为方形耳。阿尔赞 2 号冢被认为属于艾迪拜尔文化(Aldy-bel culture),阿尔赞 2 号冢和 1 号冢有很多因素是相联系的,1 号冢也曾发现过铜鍑残片(Konstantin V. Čugunov, Hermann Parzinger und Anatoli Nagler, 2010)。

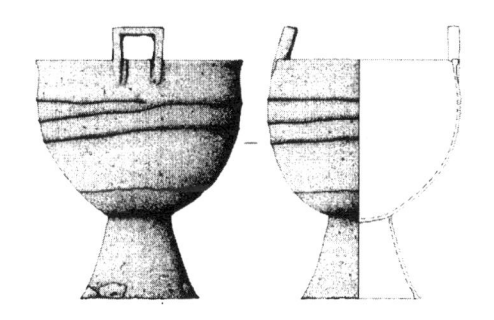

2. 米努辛斯克 Kavkazskoe 村 Tuba 河上游采砂场深 0.6 米处发现一件,米努辛斯克博物馆藏,MKM.A11999(8752)(草原考古研究会,2011,127,130,I.1.Abi‐002)。高 36、口径 25.5 厘米。

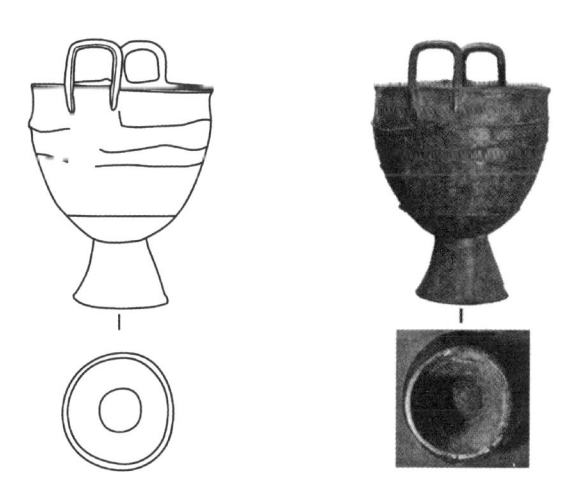

3. 蒙古オウス＝アィマク、オランゴム（Novgorodova et al. 1982, Abb. 43, 1; 草原考古学会, 2012, 70—71, X-9）。

4. 河北省顺平县齐各庄乡坛山村一座土坑竖穴积石墓发现一件（保定市文物保管所, 2002, 图二: 1; 草原考古研究会, 2011, 26, 28, Db-9）。有青铜斧、虎形金饰牌、镀金动物纹金带具、长柄镜和陶器共存。通高 22.2、口径 22.6 厘米。

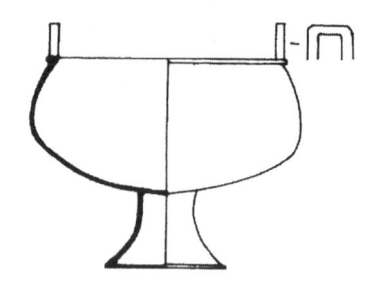

竖肩耳。

1. 俄罗斯顿河下游 Volgogradskaya 州 Oktyabr'skii V 墓群 1 号墓 1 号墓室出土小型鍑（Mys'kov 1999, pp.149—159; 草原考古研究会, 2011, 310—312, XI-1-b, No.159, 同类的还有 No.122）。口沿处有两竖环耳, 敛口球腹, 高圈足, 腹饰波状纹。

竖肩耳带流嘴。

1. 俄罗斯萨马拉县 Sobolevskii 古墓发现 2 号鍑（草原考古研究会，2011，308—310，Ⅸ-1-a，No.105）。一侧有流嘴，另一侧有一竖环耳。高脚杯形。时代为公元前 5 世纪。

2. 俄罗斯伏尔加河下游 Astrakhan 州 Chernyi Yar 村 3 号墓 2 号墓室一件（Shnadshtein 1970；草原考古研究会，2011，308—310，Ⅹ-1-a，No.108）。口沿一侧有流嘴，一侧有竖肩耳，敛口球腹，粗大圈足。腹饰一圈绳索纹。时代为公元 1 世纪前半。

爪形耳铜鍑。

1. 昌吉州奇台县碧流河后山出土，重 47 公斤。

爪形耳带流铜鍑。

1. 米努辛斯克 Shalabolinskii Klad 发现一件，米努辛斯克博物馆藏（Levasheva et al. 1952,Ris.44－4；草原考古研究会，2011,158—159,I.1.C－003）。通高27、口径21厘米。与 I.1.A.bii－009.012,I.1.A.biii－010 三件铜鍑共出。

2. 米努辛斯克出土一件，米努辛斯克博物馆藏（Chlenova 1967,Table.18－17；草原考古研究会，2011,158—159,I.1.C－004）。

3. 米努辛斯克出土一件，米努辛斯克博物馆藏（Chlenova 1967,Table.18－13；草原考古研究会，2011,158—159,I.1.C－005）。

直立环耳、竖肩耳和带流铜鍑。

1. 陕西省韩城市梁带村26号墓出土一件带流镂孔圈足铜鍑（孙秉君、蔡庆良，2007；高西省，2010）。有盖，握手为一人面兽首钮，盖顶上饰两组浅浮雕式"S"状纹，直口方唇，深腹，镂孔圈足。有宽流，腹部与流之间有两个龙形环耳。口沿下及腹部饰一周四组窃曲纹,其下有一周阴弦纹。流口及双耳上两侧饰重环纹。通高10.3、口径8.2、圈足底径5.6厘米,重550克。

2. 俄罗斯米努辛斯克乡土博物馆藏一件(Chlenova 1967,Table.18‐16;草原考古研究会,2011,158—159,I.1.C‐001)。口沿带流,腹饰绳套纹,有一对小竖肩耳。

无耳铜䥽。

1. 内蒙古哲里木盟扎鲁特旗巴雅尔吐胡硕发现的一个青铜器窖藏出土一件(张柏忠,1980,5—8页;张柏忠,1982,185—186页),圈足无镂孔。同出一簋及联珠纹青铜饰件等器物,簋为西周晚期至春秋早期的邢国铜器,䥽的年代亦应与此同时。

2—3. 山西太原晋国赵卿墓出土2件(山西—赵卿墓,1996,129页,图六八:4、图版八:4),通高6.3厘米。直口,卷唇,腹壁圆弧,圜底,下接喇叭形高圈足。器中残存有颜料,可能是调色器皿,年代根据共存物为春秋晚期。

混合型鍑。

1. 乌兹别克斯坦1939年安集延州Tyuyachi村西北2公里大运河作业时于地表下2米深的地方发现一件（Zadneprovskii, 1962, 162—163；草原考古学会, 2012, 241—242, X 006）。口沿上有四只环状立耳，下部近一半贴附于口沿之外，耳外有凹槽装饰。两耳之间的口沿上立一个圆雕的羊。盆形腹体，直壁平底。腹体中上部有一圈凸弦纹。腹体下有三足。高55、口径64厘米。

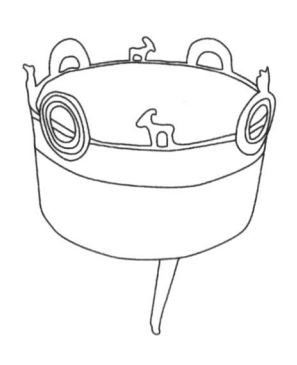

2. 甘肃省武威市张义镇2009年4月出土一件（草原考古研究会, 2011, 25—26, Da‑5；甘肃省博物馆编, 2010），特型鍑。高1.18、口径0.87米，150多公斤。口沿下有三个虎形把手，下腹有四个钮形小环。推测时代为战国晚期至西汉。

微型铜鍑。

1. 新疆伊犁尼勒克发现一件(草原考古研究会,2011,174—175,212)。这种微型铜鍑在米努辛斯克等地都有发现。

二、第二群(公元前 2 世纪—公元 8 世纪)

(一) G 型镂孔圈足铜鍑

这一型铜鍑的圈足都有三角形或梯形镂孔,按耳部变化区分亚型。Ga 型为直立环耳;Gb 型为直立环耳,耳根带两个小环耳;Gc 型为桥形方耳;Gd 型为"山"字形耳;Ge 型为"山"字形耳,两耳根带阶形装饰;Gf 型为斜肩耳;Gg 型为小肩环耳;Gh 型为三乳突耳。Gi 型为特型耳。以腹体、圈足变化为区分式的标准。

Ga I 卵形腹,口内敛,尖圜底;高圈足,有三角形或梯形镂孔。

1. 俄罗斯色楞格河左支流伊沃尔加河(Ivolga)乌兰乌德西的伊沃尔金斯克(Ivolginsk)发现一件(Érdy,1995,Table5-2;草原考古研究会,2011,30、36,Ea-1),出自伊沃尔加 M119 号墓,木棺,墓主为 40—55 岁女性。鍑和一个陶器置于头部上方。鍑中发现毛织物残片和鱼骨。鍑下有红色漆器痕迹。通高 26.8 厘米。可能为匈奴墓葬,时代为公元前 2—1 世纪。

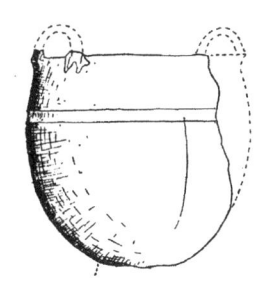

2. 内蒙古满洲里市扎赉诺尔墓地出土一件(郑隆,1961,17 页,图 3;草原考古研究会,2011,69—70,X-6)。双耳残缺,腹部铸两道凸出的直线纹。腹径 16.5、口径 16 厘米。圈足残失。时代可能为两汉之际。

3. 俄罗斯鄂木斯克 Sidorovka 墓地 1 号冢 2 号墓出土一件(Matyushchenko et al. 1997, Ris.16 - 3; 草原考古研究会, 2011, 163, II.1.A - 005)。木椁内南壁出土, 墓主为 30—35 岁男性, 头朝北, 镂置于足的附近。南壁西南角还有一件斜肩耳镂孔圈足镂。腹部有垂直口沿的铸线纹。残高 26、口径 20.5 厘米。时代为公元前 3—前 2 世纪。

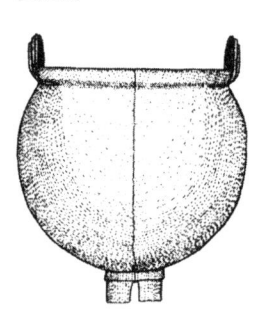

4. 俄罗斯 YalomanII 墓地 51 号墓出土一件(Tishkin et al. 2003, Ris.1 - 26; 草原考古研究会, 2011, 163, II.1.A - 006)。环耳, 根部贴附于口沿外; 鼓腹, 腹部有垂直口沿的铸线纹; 高圈足, 镂孔。时代为公元前 2—公元 1 世纪。

GaII   深筒腹; 高圈足, 镂孔适中。

GaII - 1   腹体上口圆形。

1. 内蒙古土默特旗二十家子村砖室墓出土一件(李逸友, 1956, 60 页, 图版拾伍: 1; 李逸友, 1957; 草原考古研究会, 2011, 63—64, G - 8)。通高 19.7 厘米。同出鐎斗、勺、动物争斗纹饰板, 根据共存物, 时代为北魏早期。

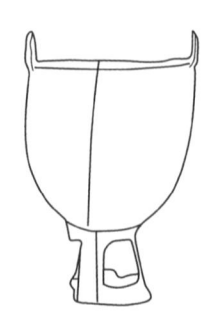

2. 内蒙古呼和浩特市美岱村砖室墓出土一件(李逸友,1962,86 页,图二;内蒙古文物工作队 1962,图 2:左;草原考古研究会,2011,63—64,G-9)。耳为绳索状,通高 19.5、口径 11.6 厘米。同出龙头铜钩形器、镶嵌绿松石金戒指、菱形金片、金小铃、铁剑、陶器等。时代为北魏早期。

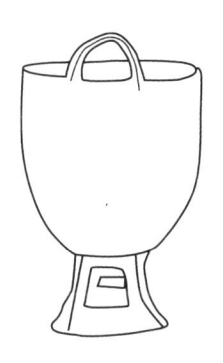

3. 甘肃省秦安县五营邵店出土一件(秦安县文化馆,1986,41 页,图三;草原考古研究会,2011,64—65,G-11)。足有三个镂孔,足中心有一圆柱。通高 18、口径 13.4 厘米。

4. 辽宁省北票市喇嘛洞 217 号墓出土一件(辽宁省文物考古研究所编 2002,No.119;辽宁省文物考古研究所等 2004,图一七:1;草原考古研究会,2011,62—64,G-1)。铁质,环耳贴附于口,圈足镂孔不规则。通高 16、口径 10.4 厘米。

GaII-2　腹体有一面是平的。

1. 辽宁省北票市喇嘛洞 266 号墓出土一件(辽宁省文物考古研究所 2004,图一九:2,图版一七:2;草原考古研究会,2011,63—64,G-4)。腹体一面是平的。通高 18.7、口径 10.8—12.3 厘米。腹体一面是平的。有学者认为可能是为了方便用马或者骆驼运输,其形象可以在娄睿墓的壁画上看到(高滨秀,2012,62 页)。

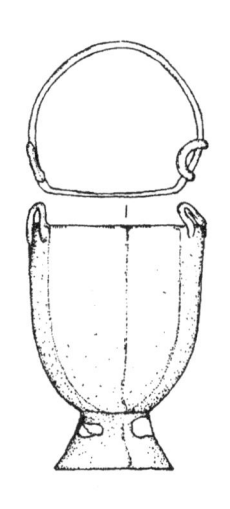

GaIII　腹稍浅。

GaIII-1

1. 辽宁喀左县草场乡于杖子遗址出土一件(尚晓波,1996,27 页,图二:3;草原考古研究会,2011,66—67,G-22)。铁质(图的说明是铜质),耳为宽板状半圆形,腹稍浅,足有三镂孔,腹底有柱状突起。时代在北魏统一北方的早期阶段。

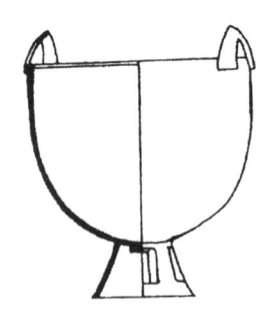

2. 辽宁朝阳七道泉子乡下河首果园北魏墓出土一件(尚晓波,1996,27 页,图二:4;草原考古研究会,2011,66—68,G-28)。铁质,耳部特征同上,腹更浅,腹底有圆柱,圈足宽高。时代为北魏中期。

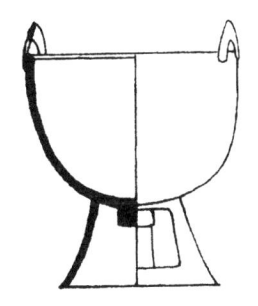

3. 辽宁省北票市喇嘛洞 202 号墓出土一件（辽宁省文物考古研究所编 2002，No.77；辽宁省文物考古研究所等 2004，图一九：1，图版一七：1；草原考古研究会，2011，62、64，G‐3）。青铜质，圈足镂孔为大梯形。通高 18.7、口径 14.6 厘米。

4. 辽宁省北票市喇嘛洞 364 号墓出土一件（辽宁省文物考古研究所，2004，No.76；草原考古研究会，2011，62、64，G‐5）。青铜质，圈足有 3 个三角形镂孔。通高 20.5、口径 11—15.4 厘米。

5. 辽宁省朝阳市双塔区肖家村发现一件（蔡强，2007，图三：10；草原考古研究会，2011，66—67，G‐18）。耳呈三角形，圈足有 3 个镂孔。通高 17.8、口径 12.8 厘米。竖穴土坑墓出土，共存陶器、铁刀和箭头，鍑出于木棺中，墓主头骨右上位置。推测为十六国时代的北燕时期，公元 407—436 年。

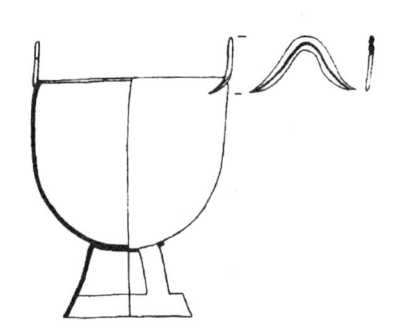

6. 辽宁省朝阳市朝阳马尺南侧 2 号墓发现一件（朝阳市博物馆，2007，334 页，图九：4；草原考古研究会，2011，67—68，G‑26）。铁质，圈足有 3 个镂孔。通高 19、口径 14.4 厘米。2 号墓为夫妇合葬墓，墓道在东。根据出土陶壶判断，可能是北魏统一北方早期。

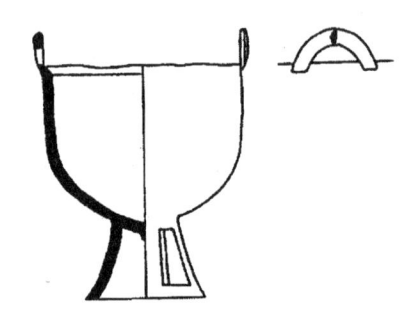

7. 山西省大同市雁北师院 52 号北魏墓出土一件（大同市考古研究所编，刘俊喜编，2008，图二二：11，图版六：1；草原考古研究会，2011，67—68，Gm‑1）。陶质。圈足有 3 个长方形镂孔。高 7.2、口径 7.65 厘米。时代可能为 5 世纪后半期。

GaⅢ‑2　腹体有一面是平的，或有铁提梁和铁盖。

1. 辽宁朝阳袁台子东晋壁画墓出土一件（辽宁省博物馆文物队等，1984，33 页，图七：1；草原考古研究会，2011，62、64，G‑6）。腹体一面是平的。通高 20、口径 10.7—14 厘米。由共存的鞍桥、马镫与北票房身村晋墓和安阳孝民屯 M154 出土器比较,特征相同,因而可推定此式铜鍑年代为前燕时期(公元 337—370 年)。

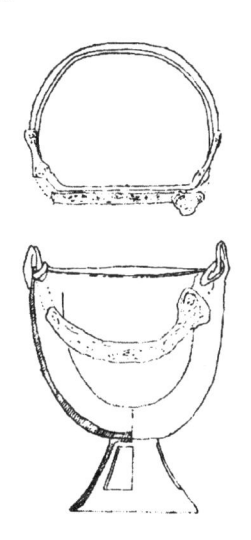

2. 辽宁北票西官营子乡北燕冯素弗墓出土三件(黎瑶渤,1973,5 页,图版贰:2;草原考古研究会,2011,64—66,G-17)。有铁提梁和铁盖,高 16.5 厘米。此墓为北燕中期埋葬,公元 415 年左右。

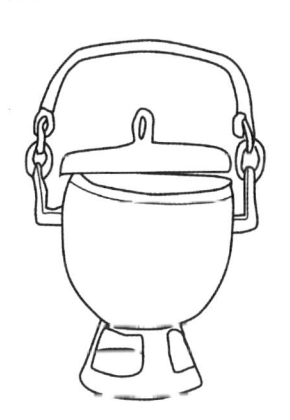

GaIV 球腹;大镂孔圈足。

1. 山西右玉县善家堡墓地 M16 出土一件(王克林等,1992,图十七:5,图十八:6;草原考古研究会,2011,45—46,Ef-26)。铁质,高 14、口径 10 厘米。16 号墓出土,上层为儿童,下层为男女合葬,鍑置于下层墓主足部。出土东汉晚期的长宜子孙铜镜残片和五铢钱,时代为东汉桓灵至魏晋。此铁鍑的圈足也可能已经残失。

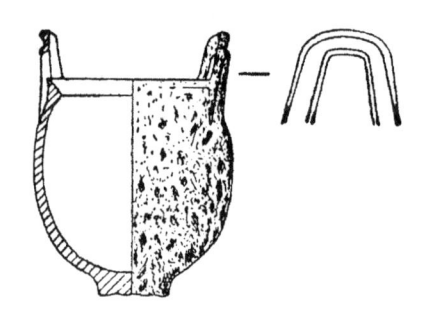

2. 山西省大同市智家堡出土一件(王银田、刘俊喜,2002,图四,图一四;草原考古研究会,2011,66—67,G-23)。腹体上有"白兵三奴"阳文,"白兵三"为倒写形式。通高 13.3、口径 11.3 厘米。器体外面有烟烬。为石椁壁画墓,根据壁画上的忍冬纹,年代可能为公元 465—494 年左右。

3. 宁夏回族自治区固原市原州区南塬墓地 31 号墓出土一件(宁夏文物考古研究所,2009,图四 B:1,彩版五:6;草原考古研究会,2011,45—46,Ef-22)。耳残失,铁质。口径 15.5、通高 19.4 厘米。墓葬为甲字形单室土洞墓,出土陶器、货泉等,年代为东汉早期。

4. 美国纽约赛克勒(Arthur M.Sackler)收藏一件(Érdy,1995,Table6-2-4;Bunker,1997,pp.240;草原考古研究会,2011,45—48,Ef-27)。耳已经残失,肩部有斜肩小耳。腹体卵圆形。圈足较大,镂孔近三角形,不大。通高 15.5、口径 7.9 厘米。

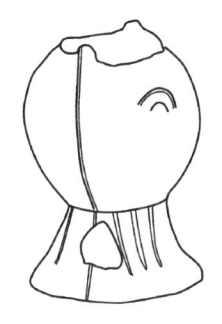

5. 内蒙古林西县苏泗汰鲜卑墓葬出土一件(林西—苏泗汰,1997,461页,图二:1;草原考古研究会,2011,45—46,Ef-23),通高14、口径11厘米,底部有烟熏痕迹。铜鍑和拓跋鲜卑陶罐和三鹿纹金牌饰共存,时代为东汉末年,可能是拓跋鲜卑西南迁至乌尔吉木伦河流域的遗物。

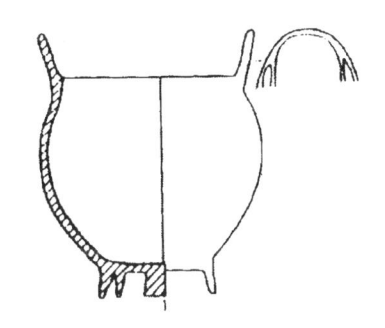

这一式的年代下限可能为南北朝时期。

GaV 尖圜底。

1. 1989年阿勒泰地区富蕴县沙尔布拉克发现一件(王博、祁小山,1996,290、292页,图十一:8;草原考古研究会,2011,238—239,X001),现藏阿勒泰地区博物馆。颈部有附耳,圈足低矮,有三角形镂孔。通高37.2、口径27—28、底径13.5厘米。可能属于公元487年阿伏至罗和穷奇建立的高车国所有(林梅村,1999,189—190页)。

GaVI 铁质;深筒腹;大镂孔圈足。

1. 俄罗斯南西伯利亚图瓦的艾梅尔雷格 3 号古墓群 5 号墓组 1 号墓发现一件(奥甫琴尼科娃,1982;冯恩学,1993,320 页),与唐代铜镜和开元通宝共出,时代为公元 8 世纪。

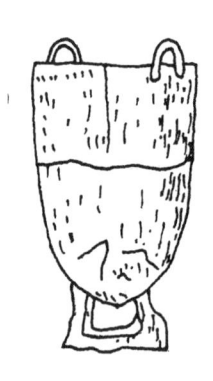

Gbl 为直立环耳,耳根带两个小环耳。

1. 俄罗斯叶尼塞河上游克兹库尔湖(Kizikul)发现,俄罗斯米努辛斯克乡土博物馆 1886 年前入藏一件 MKM.A9625(10097)(Grishin 1960,Ris.17 - 2;Bokovenko et al. 1993,Ris.5,No.24;Érdy,1995,Table3 - 6 - 3;草原考古研究会,2011,162,II.1.A - 001)。半环耳,两耳根处各起阶形附件。折沿。深鼓腹,腹体上部有 2 圈凸弦纹,凸弦纹之间装饰波状纹,下接四个双线"Y"形凸弦纹装饰。腹部有垂直口沿的铸线纹。圈足小,有 4 条加强筋。高 36、口径 35.5 厘米。

2. 蒙古 Kiron 河发现一件(Rudenko,1962,Ris.29 - B;Érdy,1995,Table5 - 8;草原考古研究会,2011,30—32,Eb - 7)。拱桥形立耳,根部有阶形附属,并贴附于口沿外。腹体被竖范纹从与立耳垂直的部位分为两半。有垂弧纹把腹体分为四部分。圈足残,可能有镂孔。

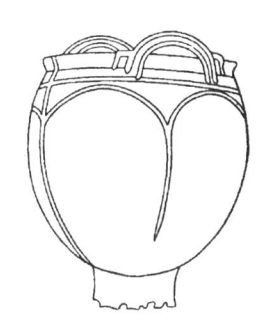

Gc1 桥形耳；圈足有小梯形镂孔。

1. 俄罗斯吉达河（Dzhida）西岸ザバイカリェ迪莱斯图伊 Derestui 匈奴墓地43号墓出土一件（Minyaev，1998，Table.21－6；Érdy，1995，Table5－4；草原考古研究会，2011，30—31，Eb－3）。直立环耳，略呈桥形，外有凹槽；卵形腹，口内敛，尖圜底；高圈足，有梯形镂孔。通高18厘米。此墓墓主为一位8岁以下的儿童。出土陶器、漆器、复合弓、铁片等。时代为公元前2—1世纪。

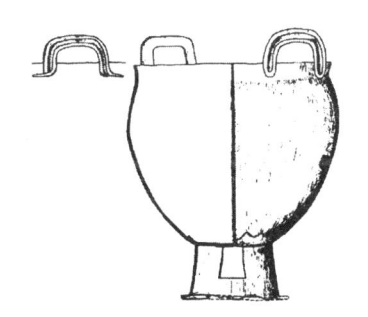

GcII 桥形方耳；高圈足，镂孔稍大。

1. 内蒙古满洲里市扎赉诺尔1986年M14出土一件（卜扬武、程玺，1992，14页，图一：2；李逸友、魏坚，1994，372、376页，图九：1；尚晓波，1996，28页，图三：1）。鼓腹，口微敞，口沿下有两道弦纹，弦纹之间绘有波浪纹，圈足有四个镂孔。通高30.5、口径27.5厘米。墓主为30—40岁男性，木棺随葬陶壶、骨簪、桦树皮制品等，镶横置于墓主头部。年代为西汉中期。

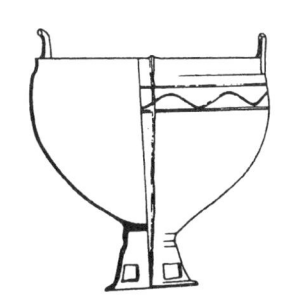

2. 蒙古ボルガン゠アィマク、ポルハン・トルゴィ73号墓出土一件（Törbat et al. 2003, p.235；草原考古研究会，2011，70—71，X‑10）。铁鍑。圈足有小的方形镂孔。同墓出土有铁的刀片、箭头。

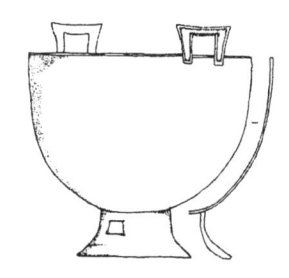

GcIII 耳为方形；尖圜底；圈足四镂孔。

1. 辽宁喀左县草场乡于杖子遗址出土一件（尚晓波，1996，27页，图二：5；草原考古研究会，2011，43—44，Ef‑9）。腹底圆柱衰退；圈足高大，圈足有4个镂孔，铁制。时代为北魏中期。

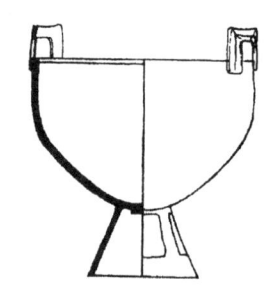

GdI 桥形方耳中间起脊，呈山字形。

1. 内蒙古自治区乌兰察布盟卓资县梅力盖图乡石家沟出土一件（内蒙古博物馆，1998，图一一：2；草原考古研究会，2011，42—43，Ef‑4）。竖铸线位于与立耳垂直的位置。把手下有六个放射线装饰，圈足镂孔为等腰三角形。通高28、口径16.2厘米。这个墓地发现3个铁鍑，墓地出土有东汉五铢钱、铁刀、位至三公镜、长宜子孙镜。可能为东汉鲜卑墓。

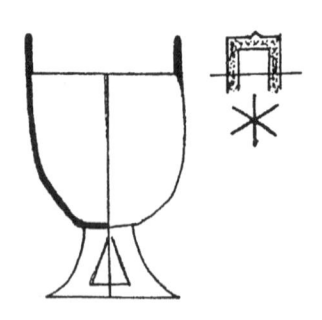

2. 内蒙古伊盟乌审旗 1986 年北魏窖藏出土一件（卜扬武、程玺，1995，15 页，图一：3；草原考古研究会，2011，44—45，Ef‐8）。口径 37 厘米。铁质，口沿有两对称鞍桥形直立方耳，耳部有交叉凸棱纹，颈部有一圈凸弦纹，未重合。圈足有瘦高梯形镂孔。

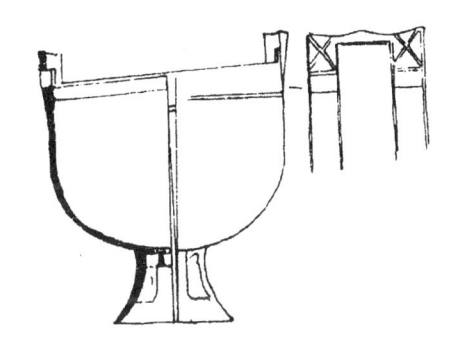

GdⅡ 筒腹发展为球腹；圈足镂孔非常大。这一式年代在公元 494 年左右。

1. 内蒙古征集一件，内蒙古文物考古研究所藏（田广金、郭素新，1986，147 页，图一〇六：4，图版九四：2；中国青铜器全集编辑委员会编 1995，No.207；草原考古研究会，2011，40—41，Ee‐2）。圈足有 4 个梯形镂孔。

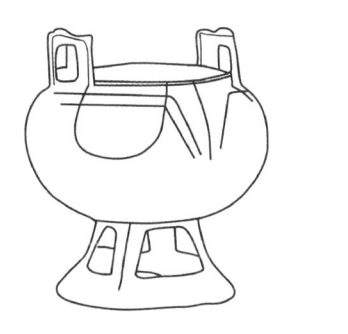

2. 内蒙古博物院藏一件（田广金、郭素新，1986，图版九四：1；草原考古研究会，2011，40—41，Ee‐4）。"V"形装饰位于与耳垂直的腹体。

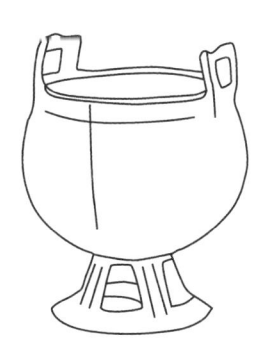

Ge1 耳呈"山"字形，两耳根处各起阶形附件；腹饰大波状装饰纹；圈足或有三角形或者梯形镂孔。

1. 蒙古 Egiin gol 河 63 号墓发现一件（Töbat et al. 2003, pp.153, 225; Desroshes 2000, No.139; 草原考古研究会，2011, 30—31, Eb‑5）。口沿下有两圈凸弦纹，腹体被竖范纹从与立耳垂直的部位分为两半。有垂弧纹把腹体分为四部分。器体和圈足的金属颜色不一致。圈足有两个梯形大镂孔。

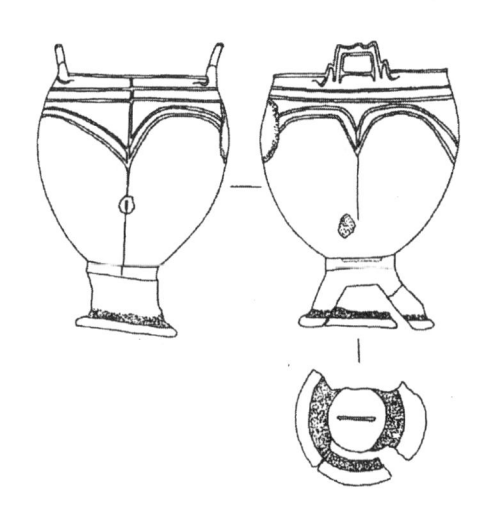

2. 蒙古 Duurlig Nars 墓地 4 号墓发现一件（韩国国立中央博物馆 2009，p.28；草原考古研究会，2011, 30—32, Eb‑6）。仅存一耳。镂中发现牛骨。通高 37.5 厘米。韩国国立中央博物馆与蒙古国共同调查发现。

3. 蒙古诺颜乌拉（Noin Ula）6 号墓出土一件（Rudenko, 1962, Ris.29‑6, Tabl.VII‑5,6；梅原末治 1960，第二一图：左；Érdy, 1995, Table5‑14；草原考古研究会，2011, 30—31, Eb‑1），残。此墓所出耳杯有"建平五年"的文字，是西汉哀帝年号，为公元前 2 年。

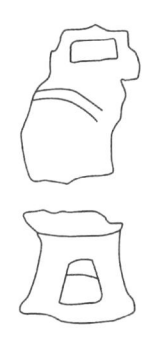

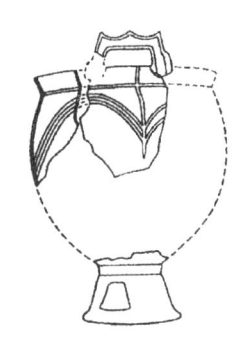

4. 吉林省榆树老河深 M56 出土一件(吉林省文物考古研究所编,1987,48—49 页,图四二:1,彩版二;草原考古研究会,2011,30—31,Eb-2),通高 25 厘米。时代为西汉末至东汉初。

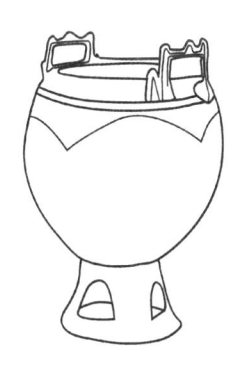

5. 宁夏回族自治区固原市塞科乡出土一件,固原博物馆藏(姚蔚玲,2001,图一;5,图三;草原考古研究会,2011,42-43,Ef-1)。素面,山形耳两根部贴附于口沿下,阶形附件呈三角形。同出器物有陶罐、金耳环、金戒指、金项链。通高 26、口径 17 厘米。

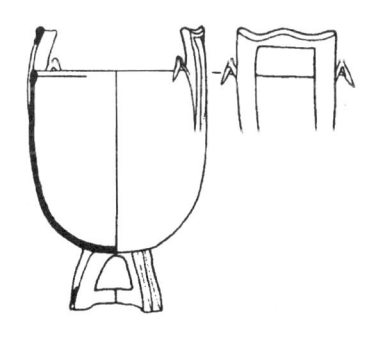

6. 哈萨克斯坦南哈萨克斯坦州 Shardara 地区 Zhaman Togai 9 号墓出土一件(Maksimova et al. 1968,181;草原考古研究会,2011,240,X 004)。山字

形耳,耳根两旁有阶形装饰,根部贴附于口沿之外。直口,桶形腹,微鼓。高圈足,圈足上有细长三角形镂孔。

GeⅡ "山"字形耳的中脊发展为一突。

1. 俄罗斯外贝加尔的恰克图市沙拉郭勒镇发现一件(Konovalov,1980,Ris.2-1;Érdy,1995,Table5-3;草原考古研究会,2011,70—71,Ⅹ-17),仅发现一耳。同墓发现残的铜饰牌、铜斧、玉板、铁刀、陶片、人头骨残片等,推测是匈奴墓。从出土器物分析,墓葬年代为公元前3—前2世纪,但耳的年代应当没有如此早。

2. 陕西榆林县小纪汗乡菠萝滩村1982年征集一件(卢桂兰,1988,图二;草原考古研究会,2011,33—34,Ec-6),口沿下有两道凸起弦纹,腹部上亦有四道突起的弦纹,每条两端下垂而互不相连,足残。通高25、口径17厘米。

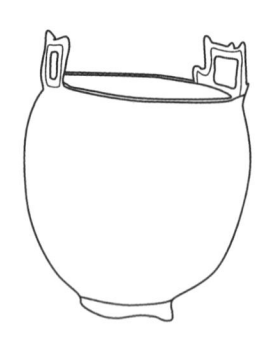

Gf 斜肩耳。

1. 俄罗斯鄂木斯克Sidorovka墓地1号冢2号墓出土一件(Matyushchenko

et al. 1997,Ris.16‑1;草原考古研究会,2011,172,Ⅱ.1.B‑004)。木椁内南壁西南角出土,墓主30—35岁男性,头朝北,鍑置于足的附近。斜肩耳,腹体两耳中间有和口沿垂直的铸线纹。与耳同高的位置有三圈凸弦纹。三角镂孔圈足鍑。高47、口径42厘米。时代为公元前3—前2世纪。

2. 俄罗斯鄂毕河地区土门(Tyumen)萨维诺夫卡 Savinovka 墓地7号冢2号墓出土一件(Matveev *et al.* 1988,Ris.2;Érdy,1995,Table2‑9;草原考古研究会,2011,171—172,Ⅱ.1.B‑003)。直沿,腹体肩部有一对斜肩耳。腹体两耳中间有和口沿垂直的铸线纹。与耳同高的颈部位置有两圈凸弦纹,弦纹之间有连续波纹,弦纹下有四个凸弦纹构成的"Y"形纹饰。菱形镂孔圈足,圈足为六面体。通高36、口径33.5、最大径36.5、圈足高9.5厘米。鍑中发现有马的头骨,鍑体下部有烟灰。有萨盖特文化的陶器共存。根据1号墓室出土三翼带铤铁镞,时代可能为公元前3世纪末—前2世纪初(Matveev *et al.* 1988,241—242)。

Gg 口沿上无耳;球腹;大圈足,镂孔十分大。

1. 1901年2月10日,斯文·赫定的探险队在罗布泊北部的库鲁克山地区发现一件(王安洪、崔延虎译,1997,125—126页,图三十九)。铁质,肩部有小环耳(图十五:5)。此件铜鍑可能是丁零(高车国)破灭鄯善时留下的遗物,时代为五世纪末(林梅村,1999,186—190页)。

2. 山西省太原市北齐库狄业墓出土一件（太原市文物考古研究所，2003，34—35，图二三、图二四：4；草原考古研究会，2011，48—49，Eg‑3）。肩部有2个小耳，直口鼓腹，小直沿下还有一个连接盖子的小钮，未发现釜盖。圈足有大镂孔，下面圆圈可能残失。底部有烟熏痕迹，应当为实用器。圈足有焊接修补痕迹。高23.7、腹径19.1厘米。

Gh 一突、三突附耳；圈足有镂孔。

1. 内蒙古和林格尔县另皮窑北魏墓出土一件（内蒙古自治区博物馆、和林格尔县文化馆，1984，54页，图版贰：5；草原考古研究会，2011，48—49，Eg‑1）。环形附耳，球形腹，圈足残。高52、口径35厘米。

Gi

1. 辽宁省北票市喇嘛洞 49 号墓出土一件（辽宁省文物考古研究所编，2002，No.120；辽宁省文物考古研究所等，2004，图一七：2；草原考古研究会，2011，62、64，G－2）。铁质，耳比较特殊，圈足镂孔为大梯形。通高 26.6、口径 19.2 厘米。

Gj 无耳。

1. 内蒙古东胜县补洞沟 7 号墓出土一件（田广金、郭素新，1986，397 页，图三：3；草原考古研究会，2011，69—70，X－7），无耳，小圈足，有镂孔。

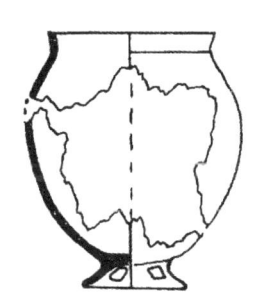

（二）H 型无镂孔圈足铜鍑

这一型铜鍑圈足无镂孔，Ha 型耳部有蘑菇状突起；Hb 型为方形耳；Hc 型为环耳。

Ha1 方形耳，耳上有三个突起。

1. 俄罗斯图瓦西部 Khemchik 河左岸支流 Aldy-Ishkin 河和 Ust'-Ishkin 河之间的 Kokel'墓地 1965 年 37 号墓 VIII 号墓室人骨头部发现一件陶鍑（Дьяконова 1970，181，табл. VI；草原考古研究会，2011，364—366，III－b－5）。方耳，上面有三个突起。高 20 厘米。

2. 俄罗斯阿尔泰共和国东部泰利斯克伊 Teletskoe 湖附近 Byushk 发现一件，1877 年发表（Érdy, 1995, Table3 - 3; Aspelin 1877, 70; Боковенко, Засецкая 1993, 81; 草原考古研究会, 2011, 364—365, Ⅲ - b - 2）。方耳，耳上有三个三角形的突起，方耳根部贴附于口沿，并呈"π"形延伸到腹部。口颈表面有两条折线纹交叉形成的装饰纹。DaX 方耳，耳上有三突，耳根呈"八"字形向两边翘起，颈部饰"X"纹。高 27 厘米。时代可能为公元 1—2 世纪。

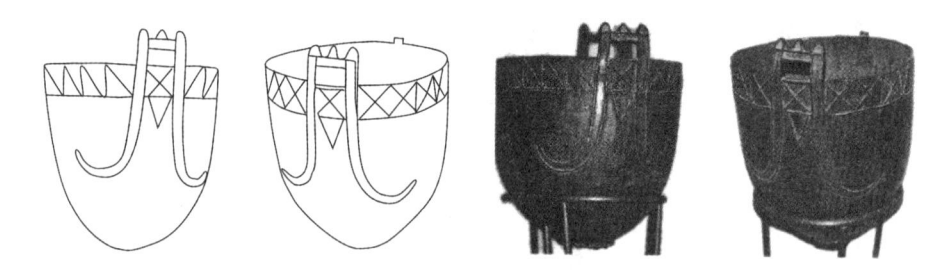

HaⅡ 山字形耳发展为三个蘑菇状小突起，两耳根处的附加装饰上部变尖。

1. 俄罗斯南西伯利亚阿尔泰地区バルナゥル市乔尔纳亚库吕亚（Chernaya Kur'ya）村发现一件（Боковенко, Засецкая 1993, 81; Érdy, 1995, Table3 - 4; 草原考古研究会, 2011, 364—365, Ⅲ - b - 1）。颈部有两圈凸弦纹，下面一圈和"Y"形分隔凸弦纹分隔腹体为四部分。圈足残。

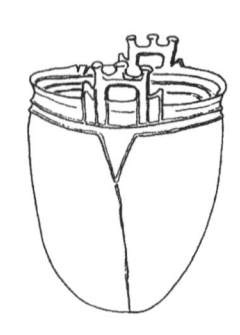

2. 蒙古西北部 Mörön 县发现一件残鍑，フブスグル=アィマク博物馆藏（草原考古研究会，2011，70—71，X-11；草原考古研究会，2011，367—368，Ⅲ-c-1）。仅存上半部。

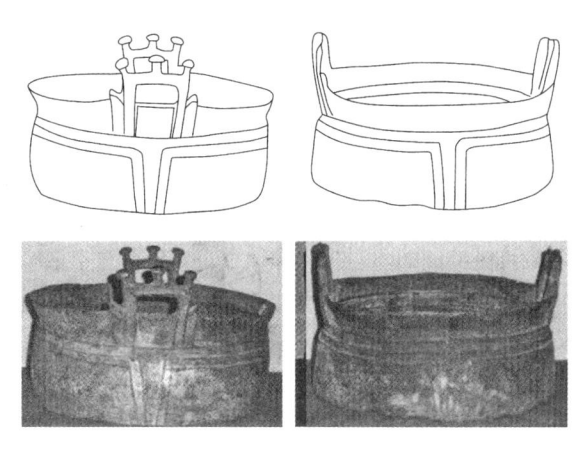

3. 俄罗斯图瓦西部 Khemchik 河左岸支流 Aldy-Ishkin 河和 Ust'-Ishkin 河之间的 Kokel' 墓地 1962 年 40 号墓发现一件陶鍑（Вайнштейн 1970，58，61；Basilov 1989，44-45；草原考古研究会，2011，364—366，Ⅲ-b-3）。方耳，上面有三个柱状突起，两耳根贴附于口沿外，两边有变尖的附加装饰。腹体有竖向凸纹分隔腹体，中间有两竖排圆钉纹。高 16.7 厘米。40 号墓为直径 3 米的积石墓，土坑中有人骨，头部有木杯，腰骨附近有三翼镞。

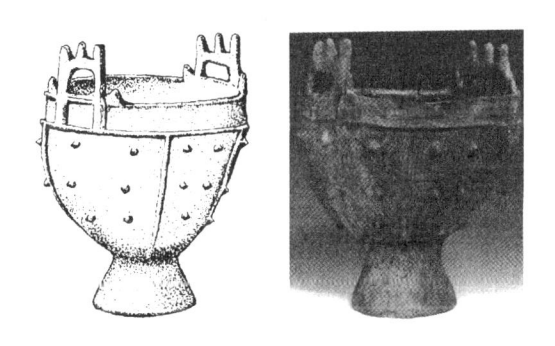

HaⅢ 山字形耳为三个突起，两耳根的附加装饰上部发展为两个突起。

1. 俄罗斯南乌拉尔 1977 年 Saratov 国立大学地质学者在奥伦堡（Orenburg）州南部 Belyaevskij 地区和 Kuvandyk 地区之间克兹尔—阿德（Kyzyl-Adyr）洞穴墓葬中发现一件（Гаряинов 1980，259；Érdy，1995，Table 2-8；草原考古研究会，2011，359—361．Ⅱ-c-5）。圈足残失，高 34.5、口径 24.5 厘米。洞窟入口原来有砂岩石板封堵，墓葬还出土了骨质复合弓部件、三翼铁镞、铁刀残片、金银装饰品、人骨、大型动物骨骼。

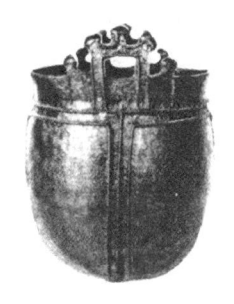

HaIV 山字形耳上三个突起以及两耳根装饰上的两个突起发展为五个蘑菇状突起,耳根附加装饰离开主耳;深筒腹,腹部有复杂装饰。

1. 俄罗斯北高加索中部卡巴尔达-巴尔卡尔共和国(Kabardino-Balkariya)哈巴兹(Khabaz)村马尔卡(Malka)河源头附近 Shiyakky-Kol 溪谷中世纪初墓地地下石室发现一件,卡巴尔达-巴尔卡尔历史·语言·经济学研究所藏(Батчасв 1984,256;Érdy,1995,Table1 - 19;草原考古研究会,2011,356—357,Ⅱ - b - 3),腹部主体纹饰同上式,外加穗形装饰。高 57.5、最大径 31.5 厘米、重 15—20 公斤。

2. 匈牙利多瑙河右岸费耶尔(Fejér)县多瑙济瓦罗斯(Dunaújváros)罗马时代晚期 Intercisa 城塞 1909 年调查时在 5 号建筑址 Ⅲ 号室出土一件(Maenchen-helfen,1973,pp.311,fig.37;Érdy,1995,Table1 - 4;草原考古研究会,2011,348—349,Ⅰ - b - 4),仅存腹部一小块,有三道弦纹。

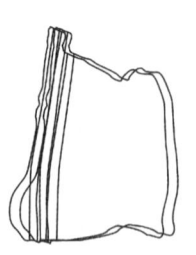

3. 斯洛伐克科马尔诺(Komárno)东8公里的罗马时代城塞伊扎—莱尼瓦尔(Iža‐Leányvár)出土三块铜鍑残片(Érdy,1995,Table1‐6;草原考古研究会,2011,343,I‐a‐3)。1983年发掘时出土很多陶器残片,时代为公元4世纪末—5世纪前半(Kuzmová,Rajtár 1984,138,140,141)。残片结合起来高8.5厘米,可以看到三道凸弦纹,应当是铜鍑腹体的一部分。

4. 罗马尼亚蒙泰尼亚(Muntenia)切利伊苏西达瓦(Celeisucidava)发现四块残片(Tudor 1941,375;Tudor 1948,189;Erdy,1995,Table1‐13;草原考古研究会,2011,351—352,I‐c‐5),为口沿部分,一块带蘑菇状装饰,1937—1940、1942、1943和1945年先后出于罗马堡垒 Sucidava 的灰烬中。发现铜鍑残片的火烧层堆积出土了罗马帝国后期的金带饰和铜币,铜币的时代跨度约为公元337—450年(Harhoiu, Diaconescu 1984,109)。

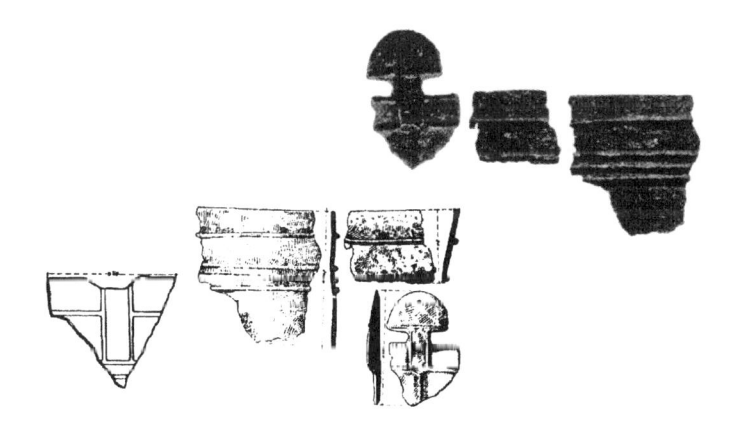

5. 新疆乌鲁木齐南山沟发现一件(王博,1987,46—47页;草原考古研究会,2011,363—364,III‐a‐6)。通高72厘米。蘑菇形装饰发达,口沿外有小方格装饰一周,腹部框形纹饰之间有箭形纹饰,同 EbI‐1。国外学者认为此件铜鍑是北匈奴从新疆西迁前留下的遗物,是匈人铜鍑的原型(Erdy,1990,pp.11—13;1995,pp.32—33)。但根据其耳部特征,此件铜鍑

只能是奥伦堡的(HaⅡ-1)发展型式,这种耳朵式样只是在库班河、顿河地区才形成,其腹部的纹饰和乌拉尔山西侧的铜鍑(HbⅠ-1)十分相近,连大耳下方框间隙中的箭形装饰都一致,而在奥伦堡铜鍑还没有这种装饰,因此,我们认为此件铜鍑应当是公元350—374年从库班河、顿河地区传回新疆地区的,至于其铸造地,可能就在新疆北疆,这一时期活动于天山以北、热海及特克斯河峡谷的是北匈奴西迁时因孱弱留下的余部,所以此件铜鍑可能为悦般所有,这件铜鍑的发现说明悦般的势力还曾到达乌鲁木齐一带。

HaV 大方耳上又多出一个蘑菇状装饰。

1. 摩尔多瓦共和国列济纳区(Rezina)舍斯塔契(Șestaci)村1962年发现一件,藏摩尔多瓦国立博物馆(Нудельман 1967,306—307;Maechen-helfen,1973,pp.315,fig.43;Érdy,1995,Table1-17;草原考古研究会,2011,354—355,Ⅱ-a-1)。高53、直径35厘米,重29公斤。鍑下部有两处修复的痕迹。鍑中发现筒形金属容器和壶形陶器的残片。

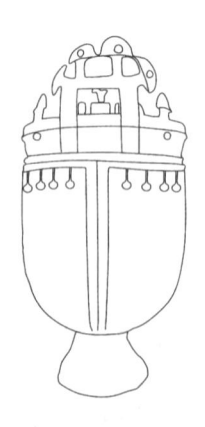

2. 匈牙利首都布达佩斯东南约 80 公里佩斯州（Pest）特尔泰尔（Törtel）村古代聚落遗址（Czakóhalom）的古墓内出土一件，1869 年入藏匈牙利国立博物馆（Maechen-helfen，1973，pp.309，fig.34；Érdy，1995，Table1－1；草原考古研究会，2011，348—349，I－b－5）。四大蘑菇首大方耳，耳根贴附于口沿外，方耳中间还有一个竖阶梯状支撑物，方耳两侧不远还有一个蘑菇首装饰。口沿下有一圈凸弦纹，和口沿之间有小方格装饰一圈，颈部有三圈凸弦纹，上面一圈封闭，下面两圈向下连成竖线纹把腹体平分为四部分，每部分的横凸弦纹下有 11 个圆圈缀形装饰。圈足残。口沿外有小方格装饰一圈，腹体被方框形纹饰分隔为四块，每块上部有穗状装饰。高 88—89、直径 46—48 厘米，重 41 公斤。最近认为出土于特尔泰尔村东约 6 公里的 Köröstetétlen，是礼仪用品（Anke 1998，（2）138）。

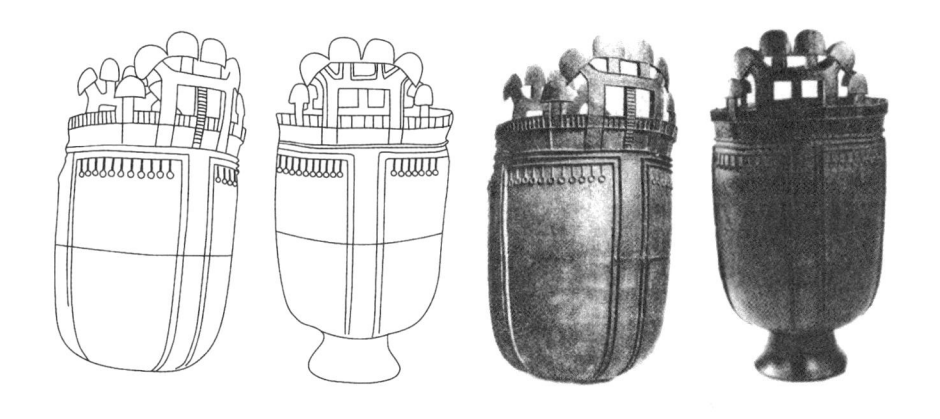

HaVI 大耳两边的小耳每边发展为两个。

1. 匈牙利维斯普雷姆县（Veszprem）皇宫堡（Várpalota）出土一件（Maechen-helfen，1973，pp.311，fig.36；Érdy，1995，Table1－2；草原考古研究会，2011，345—345，I－b－1）。立耳、腹体和圈足均有残失。蘑菇首大方耳仅存一只立耳的根部，方耳两边的两个稍小的蘑菇首装饰尚存。口沿下有一圈凸弦纹，颈部有三圈凸弦纹，最上面一圈封闭，下面两圈和竖向凸弦纹组合把腹体表面分为四大块。高 57.5、直径 34—35、平均厚 0.65—0.70 厘米，重 20.15 公斤（Kovrig 1973，97）。新的观点认为出土地点为 Bérhegy（Bóna 1991，275）。

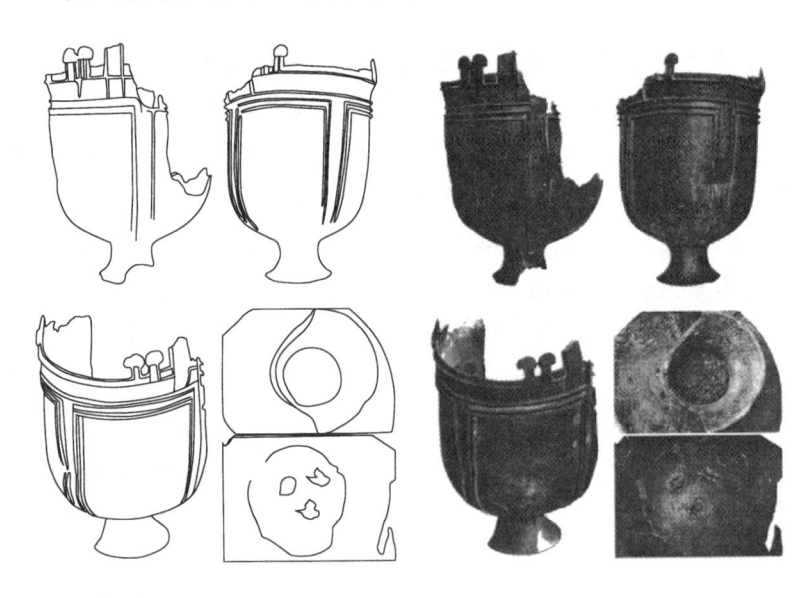

Hb　方形耳。

HbI　敛口鼓腹尖圜底。

1. 哈萨克斯坦西部锡尔河下游 Kyzyl-Orda 市西部 Djety Asar 遗址群中的 Altyn Asar 遗址发现两件陶质的仿铜鍑（Левина 1971,17,20,рис.3；草原考古研究会,2011,361—362,Ⅲ-a-1,2）。方耳，外有凹槽，方耳根贴附于口沿外，并下延至腹部；口沿外有一圈突起的圆钉纹，腹部也有竖向的圆钉纹；小圈足。高 39 和 35 厘米。

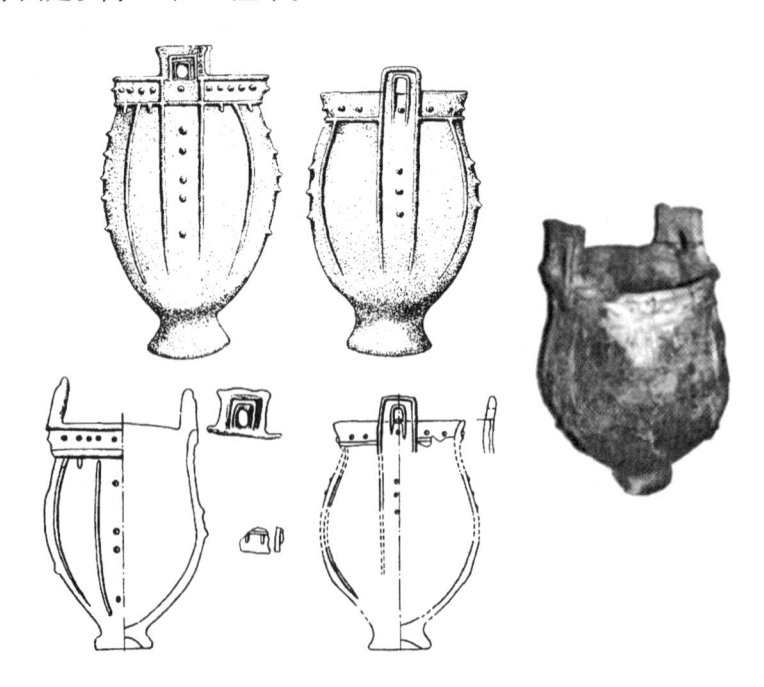

HbII　深筒形。

1. 俄罗斯西乌拉尔 1884 年 Simbrisk 市（现在的乌里扬诺斯克市 Ul'yanovsk）西南约 100 公里的奥索卡（Osoka）村和 Zagarino 村之间的小河砂土中发现一件［Maechen-helfen, 1973, pp. 316—317, fig. 45；Érdy, 1995, Table2-1；Anke 1998：(2)100；草原考古研究会, 2011, 357—358, II-c-2］，口沿外有穗状装饰, 腹体有四个方框形装饰, 方框上部有穗状装饰, 大耳下的方框间隙有一箭形装饰。高 53.5、直径 31 厘米, 重 17.6 公斤。

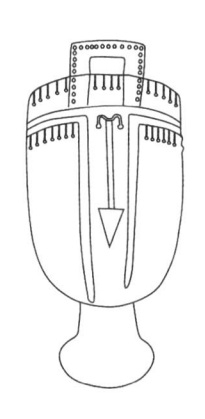

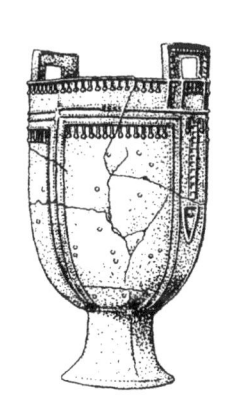

2. 波兰西南部的西里西亚地区（Silesia）延杰恰维斯［Jedrzychowice, 又名霍克吕契特（Höckricht）］1831 年在河滩地发现一件（Maechen-helfen, 1973, pp.308, fig.33；Érdy, 1995, Table1-8；草原考古研究会, 2011, 342, 344, 图 1, I-a-1）。大方立耳, 两耳根贴附于口沿之下, 口沿下有两圈凸弦纹, 腹休有四条竖的凸弦纹。高 55 厘米。发现后曾进行过发掘, 出土了镶嵌红宝石的金制品。

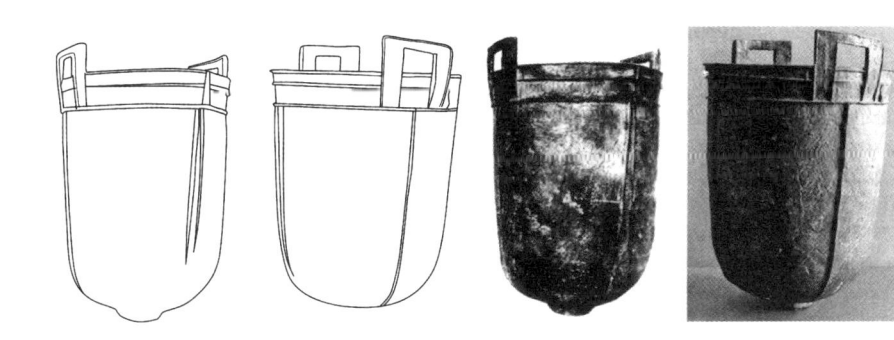

Hc　环耳。

1. 据巫新华告之, 新疆发现一件, 来源不清。

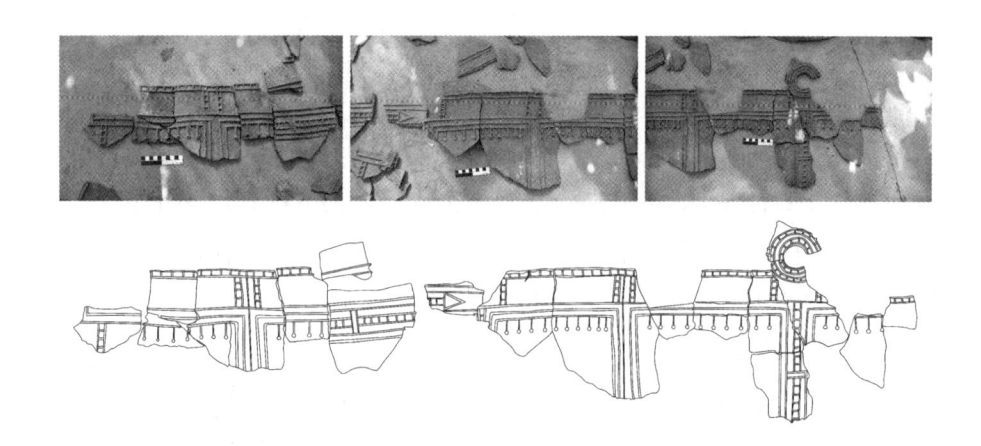

（三）I 型无圈足铜鍑

这一型铜鍑无圈足,按耳部变化区分亚型。Ia 型为直立环耳;Ib 型为直立环耳,耳根带两个小环耳;Ic 型为"山"字形耳;Id 型为"山"字形耳,两耳根带阶形装饰;Ie 型为肩耳;If 型无耳。

Ia 直立环耳。

IaI 桶形腹。

1. 吉林榆树老河深 M97 出土一件（吉林省文物考古研究所编,1987,48—49 页,图四二：2;草原考古研究会,2011,49—50,Fa‐2）。颈部有 2 圈凸弦纹,腹部有"V"形波状带纹,铸线纹位于与耳垂直的腹体。通高 26、口径 16.4 厘米。墓葬为成年男女合葬墓,鍑位于男性头骨西侧。时代为西汉末东汉初期或稍晚。

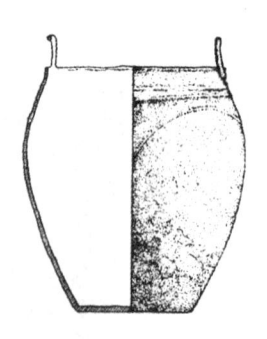

2. 山西右玉县善家堡墓地出土一件（王克林等,1992,图十五：1、图版叁：2;草原考古研究会,2011,52—53,Fb‐6）,颈部有凸弦纹一周,其下饰四组弧形纹。通高 17、口径 11.2 厘米。时代同上。

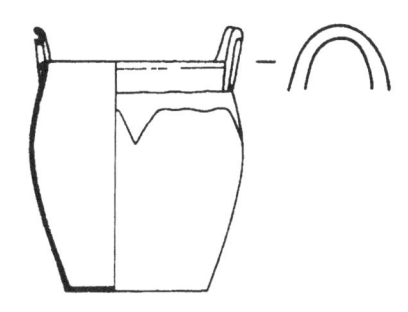

3. 蒙古ノョン・オール4号墓出土一件(Dorzhsuren 1962.Ris.8－3;草原考古研究会,2011,50—51,Fa－5)。耳残失,腹部有"V"形波状带纹,铸线纹位于与耳垂直的腹体。墓中出土汉代铜壶、铁烛台、马具等。

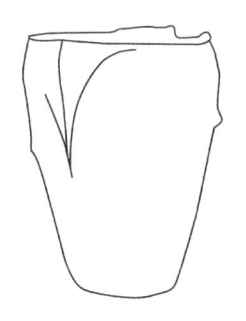

4. 蒙古军事博物馆藏一件(草原考古研究会,2011,50—51,Fa－4)。颈部有2圈凸弦纹,腹部有"V"形波状带纹,铸线纹位于与耳垂直的腹体。蒙古(Dulga-Ul)M15出土一件(Érdy,1995,Table5－9)。

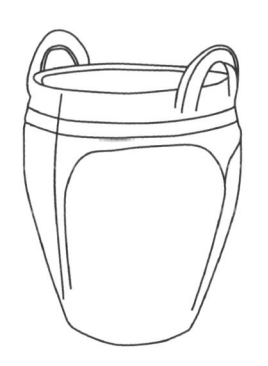

5. 俄罗斯图瓦 Bai-Dag Ⅱ 匈奴墓出土一件[Moshkova(ed). 1992, Tabl.79－16;草原考古研究会,2012,173,Ⅱ.2.A－003]。半环形耳,桶状腹体,两耳之间的腹体上有双线"Y"形凸弦纹装饰。

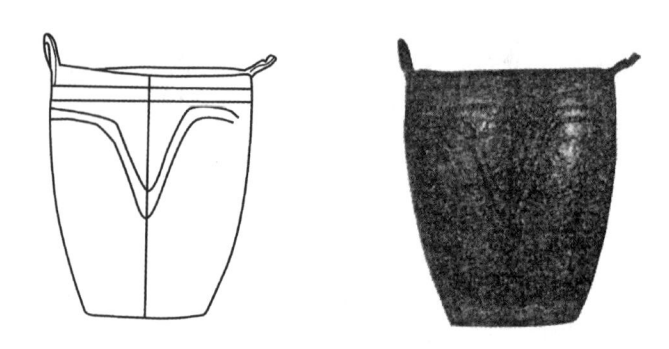

6. 内蒙古伊克昭盟东胜县补洞沟5号墓中发现一件(田广金、郭素新，1986,397页,图三：2；草原考古研究会,2011,54—55,Fc-6)，铁质。高21、口径15厘米。时代为西汉晚期至东汉初期。

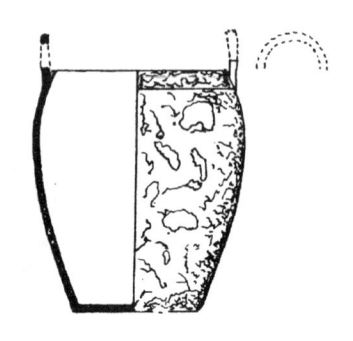

7. 山西右玉县善家堡墓地出土一件(王克林等,1992,图十五：3、图版叁：1；草原考古研究会,2011,54—55,Fc-4)。耳呈鞍桥形贴附于口。高22.5、口径15.5厘米，根据出土的夹砂大口平底罐、铜镜和五铢钱，时代为东汉桓灵之际至魏晋时期。

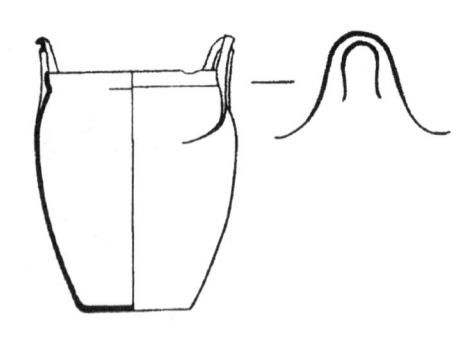

8. 内蒙古乌兰察布盟二兰虎沟古墓出土一件(田广金、郭素新,1986,图版九四：3；草原考古研究会,2011,55—56,Fd-1)。高16厘米。时代为东汉晚期。

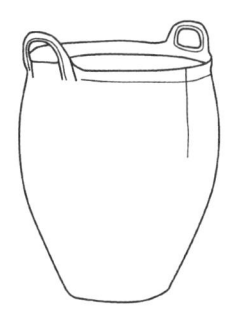

9. 吉林省吉林市帽儿山出土一件(国家文物局主编,1993,图 127;草原考古研究会,2011,56—57,Fd-2)。木椁土坑墓,出土漆器、铜车马具、金饰板、铁马具、环首铁刀等。这个墓地可能是汉代夫余国王陵区。

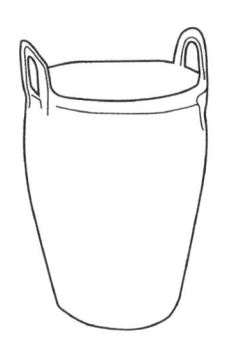

10. 吉林省永吉县学古村墓葬出土一件(尹玉山,1985,图一:3;草原考古研究会,2011,56—57,Fd-3)。墓葬为男女合葬墓,出土两个相同的铜鍑。通高 20、口径 13.8 厘米。同墓出土铜带钩、昭明镜、铜带扣、铁矛、铁刀等。有研究认为是夫余人的遗存,年代西汉末至东汉前期。

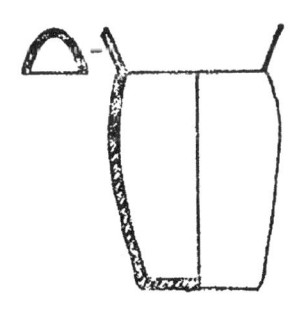

11. 山西省朔县东官井村 1984 年 M1 出土一件(雷云贵、高士英,1992,图一:1、图十一:1;草原考古研究会,2011,56—57,Fd-4)。高 16、口径 12

厘米。器底有烟炱。同墓出土斜格子青铜饰板、东汉五铢钱、金带具等,可能为东汉晚期降汉的匈奴墓。

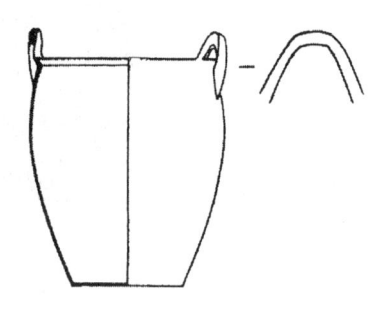

12. 内蒙古察右前旗三岔口乡下黑沟村墓葬出土一件(郭治中、魏坚,1994,434 页,图二:2;草原考古研究会,2011,56—57,Fd‐6)。通高 16、口径 11 厘米,底部有一块修补疤。时代为曹魏到十六国时期(潘玲,2015,22 页)。

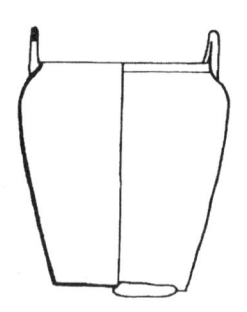

13. 河北省定县 43 号汉墓出土一件(定县博物馆,1973,图一九,8—16 页;草原考古研究会,2011,57,59,Fdm‐1)。有提梁。高 12 厘米。此墓可能是公元 174 年东汉中山王刘畅的墓。

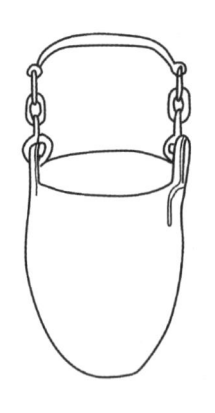

14. 韩国金海大成洞 29 号墓出土一件(《金海大成洞遗迹》,1992,转引自高浜秀,1994,8 页;申敬澈、金宰佑 2000,49 图,14,115 页;草原考古研究会,2011,56—57,Fd-7;草原考古研究会,2012,104—105,图 5,2)。29 号墓出土铜鍑通高 18.2、口径 12.6 厘米。内有有机物的痕迹。时代为 3 世纪后半期。

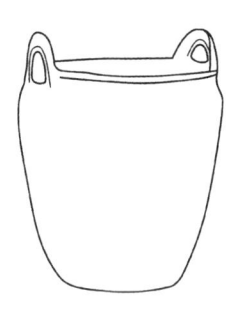

15. 吉林省舒兰县嘎牙河砖厂窖藏(吉林市文物编委会,1985,41,96,174 页,图版九:2;李海莲,2003,图版九:1;李海莲,2006,图版四:55;草原考古研究会,2011,56—57,Fd-8)。器体瘦高。通高 21.5、口径 11.3 厘米。同出铁箱、铜釜和泡饰,可能为高丽时代。

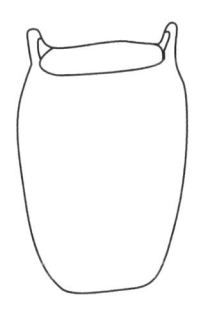

IaII 罐形腹体。

1. 河南巩县芝田公社寨沟大队窖藏出土一件(河南—巩县,1974,123—125 页;草原考古研究会,2011,59—60,Fe-6)。通高 26 厘米。共存物有铜洗和塔形器,铜洗和传世东汉洗相似,塔形器和魏晋时期的器物相似。

2. 河南安阳大司空村 38 号竖穴砖棺墓出土一件（张静安,1958,54—55 页;草原考古研究会,2011,60—61,Fe - 10）。此墓出土长宜子孙镜、陶器、玛瑙珠、镀金青铜带具等,时代东汉末至六朝（三世纪末四世纪初）。

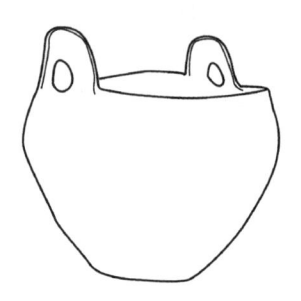

3. 河南省辉县固围村第 1 号墓（中国科学院考古研究所编,1956,图版四八：10;草原考古研究会,2011,59—60,Fe - 8）。通高 18、口径 17.7 厘米。此墓为战国墓。

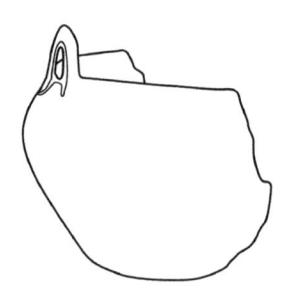

4. 湖北鄂城钢铁厂古井发现一件（鄂城,1978,358 页,图一：1,图版一二：1,4;草原考古研究会,2011,57—58,Fd - 10），通高 20、口径 12.8 厘米,肩部刻有铭文："黄武元年作三千四百卅八枚",腹部刻有："武昌""官"。腹下部满饰均匀的弦纹,靠近底部,有一破洞,附有一个用生铁铸补的补丁。"黄武元年"是三国吴主孙权立国称帝的第一个纪年,为公元 222 年。

5. 四川双流县黄水乡牧马山出土一件(四川省博物馆,1959,428 页,图七;草原考古研究会,2011,59—60,Fe‐7),高 19.2、口径 20.5 厘米,时代为南北朝。

6. 山西右玉县善家堡墓地出土一件(王克林等,1992,图十五:2;草原考古研究会,2011,56—58,Fd‐14),高 21、口径 16.8 厘米,耳部特征同上,腹上部有一圈凸棱装饰,时代东汉桓灵之际至魏晋时期。

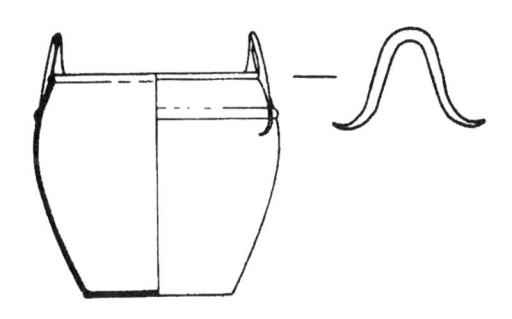

7. 辽宁省北票市喇嘛洞 166 号墓出土一件(辽宁省文物考古研究所编,2002,No.78;草原考古研究会,2011,56—58,Fd‐15)。通高 17.5、口径 12.2 厘米。三燕时代墓地,公元 3 世纪末至 4 世纪前半。

8. 韩国金海大成洞 47 号墓出土二件(《金海大成洞遗迹》,1992,转引自高浜秀,1994,8 页;申敬澈、金宰佑,2003,图 43,8,98 页;草原考古研究

会,2011,56—58,Fd-16;草原考古研究会,2012,104—105,图5,3)。通高17.8、口径13厘米。时代为3世纪后半。

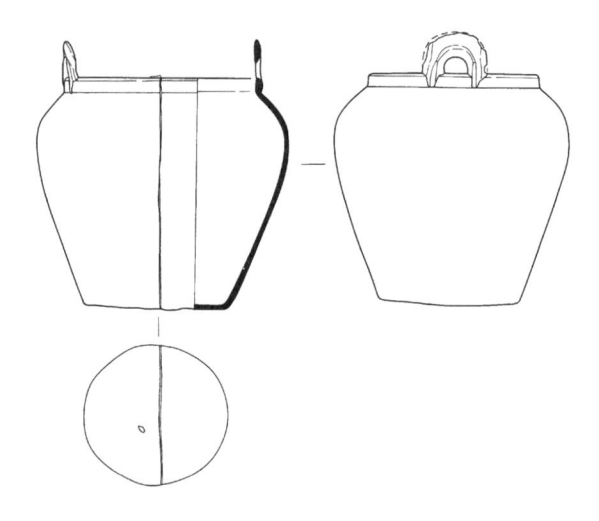

9. 辽宁北票县西官营子冯素弗墓出土二件(黎瑶渤,1973,5页,图三一;草原考古研究会,2011,60—61,Fe-11)。通高12.2厘米。时代在公元415年左右。

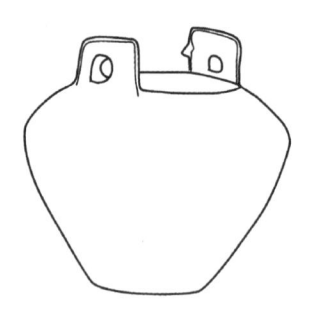

Ib 直立环耳,耳根带两个小环耳。

1. 蒙古民族历史博物馆藏一件(草原考古研究会,2011,54—55,Fc-1)。

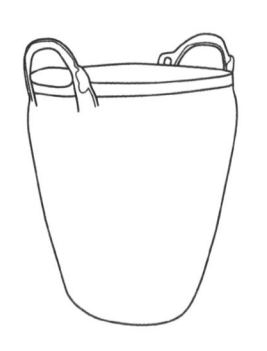

Ic "山"字形耳。

1. 内蒙古自治区通辽市开鲁县建华乡福兴地发现一件(武亚琴、李铁军,2007,图二:4,图三;草原考古研究会,2011,52—53,Fb‑10)。山形方耳,假圈足。通高 25、口径 17 厘米。底部有烟烬。墓葬时代可能为中原两晋时期。

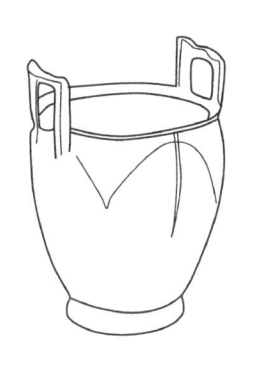

Id 方耳或者山形方耳,耳根或有阶形装饰。

IdI 桶形腹体。

1. 内蒙古伊克昭盟东胜县补洞沟 4 号墓中发现一件(田广金、郭素新,1986,397 页,图三:4;草原考古研究会,2012;54—55,Fc‑5)。铁质。时代为西汉晚期至东汉初期。

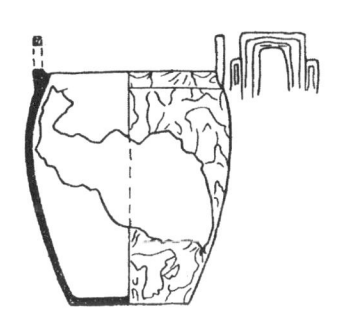

IdII 罐形腹体。

1. 内蒙古乌盟二兰虎沟出土一件(李逸友,1963 年,5 页)。素面,腹体上垂直于立耳的部位有竖的铸线,鍑底有假圈足。高 16 厘米。

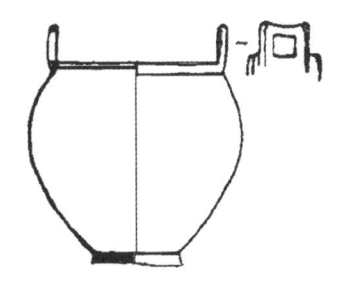

Ie 肩耳。

IeI 斜肩耳。

1. 日本京都大学综合博物馆藏一件(水野清一、江上波夫,1935,图版二八;京都大学文学部,1963,金属制品 No.394;草原考古研究会,2012,49—50,Fa‑1)。腹饰大波带纹。高 31.5、口径 29.1 厘米。

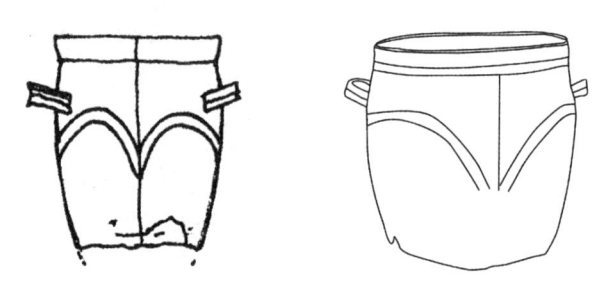

IeII 肩部小环耳。

1. 朝鲜平壤东大院里许山 Dondaeueon-ri Heosan 收藏一件(藤田,1925,1947;草原考古研究会,2011,101—102,图 3：8)。铜质。通高 16、口径 11.5 厘米。1922 年修铁路时发现。时代可能为公元前 2—公元 1 世纪。

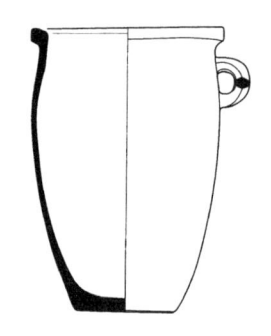

2. 朝鲜平壤石岩里 Seokam-ri 194 号墓出土一件(乐浪汉墓刊行会,1974;草原考古研究会,2011,101—102,图 3：9)。铜质。通高 12.4、口径 12.1 厘米。根据出土器物,时代为公元 1 世纪早中期。

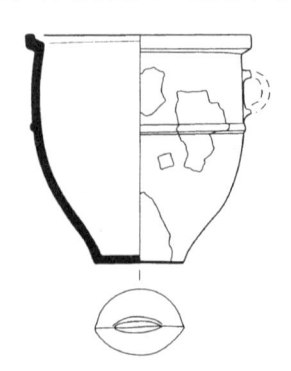

3. 朝鲜平安南道南浦市台城里 Daeseong-ri 11 号木椁墓出土一件(草原考古研究会,2012,102—103,图4:1)。铁质。单耳。通高18.4、口径12.8厘米。时代为公元前2世纪至前1世纪。

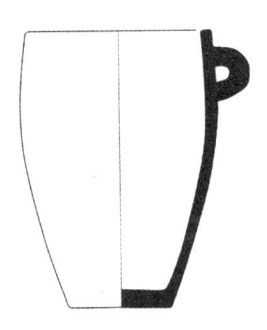

4. 朝鲜平壤市万景台 Wangyeongdae 墓葬出土一件(草原考古研究会,2012,102—103,图4:3)。铁质。双耳,有小圈足。通高17.5、口径14.3厘米。时代为公元1世纪末至2世纪。

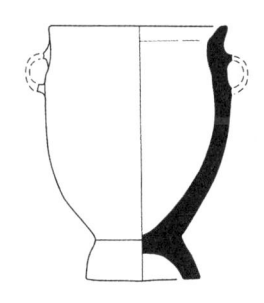

IeIII　环形附耳。

1. 俄罗斯哈卡斯国立乡土博物馆藏一件 XKM349(草原考古研究会,2012,173,II.2.A‐004)。"Ω"环形附耳。通高20.8厘米。

IeIV　小鼻耳。

1. 光绪年间甘肃泾川县出土(刘玉林、徐冰,1999),高17厘米,肩部有铭文"始建国元年正月癸酉朔日制""汾阴侯"两处,年代为公元9年。

2. 陕西咸阳平陵 M1 出土一件（咸阳市文物考古研究所，2006）。时代为前秦中晚期至后秦时期。

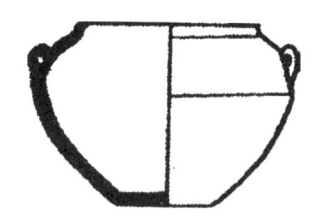

3. 辽宁北票县喇嘛洞墓地 IM30 出土一件（潘玲，2015，27 页，图二一：7）。铜质，三燕时代墓地，时代为西晋晚期至十六国时期。

IeV　小鼻耳，有提梁。

1. 辽宁北票县喇嘛洞墓地 I M14 出土一件（潘玲，2015，27 页，图二一：2）。铜质，有龙首提梁。三燕时代墓地，时代为西晋晚期至十六国时期。

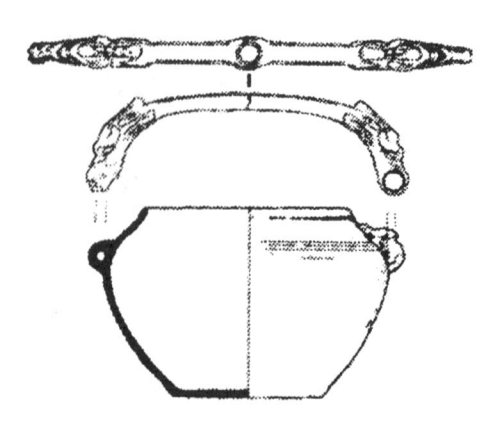

If 无耳。

1. 韩国庆尚北道庆州市舍罗里 Sara-ri 130 号大型木棺墓出土一件(岭南文化财研究院 2001;草原考古研究会,2012,105—106,图 6:1)。瘦高,无耳。通高 39.4、口径 26.5 厘米。时代为公元 1 世纪后—2 世纪中。

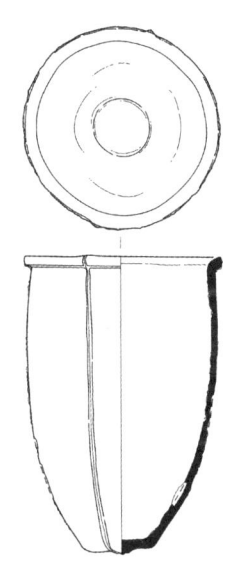

2. 韩国庆尚南道金海市良洞里 162 号大型木椁墓出土一件(东义大学校博物馆,2000;草原考古研究会,2012,105—106,图 6,2)。瘦高,无耳。通高 32.8、口径 23.5 厘米。时代为公元 2 世纪后半。

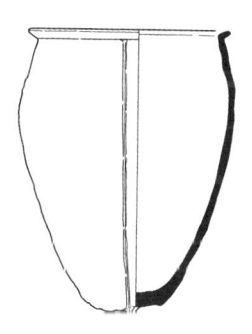

3. 北票喇嘛洞 IIM266 号墓出土一件(草原考古研究会,2012,109,图 8:3)。

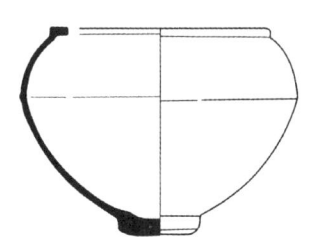

4. 日本长崎县对马市佐护クビル遗址出土一件（后藤，1922；小田，1977；草原考古研究会，2012，107，图 7：1）。铜质。球腹，最大径有转折；小假圈足。通高 33.9、口径 28.2 厘米。时代为公元 1 世纪后半—2 世纪前半。

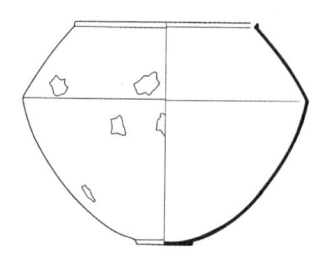

5. 日本兵库县行者塚古坟出土一件（草原考古研究会，2012，107—108，图 7，2）。铁质。口径 14.4 厘米。时代为 4 世纪末—5 世纪初。

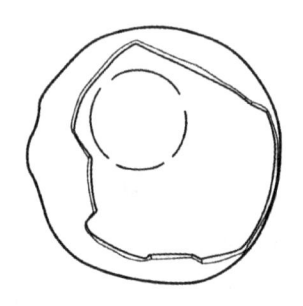

6. 日本和歌山县丸山古坟出土一件（草原考古研究会，2012，107—108，图 7：3）。铁质。球腹，最大径有转折。小假圈足。通高 19.7、口径 25 厘米。时代为公元 5 世纪前—中。

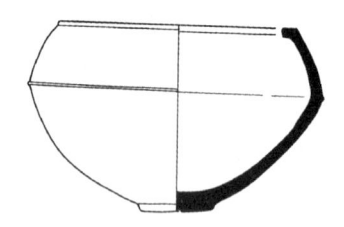

三、镞的分布与时代特点

迄今发现的铜镞材料显示，根据铜镞的形制和流行时间、范围，典型铜镞大体可分为早晚两大群。第一群流行时代为公元前 10 世纪至公元 4 世纪，这一时期的铜镞主要为犬戎、独目人、狄、斯基泰人、萨夫罗马泰人、萨尔马泰人、塞人和月氏等游牧人群所使用，第二群流行时代为公元前 2 世纪至公元 8 世纪,这一时期的铜鍑主要为匈奴(匈人)和鲜卑等游牧人群所使用,并传播到欧亚草原的中、西部。这两群铜鍑在时代上有重合,即公元前 2 世纪至公元 4 世纪,但在地域上没有重叠。

(一)第一群(公元前 14 世纪—公元 4 世纪)

在这一期中,根据铜鍑的发现情况与文化背景,可分作九个大区,下面依次分析。

1. 中国北方东部区

这一区以黄河中游为中心,东北至内蒙古哲里木盟和军都山,东至河北新乐、唐县,东南至河南辉县,南至陕西城固,西南至甘肃武威,西至陕西靖边,北至阴山。这一地区的铜鍑可分为以下几期。

a. 商代晚期至西周中期(公元前 1300—前 858 年):商代晚期的铜鍑以河南安阳郭家庄东南 M26 所出铜鍑为代表。① 西周中期戎人使用铜鍑的事实只有师同鼎的铭文作证。② 商代铜鍑的特征是直立环耳,平底,有提梁。西周晚期的铜鍑有圈足,但可以看出,铜鍑底部的圈足有一个从小到大的发展过程,因此,最早的铜鍑可能就是圜底或平底的。商代晚期到西周晚期铜鍑还有很大的缺环,其具体演变的过程还不太清楚,这还有待以后的考古工作。

b. 西周晚期(厉王至幽王,公元前 857—前 771 年):分布于陕西渭水流域,有 Aa、Ba 铜鍑;蒙古国、内蒙古中南部,有 Aa 铜鍑;燕山山地,有 Aa 铜鍑。铜鍑总的特征是口微敞,圈足不大,耳朵的形式有两种,即每只环耳有一突和无突。

c. 春秋早期(公元前 770—前 650 年):分布于陕西渭水流域,有 Aa、Ba 铜鍑;山西涑水流域,有 Aa 铜鍑;燕山山地,有 Aa 铜鍑;甘肃礼县,有 Ba 铜鍑。铜鍑总的特征为口直或微敛,圈足稍大,有的圈足上有小镂孔。

d. 春秋中晚期(公元前 650—前 475 年):分布于陕西北部无定河一带,主要有 Aa、Ab、Ba 和 Bb 铜鍑;山西涑水流域,有 Ba 和 Ba 铜鍑;太原地区有 Ba、Bc、C 型铜鍑;晋北忻定盆地和大同盆地,有 Ab 铜鍑;燕山山地,有 Ba 和 Da 铜鍑;内蒙古中南部,有 Ab 铜鍑。这一时期铜鍑总的特征是口内敛,呈球腹状,圈足高大,有的底沿起棱,而且发展出方圆腹体的铜鍑。另外,Ba 型铜鍑的演变慢于 Aa 型,主要表现在腹壁上,Ba 型铜鍑至春秋中晚期,还有直壁的。

e. 战国早期(公元前 475—前 350 年):分布于北京军都山,有 Ba 铜鍑;

---

① 中国社会科学院考古研究所安阳工作队:《河南安阳市郭家庄东南 26 号墓》,《考古》1998 年 10 期,第 38、47 页。
② 李学勤:《师同鼎试探》,《文物》1983 年 6 期,第 58—61 页。李零:《"车马"与"大车":跋师同鼎》,《考古与文物》1992 年 2 期,第 92—94 页。

河北中部地区,有 Ba、Ba 铜鍑。这一时期的铜鍑耳朵无突,球腹,圈足细高,底沿折棱明显。

值得注意的是,从商代晚期至战国早期,都有装饰中原青铜器纹饰的铜鍑,记有 Aa、Ab、Ba、Ba 和 Bc,反映游牧和农耕区之间文化的交融。

2009 年 4 月甘肃省武威市张义镇出土一件铜鍑。高 118 厘米、口径 87 厘米,150 多公斤。口沿下有三个虎形把手,下腹有四个钮形小环。推测时代为战国晚期至西汉。①

2. 阿尔泰山南麓至天山地区

这一区东至巴里坤地区,北以阿尔泰山南麓为界,南以天山南麓为界,西至西天山西端阿姆河中上游一带。

A. 新疆北疆区

这一区东至巴里坤地区,北以阿尔泰山南麓为界,至哈巴河县,南以天山为界,西至伊犁河上游地区。这一区的铜鍑参照第一区的铜鍑大致可分为以下四期。

a. 春秋早期(公元前 770—前 650 年):新疆北疆东部,有 Aa 铜鍑。铜鍑的特征为耳朵呈环状贴附于口,耳顶端有一突,腹壁直,喇叭型圈足,腹部有一周凸弦纹。

b. 春秋中晚期(公元前 650—前 475 年):新疆北疆东部、乌鲁木齐和阿勒泰地区,有 Aa、Aa、Ba 铜鍑。铜鍑的特征为耳朵呈环状贴附于口,有两种,有一突和无突,球腹,喇叭型圈足。

c. 战国早期至西汉早期(公元前 475—前 176 年):新疆北疆东部地区和伊犁河上游地区,有 Aa、Ba 铜鍑,新疆北疆东部和阿勒泰地区,有 Ea 铜鍑,伊犁河地区还有 Eb 型三足铜鍑。铜鍑的耳朵有三种,有一突、无突和斜肩耳,形体瘦高,尖圜底,喇叭型圈足。

d. 西汉中期(公元前 176—前 130 年):伊犁河上游地区,有 Aa 铜鍑。铜鍑耳朵有一突,有的耳上装饰小兽,体瘦高,尖圜底,喇叭型圈足。

B. 七河流域(谢米列契)地区

这一地区主要在哈萨克斯坦境内,铜鍑主要以 Ea、Eb 型为主,也有极少的 Aa、Ba 型铜鍑。时代可能是公元前 5—3 世纪。铜鍑特点为斜肩耳,有带圈足的,也有三足的,Ba 型铜鍑装饰华丽。

C. 额尔齐斯河境外部分

这一地区主要在哈萨克斯坦东北境内,铜鍑主要以 Aa、Ba、Ea 型为主。

---

① 甘肃省博物馆编:《鲲鹏之动——新中国成立 60 年甘肃考古发现成果展》,2010 年。

3. 西伯利亚地区

这一地区以为中心,包括南西伯利亚叶尼塞河上游地区、贝加尔湖周围地区、西西伯利亚地区。铜鍑在这一地区出现的时间比较早,比如图瓦地区,时代可以早到公元前 8 世纪,但迄今发现的数量较少,大规模流行是公元前 5—4 世纪。这一地区铜鍑多无共存器物,所以,其编年迄今仍是模糊的,本书根据铜鍑的形制,大致分作三个阶段。

A. 图瓦地区

发现 11 件铜鍑。阿尔赞 2 号冢发现两件特别的铜鍑,年代为公元前 7 世纪晚期。阿尔赞 1 号冢发现过铜鍑的残片,时代为公元前 9—前 8 世纪。其他主要是 Aa、Ba、Ec 铜鍑,时代为公元前 5—前 2 世纪。

B. 米努辛斯克盆地及周边

发现 73 件铜鍑。

a. 以 Aa 为代表,出自米努辛斯克地区,时代可能在公元前 5 世纪。铜鍑特征为素面,耳有一突,尖圜底,喇叭型圈足。

b. 以 Aa、Ba、Ca、D 型为代表,时代可能是公元前 4—1 世纪。铜鍑耳朵有一突、三突、无突和山羊形耳四种,耳朵上的突起十分发达,尖圜底,喇叭型圈足,腹体饰弦纹或半封闭绳索纹。

c. 以 Aa、Ba、Ca、Da、Ea 型为代表,有少量 Ec、Eb。时代可能是公元前 3—1 世纪。铜鍑耳有一突、三突、无突、斜肩耳和山羊/马形五种。耳部无突的铜鍑还有口沿带流的,腹体有一些装饰。

C. 贝加尔湖及勒那河地区

这一地区发现 5 件铜鍑,可分为两个阶段。

a. 公元前 7—6 世纪:俄罗斯勒拿河上游地区,有 Aa、Ba 铜鍑。Ba 铜鍑特征为附耳,深腹,腹壁直,喇叭型圈足。

b. 公元前 5—3 世纪:贝加尔湖地区,有 AaIII、Ca、Ec 铜鍑。铜鍑特征为耳部有一或三个发达的突起,球腹,人圈足。

D. 鄂毕河上游地区

这个地区发现 18 件铜鍑。

a. 以 Aa、Ba 式为代表,时代可能在公元前 5 世纪。

b. 以 Aa、Ba、Ca、Da、Ea 型为代表,时代可能是公元前 4—1 世纪。铜鍑耳有一突、三突、无突、斜肩耳和马形五种。耳部无突的铜鍑还有口沿带流的,腹体有一些装饰。

E. 托博尔河与伊希姆平原地区

发现 14 件铜鍑。这一地区主要为乌拉尔山中段以东地区,有两个中心：一个是托博尔河的托博尔斯克，另外一个是额尔齐斯河的鄂木斯克。这一地区的铜鍑以 Aa、Ca、Ea 为代表。时代可能为公元前 4—1 世纪。铜鍑耳朵有一突、三突和斜肩耳三种，腹体有桶型、球型和半球型三种，腹体有装饰繁复的，也有制造简陋的。

4. 多瑙河下游至乌拉尔河地区

发现 128 件铜鍑。

A. 北高加索地区

这一地区包括高加索山以北的地区，主要是库班河流域。这里的铜鍑发现比较少，较早的一件时代为公元前 8—7 世纪，属前斯基泰文化（AaⅡ-7）。还有公元前 7 世纪后半的 Da 铜鍑。前 4 世纪前半在斯基泰人墓葬中发现 Ba、Ca、Ea 铜鍑。在萨尔马泰墓葬中发现一些 Ca 铜鍑，属公元前 4 世纪以后的遗物。

B. 南俄草原地区

这一区东到顿河下游，西至多瑙河下游，分为五个阶段（图 3-1）。

a. 以 Ea、D 型铜鍑为代表，时代从公元前 7 世纪中叶至公元前 5 世纪，其中 D 型出现于公元前 7 世纪中叶，腹饰波折纹，Ea 出现于公元前 6—5 世纪。

b. 以 Bb、Ca、Cb、D、Ea 铜鍑为代表，时代从公元前 5 世纪至公元前 4 世纪。铜鍑耳朵有山羊型耳、山羊型和斜肩耳共体鍑、三突耳、无突耳、斜肩耳五种，器体有圆体和方圆体两种，腹体素面或装饰华丽。以上为斯基泰时期。

c. 以 Aa、Ca 铜鍑为代表，时代从公元前 4 世纪至前 1 世纪。

d. 以 Ca、D 型铜鍑为代表，时代从公元前 1 世纪至公元 1 世纪。

e. 以 Bc、Ca 铜鍑为代表，时代从公元 2 世纪至公元 4 世纪。3—5 阶段为萨尔马泰时期。

C. 乌拉尔河至顿河下游地区

这一地区的铜鍑可分作四个阶段（图 3-1）。

a. 以 Aa 铜鍑为代表，时代从公元前 6 世纪至前 4 世纪。铜鍑耳部顶端有一突，腹壁直，高圈足。此为萨夫罗马泰文化时期。

b. 以 Aa、Ca 型铜鍑为代表，时代从公元前 4 世纪至前 1 世纪。耳有一突和三突两种，半球腹，小圈足，腹饰凸弦纹。此为萨尔马泰文化早期。

c. 以 Ca、Da 型铜鍑为代表，时代从公元前 1 世纪至公元 1 世纪。耳有动物型耳、三突耳、动物型和斜肩耳共体三种，球腹，细高圈足。此为萨尔马泰文化中期。

d. 以 Bb、Ca、Da 铜鍑为代表，时代从公元 2 世纪至公元 4 世纪。其中大部分铜鍑为尖圜底，无圈足，此为萨尔马泰文化晚期。

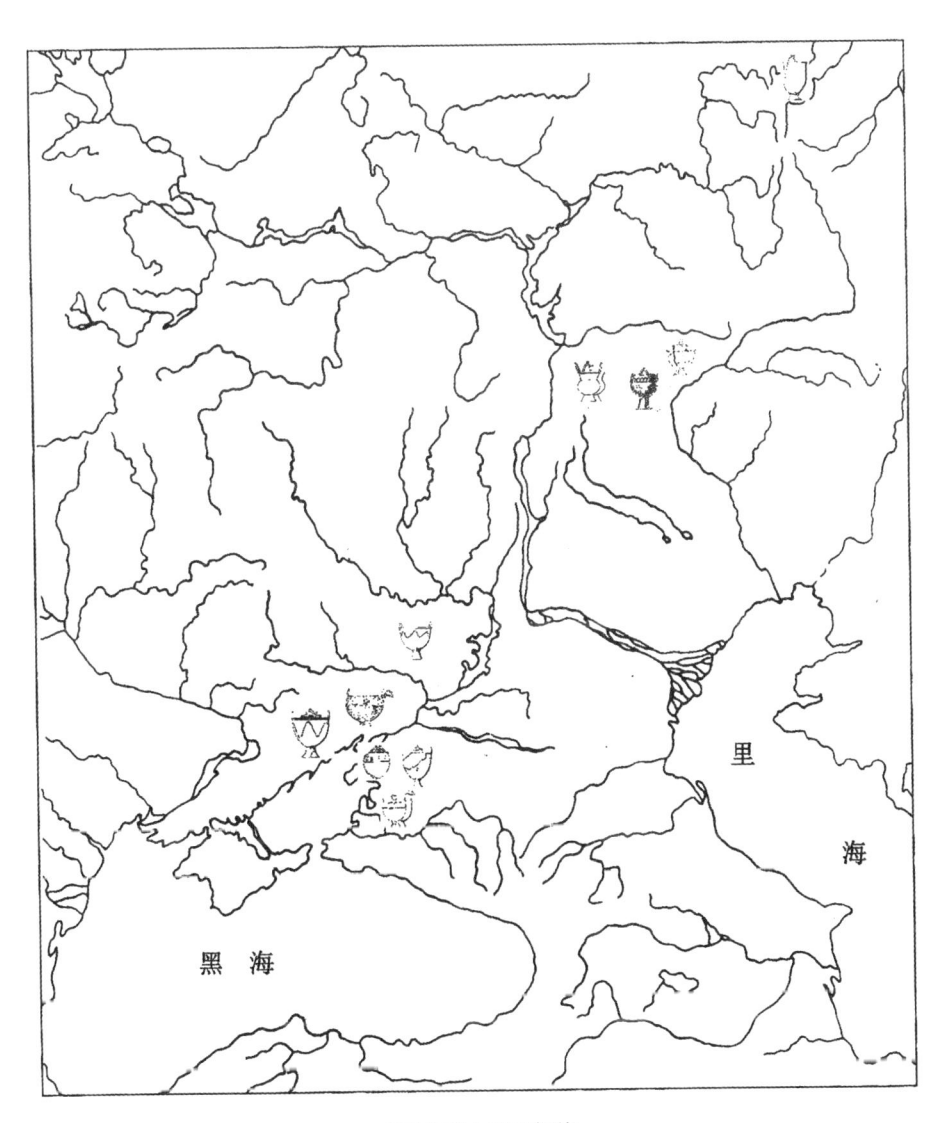

第三章　鍑的类型、分布与时代特点 · 143 ·

单乳突直立环耳铜鍑

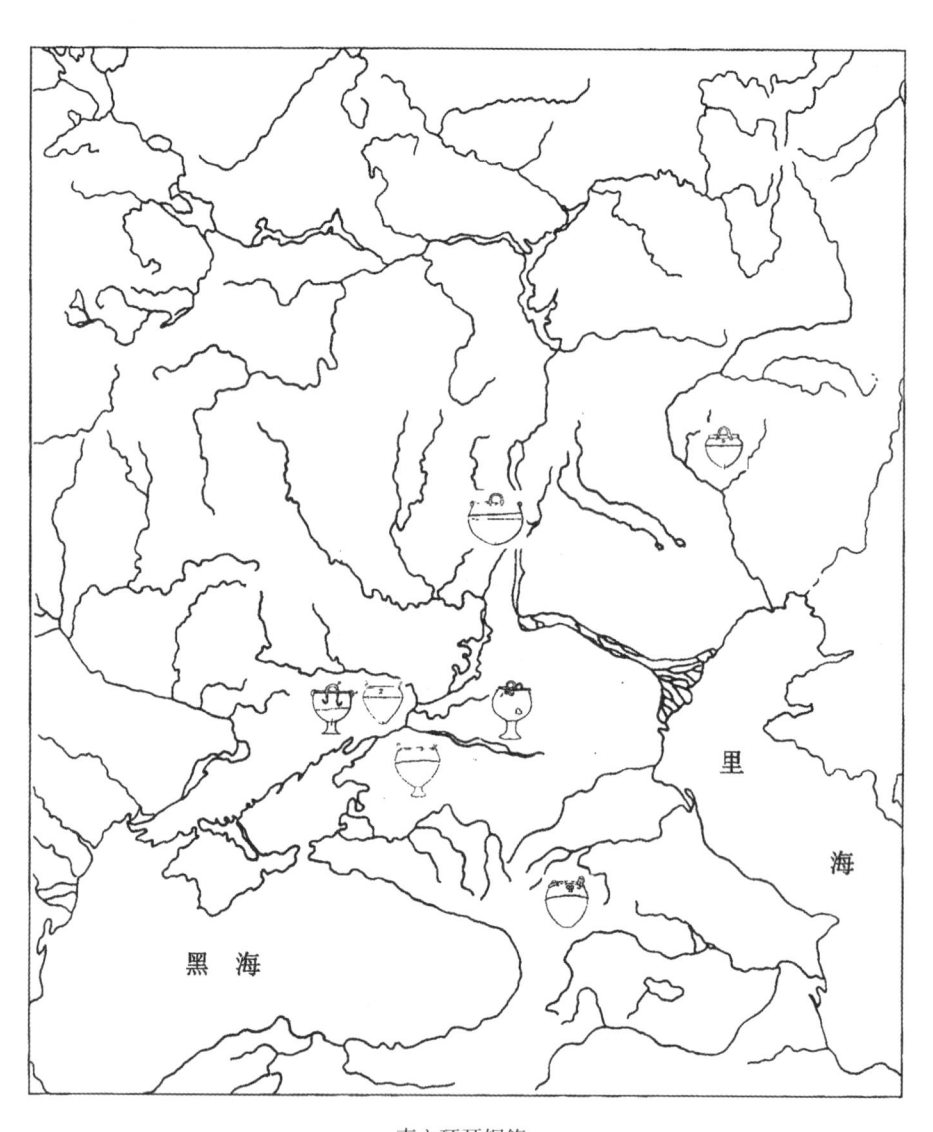

直立环耳铜鍑

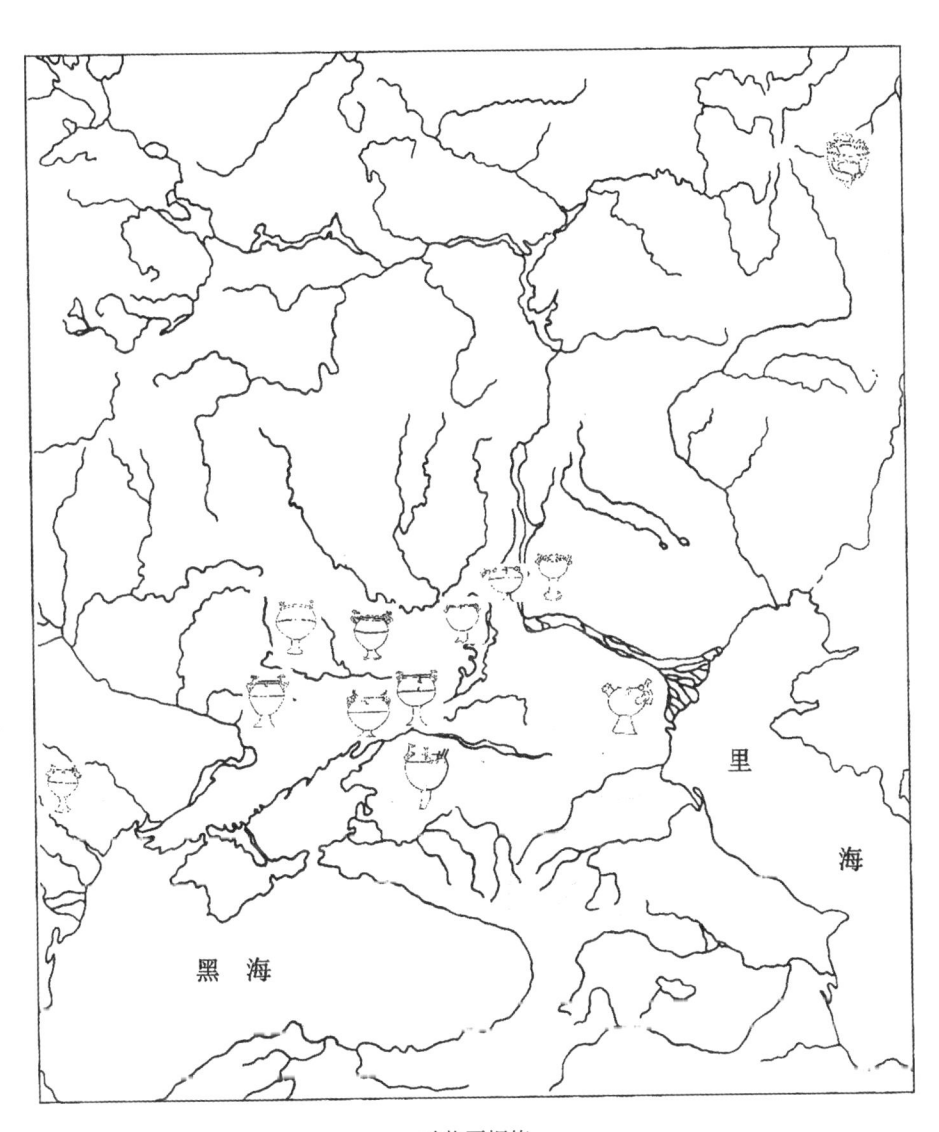

动物耳铜鍑

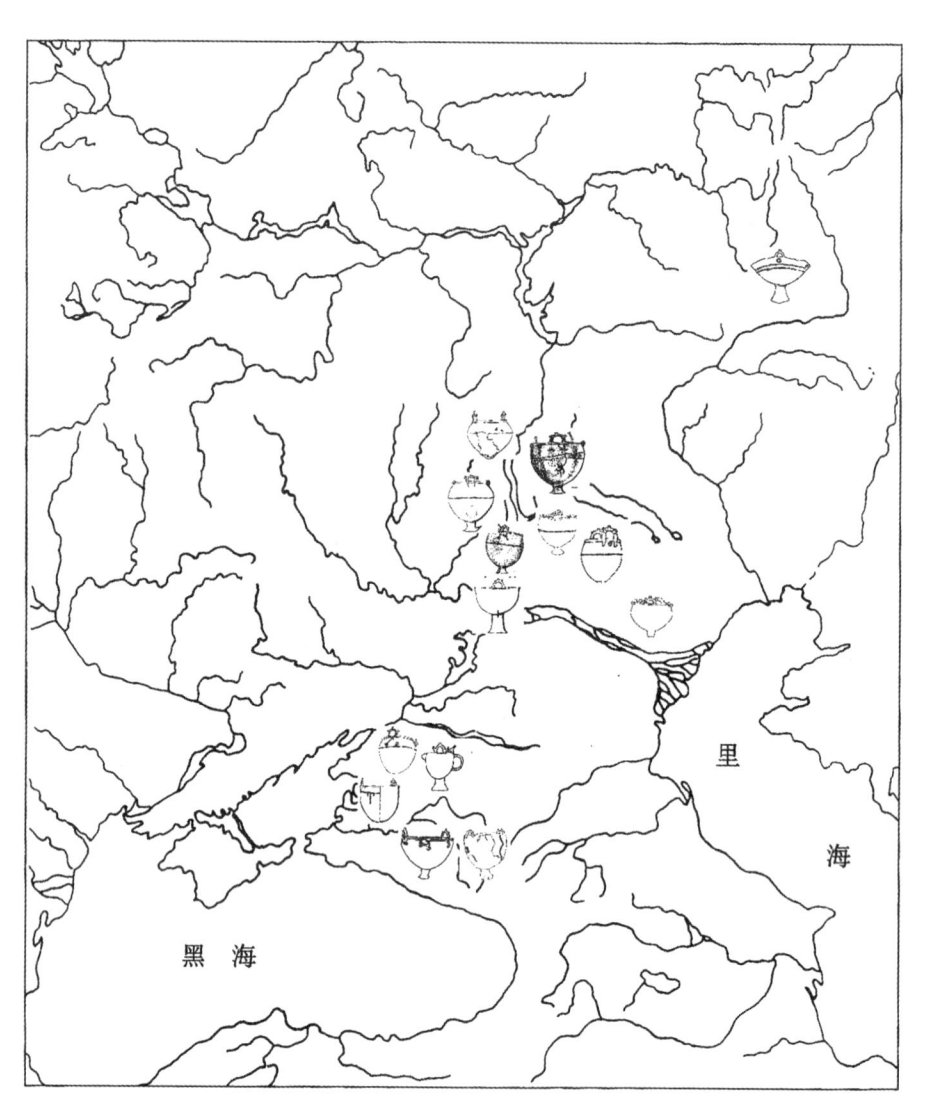

三乳突直立环耳铜鍑

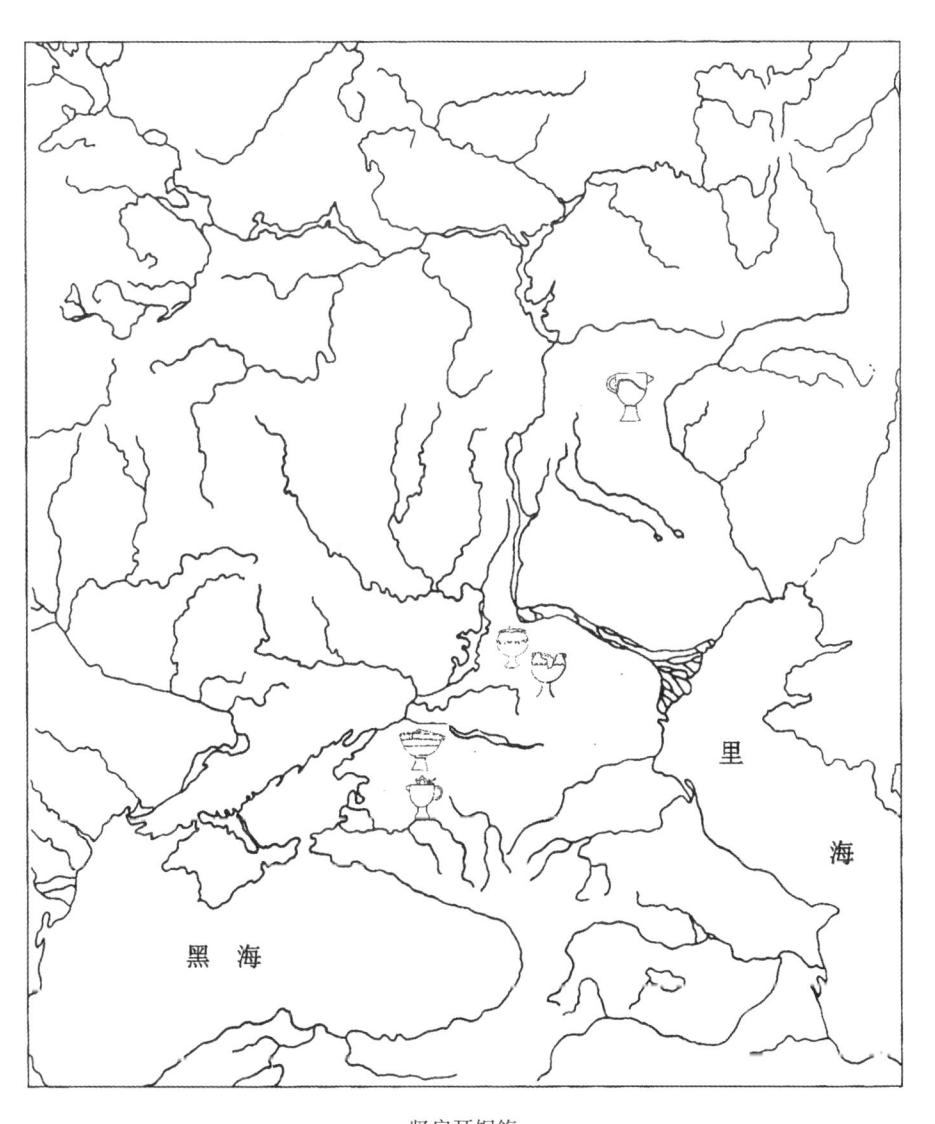

第三章 鍑的类型、分布与时代特点 ·147·

黑海

里海

竖肩耳铜鍑

斜肩耳铜䥶

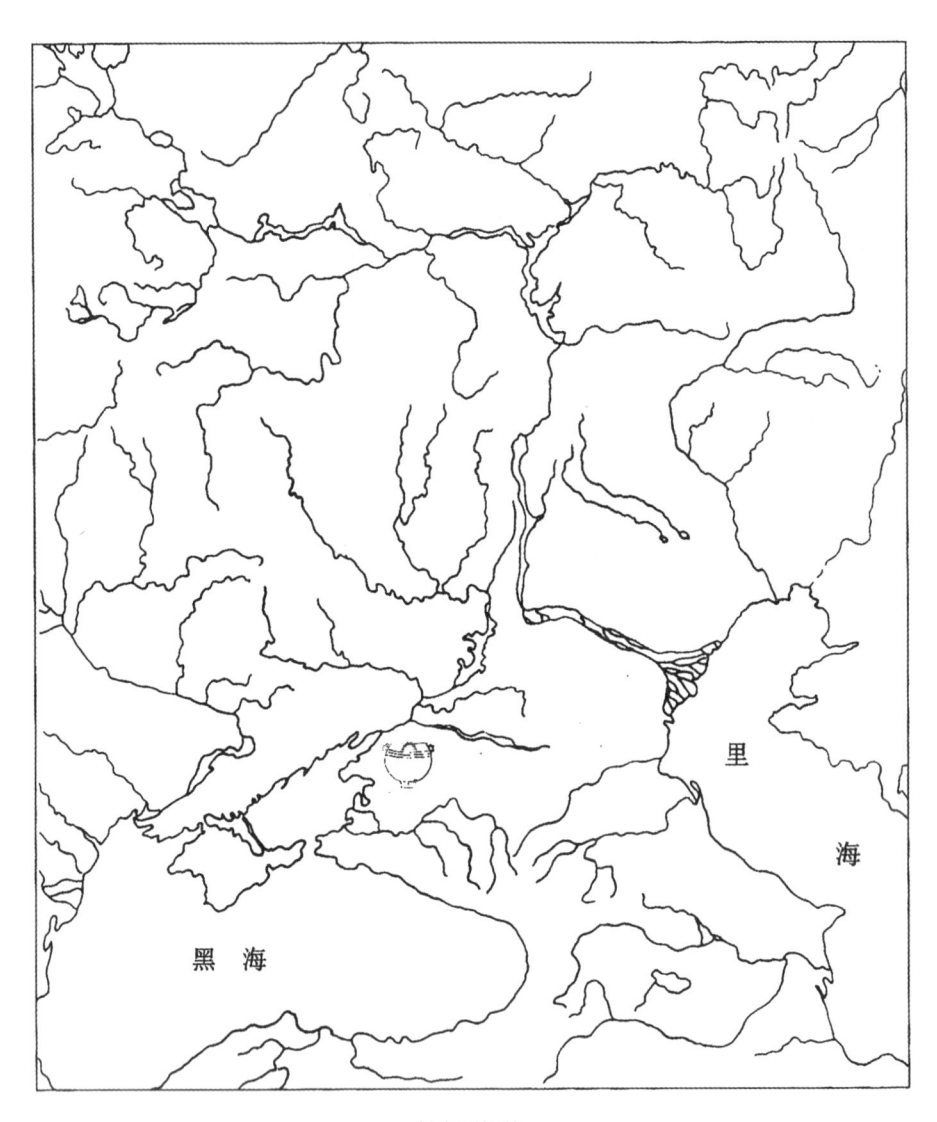

图 3-1 萨尔玛泰文化的铜䥶类型及分布

(图中标识的器物并不是发现的所有,而是根据《铜䥶の研究》中能确认器形和出土地点的样本,实际数目更多;草原考古研究会,2011,332—335)

(二) 第二群(公元前2世纪—公元8世纪)

这一时期的铜鍑多为征集,即使出自墓葬,其断代也不能十分准确,而且型式多样,分布地域广,因此,给我们的研究带来很大的困难。尽管如此,我们还是作一些初步的分析,更进一步的研究还有待今后的考古工作。

这一时期包括G—I三型铜鍑,其中还有很多亚型,其发现与型式分析已如前述,以下作一综合的分析。根据铜鍑的特征和分布,可把这一时期分为三大阶段(图3-2,图4-18,图4-19,图4-20)。

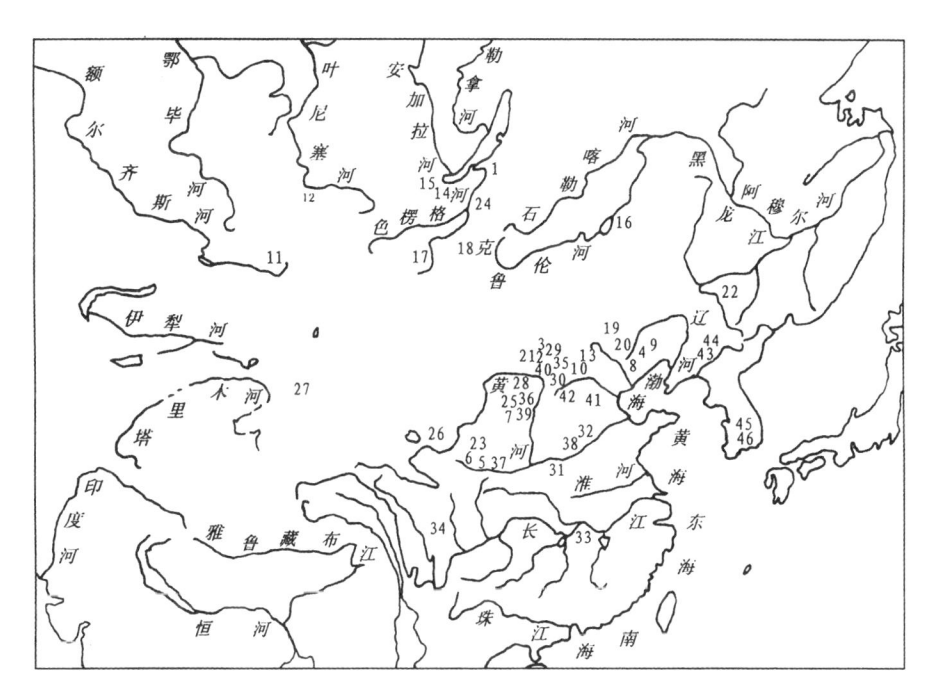

1. 乌兰乌德(GaI) 2. 土默特旗(GaI) 3. 呼和浩特市(GaI、GcI、IbIII) 4. 朝阳(GaI) 5. 平凉(GaII、IbI、IbIII) 6. 秦安(GaII、GdI) 7. 榆林(GaIII、GcII) 8. 喀左(GaIII、GbIII) 9. 北票(GaIII、Gh、IbII) 10. 大同(GaV) 11. 富蕴(GaI) 12. 图瓦(GaV) 13. 张家口(GbII) 14. 萨瓦(GbI) 15. 迪莱斯图伊(GbI) 16. 扎赉诺尔(GbII) 17. 鄂尔浑河(GcI) 18. 诺颜乌拉(GcI) 19. 林西(GcI) 20. 赤峰(GcI) 21. 托克托(GcI) 22. 榆树(GcI、IbIII) 23. 固原(GcI、IlII、IbIII) 24. 恰克图市(GcI) 25. 乌审旗(GdI、IbIII) 26. 民和县(Ge) 27. 库鲁克山(Gf) 28. 东胜县(Gf、IaI、IbI、IbIII) 29. 乌盟二兰虎沟(IaI、IbI) 30. 右玉(IbI、IbIII) 31. 巩县(IaI) 32. 安阳(IaI) 33. 鄂城(IaII) 34. 双流(IaI) 35. 察右前旗(IbIII) 36. 神木(IbIII) 37. 淳化(J) 38. 淇县(J) 39. 绥德(J) 40. 和林格尔(Gg) 41. 定县(IbIII) 42. 代县(IbIII) 43. 集安(IbIII) 44. 浑江(IbIII) 45. 金海(IbIII) 46. 伽耶(IbIII) (注:H型未标)

图3-2 第二群青铜(铁)鍑在亚洲东部的分布示意图

1. 公元前2世纪—公元1世纪末

早段(公元前2世纪—前1世纪末):贝加尔湖以南的色楞格河地区,

有 Ga、Gb 铜鍑,铜鍑的最大特点是圈足上的镂孔较小,为三角形,耳有环耳和桥型方耳,腹体下部收得很急,呈尖圜底,这几件铜鍑被认为出自匈奴墓葬;内蒙古东北的达莱湖地区,有 GbII 式铜鍑,特点是圈足上镂孔不大,桥型耳,尖圜底,扎赉诺尔墓地一般被认为是拓跋鲜卑的遗迹。① 这一地区的铜鍑可能受色楞格河地区的影响。

晚段(前 1 世纪末—1 世纪末):有 Gc、Gc、Ia、Ic 铜鍑,Gc 铜鍑分布于贝加尔湖以南地区、内蒙古东部和中南部、宁夏固原地区、吉林省榆树老河深。Gc 铜鍑分布于贝加尔湖以南地区和陕西北部。Ia 型铜鍑分布于内蒙古东北的达莱湖地区。Ic 型铜鍑分布于内蒙古东胜县补洞沟、吉林省榆树老河深。

2. 公元 1 世纪末—5 世纪末

这一时期的铜鍑分两大群,一群是 H 型铜鍑向欧洲的发展,反映了匈奴西迁的过程(图 4-19,图 4-20);一群是在中国及朝鲜半岛的发展,反映了鲜卑的活动以及对其他民族的影响(图 3-2,图 4-18)。

H 型铜鍑的分布与时代

H 型铜鍑分布于四个大区,也是 H 型铜鍑发展的四个阶段。第一区为新疆北疆区,以 Ha 铜鍑为代表,时代为公元 91—160 年;第二区包括从巴尔喀什湖至伏尔加河的广大地区,还包括乌拉尔山中段西侧的一些地区,以 Ha、Hb 铜鍑,时代为公元 160—350 年;第三区包括北高加索、库班河、顿河下游地区、新疆乌鲁木齐地区,以 Ha 铜鍑为代表,时代从公元 350—374 年;第四区包括顿河下游、第聂伯河、多瑙河地区,以 Ha、Hb 铜鍑为代表,时代从公元 374—455 年(图 4-19,图 4-20)。

G、I 型铜鍑的分布与时代

这一群铜鍑大致可分为三个阶段。

第一阶段为东汉晚期,有 Ib 铜鍑,分布于内蒙古乌盟、伊克昭盟和山西北部;Ic 型铜鍑,分布于内蒙古乌盟、伊克昭盟、察右前旗,山西,陕西北部,宁夏南部,甘肃平凉地区;三块板状圈足铜鍑,分布于内蒙古林西县。

第二阶段为东汉晚期至北魏早期,有 Ga 铜鍑,分布于内蒙古中南部、辽宁大凌河地区;Gd 铜鍑,分布于内蒙古中南部;IbII 式铜鍑,分布于湖北、河南、四川地区;Gg 型铜鍑,出土于内蒙古和林格尔。

---

① 宿白:《东北·内蒙古地区的鲜卑遗迹》(一),《文物》1977 年 5 期,第 48—50 页。乌恩:《试论汉代匈奴与鲜卑遗迹的区别》,《中国考古学会第六次年会论文集》,文物出版社,1987 年,第 137—138 页。

第三阶段为北魏孝文帝改革以前，有 Ga 铜鍑，分布于内蒙古中南部、陕西北部、甘肃秦安、辽宁大凌河地区；Ga 铜鍑，分布于山西大同；Gb 铜鍑，分布于辽宁大凌河地区；Gd 铜鍑，分布内蒙古中南部、山西北部；Ga 铜鍑，见于阿尔泰山南麓，Gf 铜鍑，见于新疆罗布泊北部的库鲁克山地区；三块板状圈足铜鍑，陕西淳化、河南淇县各出土一件。

3. 公元 5 世纪—8 世纪

就一件，出土于俄罗斯图瓦地区，时代为公元 8 世纪。

第四章　鍑的起源及其在欧亚大陆的流传

一、鍑的起源

青铜鍑对于探讨欧亚大陆草原地带民族的历史文化具有重要的意义，自19世纪末以来，中外学者不遗余力地收集研究此类文物，至今已有一百多年的历史，其中关键的问题之一就是青铜鍑的起源。关于这个问题尚无定论，有进一步探讨的必要。明确青铜鍑的起源地区，将关系到完整、正确地了解青铜鍑在欧亚大陆传播的历史。

1. 中外早期铜鍑的比较研究

1975年，在陕西省城固县五郎庙发现了中国现知最早的鍑形器。形制为双耳、直口、深腹、底微平（底、腹有炊烟痕迹），素面，通高21、口径15.7、底径11、耳高3.3厘米，通体有两条对称凸竖棱纹，系合范铸痕。[①] 根据共存的矛、瓿，年代为殷墟一期。[②] 这一有别于商代铜器群的容器可能和后世带圈足铜鍑并无关系，因为这一器物时代太早，而且不是出于北方，跟北方青铜文化关系疏远。另外，城固远离殷朝文化中心，制造出这样一个特殊的器物亦在情理之中。据研究，以城固铜器群为代表的考古学文化可能就是蜀文化的源头。[③] 而蜀文化中却没有北方式样的铜鍑流行，这从侧面也说明了城固发现的这件铜鍑可能和后世铜鍑关系不大。

1995年，中国社会科学院考古研究所安阳工作队发掘了河南安阳市郭家庄东南26号墓，此墓为典型商墓。据研究，此墓时代为殷墟二期偏晚阶

---

① 唐金裕、王寿之、郭长江：《陕西省城固县出土殷商铜器整理简报》，《考古》1980年3期，第216页。
② 赵丛苍：《城固洋县铜器群综合研究》，《文博》1996年4期，第13页。也有学者认为这件器物年代为战国，参阅张天恩：《巴蜀文化与中原文化的关系试探》，《考古与文物》1998年5期，第69页。我们暂取前说。
③ 李伯谦：《城固铜器群与早期蜀文化》，《中国青铜文化结构体系研究》，科学出版社，1998年，第260—267页。

段,根据墓中5件铜器的铭文和大铜钺,M26墓主可能是军事首长。值得注意的是,M26出了一件鍑形器,这件铜器腹高18.5、最大口径22.4、通高27.6厘米。口呈椭圆形,在弧度较大的两边口沿上有两个对称的直耳,内穿绳索形提梁,侈口,束颈,下腹外鼓,底近平,底部有烟炱,颈饰凸弦纹三周。简报作者认为此件器物具有北方草原文化的特征,体现了商代晚期中原殷商文化与北方文化的交融。[①] 此外,中国历史博物馆藏一件商代晚期的兽面纹鍑形器,据说是1946年在河南安阳高楼庄出土,高24.7、口径32.4厘米,侈口,深腹,平底,腹两侧各有一对横系,连接一半环形器耳,口下饰一周兽面纹,腹饰三角纹,耳上饰三角纹和雷纹。[②] 这件鍑形器制作精美,花纹为商式,可看作北方文化和商文化交融的结果。总之,以上几件标本说明在商代晚期无圈足的青铜鍑形器已经产生,但它们是否确为北方人群所发明,则无有力的证据。至于和西周晚期带圈足铜鍑是否有直接或间接的承袭关系,在目前情况下,尚不能肯定。这些例子说明,在商周时期比较模式化的青铜器群中,由于特殊的原因,比如文化交流、处于边缘地区或者变革时代,甚至实用的目的,往往会冒出一些仅仅根据自身需要制造出来的一些比较接地气的器物,这些器物主要的功能就是作为日常使用。

1974年12月,在陕西省岐山县王家村出土一件铜鍑,下腹及底部有修补痕迹和烟炱,通高39.5、腹深28、口径37.6厘米,形制为筒腹,方唇,口微侈,立耳,环耳顶端有一个小乳突,耳部饰回纹,圜底,圈足矮小。根据共存的銎首有格直刃剑的时代,这件器物时代定为西周晚期(公元前9世纪末至8世纪初)。[③] 现知最早的共存的銎首有格直刃剑是内蒙古克什克腾旗龙头山遗址M1所出的銎柄式直刃剑,M1的年代根据所出三翼铜镞、扇形铜斧和碳十四测年及树轮校正数据,可定为"不晚于西周早期"。[④] 因此,王家村铜鍑时代上限可能很早,保守一点,把它的时代断到西周中晚期应当是可以的,这是目前所知年代较早的青铜鍑,从形制上看,此器也是带圈足铜鍑中最早的一件,特别是其矮小的圈足显示了铜鍑早期的形态(图4-1)。[⑤] 值得注意的是,銎柄直刃剑是分布于老哈河流域和西拉木伦河流域的夏家店

---

① 中国社会科学院考古研究所安阳工作队:《河南安阳市郭家庄东南26号墓》,《考古》1998年10期,第36—41页,图八:2,图九,图版肆:2,第47页。
② 中国青铜器全集编辑委员会:《中国青铜器全集·商2》,北京:文物出版社,1997年,图版八十、八一,文字说明见第39页。
③ 庞文龙、崔玫英:《岐山王家村出土青铜器》,《文博》1989年1期,第91—92页。
④ 董新林:《魏营子文化初步研究》,《考古学报》2000年1期,第20页。
⑤ 郭物:《青铜鍑在欧亚大陆的初传》,余太山主编:《欧亚学刊》第一辑,中华书局,1999年,第125页。

上层文化早期流行的短剑样式,是夏家店上层文化的原生因素。① 王家村出的这把短剑,形制和夏家店上层文化銎柄短剑稍有区别,主要是剑身没有突起的脊,但我们可以说,与之共存的铜鍑和陕北、内蒙古地区考古学文化应该有一定的关系,由此也说明铜鍑的起源地应当在周朝北方寻找。

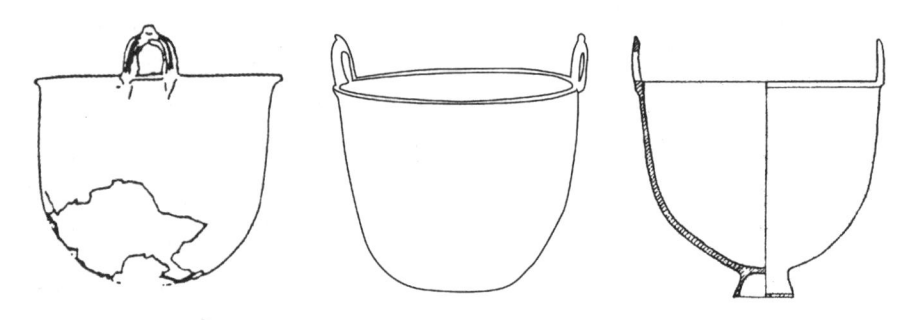

图 4-1　北京延庆县西拨子和陕西岐山县王家村出土铜鍑

1975 年,在北京市延庆县西拨子村发现了一件铜鍑,其腹体如筒形,直耳,环耳顶端也有一个小乳突,侈唇,圜底,素面。通高 27、口径 38 厘米。器底有破洞,并有火灼的痕迹,显然经过长期使用,其圈足可能已破损丢失了。根据对共存物的研究,其年代大体为西周晚期或春秋早期(公元前 9—8 世纪),而且大多数器物和夏家店上层文化的器物相近(图 4-1)。② 有学者据此认为,延庆出土的铜鍑和一些马衔与南西伯利亚古代文化有一定联系,铜鍑应当起源于北方草原。③ 虽然夏家店上层文化已开始铸造一批富有自身特点的青铜容器,但迄今发现的大量墓葬和遗址中均无青铜鍑,此外,这种带单乳突耳的铜鍑并未在燕山南北发展起来。就现有材料看,铜鍑甚至在春秋早期之后就在这一地区消失了,直到春秋中晚期才又出现,但已是属于另外一种考古学文化(玉皇庙文化)的无乳突直立环耳铜鍑了。④ 燕山是早期铜鍑分布的东北角边缘地区。因此,西拨子发现的铜鍑可能是昙花一现的外来文化因素。也就是说,夏家店上层文化分布地域和燕山山地地区可能不是青铜鍑的起源地。

从形制看,新疆迄今所见最早的铜鍑应是昌吉州奇台县发现的一件,通

---

① 朱永刚:《夏家店上层文化的初步研究》,苏秉琦编:《考古学文化论集》(一),文物出版社,1987 年,第 107 页。
② 北京市文物管理处:《北京市延庆县西拨子村窖藏铜器》,《考古》1979 年 3 期,第 227 页,图二:1。
③ 埃玛·邦克:《延庆山戎文物初探》,《北京文物与考古》第三辑,北京燕山出版社,1992 年。
④ 郭物:《青铜鍑在欧亚大陆的初传》,余太山主编:《欧亚学刊》第一辑,中华书局,1999 年,第 122—123 页。

高40、口径30厘米，腹呈筒状，喇叭形小圈足，腹体中部有一凸弦纹。此件铜鍑属采集品，但形制与上述两件很相近，特别是它们直立环耳上的小乳突保持一致，显示了其密切关系，由于其口稍内敛，已初显晚一阶段铜鍑的特征，所以，可能稍晚于西拨子铜鍑。

新疆哈密地区巴里坤县兰州湾子石构房址出土一件铜鍑，高54厘米，乳突呈倒圆锥体，腹下部饰波纹。① 兰州湾子房址底层的碳十四年代为距今3 285±75年，这一石房曾三次住人。② 一般认为这件铜鍑的年代较早，但根据铜鍑的形制，如尖圜底和大圈足是晚期铜鍑的特征，因此，这件铜鍑时代可能不会太早。而且，这个遗址还有一个碳十四数据，为2 690±125年，另外，和铜鍑一起出土的单乳突环首铜刀可与北京延庆县军都山墓地M86所出同型刀相类比，后者所属文化出现于春秋早中期，盛于春晚，至战国早期衰落，战国中期之后融于燕文化之中，其Ⅱ式铜刀属于早期阶段。③ 1995年，中国社会科学院考古研究所泾渭工作队在陕西彬县断泾遗址发掘中，在一大型竖穴墓中发现一把小刀，这把刀置于墓主木椁东侧殉人背部，刀形弯背，平刃，扁平柄。值得注意的是，环首上有一发达的柱状突起，此墓的年代约与迁岐以后的先周文化相当。④ 虽然这把刀和巴里坤县兰州湾子石构房址出土铜刀很相似，但由于铜鍑的形制为晚期式样，某些特点和塔加尔文化的铜鍑相似。另外，又有军都山M86出的同类刀相比较，所以，我们虽然不能肯定石房的建造使用年代，但还是建议把所出的这件铜鍑定为春秋晚期左右。通过发掘巴里坤地区石人子沟的类似石构建筑，证明这类遗址的年代在公元前1000年以内，一般都会使用很长时间，房址中有若干层居住面。⑤ 由此可知，此件铜鍑的时代可能不会太早。

就现有材料看，中国境内迄今确知较早的铜鍑有岐山县王家村和延庆县西拨子铜鍑，而且，共存器物同北方青铜文化有关系，从形制上看，前者似乎比后者早一些，说明带圈足的铜鍑在西周中晚期可能已经为活跃于中国北方农牧交错地带的北方人群所使用（图4-1）。

---

① 迟文杰：《庭州文物集萃》，新疆美术摄影出版社，1993年。
② 王炳华：《巴里坤县兰州湾子三千年前石构建筑遗址》，《中国考古学年鉴》，1985年，255—256页。
③ 北京市文物研究所山戎文化考古队：《北京延庆军都山东周山戎部落墓地发掘纪略》，《文物》1989年8期，第29页。
④ 中国社会科学院考古研究所泾渭工作队：《陕西彬县断泾遗址发掘报告》，《考古学报》1999年1期。
⑤ 新疆文物考古研究所、西北大学文化遗产与考古研究中心：《新疆巴里坤县东黑沟遗址2006—2007年发掘简报》，《考古》2009年1期。

中国境外的早期铜鍑主要集中在两个方向三大地区,西为新疆以西至北高加索及黑海北岸的草原地带,北为南西伯利亚和外贝加尔地区。

在北高加索地区早期青铜时代的迈科普文化(Maikop culture)中,发现一些无圈足的鍑形器,如诺沃斯沃伯德纳亚(Novosvobodnaya)、纳契克(Nalchik)、巴穆特(Bamut)等十多座墓中都有发现,这些铜鍑形器或由一片青铜,或由若干块含少量砷的锤打青铜片铆接成形。① 由于这些铜容器时代很早,约公元前3250年,而且形制和制造方法和我们所说的带圈足的铜鍑截然不同,加之这一地区后续文化中不见此种容器,没有形成传统,所以,可能和后来北高加索出现的铜鍑没有关系。从这个例子我们可以知道,用于日常生活的鍑形器,可能在各个古代文化中都会被发明和运用,因为人们的生活需要这样的器物,自然也就会制造出所需的器物。但是,像我们讨论的带圈足的铜鍑,由于器形独特,流传广泛,所以应当有一个特定的起源地区。

1951年,苏联(今俄罗斯)北高加索的帕秋俄罗斯库市市郊白修塔务山西北山麓发现两件青铜鍑,其中一件保存较好,另外一件已残破。根据共出的马具和箭镞,其年代可断为公元前8—前7世纪,属于前斯基泰文化(图4-2,下)。②

从形制上看,其半球形的腹体、高大的圈足等特征只相当于中原春秋早期和早期晚段的铜鍑,如陕西凤翔雍城东社采集的铜鍑(图4-2,上左)。③ 其年代根据纹饰考定为春秋早期。④ 还有如1976年山西闻喜上郭村墓葬出土的铜鍑(图4-2,上右),其年代根据同墓共存陶鬲、铜戈可断为春秋早期晚段。⑤ 这两件铜鍑均为半球形腹体,高圈足,耳顶端带一突,腹体中部有一凸棱纹,这些特点和北高加索铜鍑完全一致,特别是腹体中部的一圈凸棱,说明它们的铸造装饰方式一致,所不同之处是中国所出两件口微敛,立耳不是贴附于口的环状,总体看,它们的年代差不多。其形制显然和新疆铜鍑有密切关系,如直壁腹,腹外部中央的一圈装饰以及直立环顶部的小乳

---

① Chernykh, E. N. *Ancient Metallurgy in the USSR*. Trans. Sarah Wright. Cambridge University Press, 1992, pp.76-78.

② А. А. Иессен, Некоторые памятники VIII-VII вв. До н.э. на Северном Кавказе, *Вопросы скифо-сарматской археологии*, Москва, 1954, с.124, Рис.13. 雪嶋宏一:《スキタイの鍑》,《草原考古通信》1995年6期,草原考古研究会,图А-1,第2页,在同一地区还发现一件,已残。雪嶋宏一先生和高浜 秀先生的文章承蒙高浜秀先生惠赠,谨致衷心谢忱。

③ 陕西考古研究所雍城考古队:《一九八二年凤翔雍城秦汉遗址调查简报》,《考古与文物》1984年2期,第29页。

④ 刘莉:《铜鍑考》,《考古与文物》1987年3期,第62页。

⑤ 山西省考古研究所:《1976年闻喜上郭村周代墓葬清理记》,《三晋考古》第一辑,1994年,第129、137页,图十三:1。

图 4-2 陕西凤翔、山西闻喜、新疆哈巴河以及北高加索出土早期铜鍑比较

突,还有呈环状贴附于口的耳,但圈足更高大。所以两地铜鍑属于同一类型,至于两者的差异,则是型式发展的结果,因此这件铜鍑可能源于新疆铜鍑。就现有材料而论,新疆北疆铜鍑是南西伯利亚、欧亚草原中、西部地区的早期铜鍑的来源之一。新疆昌吉州奇台县发现的铜鍑虽属采集品,但其形制颇早,可能稍晚于西拨子铜鍑,但应当早于北高加索铜鍑。而且其呈环状贴附于口的单突直立耳和腹体中部作一圈凸棱纹(相同的铸造和装饰方式)的特点被北高加索铜鍑所承袭。1984年,在阿勒泰地区哈巴河县铁热克提发现的铜鍑,通高25、口径21厘米,口微敛,凸唇,耳顶端有突,腹体呈球形,腹中部有一圈同样的凸棱(图4-2,中)。① 这些特征和上述雍城东社、闻喜上郭村铜鍑相似,因此,其时代可能亦为春秋早中期。此件铜鍑和北高加索白修塔务山铜鍑相比较,除口微敛外,其他特征都差不多,它们的

---

① 王博、祁小山:《新疆出土青铜鍑及其族属分析——兼谈亚欧草原青铜鍑》,《丝绸之路草原石人研究》,新疆人民出版社,1995年,第290—291页。

年代应相近。这两件铜鍑的发现说明,新疆早期铜鍑形制的演变和黄河流域的是同步的。① 而且可以看出,铜鍑主要沿博格达山、天山北麓山前地带和阿尔泰山南麓传播,这似乎说明铜鍑是沿阿尔泰山南麓经斋桑泊传播出去的。在阿金斯卡亚草原和东哈萨克斯坦发现的两件形制与奇台所出铜鍑相似的标本也显示了早期铜鍑西传的路线(图4-3)。②

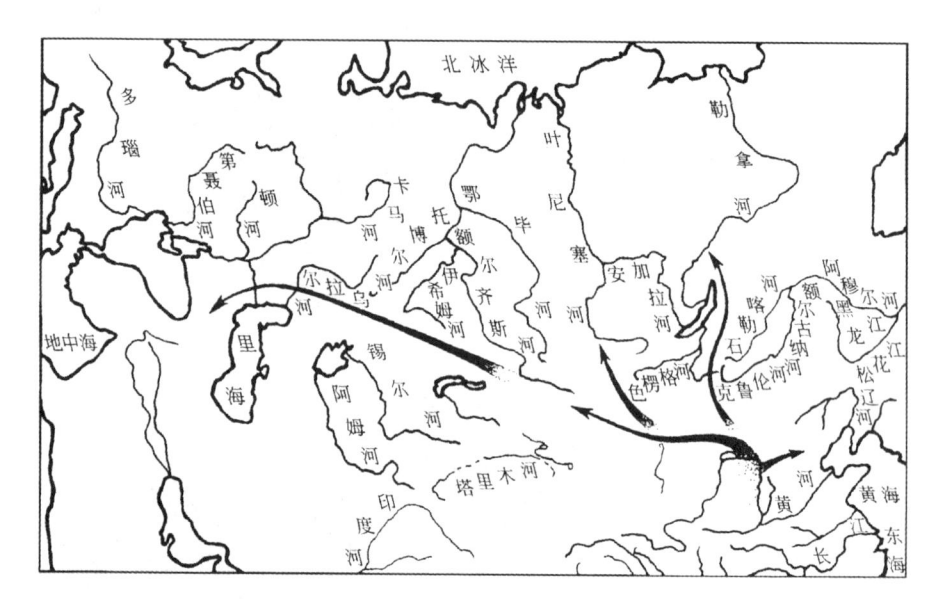

图4-3 早期铜鍑在欧亚草原的传播

早期铜鍑之所以突然出现在北高加索地区,除了一些我们不知道的原因外,值得考虑的是,这一地区在早期是一个重要的冶金中心,铜鍑在这里的出现可能反映了游牧民族对铜矿等冶金资源的争夺与控制。另外高加索地区是丰提克草原地区同小亚、西亚地区交流的咽喉地带,铜鍑在这里的发现,可能也和某种文化交流有关系。公元前8世纪—前7世纪,新疆早期铜鍑的样式之所以突然出现在北高加索地区,可能说明三道海子/艾迪拜尔文化遗存和北高加索地区可能存在着一定的联系。早期牧业文化之间的交流,使东方的箭镞、鹿石和铜鍑等传播到北高加索地区,欧亚草原东西方之间的物质和信息的交流在这一时期是畅通的,这为随后斯基泰人的西向大

---

① 郭物:《青铜鍑在欧亚大陆的初传》,余太山主编:《欧亚学刊》第一辑,1999年,中华书局,第134页。
② Ф. Х. Арсланова, А. А. Чариков, Бронзовые котлы из музеев Восточно-Казахстанской области. *Скифо-сибирское культурно-историческое единство*, Кемерово, 1980, Рис. 1-2 另见高浜秀:《西周·東周時代における中国北辺の文化》,《文明学原論——江上波夫先生米寿記念論集》,古代オリエスト博物館编,山川出版社,1995年,第349—350页。

迁徙打下了坚实的基础。①

铜鍑在公元前8—前7世纪向西迅速传播可能与这一时期发生在欧亚草原地带的民族大迁徙有关系。从整个欧亚大陆的历史背景看,在铜石并用时代至青铜时代,古代印欧人一直很活跃,南俄草原的印欧人在草原地带发展壮大,早期即向东发展,并进入中国新疆。特别是公元前两千纪中期,各支印欧人或进入外高加索至小亚、西亚,或入主中亚、南亚,或再次迁入新疆部分地区。在早期铁器时代,新一轮的扩张运动,在欧亚草原地带却表现为从东向西,如在古代文献中,记载了欧亚大陆公元前8—前7世纪时发生的一次民族大迁徙。希罗多德(Herodotus,公元前484—前420年)的《希波战争史》中引述希腊诗人阿利斯铁阿斯的叙事诗说:"他曾在阿波罗神鼓励下远游伊塞顿,过了伊塞顿就是独目人,然后就是看守黄金的格里芬,最后直到海滨的希伯尔波利安人。除希伯尔波利安人外,这些民族均在独目人统领下侵犯过他们的邻邦。伊塞顿人被独目人驱赶出他们的故地,而伊塞顿人又赶走了斯基泰人。原来住在南海(指黑海)的金麦里人,又为斯基泰人逼迫而放弃了他们的领土。"②有学者推测,这次民族大迁徙运动的导火索,是被中国这一时期的某次大规模的逐戎事件点燃的。③ 本书认为,这次事件可能是以独目人为代表的早期游牧国家自身强大后,为争夺草场、牲畜、黄金为代表的资源而进行的扩张引起的。因此,青铜鍑在欧亚大陆的最初西传应当同早期游牧国家的出现与强盛这一历史背景息息相关。

《历史》记载了斯基泰人使用青铜鍑的细节。考古发现也证实了希罗多德的记述。根据迄今的考古发现,斯基泰人大量使用青铜鍑开始于公元前6—前5世纪,就器耳分类,主要有两种: 种耳为圆雕的食草类动物,一种为带三个乳突的直立环耳。④ 在此之前,只有黑海东岸库班草原的克莱门兹斯基泰早期墓葬出土一件青铜鍑,时间为公元前7世纪后半,和拜什托格式铜鍑有近一百年的距离,同拜什托格式铜鍑和新疆发现的青铜鍑相比,在式样上也发生了很大的变化,口沿上为羊的圆雕。这一做法可能受到周围

---

① 郭物:《论青铜鍑的起源》,《21世纪中国考古学与世界考古学》,中国社会科学出版社,2002年。
② 王以铸译:《希罗多德历史》上册,商务印书馆,1985年重印本,第270—271页。
③ T. T. Rice, *The Scythians*, London, 1957, p.43.作者认为民族大迁徙与周宣王(公元前827—781年)驱逐猃狁有关。有学者认为是因为秦穆公霸西戎引起的。见马雍、王炳华:《阿尔泰与欧亚草原丝绸之路》,张志尧主编:《草原丝绸之路与中亚文明》,新疆美术摄影出版社,1994年,第1—6页;《公元前七至二世纪的中国新疆地区》,收入中国中亚文化研究协会、中国社会科学院历史研究所中外关系史室编:《中亚学刊》第三辑,中华书局,1990年,第14页。
④ 雪嶋宏一:《スキタイの鍑》,《草原考古通信》1995年6号。

文化的影响,如塞浦路斯的萨拉米城墓葬出土的青铜锅,时代为公元前 8 世纪,锅沿装上了很多人面兽身的动物和异兽头。① 至公元前 5 世纪初,斯基泰人才重新使用带乳突耳的铜鍑,但耳上为三突,器腹也发展成椭圆形。② 耳上设计三个突起的做法应当来自中国北方以及南西伯利亚。所以斯基泰人公元前 7 世纪以后使用青铜鍑的样式不应当来自新疆,而是直接来自中亚哈萨克斯坦草原、南西伯利亚的某处或者是非常间接地受拜什托格式铜鍑的影响,甚至已经受到乌拉尔图和希腊文化的影响。

值得我们注意的是,铜鍑耳朵呈环状贴附于口沿的做法,是在新疆北疆形成的,并成为这一地区的传统一直被保持下来。这一特点在公元前 8—前 7 世纪时一度被北高加索地区的人们所接受,但斯基泰人很快在此基础上创造出面目一新的铜鍑。实际就铜鍑耳朵呈环状贴附于口沿的特点和传统而论,也说明北高加索地区早期铜鍑应当是来自新疆,如果这一做法由先斯基泰文化所创造,就不会昙花一现,迅速被改变。

新疆地区铜鍑耳部上的这个特点影响较广,2016 年蒙古国色楞格省呼德尔苏木布敦高勒的一处青铜窖藏出土了 42 件铜鍑件中原式铜鼎,铜鍑 1 件较为完整,1 件稍残,另外 2 件较残。耳部也是新疆铜鍑的特点。根据共存的铜鼎,可判断该窖藏的年代在西周晚期,其性质与中国的延庆西拨子窖藏、通辽巴雅尔吐胡硕窖藏相同,可能是金属废料的储藏坑。张振腾曾根据延庆西拨子窖藏出土的铜器多残损,窖藏中还发现有炼铜渣的现象推测西拨子窖藏是夏家店上层文化人群的青铜原料储藏坑,用来储藏残损的铜器用以重熔进行二次铸造。③ 在俄罗斯叶尼塞河上游地区发现过一些类似新疆样式的铜鍑,俄罗斯哈卡斯国立乡土博物馆藏的一件编号 XKM328 的铜鍑也是这种立耳,除了发达的乳突外,和新疆发现的非常相似,腹体上部三分之一的位置有水平向一圈凸弦纹。④ 这件铜鍑和新疆早期的铜鍑以及北高加索发现的也为同一类。这件铜鍑虽然没有共存的器物能证明其时代,

---

① Pierre Lévêque 著,王鹏、陈祚敏译:《希腊的诞生——灿烂的古典文明》,上海书店出版社,1998 年,第 49 页。此器现藏塞浦路斯尼科西亚博物馆。
② 雪嶋宏一:《スキタイの鍑》,《草原考古通信》1995 年 6 号,第 3—4 页。
③ Галдан, Г. Батдалай, Б. Амарт? вшин, Ч, Сэлэнгэийн Х? аймгдэр сумаас олдсонх? рэл тогоо, Монголын археологи – 2016, 2017, pp.327 – 334. Ковалев, А. А. Клад с реки Будун-Гол с котлами " скифского типа" и ритуальными треножниками "дин": к вопросу о судьбах трофейного металлолома в евразийских степях". Археология Евразийских степей, 2023, pp.38 – 68.张振腾:《试论延庆西拨子窖藏的文化归属及相关问题》,《边疆考古研究》2023 年第 1 辑,第 142—151 页。
④ 草原考古研究会:《鍑の研究—ユーラシア草原の祭器・什器》,雄山阁,2011 年,136—138, I.1.A.bii – 001。

但从其形制分析,和中国北方以及北高加索发现的相当于公元前 8 世纪的铜鍑很接近,因此其时代也差不多。这件铜鍑在叶尼塞河上游地区的出现,应当是受到新疆北疆的影响(图 4-4)。

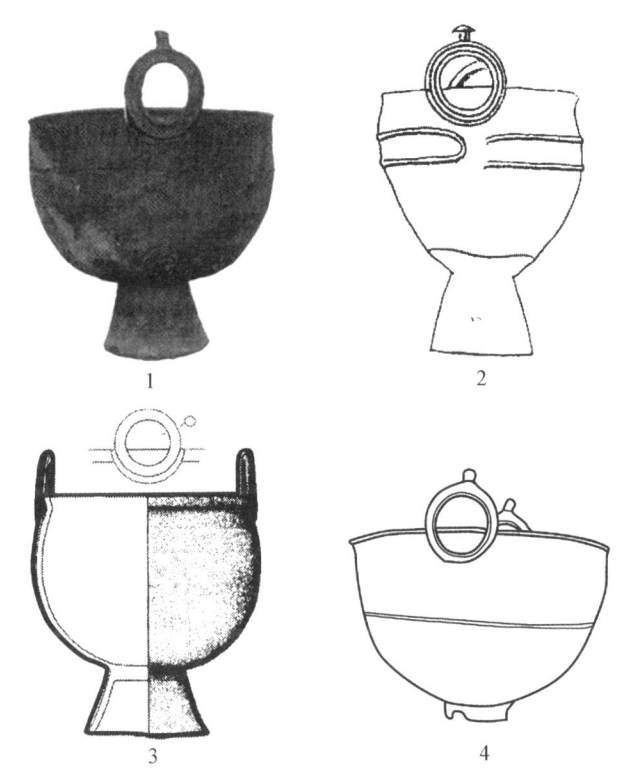

图 4-4 俄罗斯叶尼塞河上游地区出土受到新疆铜鍑样式影响的铜鍑
1. 俄罗斯哈卡斯国立乡土博物馆藏 2. 俄罗斯米努辛斯克布拉基诺(Braginno) 3. 俄罗斯鄂毕河西岸 Ob'eznoe-1,1 号冢 4 号墓 4. 俄罗斯托博尔斯克(Tobolsk)库尔干斯克区克琉切夫斯克村(Klyuchevsk)

公元前 10 世纪开始的塔加尔文化渐渐在米努辛斯克盆地占据统治地位,可能在公元前 5 世纪,出现了富有地域文化特色的铜鍑,其特点主要是腹呈尖圜底,腹饰绳套纹。① 值得注意的是,具有塔加尔文化的这些典型特点,同时单突直立环耳,耳呈环状贴附于口沿外的铜鍑在米努辛斯克盆地发现 6 件,图瓦 1 件。布拉基诺(Braginno)发现的一件铜鍑(图 4-4),属于塔加尔文化,时代可能为公元前 5—4 世纪,②其耳朵的样式显然还保持新疆北疆地区的传

---

① 平凡社:《世界考古学大系》(9),昭和 37 年。
② M. Érdy, "Hun and Xiong-nu Type Cauldron Finds Throughout Eurasia," *Eurasian Students Yearbook, Continuation of/Fortsetzung der Ural-Altaische Jahrbücher/Ural-Altaic Yearbook* 67, Berlin\Bloomington\London\Paris\Toronto, 1995, p.82, Table 3-14-6.

统,但发达的乳突以及腹部半封闭的绳索纹却是这一地区的特点。这些可能直接受到新疆的影响,也可能是在上述一件铜鍑的基础上间接发展起来的。由此可以发现,南西伯利亚地区铜鍑的起源应当和新疆地区关系密切。

阿尔泰西部鄂比河上游地区以及更西的托博尔河地区可能也受到新疆的影响。比如在俄罗斯鄂毕河西岸 Ob'eznoe－1,1 号冢 4 号墓发现无突直立环耳的铜鍑一件。年代约为公元前 5—前 4 世纪。① 此外,俄罗斯托博尔斯克(Tobolsk)库尔干斯克区克琉切夫斯克村(Klyuchevsk)出土的一件也接近这一类型(图 4－4)。②

中国之外北方的南西伯利亚萨彦岭图瓦阿尔赞 1 号大冢中曾发现过大型鍑的残片,一般认为,这座墓年代大体可定为公元前 8—7 世纪。有学者对此墓进行了新的测年,其年代要晚至公元前 6 世纪。③ 比较可靠的最新研究认为此墓时代能早到公元前 9 世纪末。④ 有学者认为,以此墓为代表的文化可能是斯基泰民族及文化的源头。⑤ 遗憾的是,这些鍑形器仅剩一些残片,而且未能看到图片或者线图,我们不能肯定其是否是我们说的带圈足的铜鍑,如果是,则铜鍑传播到南西伯利亚的时间可能要提早到公元前 9 世纪末。

图瓦阿尔赞 2 号冢 5 号墓穴发现了两个铜鍑,时代约为公元前 7 世纪末。其中一个铜鍑的双直立耳上带小突,一个较特殊,为方形耳,这是迄今知道的最早的方形耳铜鍑(图 4－5)。阿尔赞 2 号冢被认为属于三道海子/艾迪拜尔文化(Aldy-bel culture),阿尔赞 2 号冢和 1 号冢有很多因素是相联系的。⑥ 虽然阿尔赞 2 号冢发现的铜鍑和新疆发现的在耳部特征上有一些区别,比如新疆没有发

---

① 草原考古研究会:《鍑の研究—ユーラシア草原の祭器・什器》,雄山阁,2011 年,129,I.1.A.bi－006。

② 草原考古研究会:《鍑の研究—ユーラシア草原の祭器・什器》,雄山阁,2011 年,136,I.1.A.bii－002。

③ J. P. Mallory, F. G. McCormac, P. J. Reimer and L. S. Marsadolov, "The Date Of Pazyryk", p.237, *Late Prehistoric Exploitation of the Eurasian Steppe*, Papers Presented For The Symposium To Be Held 12 Jan－16 Jan 2000, vol. II, The McDonald Institute for Archaeological Research, Cambridge.

④ Alekseev, A. Yo., et al. 2001. A Chronology of the Scythian Antiquities of Eurasia Based on New Archaeological and I・C Data. *Radiocarbon* 43(2B): 1085－1107.

⑤ 林俊雄著,张志尧译:《欧亚草原古代墓葬文化》,张志尧主编:《草原丝绸之路与中亚文明》,新疆美术摄影出版社,1994 年,第 197—206 页。

⑥ Konsgtantin V. Čugunov, Hermann Parzinger, Anatoli Nagler. 2006. *Der Goldschatz von Aržan, Ein Frstengrab der Skythenzeit in der sdsibirischen Steppe*, Schirmer/Mosel. Konstantin V. Čugunov, Hermann Parzinger und Anatoli Nagler, Der Skythenzeitliche Fürstenkurgan Aržan 2 in Tuva. Archäologie in Eurasien Band 26, Steppenvölker Eurasiens Band 3, Verlag Philipp Von Zabern・Mainz, 2010. К.В. Чугунов, Г. Парцингер, А. Наглер Царский курган скифского времени Аржан－2 в Туве. Новосибирск: ИАЭТ СО РАН. 2017.

现一对双直立耳铜鍑,整个欧亚草原这个时期也仅仅发现这一例方形耳铜鍑,鍑体上部的装饰也为新疆铜鍑所罕见,特别是耳部没有呈环状贴附于铜鍑口沿外,但使用铜鍑、重视铜鍑这些现象进一步证明了这类铜鍑和新疆铜鍑的关系。

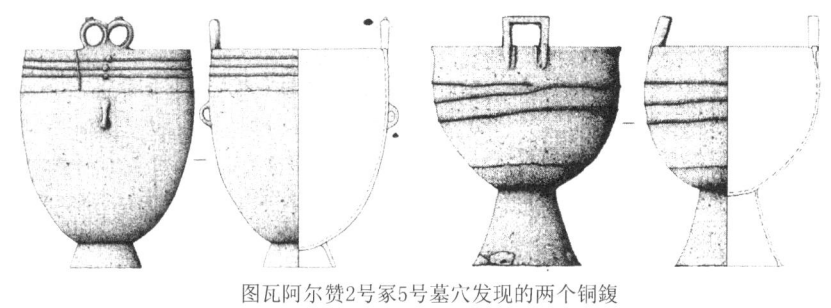

图瓦阿尔赞2号冢5号墓穴发现的两个铜鍑

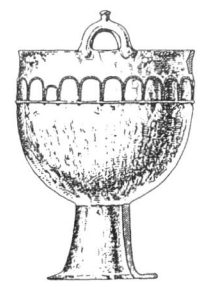

萨夫罗马泰文化发现铜鍑　　科尔苏克沃斯克村出土铜鍑

图4-5　叶尼塞河上游、伏尔加河下游和贝加尔湖发现的早期铜鍑

另外,青铜鍑还出现于斯基泰东邻的萨夫罗马泰文化中(Jeannine Davis-Kimball 1995, p.111,108.fig.16.见本书图一:萨夫罗马泰 AaII)。萨夫罗马泰文化(Sauromatian)在公元前6—5世纪开始形成,主要分布于伏尔加河下游一带,其西界是顿河,公元前5世纪时一部分人越过顿河,到了顿河右岸地区,定居于亚速海(Azov)海周围,与王族斯基泰人为邻。萨夫罗马泰文化在公元前4世纪后就改称为萨尔马泰文化了。① 这几件铜鍑时代为公元前6—4世纪,晚于上述几件中外铜鍑,从外形看亦如此,如耳部发达的乳突和高大的圈足等(图4-5)。萨夫罗马泰人使用的铜鍑可能学自斯基泰人,有证据表明,萨夫罗马泰人可能是由高加索地区迁出的。② 但同时也有可能是学自新疆北疆的游牧人,因为单乳突耳铜鍑突然出现于先斯基泰文化中

---

① Denis Sinor, *The Cambridge History of Early Inner Asia*, Cambridge University Press, 110-111, 1990.
② Marina G. Moškova, "On the Nature of the Similarity and Difference in the Nomadic Cultures of the Eurasian Steppes of the 1st Millennium BC", *The Archaeology of The Steppes Methods And Strategies*, Napoli, 1994, 236-237.

后,却并未在这一地区形成传统并发展起来,如前所述,斯基泰人从公元前7世纪中叶已经大量使用动物形耳的铜鍑。

中国铜鍑在西传的同时,也向贝加尔湖以北的地区扩散。俄罗斯勒拿河上游伊尔库茨克(Irkutsk)市附近科尔苏克沃斯克村出土一件(M.Erdy1995,p.82,Table5-1),高21.5厘米,附耳,耳上无突,腹部饰三周弦纹。根据共存器物,其时代在公元前7—6世纪(图4-5)。① 这是中原Ba式铜鍑向北传播的最早证据。② 尤其是它的附耳,是典型的中原青铜器特点,应是受中原青铜器的影响。③

通过以上分析可知,就现有考古材料而论,带圈足青铜鍑在西周晚期可能已经在中国北方出现。"定型的双耳圈足铜鍑最早出现在长城地带,它的真正创造者应该是靠近黄河流域农业文明的北方少数民族"。④ 以上讨论的早期铜鍑显示了青铜鍑第一次西渐北传的史实,同时也为探索斯基泰文化以及塔加尔文化铜鍑渊源问题提供了重要的考古学线索。

2. 秦人与铜鍑

1997年,中国历史博物馆"全国考古新发现精品展"上展出了一件铜鍑,据说1995年出自甘肃礼县(图4-6)。美国范季融(George Fan)博士夫妇所藏一件来自中国西北的铜鍑与之十分相近。⑤ 由于这件铜鍑以有目的窃曲纹和垂鳞纹作装饰,而且可能出自文献所记秦国发祥之地并有早期秦公大墓的"西犬丘"。⑥ 因此,有学者对之进行过研究,并推测铜鍑为西周晚期的秦人所发明。⑦

---

① M. Érdy, "Hun and Xiong-nu Type Cauldron Finds Throughout Eurasia," *Eurasian Students Yearbook*, *Continuation of/Fortsetzung der Ural-Altaische Jahrbücher/Ural-Altaic Yearbook* 67, Berlin\Bloomington\London\Paris\Toronto, 1995, Table.5-1. Berdnikova, V. I., V. M. Vetrov & YU. P. Lykhin. 1991. Scifo-sibirskiy stil'v hudozhestvennoy bronze Verkhney Leni [Scytho-Siberian style on bronze artifacts from the Upper Lena]. Sovetskaia Arkheologiia (2).196-206.

② 外贝加尔湖地区同黄河流域在很早就有联系,近如公元前1000年左右出现于外贝加尔地区的蛇纹鬲等器物,参阅李水城:《中国北方地带的蛇纹器研究》,《文物》1992年1期,第50—57页。乌恩:《朱开沟文化的发现及其意义》,中国社会科学院考古研究所编:《中国考古学论丛——中国社会科学院考古研究所建所40年纪念》,科学出版社,1995年,第256—264页。

③ 水野清一、江上波夫:《内蒙古·长城地带》,东方考古学丛刊,乙种第一册,1935年,第183页。作者论述了其他带附耳的铜鍑,其论证同样适用于此例。

④ 乌恩:《北方草原考古学文化比较研究——青铜时代至早期匈奴时期》,科学出版社,2008年。

⑤ Jenny F. So and Emma C. Bunker, *Traders and Raiders on China's Northern Frontier*, Arthur M. Sackler Gallery. Smithsonian Institution, in association with the University of Washington Press, Seattle and London, 1996, 108.作者认为中国人可能是首先制造铜鍑的人群之一。

⑥ 这件铜鍑是征集品。已发表,见李永平:《新见秦公墓文物及相关问题探识》,台北《故宫文物月刊》1999年5月号。李永平:《甘肃省博物馆系统所藏青铜器选介》,《文物》2000年12期,第70页,封三:2。林梅村教授告诉我说,甘肃省博物馆一知情人告诉他,说这件铜鍑并不是出自礼县,而是庆阳。

⑦ 李学勤:《论甘肃礼县铜鍑》,《远望集》,陕西人民美术出版社,1998年,第396—399页。

这样的铜鍑大致有五件,除了上述礼县这件,两件为范季融收藏,其中一件捐给上海博物馆,上海博物馆还收购了一件,加拿大多伦多安大略博物馆藏一件,有学者集中研究了这五件装饰秦式纹样的铜鍑,推测这些铜鍑可能是1993年同时同地出土于礼县的墓葬,这些铜鍑可以算是一个肇源地,可能向东、向北影响到更广的区域。① 但大量早期秦墓的发掘表明,不论是社会地位高的贵族、小贵族,或平民百姓,也不论墓主是仰身直肢葬或是屈肢葬,其随葬品组合几乎没有铜鍑。② 现

图4-6 传礼县出土铜鍑

仅有的一例是1979年宝鸡县甘峪发现的一座春秋早期墓葬。③ 随葬品组合显示出的文化内涵很复杂,其中戈是中原式的,陶罐近似于春秋早期秦墓中的典型器,但肩部小耳和秦墓所出同类器还有差别,不是绳索状,④铜刀、马衔等为中原和北方文化所共有,但随葬的金丝却说明此墓可能同北方考古文化有关系。⑤ 另外,甘肃甘谷毛家坪⑥和关中秦人从春秋早期就开始使用

---

① 李朝远:《新见秦式青铜鍑的研究》,《文物》2004年1期。
② 叶小燕:《秦墓初探》,《考古》1982年1期,第65—73页。滕铭予:《关中秦墓研究》,《考古学报》1992年3期,第288—300页。
③ 高次若、王桂枝:《宝鸡县甘峪发现一座春秋早期墓葬》,《文博》1988年4期,第21页。
④ 类似的陶罐如陕西凤翔八旗屯秦国墓葬所出。陕西省雍城考古工作队、吴镇烽、尚志儒:《陕西凤翔八旗屯秦国墓葬发掘简报》,《文物资料丛刊》(3),文物出版社,1980年,第74页,图八:9。
⑤ 乌恩:《殷至周初的北方青铜器》,《考古学报》1985年2期,第141页。
Emma C. Bunker, "Cultural Diversity in the Tarim Basin Vicinity and Its Impact on Ancient Chinese Culture", *The Bronze Age and Early Iron Age People of Eastern Central Asia*, Volume II, The University of Pennsylvania Museum Publications, edited by Victor H. Mair, pp. 604—618. 作者认为中国晚商以来使用金器的风俗来自西部塔里木盆地及周围地区,其媒介是殷朝西北方的人群。类似的金丝在保德商代晚期墓中发现六根(吴振录:《保德县新发现的殷代青铜器》,《文物》1972年4期,第64页)。在春秋晚期山西原平县刘庄塔岗梁M3中有发现(山西忻州地区文物管理处:《原平县刘庄塔岗梁东周墓》,《文物》1986年11期,第22页,图一三);河北怀来北辛堡春秋晚期墓M1有发现(河北省文化局文物工作队:《河北怀来北辛堡战国墓》,《考古》1966年5期,第237页,图版叁:13);河北新乐中同村战国墓M2有发现(河北省文物研究所:《河北新乐中同村发现战国墓》,《文物》1985年6期,第16页,图一七),以上诸墓均出土铜鍑,为代戎、无终和鲜虞等北方民族文化。请参阅郭物:《青铜鍑在欧亚大陆的初传》,余太山主编:《欧亚学刊》第一辑,中华书局,1999年,第132页。另外,在宁城南城根夏家店上层文化中也有发现,见辽宁省昭乌达盟文物工作站、中国科学院考古研究所东北工作队:《宁城县南山根的石椁墓》,《考古学报》1973年2期,图版伍:4。
⑥ 甘肃文物工作队、北京大学考古系:《甘肃甘谷毛家坪遗址发掘报告》,《考古学报》1987年3期,属于三期的M12出土一件,第382页,图一八:2。

无圈足陶釜,到战国中期晚段,陶釜成为秦墓中的典型随葬器物之一,这种陶釜可能来源于四川地区的巴蜀文化。① 陶釜和铜鍑的功用相同,但秦人却大量使用前者,而且,二者从形制到渊源都毫无关系,因此,铜鍑不是秦文化固有文化因素,也不是主要文化因素,而是数量很少的外来的次要文化因素。

秦人即使使用铜鍑,在伐戎救周而得"岐、沣之地"以前,可能也仅限于极少数统治者,而且是受北方文化浸濡的结果。在秦国强大并入主关中平原西部之时,铜鍑的使用才稍微普遍一些,因为关中平原西部现发现的几件铜鍑时代大多为春秋早期,可能为秦人所使用。鉴于大量已发掘的这一时期的秦墓中不见铜鍑,我们甚至怀疑,其中有的铜鍑是侵凌周室的犬戎等人群的遗物,如前述陕西岐山王家村铜鍑、西安市北郊范家寨的铜鍑等。② 这可能同西周晚期"西戎、犬戎与申侯伐周,杀幽王郦山下"(《史记·秦本纪》),戎人大量涌入关中,直到秦文公十六年"以兵伐戎"才初步驱走戎人的历史背景有关。③ 一般认为西戎分布于陇山以西,有学者认为寺洼文化可能是西戎的代表之一。这个地区大量的考古发掘也几乎没有发现铜鍑,在甘肃张家川马家塬发现的战国时期高等级墓葬中也不见铜鍑。④ 因此,西戎可能并不使用铜鍑,使用铜鍑的北方牧人可能是"犬戎"。

由于礼制和文化是华夷之辨的根本,虽然秦族最初来自东方,先后为商周两朝出力,但秦人长期与戎人杂居通婚,各个方面有很多互动,因此,被周人,特别是齐、鲁、晋等华夏诸国,看作是"戎狄"和"陋国"。⑤ 随着秦国助周"伐戎"并"与诸侯通使聘享之礼",春秋早中期之际在秦国统治区域内就几乎不见铜鍑的踪影了,这可能是秦国消灭并驱走了使用铜鍑的戎人,⑥以及秦人自己摈弃这一不利于同诸夏强国外交的"戎俗"的结果。

---

① 滕铭予:《论秦釜》,《考古》1995 年 8 期,第 731—736 页。滕铭予:《中国北方地区两周时期铜(鍑)的再探讨——兼论秦文化中所见铜鍑》,《边疆考古研究》第 1 辑,科学出版社,2002 年。
② 王长启:《西安市文管会藏鄂尔多斯式青铜器及其特征》,《考古与文物》1991 年 4 期,第 10 页,图一: 2。
③ 此观点为俞伟超先生赐教,谨致谢忱。
④ 甘肃省文物考古研究所、张家川回族自治县博物馆:《2006 年度甘肃张家川回族自治县马家塬战国墓地发掘简报》,《文物》2008 年第 9 期。早期秦文化联合考古队、张家川回族自治县博物馆:《张家川马家塬战国墓地 2007—2008 年发掘简报》,《文物》2009 年 10 期。
⑤ 孙庆伟:《最雅的中国:春秋时代的社会与文化》,科学出版社,2015 年,第 150—151 页。
⑥ 《史记·秦本纪》记:"十六年(公元前 750),文公以兵伐戎,戎败走。于是文公遂收周余民有之,地至岐,岐以东献之周。"杜正胜先生结合文献论述了秦人东进的历史,并举关中所见殷至汉代"北方式"遗物论证了周秦民族文化所带有的"戎狄"性,可与本书互参。杜正胜:《周秦民族文化"戎狄"性考察——兼论关中出土的"北方式"青铜器》,《周秦文化研究》,陕西人民出版社,1998 年。

从当时的政治形势看,秦国贵族使用铜鍑并不喜爱这种器物,墓中随葬铜鍑可能是一种政治的需要。据《史记·秦本纪》,秦人源于东夷,可能来自山东曹县之北,其先公曾是商王的臣属,为了保卫商的西部边疆而进入关中地区,后因为戎胥轩娶郦山之女为妻并生中潏,"以亲故归周"。① 考古学的研究也反映了这一历史,西周时期的秦文化、西周文化和先周文化的关系是最密切的,如以形制及演变大致相同的鬲、盆、豆、罐作为日用陶器组合,墓葬形制同为土坑竖穴墓,除东西墓向和屈肢葬式稍微普遍外,其他如圆腹罐、三足瓮和墓底腰坑外来文化因素很少,而且辗转来自周文化。② 从 2004 年起,由甘肃省文物考古研究所、陕西省考古研究院、北京大学考古文博学院、国家博物馆、西北大学文化遗产学院五家单位组成的早期秦文化课题组开始了对早期秦文化的探索。早期秦文化课题组近年来的考古发现为"秦人东来说"提供了证据。

甘肃省文物考古研究所田野考古队钻探并清理了礼县大堡子山两座秦公大墓及附属两座车马坑,惜墓内文物几乎被盗一空。韩伟先生在法国克里斯狄安·戴迪(Christan Deydier)先生处看到流失海外秦公文物,为金箔饰片,他对这些珍贵文物进行了及时的介绍和深入研究,从金箔的纹饰及其用途,以及墓葬形制和采用车马坑的葬仪,说明秦族上层早已接受了周文化典章制度的核心内容。③ 1993 年 10 月,上海博物馆马承源馆长从流失于香港古玩坊肆中的一百件左右秦公青铜礼器中抢救购回了七件秦公器,其中四件秦公鼎,两件秦公簋,均有铭文;还有一件无铭秦公簋,李朝远先生从秦公器的形制、铭文、纹饰、铸造特点、墓葬规格以及相关的史实各个角度论证了这批文物应是秦襄公、文公之器;礼县大堡子山两座大墓的年代应为春秋初期,墓主分别是襄公、文公,而且,就鼎簋而言,"颇有西周晚期器的气度,却缺乏西周器的精致"。④ 最近有学者根据考古现象指出,礼县大堡子山M2、M1 是夫妇异穴合葬墓,其中 M2 墓主可能是秦襄公。⑤ 所以,就现有材料看,春秋早期,秦族(尤其是上层)虽有居功僭越周礼的现象,但几乎全盘

---

① 这一事件应与当时殷朝渐衰,周人勃兴,又有强戎迫压的政治态势有关。周人同商人、羌族的关系,请参阅许倬云:《西周史》(增订本),生活·读书·新知三联书店,1994 年,第 50—53、61—67 页。
② 牛世山:《秦文化渊源与秦人起源探索》,《考古》1996 年 3 期,第 41—50 页。
③ 韩伟:《论甘肃礼县出土的秦金箔饰片》,《文物》1995 年 6 期,第 4—11 页。
④ 李朝远:《上海博物馆新获秦公器研究》,《上海博物馆集刊》第七期,上海书画出版社,1996 年,第 23—33 页。另外,陈平和王辉先生也对此问题进行探讨,请参阅陈平:《浅谈礼县秦公墓地遗存与相关问题》、王辉:《也谈礼县大堡子山秦公墓地及其铜器》,《考古与文物》1998 年 5 期,第 78—93 页。
⑤ 戴春阳:《礼县大堡子山秦公墓地及有关问题》,《文物》2000 年 5 期,第 76—79 页。

接受了西周文化，而已发掘的西周贵族墓中几乎不见青铜镂。因此，假如礼县铜镂出于襄公的大墓，应出于政治的需要，是秦公炫耀伐戎助周显赫武功的道具，甚至不可能同礼器置于一处。①

此外，由于礼县铜镂铸造有中原式花纹，秦人以此随葬，也可能是为了表示一部分秦人同戎人的联姻关系，秦人同戎人的联姻在史籍中有很多记载，因此这一假设是有可能成立的。不过，迄今尚未有考古实例支持，所以，这一假设还有待证明。

以上分析可能暗示着，铜镂在西周中晚期时首先由生活在北方的戎狄所发明，进而影响到和戎狄关系密切的秦国贵族阶级。

在秦国西部和西北部的甘青地区迄今只发现了一件春秋时期的青铜镂（时代可能为春秋早期，可能为其他地区人群带入）和一件战国至汉代的青铜镂，特别是张家川马家塬战国晚期的某支戎人首领墓地中没有发现铜镂。由此可以推断，因此，这一地区所谓的"羌戎"系统的人群在战国以前可能并不流行使用铜镂。② 所谓的"秦式镂"到底是什么人群铸造，什么人使用，现

---

① 1997年，林梅村教授带学生参观中国历史博物馆举办的"全国考古新发现精品展"时，我曾仔细观察过此器，并绘有草图。这个铜镂器型矮小，高约20厘米，无使用痕迹，应为随葬明器，现以其对比秦公器纹饰，可以看到，颈部的兽目交连纹和腹部的垂鳞纹与上海博物馆新获秦公器相似，但比秦公器更为粗糙，见上揭李朝远文之图三、图四、图五。但绳索状的直立环耳，和颈腹之间的索状纹一般不见于商周铜礼器，高去寻先生就李峪出土铜器而论，认为这种纹饰与北方草原文化有关系（高去寻：《李峪出土铜器及其相关之问题》，《"中研院"历史语言研究所集刊》第七十本第四分），这一观点是有道理的，此现象在上述安阳郭家庄商墓所出铜镂形器上就见端倪（注[6]），见本书图一：1。春秋早期的例子还有如山西闻喜县上郭村76M4铜鼎之带单突耳（山西省考古研究所：《1976年闻喜上郭村周代墓葬清理记》，《三晋考古》第一辑，山西人民出版社，1994年，第128页，图十：1），西安市北郊大白杨库征集铜镂，这件铜镂形制纹饰和礼县铜镂很接近，从器型特征看，如矮圈足等，时代可能比礼县铜镂早一些（王长启：《西安市文管会藏鄂尔多斯式青铜器及其特征》，《考古与文物》1991年4期，第10页，图一：13）。因此，礼县铜镂除了主体纹饰用周人纹外，器型和次要纹饰均为北方文化因素，加之器型简小，纹饰粗糙，铸造不精。而当时秦人同"西戎、犬戎"争战正酣，并节节胜利，因此，这件铜器如出于襄公大墓，也只是击退征服戎人的象征而已，甚至不和铜礼器放到一处，这也许是襄公"未能用周礼"的罪证之一（《诗经·秦风·蒹葭》毛诗序）。关于铜镂摆放位置反映民族关系的论述，详见郭物：《青铜镂的起源及其在欧亚大陆的传播》，北京大学考古文博院硕士毕业论文，1999年，第36—41页。山西天马—曲村遗址发掘的晋侯墓中不见铜镂，而晋国同戎人关系较之秦更为密切，但晋侯及夫人却不以铜镂随葬，所以，旁而推之，礼县铜镂可能也不一定出于秦公大墓，可能出于秦人一般贵族墓，但其功用可能与上述一致。如果，这件铜镂不是出自礼县，而是庆阳，则说明铜镂主要还是流行于陕北。

② 关于甘青地区考古学文化的研究，请参阅俞伟超文：《古代"西戎"和"羌""胡"考古学文化归属问题的探讨》，《关于"卡约文化"和"唐汪文化"的新认识》，均收于《先秦两汉考古学论集》，文物出版社，1985年。此外还有南玉泉：《辛店文化序列及其与卡约、寺洼文化的关系》、赵化成：《甘肃东部秦和羌戎文化的考古学探索》两文均收入俞伟超编：《考古类型学的理论与实践》，文物出版社，1980年。沈培：《秦公器与秦子器——兼论（转下页）

在还没有定论。如果前述礼县出土的铜鍑果然是庆阳地区发现的,那么,可以说明,秦式鍑和其他发现于关中的铜鍑一样,基本都是在宝鸡以东,渭河以北的地区。由于时代都集中在春秋早期,可能和西周被申侯联络的犬戎和缯所败以后,秦文公收复岐之前,整个关中已经为犬戎为代表的北方牧人势力所渗透有关,因此,这些人在这里留下了活动的痕迹,铜鍑就是其中一个例子。所以,青铜鍑不可能为陇山以西的"西戎"所发明,这一地区对于铜鍑的西向传播起的作用迄今还不清楚。很有可能甘青地区这一时期的土著文化阻碍了周秦文化向西的联系,从而使北方草原之路成为交通主干线。日本京都大学文学部博物馆藏一件铜鍑,时代可能是西周晚期至春秋早期(公元前9—8世纪),耳顶端也有一突,高41.1厘米,是从今内蒙古呼和浩特市收购的,其出土地点可能大致在这一地区。铜鍑形制介于岐山王家村和延庆西拨子、新疆奇台县铜鍑之间,和西安北郊范家寨所出铜鍑相似。特别是腹体中上部的横向范线,在铸造手法上,显示了中原北方铜鍑与新疆铜鍑的联系。① 这件标本为我们探求早期铜鍑西传提供了一个很好的坐标,即铜鍑可能主要是通过河套地区,翻过阴山经现额济纳旗的居延海地区、巴里坤而到达新疆北疆或到达图瓦地区,或者是从更北一点的蒙古高原,通过阿尔泰山东南支脉的山口进入新疆。这条路线和《穆天子传》所记先秦时期的草原段交通路线大致相符。②

3. 铜器铭文的启示

1981年,在陕西扶风下务子出土了师同鼎。鼎铭记载了师同帅军与戎人的一次战斗,其中记述战果时曰:"……孚戎金胄卅,戎鼎廿,铺五十,鋞廿……。"③

其中"铺"即"鍑","铺"本指中原一种纹饰精美、圈足镂孔的豆形器。④ 在陕北至今还未发现西周时的铺,在中国陕北迄今只发现了两件铜豆,器形

(接上页)甘肃礼县大堡子山秦墓的墓主》,上海博物馆和香港中文大学文物馆编:《中国古代青铜器国际研讨会论文集》,香港中文大学文物馆出版社,2010年。

① 水野清一、江上波夫:《内蒙古·长城地带》,东方考古学丛刊,乙种第一册,1935年,图版二三,图113:1。东京国立博物馆,高浜秀编:《大草原の骑马民族——中国北方の青铜器》,1997年,图版54,第163页。

② 马雍、王炳华:《阿尔泰与欧亚草原丝绸之路》,张志尧主编:《草原丝绸之路与中亚文明》,新疆美术摄影出版社,1994年,第1—6页;《公元前七至二世纪的中国新疆地区》,收入中国中亚文化研究协会、中国社会科学院历史研究所中外关系史室编:《中亚学刊》第三辑,第11—15页,中华书局,1990年。

③ 陕西周原扶风文管所:《周原发现师同鼎》,《文物》1982年12期。

④ 朱凤瀚:《中国古代青铜器》,南开大学出版社,1995年,第86—87页。

类似于"铺",但时代为晚商(图4-7)。① 因此,这里所说的"铺"可能就是周人对北方民族使用的"镞"的称呼,因为铜镞有圈足,和铺相似,因此,周人称之为"铺",这是可以理解的。而且,这说明铜镞底部圈足的设计可能受中原圈足器的启发,很可能就是铺之类的带圈足器。经研究,铭文所记之事发生在西周中期。② 这是西周中期戎人使用铜镞的文字证明。③ 并且使用的数量很大,只是周人习惯把缴获的戎人铜器重新熔铸成中原式铜器,所以,我们少见西周中期的铜镞,上述岐山王家村发现西周中期青铜镞似乎可作为师同鼎所记"铺"的一个形象有力的注解(图4-7)。

图4-7 灵石旌介出土嬴马簋、保德林遮峪铜豆、
清涧张家圪瘩出土直纹簋、师同鼎铭文

---

① 在陕西保德林遮峪墓葬中出土两件带铃豆。
② 李学勤:《师同鼎初探》,《文物》1983年6期。李零:《"车马"与"大车"(跋师同鼎)》,《考古与文物》1992年2期。
③ 冯恩学:《中国境内的北方系东区青铜镞研究》,《青果集》,知识出版社,1993年,第322页。

通过对师同鼎的研究,我们知道了西周中期中国北方民族大量使用青铜鍑的情况,这一年代远早于中国之外发现铜鍑的年代。虽然零星有限的材料使探讨青铜鍑在中国起源及早期发展的线索时断时续,但我们仍能清楚地看到,青铜鍑自商代晚期被发明以后一直为北方民族所使用,以前平底或圜底的鍑形器可能就是在西周中期被装上圈足的。不过这一时期晋陕北方的考古学文化迄今我们仍不太清楚,我们期待着新的考古发现。

4. 文化背景的分析

上文我们通过对已发现的中外铜鍑以及青铜器铭文的研究,认为鍑形器至迟在商代晚期便已在黄河流域出现,西周中晚期青铜鍑大量被中国北方农牧交错地带的人群所使用,其主要的依据是现有出土材料中,中国使用铜鍑的年代比国外的早。然而,考古学是"日日新"的事业,谁能保证国外不会发现比中国早的铜鍑?因此,我们要从青铜文化的背景来审视这个问题。

纵观古代世界,在青铜时代,中国以铸造各种大型青铜容器并形成礼制而著称,这是中国早期陶器技术及其饮食传统的自然发展的结果。其他文化一般只用青铜铸造兵器、工具和马具等,金属容器则以金银为主,其礼仪用器也多为统治者或神灵的造像。① 考虑到这一文化背景和传统,我们就应该在中国的北方寻找青铜鍑的渊源。

从本书第一章可知,欧亚草原青铜文化总的扩张态势是自西向东,而且在青铜鍑出现之前,基本没有大型青铜容器。中国境内北方系青铜器最早可追溯到二里头文化时代。1980年,在二里头遗址的ⅢM2中出土一件柄部有镂孔纹饰的环首刀,②这件刀连铸出可以直接把握的铜柄,柄上有纹饰,环首,柄部有镂孔,这是早期北方系铜刀习见的刀型。③ 1975年,在二里头ⅥK3的土坑墓中出土了一件战斧。④ 这件器物刃很窄,身长而厚,和早期北方系战斧很相近。而且,在斧身和装柄之间,有两个向外伸出的尖齿,和一部分早期北方系刀子在刀身和刀柄之间的尖齿形状相同。因此,这是

---

① 杰西卡·罗森:《早期中国及其创新技术:比较视野下的相关考古发现》,《中国文物报》2012年5月11日第5版。
② 中国社会科学院考古研究所二里头队:《1980年秋河南偃师二里头遗址发掘简报》,《考古》1983年3期,图十:9。
③ Fitzgerald-Huber, Louisa G, "Qijia and Erlitou: The Question of Contacts with Distant Culture." Early China (2): 1995, 24.
④ 中国社会科学院考古研究所二里头工作队:《偃师二里头遗址新发现的铜器和玉器》,《考古》1976年4期,图三:2。

一件北方系的战斧。① 二里头的 III M2 和 VI K3 均被定为二里头文化第三期。整个二里头文化一至四期的年代,据大量碳十四年代数据综合分析,"不应早于公元前 1900 年,不晚于公元前 1500 年"。② 因此,中国中原地区北方系青铜器的出现年代至少可以上溯到公元前 17 世纪。③

1974 年,内蒙古文物考古研究所发现了伊金霍洛旗朱开沟遗址,1977、1980、1983 和 1984 年相继进行了发掘。从第三段开始(夏代中期),就出土数量较多的青铜器,如铜锥、铜针、耳环、铜环和臂钏等。值得注意的是,M1040 男女合葬墓出土商式直内戈一件,短剑一把,铜刀一把,铜圆牌四件。M1083 出土铜戈一件,铜鍪一件,带纽圆腹罐、石刀、石斧各一件。它们都属于朱开沟遗址第五段,时代相当于早商。④ 其中剑、刀、铜圆牌和鍪是北方系青铜器,虽然朱开沟文化的第五段受到早商文化的强烈影响,甚至有铜鼎和铜爵的发现(如 H5028),但据现有材料看,朱开沟文化人群尚未掌握铜容器铸造技术。因此,没有仿制或创新的青铜容器的发现。

商代晚期,在殷王朝的西部和西北部分布着强大的方国,他们的文化除了自身固有的因素外,也有商文化的因素,更有受中原青铜文化影响而产生的因素。有学者把以山西石楼、陕西绥德等地出土的青铜器为代表的青铜文化系统内涵区分为 A、B、C 三群,年代从盘庚—小乙到帝乙、帝辛之时。其中 A 群是殷墟常见器形,几乎全是青铜礼器,反映了北方青铜文化居民与商文化居民频繁的交往关系,而且也可看出当地居民上层对商礼和习俗的极力模仿。比如灵石旌介出土嬴马簋。B 群器类和数量均多于 A 群,为当地铸造,其中青铜容器多是仿商式改进型,如忻县连寺沟羊圈坡云纹鼎,器形和殷墟所见者一样,但口沿下不是殷墟流行的饕餮纹,而是一种 S 形纹;清涧解家沟和石楼桃花庄直线纹簋,形制、花纹均与殷墟有别(图 4-7);其他诸如壶、瓿、豆、卣和盘亦是脱胎于中原陶铜礼器而又有所创新。另外还有

---

① 大致相同的战斧在伊朗阿斯塔拉巴德的土兰土墩遗址也有,红铜,年代在公元前 2500—1500 年。见 Arthur Upham Pope, A Survey of Persian Art, VII, plates.24, j, Sopa, Ashiya, New York, 1981, 2000.
② 仇士华等:《有关所谓"夏文化"的碳十四年代测定的初步报告》,《考古》1983 年 10 期。
③ 林沄:《早期北方系青铜器的几个年代问题》,《内蒙古文物考古文集》第一辑,中国大百科全书出版社,1994 年,第 291—292 页。
④ 内蒙古文物考古研究所:《内蒙古朱开沟遗址》,《考古学报》1988 年 3 期,图二九。内蒙古文物考古研究所、鄂尔多斯博物馆:《朱开沟——青铜时代早期遗址发掘报告》,文物出版社,2000 年,第 224、216 页。田广金、郭素新:《鄂尔多斯式青铜器的渊源》,《考古学报》1988 年 3 期,第 264 页。

一些独具特色的青铜器,如管銎斧、兽首铃首剑和耳环等。① 这一时期在北方还未发现铜镞,但我们已经看到,北方民族的文化已深受商文化的影响,尤其是铸造大型青铜容器的技术和传统已为北方方国所接受,并有所创新。不但接受商王朝维系政治社会秩序的礼制,礼器内容也相当程度地承袭了中原的传统,但礼器偏重炊食器,鼎簋比例相对偏重,与中原重酒器的礼制有别。② 据研究,以石楼—绥德等地出土青铜器为代表的青铜文化属于李家崖文化。③ 此文化人群可能就是朱开沟文化人群的后裔。由于气候持续干冷化,分布于鄂尔多斯的朱开沟文化人群向南寻求生存空间,从而形成了李家崖文化。④ 有人认为李家崖文化人群是曾给西周造成巨大危害的玁狁。⑤ 而玁狁可能即是西周末年侵凌周室的犬戎。也有人认为李家崖文化人群就是商末周初的"鬼方",从文字证据和时代上看,这种说法的可能性较大。⑥ 类似的文化在商末周初曾一度在北方地区扩散,甚至到达现在的辽宁省。在甲骨文和金文中,记载了商人和早期周人驱逐北方方国的军事行动,可能是由于这些大规模的战争,再加上内蒙古东部地区气候相对湿润,所以造成了这一北方文化的扩散。⑦

通过对埋葬习俗的分析可知,在朱开沟第一、二段墓葬中只殉葬猪下颚骨,从第三段开始,在大型墓中开始殉葬数量较多的羊下颚骨。羊数量的增加,说明从朱开沟文化第三段开始,畜牧经济已经比较发达。⑧ 李家崖文化

---

① 李伯谦:《从灵石旌介商墓的发现看晋陕高原青铜文化的归属》,《北京大学学报(哲学社会科学版)》1988年2期,第22页,收入《中国青铜文化结构体系研究》,科学出版社,1998年。
② 杜正胜:《从三代墓葬看中原礼制的传承与创新——兼论与周边地区的关系》,《中国商文化国际学术讨论会论文集》,科学出版社,1998年,第223页。
③ 李海荣:《北方地区出土商时期青铜器研究》,北京大学考古系硕士毕业论文,1995年,第20—23页。李海荣:《北方地区出土夏商周时期青铜器研究》,文物出版社,2003年。张映文、吕智荣:《陕西清涧县李家崖古城发掘简报》,《考古与文物》1988年1期,第47—56页。
④ 田广金、郭素新:《北方文化与草原文明》,《内蒙古文物考古文集》第2辑,中国大百科全书出版社,1997年,第7页。
⑤ 韩嘉谷:《土方功史的考古学探索》,《内蒙古文物考古文集》第2辑,中国大百科全书出版社,1997年,第347—348页。
⑥ 吕智荣:《试论陕晋北部黄河两岸地区出土的商代青铜器及有关问题》,《中国考古学研究论集——纪念夏鼐先生考古五十周年》,三秦出版社,1987年;《试论李家崖文化的几个问题》,《考古与文物》1989年4期;《朱开沟古文化遗存与李家崖文化》,《考古与文物》1991年6期。
⑦ 田广金:《中国北方系青铜器文化和类型的初步研究》,苏秉琦主编:《考古学文化论集》第4辑,文物出版社,1997年。韩嘉谷:《花边鬲寻踪》,《内蒙古东部区考古学文化研究文集》,海洋出版社,1992年。
⑧ 郭素新:《再论鄂尔多斯式青铜器的渊源》,《内蒙古文物考古》1993年1、2期,第91页。

时是半农半牧的经济,到李家崖文化中晚期,畜牧—游牧经济可能已经占主导地位。这些经济类型的转化是同气候的变化息息相关的。① 这就给我们一个启示:在朱开沟文化和李家崖文化还是农耕—畜牧经济时,相对定居的牧农生活使其从经济基础和心理上都能接受中原的青铜文化,一旦经济形态渐渐转变为牧业为主的经济,其文化就不能支持,也不需要像中原那样的青铜文化了,而且经济形态的转变导致北方民族思想意识的转变,所以这时的北方民族在学习中原商周青铜文明的基础之上,结合自身经济文化特点和心理取向,删繁就简,最后创造并选取铜鍑这一符合游牧文化的青铜容器作为自己生活和祭祀的主要器物。游牧人作为新兴的独特人群,他们创造的铜鍑具有区别于农耕社会所有铜容器的特点,特别是与商周最重要的礼器——三足的鼎迥然不同。实际上在不使用灶或支架的情况下,从受热、使用方便的角度看,三足器是比较好的一种炊食器。游牧人最后不选择三足器,首先可能是由于铜鍑铸造技术简单,携带方便,中原的炊食器太庄重复杂。三足器,特别是整体性较差的三足,不利于收敛运送,也容易在不断迁徙和使用的过程中损坏。铜鍑简单实用,结构上整体性强,比较皮实,能满足游牧人在其上表达自己的信仰并进行艺术创造的要求。北方游牧人在文化上强烈的个性倾向也应当是一个值得考虑的因素,即在器形上有意和中原铜礼器有所区别。有意思的是,在不同的游牧民族中,文化却有趋同的现象,形成了所谓的以武器、马具、动物纹为共性的文化通象,铜鍑被欧亚大陆的游牧民族所广泛接受,而且盛行不衰也是这种文化趋同的现象之一。②

5. 新疆的考古发现与铜鍑的起源

需要指出的是,在探讨铜鍑起源问题时,新疆北疆也是一个重要的地区。北疆发现的铜鍑形制颇古,由于新疆邻近黄河流域,两个地区很早就有文化交流。③ 所以,青铜鍑是否会起源于新疆北疆,也是一个不可忽视的问题。近年在新疆发现了安德罗诺沃文化共同体分支文化的遗存,比如霍城县大西沟墓地、尼勒克县穷科克遗址、小哈拉苏遗址、萨尔布拉克沟口墓地、阿克

---

① 史培军:《地理环境演变研究的理论与实践——鄂尔多斯地区晚第四纪以来地理环境演变研究》,科学出版社,1991年。
② Natal'ja L. Členova, On the Degree of Similarity between Material Culture Components within the "Scythian World", *The Archaeology of The Steppes Methods And Strategies*, Napoli, 1994, 499–501.
③ 水涛:《新疆青铜时代诸文化的比较研究——附论早期中西文化交流的历史进程》,《国学研究》第一卷,北京大学出版社,1993年,第478—483页。李水城:《从考古发现看公元前二千纪东西方文化的碰撞与交流》,北京大学中国传统文化研究中心编:《文化的馈赠——汉学研究国际会议论文集》考古卷,北京大学出版社,2000年,第256—257页。

布早沟墓地、别特巴斯陶墓地、汤巴勒萨伊墓地、特克斯县库克苏河西 2 号墓群、托里县萨孜村古墓、塔城市卫生学校遗址、塔城市二宫乡下喀浪古尔村遗址、喀什库尔干下坂地 AII 号墓地、温泉县阿敦乔鲁和呼斯塔遗址等。这些发现中有的以带圈足的缸形陶器为特点，尤以伊犁河流域汤巴勒萨伊墓地所出陶器为代表。这种器物可能是从早期假圈足的缸形器发展而来，费德罗沃文化是影响新疆西部地区文化主要的因素。① 这个文化流行假圈足的缸形器。但在新疆境内圈足不但变成中空的，而且越来越高大，成为真正的圈足器，以伊犁的汤巴勒萨伊墓地发现的表现最为突出。这些文化遗存的时代或稍早，或与最早铜鍑的时间相近。另外在哈萨克斯坦发现别尕兹-丹迪拜文化也有大圈足的陶器，其时代恰好在铜鍑出现之前一阶段。因此，铜鍑底部的圈足做法也非常可能是受此影响（图 4-8）。如果这样的话，新疆可能在铜鍑起源的过程中起到了重要的作用。特别是青河县三道海子青铜时代晚期大型石构遗址群的发现与初步研究，更使我们不得不认真思考新疆北疆早期文化发展的水平，以及在早期中西文化接触和交流过程中的作用。②

图 4-8　和铜鍑有关系的陶器

上排左到右：汤巴勒萨伊墓地、别尕兹—丹迪拜文化、洋海墓地、大龙口墓地
下排左到右：拜城克孜尔墓地、拜城克孜尔墓地、巴里坤南湾墓地

---

① Jianjun Mei, Copper and Bronze Metallurgy in Late Prehistoric Xinjiang-Its cultural context and relationship with neighboring regions, BAR International Series 865, 2000.
② 林梅村：《谁是阿尔泰深山金字塔式陵墓的主人》，《古道西风——考古新发现所见中西文化交流》，生活·读书·新知三联书店，2000 年，第 93—94 页。中国社会科学院考古研究所新疆工作队、阿勒泰地区文物局、青河县文物局：《新疆青河县花海子三号遗址发掘简报》，《考古》2016 年 9 期。

新疆还发现了一些近似青铜鍑的陶器,根据其文化年代和共存器物,有的时代不晚,如哈密焉不拉克墓地采集的一件带流单耳小杯耳上有一突。① 值得注意的是,在吐鲁番盆地,特别是鄯善洋海墓地,发现不少明显受到铜鍑影响的陶器,如鄯善洋海古墓群发现的两件圈足彩陶罐的斜肩耳顶部有一突起。② 这些陶器的时代基本为洋海墓葬的早期,也比较集中。可惜的是在墓葬中没有发现铜鍑。这可能是铜鍑较为珍贵,一般不作为随葬品的埋葬习俗影响所致。洋海墓地的文化反映了这里的人群和天山北部草原的人群有密切的关系,甚至其中一些人在夏季的时候,就迁徙到北疆。因此,洋海墓地埋葬的人群熟悉北疆草原地区流行的铜鍑,并在陶器上模仿铜鍑的器形特点。拜城县克孜尔墓地出土的单乳突环耳圈足彩陶罐显然也是受到铜鍑的影响。这种现象在新疆北疆也有发现,比如乌拉泊水库发现一件。③ 北疆吉木萨尔县大龙口 M5 出土一件,双耳平底,球形腹,耳部有一个乳突(图 4-8)。④ 值得注意的是,乌拉泊水库墓地同时也发现了三道海子文化/艾迪拜尔文化的典型的器物——圆锥体的金耳环,而大龙口墓地也出土了三道海子文化流行的鹿石。所以,在新疆北疆考古工作尚未深入的情况下,我们仍不能排除青铜鍑在新疆北疆最早出现的可能。⑤ 特别是环东天山地区,是公元前 8—前 3 世纪流行铜鍑的重要地区。

小　结

我们从五个方面探讨了青铜鍑的起源问题,由此不难看出:中国北方民族在商代晚期大量接触、了解并使用中原青铜礼器的背景下,可能已经开始尝试制造平底或圜底的青铜鍑形器。西周中期时,青铜器铭文证明,北方"戎人"已经开始使用铜鍑。至迟在西周晚期,伴随着新的北方系青铜文化的出现,生活于中国北方农牧交错地带的民族在前一阶段的基础上又发明

---

① 新疆维吾尔自治区文化厅文物处 新疆大学历史系文博干部专修班:《哈密焉布拉克墓地发掘报告》,《考古学报》1989 年 3 期,图 22:9。
② 新疆考古研究所:《鄯善县洋海、达浪坎儿古墓群清理简报》,《新疆文物》1989 年 4 期。
③ 新疆文物考古研究所:《乌鲁木齐乌拉泊古墓葬发掘研究》,《新疆社会科学》1986 年 1 期。收入新疆文物考古研究所编:《新疆文物考古新收获》(1979—1989),新疆人民出版社,1995 年,第 325 页。
④ 新疆文物考古研究所、昌吉回族自治州文管所、吉木萨尔县文物管理所:《吉木萨尔县大龙口墓葬》,《新疆文物考古新收获(续)1990—1996》,新疆美术摄影出版社,1997 年,第 406 页,图八:1。原载《新疆文物》1994 年 4 期。
⑤ 藤川繁彦主编:《中央ユーラシアの考古学》,日本世界考古系列丛书第 6 卷,同成社,1999 年 6 月,第 143—144 页。著者没有明确这样说,但有此认识倾向。

了带圈足的铜鍑。这一发明是在中国古代北方民族学习中原青铜文化的背景中完成的,创造和使用青铜鍑的直接原因是气候干冷化导致的经济形态和思想意识的转变,发明者很可能是商代晚期以来活动于晋、陕北部的李家崖文化人群或后续文化。在这里,我们提"后续文化"是因为陕北李家崖文化的下限并不清楚,公元前10至前8世纪的文化遗存还需要做更多的工作。① 所以,我们虽然认为青铜鍑最早在陕北生成,但对创造这一器物的考古学文化只是一个大致的推测。

此外,燕山地区也发现了早期的铜鍑,考虑到燕山南北地区西周晚期至春秋早中期繁盛的青铜文化,特别是大量独具特色的青铜容器的流行,还有王家村铜鍑与銎柄短剑共存的现象,因此,在今后寻找确切的铜鍑起源地时,这一地区仍值得给予特别的关注。②

就现有材料而论,我们还是有这样的认识倾向,即晋陕北部可能是青铜鍑的生成区。我们相信,随着考古工作的深入,铜鍑起源的具体过程将会日趋明朗。总之,青铜鍑无论具体起源于何地,它应当是在中国商周高度发达的青铜礼器文化的影响下出现的,中国北方大气候干冷化是其产生的背景,而在中国以外的文化里没有这个传统和大环境,因此也就孕育不出青铜鍑这一特殊的器物。③

二、鍑在欧亚大陆早期游牧人中的流传

铜鍑这一适应游牧经济与文化的青铜容器在商周青铜文化的背景中产生之后,即为活跃于草原山地地带的各支游牧民族所接受,在第一阶段(公元前10世纪—公元4世纪)相继为狄人、大月氏人、坚昆、丁零、萨夫罗马泰人、斯基泰人、萨尔马泰人和塞人等游牧人群所使用。从器耳的特征看,在传播的过程中,铜鍑发展出了A至E型比较流行的铜鍑,分别为A型单突耳铜鍑、B型无突耳铜鍑、C型三突耳铜鍑、D型动物耳铜鍑、E型肩耳铜鍑五大类。同时还有少量耳部形制特殊的铜鍑,这些特型鍑由于各种原因,没有广泛流行。

---

① 乌恩:《考古学的世纪回顾与展望》,《考古》2001年1期,第38—39页。
② 有学者对北京延庆西拨子窖藏的年代和族属做了新的研究,认为其时代是西周中期或中晚期,是山戎文化的早期文化。其时代我们表示赞同,尽管如此,我们觉得这里出现的青铜鍑可能是来自别的地区,如陕北,原因已在文中有述。靳枫毅、王继红:《山戎文化所含燕与中原文化因素之分析》,《考古学报》2001年1期。
③ 郭物:《青铜鍑起源初论》,《青年考古学家》第十期,北京大学考古系文物爱好者协会会刊,1998年,第41页。郭物:《论青铜鍑的起源》,《21世纪中国考古学与世界考古学》,中国社会科学出版社,2002年。

1. 青铜鍑在中国北方的滥觞

青铜鍑在中国北方生成后，在向域外传播的同时，也在黄河流域中游地区流行起来。从西周晚期到战国早期，铜鍑在整个中国北方都有发现。这一时期流行的青铜鍑样式主要由两个系列组成，即单乳突直立环耳铜鍑（A型），直立环耳铜鍑（B型），同时也有少量的无耳铜鍑。

早期的铜鍑（西周晚期至春秋早期）主要集中发现于关中平原的北缘，这一地区可能是铜鍑的生成区。春秋早期，铜鍑开始在整个中国北方扩散，向北传至呼和浩特地区，向东传至山西涑水流域，乃至燕山山地；向西传至关中平原西端的宝鸡、凤翔一带，甚至到达甘肃礼县一带。甚至在蒙古也有Aa型早期铜鍑的发现。其中尤以A型铜鍑的扩张力最强。

春秋中期至战国早期，铜鍑有了进一步的发展，分布的地域扩大了，样式也有了发展。在燕山山地属于春秋中期至战国早期的玉皇庙类型中发现了B型铜鍑。和早期铜鍑的分布相比，山西涑水流域铜鍑更加繁荣，不过这一阶段B型铜鍑占主导地位，同时太原盆地也出现了铜鍑，沁水流域也有铜鍑的踪迹。河南辉县中原墓葬中也发现了铜鍑。随着鲜虞白狄的东迁，[1] 铜鍑在太行山以东的传统农耕地区也有发现。值得注意的是，这一阶段秦统治区域迄今未有铜鍑发现。

值得注意的还有Ab型和Bb型铜鍑，即椭圆腹体的铜鍑。这一型铜鍑显然是由Aa型铜鍑发展而来。根据考古发现其产生可能就在陕北高原洛水和窟野河之间。春秋时，晋国吕相对秦桓公说："白狄及君同州。"（《左传》成公十三年）可知白狄的主要活动地域在雍州，晋占据雍州的泾、渭二水流域，而白狄则在窟野河、洛水之间。《史记·晋世家》又谓"蒲边秦，屈边狄"，也说明白狄生活于陕北高原。[2] 因此，AbI和BbI式铜鍑应当是生活于陕北高原的白狄在Aa型和Ba型铜鍑的基础上发展起来的。以上铜鍑发现的地域说明，生活在中原正北方，或是和晋相邻的众多"狄人"可能是使用铜鍑的主要人群。

AbII式则是在AbI式的基础上，吸纳中原青铜器的纹饰图案发展起来的，在内蒙准格尔旗宝亥社、山西原平和浑源发现的铜鍑，属于春秋晚期浑源彝器群，可能属于代戎文化。[3]

这一类铜鍑椭圆形的腹体比较有特点，显然在当时是一种时尚。有学

---

[1] 蒙文通：《周秦少数民族研究》，1993年，第133—138页
[2] 马长寿：《乌桓与鲜卑》，上海人民出版社，1962年，第6页。
[3] 李夏廷：《浑源彝器研究》，《文物》1992年10期，第74页。

者推测,这种椭圆形的鍑体可能受到青铜器——铜(钾)的影响。铜(钾)产生于两周之际的东夷文化区,在春秋早、中期之际传至中原地区,并迅速流行,至战国晚期消亡。在山西比较流行。① 值得注意的是,斯基泰铜鍑中有一类和中国春秋晚期的 Ab 型铜鍑相似,其腹体制成方圆形,其时代主要是公元前 5 世纪末至前 3 世纪初。② 这种惊人的相似性是否暗示着他们之间的某种联系,由于中国的这类铜鍑时代早于斯基泰的,可能中国北方的这种椭圆体铜鍑被欧亚草原西部的斯基泰人所吸收。奇怪的是,在这两个流行椭圆形鍑体的区域之间,迄今还没有发现椭圆腹体的鍑,因此,其中缘由还有待更多的材料。

  2011 年 4 月以来,陕西省考古研究院发掘了黄陵县阿党镇寨头河村战国时代墓地。发掘墓葬 90 座,马坑 2 座以及殉埋青铜短矛的方坑 1 座。寨头河墓地出土的陶器随葬品可分为"中原"和"甘青"两个系统。甘青式陶器与"寺洼文化"陶器有诸多相似之处。这批墓葬的时代为战国中、晚期,为西北戎人的遗存,是目前发现最深入中原腹地的戎人遗存。在墓葬中发现作为明器的陶鍑,比如 M48 所出陶鍑为方圆体圈足鍑。③ 这个墓地的主人可能是西来的戎人,墓葬里发现的椭圆体鍑应当是受到陕北和晋北狄人文化的影响。中国北方农牧交错地带先秦时期的人群主要分为戎、狄两大分支,戎在中原之西,狄在北和东北,考古发现也能大致相符。④ 迄今可能为西戎的文化遗存中尚未发现使用铜鍑的现象。比如被看作西戎文化的寺洼文化中没有发现过铜鍑,可能为戎人首领墓地的马家塬高等级墓葬中也没有发现铜鍑。只有民和县征集的一件铜鍑时代和寺洼文化接近,由于数量非常少,因此,如果是出自本地,可能是一件外面引入的铜鍑。2006 年 4 月 27 日,甘肃省武威市凉州区张义镇河湾村的农民在推土时,发现一件通高 118 厘米的大型球形腹铜鍑。该器比较特殊,口沿下至肩部均匀分布着 3 个虎形耳。下腹部对称分布有 4 个环形系,圈足上对称有 3 个圆形镂孔。⑤ 结合出土地背景,专家认为这一青铜鍑可能是战国至西汉初,游牧于河西和武威一带的匈奴王公贵族御用之物。史载匈奴右部有休屠、昆邪诸部,其中休屠居武威姑臧,而这一青铜鍑的出土地就在姑臧南不远处。这件铜鍑的出

---

① 毕经纬:《铜钾研究》,《考古学报》2015 年 4 期。
② 雪嶋宏一:《スキタイの鍑》,《草原考古通信》1995 年 6 号,第 8 页。
③ 陕西省考古研究所孙周勇等:《陕西黄陵县寨头河战国戎人墓地》,《中国文物报》2012 年 1 月 6 日 5 版。
④ 杨建华:《春秋战国时期中国北方文化带的形成》,文物出版社,2005 年。
⑤ 贾建威、李永平:《甘肃武威出土铜鍑》,《文物》2011 年第 5 期。

现也非常值得重视,首先是其器形的特殊性,应当说迄今仅此一件,另外其器形非常大,也是迄今发现铜鍑中最大的一件,很可能和匈奴右部统治阶级有关。不过,这个铜鍑到底反映了什么问题,还需要今后更多的发现和研究来解释。

由上可知,铜鍑从西周晚期至战国早期,在中国北方不断被新的游牧文化所接受并加以发展,而且铜鍑从早期的农牧交错地带向农耕区扩张,如关中盆地、山西涑水流域、太原盆地以及太行山以东的河北中部地区。不仅如此,铜鍑还汲取中原铜器型式和纹饰(如AaⅢ-1、AbⅡ、BaⅠ-1),这些现象可能反映了狄人迁徙和由狄入夏的过程。清代学者马骕《绎史》说:"春秋二百余年之际,与戎狄相始终。"铜鍑属于草原,一定程度上,可以看作是牧业社会人群存在及活动的指向标,铜鍑在中国北方的普遍发现,正好说明了春秋战国时期,北方牧业民族和中原系统的社会之间交错共存和紧密互动的关系。

2. 新疆的早期铜鍑

青铜鍑是北方草原青铜文化与商周青铜文化相结合的产物。随着铜鍑通过北方的草原地区传入新疆北疆,新疆的青铜文明更上层楼,其文化的构成当中,注入了更多黄河流域青铜文化的因素,特别是商周文明使用大型青铜容器作为礼仪用器的技术和思想。

新疆迄今发现的早期铜鍑主要有直立环耳圈足铜鍑、斜肩耳圈足铜鍑和斜肩耳三足铜鍑三类,其中直立环耳圈足铜鍑分为环耳上有突和无突两种。立耳呈圆环状贴于铜鍑外口沿上的直立单乳突耳和无突耳铜鍑(此类铜鍑数量很少)主要流行于阿尔泰山南麓和乌鲁木齐以东的天山北麓地区,伊犁地区也有一些发现。这种铜鍑的来源是中国北方农牧交错地带人群使用的类似器物,流行于新疆的铜鍑辐射到周围广大的地区。

就新疆而言,在这种铜鍑的基础上,发展出斜肩耳圈足铜鍑,此类铜鍑分布的范围和单乳突铜鍑大致相当,根据发现的密度看,在伊犁地区最为流行,博尔塔拉蒙古自治州迄今只发现此种类型的铜鍑。

直立环耳铜鍑的分布特点说明三海子类型的中心地区是阿尔泰山南麓地区以及乌鲁木齐以东的天山北麓地区,而以斜肩耳圈足铜鍑代表的文化遗存一度也活动在上述地区,但后来则以伊犁和博尔塔拉蒙古自治州为中心。斜肩耳三足铜鍑主要在西天山地区流行,其中斜肩耳三足铜鍑已经被认为是塞人的典型器物。斜肩耳三足铜鍑的分布说明伊犁地区的确是塞人活动的一个中心。

有意思的是,在蒙古国博物馆中收藏着一些斜肩耳的圈足铜鍑,这些铜鍑应当出自蒙古,其渊源应当是天山以北以及西伯利亚地区。① 这种铜鍑和哈萨克斯坦和新疆北疆分布的胡须墓有一定的关联性,蒙古也有胡须墓,可能是新疆传播过去的,这类铜鍑会不会和蒙古地区发现的胡须墓有关系值得进一步关注。②

新疆铜鍑在中原春秋中期以前,无论是型式的种类,还是形态的变化,都与黄河流域铜鍑保持一致。春秋晚期开始,新疆铜鍑的发展变化开始呈现自身特点,即向瘦高、尖圜底发展,米努辛斯克盆地是尖圜底铜鍑的流行区,新疆铜鍑的尖圜底的做法可能受到塔加尔文化的影响。而且还发展出斜肩耳的铜鍑(见后文)。

有人认为,新疆发现的耳部有单乳突的铜鍑属于月氏文化。③《管子·揆度》:"至于尧舜之王所以化海内者,北用禺氏之玉,南贵江汉之珠。"尹知章注:"禺氏,西北戎名,玉之所出。"《逸周书·王会》:"禺氏騊駼。"孔晁注:"禺氏,西北戎夷。"《穆天子传》:"甲午,天子西征,乃绝隃之关隥。己亥,至于焉居禺知之平。"郭璞注:"隥,阪也。疑此谓北陵西隃,西隃,雁门山也。"据王国维考证,这里的"禺知"以及《逸周书》《管子》中的"禺氏",也有牛氏的称呼等,都是指月氏,战国时在雁门之西北,黄河之东。秦汉间始居祁连、敦煌间(《观堂集林》)。据林梅村教授研究,月氏人的原始游牧地位于天山东段以北、博格达山以北至巴里坤一带,阿勒泰地区为月氏人的夏季牧场。④ 单乳突直立环耳铜鍑主要分布于包括伊犁河上游地区的环准噶尔盆地区,主要是东天山北麓和阿勒泰地区。与单乳突铜鍑同在一个分布区的还有直立环耳铜鍑和斜肩耳圈足铜鍑。因此,这种环耳上饰单乳突的铜鍑和直立环耳铜鍑有可能为当时活跃于北方草原的早期禺知人所使用。早期的斜肩耳圈足铜鍑可能也是大月氏使用的铜鍑。

新疆北疆发现的独具浓郁游牧色彩的铜鍑正好反映了这一史实。巴里坤红山农场发现的铜鍑形制可能较晚,有可能是大月氏为匈奴所迫西迁之前留下的,即公元前176年以前不久的遗物。另外,从上述铜鍑的分布看,在公元前176年以前,大月氏铜鍑便分布到伊犁河谷一带,这暗示我们,大月氏势力很早就到达过伊犁河谷,并不只是公元前176年为匈奴击败后才

---

① 高浜秀:《中国の鍑》,《鍑の研究—ユーラシア草原の祭器・什器》,草原考古研究会编,雄山阁,2011年,第69页。
② 林梅村、李军:《乌禅幕东迁天山考——兼论公元前2—1世纪匈奴在西域的遗迹》,《西域研究》2012年4期。
③ 王博、祁小山:《新疆出土青铜鍑及其族属分析——兼谈亚欧草原青铜鍑》,《丝绸之路草原石人研究》,新疆人民出版社,1996年,第294页。
④ 林梅村:《吐火罗人与龙部落》,《西域研究》1997年1期,第11—20页。

西迁至伊犁河谷的。这也为大月氏西迁伊犁打下了基础。至于环耳无突的铜鍑可能也是属于大月氏文化，实际上，有突和无突的铜鍑可能同时被使用，对游牧民族来说，可能具有不同的含义（见第五章）。

斜肩耳铜鍑主要在西天山地区流行，包括博尔塔拉蒙古自治州和伊犁地区，中亚的费尔干纳盆地也有很多发现。斜肩耳圈足铜鍑如果也属于大月氏习惯使用的器物，其文化归属有三种可能：一、可能是大月氏中一部所用；二、可能是替代原来的直立环耳铜鍑，成为和单乳突直立环耳铜鍑配合使用的大型铜容器；三、可能是为塞人所使用。已故英国学者克劳森爵士认为巴泽雷克墓葬的墓主是吐火罗—月氏人。① 斜肩耳圈足铜鍑曾在吉尔吉斯斯坦的 Samsi 大墓中发现。乌兹别克斯坦撒马尔干盆地科克捷别遗址（Koktepe）发现过一个贵族墓葬，墓葬打破古代的遗址，为洞室墓，墓主为一位年轻的女性，年龄为 25—35 岁，墓中出土了汉代的铜镜，最值得注意的是，发现了一个斜肩耳圈足铜鍑，墓葬的时代为公元 1 世纪（图 4-9）。

墓葬出土的器物和席巴尔干黄金冢近似。这种类型的铜鍑和大月氏关系密切，可能是大月氏中的某个重要部族所用，或者是乌孙。这样从铜鍑可以大致复原大月氏在新疆发展兴盛、同中原关系、西迁、希腊—伊朗—印度化的过程。同样也可以解释巴泽雷克二号墓大月氏因素很多的原因。为了政治联盟，游牧民族之间经常联姻，不同民族首领之间甚至互换女儿为妻。《汉书·陈汤传》载："康居王以女妻郅支（单于），郅支亦以女予康居王。"

秦及汉初，大月氏势力强大，与蒙古高原东部的东胡同时从两方面胁迫游牧于蒙古高原中部的匈奴，匈奴曾送质子于月氏。秦末，匈奴质子自月氏逃回，杀父自立为冒顿单于，约在公元前 205—前 202 年间举兵攻月氏，月氏败。可能从这时起，月氏便开始向西迁徙。公元前 177 或前 176 年，冒顿单于再次击败月氏。据冒顿单于公元前 174 年致汉文帝刘恒书中说："故罚右贤王，使之西方求月氏击之。以天之福，吏卒良，马力强，以夷灭月氏，尽斩杀降下之。定楼兰、乌孙、呼揭及其旁二十六国皆已为匈奴，诸引弓之民并为一家，北州以定。"楼兰和乌孙的分布范围大致清楚，《中国历史地图集》第二册定呼揭的位置于今新疆的阿尔泰地区和苏联哈萨克的东哈萨克斯坦州南部。据陈可畏考证，呼揭王居地在乌孙之北，在塔城地区及今哈萨克斯坦五河流域一带。② 楼兰、乌孙、呼揭三族控制的区域代表的是塔里木盆地

---

① Sir Gerard Clauson, "The Foreign Elements in Early Turkish", Rearches in Altaic Languages, ed, by Louis Ligeti, Budapest, 1975, pp.43–49.
② 陈可畏：《古代呼揭国及其民族试探》，《中国边疆史地研究导报》1989 年 6 期。

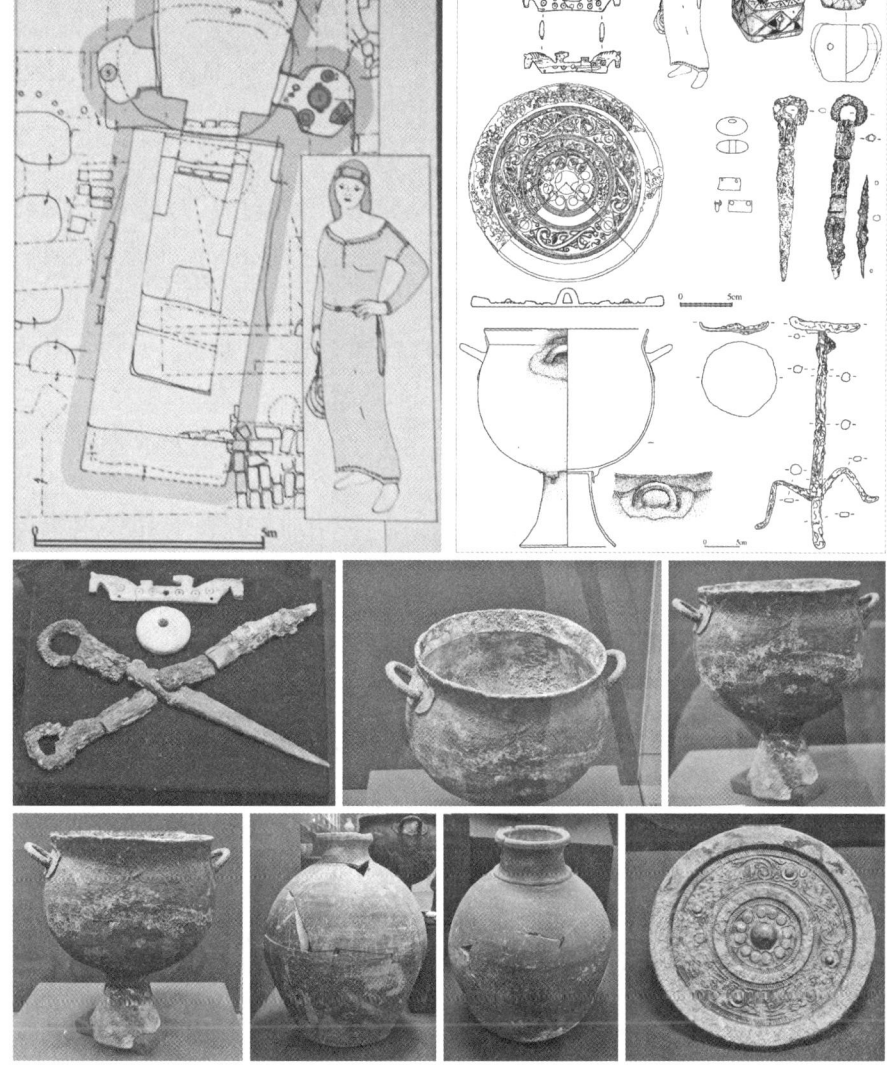

图 4-9 科克捷别遗址洞室墓发现的器物

东部、准噶尔盆地和阿尔泰地区。这说明这些地区原为月氏所控制。月氏的核心分布区域应当是这三个地区的东部,具体而言就是阿尔泰山东南支脉、东天山至蒙古高原西部地区。[①] 从这段文献看,战国晚期和汉代初年阿

---

① 余太山:《塞种史研究》,中国社会科学出版社,1992年,第53—56页。林梅村:《吐火罗人与龙部落》,《西域研究》1997年1期,第11—20页。

勒泰市至乌鲁木齐一线之西发现的斜肩耳圈足铜鍑很有可能和呼揭有关系。

大月氏这次败后,更西迁至准噶尔盆地西部。至老上单于时(公元前174—前161年),匈奴又破月氏,月氏被迫向西迁移到伊犁河流域。当月氏西迁时,有一小部分"保南山羌,号小月氏"。《汉书·张骞传》:"月氏已为匈奴所破,西击塞王。塞王南走远徙,月氏居其地。"塞族即阿契美尼德王朝古伊朗碑铭所说的Sakā,与希腊和印度古文献中所载Sacae(Sakas),汉文史料中的"塞种"一致。月氏既击走塞族,塞族便向西南迁徙,跨过锡尔河,到达河中地区的索格底亚那(Sogdiana)地方。原已移住在天山北麓并服属匈奴的乌孙,在其王昆莫的统领下,"西攻破大月氏",迫使大月氏和塞族一样离弃伊犁地区向西南迁徙,而乌孙便从此占领了他们的地方。月氏人可能是越过伊犁河谷而下,沿着伊塞克湖南岸向西进发。在伊塞克湖地区,月氏击败了一支塞种部落,并将后者赶到了西南方。《汉书》将这支塞种称为"塞王"。① 这次迁徙的年代约在公元前139—前129年。有一部分未能西徙的,便和少数塞人一样,仍留住原地,服属于乌孙,所以《汉书》说乌孙国内"有塞种、大月氏种云"。

《汉书·西域传》大月氏条:"至冒顿单于,攻破月氏,而老上单于杀月氏,以其头为饮器,月氏乃远去,过大宛西击大夏而臣之。"同书《匈奴传》:"以老上单于所破月氏王头为饮器者,共饮血盟。"据此可知月氏西迁在匈奴老上单于之世。老上单于在位年代为纪元前174—前158年(即汉文帝四年——汉文帝后五年),月氏西迁必在这一时期。难兜靡与冒顿同时,昆莫与老上单于同时。昆莫攻伐西迁伊犁的月氏。当在老上单于死前,而在伊犁建国当在老上单于死后,即纪元前158年前后。②

据斯特拉波《地理志》(xi.8.2)记载,"从希腊人手中夺取了巴克特利亚的"是来自锡尔河彼岸的游牧的塞种(Sacae)诸部"Asii、Gasiani、Tochari、Sacarauli"(XI,8)。灭亡希腊巴克特利亚王国的四部塞种来自"塞地"和索格底亚纳之间的地区。时间可能在前六世纪二十年代,即阿契美尼德王朝波斯大流士一世即位(前521年)之前。大月氏被匈奴击败,西迁至伊犁河、楚河流域时,将该处的塞种逐走。于是一部分塞种南下帕米尔,另一部分则退缩至塞地和索格底亚纳之间的地区。公元前140左右,这些塞种人南渡

---

① 加文·汉布里主编,吴玉贵译:《中亚史纲要》,商务印书馆,1994年,第54页。
② 白鸟库吉:《乌孙考》,《史学杂志》第2编第8卷。学者们关于年代的不同观点,参见李芳:《建国以来月氏、乌孙研究综述》,《西域研究》2010年3期。

锡尔河,经索格底亚纳,侵入希腊人统治下的巴克特利亚,占领了主要位于阿姆河南岸的后来被称为吐火罗斯坦的地区,《史记·大宛列传》所见大夏国于是成立。大宛国可能是另一支侵入费尔干纳以 Tochari 为主的塞种人建立的。①

另外,如果我们关于新疆 A 型铜鍑和早期月氏有关系的推测无误的话,A 型铜鍑的发现点在一定程度上反映了月氏人活动的轨迹,由此可以看出月氏人活动的范围是相当大的,几乎整个北疆都有月氏人的踪迹。而且伊犁发现的早期铜鍑似乎说明月氏人早就与这一地区有联系。我们注意到新疆新源县肖尔布拉克铜鍑耳部装有兽形饰体的做法,这可能受萨尔马泰铜鍑的影响,而这传统来自斯基泰文化(见后文),就铜鍑而言,可见斯基泰人通过中亚对新疆青铜文化也产生了影响。

从汉文文献看,大月氏在伊犁河停留的时间很短,总共 46 年。公元前 176 年以前,匈奴袭破月氏,大月氏西迁伊犁河。公元前 130 年,大月氏为乌孙所迫而南迁。这对于一个民族而言,活动的时间不长,差不多就是一代人。应当说,这一代人基本还保持着上一代人的文化传统,可能还没有创造出富有特点的新的文化。

有学者指出,从河西走廊的姑臧,经新疆吐鲁番的古名"姑师""车师",到"龟兹""库车""曲先",再到中亚费尔干纳盆地的古都贵山城,一直到大月氏人于中亚、印度一带所建立的贵霜帝国,地名、国名、族名的发音非常近似。这种情况的出现当非偶然现象,应与这一区域大月氏人的活动存在着不可分割的关系。② 河西走廊并不是大月氏本族驻牧的区域,从现在的考古发现看,除了河西走廊没有发现大量的铜鍑外,吐鲁番、古代龟兹、费尔干纳盆地都发现铜鍑的踪迹。特别是在这些地区的北部草原发现不少的铜鍑。因此,单乳突直立环耳铜鍑可能和大月氏有关系。

值得指出的是,新疆出现铜鍑的时间可以早到公元前 8—前 7 世纪。在这个时代,无论是禺知,还是大月氏都可能还没有形成。这个时期控制新疆北疆的,很可能是所谓的独目人,因此,新疆发现的早期铜鍑可能为独目人所使用。③ 独目人和大月氏什么关系,现在还不清楚,不过,大月氏或禺知很有可能继续使用早期流传下来的铜鍑样式。

从一些迹象看,北疆的铜鍑曾经渗透并影响到南疆地区。在新疆阿克

---

① 余太山:《古族新考》,中华书局,2000 年,第 4—5 页。
② 耿世民:《吐火罗人及其语言》,《民族语文》2004 年 6 期,第 29—31 页。
③ 郭物:《欧亚草原东部的考古发现与斯基泰的早期历史文化》,《考古》2012 年 4 期。

苏地区温宿县曾征集到一件铜鍑,形制和哈巴河县铜鍑十分相近,但圈足细高,时代应稍晚,可能为春秋晚期至战国时期。天山南麓地区的焉耆盆地至阿克苏地区这一时期盛行一种以带流陶器为主要特征的考古学文化,根据大量的考古工作,在此文化中虽然发现极少数类似铜鍑的陶器,但尚未发现铜鍑这样的大型铜容器,① 同样形制的一件铜鍑收藏于喀什地区博物馆,只是耳上没有突。温宿和喀什这两件铜鍑应当是从新疆北疆通过天山中的道路传入的。② 另外,新疆已经发现了一些受青铜鍑影响的陶器,集中在天山以南地区,哈密焉不拉克墓地出土的一件带流单耳小杯耳上有一突。③ 这件标本是采集品,如果年代如报告所定,则时代很早。鄯善洋海古墓群发现的两件圈足彩陶罐的斜肩耳顶部有一突起。④ 拜城克孜尔水库墓地发现一件陶器,为圈足,我们怀疑是受到铜鍑圈足的影响。这种影响是极为广泛的,北疆也有,乌拉泊水库墓地发现一件。⑤ 吉木萨尔大龙口 M5 出土一件,双耳平底,球形腹,耳部有一个乳突。⑥ 甚至在川西也有这种影响的痕迹,那里的一些双耳陶器上还保持这一做法。⑦ 这种双耳带突的陶罐晚一些在中亚也有发现,并且多属于贵霜文化,因此,从陶器的角度可以说,带乳突双耳罐可以认为是大月氏文化的典型陶器。根据考古发现可知,天山以南的一些绿洲地区,一直是北疆游牧人重要的后勤基地,不但生产各种农产品、手工制品,而且也是冬季重要的避寒之地。因此,在这些地区发现铜鍑是可以理解的。

乌孙墓中尚未发现铜鍑。从 1961 年开始,考古工作者先后三次(1961、1962—1963 和 1976 年)在昭苏县的夏台、波马、沙尔霍布等地发掘土墩墓 19 座。这批墓葬,地面均有圆丘形封土堆,可分大、中、小三型,数个或十数

---

① 吕恩国:《察吾呼文化研究》,《新疆文物》1999 年 3、4 合期,第 75—86 页。郭物:《新疆史前晚期社会的考古学研究》(国家社会哲学科学成果文库),上海古籍出版社,2012 年。
② 张玉忠:《新疆早期青铜器》,新疆维吾尔自治区文物事业局、新疆维吾尔自治区文物考古研究所、新疆维吾尔自治区博物馆、新疆新天国际经济技术合作(集团)有限公司主编:《中国新疆文物古迹大观》,新疆美术摄影出版社,1999 年,第 396—397 页。
③ 新疆维吾尔自治区文化厅文物处、新疆大学历史系文博干部专修班:《哈密焉布拉克墓地发掘报告》,《考古学报》1989 年 3 期,图 22:9。
④ 新疆考古研究所:《鄯善县洋海、达浪坎儿古墓群清理简报》,《新疆文物》1989 年 4 期。
⑤ 新疆文物考古研究所:《乌鲁木齐乌拉泊古墓葬发掘研究》,《新疆社会科学》1986 年 1 期,收入新疆文物考古研究所编:《新疆文物考古新收获(1979—1989)》,新疆人民出版社,1995 年,第 325 页。
⑥ 新疆文物考古研究所、昌吉回族自治州文管所、吉木萨尔县文物管理所:《吉木萨尔县大龙口墓葬》,《新疆文物考古新收获(续)1990—1996》,新疆美术摄影出版社,1997 年,第 406 页,图八:1。原载《新疆文物》1994 年 4 期。
⑦ 罗开玉:《川滇西部及藏东石棺墓研究》,《考古学报》1992 年 4 期,第 419 页,图四:7。

个为一组,呈南北向链线排列。每一排中的土墩大小基本一致,内含马、羊、狗等骨骸。墓室均为土坑竖穴,呈东西向,大都有不同规模的木椁结构。其中以多室墓为主(双室或四室南北平行并列),单室墓较少。死者仰身直肢,头西脚东,但骨架多经扰乱、残缺不全,尤以上躯为甚。有夫妇同室合葬墓,也有异室合葬墓。葬具以有毛毡裹尸的残迹,也见木棺和木框架残迹。随葬品一般较贫乏,不少是一无所出或仅见小件物品。但个别大墓虽经盗扰,尚残存一些陶器、骨器、小件铜铁器、金饰物、丝毛织物和漆器残片等,还在墓室中部的半月形腰坑中见有杀殉的奴隶骨骸。① 墓底有腰坑,这个特点和大龙口的墓葬相似,说明乌孙最初可能在博格达山北麓地区生活过。汉代乌孙墓中没有发现铜鍑,但发现过中原式的铜壶,说明乌孙可能已经使用新的铜礼器。

3. 斜肩耳铜鍑与塞人文化

塞人就是希腊作家希罗多德笔下的 Saka(塞克)以及波斯碑铭中提到的"萨迦"。希罗多德把生活于欧亚草原东部的游牧人称为塞人,把西部的游牧人称为斯基泰人(Scythian)。公元前 4 世纪以前的希腊人认为中亚的萨迦人是斯基泰属下的一支游牧部落,而后在亚历山大东征的时候,已经开始称呼他们为亚洲斯基泰,用来区别黑海北岸的欧洲斯基泰人。塞人可能于公元前 9—前 8 世纪在中亚形成,几乎和斯基泰同时出现。从语言的角度看,斯基泰人和塞人的语言同属印度—伊朗语,人类体质特征也相近,而且都是以游牧经济为主的人群,因此,二者往往也被看作为同一拨人。其实,塞人分布范围较广,哈萨克斯坦草原以及中国新疆伊犁河流域、兴都库什山都是塞人的活动区域,他们无论在族群上,还是在文化上都有一些区别。中亚的塞人分为许多不同的部落,比如大流士的贝希斯敦铭文、苏萨铭文和纳克泽·罗斯塔姆铭文,以及后来薛西斯一世的波斯波利斯铭文中都提到波斯属下的"萨迦""崇拜豪麻的萨迦""戴尖帽的萨迦""海对面的萨迦"等。这些各自为政的萨迦(塞人)应当在习俗等方面有一定的差距。这些塞人部落有一部分被波斯征服后划入波斯的行省,并成为波斯军队重要的组成。约在公元前 160 年前后,塞种人受大月氏人的驱赶,向南迁徙,通过开伯尔山口进入南亚次大陆,消灭了几个印度—希腊人王朝,建立了统治。塞种人的王朝除了北印度大部以外,向西南到达今马哈拉施特拉邦西部地区。

由于有"戴尖帽的萨迦"的记载,因此,一般就把戴尖帽作为塞人的特征,其实尖帽或者高帽是欧亚草原游牧人喜爱的帽子式样,很多游牧人都喜

---

① 王明哲、王炳华:《乌孙研究》,新疆人民出版社,1983 年,第 25 页。

欢戴尖帽,比如较早的金麦里人、斯基泰、匈奴等(图4-10)。原因推测可能有以下几点:从实用的角度看,尖帽非常适合草原的气候和游牧骑马的生活。尖帽一般都由毛毡制成,内部和头顶之间有很大的一个空间,这部分的空气能很好地保持和人体相近的恒温,夏天隔热,冬天保温,产生冬暖夏凉、透气的效果。另外,这样的帽形,具有较好的防风效果,就像毡房和蒙古包的外形一样。尖帽通过护耳皮带拴结在头部后,在骑马高速奔跑时,空气阻力从下至上迅速递减,可以大幅度减小帽子的空气阻力,保证帽子不兜风而被风吹掉。从外观看,高高的尖帽提高了使用者的身高,而且比较容易增加各种装饰于其上,能产生高大、威严、神秘的外形效果,达到提升使用者形象的作用。

图4-10　伊朗波斯波利斯宫殿浮雕斯基泰人进贡场面以及
哈萨克斯坦伊萨克金人墓墓主复原图

从铜镞来看,斯基泰和塞人之间的确存在着差别,塞人的铜镞时间为公元前5—前3世纪,主要发现于西天山及其附近地区,其中七河流域地区是铜镞发现比较集中的地区。其中有几个区域比较集中,一个是伊犁地区,一个是阿拉木图市周围地区,包括伊塞克市附近,还有一个是塔拉兹市周围地区,伊塞克湖北岸地区也有一些发现。塞人青铜镞特点比较明显,耳多为斜肩耳,呈半圆形,这种形制显然是改造新疆铜镞而来,其中少量耳部带三乳突的铜镞可能是流寓塞人部落的斯基泰人使用的铜镞,或是受斯基泰铜镞影响制作的。镞体底部有两种样式,一种是传统的圈足,这种式样的铜镞应当被中亚草原不同的游牧人所使用。塞人最有辨识度的铜镞是三足斜肩耳铜鍑,有的三足铸成羊等动物的形象。采用动物作为三足可能是古波斯阿契美尼德王朝文化影响的结果。

值得注意的是,除了谢米列契发现这类铜鍑外,在南西伯利亚和新疆也有此种铜鍑的踪迹。① 塞人三足斜肩耳铜鍑的出现可能是受到新疆发现的斜肩耳圈足铜鍑的影响(图 4-11)。

图 4-11 新疆、中亚天山西部地区和俄罗斯所出斜肩耳青铜鍑
1. 新疆巴里坤南湾墓地 2. 哈萨克斯坦阿拉木图市东南 3. 吉尔吉斯斯坦 Chuy 州的 Uch Emchek 4. 俄罗斯高加索库班河流域 Ulyap 村墓地 1 号墓

在新疆地区已有数批塞人的遗迹被考古工作者所发现和研究。② 新源县城东北农四师七十一团一连鱼塘遗址位于县城东北 20 公里处的巩乃斯河南岸山前地带,1984 年发掘探方 13 个、探沟 2 条,总面积 494.4 平方米,发现房屋 13 座、灰坑 29 个、灶坑 7 个、围墙基 1 条,同时还有 6 座墓葬。

房屋基本都是半地穴式,平面呈长方形和卵圆形,中心和边缘有柱洞,有居住硬面和路土,有的有斜坡门道。灰坑有圆筒形、平底锅形、圆口袋形、长方竖穴形和长方袋形,有的在坑壁没有二层台。灶坑亦呈半地穴式,平面呈长方形、圆形和刀形,其壁面用泥抹平,经火烧成红色。墓葬封土无存,墓

---

① A.H. 伯恩斯坦姆著;陈世良译,陈婉仪校:《谢米列契和天山历史文化的几个主要阶段》,《苏联考古学》1949 年 11 期,载《新疆文物》,1992 年,第 17—44 页。
② 王炳华:《丝绸之路考古研究》,新疆人民出版社,1993 年,第 210—230 页。

室有竖穴土坑和竖穴偏室两种,每墓葬一人,或一次葬,仰身直肢或屈肢,头向西北,或二次葬,骨骼零散。在地层、房屋、灰坑和墓葬中出土有陶器、石器、骨器、铜器和铁器,其中陶器多为夹砂红陶,手制,素面,个别饰刻划纹、凹坑纹和弦纹。有的施红色或橘黄色陶衣,有少量彩陶片,红彩或紫红彩,花纹有三角纹。完整器形很少,可见单耳杯、壶、罐等。① 另外,1983 年在该遗址还曾发现过跪姿武士俑、三足铜镇、承兽盘、对虎环、双飞兽环和铃等大型铜器。②

铜镇平口深鼓腹,上腹部附四耳,二平二直,腹部弦纹三道。这类铜镇在天山西部地区也有发现,至少说明塞人文化对这个地区的影响,或者这批器物可能就是活动于这个地区的塞人遗存(图 4-12)。

图 4-12 新源县城东北农四师七十一团一连渔塘遗址、大博采沟、尼勒克出土器物

---

① 新疆维吾尔自治区博物馆文物队:《新疆新源县七十一团一连渔塘遗址发掘简报》,《考古与文物》1991 年 3 期。
② 巴依达吾来提、郭文清:《巩乃斯河南岸出土珍贵文物》,《新疆艺术》1984 年 1 期。王博:《新疆近十年发现的一些铜器》,《新疆文物》1987 年 1 期,图二:1。

吉尔吉斯斯坦 Semenovka 村北 4 公里 Kokdobe 河与 Malaya Aksu 河汇合处在 1937 年 7 月农业耕作时发现两件斜肩耳铜鍑、两件祭台、两件方形四矮足祭盘和动物小雕像。①

1951 年哈萨克斯坦阿拉木图市近郊建筑工地发现的三足铜鍑非常重要,铜鍑的口沿上口沿上套有装饰带翼对羊圆雕的环状圈。② 这件铜鍑的发现,可以让我们认识到,新疆发现的几件动物风格装饰的大铜圈原来是套在铜鍑的口沿使用(图 4-13)。

1951年哈萨克斯坦阿拉木图市
近郊建筑工地发现的三足铜鍑

1981年新源县七十一团渔场墓葬出土,
公元前4—前3世纪,直径42.5厘米

图 4-13 对兽铜圈和铜鍑结合实例

这些发现说明,这是一组和铜鍑搭配使用的器具,一般包括斜肩耳三足铜鍑、动物风格环形口沿装饰圈、高圈足祭台、方形矮足祭盘、人俑、杯子、铜铃等,其中斜肩耳三足铜鍑、高圈足祭台、方形矮足祭盘为核心组合,主要为这个地区的塞人部落所使用。③

4. 米努辛斯克盆地发现的青铜鍑

米努辛斯克盆地由叶尼塞河中游以及丘雷姆河(Chulym)上游河谷组成。盆地海拔 300—350 米,三面环山,西边是库斯内次山脉(the Kuznetsky

---

① 草原考古研究会:《鍑の研究—ユーラシア草原の祭器・什器》,雄山阁,2011 年,第 219 页,编号 D 2005.D 2006。

② 草原考古研究会:《鍑の研究—ユーラシア草原の祭器・什器》,雄山阁,2011 年,第 222—223 页,编号 D 3010。

③ Bernshtam, A. N. 1952. Istoriko-arkheologicheskie ocherki Tsentral'nogo Tyan'-Shanya i Pamiro-Alaya, Materialy i issledovaniya po arkheologii SSSR 26, Moskva/Leningrad. 43. Spasskaya, E. Yu. 1956. Mednyu kotly rannikh kochevnikov Kazakhstana i Kirgizii, *Uchenye zapiski Alma-atinskogo gosudarstvennoge pedagogicheskogo instituta imeni Abaya* 11:155-156. 柳生俊树:《天山北方地域における前 1 千年纪の鍑》,草原考古研究会编:《鍑の研究—ユーラシア草原の祭器・什器》,雄山阁,2011 年,第 224—229 页。

Alatau)和阿巴坎山脉(the Abakan range),南部是西萨彦岭,东部是东萨彦岭,山区覆盖着茂密的森林,盆地里则是草原。西萨彦岭森林茂密,其间有山间河流。但是树木非常稠密,林中布满灌木,非常不利于人类通行,这对古代的交通是非常大的一个难题。主要通过西北角草原森林景观的通穆－丘雷姆走廊地带(the Tom-Chulym corridor),在古代联系着阿尔泰和哈萨克斯坦地区,西南方向还可以通过阿斯科兹河(the Askiz River)。米努辛斯克盆地的人群相对闭塞,甚至和最近的邻居都难以互动,只能通过这些有限的、艰难的山间通道和外部世界联络。①

塔加尔文化是南西伯利亚早期铁器时代文化,主要分布在米努辛斯克盆地。1721 年,彼得大帝派出以米色尔施密特(D. G. Messerschmidt)为首的第一个学术考察团进入西伯利亚,在叶尼塞河畔发掘了第一座塔加尔文化的墓葬。之后,帕拉斯(P. S. Pallas)于 1770 年和米勒(G. F. Miller)于 1733 至 1744 主持了一些科学的发掘。19 世纪时,主要是当地的一些人做了一些工作。20 世纪 20 年代,专业的考古学家诸如提普罗霍夫(S. A. Teploukhov)、吉谢列夫(S. V. Kiselyov)、格拉兹洛夫(M. P. Gryaznov)等,调查了阿尔泰—萨彦地区更多的考古遗址,并建立了文化系列。由苏联考古学家捷普楼霍夫首先命名,分布于俄罗斯叶尼塞河中游米努辛斯克盆地、克拉斯诺亚尔斯克地区和克麦罗沃州东部,年代约为公元前 10 世纪末—前 1 世纪,前接卡拉苏克文化,后续塔施提克文化。② 格拉兹罗夫最早建立了这个地区的文化编年。③ 圣彼得堡碳十四实验室对哈卡斯、图瓦 105 个遗址点的 440 个样本进行了测年。根据新的测年数据,塔加尔文化新的编年如下:巴伊诺夫期(Bainovo,公元 10 世纪末—前 8 世纪)、波德格尔诺夫期(Podgornovo,公元前 8—前 6 世纪)、萨拉戈什期(Saragash,公元前 6—前 3 世纪)和捷西期(Tes',公元前 2 或前 1 世纪—公元 1 世纪)。调整了原来的文化编年,文化系列没有改变,就是早期时代提前了近 200 年。④

在巴伊诺夫期,墓葬还保持着卡拉苏克文化的特点,墓葬较小,用 1 米高的石板围构,有时四角用高 1—2 米的石板。一个墓一个墓室,埋一人。早期墓葬头部放一至两个盛液体的陶器,脚部放四块相同的绵羊肉。男性墓葬脚部放几块带骨的牛肉、羊羔肉或者马肉。身边随葬战斧和短剑,腰带

---

① Gryaznov, M. P. 1969. South Siberia. Geneva:Nagel Publishers,11.
② 《中国大百科全书》编辑部:《中国大百科全书》(考古卷),中国大百科全书出版社,1986 年,第 510 页。
③ Gryaznov, M. P. 1968. Tagarskaya kul'tura, Istoriaya Sibiri, volume 1. Leningrad:Nauka.
④ Bokovenko, N. A., Zaitseva, B. Van Gel, L. M. Lebedeva and V. A. Sementsov. 2002. K probleme khronologii rannetagarskikh pamyamikov Eniseya[C], in Yu. Piotrovsky (ed.) Stepi Evrazii v drevnosti I srednevekov'e. The State Hermitage kniga 2:19 – 22. Saint-Petersburg.

左边为刀,脚部放盛箭镞的箭囊,女性腰带处有小刀和盥洗用品,一般是装在囊中的梳子和铜镜。身上装饰很多珠饰。

波德格尔诺夫期,墓葬仍然规模较小,但出现几个墓相互连接起来的现象,石围中间有1—2个墓室。木椁渐渐代替石室,单人墓仍然普遍,但多人合葬墓开始增多,墓道成为多次合葬的入口。

萨拉戈什期,能看到更精致的葬仪和超级墓葬结构。墓围从2米到300米都有,由8—20块石头建成两个或者更多半方形的二次葬墓室。通过特别的入口,墓室中葬的人能达到200个。有一些高级别的男女墓主葬在单独的墓中。孩子们单独葬于小石箱里或者和妇女二次合葬。随葬品和早期一脉相承,只是形式有些变化,一般的趋势是尺寸变小或者明器化。同时很多青铜和黄金的鹿形牌饰出现,并缝在死者的衣服上。陶器一般素面。社会分层比较明显。S.V 吉谢列夫在米努辛斯克盆地中心 Salbyk 谷地发掘的 Bolshoi Salbykskii 冢墓,高达11米,显示了这种社会的分层。墓围是竖立的大石块,每块重50吨,高6米。冢墓每边长70米。东部入口为两排竖立的高大石块,据说一块还不是本地所产。墓室5米见方。虽然被盗,还是有7具人骨架、金箔残片和铜刀残留下来。从其规模看,这应当是塔加尔文化首领的墓葬。[1]

捷西期,从这一期开始社会有了显著的分化,墓葬仍然有巨大封堆,四角有柱石。中间有30—50米见方,3米深的墓室,墓室用圆木精心搭成两层。顶部盖圆木和桦树皮,墓室中葬几十个个体。墓主头骨都经过环踞或钻孔,都有火祭。[2]

总的来说,塔加尔文化的墓葬的演变趋势是规模和深度在增加。石板围成的墓葬渐渐被木结构的或者是多层的木板结构的墓葬代替,早期墓主仰身直肢,一般头朝西南,很少朝东北。二次合葬墓数量在增加,头向不定。

在其文化分布及外传的范围中发现了很多的青铜鍑。[3]

根据立耳的形态特征,塔加尔文化铜鍑有五个系列,即 Aa 型单突直立环耳、Ba 型直立环耳、C 型三突直立环耳、D 型动物耳和 E 型肩耳铜鍑,主要是前面四种,带圈足的肩耳铜鍑出现较晚,而且数量非常少,应当是受到西南方向草原地区影响所致。这个地区铜鍑的立耳和腹体的接合主要有两

---

[1] Kiselev, S. V. 1951. Drevnjaja istorija Juzhnoj Sibiri. Moscow: Nauka, 189. Gryaznov, M. P. 1968. Tagarskaya kul'tura, Istoriaya Sibiri, volume 1. Leningrad: Nauka: 191. Vadetskaya, E. B. 1986. Arkheologicheskie pamjatniki v stepjakh srednego Eniseja. Saint-Petersburg: Nauka, 95.

[2] Gryaznov, M. P. 1969. *South Siberia*. Geneva: Nagel Publishers. Bokovenko, Nikolay. "The emergence of the Tagar culture". *Antiquity*, Dec 1, 2006.

[3] Bokovenko, N. A. 1981. Bronzovye kotly epohi rannih kochevnikov v aziatskih stepya. Problemy zapadnosibirskoj arheologii. Epoha zheleza. Novosibirsk: 42 – 52.

种方式：一种是立于口沿之上，一种是贴附于口沿外。后一种又可以分为四种情况：一是呈环状贴附于口沿外，二是呈块状贴附于口沿外，三是呈发卡状贴附于口沿外，四是呈马鞍形贴附于口沿外。腹体主要装饰凸弦纹，主要为腹体上部，也有少量装饰在中部。凸弦纹有平行线形，最多的是绳套纹，有不封闭的绳套纹，也有双折封闭的绳套纹。铜鍑在从新疆传入南西伯利亚后，又发展出自己的一些特点，如乳突更加发达，尖圜底。① 最大的特点是在腹壁加饰半封闭或封闭的绳索纹，圈足上使用竖向的加强筋，有的口部还发展出"流"（图4-14）。根据发现的情况看，塔加尔文化铜鍑的另一个特点是数量多，铜鍑被大量使用，这里蕴藏的丰富矿产资源可能是原因之一。

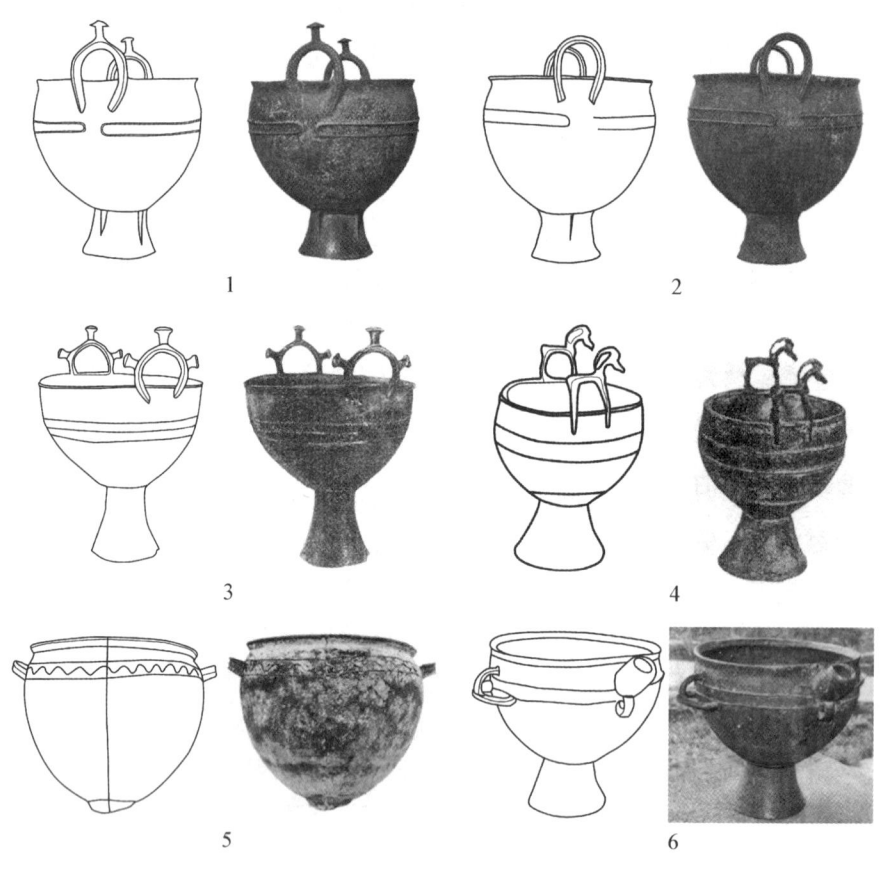

图4-14 塔加尔文化及其影响范围所见青铜鍑

1. 俄罗斯米努辛斯克乡土博物馆藏一件，Migna村发现 2. 俄罗斯哈卡斯国立乡土博物馆藏一件，XKM326 3. 俄罗斯伊尔库茨克乡土博物馆藏一件，库图拉克（Kutullaki）河河岸出土 4. 俄罗斯米努辛斯克乡土博物馆藏一件，米努辛斯克盆地发现 5. 俄罗斯米努辛斯克盆地 Izykhskii-Kop'1-1 墓地1号冢出土 6. 米努辛斯克出土一件，米努辛斯克博物馆藏

---

① 冯恩学：《中国境内的北方系东区青铜釜研究》，《青果集》，知识出版社，1993年，第324页。

值得指出的是，Aa 型和 Ba 型和新疆的铜鍑一脉相承。C 型是在前两种（尤其是 Aa 型）的基础上发展起来的，这种三个突的铜鍑可能最初就是在这个地区出现的，此类铜鍑在中国之外的地区非常流行，特别是南西伯利亚及其以西的欧亚草原地区。

公元前 5 世纪开始，铜鍑在叶尼塞河上游地区流行起来，史学家一般认为叶尼塞河上游地区应是坚昆人的居地，因此周连宽和段连勤推测公元前 7—前 1 世纪生活在这一带的塔加尔文化居民可能是坚昆人。

这里的游牧人在向周边地区活动的同时，也把这个发源于中国北方的铜鍑带到了各地。从考古发现看，塔加尔文化的铜鍑传播主要有两个方向，一个是向东，一直到贝加尔湖地区，主要是三乳突的铜鍑，这个地区应当是丁零人所活动的区域；向西则穿过巴拉巴草原。到达乌拉尔山东麓中段的托博尔斯克，甚至穿过叶卡特林伯格（Yekaterinburg）山口。① 到达乌拉尔山西侧的彼尔姆地区。M. Erdy 通过实地勘察，指出了这一山间通道的存在，从而揭示了叶尼塞河上游地区同卡马河流域在公元前的文化联系。实际上，这是一条非常古老的交通孔道，除了更早期的联系以外，根据对塞伊玛—图宾诺文化现象的研究，早在公元前第二千纪早期，南西伯利亚、西西伯利亚和乌拉尔山以西的地区之间就有密切的联系，公元前 11—前 8 世纪，卡马河地区和遥远的殷周王朝有着某种交流关系。② 乌恩认为是殷朝的文化影响了塞伊玛文化。③ 近年的考古发现及研究，提早了塞伊玛—图宾诺文化遗存的年代，同时在中国境内还发现了比较典型的塞伊玛—图宾诺铜矛，这些铜矛和塞伊玛—图宾诺公元前 16 世纪以后的类型相近。因此，一条比现知草原丝绸之路更北的通道，从殷商时代到西汉时期一直时断时续地存在着。塔加尔文化铜鍑在这条线路上的发现正好说明了这一问题。鄂比河上游地区和托博尔河地区在早期铁器时代应当有比较发达的文化，一般认为托博尔河地区分布的是萨盖特文化。总体而言，这两大地区发现的铜鍑和塔加尔文化的较为接近，另外有的也和新疆北疆、丰捏克地区的有关系。

1998 年 10 月 29 日，我在参观内蒙古博物馆陈列时，发现一件和米努辛斯克盆地布拉基诺几乎完全相同的铜鍑，据说出自乌盟四子王旗，口径

---

① Érdy, Miklós. "Hun and Xiong-nu Type Cauldron Finds Throughout Eurasia," *Eurasian Students Yearbook*, Continuation of/Fortsetzung der Ural-Altaische Jahrbücher/Ural-AltaicYearbook 67, Berlin\Bloomington\London\Paris\Toronto, 1995, p.52.
② A.T.蒙盖特：《苏联考古学》，考古研究所资料室译，1963 年，第 114 页。C.B.吉谢列夫 1960,51—52 页。
③ 乌恩：《北方草原考古学文化比较研究——青铜时代至早期匈奴时期》，科学出版社，2008 年。

28.5、底径13、通高38.5厘米。① 这件铜鍑可能是叶尼塞河上游地区铜鍑的仿制品,或是直接带到内蒙古乌盟一带的,反映了这一时期中国北方同塔加尔文化的联系。② 在新疆阿勒泰地区阿勒泰市西部的莫什哈也发现过一件这样的铜鍑,这件铜鍑收藏在阿勒泰市博物馆。莫什哈为古代游牧民族大型墓葬的分布区,分布着十几座大型的封堆墓。这件铜鍑据说出自溪流旁,应当也是作为对水源祭祀的祭器。所以,铜鍑的传播也不是单向的,主流是以中国北方为中心向外传播,也有其他地区少量铜鍑被带到中国的现象,但其他地区的铜鍑特征却未能影响到中国北方的铜鍑。中国北方的铜鍑一直保持自身的特点,即使有变化,也是吸取了东周诸国文化的因素,如纹饰和附耳的特征。由此,我们也能知道,中国北方是一个具有渊源和传统的铜鍑设计和制造中心(图4-15)。

图4-15 米努辛斯克盆地布拉基诺、内蒙古四子王旗和
新疆阿勒泰市莫什哈墓地发现铜鍑

5. 斯基泰与青铜鍑

斯基泰(Scythians)是公元前7—前3世纪活跃于欧亚草原北高加索、黑海北岸地区著名的游牧社会。公元前3世纪,萨尔马泰人的兴起逼迫斯基泰西移,至公元3世纪后半叶,斯基泰最终为哥特人灭亡。③ 其文化向来被

---

① 此铜鍑出土地点承内蒙古博物馆傅宁先生提供,尺寸及详细情况承内蒙古博物馆苏东女士提供,谨致谢忱。这件铜鍑还见于内蒙古博物馆编的《鞍马文化—中国北方游牧民族》一书,第55页。

② 中国北方同塔加尔文化的交流是多方面的,请参阅中国社会科学院考古研究所莫润先和潘孟陶翻译,吉谢列夫著:《南西伯利亚古代史》,新疆社会科学院民族研究所,1981年,第123—126页。不过都是一些小件物品,或是某种风格,内蒙古四子王旗出土的大型铜鍑和塔加尔文化的几乎完全一样,这是很少见的,因此非常重要。

③ Sinor, Denis. 2009. *The Cambridge History of Early Inner Asia*, Cambridge University Press. 1990, pp.97-110. Genito, Bruno. "the Scythian identity", *Eurasian Studies 9*. Beijing: Zhonghua Book Company.

看作欧亚草原游牧文化的代表。

斯基泰(中文亦曾译作西徐亚人、斯奇提亚人)一词是一个颇有争议的概念。大体而言,斯基泰的概念有广义和狭义之分,广义的斯基泰包括从贝加尔湖、叶尼塞河到多瑙河之间广大地域的游牧人群。本书所论是狭义的概念,主要指公元前7世纪—前3世纪生活在北高加索、黑海北岸草原地区的人群,这些人群也不是仅有单一的经济模式和文化,应当包括了很多不同的人群。总体而言,这个概念和希罗多德《历史》记述的王族斯基泰、游牧斯基泰和农耕斯基泰一致。本书提到的斯基泰文化即指这些斯基泰人留下的物质文化遗存。斯基泰早期文化指这些斯基泰人在公元前7至公元前5世纪创造的物质文化遗存。

广义而言,北高加索、黑海北岸以及南西伯利亚地区公元前9—公元前7世纪中期的考古文化遗存被称为"前斯基泰文化"。南西伯利亚以图瓦的阿尔赞1号冢为代表,黑海北岸地区以车诺格诺沃斯卡文化为代表(公元前9—前8世纪),黑海北岸和北高加索以诺沃车卡斯克遗存为代表(公元前8—前7世纪初)。① 这些文化和斯基泰人可能没有直接的继承关系。车诺格诺沃斯卡文化被认为从相邻的东部草原地区迁徙过来。② 从考古材料看,公元前8—前7世纪,斯基泰出现在北高加索地区,分两支集中在库班和北高加索中部,较少受到当地文化的影响。公元前7世纪,一部分斯基泰人进攻近东地区,吸收了很多亚述、乌拉尔图和米底的文化因素。公元前6世纪,介入近东纷争的斯基泰人返回北高加索后,北高加索东部地区的文化影响加强,同时斯基泰社会的中心转移到黑海北岸地区,发展成一个强大的游牧王国。公元前4世纪末开始受到希腊文化的强烈影响。③

除了神话传说,关于斯基泰人最初的来源有很多的说法,从考古的角度看,概括起来,主要有两类观点。第一类观点比较关注黑海北岸至伏尔加河地区木椁墓文化在斯基泰文化形成中的作用。有的学者认为乌克兰地区的

---

① Kossack G. 1987. Von den Anfängen des skytho-iranichen Tierstils *Skythika*. München: Bayerische Akademie der Wissenschaften. *Philosophisch-historische Klasse* 98: 24 – 86. Dudarev SL. 1998. To the question about the place of the Kimmerian complexes from the Western Asia in the system of the chronological and cultural connections in the Northern Black Sea region, Caucasus and the Eastern European regions. *Journal of Ancient History*: 77 – 93.

② Klochko V. I, Kovalyukh N.N, Skripkin V, Motzenbecker I. 1997. Isotope chronology of the Subotiv settlement. *Radiocarbon* 40(2): 667 – 673.

③ Petrenko, Vladimir G. 1995. "Scythian culture in the North Caucasus", In Davis-Kimball, Jeannine., Vladimir A. Bashilov, Leonid T. Yablonsky(eds), *Nomads of the Eurasian Steppes in the Early Iron Age*. Berkeley: Zinat Press, 18 – 21.

木椁墓文化、金麦里人和斯基泰人的文化有一定的延续关系,①从考古材料上可以看出不同发展阶段的文化关系。② 有的学者认为斯基泰人是由伏尔加及周围地区当地的木椁墓文化(斯鲁巴那亚文化)发展并西迁至乌克兰地区形成。③ 第二类观点比较相信希罗多德(Herodotus,公元前484—前420年)所著《历史》的有关记载,认为斯基泰人来自亚洲中部地区,可以概括为东来说。学者虽然认为斯基泰人可能来自东方,但基本认可在其文化形成的过程中,本地的以及周围地区的人群和文化同样起着重要的作用。

欧亚草原西部地区发现的一些葬俗、器物和艺术形象被学者们证实可能来自乌拉尔山以东,特别是中亚草原地区。有学者总结为以下一些文化因素:蝴蝶形格短剑、菱形或者子弹形箭镞、克莱门兹式头盔、穿钉战斧、马镫形穿孔的马衔、车诺格若沃和扎博廷斯克式马镳、钮镜、石盘、拜什托格式铜鍑、鹿石、鹿的形象、蜷曲豹形象、猛禽形象、格里芬形象、太阳符号、野猪形象和建筑在地面上的向心木构墓葬。④ 这些研究成果揭示了欧亚草原晚期青铜时代至早期铁器时代东西方的密切联系。就斯基泰文化因素来源问题而言,值得注意的是,以上这些文化因素其实并不全是斯基泰西迁时或者以后传播过去的,有的应当在斯基泰西迁前就传播到西部草原,而且这些西传的因素并不一定全部都属于西迁前的斯基泰文化。

根据考古发现,斯基泰人曾广泛使用青铜鍑,而且把铜鍑装饰得面目一新,其用心和热情一点也不亚于遥远东方华夏人对青铜器的装饰。日本学者雪嶋宏一对斯基泰铜鍑做过详细的研究。他把斯基泰铜鍑分为A—I九个类型,其时代从公元前8世纪至前7世纪初,公元前7世纪末至前6世纪初到前5世纪至前3世纪都有,其中多集中出现于公元前5世纪至前3世纪。⑤ 斯基泰铜鍑大致可分为以下几个系列:第一类为单乳突直立环耳铜鍑(相当我们的A型);第二类为无乳突直立环耳铜鍑(相当我们的B型);第三类为三乳突直立环耳铜鍑(相当我们的C型);第四类为斜肩耳圈足铜鍑(相当我们的Ea型);第五类为少量的动物形耳铜鍑

---

① Skory S. A. 1999. Kimmeriytsy v ukrainskoy lesoostepi. Kiev, Poltava.
② Murzin, V. Yu. 1990. Proiskhozhdenie skifov: osnovnie etapy formirovaniya skifskovo etnosa (*The Origin of the Scythian: The Main Stages of the Formation of the Scythian Ethnos*), Kiev.
③ Artamonov, M. I. 1950. "K voprosu o proiskhozhdenii skifov" (On the question of the Origin of the Scythians), Vestnik drevney istorii, Moscow, pp.37 – 47. Grakov, B. N. 1971. *Skify* (the Scythians), Moscow, pp.23 – 25.
④ Bokovenko, N. A., 1996. "Asian Influence on European Scythia", *Ancient Civilizations from Scythia to Siberia*, Vol.3, No.1., Leiden: E. j. Brill, pp.97 – 112.
⑤ 雪嶋宏一:《スキタイの鍑》,《草原考古通信》1995年6号,第2—14页。

(可归入 D 型)。斯基泰铜鍑的一个显著特点是腹体装饰华丽,细高圈足,形体高大(图 4-16)。

图 4-16 斯基泰人青铜鍑

雪嶋宏一认为 A 型铜鍑属于前斯基泰时期,它们和高浜秀所作中国铜鍑分类中的 A 型相似,认为可以考虑东方起源。[①] 这个建议无疑是正确的,我们认为斯基泰铜鍑的来源可能是多源的。其单乳突铜鍑可能直接来源于中国新疆地区(见本书二),其无乳突铜鍑可能源自新疆或叶尼塞河上游地区。斜肩耳铜鍑则学自新疆的类似铜鍑,或者是塞人铜鍑,而三乳突铜鍑似和塔加尔文化中的同类器有联系。动物形耳铜鍑则是斯基泰民族重新创造的一种铜鍑形式。

---

① 雪嶋宏一:《スキタイの鍑》,《草原考古通信》1995 年 6 号,第 3 页。

6. 萨夫罗马泰和萨尔马泰的青铜鍑

萨尔马泰人早期称萨夫罗马泰，公元前4世纪后改称萨尔马泰，从公元前6世纪至前1世纪生活在里海和乌拉尔山南麓之间的草原上，其西部生活着斯基泰人，东南部生活着塞人。希腊传说中，萨夫罗马泰人是斯基泰青年男子和阿马松部落女子结合形成的，萨尔马泰则是他们的后代。考古学家一般将顿河、伏尔加河至南乌拉尔草原早期铁器时代的游牧人统称为萨夫罗马泰—萨尔马泰文化，分为四个时期：

第一期，萨夫罗马泰文化时期，公元前6—前4世纪；第二期，萨尔马泰文化早期，公元前4—前2世纪；第三期，萨尔马泰文化中期，公元前2—公元2世纪；第四期，萨尔马泰文化晚期，公元2—4世纪。俄罗斯考古学家德米登科对二者的铜鍑有详细的研究。萨夫罗马泰的铜鍑较少。萨尔马泰青铜鍑主要分布于伏尔加河，顿河和库班河流域草原上。与斯基泰的分布比较而言，靠东部一些，集中在顿河中下游以东的地区，晚期才扩展到顿河以西地区。萨尔马泰青铜鍑流行的时间为公元前3至公元3世纪。主要有三类：第一类为椭圆形或半圆形腹，直立环耳上一般带三个乳钉形装饰，也有附耳和绳纹装饰；第二类为半球形腹，两端内收，铸动物耳（山羊、鹿、狗等），有一些带附耳，纹饰主要是绳纹。这两类铜鍑和斯基泰铜鍑一脉相承；第三类为卵圆形腹，尖锥状底，无圈足，一般器耳上有三个乳钉形的装饰，腹部饰一道绳纹，有的铜鍑上还发现了印记符号，也有带附耳的（图4-17）。① 这一类大概是萨尔马泰独创，但其耳部仍为斯基泰铜鍑特点。这一类时间较晚，可能是公元2—3世纪的遗物。萨尔马泰人使用的铜鍑算是第一群铜鍑中最晚的一部分，从铜鍑的样式看，分化得也比较多样，有的类型重新采取了早期的腹体特征，比如球腹的铜鍑，因此使铜鍑的演化看起来有一个反复的过程。

Filippovka墓地的发现集中体现了萨尔马泰统治阶级的文化，墓地位于俄罗斯西伯利亚乌拉尔河中游的乌法市。1986—1990年发掘了十七座积石冢，其内容与建构方法相当一致。根据出土物的风格对比，其年代大约为公元前4世纪左右。冢中随葬器物主要为武器与马具，另外还有金银吊饰、装饰品、铜镜和珠子等。在规模最大的第一号积石冢中，发现数以百计的金银制品。此外，在许多冢中均发现有铜"鍑类器"、杓子、陶器与金银牌饰（也许原装饰于木器之上）伴出。发掘者认为Filippovka葬地为早期萨尔马泰文

---

① 王博、祁小山：《新疆出土青铜鍑及其族属分析——兼谈亚欧草原青铜鍑》，《丝绸之路草原石人研究》，新疆人民出版社，1996年，第286—287页。

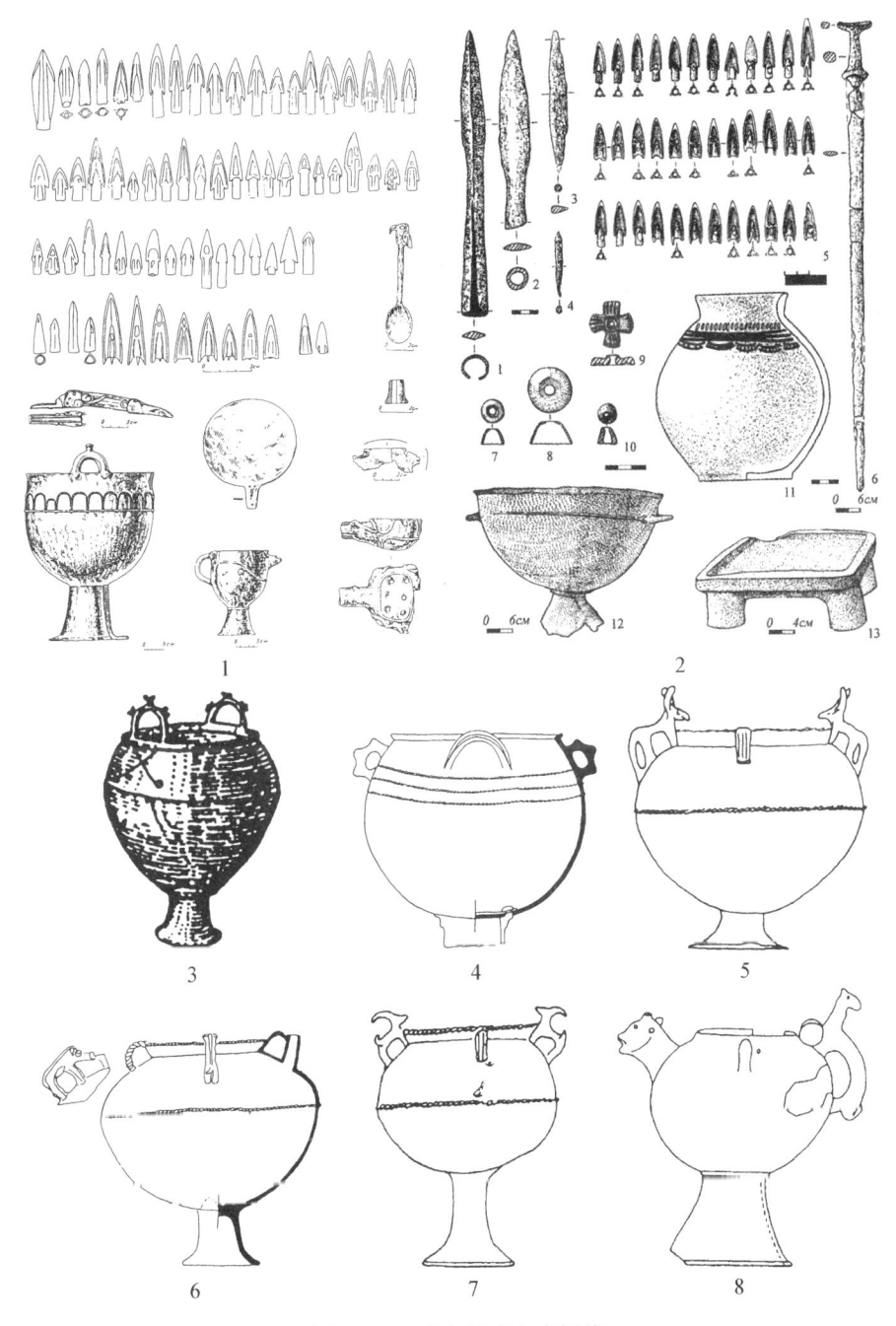

第四章 鍑的起源及其在欧亚大陆的流传 ·201·

图 4-17 萨尔马泰人青铜鍑

1. Sobolevskaya 古墓出土 (Smirnov, K. F. 1964)   2. 拜瑞佐夫卡 (Berezovka) 冢墓发现铜鍑 (after Tairov 2000).   3. 巴尕伊沃斯基 (Bagaevskii) 发现一件   4. 俄罗斯亚速海地区 Rostovskaya 州 Vysochino 墓群 28 号墓出土   5. Rostovskaya 州 Myasnikovskii 地区 Valovyi I 墓群 33 号墓出土一件   6. Volgogradskaya 州 Ilovlinskii 地区 Berdiya 墓群 3 号墓 1 号铜鍑   7. Rostovskaya 州 Novocherkasskii 地区 Sokolovskii 墓群 3 号墓   8. Astrakhan 州 Chernozemelskii 地区 s. Bassy 村发现一件

化,但有学者认为是受塞人—马萨革特文化影响而来的独立游牧文化。①

有学者认为萨尔马泰人可能是从一支塞人转变而来,有学者甚至认为和塞人一部 Asii 有关系。从铜鍑看,萨尔马泰人和塞人有一类铜鍑是非常接近的,即斜肩耳圈足铜鍑。这种铜鍑主要出于西天山地区,可能就是 Asii 一部所使用,这样的铜鍑在萨尔马泰人的墓葬中也有少量发现。说明二者的确存在比较密切的关系。比如拜瑞佐夫卡(Berezovka)冢墓发现的铜鍑。

总之,萨夫罗马泰和萨尔马泰人铜鍑无疑是中国铜鍑通过塞人、斯基泰人铜鍑为其间接吸纳的一个范例,从考古发现看,萨尔马泰人制造了很多铜鍑,而且在器形上有不少的创新,可以说是第一群铜鍑在欧亚草原中西部形成的最后一个高潮。铜鍑在欧亚草原西段的繁盛,说明了这种青铜容器适应游牧文化的优越性,它应当作为游牧民族以马具、武器、野兽纹为三大特征之外的第四个反映游牧文化的显著特征。

三、从鍑的发现看匈奴的西迁

公元 374 年左右,一支被西方史家称为"匈人"的东方民族,渡过伏尔加河和顿河。他们首先征服了阿兰人,又在第聂伯河以西地区降服了日耳曼族的东哥特人,接着逐走了西哥特人,进而出现在西方文明的门前,最终冲击了西方文明世界。最初欧洲人不知道匈人来自何方,直到 18 世纪后期法国人冯秉正用了 45 年功夫,将朱熹的《通鉴纲目》译成法文,称为《中国通史》(1777—1785),共 13 巨册,西文中才有了较详细的中国历史。法国人德·揆尼又根据《通鉴纲目》等书,著成《匈奴、突厥、蒙古及其他西部鞑靼各族通史》(1770)。根据中国资料,详细叙述了匈奴人早期的历史,并且论证了欧洲的"匈人"即中国历史上的匈奴。18 世纪后期,英国历史学家吉朋著《罗马帝国衰亡史》(1776—1781),采用了德·揆尼关于"匈人"来源的说法。不过,法国人克拉普洛特著《亚洲史表》,对德·揆尼的说法提出异议。此外,法国人拉米萨和德国人李特都反对匈人即匈奴之说。其后,英国人伯克著《鞑靼千年史》(1895),德国人夏德著《伏尔加河流域的匈人和匈奴》

---

① Government of the Orenburg region, Department of culture and art of the Orenburg region, Institute of archaeology of the Russian academy of sciences, Orenburg history museum, Treasures of Sarmatian rulers-Materials of excavation of Filippovka burial ground, Orenburg: Publishing house《Dimur》, 2008, Pl. 101. Aruz, Joan., Ann Farkas, Andrei Alekseev, and Elena Korolkova Edited, *The golden deer of Eurasia: Scythian an sarmatian treasures from the Russian steppes*, The State Hermitage, Saint Petersburg, and the Archaeological Museum, Ufa, The Metropolitan Museum of Art & Yale University Press, 2000, p.6, Plate.1 - 4, 84 - 87, 88 - 92, 20 - 22.

(1900),都主张匈人即匈奴。英国拜占庭史家伯利著《后期罗马帝国史》(1923)和《蛮族侵入欧洲史》(1928)也认为匈人的祖先确是中国历史中的匈奴。但英国汤普生(1948)仍坚持匈人非匈奴,匈人的来源不可知。这两种对立的观点贯穿于匈人和匈奴研究的整个历史。20世纪中叶至末期,西方学界比较多的历史学家采取了更为谨慎的态度,一些著名的学者对匈奴—匈人同源问题或怀疑或持否定态度。比较新的研究认识到匈奴西迁过程中人种、文化等的复杂性。或认为匈奴和匈人存在着渊源关系,但是由于沿途其他人群的影响,匈奴在西迁的过程中,文化面貌发生了很大的变化。[①] 或认为西迁匈奴应是匈人先祖的一部分,但其中也包括其他民族,尤其是嚈哒人。二者在宗教礼仪、语言和血统上表现出的相似性似有利于支持上述推测。[②]

很久以来,中国史学界不清楚匈奴西迁后的去向。直到19世纪末年,元史学家洪钧在他出使俄国时,参阅西方史籍,于1897年著成《元史译文证补》。他根据西方著作,记述了匈奴攻入欧洲的过程。尔后,王先谦《后汉书集解》,将洪钧这段记载录入他的《后汉书·西域传》注解中。再后,章太炎、[③]梁启超、[④]金元宪[⑤]和何震亚[⑥]等学者都开始注意到匈奴西迁的历史,认为欧洲历史上的匈人即是中国汉代西迁的匈奴。此后,齐思和、[⑦]肖之兴、[⑧]林幹、[⑨]郭平梁[⑩]和王彦辉[⑪]以及港台的学者从历史文献的角度论及了匈奴西迁的具体过程。在林幹另一专著中,又对此问题做了详细的论述。[⑫]日本学者认为匈奴与匈人同族的学者不少,以内田吟风为集大成者。[⑬] 同

---

① Botalov, S. G. the Xiong-nu and the Huns, *Archaeology, Ethnology & Anthropology of Eurasia*. 1 (13), 2003, pp.106–127.
② Étienne De la Vaissière (EPHE, Paris), "Huns et xiongnu", *Central Asiatic Journal* 49 (1). 2005, pp.1–26.
③ 章炳麟:《匈奴始迁欧洲考》,载《太炎文录初编·别录》卷二,载《章太炎全集》(四),上海人民出版社,1985年,第381页。
④ 梁启超:《中国历史研究法》,上海商务印书馆,1922年。
⑤ 金元宪:《北匈奴西迁考》,《国学论衡》第5期(上),1935年,第37—42页。
⑥ 何震亚:《匈奴与匈牙利》,载《中外文化》第1卷第1期,1937年,第39—48页。
⑦ 齐思和:《匈奴西迁及其在欧洲的活动》,《历史研究》1977年3期。
⑧ 肖之兴:《关于匈奴西迁过程的探讨》,《历史研究》1978年7期,第83—87页。
⑨ 林幹:《北匈奴西迁考略》,《内蒙古社会科学》1984年1期,第58—65页。
⑩ 郭平梁:《匈奴西迁及一些有关问题》,《民族史论丛》第1辑,中华书局,1987年,第103—113页。
⑪ 王彦辉:《北匈奴西迁欧洲的历史考察》,《东北师大学报》(哲学社会科学版)1989年3期,第42—49页。
⑫ 林幹:《中国古代北方民族通论》,内蒙古人民出版社,1999年,第82—87、367—388页。
⑬ 内田吟风:《フン匈奴同族論研究小史》,《匈奴史研究》,1953年。

西方一样,有学者质疑同族论者所持的文献记载及文物的合理性。① 认为匈人不可能是匈奴,4世纪70年代进入欧洲的有可能是一些史籍失载的西迁的鲜卑人。这些西迁的鲜卑人中包括若干原来隶属于匈奴的部落。② 持类似观点的还有一些学者。③ 总之,关于匈人是否就是匈奴后裔的问题,中外学术界至今仍有争议。最近,有学者对中外学者关于匈奴和匈人问题研究的历史做了一个全面的回顾,反映出历史学界对这个问题的认识过程及现状。④ 本书认为产生分歧的原因可能在于匈奴的人种和文化本身就是一个复杂的混合体,而学界迄今对匈奴整体的文化并不是非常了解。从中外文献的记载看,匈奴在东方消失和匈人在西方出现之间隔了近200年,地域上相距较远,其间肯定发生了很多人种、文化融合变化的事件,而这些历史没有记载。在这样的背景下,中外学者存在异议非常正常。就现状而言,根据中外文献研究这个问题的空间可能已经不多,考古不断的新发现与研究可能是最终解决这个问题的一个途径。

发掘现有的各种材料,利用考古材料以实证的方法来证实匈奴的西迁是可能的,而且也是很有价值的。在这方面鄂第已做出有益尝试,但是他的论证稍显粗糙,而且把不是匈奴的铜鍑也用作证据。因此,有必要再作一番论证。铜鍑这一适应游牧经济与文化的青铜容器在商周青铜文化的背景中产生之后,即为活跃于草原地带的各支游牧民族所接受,在早期(公元前10世纪—公元3世纪)相继为李家崖文化、夏家店上层文化、狄人、月氏人、丁零人、萨夫罗马泰人、斯基泰人、萨尔马泰人和塞人等所使用,因此,认为铜鍑单为匈奴(或匈人)所有的观点是不确切的(M. Erdy 1995,pp.1-94)。

从铜鍑的发现来看,匈奴的活动可分为五个阶段。

第一阶段,以GaI、GbI、GcI、GcII、IaI、IbI、IbIII和Gf型铜鍑为代表,时代约从公元前2世纪到公元91年。

中国北方自战国中期开始,由于列国的强大,尤其是燕、赵、秦的强大和修长城拒胡,再加上戎狄融入华夏族,所以,不见铜鍑的踪影。就现有材料而论,中国北方战国晚期的文化主要有毛庆沟文化、桃红巴拉文化、杨郎文化和北辛堡文化,其中只有北辛堡文化发现铜鍑。所以匈奴使用铜鍑可能是保持了北辛堡文化的传统。有学者认为,蒙古高原分布的石板墓文化是

---

① 余太山:《匈奴、Huns同族论质疑》,《文史》第33辑,中华书局,1990年,第57—73页。
② 余太山:《关于Huns族源的臆测》,《文史》第34辑,中华书局,1992年,第286—287页。
③ 邱克、王建中:《关于匈奴西迁欧洲的质疑》,《西北民族文丛》1984年2期,第58—67页。
④ 贾衣肯:《匈奴西迁问题研究综述》,《中国史研究动态》2006年9、10期。

匈奴及其文化的源头之一。① 石板墓文化中有铜鍑的发现，基本为直立环耳圈足铜鍑。这种铜鍑和早期的铜鍑倒是一脉相承，不过和后来流行的匈奴铜鍑有较大差距，如同石板墓文化如何发展成早期匈奴迄今尚不太清楚，石板墓文化中的铜鍑如何演化为晚期匈奴的典型铜鍑，仍然需要更多的线索。一般认为匈奴的族源来自东方。② 这种认识都有助于上述两种推断。如果北辛堡文化是匈奴的源头之一，则匈奴使用铜鍑当然在情理之中。而如果早期匈奴不使用铜鍑，那么东部地区不是一个青铜鍑的流行区恰恰也支持这种推断。但有的人类基因的研究显示匈奴可能来自叶尼塞河上游地区，这样的话，匈奴使用铜鍑的习俗受米努辛斯克盆地为核心的南西伯利亚影响，也是有可能的。

　　用考古材料论证匈奴西迁必须要有一个明确的起点。现在学界比较一致的看法是，蒙古诺颜乌拉(Noin Ula)墓群属于匈奴。因此本书从诺颜乌拉6号墓出土的铜鍑开始讨论。这件铜鍑耳呈"山"字形，两耳根处各起阶形附件，腹饰大波状装饰纹，圈足有梯形镂孔。6号墓所出耳杯有"建平五年"的文字，是西汉哀帝年号，为公元前2年，所以6号墓的时代为西汉晚期至东汉初年。因此，这件铜鍑的年代也大致在西汉末年。此件铜鍑属于本书分型的GcⅠ式，与此铜鍑相同的标本还发现于贝加尔湖鄂尔浑河地区，内蒙古呼和浩特郊区、林西县、巴林左旗、托克托县，宁夏固原和吉林省榆树老河深。后几件铜鍑除老河深铜鍑出于鲜卑墓地外，余都为征集，没有明确的共存物，因此，其时代和族属都不好确定，但可能和匈奴有关系，时代也应和诺颜乌拉6号墓铜鍑相近。榆树老河深出的青铜鍑，有可能来自匈奴，至少和匈奴有密切的关系。鲜卑很好地保持了这种形式铜鍑的特点(图4-18)。

　　在论证匈人即匈奴西迁主体问题时，最需要证明的是蘑菇形耳的青铜鍑到底从何而来。现在这一问题有了一些证据。陕西榆林县小纪汗乡菠萝滩村1982年征集了一件铜鍑。这件铜鍑"山"字形耳的中脊发展为一突。另外，在俄罗斯外贝加尔的恰克图市沙拉郭勒镇发现一件铜鍑耳朵，也是"山"字形耳的中脊发展成一突，显示了"山"字形耳向蘑菇形耳铜鍑的嬗变关系。③ 向这种形式的铜鍑在明确的鲜卑墓中尚未发现。以上铜鍑应当属

---

① 乌恩·岳斯图：《论石板墓文化的年代及相关问题》，中国社会科学院考古研究所编著：《新世纪的中国考古学——王仲殊先生八十华诞纪念论文集》，科学出版社，2005年。
② S. S. Miniaev, On the Origin of the Hsiung-nu. Paper presented at the International conference of Archaeological Cultures of the North Chinese Ancient Nations, Hohhot, Inner Mongolia, August, 1992.
③ 冯恩学：《中国境内的北方系东区青铜釜研究》，《青果集》，知识出版社，1993年，第323页。

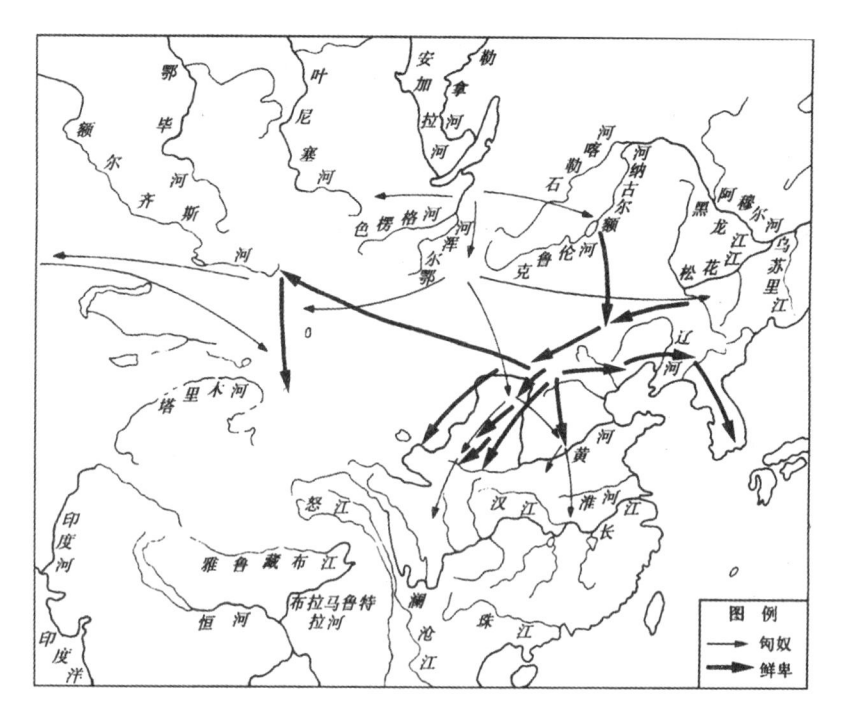

图 4-18 第二群铜鍑的传播示意图

于匈奴,这一阶段匈奴基本还在中国北方的草原地区活动。值得注意的是,在公元前 3 世纪的匈奴墓中,几乎不见铜鍑。① 而匈奴比较早一些的铜鍑发现于色楞格河地区。俄罗斯色楞格河左支流伊沃尔加河(Ivolga)乌兰乌德西的伊沃尔金斯克(Ivolginsk)发现的一件,耳为直立环耳,圈足为小三角形,被认为出自匈奴墓葬,时代为公元前 2—1 世纪。俄罗斯吉达河(Dzhida)西岸迪莱斯图依(Direstuy)匈奴墓发现一件,耳为桥型方耳,圈足有小梯形镂孔。从耳部特征和圈足镂孔可以看出,小纪汗乡菠萝滩村、沙拉郭勒镇和诺颜乌拉 6 号墓发现的铜鍑应当源于 GaI 和 GcI 这样的铜鍑。

第二阶段以 HaI、HaII 式铜鍑为代表,年代在公元 91—160 年。

公元 48 年,匈奴分裂为南北二部。公元 87 年,鲜卑进击匈奴,斩北单于,引起北匈奴大乱。此后又经过几次战争,公元 91 年(和帝永元三年),北单于被汉将耿夔在金微山(今阿尔泰山)击破后就"遁走乌孙"。这样,北匈奴就一直"辗转蒲类海、秦海之间",即新疆北疆一带。一直到公元 151 年,北匈奴呼衍王还在西域活动。公元 153 年北匈奴之名还出现于史书,此后

---

① 林沄:《关于中国的对匈奴族源的考古学研究》,《林沄学术文集》,中国大百科全书出版社,1998 年。

便史书阙如了。这可能和鲜卑人檀石槐的西征有关,这次变故可能导致了匈奴的西迁。①

可以认为,匈奴退出蒙古高原应当是东汉对北匈奴的出征及东汉在"以夷伐夷"政策的结果。东汉与北匈奴周边南匈奴、鲜卑、乌桓、丁零等诸部落联手打击、孤立北匈奴,是迫使北匈奴西迁的主要原因。② 另外不可忽视的是,公元 2 至 3 世纪欧亚草原大旱灾也是促使匈奴最终离开中亚草原地区的原因之一。③ 总之,匈奴西迁不是一次完成,应当是若干次向西迁徙的结果,每一次向西移动应当都有具体的原因。

俄罗斯南西伯利亚阿尔泰乔尔纳库吕亚发现一件铜鍑。山字形耳发展为三个蘑菇状小突起,两耳根处的附加装饰上部变尖(HaII-1)。此铜鍑和GcI、GcII 一脉相承,应当是匈奴于公元 91—160 年或稍早在此地区留下的。蒙古西北部 Mörön 县发现一件残鍑,フブスグル=アィマク博物馆藏。仅存上半部(HaII-2)。④

匈奴时期的铜鍑在蒙古地区有很多发现,特别是 Arkhangai aimaq 墓地的发现揭示匈奴使用铜鍑的情况。奇怪的是,新疆尚没有发现匈奴西迁前使用的铜鍑,但匈奴西迁时期的铜鍑却发现了两个例子,这两个例子说明西迁匈奴和新疆乌鲁木齐以及伊犁地区的联系。

第三阶段以 HaII 和 Hb 为代表,时代约在公元 160—350 年。

公元 160—290 年,正是匈奴在中西史书阙如的时期。从公元 290 年前后开始,西方史书出现了匈奴人活动的记载。据美国学者麦高文(W. M. McGovern)的综合介绍:

> 此后二百年间,即当公元 170—370 年之间,本书对于这些北匈奴人的情形,差不多全无所闻。此一期间,中国正忙于内争,一面又受鲜卑入侵的威胁,故和远处西域的匈奴人失去一切接触,而这些匈奴人也不能再进犯中国。同时在西方则因有阿兰人(Alani,按即阿兰聊人)和哥特人(Goths)阻隔于匈奴人和罗马帝国之间,所以无论是希腊的或拉丁的作家,对于匈奴人的活动皆无所述及。只有一次,他们述及亚美尼亚(按在今俄罗斯高加索中南部)国王泰格兰纳斯(Tigranes,约当公元

---

① 余大钧:《公元 91 年后居留新疆北部一带的北匈奴》,《中华文史论丛》第 1 辑,上海古籍出版社,1986 年,第 151—168 页。
② 舒顺林:《略论北匈奴西迁的原因》,《内蒙古师大学报》1986 年 3 期,第 51—59 页。
③ 吴兴勇:《论匈奴人西迁的自然地理原因》,《史学月刊》1991 年 3 期,第 5—11 页。
④ 草原考古研究会,2011,70—71,X-11;草原考古研究会,2011,367—368,III-c-1。

290)的军队中,不但有阿兰那佣军,且还有一对匈奴兵士。半世纪后(约当公元356年),本书又听见波斯北境遭受Chionites人的攻击。这些Chionites人也许就是一群匈奴人。①

我国学者岑仲勉引赛克斯(Sykes)《波斯史》卷一叙大王事有云:"沙卜尔(Shapur)东方战事自公元350延至357年,史册殊鲜详载,吾人所知来侵者有Chionites人,即较著于世之Huns人。"②

俄罗斯南乌拉尔奥伦堡(Orenburg)克兹尔—阿德山洞墓中发现的HaII式铜鍑,"山"字形耳发展成三个小蘑菇状突起,两耳根的附加装饰上部发展为两个小蘑菇状突起。因此,这件铜鍑可能就是西迁匈奴所有。奥伦堡铜鍑的发现正好证明了西迁的匈奴在这一地区活动的情况(图4-19)。而HbII-1这件铜鍑的发现则揭示了匈奴同乌拉尔山中段西侧地区的联系。可能这一地区有一部分乌戈尔人(Ugrian)融入匈人中,而且匈人铜鍑上的穗状装饰可能就来自这一地区。③ 这些发现证实了鸠密奈夫(Gumilev)和

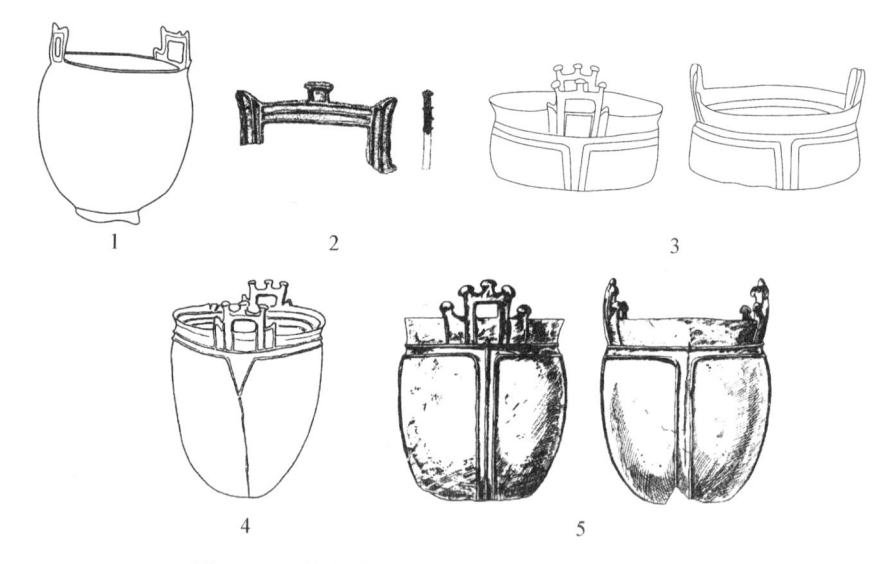

图4-19 从山形耳向三突蘑菇状耳的发展示意图
1. 陕西榆林县小纪汗乡菠萝滩村1982年征集 2. 俄罗斯外贝加尔的恰克图市沙拉郭勒镇
3. 蒙古西北部Mörön县发现 4. 俄罗斯南西伯利亚阿尔泰地区バルナゥル市乔尔纳亚库吕亚(Chernaya Kur'ya)村发现 5. 俄罗斯南乌拉尔奥伦堡(Orenburg)克兹尔—阿德山洞墓

---

① 麦高文著,章巽译:《中亚古国史》,中华书局,1958年,第166—167页。
② 岑仲勉:《伊兰之胡与匈奴之胡》,《真理杂志》第1卷第3期,1944年,第310页。
③ Zaseckaia, Irina P. & Nikolai A. Bokovenko, "The Origin of Hunnish Cauldrons in East-Europe", *The Archaeology of The Steppes Methods And Strategies*, Nappli, 1994, p.711.

阿塔莫罗夫60年代提出的观点,即匈人在种族和文化上都是匈奴和乌戈尔人的融合体。① 由于有这样的历史背景,匈人语言中的芬—乌戈尔语因素的存在得到了合理的解释。匈人和乌戈尔人的联合可能是为了获得乌拉尔山地区人力及金属资源的支持。

这个阶段差不多有190年,实际上是西迁匈奴发生重大变化的时期。首先是出现人口代际上的变化,如果30年算一代人,那已经发生了6代人的更替。由于和其他民族通婚,本来就比较混血的匈奴民族在种族上变化应当是更大了;其次是文化上的变化,西进过程中,自身文化应当发生变迁,同时不可避免吸收很多其他人群的文化。单从这两个方面看,经过如此巨大的时空转变,匈奴应当已经呈现另一番面貌了。从铜鍑看,的确发生了明显的变化,但这时的铜鍑形制仍然显示着和中国北方、蒙古地区匈奴铜鍑的联系。

第四阶段以HaIII式中的第1件和HaIV式中的第一件铜鍑为代表,时代约在公元350—374年,即齐思和先生论证的阿兰时期。

阿兰人分布在今南俄草原以东一带,大抵从顿河以东至伏尔加河之间及南至高加索山脉之地,都是阿兰人的领土。② 罗马历史学家阿密阿那斯·玛西里那斯(Ammianus Marcellinus,约公元330—395年)的《历史》中记载了匈人进攻阿兰人的过程。他记述道:"匈人从顿河以东向阿兰人展开进攻,阿兰人对匈人予以坚强的抵抗,两军大战于顿河上,阿兰人以战车为主力,敌不过勇猛突驰的匈人骑兵,结果大败,国王被杀,国被征服,一部分阿兰人逃散各地,但大部分阿兰人都被匈人接受为同盟者。阿兰武士被吸收到匈人的队伍中去,成为匈人军队的重要组成部分。"这样,北匈奴及其盟族终于到达欧洲的东境。③

这一地区发现的两件铜鍑,耳根附加装饰离开主耳,形成蘑菇状突起,是奥伦堡铜鍑的发展形式。因此,可以作为匈奴在这一地区活动的证明。值得注意的是,匈奴/匈人铜鍑在这一时期基本定型,从而形成了独具特色的匈人铜鍑。另外,这时的铜鍑式样还被带回到新疆乌鲁木齐一带,如HaIV-5,可能为悦般人所使用。国外学者认为此件铜鍑是北匈奴从新疆西迁前留下的遗物,是匈人铜鍑的原型。④ 国内学者也指出了这个发现和西

---

① Gumilev, L. N. *Hunnu. Central'naja Azija v drevnie veka*, Moskva, 1960. Artamonov, M. I. *Istorija Hazar*, Leningrad, 1962.
② 林幹:《匈奴史论文选集》,中华书局,1983年,第5—7页。
③ Ammianus Marcellinus, *The Later Roman Empire (A.D.354-378)*. Penguin, 1986, pp.410-443.
④ Érdy, Miklós. Unique Xiong-nu Cauldron from Urumqi, *Inner Asia Report*, Newsletter-Harvard (Cambridge, USA), (No.7) Fall, 1990, pp.11-13.

边铜鍑的相似性。① 但根据其耳部特征,此件铜鍑只能是奥伦堡的(HaIII - 1)发展型式。这种耳朵式样只是在库班河、顿河地区才形成,其腹部的纹饰和乌拉尔山西侧的铜鍑(HbII - 1)十分相近,连大耳下方框间隙中的箭形装饰都一致,而在奥伦堡铜鍑还没有这种装饰。因此,此件铜鍑应当是公元350—374年从库班河、顿河地区传回新疆地区的。这件铜鍑可能是在新疆北疆铸造,为铜锡铅合金②。这一时期活动于天山以北、热海及特克斯河峡谷的是北匈奴西迁时因孱弱留下的余部,所以此件铜鍑可能为悦般所有。这件铜鍑的发现可能说明悦般的势力还曾到达乌鲁木齐一带。

第五阶段以 HaIV、HaV、HaVI 和 HbII 铜鍑为代表,时代约为公元 374—455 年。公元 374 年匈人出现于欧洲东境,继而征服东哥特国,占领西哥特地区,征服日耳曼部落,攻打东、西罗马帝国,建立"阿提拉帝国",以至 455 年"匈人帝国"瓦解,这些主要是匈人在欧洲的活动。关于匈人在欧洲的活动,玛恩辰-海洛芬(O. J. Maenchen-Helfen)1973 年的名著《匈人世界》、麦高文的《中亚古国史》有介绍,林幹在《匈奴通史》中有一附录,专述匈人在欧洲的活动。③

欧洲发现的匈人铜鍑已被很多学者研究。这些铜鍑中的若干件(如 HaIII - 10、HaIII - 11 和 Hb - 3)和罗马可资断代的器物共存,所以,确定了这一类铜鍑的时代。这样,以上论证就有了坚实的年代学基础。除铜鍑材料能说明匈人即匈奴的后裔以及西迁过程外,其他如多色宝石镶嵌风格、卷钵形王冠、叶状垂饰、鞍桥装饰等在欧亚大陆的流行,也说明匈人的西迁。④ 不过这些因素并不特别说明匈奴的西迁,因为有的因素早就在欧亚草原传播,比如多色宝石镶嵌风格,有的则并不是匈奴发明和特有的器物,有的却能说明西迁的人群中有鲜卑等其他人群的成分。

从以上讨论可以看出,尽管某些时期的考古材料还嫌稀少,但根据铜鍑的研究,欧亚大陆西部匈人的一部分(主要是上层人物)可能是公元 2 世纪中叶从新疆北疆西迁的北匈奴后裔,其中有可能夹杂一些当时就有或者后来加入的鲜卑血缘的人群。这些人群的后裔一直到达欧洲腹地,建立了阿提拉帝国。至于屡次西迁的原因,在西迁的过程中具体发生了什么,等等,

---

① 张玉忠、赵德荣:《伊犁河谷新发现的大型铜器及有关问题》,《新疆文物》1991 年 2 期,第 44—45 页。
② 梅建军、王博、李肖:《新疆出土铜鍑的初步科学分析》,《考古》2005 年 4 期。
③ 林幹:《匈奴通史》,人民出版社,1986 年,第 117 页。
④ 藤川繁彦主编:《中央ユーラシアの考古学》,日本世界考古学系列丛书第 6 卷,同成社,1999 年 6 月,第 263—274 页。

诸如此类的问题,一时还不能确知,需要更多的发现和深入研究。根据匈奴西迁的线索,可以复原比较清楚的匈奴西迁过程路线图(图4-20)。另外,匈奴在西迁的过程中,通过自身的创新,加上融合了沿途不同的文化,从而使铜鍑的形制、纹饰等面目一新。而且,把起源于中国的青铜容器带到了欧洲腹地,到达了青铜鍑西传的最远点。匈奴在漫长的西迁过程中,融合了很多民族和文化,形成了一个人种和文化的混合体。这也是学术界产生不同意见的原因所在。只要学者分析材料的着眼点不同,得出的结论就会不同。随着考古材料的不断发现,特别是当北匈奴晚期文化比较确定,对匈人人种、语言和文化不同的来源有了确切的了解后,知道了哪些是匈奴文化传统,哪些是对匈奴文化的继承发展,哪些是对沿途其他文化的吸纳、嫁接和融合后,匈人的主体即北匈奴西迁部族后裔的观点将会日益为人们所接受,匈奴西迁的具体过程也将日趋清楚。对于这个问题的研究,除了历史、语言和考古的方法外,还应当发挥体质人类学的优势。利用 DNA 染色体分析匈人父系人种基因的构成和来源,用线粒体分析匈人母系人种构成和来源,把这些结果和匈奴王族及一般人群的进行对比研究。这可能是解决以上问题的重要途径之一。

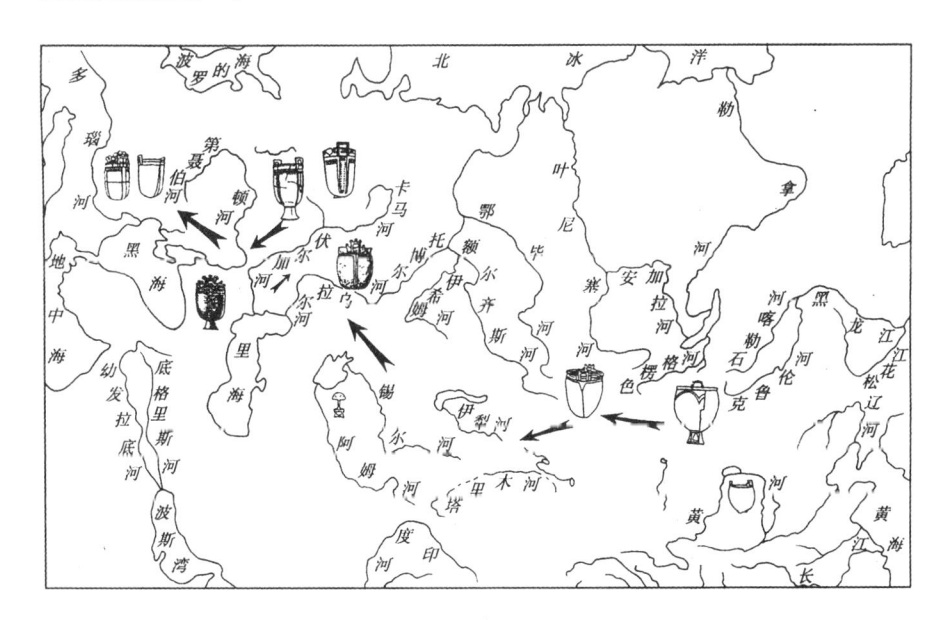

图4-20　从铜鍑传播看匈奴的西迁

四、鍑在中国北方的最后扩散及余绪

北匈奴西迁后,鲜卑民族迅速填补了草原地带的政治空间,随即进入黄河流域,建立封建政权。早期鲜卑民族分布地域和匈奴相接,其文化既相互区别又相互影响。① 鲜卑文化深受匈奴影响,铜鍑即其一例。② 内蒙古扎赉诺尔 M14 出土铜鍑年代为西汉中期,即与匈奴早期铜鍑形制相仿。吉林榆树老河深出土铜鍑同诺颜乌拉 M6 匈奴王族墓所出铜鍑十分相似。另外,Ga 型、Gb 型、Gc 型、Ia 型和 Ib 型为匈奴鲜卑都使用的铜鍑。因此,可以认为鲜卑铜鍑最初即来源于匈奴铜鍑,尔后,又不断学习匈奴铜鍑。公元 1 世纪末,匈奴民族衰弱,鲜卑乘势南下,"转徙据其地,匈奴余种留者尚有十余万落,皆自号鲜卑。鲜卑由此渐盛"(《后汉书·鲜卑传》)。鲜卑铜鍑中也可能有一部分即是"匈奴余种"使用的铜鍑。当然,鲜卑民族也不是全盘接受匈奴的铜鍑。鲜卑铜鍑也有自己的特点,如单纯的"山"字形耳铜鍑(Gd 型)、环状扳耳(Gh 型)、三突耳铜鍑(Gg 型)等就是鲜卑的创新。另外,像大镂孔的圈足,球形腹体都是鲜卑铜鍑的显著特征。值得指出的是,鲜卑铜鍑中没有能和蘑菇形耳铜鍑有直接发展关系的例子,而匈人的铜鍑圈足没有镂孔,因此阿尔泰山以西的铜鍑并不是从鲜卑铜鍑发展而来。这说明匈人的主体并不是鲜卑,只可能是在新疆北疆活动的北匈奴的后裔。

鲜卑原为东胡的一部分,燕昭王时"秦开破东胡",此后"冒顿单于袭破东胡"(《史记·匈奴列传》)。东胡被迫退避东北,到西汉末又开始南迁。2 世纪中叶,建立了檀石槐部落大联盟。东汉末年,鲜卑檀石槐部落联盟瓦解后,鲜卑人分裂为拓跋鲜卑和东部鲜卑两大部分。拓跋鲜卑南迁,后居中原,统一北方。东部鲜卑则居辽西,右北平塞外紫蒙川(今老哈河和西拉木伦河一带),后入辽西,并建立政权。十六国中,鲜卑建立的政权有前燕、后燕、南燕、西秦、南凉、西燕、吐谷浑和代(北魏)。指明鲜卑铜鍑的国属及所反映的民族迁徙问题是鲜卑铜鍑研究的重要方面。

尚晓波认为筒腹双耳镂孔圈足鍑属于东部鲜卑,鼓腹双耳镂孔圈足鍑属于拓跋鲜卑,并一直延续到北魏末年。③ 然而,筒腹和鼓腹并不是区别东部鲜卑和拓跋鲜卑的特征。拓跋鲜卑铜鍑早期也是筒腹的,如内蒙古土默特旗砖石墓出土铜鍑,鼓腹应是晚期的特征。铜鍑底部的圆柱这一特征则可视为东部鲜卑的特点,如喀左县草场乡于杖子铁鍑、朝阳七道泉子乡下河首果园铁鍑的底部都有一圆柱。因此甘肃秦安五营邵店出土铜鍑可能是慕

---

① 乌恩:《试论汉代匈奴与鲜卑遗迹的区别》,《中国考古学会第六次年会论文集》,文物出版社,1987 年,第 137—138 页。
② 宿白:《东北·内蒙古地区的鲜卑遗迹》(一),《文物》1977 年 5 期,第 48—50 页。
③ 尚晓波:《大凌河流域鲜卑文化双耳镂孔圈足釜及相关问题考》,《辽海文物学刊》1996 年 1 期,第 32 页。

容鲜卑使用的。从慕容鲜卑的历史看,他们活动于整个中国北方,建立了若干封建国家。90年代,考古学者发掘了辽宁北票喇嘛洞墓地,属于三燕文化的有355座,其中有的墓出土了青铜鍑。从这些发现看,青铜鍑并不是非常普遍的随葬品,只在一些个别的墓中出现,这可能和墓主的身份和背景有关系。① 这些墓葬中出土的铜鍑非常重要,为断代提供了标杆,也为全面了解铜鍑的文化内涵提供了丰富可靠的共存物和埋藏环境,有学者因此专门介绍并研究了这些铜鍑。② 河南安阳市大司空村东地西晋十六国墓葬出土铜鍑14件。均为罐形铜鍑,一种稍微瘦高,出土3件。另外一种典型的罐形铜鍑,6件素面,一周凹弦纹,5件肩部有有的在肩、腹相接处饰三周凹弦纹(原文图一九、图二〇)。还有2件铁鍑,一件罐形,一件桶形(原文图二九、图三〇)。③ 生动体现了这个时期的时代特点,为我们了解这个时期北方族群在中原腹心地带的活动,以及中原地区征集的类似铜鍑的时代和历史背景提供了可靠的考古发掘资料。

　　三块板状圈足的铜鍑,原来可能也是镂空圈足铜鍑,后来圈足受损后,改造成板状支脚的铜鍑,这种铜鍑极有可能是拓跋鲜卑的,因为内蒙古林西县苏泗汰墓葬出土的三块板状型铜鍑和拓跋鲜卑典型的陶罐和三鹿纹金饰牌共存,而且三块板状圈足铜鍑也不见于大凌河地区。青海民和县塘尔垣营盘出土铜鍑,似为慕容鲜卑(吐谷浑)的遗物。鲜卑人在传统铜鍑的基础上,发展出不少新的铜鍑式样,比如罐式铜鍑和桶式铜鍑,这两种铜鍑是否还应当归为铜鍑,其实还可以进一步讨论。不过从耳部的特征看,有的还是延续了早期铜鍑的特点,因此,还是算为铜鍑,只不过功能和使用方式应当有很大的变化。罐型铜鍑早期的耳朵为方耳,而且耳根有阶梯形装饰。这种铜鍑为匈奴和鲜卑共有。尔后,罐型铜鍑的耳朵发展为直立环耳,时代从东汉晚期到南北朝都有,北燕冯素弗墓出土的是可确定年代最晚的例子,年代在公元415年左右。这种铜鍑不但在北方流行,南方也发现不少,反映了南北文化交流和民族迁徙。如河南巩县芝田公社出土一件,时代可能为东汉至魏晋。湖北鄂城钢铁厂古井发现　件,时代为公元222年左右。河南安阳大司空村竖穴砖棺墓出土一件,时代为3世纪末至4世纪初。四川双流黄水乡岩洞墓出土一件,时代为南北朝。这类铜鍑的式样可能是内迁匈

---

① 辽宁省文物考古研究所、朝阳市博物馆、北票市文物管理所:《辽宁北票喇嘛洞墓地1998年发掘报告》,《考古学报》2004年2期,第236页。
② 潘玲:《中国北方晚期鍑研究》,科学出版社,2015年。
③ 中国社会科学院考古研究所安阳工作站:《河南安阳市大司空村东地西晋十六国墓葬的发掘》,《考古》2024年6期。

奴带入或者是受到北方民族的影响。桶型铜鍑（Ib 型）为匈奴和鲜卑共有，最早出现于东汉初期，时代下限不清，可能在孝文帝改革之时。IbIII 式的铜鍑在吉林、内蒙古、山西北部、陕西北部、宁夏南部和甘肃东部都有发现，而且传到朝鲜半岛，吉林省集安太王乡、浑江县、韩国金海大成洞 29 号 47 号墓和伽耶文化均出此式铜鍑。集安铜鍑属高句丽，金海和伽耶铜鍑属弁韩发展形成的伽耶诸国。4 世纪时朝鲜半岛同鲜卑民族有着密切交往。① 高句丽和伽耶铜鍑的发现正反映了这一历史。

Gg 型铜鍑形制非常特殊，为环形附耳，耳上有三个非常发达的突起，球形腹，有不明显的圈足。这种耳部起三突的铜鍑是塔加尔文化、斯基泰文化、萨尔马泰文化铜鍑的特点。从时间角度考虑，内蒙古和林格尔北魏墓发现的这件铜鍑可能与萨尔马泰文化铜鍑有关系，不过，其间环节还需今后的考古工作。1935 年，在南西伯利亚的 Bol "sogo Tesinskogo" 封堆墓中发现了一件耳部装饰三个乳突的陶鍑。在图瓦的阔凯，五六十年代发掘了一批墓葬，与少量的小型青铜鍑一起，出土了大量的陶鍑，尺寸在 15—25 厘米。有三种形式，一种是直立环耳，无装饰；一种是直立环耳，有三个乳突；一种是直立方耳，有三个乳突。绝大多数陶鍑和铜鍑一起出于男性墓，这些墓的时代被定到公元 1 世纪，这些陶鍑都是青铜鍑的仿制品。② 这为探讨这一问题提供了一些线索。

1989 年阿勒泰地区富蕴县沙尔布拉克发现一件，现藏阿勒泰地区博物馆，通高 37.2、口径 27—28、底径 13.5 厘米，颈部有附耳，圈足低矮，有三角形镂孔。③ 可能属于公元 487 年阿伏至罗和穷奇建立的高车国所有。④ 但从其圈足镂孔和尖圜底腹看，时代可能要早一些。

匈奴兴起很早，但在早期的匈奴墓中却不见铜鍑，即使到匈奴鼎盛时期，现能确认为匈奴的铜鍑也很少，特别是近年来蒙古发掘的大型匈奴墓中均未发现铜鍑。中晚期的一些匈奴墓中发现了铜鍑。鲜卑却不同，随着鲜卑民族的强大和迁徙，铜鍑继东周之后，再次在中国北方繁盛起来，而且发展出很多新的型式，并且影响到周边游牧民族，如丁零族、高句丽等。可称

---

① 王巍：《从考古发现看四世纪的东亚》，《考古学报》1996 年 3 期，第 327—332 页。
② Vainstein, S. kokel Cemetery and Problem of History of the Hunnu in Central Asia, The International Academic Conference on Archaeology. *Cultures of the Northern Chinese Ancient Nations*, Vol 2（WU）of preprints of papers. Hohhot, Inn. Mong., China, Aug. pp.11 – 18, 1992.
③ 王林山、王博：《中国阿尔泰山草原文物》，新疆美术摄影出版社，1996 年，第 23 页，图版 24。
④ 林梅村：《楼兰——一个世纪之谜的解析》，中共中央党校出版社，1999 年，第 190 页。

为青铜鍑在中国北方的最后扩散。其在中国终结的原因之一可能与孝文帝的汉化政策有关。因为，鍑是北方游牧文化的产物，是和游牧民族的生活习惯和心理取向紧紧相适应的。特别应当指出的是，鍑是北方游牧民族在萨满仪式中使用的一种祭器，一旦鲜卑民族接受汉族的农耕文化和佛教，特别是鲜卑信奉佛教，就彻底使鍑失去存在的价值了。因为有经典仪轨的佛教有自身特殊的一套法器，萨满教使用的铜鍑自然派不上用场。随着拓跋鲜卑入居农耕区，采取计口授田、分土定居、宗主督护制①和信奉佛教的政策，拓跋鲜卑墓葬中的汉文化因素越来越多，铜鍑在北魏生活中的作用越来越小，到北魏完全信奉并大力推广佛教，施行汉化政策之后，中原地区就渐渐不见铜（铁）鍑的踪迹了。1975年在内蒙古呼和浩特市清理了一座北魏墓，时代相当于拓跋珪定都平城前后。② 学者认为此墓主为拓跋鲜卑族。③ 此墓的形制和随葬品和中原非常相近，出土了一套与庖厨有关的生活用具明器，如陶灶，但无铜鍑的发现。山西大同智家堡一座北魏孝文帝时期的墓中出土了一件铸有汉文的铜鍑，体现了汉文化对游牧文化的影响，也预示着铜鍑在中国北方的终结。1973年在宁夏回族自治区固原县雷祖庙清理了一座完整的漆棺墓。④ 此墓时代为太和八年（484年）至太和十年（486年），⑤ 正值献文帝已死、冯太后开始推行汉化政策期间。通过对漆棺画的分析，墓主"属于反汉化的那股势力"，追慕像嚈哒那样"骑马民族"国家的生活。⑥ 尽管如此，此墓却无铜鍑的发现。当然，铜鍑的消失虽然很快，但也不是非常快，可能有一个短暂的过渡。太原北齐库狄业墓出土的小型铜鍑是迄今黄河流域发现的最晚一件，这可能同北齐的胡化政策有关。从现有资料看，在中原，经过北魏孝文帝的汉化改革，铜鍑就从北魏社会生活中渐渐失去了存在的空间，铜鍑改变了使用功能，随后就渐渐消失了。

　　鲜卑铜鍑源远流长。1901年2月10日，斯文·赫定的探险队在罗布泊北部的库鲁克山地区发现一件铁鍑，40—45厘米高，球腹，肩部有一圈细小网格纹，腹中部有两个活动小环耳，底部有一个大镂孔圈足。这件铁鍑的腹体以及大镂孔圈足和鲜卑的 GaVI 和 GdII 式铜鍑很相近，可能仿自鲜卑铜鍑。《南齐书·芮芮传》提到，在南朝齐永明年间（约为永明九年至十一年

---

① 马长寿：《乌桓与鲜卑》，上海人民出版社，1962年，第262—282页。
② 郭素新：《内蒙古呼和浩特北魏墓》，《文物》1977年5期，第41页。
③ 宿白：《盛乐、平城一带的拓跋鲜卑—北魏遗迹—鲜卑遗迹辑录之二》，《文物》1977年11期，第46页。
④ 固原县文物工作站：《宁夏固原北魏墓清理简报》，《文物》1984年6期，第46—56页。
⑤ 罗丰：《固原北魏漆棺画》，宁夏人民出版社，1988年，第15页。
⑥ 孙机：《固原北魏漆棺画》，《中国圣火》，辽宁教育出版社，1996年，第122、134—135页。

间,即公元491—493年),益州刺史刘俊派江景玄出使丁零,"宣国威德"(丁零,一般认为是指崛起不久的北方部族高车)。江景玄在出使途中,曾路经鄯善,据他亲临其地证实,那时的鄯善已为丁零所破,"人民散尽"。因此,这件铁镂可能是丁零人的遗物。①

1983年宁夏固原北周李贤夫妇墓中出土的银提梁小壶还保持着鲜卑铜镂圈足镂孔、鼓腹的作风。根据墓志,李贤乃为鲜卑拓跋氏的后裔。② 因此,李贤墓中出土镂形的容器也就不足为怪了。1988年发掘的北周王德衡墓也出了一件类似器物。③ 这种镂虽然还有镂的形式,但显然已经成为一种新的器物,具有新的功能。

在鲜卑民族融入汉民族之后,发展了近二千年的镂就渐趋衰落了(图4-18)。6世纪后,在中国就几乎不见镂的踪影了。但在更北的地区,使用镂的传统保持到公元8世纪。俄罗斯图瓦地区的艾梅尔雷格3号古墓群5号墓组1号墓中发现了一件双耳大镂孔圈足的铁镂,其形制显然来源于鲜卑铜镂。这件镂同唐代的铜镜以及开元通宝同出一墓,其年代大致在公元8世纪中叶,这时期是回纥统治图瓦时期。因此,这件铁镂可能是回纥民族使用的遗物。④ 不过,图瓦地区的民族成分十分复杂,因此,对这件铁镂是何种人使用的问题,还不能确定。另外,在回纥兴起之前,北方还有突厥和柔然,因此,图瓦铁镂不会是一个孤立的现象。它似乎暗示着,柔然和突厥也可能使用镂,否则,图瓦铁镂的来源就不好解释了。由于这个铁镂的存在比较突兀,在欧亚草原铜(铁)镂消失了一两百年后又孤零零出现,因此有一种可能,这个铁镂为鲜卑时期的器物,不知何原因为墓主所拥有,在当时也许被墓主使用过,也许没有,最后却作为随葬品埋于墓中。当然,这只是个假设,镂在北方具体的传承细节,还有待日后的考古发现。

图瓦铁镂是迄今发现最晚的一件标本。8世纪晚期以后,镂就销声匿迹了。个中缘由,值得深究。最主要的原因可能是从公元6世纪中期起,蒙古高原兴起了以突厥系为中心的游牧民,草原地带的历史进入一个新阶段。这时游牧民族开始使用文字来拼写语言,大规模的都市开始建设,信仰真正

---

① 林梅村:《楼兰——一个世纪之谜的解析》,中共中央党校出版社,1999年,第186—190页。
② 宁夏回族自治区博物馆,宁夏固原博物馆:《宁夏固原北周李贤夫妇墓发掘简报》,《文物》,1985年11期,第12页,图二十七:1。
③ 负安志:《中国北周珍贵文物——北周墓葬发掘报告》,陕西人民美术出版社,1992年,第50页,图九九,图版一二七。
④ 冯恩学:《中国境内的北方系东区青铜釜研究》,《青果集》,知识出版社,1993年,第318—328页。

意义上拥有经典的宗教,萨满信仰衰落。民族间的交易大大超过前代,石人、马镫和打火石广为流传。① 特别是宗教信仰的改变,使游牧民族有了表达信仰和艺术旨趣的新形式,与草原萨满教相依相生的鍑渐渐失去了存在的信仰基础。实际上铜鍑在整个欧亚大陆上消失的主要原因就是这一时期草原民族发生的这些重大变化,特别是宗教信仰的改变,包括动物风格艺术的衰落也与此有关。② 另外,可能与铁器在北方民族中大量使用有关,因为铁不太适合铸造像鍑这样复杂的容器,铁的廉价性也不符合祭祀用具的特点。因此,突厥以及突厥以后的北方民族中,带圈足的鍑就不见了,而出现了器形简单的圜底大锅,仅仅是一种大型炊器,如内蒙古博物馆藏的元代大铁釜。

青铜鍑是北方民族在日常生活和祭祀仪式中使用的一种大型金属容器。其起源时间早,流行时间长,分布地域广,形式多样,反映了北方民族精神世界的变迁以及活动的历史。通过研究这种容器,可以从一个侧面了解欧亚大陆北方民族的文化以及同农耕社会的关系,探讨民族迁徙的问题。

在继承中国战国晚期北方游牧民族铜鍑式样的基础上,第二群铜鍑随匈奴的活动在贝加尔湖地区及中国北方发展起来,并随北匈奴的西迁,经新疆北疆、里海黑海北岸,传到了欧洲腹地。在这个长期西进和民族融合的过程中,形成了特征明确的匈人式铜鍑,达到了铜鍑西传的最远点(图4-20)。鲜卑人受匈奴影响,也使用铜鍑,而且发展出很多样式,并随鲜卑的活动,在整个中国北方兴盛起来,进而影响到朝鲜半岛和新疆地区。北魏孝文帝实施汉化政策之后,铜鍑渐渐消失。北齐时期可能有微弱地复兴,之后铜鍑在中国彻底衰落。但鍑这种特殊的容器可能在中国之外的北方草原地区一直发展到公元8世纪。

---

① 藤川繁彦主编:《中央ユーラシアの考古学》,日本世界考古学系列丛书第6卷,同成社,1999年6月,第275页。
② Dagny Carter, *The Symbol of the Beast-The Animal-Style Art of Eurasia*. The Ronald Press Company, New York, 1957, pp.92,171.

第五章　礼仪神器与欧亚草原游牧社会的世俗生活

鍑作为一种长期在欧亚大陆游牧民族中广泛流传的一种大型金属容器,对于研究欧亚大陆北方地带的很多问题都具有重要的意义。这一器物已经引起了全世界关心欧亚草原文化的学者们的注意,有学者甚至把它与兵器、马具、动物纹一起列为草原文化的主要特征。① 其重要的价值和意义表现在鍑在游牧社会的祭祀礼仪和世俗生活中居于中心的位置。

一、鍑与祭祀礼仪

鍑具有一器多用的特点,除用作炊具外,还可作为盛食器,而且还可以充当礼器作祭祀之用。② 在不同的人群中,在具体的情况下,铜鍑的用途可能有不同的侧重。值得指出的是,用于祭祀应当是其功用中最为显著者。

水为生命之源,对于草原民族来说,水具有非同一般的意义,因为其最重要的资产——牲畜完全依赖于水草,水既可以伴随雷电、风云来自天上,又可以击石叩土渗入地下,也算是能沟通天地的灵物。游牧民族对于水源、河流、湖泊都非常重视,有着宗教性的崇拜。这些地方往往也是游牧民族进行祭祀活动的场所。很多铜鍑都是发现于河滩、湖岸等近水的地方,说明这些铜鍑曾作为祭祀的礼器。③ 即便是作为游牧人随葬品或者窖藏埋藏的铜

---

① Natal'ja L. Clenova, On the Degree of Similarity between Material Culture Components within the "Scythian World", *The Archaeology of The Steppes Methods And Strategies*, Nappli, 1994, 499 – 501.

② 卜扬武、程玺:《内蒙古地区铜(铁)鍑的发现及初步研究》,内蒙古自治区文化厅、内蒙古自治区考古博物馆学会主编:《内蒙古文物考古》1995 年 1、2 期,第 14—19 页。

③ Spasskaia, E. Iu, "Mednye kotil rannikh kochevnikov Kazakhstana i Kirgizil," Uchenie zapiski Alma-atinskogo gosudarstvennogo pedagogicheskogo instituta 11 (1956), pp.166 – 167. Maenchen-Helfen, O. J. *The world of the Huns*, Berkeley: Vniv of California, 1973, pp. 329 – 330. Érdy, Miklos, "Hun and Xiong-nu Type Cauldron Finds Throughout Eurasia," *Eurasian Students Yearbook, Continuation of/Fortsetzung der Ural-Altaische Jahrbücher/Ural-AltaicYearbook*67, Berlin\Bloomington\London\Paris\Toronto, 1995, pp.28 – 30. 王博、祁小山:《新疆出土青（转下页）

镬，其原来最重要的用途之一，也应当是祭祀。

马萨格泰人流行一种独特的葬俗，当一个部落中的人年纪很大的时候，族人会全部集合到一起，把这个年纪大的人杀死，把这位被杀死的老人放入大锅中煮熟后分食，同时还宰杀家畜，以老人的肉混着牲畜的肉一起吃。这被认为是死者最大的幸福，如果是病死埋在土里或者是不被杀死吃掉的话，就被认为是一件很不幸的事。人们认为族人分享老人的肉，即可得到他的灵魂的保护。煮食老人的大锅很可能就是青铜镬。这种风俗是适应草原游牧生活而出现的一种较为极端的方式，牧业劳动基本都是重体力活，体力衰弱、活动不便的老人在以移动为常态的游牧生活中，显然是一个较大的负担。特别是在古代，游牧部落还随时面临着战争，也经常要组织参与战争，更突显了老年人的劣势。为了合理处理这个矛盾，马萨格泰人在光荣的仪式中杀死并煮食老人，比较残酷而又智慧地解决了这个问题。

希罗多德在《历史》中这样写道："不管他们举行什么样的祭祀，奉献牺牲的方式都是一样的。他们把牺牲的两个前肢缚在一起，用后面的两条腿立在那里。……主持献纳牺牲的人呼叫着神的名字，把一个环子套在牺牲的脖子上。然后再把一个小木棍插入环子的缝隙，用来扭紧环子，这样把牺牲绞杀。"紧接着，斯基泰人会把杀死的牺牲解剖，"把肉放进本地的大锅。这个大锅与列斯波司人的混酒钵十分相像，就是前者比后者要大得多。随后他们便把牺牲的骨头放到大锅的下面，用火点着来煮锅里面的肉。"据希罗多德《历史》记载，斯基泰人最庄重的誓言都是在王的炉灶前作出，那是斯基泰全民的情感和仪式的中心，正如在大多数印欧民族中炉灶是家庭的中心一样。而炉灶上使用的镬无疑也在这些仪式中具有重要的象征意义。

黑海北岸草原麦利托-玻利(Melitopol)市内麦利托-玻利古墓 1 号墓墓道出土十一件铜镬，墓葬年代为公元前 4 世纪后半(图 5-1)。出土时镬中还有动物的骨骼，应当是葬仪中献给墓主的祭品。[①]

(接上页)铜镬及其族属分析——兼谈亚欧草原青铜镬》，《丝绸之路草原石人研究》，新疆人民出版社，1996 年，第 276—294 页。陈光祖：《欧亚草原地带出土"镬类器"研究三题》，《欧亚学刊》第八辑，中华书局，2008 年。

[①] Terenozhkin, A. I. and Mozolevskiy, B. N. Мелитопольский курган. Наукова думка, Киев. 1988, 76, Ris.80－81. 雪嶋宏一：《スキタイの镬》，《草原考古通讯》，1995 年 6 号，图 F-8。草原考古研究会：《镬の研究—ユーラシア草原の祭器・什器》，雄山阁，2011 年，271－272, Ⅳ-1-3-2.

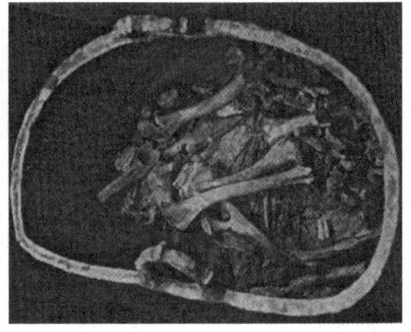

图 5-1 黑海北岸麦利托-玻利(Melitopol)市内麦利托-玻利古墓 1 号墓墓道出土铜镬

2006 年 4 月 27 日,甘肃省武威市凉州区张义镇河湾村的农民在推土时,发现一件大型铜镬。铜镬口径 87、腹径 109、腹围 342、通高 118 厘米,圈足高 17、直径 38 厘米,重 150 余公斤。该器口沿下至肩部均匀分布着 3 个虎形耳,虎作站立状,长身直背,首尾下垂,圆圈形眼,∩形嘴,张口龇牙。下腹部对称分布有 4 个环形系。铜镬上有烟炱痕,腹内壁有类似脂肪类的垢物,推测曾用该镬来煮牛羊类肉食(图 5-2)。①

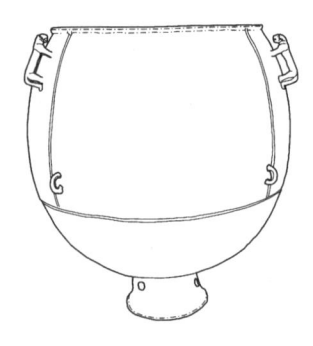

图 5-2 甘肃省武威市凉州区张义镇河湾村出土铜镬

专家介绍,根据器物上的烟炱和腹内壁似脂肪类的垢物来推断,这一青铜器物可能是用来熬煮牛羊的炊具,操作时可用吊链悬系,也可用石块支垫。可能是游牧于河西和武威一带的匈奴王公贵族御用之物。史载匈奴右部有休屠、昆邪诸部,其中休屠居武威姑臧,而这一青铜镬的出土地就在姑臧南不远处。如此大的铜镬,不应当是每一天的日用品,而是在大型祭祀礼仪活动中重要的炊煮器,本身也是礼仪活动中的礼器。《汉书·霍光金日磾传》:"金日磾字翁叔,本匈奴休屠王太子也。武帝元狩中,票骑将军霍去病将兵击匈奴右地,多斩首,虏获休屠王祭天金人。"休屠王有祭天金人,如果这种铜镬为休屠所有,则一定在祭天礼仪中,扮演重要角色。

二、铜镬环耳突起装饰的意义

青铜镬随时代和地域的不同形态变化很大,但主要的特征却很稳定。

---

① 贾建威、李永平:《甘肃武威出土铜镬》,《文物》2011 年 5 期。

即各种式样和安装方式的器耳+各式的腹体（一般有筒腹和球腹）+足（有圈足、镂空圈足和三足），有很大一部分晚期青铜鍑没有足。在这三个组成部分中，最能引起大家注意的是不同式样的器耳，因其特别的造型，应当反映了使用者的某种思想意识。有一些学者对这一问题做过研究，但由于所分析材料的时代和地域的局限性，因此，尚未揭示出其最初的含义，还需进一步深入研究。鉴于此，我们在通盘考虑的基础上追根溯源，参照其他相关文物，对青铜鍑的器耳进行一番尝试性的分析。认为青铜鍑装饰突起的环耳是牡鹿、牡羊犄角的一个象征性的模拟，体现了草原人群对牡鹿、牡羊的崇拜，特别是对角的崇拜，目的是施行萨满。

青铜鍑最有特点的部位是器耳，除了环耳外，在直立环耳顶部装饰一个突或三个突的现象在欧亚大陆十分普遍。如中国北方和新疆的一突直立环耳青铜鍑，南西伯利亚一突和三突直立环耳青铜鍑，黑海、里海北岸和高加索地区的一突和三突耳青铜鍑。① 有学者认为南西伯利亚三突直立环耳铜鍑耳上的三突可能和中国商末北方铜刀环首上的三突有关系。② 但它们时间相差甚多，而且没有发现三突直立环耳铜鍑和三突环首刀共存，所以这个建议还需进一步研究。

值得指出的是，铜鍑耳朵上出现突起后，在有的地区和文化中，突起有渐渐被强化、增大和分化变形的趋势，到公元4—5世纪时达到顶峰。匈人青铜鍑上的耳突被加多，加大，呈伞形或者蘑菇形。③ 内蒙古和林格尔北魏墓中也发现了发达的三突耳铜鍑。④ 可以看出，欧亚大陆不同的游牧民族在青铜鍑相同部位装饰上表现出的相似性，显示这是一种文化的传统，这种做法暗示着他们有一个相似的信仰背景（图5-3）。

在考古发现的一些陶鍑形器上，也可以发现耳部带突的例子，这应当是受青铜鍑的影响。这类发现主要集中在新疆天山东段地区，比如哈密焉不拉克墓地出土的一件带流单耳小杯耳上有一突。⑤ 乌拉泊水库墓地发现一件。⑥

---

① 郭物：《青铜鍑在欧亚大陆的初传》，余太山主编：《欧亚学刊》第一辑，中华书局，1999年。
② 田广金、郭素新：《鄂尔多斯式青铜器》，文物出版社，1986年，第145—149页。刘莉：《铜鍑考》，《考古与文物》1987年3期，第63页。
③ Maenchen-Helfen, O. J. *The World of Huns*, Berkeley: Vniv of California, 1973, pp. 306-337.
④ 内蒙古自治区博物馆藏。
⑤ 新疆维吾尔自治区文化厅文物处、新疆大学历史系文博干部专修班：《哈密焉布拉克墓地发掘报告》，《考古学报》1989年3期，图22：9。
⑥ 新疆维吾尔自治区文物事业管理局、新疆维吾尔自治区文物考古研究所、新疆维吾尔自治区博物馆：《新疆文物古迹大观》，新疆美术摄影出版社，1999年，第310页，图0855。

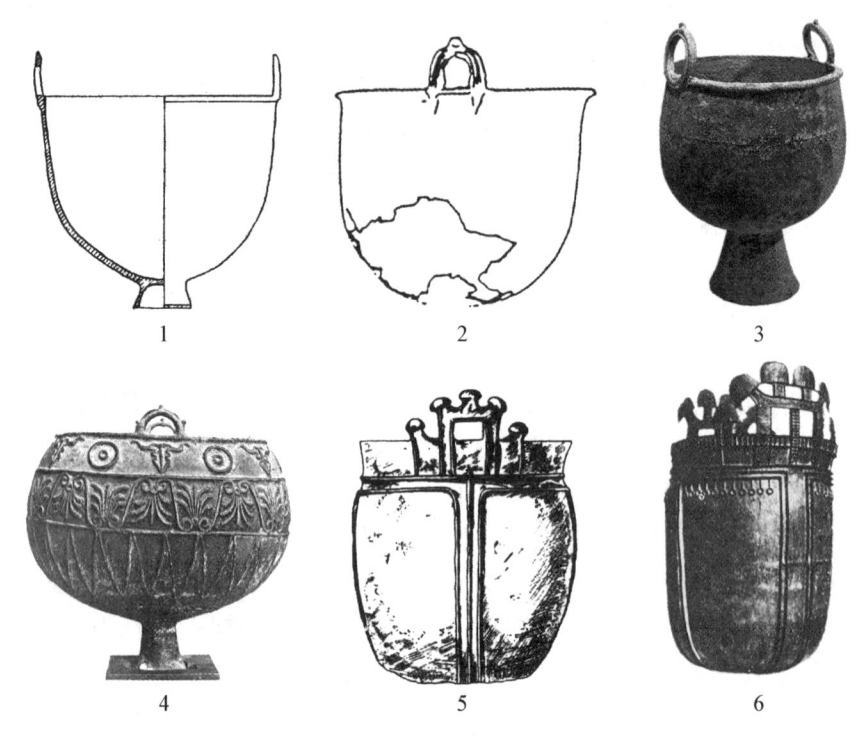

图 5-3 立耳带突的铜鍑

1. 陕西岐山县发现的早期铜鍑　2. 延庆西拨子发现早期铜鍑　3. 新疆奇台发现的早期铜鍑　4. 斯基泰文化中的三突耳铜鍑　5. 俄罗斯奥伦堡发现匈人铜鍑　6. 匈牙利特尔泰发现的匈人铜鍑

鄯善洋海古墓群发现的两件圈足彩陶罐的斜肩耳顶部有一突起。① 北疆吉木萨尔大龙口 M5 出土一件,双耳平底,球形腹,耳部有一个乳突。② 单突自立环耳青铜鍑和单突耳陶器在东天山以北地区的分布和时代是重合的,我们认为这是三海子文化的一个显著特征。这种设计反映了三海子文化在新疆东段天山南北地区的广泛影响。③ 川滇西部及藏东石棺墓也受到这种做法的影响,那里的一些双耳陶器上还保持这一做法。④ 1935 年,在南西伯利亚的 Bol sogo Tesinskogo 封堆墓中发现了一件耳部装饰三个乳突的陶鍑。

---

① 新疆考古研究所:《鄯善县洋海、达浪坎儿古墓群清理简报》,《新疆文物》1989 年 4 期。
② 新疆文物考古研究所、昌吉回族自治州文管所、吉木萨尔县文物管理所:《吉木萨尔县大龙口墓葬》,《新疆文物考古新收获》(续)1990—1996,新疆美术摄影出版社,1997 年,第 406 页,图八:1。原载《新疆文物》1994 年 4 期。
③ 郭物:《三道海子文化初论》,《欧亚学刊》第 7 辑,中华书局,2007 年。
④ 罗开玉:《川滇西部及藏东石棺墓研究》,《考古学报》1992 年 4 期,第 419 页,图四:7。

在图瓦的阔凯,五六十年代发掘了一批墓葬,与少量的小型青铜鍑一起,出土了大量的陶鍑,尺寸在15—25厘米,有三种形式,其中一种是直立环耳,有三个乳突,一种是直立方耳,有三个乳突。绝大多数陶鍑和铜鍑一起出土于男性墓葬,这些墓的时代被定到公元1世纪,这些陶鍑都是青铜鍑的仿制品。① 从以上例子,我们可以看出青铜鍑,特别是耳部装饰突起的作法对陶器的影响。

对于这些重要的现象,有人作过解释。约艾契姆·沃尔勒在研究了库托出土的匈人王冠的细节后,他提出,铜鍑用于祭祀和日常生活,蘑菇状耳是生命树的象征。② 费提契推测蘑菇状把手模仿了南俄罗斯王冠形别针。匈牙利学者鸠拉·拉斯兹罗认为把手上的装饰可看作用于葬仪容器上的冠,因为蘑菇状的造型及上腹部圈形垂饰和匈人皇冠上的装饰相似。③ 伊诺娜·考夫雷格提出铜鍑主要在礼仪活动中使用,并赞成蘑菇形把手装饰是生命树的象征。④

基于现有的发现,青铜鍑于西周中晚期起源于中国北方农牧交错地带。⑤ 西周中晚期的青铜鍑耳部就装饰了突起。⑥ 以上学者对铜鍑耳朵的分析有合理的成分,但由于研究对象为时代较晚的匈人青铜鍑,可能只揭示出其中一部分含义,比如生命树的象征意义,而且蘑菇可能是后来发展出来的寓意。所以,要想彻底知道耳部突起最初的寓意,需要分析最早期的材料。

在铜鍑出现以前,已经有一些器物具有类似的突起装饰。商代晚期,北方民族使用一种环首刀,刀的环首上往往有三个突起,另外还发现了单突的环首刀。一把发现于陕西彬县断泾遗址M4,年代约与迁岐以后的先周文化相当,报告认为此刀和其他几件器物具有浓厚的北方文化遗存的风格,并推

---

① Miklos Érdy, "An Overview of the Xiongnu Type Cauldron Finds of Eurasia in three Media, with Historical Observations", *The Archaeology of The Steppes Methods And Strategies*, Nappli, 1994, 386-387, Table3, 14-16.
② Werner, Joachim, Beitrage zur Archalogie des Attila-Reiches I - II. Munchen: Abhandl, der Bayerischen Akademie der Wissenschaften, 1956.
③ Laszlo Gyula, Etudes archeologigues sur L'histoire de la Societe des Aras. Archaeologia Hungarica, 1955, 34.
④ Kovrig, I. Hunnischer kessel aus Umgebuny von varpalota. Folia Archaeologica, 23, pp.95-127, Badapest, 1973.
⑤ 郭物:《论青铜鍑的起源》,《21世纪中国考古学与世界考古学》,中国社会科学出版社,2002年。
⑥ 比如现知最早的青铜鍑发现于陕西岐山王家村,时代可能是西周中期,耳部有一个突。参阅庞文龙、崔玫英:《岐山王家村出土青铜器》,《文博》1989年1期,第91—92页。

测,这和先周族避戎狄追逐,迁岐后,戎狄据有豳地有关。① 这把刀的突起和北方管銎斧和中原铜戈的"内"比较相似。另一件发现于新疆巴里坤兰州湾子的一座石构房址中,时代可能为西周早期。② 近年在吐鲁番鄯善洋海墓地发现了两把带突的环首刀。③ 新疆罗布淖尔地区孔雀河中游南部64号营地附近发现一件。④ 再有一件是在北京延庆军都山发现的,时代为春秋晚期到战国早期(图5-4)。⑤ 以上发现环首刀的区域大都有青铜鍑的发现,比如新疆所出的早期青铜鍑有一部分耳上就有一突。⑥ 由于鍑耳上的突和铜刀环首上的突在位置和形态方面具有相似性,已有学者指出了二者

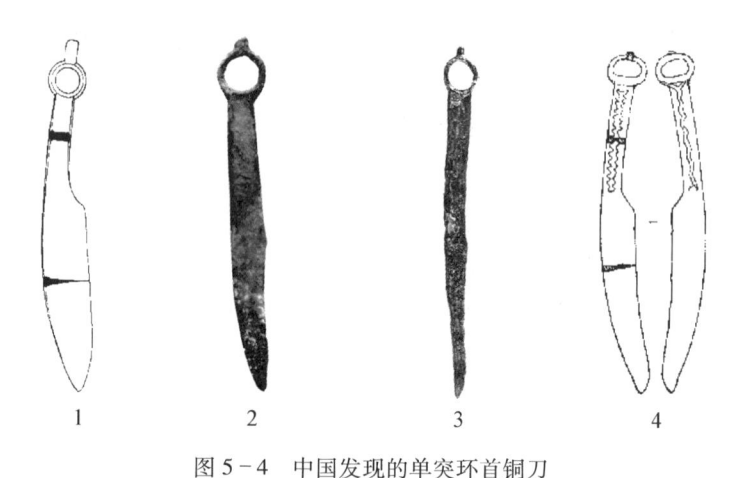

图 5-4　中国发现的单突环首铜刀
1. 陕西彬县断泾遗址 M4 出土　2. 新疆巴里坤兰州湾子一座石构房址中出土
3. 新疆罗布淖尔地区孔雀河中游南部发现　4. 北京延庆军都山出土

---

① 中国社会科学院考古研究所泾渭工作队:《陕西彬县断泾遗址发掘报告》,《考古学报》1999年1期,第78、81页,图一二:1.95。值得注意的是,此墓出土的带倒刺的铜镞和中原铜镞完全不是一个传统,相反,和后来草原上流行的此类铜镞很相似。Natal'ja L. Člen ova, On the Degree of Similarity between Material Culture Components within the "Scythian World", *The Archaeology of The Steppes Methods And Strategies*, Nappli, 1994, 520–521, 524, fig.1.2.5.
② 王炳华:《巴里坤县兰州湾子三千年前石构建筑遗址》,《中国考古学年鉴》,文物出版社,1985年,第255—256页。
③ 新疆文物考古研究所、吐鲁番地区文物局:《鄯善县洋海一号墓地发掘简报》,《鄯善县洋海二号墓地发掘简报》,《鄯善县洋海三号墓地发掘简报》,《新疆文物》2004年第1期。
④ Folke Bergman, *Archaeological Researches in Sinkiang, Especially the Lop-Nor Region*, Stockholm, Bokförlags aktiebolaget Thule, 1939, p.164,171, Pl.31,12.
⑤ 北京市文物研究所山戎文化考古队:《北京延庆军都山东周山戎部落墓地发掘纪略》,《文物》1989年8期,第29页,图十九:2、图二十、图二十一。
⑥ 王博、祁小山:《新疆出土青铜鍑及其族属分析——兼谈欧亚草原青铜鍑》,《丝绸之路草原石人研究》,新疆人民出版社,1996年,第276—294页。

之间可能存在一定关系。① 如果扩大一下范围,北方地带发现的各类早期文物有很多装饰乳突的例子,如属于夏家店下层文化的大甸子遗址出土的杖头柄上有此装饰,②在西伯利亚发现的弓形器装饰有乳突,③在新疆和静县察吾呼沟口一号墓地的马衔上也有这样的装饰。④ 诸如此类的例子还很多,因此,我们推测游牧民族在小刀等器物上装饰突起和在青铜鍑耳朵上装饰乳突可能是根源于同样的想法。

要想真正知道青铜鍑耳上乳突的确切含义,我们还得找更能说明问题的例子。河北青龙抄道沟发现的一件全长29.6厘米弯刀为我们揭开谜底提供了直接的证据。这是一件鹿首弯刀,⑤角的顶端有一突起装饰,同一批发现品中还有环首上装饰三突的小刀。⑥ 同样的例子还有河北张家口发现的一件,这一件柄首比较接近鹿头的形象,鹿角上有三个突起。⑦ 在南西伯利亚的卡拉苏克文化中也可以举出两个例子(图5-5)。⑧

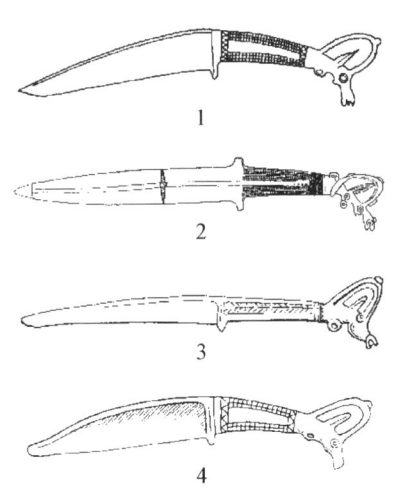

图5-5 单突兽首铜剑、铜刀
1. 河北青龙抄道沟发现的鹿首弯刀
2. 河北张家口发现的鹿兽短剑
3、4. 南西伯利亚的卡拉苏克文化中的鹿首刀

以上例子可以证明环首上的突应当是对牡鹿(或羊)犄角上的瘤状突起的模仿。值得注意的是,如果复原此类刀、剑的铸造过程,环首顶部应当是浇注铜液的口,铜液冷却后,这个位置应当会留有一段茬,工匠可以打磨掉,但也可能因为某种原因留下并进一步打磨成突起。既然这些突起位于动物

---

① 刘莉:《铜鍑考》,《考古与文物》1987年3期,第60—65页。
② 中国社会科学院考古研究所:《大甸子:夏家店下层文化遗址与墓地发掘报告》,科学出版社,1996年,图版五六:1,2。
③ 林沄:《商文化青铜器与北方地区青铜器关系之再研究》,苏秉琦主编:《考古学文化论集》第1辑,文物出版社,1987年,第144页,图八:5、6、7。
④ 中国社会科学院考古所新疆队等:《新疆和静县察吾乎沟口一号墓地》,《考古学报》1988年1期,第91页,图一四:7。
⑤ 林沄先生认为是羊首。
⑥ 河北省文化局文物工作队:《河北青龙县抄道沟发现一批青铜器》,《考古》1962年12期,第644—645页,图版伍:3.4。
⑦ 河北省博物馆、文物管理处:《河北省出土文物选集》,文物出版社,1980年,图十七。
⑧ Н. Л. членова, Хронология Памятников Карасукской эпохи, Издательство《Наука》, Москва, 1972, 179: 4; 193: 5。

犄角部位,而且有的特意表现三个突起。由此可以推测,刀剑环首上的突起装饰应当是对牡鹿、牡羊等食草动物犄角上的瘤状突起的模仿,因此,整个环耳被赋予犄角的含义,是犄角简化以后的表现形式。

其他地区发现的一些文物也能提供一些间接的证据。卢里斯坦发现的山羊形贡神针非常有特点,取山羊的脖子和头作为把手,羊的角非常写实,甚至有些夸张,角上的瘤被特别地强调。这种针是游牧骑马民族插在神祠中的奉献针。卢里斯坦的发现被认为是米底人的早期遗存。① 但也有学者对此表示怀疑。② 总之,这些人应当来自一些游牧成分较大,而且包含很多北方文化因素的部落。

从考古材料看,青铜镀和动物,特别是食草类动物有着密切的关系。在南西伯利亚的塔加尔文化中发现了类似青铜镀的器架,口沿上站立了很多食草动物。③ 有学者认为古人这样做具有辟邪的目的,象征着动物守护着容器中的物品。④ 类似的器物还见于天山西部地区的塞人遗存中,塞人的大型铜盘口沿上也装饰圆雕的动物,甚至包括大型猫科动物。生活在中亚草原的塞人可能对羊更为看重,伊塞克金人墓出土尖顶帽尖上伫立的是一头大角羊,显示了羊的重要性。这个地区属于塞人的青铜镀为斜肩耳,但三个足却是羊的造型。

在斯基泰文化的青铜镀上,我们更加清楚地看到青铜镀耳朵的含义。从公元前 7 世纪中叶开始,有一种斯基泰青铜镀的器耳被设计为公羊的形象。粗壮的羊角得到强调,开始两只羊,到后来增加到五六只。这种用圆雕的动物形象装饰在铜器口沿附近的做法可能受到乌拉尔图的影响,因为在乌拉尔图文化中有一种装饰了若干立体兽头的铜锅。稍后斯基泰青铜镀的器耳也装饰了三乳突。⑤ 所以,就斯基泰青铜镀而言,这种装饰的寓意还是表现食草动物的角,只不过在这里模仿的可能是牡羊的角。那么青铜镀上的牡羊和象征牡羊的乳突环耳应当是仪式中重要的焦点之一。

1864 年在诺沃车卡斯克附近偶然发现阔克拉契墓葬,出土了萨尔马泰艺术最有代表性的器物。其中阔克拉契王冠由三部分铰接而成,整个

---

① Roman Ghirshman, Stuart Gilbert and James Emmons, *Persia from the origins to Alexander the Great*, Thames and Hudson, 1964, pp.281 – 286.
② Bruno Genito, "the material culture of the Medes: limits and perspectives in the archaeological research" Un ricordo che non si spegne, Napoli, 1995, pp.103 – 118.
③ 吉谢列夫:《南西伯利亚古代史》(1951 年第 2 版),莫润先等汉译本,上册,新疆社会科学院民族研究所,1981 年。
④ 张文玲:《古代中亚丝路艺术探微》,国立故宫博物院,故宫丛刊,甲种,2001 年,第 52 页。
⑤ 雪嶋宏一:《スキタイの镀》,《草原考古通讯》1995 年 6 号,第 2—14 页。

表面镶嵌了红宝石和玻璃,中间是一个用紫水晶雕刻成的半身女人像。最值得注意的是,王冠上缘装饰着一个行进中的仪式,神圣的动物牡鹿和牡羊朝向生命树,整个仪式的表现处于王冠最高的部分,形象明确。牡鹿、牡羊和生命树的关系非常清楚,牡鹿、牡羊是整个仪式中不可缺少的关键角色。同时期的青铜鍑口沿部位同样装饰了牡羊的形象,这说明牡鹿、牡羊在这些人群日常生活和宗教意识中具有突出的位置和特别的含义。

由上可见,牡鹿、牡羊以及它们的角在古代的确受到人们的崇拜,特别是以畜牧或游牧为生的民族。① 青铜时代晚期,北方人群把这种思想主要表现在鹿石、环首刀和短剑上。游牧社会兴盛后,欧亚草原的游牧人在很多器物上表现他们对于鹿和羊的崇拜。② 在游牧民族掌握大型青铜容器的铸造技术以后,这一意义无疑被赋予到青铜鍑上,证据就是环耳上的突起装饰。青铜鍑的耳朵主要分为耳部带一突和无突两种,中国发现的匈奴以前的青铜鍑都存在着这种二元现象。在俄罗斯图瓦阿尔赞2号冢的5号墓室中,在木椁东壁和墓壁之间随葬两件铜鍑:其中一件每边为双立耳,一边立耳有乳突,一边可能没有,或者是很微弱。另外一件铜鍑则是无突双耳。萨尔马泰人的墓葬中也有这个现象,如果有两件铜鍑随葬,一般一件为有突,另一件没有突,或者为动物形象的耳。有意思的是,几乎所有中原贵族(或已经完全汉化的戎狄,或处于青铜鍑分布边缘地区的晚期戎狄)墓中出的青铜鍑几乎没有乳突装饰。而北方文化构成为主的墓或窖藏中出的青铜鍑耳部几乎都装饰一个突。这一现象说明,在青铜鍑耳部装饰乳突是北方游牧民族特有的风俗,带突的青铜鍑在北方游牧民族认知价值体系中最为重要,是承载了他们思想意识的器物。所以中原贵族即使随葬青铜鍑,也是选用不带突的,仅仅起一个象征的作用。

总之,青铜鍑是游牧民族使用的一种大型青铜容器,受生活方式、审美取向和技术等原因的限制,他们不可能像定居民族一样,在如此大型的青铜器上装饰精美繁复的纹样(有时也尽力而为了,比如斯基泰人的青铜鍑),但他们通过一种简单的手法曲折地来表达其崇拜和在萨满中利用的对象,即把大型雄性食草动物犄角的特征象征性地表现在青铜鍑环耳上,进而象征其崇拜鹿、羊的思想意识。这种手法和在小型器物、岩石、织物和皮肤上表现得完整、生动的相同动物形象相得益彰,共同构成草原文化的内容和精神

---

① 芮传明、余太山:《中西纹饰比较》,上海古籍出版社,1995年,第273—315页。
② 李晓红:《试论北方草原古代艺术中的鹿形象》,《考古与文物》2002年5期。

世界。

在青铜鍑的耳部装饰一个或三个乳突是一个非常显著和长期存在的现象。本书通过对中国和南西伯利亚发现的环首刀、鹿、牡羊首短剑(刀)和伊朗卢里斯坦山区发现的鹿、牡羊首锥进行分析,结合类似装饰的文物讨论,试图确定早期铜鍑耳部乳突做法的含义。推测这些装饰是北方民族对食草类雄性动物角一种抽象性的拟形,体现了对犄角的崇拜,进而也反映了对牡鹿、牡羊的崇拜,这些动物的角可能是永恒的生命树的象征,在萨满巫术中可能具有帮助巫觋通天的功能,同时有"趋吉"和"辟邪"的功能。

三、中国先秦时期墓葬中的铜鍑埋藏研究

铜鍑的埋藏情况很复杂,往往能透露一些有价值的历史信息。除了特别为随葬制造的明器性质的鍑外,墓葬中随葬的铜鍑曾经在墓主人的生前被用于各种不同的目的。铜鍑在葬礼中与墓主人一起被埋入地下,是其现世历史的一个终结。对于葬礼中相信死后世界的参与者和墓主人而言,葬礼既是一个结束,也是一个开始。随葬的铜鍑和其他器物一起将在古人相信存在的另一个世界继续完成它的任务。对于今天的人来说,这些随葬的铜鍑成了我们探究古人心思意念的线索。本部分将对中国北方先秦时期墓葬中随葬的铜鍑的埋藏情况作一些初步分析。

说到墓葬中出土的铜鍑,有一个墓地非常重要,就是河北省延庆县军都山玉皇庙墓地。玉皇庙墓地共出土了 2 件铜鍑,分别出自 18、250 号墓,两座墓墓主均为男性,墓葬等级均为整个墓地最高级,墓中随葬品烹煮器、食器、酒器和水器俱全。18 号墓位于北Ⅰ区中部,时代为春秋早期,为竖穴土坑墓,在墓圹内上层填土中,大量堆砌自然石块。据发掘者观察,在玉皇庙、葫芦沟和西梁土光三处墓地发掘的 594 座墓葬中,只有该墓有这个特点。墓主年龄 40 岁,铜鍑出于墓主左、右足踝之间,立置。出土的铜鍑通高 20.9 厘米,耳部磨损痕迹明显,器表通体沾满烟垢,出土时器表附着多层麻布的痕迹。250 号墓位于北Ⅱ区北部,时代为春秋早中期,出土的铜鍑位于墓主头侧,通高 23.3 厘米,重 1 500 克。圈足坡面上有三角形镂孔和铸补痕迹(图 5 - 6)。①

---

① 北京市文物研究所:《军都山墓地——玉皇庙(一)》,文物出版社,2007 年。《军都山墓地——玉皇庙(二)》,文物出版社,2007 年,第 908 页,图五七二:1;彩版五〇;图五七二:2;彩版五一:1。

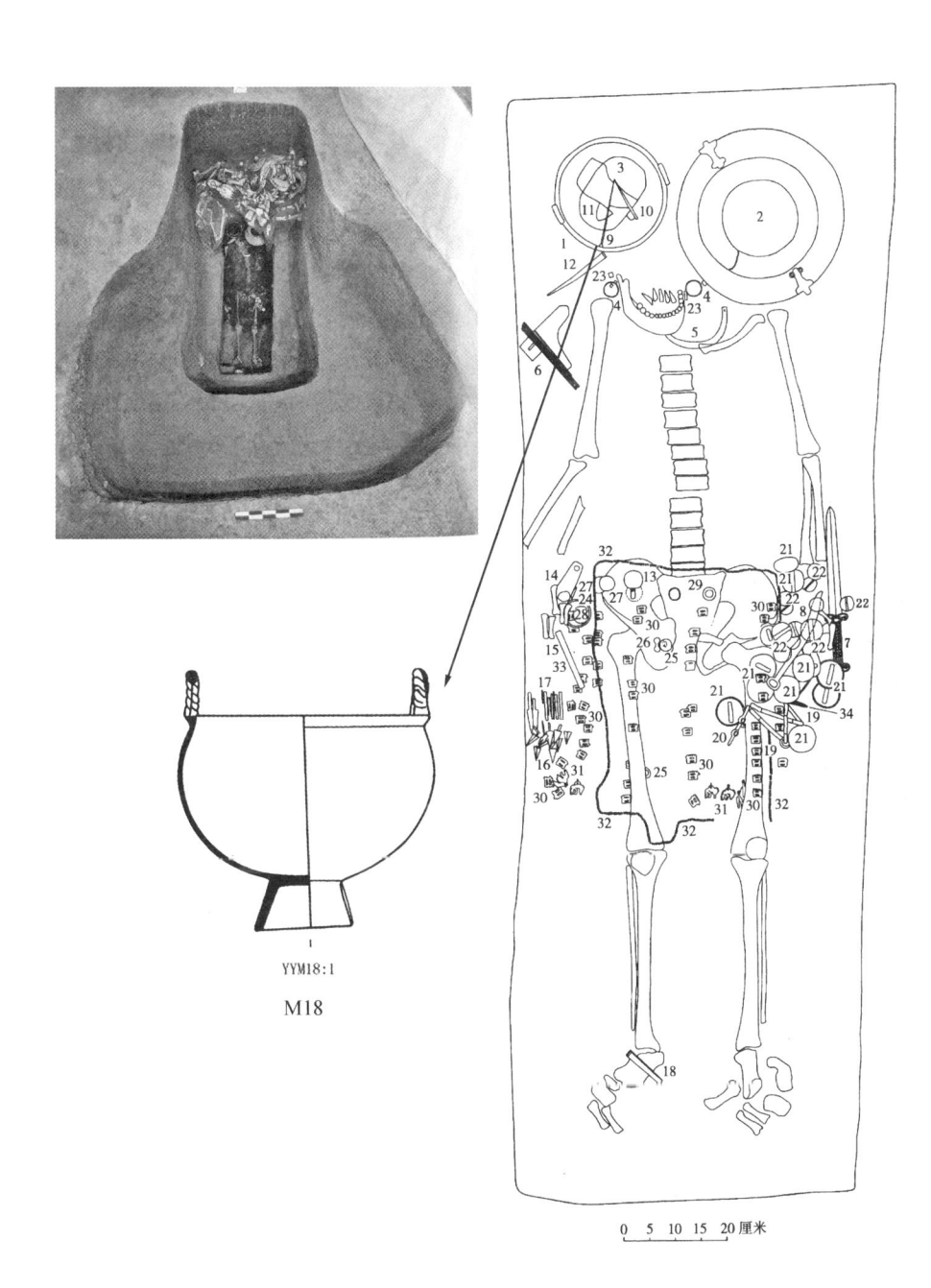

第五章　礼仪神器与欧亚草原游牧社会的世俗生活　·229·

YYM18:1
M18

0　5　10　15　20厘米

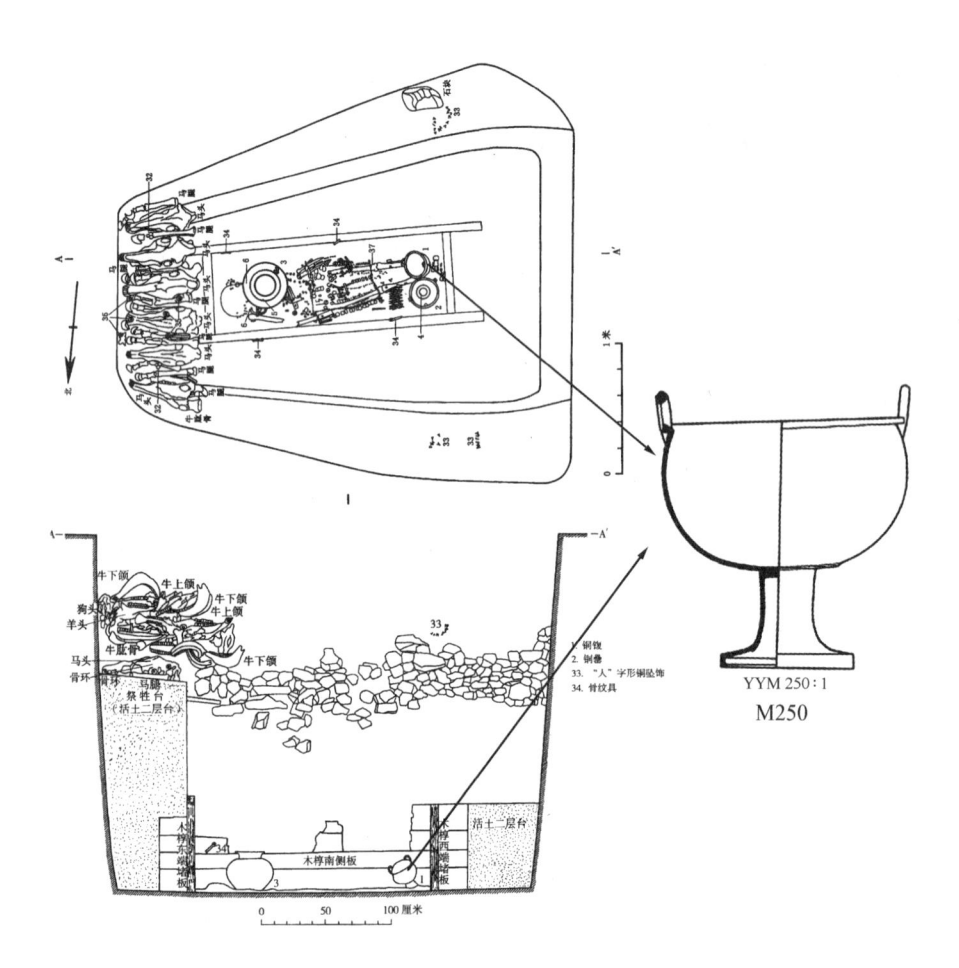

· 230 · 草原之鍑：礼仪神器与欧亚草原社会世俗生活

YYM 250：1
M250

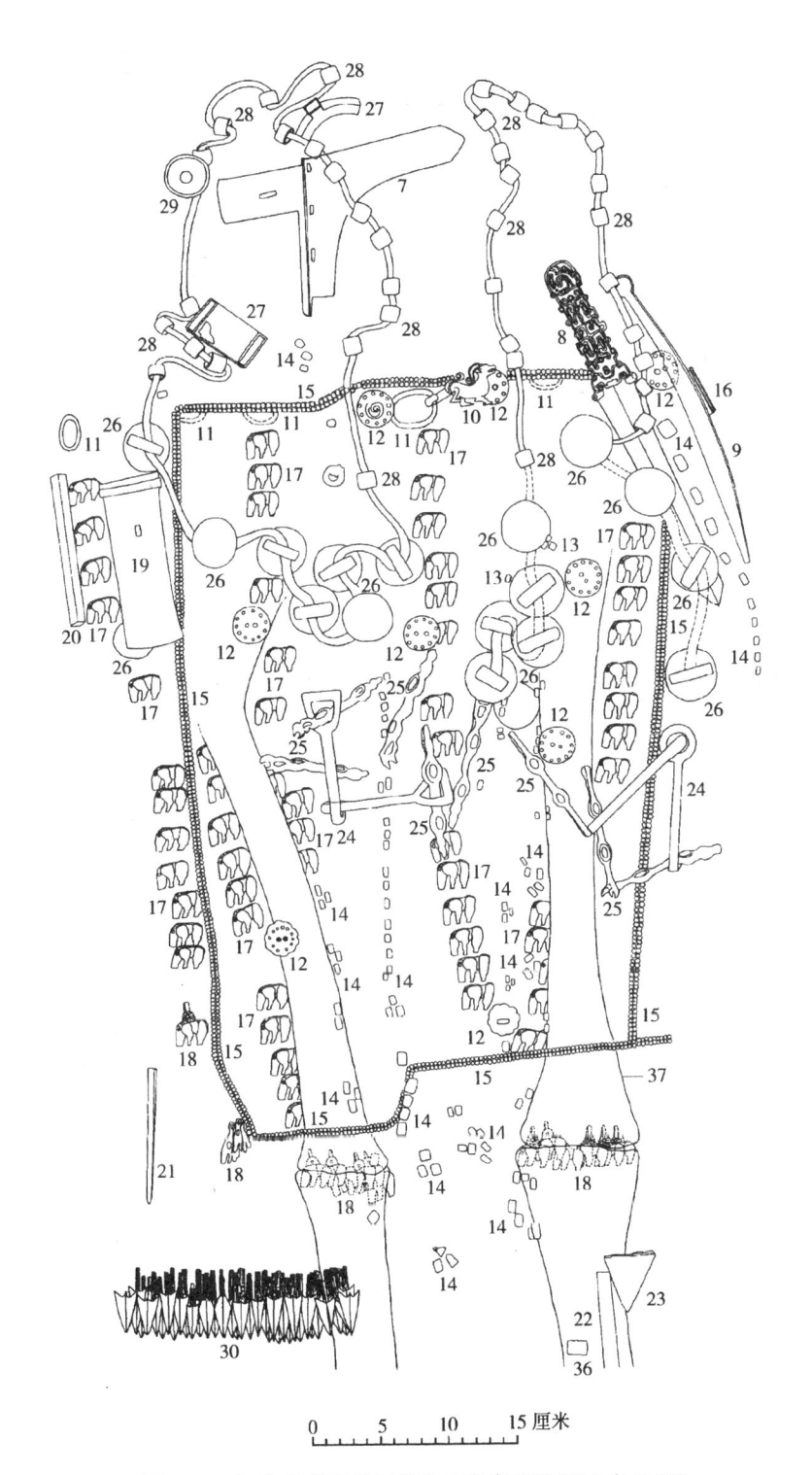

图 5-6 河北省延庆县军都山玉皇庙墓地 M18 和 M250

玉皇庙墓地是一个经过完整揭露的北方游牧民族的墓地,但在不同的时期却只有一件铜鍑在最高级的墓葬中被发现,这说明铜鍑在军都山玉皇庙墓地所代表的这个草原社会中具有非常重要的价值和文化地位。这种器物属于牧业社会上层阶级使用的特殊器物。在世俗关系和精神功能上,都是为实现社会最上层人物生活、社交、祭祀和丧葬目的而铸造。值得指出的是,玉皇庙墓地有些因素显示,这里的人群,特别是上层,和图瓦地区的游牧人关系密切,比如 M250 墓主身上装饰的野猪形铜饰和阿尔赞 2 号墓的野猪形金饰相似,其他譬如钟爱虎(或豹)的动物主题,佩戴黄金项饰和金饰等也接近。①

1980 年清理的河北省新乐县中同村积石土坑墓,原有一棺一椁,墓底平铺一层细白砂土,厚 0.15 米。其上铺 0.21 米厚的鹅卵石,再放棺椁。坑壁与木椁之间用鹅卵石充填。椁盖至墓口再铺置鹅卵石直到墓口。其中出了一件铜鍑(图 5-7)。② 值得注意的是随葬品的摆放位置。根据佩剑的位置和方向判断,除了金盘丝、珠饰、随身携带的剑、削和带钩等在身体中部外。装饰中原文化花纹的中原礼器铜鼎和铜甗放于墓主脚侧,而豆、舟、壶、盘和鍑却放在墓主头侧。除了豆装饰有龙虎状的翻唇神兽花纹外,其他器物均为素面,和中原类似铜器略有差别。这样放置随葬品可能透露出不同文化因素在这个人群中的亲疏关系。显然,豆、舟、壶、盘和鍑这一组器物在墓主的意识中应当更为亲近和重要。此墓可能属于鲜虞白狄中山国的墓葬。这样可以理解,吸收中原文化影响的白狄仍然持守着一些自己族群的文化认同,即使豆、舟、壶、盘仍为中原文化的器形,甚至装饰,但和典型中原文化的铜鼎和铜甗相比,这些器物同更具草原特色的鍑一起仍然被看作更能代表其文化的因素。

山西省古代墓葬中发现铜鍑的例子较多,也比较完整,鍑反映了当时复杂的民族关系。

晋国同戎狄的关系通过墓葬中的铜鍑埋藏情况可窥一斑,从现在发现的材料看,有以下四种不同的情况。

---

① 2001 年,德国欧亚研究所和俄罗斯合作在图瓦的"国王谷"发现了迄今为止第一座没有被盗掘的早期铁器时代游牧人的墓穴,时代为公元前 7 世纪晚期。图瓦阿尔赞 2 号冢发现了两个铜鍑。Konsgtantin V. Čugunov, Hermann Parzinger, Anatoli Nagler., *Der Goldschatz von Aržan, Ein Frstengrab der Skythenzeit in der sdsibirischen Steppe*, Schirmer/Mosel, 2006. 玉皇庙墓地出土金饰与阿尔赞 2 号墓非常相似,这个发现为英国罗森夫人指出。

② 河北省文物研究所:《河北新乐中同村发现战国墓》,《文物》1985 年 6 期,第 19 页,图十一。

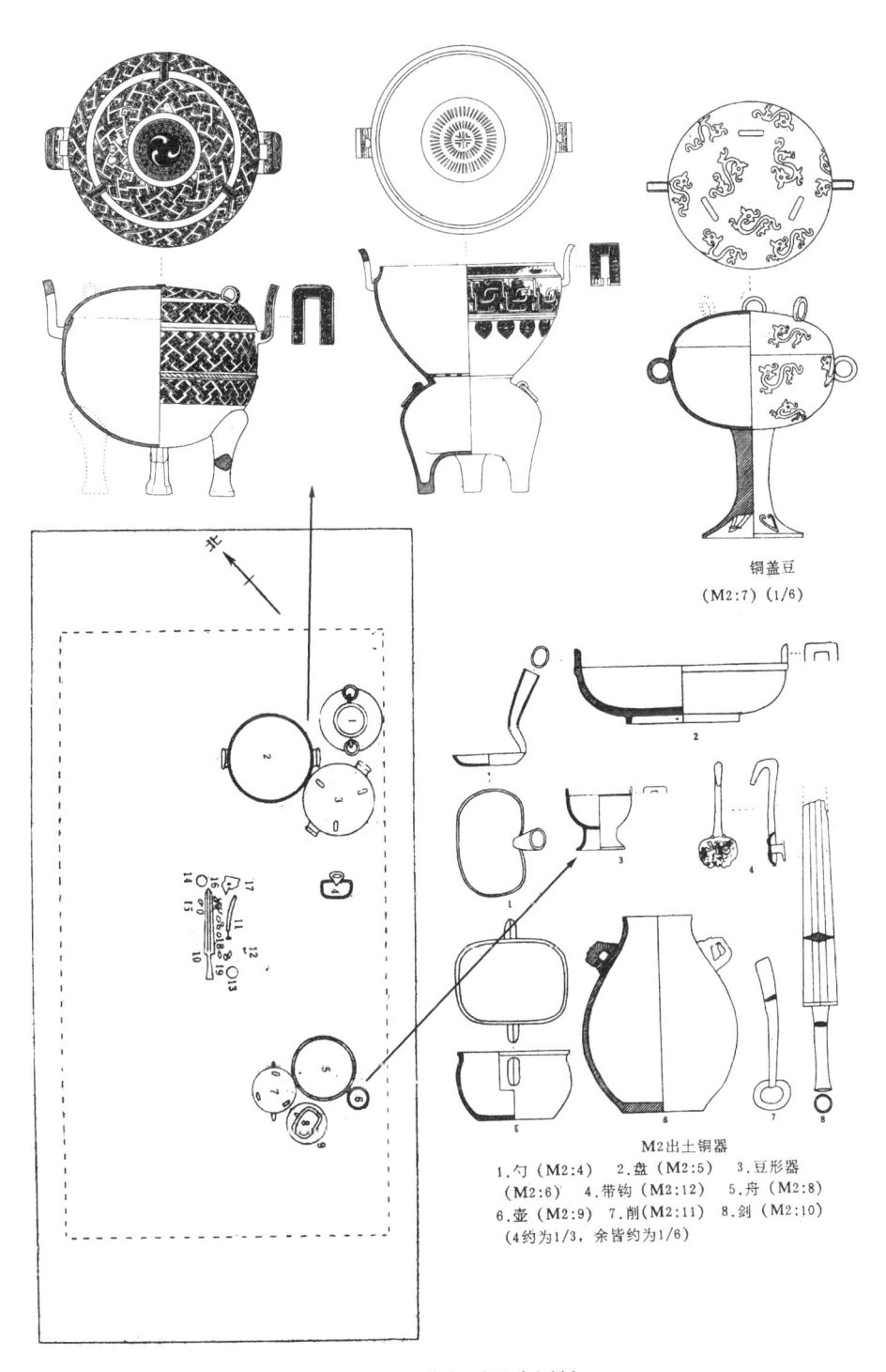

第五章　礼仪神器与欧亚草原游牧社会的世俗生活　·233·

铜盖豆
(M2:7)(1/6)

M2出土铜器
1.勺（M2:4）　2.盘（M2:5）　3.豆形器
（M2:6）　4.带钩（M2:12）　5.舟（M2:8）
6.壶（M2:9）　7.削（M2:11）　8.剑（M2:10）
（4约为1/3，余皆约为1/6）

图5-7　河北省新乐县中同村M2

1. 戎狄墓葬，出于戎狄墓地

1984年12月，山西原平县阎庄镇刘庄村塔岗梁发现铜器墓葬。1985年4月进行了清理。① 共四座墓葬，四座墓葬的方向基本一致，为北偏东20度，均为长方形竖穴土坑墓，墓室内填土经夯筑，夯窝不明显。墓口大于墓底，用卵石块砌棺，横木盖顶。其中M3深3、长3.4、宽2.5米。从朽木痕迹观察，盖板宽约25、厚10厘米。石棺每边厚50厘米左右，齐墓壁建筑。人骨架放在墓室北壁壁龛内，壁龛上部呈弧形，下部平直，高50、深30、底宽100厘米。人骨重叠杂乱，可能是二次葬。随葬器物有铜鍑1件、铜盖豆1件、铜单耳壶1件、铜舟1件、铜匕1件、铁锛1件、金丝2盘、金泡1件、金串珠44颗，绿松石项珠共645颗、料器3件、骨珠506颗。青铜器放置于墓室西北角，铁锛放在壁龛内，玉、骨、金器重叠置于正北偏东处。原报告认为此墓时代为春秋晚期。

这四座墓都用卵石砌棺，横木盖顶，墓口大于墓底，这和传统的周墓不同，与晋墓也不一致。尤其是M3的葬俗，在晋文化中找不到相似的例子。随葬品中，出现北方游牧民族使用的铜鍑，而且，出土大量的金制品（图5-8）。使用铜鍑和金制品是戎狄文化的显著特点，如前述河北省新乐县中同村积石土坑墓，属于鲜虞白狄中山国的墓葬，除铜鍑外，也出土和塔岗梁M3相似的金盘丝。②

1991年8至9月，忻州地区文物管理处和原平市博物馆，对塔岗梁墓地又进行了清理发掘，共清理了22座，均墓口略大于墓底，18座有石椁，其中出土了1件铜鍑和1件铜镐，铜镐和长城地带北方文化出的鹤嘴斧相近，基本情况和1985年清理的4座相近，而且，此次清理的5号墓和1985年清理的4号墓是夫妇异穴合葬墓。③ 因此，原平塔岗梁墓地是一处春秋晚期戎狄的墓地，不过，从随葬品可以看出，此地戎狄文化深受燕国、晋国文化影响。

塔岗梁M3保存完整，为我们研究戎狄的葬俗和文化构成提供了宝贵的资料。从M3可以看出，戎狄以铜鍑代替铜鼎，而铜鍑形制和纹饰都有东周铜器的特点，反映了戎狄既保持自己文化特色，又深受晋、燕文化的影响。同时，也使我们能够了解铜鍑在墓葬中的位置对于判断墓葬性质的作用。

---

① 山西忻州地区文物管理处：《原平县刘庄塔岗梁东周墓》，《文物》1986年11期，第21—26页，图二、图五。山西省考古研究所：《上马墓地》，文物出版社，1994年，第73页，图六十：2，第143、171—174页。
② 河北省文物研究所：《河北新乐中同村发现战国墓》，《文物》1985年6期，第19页，图十一。
③ 忻州地区文物管理处、原平市博物馆：《山西原平刘庄塔岗梁东周墓第二次清理简报》，《文物季刊》1998年1期，第11页，图一〇：1，图一一。

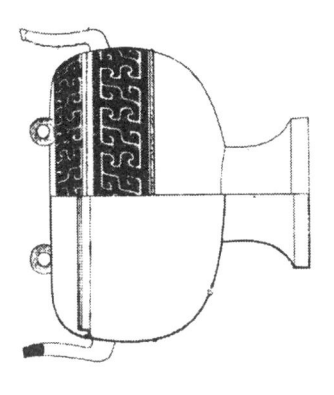

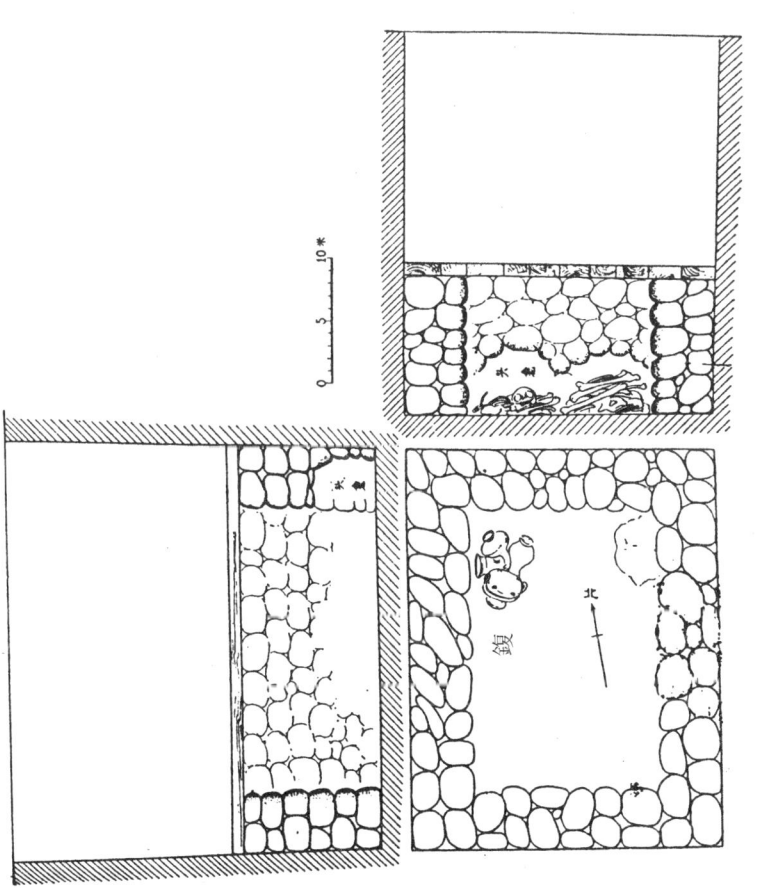

图 5-8 山西原平县阎庄镇刘庄村塔岗梁 M3

2. 狄人墓葬,出于周人墓地

1976年,在山西闻喜上郭村发现一处周至汉代的墓地。① 古墓葬主要分布在70×30米的狭长范围内,约有周至汉代墓葬(含马坑)40座左右,其中仅随葬1件陶鬲或陶罐的周代小墓居多,约20座。马坑3座,周代铜器墓7座,汉墓4座,分散筑于周墓之上。上述古墓和马坑,经正式清理的有16座。本部分讨论的76M1,为长方形竖穴墓,墓向50°,墓底长3.55、宽2.2米,距地表深4米。葬具一棺,棺长2.1、宽0.68米,葬式为仰身直肢。随葬品计有铜鍑1件、戈1件、镞35件、马衔2件、陶鬲1件、骨器2件,均置棺外足端(图5-9)。

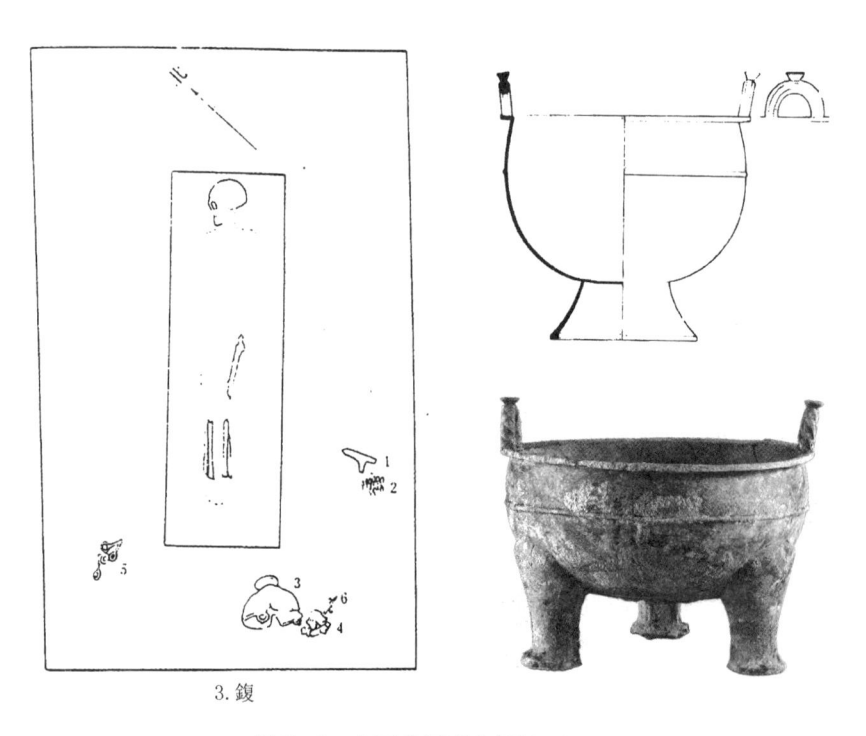

图5-9 山西省闻喜上郭村76M1

从葬式以及墓葬形制来看,此墓同它周围的周墓一致。从随葬品来看,此墓有典型的周式陶鬲、长胡三穿戈和箭镞,但是,与其他铜器墓不同之处,是随葬了一件铜鍑,以代替其他铜器墓的铜鼎。而且此墓所出的铜戈表面呈银白色,有些学者认为铜器表面富锡大致有两种可能:一是高锡青铜器

---

① 杨富斗:《1976年闻喜上郭村周代墓葬清理记》,《三晋考古》第1辑,山西人民出版社,1994年,第123—138页。

因电解腐蚀所引起或铸件冷却时反偏折使然（俗称锡汗）；二是古代镀锡工艺的结果。并认为镀锡工艺是"公元前6—4世纪……草原游牧部落的一项重要的文化、技术特征"。[①] 据对上郭出土富锡铜戈的观察，铜戈双面均呈银白色，唯刃部磨砺呈青铜黄色，而同墓所出刀、镞类高锡铜器则无银白色光泽。在同样埋藏条件下，同为高锡铜兵器出现这种差异似非偶然，[②]由于墓中出土了游牧人使用的铜鍑，因此，铜戈表面呈银白色，应是游牧人镀锡的结果。墓主除了是一位和戎狄有关系的晋人外，更可能是一位狄人，但是又深受中原文化的影响。根据墓中出土的铜戈、箭镞和马衔来看，此墓主人的身份应当是一位驰骋疆场的狄人武士。鉴于他的墓葬和其他的典型晋国墓葬同在一墓地，而且又出中原式陶鬲、铜戈和箭镞，所以我们认为此人是已加盟晋国部队的狄人武士。由此，我们可以看出，晋国同周边部族的关系除了对抗之外也有融合。76M1的年代根据所出陶鬲，为春秋早期晚段，这正好为我们理解晋国同周围戎狄的关系提供了一个生动的例证。有意思的是，同一墓地属于春秋早期的76M4出土的铜鼎的直立耳，耳为绳索形，在耳的顶部有一个和76M1铜鍑耳部一样的倒圆锥形突起。[③] 另外，属于春秋早期的76M6是一座典型的晋国墓葬，但出了一件镀锡的铜戈，显然，这些都是晋国文化受到戎狄文化影响的例子，反映了民族文化融合的历史事实。

3. 戎狄因素，出于晋国贵族墓葬

1961年12月，山西省文物考古工作者发掘了山西侯马上马村墓地。[④] 这是一处面积在50万平方米以上的墓葬区。考古工作者发掘了十四座东周墓葬，其中M13尤为引人注目，时代为春秋中晚期。

该墓是一座长方形竖穴木椁墓，长5.2、宽3.85、深6.2米，墓口距地表0.3米，方向350°。墓口略大于底部，葬具有棺、椁各一。椁长4.6、宽3.7、高1.5米，椁壁由七块木板垒砌，底用十七块木板横放铺成。

随葬品主要有铜鼎7件、铜簋4件、铜簠2件、铜瓿1件、铜鬲2件、编钟9件、石磬10件、包金器若干、玉器若干、骨蚌器若干、陶鬲1件。根据随葬品，此墓年代为春秋中晚期。

随葬品在墓内按类放置，墓室西部集中放置铜鼎、簋、壶、簠、瓿等礼器；

---

① 韩汝玢、埃玛·邦克：《表面富锡的鄂尔多斯青铜饰品的研究》，《文物》1993年9期，第95—96页。
② 杨富斗：《1976年闻喜上郭村周代墓葬清理记》，《三晋考古》第1辑，山西人民出版社，1994年，第138页。
③ 王克林：《山西侯马上马村东周墓葬》，《考古》1963年5期。
④ 山西省文物管理委员会侯马工作站：《山西侯马上马村东周墓葬》，《考古》1963年5期，第242页，图一三：5；图一四：17。

东南角放置编钟、石磬等乐器和盘、匜等;东部放置戈、矛、斧、镞等兵器,以及锛、凿、刀等工具;东北角除一堆散乱的兽骨外,主要放置车马器和成堆的铜贝、包金贝、骨贝和铜镞等。此外,玉面饰在人骨的面部,串珠在人骨的胸部,玉片、玉璜等装饰品在人骨身上或附近,石圭在人骨的头前。

从墓葬形制和随葬品的构成看,M13属典型的晋国墓葬,而且是上层贵族的墓葬,随葬品中有整套的兵器和车马器,因此,墓主生前一定统帅过军队,立过赫赫战功。

值得我们注意的是,在墓葬东部中央,随葬一件铜鍑(图5-10)。直立环耳,折沿深腹,高圈足,素面。通高7.5、口径6厘米。从尺寸看,这件铜鍑

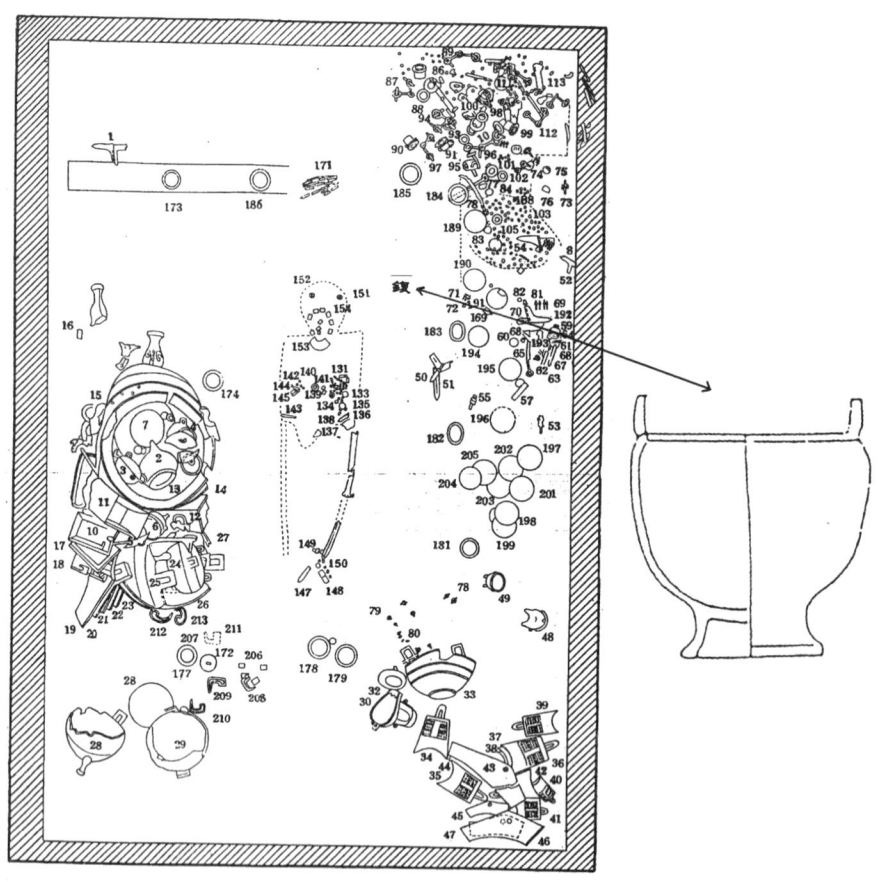

1、51、52、54、70.铜戈 2.铜鬲 3—6.铜殳 7.铜盘 10、17、18.铜簋 11、12.铜壶 13、14.铜罍 15.铜斝 16、81、82.骨器 24—27、29.铜鼎 30.铜匜 31、32.铜舟 33.铜甗 34—42.编钟 19—23、43—47.石磬 48、49.铜鬲 50.铜矛 53、55.戈䜩 57.石牌 59.小铜罐 62、66.铜斧 63、64.铜凿 65、67、77、78.环首刀 68.陶鬲 69、71、72、108.铜镳 58、60、83、84.铜泡 73.铜釪 74—79.铜带具 65、85、86、90、91.车䜩 87—89、91、99、104、111、112.马衔 113.殉兽骨 103.包金贝 105.铜带具 188.铜耳一堆 101、102、173、174、177、178、182—185.铜环 61、189、190、191、194—205.铜圆片 171.石圭 172.包金装饰品 206—213.云形铜片 131—133.串珠 134.玛瑙环 141.串珠 138.玉蚕 139.玉环 134—137.玉饰(片)143.玉鱼 145.玉兽 147—150.玉片 151、152.玉琀 153.玉璜 154.玉面饰

图5-10 山西省侯马上马村墓地M13

应是一件明器。这件铜容器,不和铜鼎、簋、壶、簠、甗等礼器放在一起,而是和铜戈、箭镞、铜锛、铜凿放于一处,这是有特殊含义的。

铜戈和箭镞是作战兵器。贵族墓随葬的铜锛和铜凿不是一般的生产工具,而是一套修理战车的工具,墓葬随葬修车工具是周代舆服制度的一部分,反映了当时的礼制。① 铜鍑和兵器、修理战车的工具放于一处,远离青铜礼器,而且尺寸很小,我们推测其随葬的目的是炫耀墓主的军功,显示墓主在对戎狄的战争中立下的战功。"国之大事,在祀与戎"。侯马上马村M13虽然不是最高等级的墓葬,但其随葬品的构成和在墓葬中的布置却生动地显示了周代社会生活的主旨,铜鍑的存在,对于我们理解这一主旨和晋国的民族关系提供了考古的实例。类似的例子还有上马墓地 M1010(春秋中期)和 M2008(春秋晚期)。②

4. 民族融合,出于殉葬人棺上

1987 年 7 月太原市南郊金胜村附近的太原第一热电厂进行第五期扩建工程,发现了一批古墓葬。山西省考古研究所和太原市文物管理委员会组成联合考古发掘队,对墓地进行了钻探与清理,其中 1988 年上半年发掘的 M251 及其附葬的车马坑规模最大,出土遗物十分丰富,可能是春秋晚期晋国赵卿的墓葬。③

赵晋国赵卿墓位于太原市南郊金胜村西 300 米处,海拔高度约为 897.4米,地处吕梁山余脉龙山脚下。赵卿墓系大型积石积炭木椁墓。墓圹为长方形竖穴土坑,没有墓道,墓室东西向,头在东,方向110°。墓圹口大底小,形若斗型。墓口平面呈长方形,距地表 0.2 米,东西长 11、南北宽 9.2 米;墓底东西长 9、南北宽 6.8 米,距地表 14 米。墓室的正中,放置着椁和二层套棺,墓主人葬式为仰身直肢,头向东。在墓主人棺椁的南侧、西侧和西北侧,分别置有 4 副单棺。

赵卿墓出了 11 件铜鍑,分为三型:第一型一件。直立双耳,平沿,直口,口稍内敛,圈足有镂孔,底沿起折棱。通高 7.3、口径 7.3 厘米,重 90 克。第二型两件。无耳,直口,腹壁圆弧,圜底,高圈足。鍑中残存有颜料。通高 6.3、口径 7 厘米,重 85 克。第三型八件,平底鍑无圈足。通高 4.7、口径 5.3

---

① 林梅村:《青铜时代的造车工具与中国战车的起源》,《古道西风——考古新发现所见中西文化交流》,生活·读书·新知三联书店,2000 年,第 40—44 页。
② 山西省考古研究所:《上马墓地》,北京:文物出版社,1994 年,第 73 页,图六十:2,第 186 页,图一二三;第 143 页,图一〇三:2,第 180、171—174 页。
③ 山西省考古研究所、太原市文物管理委员会:《太原晋国赵卿墓》,陶正刚、侯毅、渠川福著,文物出版社,1996 年,第 129、130 页,图六八:3.4.5;图版八八:3.4.5。

厘米,重75克。学者讨论过这些铜鍑,认为是同北方文化交流的结果。① 我们比较注意这些铜鍑在墓葬中的摆放位置。

其摆放位置如表一。从统计表和墓葬图可知,除571号平底鍑放置于墓室东侧外,其余铜鍑均放于墓室西南部。而墓室西南部放置的是2号单棺(图5-11)。

表一 太原赵卿墓铜鍑摆放位置统计表

器号	器名	数量	出 土 位 置
35	平底鍑	1	墓室西南部陪葬人棺上
36	平底鍑	1	墓室西南部陪葬人棺上
46	双耳高足鍑	1	墓室西南部陪葬人棺上
61	平底鍑	1	墓室西南部陪葬人棺上
115	平底鍑	1	墓室西南部
116	无耳高足鍑	1	墓室西南部
154	平底鍑	1	墓室西南部
180	平底鍑	1	墓室西南部
260	无耳高足鍑	1	墓室南部
466	平底鍑	1	墓室西南部
571	平底鍑	1	墓室东侧

(器号为原报告编号)

原报告描述2号单棺如下:"单棺一副,已朽。棺长2.1、宽0.8米。骨架腐朽严重,能取到的尽是碎骨块。依骨骼残痕可知为仰身直肢葬,头向东。经鉴定系一成年个体,性别不明。棺内随葬各类器物约20件(个别器物可能在棺椁倒塌时滚入),玉器6件(有玉片3件,玉璋3件),玛瑙觿1件,

---

① 陶正刚:《从太原赵卿墓出土文物看我国东周时期南北文化的交流和影响》,《中国北方古代文化国际学术研讨会论文集》,中国文史出版社,1995年,第39—40页。

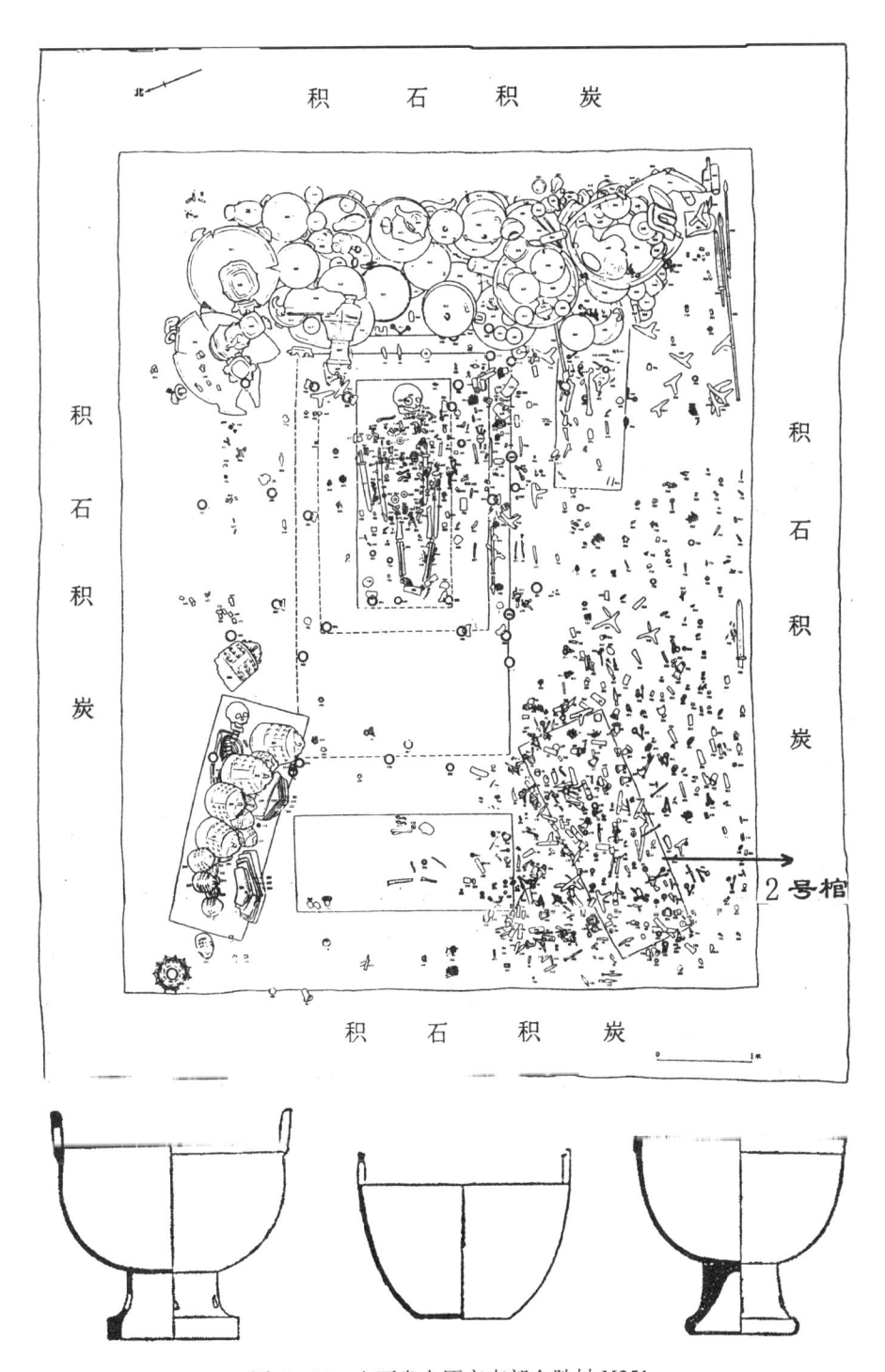

第五章 礼仪神器与欧亚草原游牧社会的世俗生活 ·241·

图 5-11 山西省太原市南郊金胜村 M251

玛瑙环5件,其余皆为青铜小件,有铜带钩、匕、钺和车马器。""在2号殉葬人骨架之上0.8米处,曾清理出手工工具、兵器和车马器。手工工具的种类有铜刀、凿、锛、削、锥等,兵器有铜戈、戟、矛、镞等,车马器主要是铜马衔与马镳等。在清理这批小件时,在其下多次发现残碎漆皮,厚达七八层。车马器、兵器和手工工具非常集中,放在一个或两个漆箱内,漆箱板已成朽木。漆箱原置于2号殉葬人的棺上,因棺椁坍塌及漆箱腐烂,才使这些小件铜器散落在2号殉葬人的遗骸上。"可以看出,2号殉葬人是赵卿帐下的一员武将,他有铜戈、戟、矛、镞等一套兵器,他还拥有铜刀、凿、锛、削、锥等一套修理战车的工具,并有车马具,因此,这员武将还是在车上作战的勇士。这些随葬品没有直接放入2号单棺内,可能更加表明他与赵卿的隶属关系。但并不影响我们对2号殉葬人身份的推测。这从4号殉葬人也可以得到旁证,4号殉葬人的棺木放置于赵卿墓的西北角,长2.1、宽0.7米。骨架保存完好,经鉴定,死者是一青年男性,年龄在20—22岁之间。在他的棺上,堆放着赵卿墓的全部乐器,计有石磬13件、青铜编镈19件,因此,报告认为4号殉葬人是"乐工"。

铜鍑属铜容器,但在赵卿墓中却并不与其他铜容器放于一处,除铜鍑以外的铜容器全部放置在墓主人套棺以东宽1.5、长5.2米的部位,这些青铜器层层叠压,一般为两层,也有多至三四层的。正如报告所说"青铜礼器之所以层层叠放,并非椁室狭小之故(在墓主人北侧的部位还有空间),而是要把所有的青铜礼器都放置在一个严格的范围之内。从这一部位在椁室所占的位置及堆放的铜器种类来看,它象征着是墓主人生前居室的'堂'或'庭'"。因此,我们认为铜鍑集中放于2号殉葬人处,是有一定意图的。这个意图有两种可能:

第一,如同侯马上马村M13一样,是军功的象征,即表示在对戎狄的战争中立下的战功。跟M13稍不同之处为,这个军功可能是奖励给2号殉葬人的,以表彰他在对戎狄的战争中立下的战功。《春秋·哀公六年》(公元前489年):"晋赵鞅帅师伐鲜虞。"《左传·哀公六年》:"六年,春,晋伐鲜虞,治范氏之乱也。"鲜虞属白狄,因此,赵鞅曾率军打击过鲜虞白狄。通过对铜鍑摆放位置的分析,可推测2号殉葬人在这次战争中起到重要作用。而且,赵卿墓所出双耳高圈足铜鍑和河北新乐县中同村战国早期鲜虞白狄墓出的铜鍑很相近。① 这从侧面也证明了我们推测的可能性。强调2号殉

---

① 河北省文物研究所:《河北新乐中同村发现战国墓》,《文物》1985年6期,第17页,图九:3,图十;第19页,图十一。

葬人的军功，并没有喧宾夺主，因为 2 号殉葬人是置于赵卿墓的一角，从整体看，仍然是强调赵鞅的军功。而且，把戎狄使用的铜鍑放于 2 号殉葬人处，一可以表明赵鞅对 2 号殉葬人的钟爱和对他军功的肯定，以及对自己戎马军旅的炫耀；二也避免把戎狄使用的铜鍑和反映赵鞅身份和地位的青铜礼器放于一处，以示夷夏之别。

第二，把铜鍑放于 2 号殉葬人处，也可能是想说明 2 号殉葬人是一位深受赵鞅喜爱的狄人武将。公元前 569 年，魏绛向晋襄公建议"和戎"。在魏绛的游说下，晋国施行"和戎"政策，"使魏绛盟诸戎"（《左传》襄公四年）。同戎狄的关系相对由征伐对抗转向利诱融合。《春秋·定公十三年》（公元前 497 年）："晋赵鞅入于晋阳以叛。"《左传·定公十三年》记："秋，七月，范氏、中行氏，伐赵氏之宫。赵鞅奔晋阳，晋人围之。"文献记载，赵鞅曾率军同范氏、中行氏作战，并征伐过郑、鲜虞、齐和卫。在这些军事行动中，赵鞅征用狄人也是可能的。而其中，有得赵鞅信任和喜爱，并成为贴身心腹的武将也是可能的，那么，赵鞅墓中 2 号殉葬人附近随葬的铜鍑，可能与此有关。

值得指出的是，虽然此墓铜鍑均放在 2 号殉人处，但我们发现，在椁室北部与墓主关系密切的青铜礼器中，有三件青铜鼎带有铜鍑影响的因素，一件是放于套棺东北角的附耳牛头螭纹蹄足铜升鼎（M251：633），另外两件是置于套棺东侧铺首牛头螭纹蹄足铜升鼎（M251：611，M251：616）。这三件铜鼎盖上均有三个钮，前后两件为环钮，中间这件为卧牛，环钮顶端都有一个圆突，卧牛头顶也如此。在器耳顶端装饰圆突是北方民族使用的一类铜鍑的特点，这三件鼎盖钮应当受到这种做法的影响。山西长子县东周墓地 7 号墓也出土相似的鼎一件，这个墓还出土了彩绘的鹿角一对。① 秦墓也有类似的现象，比如甘肃省秦安县陇城镇上袁家村 6 号秦墓出土一件铜鼎也在三环钮上加圆突（M6：9）。②

晋国强大之前面对的政治形势是非常不利的。《左传·庄公二十八年》记载："狄之广莫，于晋为都。"《左传·昭公十五年》记载："（晋）居深山。戎、狄之与邻而远于王室，王灵不及，拜戎不暇。"因此，开疆拓土、消除狄人的威胁始终是晋国的战略方针。简而言之，晋献公即位后，首先降服骊戎。《国语·晋语一》载：献公五年（公元前 672 年），"献公伐骊戎，克之，灭骊子，获骊姬以归"。这是晋国最早消灭的戎狄之国，并有人口的掠夺。骊戎

---

① 山西省考古研究所：《山西长子县东周墓》，《考古学报》1984 年 4 期。
② 甘肃省文物考古研究所：《甘肃秦安上袁家秦汉墓葬发掘》，《考古学报》1997 年 1 期。

之国在今山西南部,晋城之东析城山、王屋山之间。① 到晋献公晚年,晋国基本控制了今天的临汾、运城两地区,而且拥有一部分河南、陕西靠近运城地区的区域。但其周围仍然为戎狄所包围,晋献公去世之年,时人宰孔曾云:"(晋国)景、霍以为城,而汾、河、涑、浍以为渠,戎狄之民实环之。"在晋国的强大攻势下,赤狄以后逐渐向四周退却,可能有少数狄人加入了晋国的部队。在晋文公称霸之时,晋国的疆界已扩展到山西中部,但白狄与赤狄经常向晋国挑战,晋国方面并无多少优势可言。之后,晋国在消灭赤狄潞氏之后,便积蓄力量准备与北面的戎狄决战。公元前541年,晋国军队与之进行了一场空前的大战。晋国在这场大战中取得了决定性的胜利,从此在晋中建立起稳固的统治。子产感叹道"晋主汾而灭之矣",也就是说,晋国至此控制了整个汾水流域。在这次重创后,白狄的势力范围收缩至今吕梁地区及黄河以西。所以吕相曾指出白狄与秦同州(《左传·成公十三年》)。

　　由于晋国处于多族群的环境中,因此同周围的戎狄关系非常复杂。首先,晋国公族与戎狄之间的通婚被视为平常,如晋献公"又娶二女于戎,大戎狐姬生重耳,小戎子生夷吾",又娶骊姬,"生奚齐,其娣生卓子"(《左传·庄公二十八年》)。重耳逃入狄国后,"狄人伐廧咎如,获其二女。叔隗、季隗,纳诸公子。公子取季隗","以叔隗妻赵衰,生盾"(《左传·僖公二十三年》)。晋国公族女子也常嫁到狄国,如赤狄潞国国君——潞子婴儿的夫人即为晋景公之姊。其次,戎狄之国又往往成为逃亡晋国人士的避难所。最著名的当然是晋文公重耳,居狄国时间长达12年。其三,晋国在某些时候,为了达到自身的目的,采取"和戎"策略。公元前569年,北戎无终子遣使至晋议和,魏绛力陈"和戎"之策,并为晋侯所采取。"和戎"政策取得了明显的效果,《左传·襄公十一年》载:"晋侯(悼公)以乐之半赐魏绛,曰:'子教寡人和诸戎狄,以正诸华。八年之中,九合诸侯,如乐之和,无所不谐。'"不过,晋国同周围的戎狄关系还是以战争为主,在对抗的过程中实现民族和文化的融合。上述几项考古发现可能一定程度说明"戎狄之民实环之"以及晋国在多族群环境中经营现今山西的历史。

　　在陕西渭南梁带村西周墓地甲字形大墓M26的发现非常有价值。该墓出土了一件小型铜簋,两个直立环耳顶端各有一个突。另外一件带流镂空圈足的簋形器显然也是从铜簋发展而来。同在一个出土位置的还有一件小方鼎形器、一件镂空方盒、一件垂鳞纹罐、一件素面单耳罐和一件带流镂孔圈足铜簋。根据随葬铜器特点、铜器铭文和其他墓葬的关系,墓主可能是

---

① 顾颉刚:《骊戎不在骊山》,见《史林杂识初编》,中华书局,1963年。

芮国的芮公夫人芮姜。① 有学者指出，墓主芮公夫人芮姜可能是西北地区姜姓之女，嫁到中原姬姓芮国，这些器物反映了其来自西北姜姓家族的文化背景。鍑形器和铜鍑具有草原文化的特色，铜鍑装饰人龙交合纹样，这种纹饰在铜器上罕见，却可在关中地区出土西周玉佩上见到，显然是将玉器上的纹样移植到铜器上。这6件一组小型铜器既没有和成套的大型青铜礼器放置一处，铜礼器放于墓穴棺椁西南角，也没有直接放入棺内，与墓主佩戴玉佩等放置在一起，而是集中放置在棺外东侧，靠近墓主头部。因此，可能是和这个时期很多诸侯夫人墓出土的小型铜器一样，是墓主用来存储和使用专用个人物品的"弄器"。② 应当是墓主生前心爱的生活实用器，可能由芮国自己铸造。带流镂孔圈足铜鍑借鉴了山西一带带流带盖小铜鼎的做法。③ 有学者推测西亚早期的肉红石髓珠管可能被后来的人不断反复利用，在这个过程中，有的被传播到中亚地区。中国西周晚期突然普遍使用的肉红石髓珠管可能与此有关。M26发现的这几件铜器，与从M26、M27发现的肉红石髓珠管串饰等因素一起考虑，显示了墓主及其家族同欧亚草原的密切关系，以及通过欧亚草原与中亚、西亚更广大地区的早期文化的间接联系。④ 虽然M26随葬了玉佩和成套的青铜礼器，但这些礼器被按常规放置在椁内一角，反映的是其身份和地位。接近身体头部的铜鍑、镂空方盒、素面单耳罐更多的是墓主心思意念的表达物。这样看，M26芮姜墓反映出的"戎狄性"的确非常突出，暗示着女墓主可能在血缘和文化上都和北方草原民族有一定的关系。出土黄金权杖头的陕西省澄县刘家洼墓地2号大墓，也发现了一件残的青铜鍑，这件铜鍑是比较典型的铜鍑，单乳突直立环耳，在器形上和陕西凤翔县雍城东社采集的铜鍑以及山西闻喜县上郭村墓葬出土的非常接近。

就本部分而论，铜鍑在中原文化墓葬中的摆放位置是很讲究的，反映了当时复杂的民族关系和人们的思想意识。另外，值得注意的是，在中国北方

---

① 陕西省考古研究所：《陕西韩城梁带村遗址M26发掘简报》，《文物》2008年1期。孙秉君、蔡庆良：《芮国金玉选粹——陕西韩城春秋宝藏》，三秦出版社，2007年。

② 陈芳妹：《晋侯墓地青铜器所见性别研究的新线索》，《晋侯墓地出土青铜器及国际学术讨论会论文集》，上海书画出版社，1997年。

③ 孙秉君、蔡庆良：《芮国金玉选粹——陕西韩城春秋宝藏》，三秦出版社，2007年。高西省：《秦式铜鍑及相关问题——从新见的垂鳞纹铜鍑谈起》，《中国古代青铜器国际研讨会论文集》，上海博物馆，香港中文大学文物馆，2010年。高西省、叶四虎：《论梁带村新发现春秋时期青铜鍑形器》，《中国历史文物》2010年6期。

④ Jessica Rawson. "Carnelian beads, animal figures and exotic vessels: traces of contact between the Chinese States and Inner Asia, ca.1000－650 BC". *Bridging Eurasia*, Verlag Philipp von Zabern·Mainz, 2010, 1－36.

很多墓葬中的铜鍑尺寸很小,应当是随葬明器。比如侯马上马村 M13 赵卿墓等所出铜鍑应当是专为墓葬作的明器。

对于研究欧亚草原文化来说,青铜鍑是一个非常重要的窗口。在诸如日常生活、宴请聚会、祭祀和葬礼等游牧家族、部落活动中具有重要的作用。所以透过这个窗口,可以揭示出游牧社会中很多丰富的内容。就本书而论,铜鍑在游牧人的墓葬中是最具游牧文化色彩的随葬铜容器,具有重要的地位。而在中原墓葬中,铜鍑成为一种反映墓主及随从与北方游牧民族关系的器具。不管是哪种情况,无论是铜鍑的器形、装饰纹饰和在墓葬中的摆放位置,均可以让今天的人读出当时中原王朝和北方牧业民族之间复杂的政治、军事、文化相互碰撞和融合的关系。总之,铜鍑的用途在不同的时代和地域应有不同的内涵,可能有很多特别的用途现在还不能知晓,其具体的情况还有待更深入地研究。

四、鍑与世俗生活

鍑虽然十分珍贵,一般作为礼仪用品,但其基础的功能是炊煮和盛放食物,因此,鍑首先是游牧人群日常生活中的一种器皿,和世俗的生活有着密切的关系。

第聂伯河中游右岸 Cherkassk 州 Ryzhanovka 村大型墓出土两件,一大一小,鍑中发现动物骨骼。时代为前 350—325 年(图 5 - 12)。①

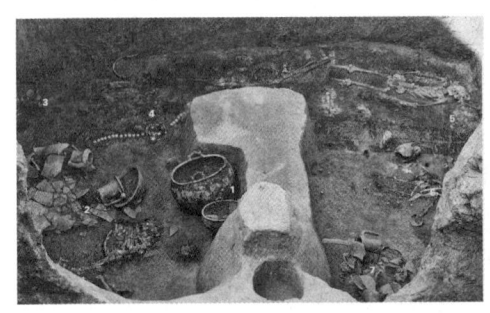

图 5 - 12　第聂伯河中游右岸 Cherkassk 州 Ryzhanovka 村大型墓铜鍑出土现场

---

① Skoryi, S. A., Khorovs'ki, Ya., Grygor'ev, V. P. and Rydzevs'ki, Ya. "Центральнамогила Великого Рижанімського кургану", Археологія, 1, 1999, 100. Chochorowski, J. and Skoryi, S. "Kobiece nakrycie glowy z centralnego grobowca Wielkiego Kurhanu Ryżanowskiego", Materialy I sprawozdania Rzeszowskiego Ośrodka Archeologicznego, t. XX, 1999, fot.1. 草原考古研究会:《鍑の研究—ユーラシア草原の祭器・什器》,雄山阁,2011 年,265—268,IV - 1 - 1 - 6,IV - 1 - 1 - 7。

第五章　礼仪神器与欧亚草原游牧社会的世俗生活　·247·

俄罗斯色楞格河左支流伊沃尔加河（Ivolga）乌兰乌德西的伊沃尔金斯克（Ivolginsk）发现一件，出自伊沃尔加M119号墓，木棺，墓主为40—55岁女性。鍑和1个陶器置于头部上方。鍑中发现毛织物残片和鱼骨。鍑下有红色漆器痕迹。通高26.8厘米。可能为匈奴墓葬，时代为公元前2—1世纪。①

韩国国立中央博物馆与蒙古国共同调查蒙古Duurlig Nars墓地4号墓时发现一件。仅存一耳。鍑中发现牛骨。通高37.5厘米。②

俄罗斯鄂毕河地区土门（Tyumen）萨维诺夫卡Savinovka墓地7号冢2号墓出土一件。直沿，腹体肩部有一对斜肩耳。腹体两耳中间有和口沿垂直的铸线纹。与耳同高的颈部位置有两圈凸弦纹，弦纹之间有连续波纹，弦纹下有四个凸弦纹构成的"Y"形纹饰。菱形镂孔圈足，圈足为六面体。通高36、口径33.5、最大径36.5、圈足高9.5厘米。鍑中发现有马的头骨，鍑体下部有烟灰。有萨盖特文化的陶器共存。③ 根据1号墓室出土三翼带铤铁镞，时代可能为公元前3世纪末—前2世纪初。④

辽宁省北票市喇嘛洞266号墓出土一件。⑤ 腹体一面是平的。腹体一面是平的。学者认为可能是为了方便用马或者骆驼运输，其形象可以在娄睿墓的壁画上看到。⑥

1980—1982年山西省太原市晋祠王郭村发掘的娄睿墓斜坡墓道东、西壁第一排都绘了如何携带铜鍑旅行的场面。比如西壁骆驼身上驮着虎皮纹囊，纹囊两边捆着帐篷杆或是木柴，再把铜釜挂在帐篷杆上。东壁则挂在虎纹囊和骆驼身体之间。牵骆驼的均域外人士的模样。⑦ 辽宁省北票市喇嘛

---

① Erdy, 1995, Table5-2；草原考古研究会：《鍑の研究—ユーラシア草原の祭器・什器》，雄山阁，2011年，30、36、Ea-1。
② 韩国国立中央博物馆：Xiongnu Tombs of Duurlig Nars, 2009, p.28. 草原考古研究会：《鍑の研究—ユーラシア草原の祭器・什器》，雄山阁，2011年，30—32、Eb-6。
③ Érdy, Miklós. "Hun and Xiong-nu Type Cauldron Finds Throughout Eurasia," *Eurasian Students Yearbook*, Continuation of/Fortsetzung der Ural-Altaische Jahrbiicher/Ural-AltaicYearbook 67, Berlin\Bloomington\London\Paris\Toronto, 1995, Table2-9；草原考古研究会：《鍑の研究—ユーラシア草原の祭器・什器》，雄山阁，2011年，171—172，II.1.B-003。
④ Matveev et al. Бронзовый котел из Савиновского могильника（Среднее Притоболъе.）Советская археология. 1988-No.1, 241-242.
⑤ 辽宁省文物考古研究所、朝阳市博物馆、北票市文物管理所：《辽宁北票喇嘛洞墓地1998年发掘报告》，《考古学报》2004年2期，图一九：2，图版一七：2；草原考古研究会：《鍑の研究—ユーラシア草原の祭器・什器》，雄山阁，2011年，63—64，G-4。
⑥ 草原考古研究会：《鍑の研究—ユーラシア草原の祭器・什器》，雄山阁，2011年，第62页。
⑦ 山西省考古研究所、太原市文物考古研究所：《北齐东安王娄睿墓》，文物出版社，2006年，第23—25页，图一八，彩版一六、一七，第29—31页，图二三，彩版二二、二三。

洞 266 号墓出土一件,腹体一面是平的。① 类似的还有辽宁省朝阳市袁台子东晋前燕时期壁画墓出土一件(图 5-13)。② 学者认为可能是为了方便用马或者骆驼运输,正如娄睿墓的壁画上看到(图 5-14)。③

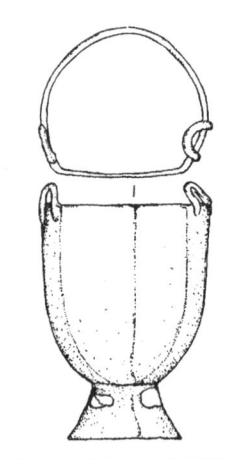

辽宁省北票市喇嘛洞266号墓　　辽宁省朝阳市袁台子

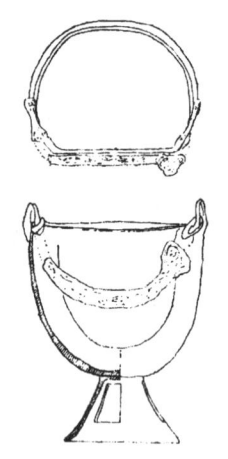

图 5-13　鲜卑扁体铜鍑

① 辽宁省文物考古研究所、朝阳市博物馆、北票市文物管理所:《辽宁北票喇嘛洞墓地 1998 年发掘报告》,《考古学报》2004 年 2 期,图一九,2,图版一七,2。草原考古研究会:《鍑の研究—ユーラシア草原の祭器・什器》,雄山阁,2011 年,63—64,G-4。
② 辽宁省博物馆文物队、朝阳地区博物馆文物队、朝阳县文化馆:《朝阳袁台子东晋壁画墓》,《文物》1984 年 6 期,第 33 页,图七:1。草原考古研究会:《鍑の研究—ユーラシア草原の祭器・什器》,雄山阁,2011 年,62,64,G-6。
③ 高浜秀:《中国の鍑》,草原考古研究会编:《鍑の研究—ユーラシア草原の祭器・什器》,雄山阁,2011 年,第 62 页。

图 5‑14　娄睿墓斜坡墓道东、西壁壁画所绘骆驼携带铜鍑的驼队

考古发现类似的铜鍑,1901 年 2 月 10 日斯文·赫定的探险队在罗布泊北部的库鲁克山地区发现一件。铁质,肩部有小环耳。① 此件铜鍑可能是丁零(高车国)破灭鄯善时留下的遗物,时代为五世纪末(图 5‑15：1)。②

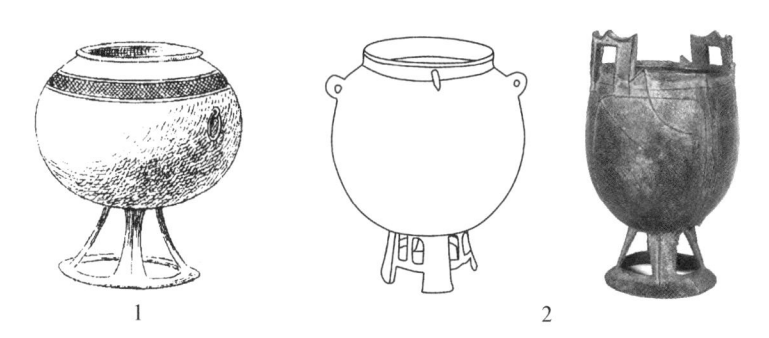

图 5‑15　与娄睿墓壁画所绘相似的铜鍑

山西省太原市北齐库狄业墓出土一件。肩部有 2 个小耳,直口鼓腹,小直沿下还有一个连接盖子的小钮,未发现釜盖。圈足有大镂孔,下面圆圈可能残失。底部有烟熏痕迹,应当为实用器。圈足有焊接修补痕迹。高 23.7、腹径 19.1 厘米(图 5‑15：2)。③

克孜尔山中的岩画刻画了铜鍑被使用的情景,这被学者认为表现游牧

---

① 斯文·赫定著,王安洪、崔延虎译:《罗市泊探秘》,新疆人民出版社,1997 年,第 125—126 页,图 39。
② 林梅村:《楼兰——一个世纪之谜的解析》,中共中央党校出版社,1999 年,第 186—190 页。
③ 太原市文物考古研究所:《太原北齐库狄业墓》,《文物》2003 年 3 期,第 32—34 页,图二三、图二四：4。草原考古研究会:《鍑の研究—ユーラシア草原の祭器・什器》,雄山阁,2011 年,48—49,Eg‑3。

民正在举行的萨满仪式,比如有一个鍑边的人有六个指头,这是萨满的特点之一,显然,鍑在这些仪式中扮演了重要祭器的角色。

在米努辛斯克地区叶尼塞河以东 Bol'shaia boiarskaia pisanitsa 一处长19.7米的岩刻上,我们可以看到19个铜鍑在一个村落中被使用的情况,它们可能是在举行的某种宗教仪式中被用作礼器。[①] 米努辛斯克盆地及其周围地区可能有丰富的铜资源,而且对鍑这种青铜容器比较钟爱,所以,这个地区发现的铜鍑数量较多。这幅岩画也提供了类似的信息,在这里,铜鍑可能也是一种日常使用的器皿,不一定是高等级的家庭或家族可以使用,一般的人家也能拥有铜鍑,并在日常生活中使用(图5-16)。

岩画中的铜鍑(In Kizil mountain, near Uibat river. length:2.52m)

岩画中的铜鍑 (Bol'shaia boiarskaia pisanitsa. length:19.7m)

图 5-16 岩画中刻画的铜鍑使用情况

2015年,在俄罗斯靠近北极圈的 Gornoknyazevsk 村庄附近发现了一批精美文物。这批窖藏包括两件铜鍑,里面放着大约20面铜镜。铜镜呈圆形,材料为铜合金,经过细致打磨,可能源自数千年前的乌拉尔中南部并以物物交换形式得来。本地工匠将这些镜子磨光,并刻上人形或兽形纹饰,这种特殊的纹饰引起学者们的强烈兴趣。当地人可能将这些铜镜作为护身符使用,防止恶灵的侵入。此外,纹饰表明这些镜子被用于某些萨满式宗教活动。经过一段时间的艰辛研究,科学家们认为,最后一位主人得到这些宝藏的时候,文物的保存状况已十分堪忧。明显的焊接和补漏痕迹表明这位主人曾组织当地工匠对铜镜进行修缮。在众多的铜镜中,有一面引起了学者们的特别关注。它与众不同,可能产自公元前2世纪—公元1世纪的中国。

---

① Érdy, Miklós. "Hun and Xiong-nu Type Cauldron Finds Throughout Eurasia," *Eurasian Students Yearbook*, Continuation of/Fortsetzung der Ural-Altaische Jahrbücher/Ural-AltaicYearbook 67, Berlin\Bloomington\London\Paris\Toronto, 1995, p.62, fig.5, p.30.

然而科研人员认为这并不是唯一的解释,周边地区在当时可能也具有铸造此镜的技术。这个种类丰富多样的古窖藏,将 Gornoknyazevsk 极北地区的历史回溯了 2000 年。铜鍑主要的功能应当还是炊煮器,在古代由于冶炼金属、制造非常不易,因贵重稀有而成为礼仪中的礼器。人类十分依赖仪式性的社会活动凝聚人心、统一行动,无论如何,都会想办法,创造一定的行为规范、程式动作、配套设施和器物来完成礼仪性的活动。铜鍑就是欧亚草原人群在生活器皿中选择的一种礼仪器物,这种传统具有顽强的生命力,根据民族学的调查,比较近现代的游牧民族还保持着一些早期的习俗,比如在蒙古族在祭敖包和那达慕大会上,就会使用大锅来炊煮牛羊并在当天分食。①

五、小结

从新石器晚期开始,在气候适宜,自然环境优越的几个地区开始孕育文明,如非洲的尼罗河流域,亚洲的两河流域,印度河流域,中国的辽河流域、黄河中下游流域和长江中下游地区。最终,在这些地理位置极佳的地区,人类率先进入了文明社会,创造了包括文字、城市、礼仪、冶金在内的伟大成就。这些文明社会基本处于北纬 40 度以南的地区,然而,在北纬 40 度以北的广阔地域,也生息繁衍着人类。他们是强悍的人群,由于自然环境和气候的原因,他们迈入农耕社会的步伐被打断,而走上了另一条社会发展的道路,他们开始以畜养的牛羊为生,进而驯养马匹,从畜牧的部落走向游牧的部落。这是一群不容忽视的力量,虽然他们文化相对落后,但是,他们具有巨大的冲击力,时刻是农耕社会的威胁,经常骚扰南部的农耕区,有时也像潮水一样涌向农耕社会,摧枯拉朽,因此被文明社会称之为"野蛮人",是农耕社会首要考虑需要分化拉拢和防范的对象。他们表面上往往破坏了文明,让人类付出巨量生命和财产的代价,但实际他们是"盛世"的催生婆,是使农耕社会创造的文明成果发扬光大的人群,是民族迁徙和民族融合的主角,是历史前进的动力之一。

---

① 解放后祭敖包和那达慕往往合在一起举行。凡是参加那达慕的牧民,不论男女老少,贫富贵贱,都不空手而来,总要带一些酥油、奶酪、砖茶之类的东西。拿多拿少,全系自愿,主持者们也不计较。将这些收下以后,主办者根据参加人数,宰杀足够的肥羊,煮在一个大锅里,来者有份,吃个管饱,分文不取。不过就是这一顿,当晚不论多晚也必须散去。承传的习俗是:敖包会上人家(施主)举献敖包的羊背、砖茶、饼子、美酒、奶食等等,剩余的食品分给众人吃掉,全羊留一条羊腿给施主,绝对忌讳个人贪污。据说从前还有一种"曼金陶高"(大锅),一次能盛三头犍牛(指其肉)、三十六桶水、三十二斗大米、二斤盐。第二天开敖包会,头天晚上就得烧火。烧到第二天,几个人用铁锹翻一遍,再焖一会儿就可以吃了。凡是来赶敖包会的,不论民族性别,都可以吃个饱。一直到今天,许多基层的敖包会上还保留着这种遗风。从中可以看出它与那达慕的渊源关系。

欧亚大陆的草原地带是连接东亚、中亚、西亚和欧洲畅通无阻的通道，从古至今在这区域活动着强悍好动的游牧民族，他们之间频繁的接触以及生活的游动性为文化的传播提供了可能。可惜的是早期游牧民族本身不书历史，农业民族又对他们知之甚少，因此，他们的历史活动多不为人所知。所幸的是由于考古材料的被发现，我们今天有可能去复原游牧民族的历史，对铜鍑的研究就是其中的一例。

本章讨论的铜鍑即这些"野蛮人"使用的一种大型金属容器，我们通过研究这一种容器，进而从一个很小的侧面，了解欧亚大陆北方民族的文化以及同农耕社会的关系，探讨民族迁徙的问题。铜鍑起源时间早，流行时间长，分布地域广，型式多样，要想对它有一个准确的了解，确属不易，好在通过一百多年的发现与研究，我们今天有可能对它作一个通盘的分析，虽然这个研究仍是粗糙的，但我们毕竟有了初步的成果。

通过研究，我们认为圜底或平底铜鍑零星出现于商代晚期，此类铜鍑和后面典型的带圈足铜鍑有什么关系，还不是特别清楚。带圈足的铜鍑在西周晚期至春秋早期已经出现，铜鍑的发明和被游牧人广泛使用同气候的干冷化有直接的关系。铜鍑产生后，即在欧亚大陆传播开来，青铜鍑在早期（前10世纪至3世纪）流传扩散的过程中，从耳部带单乳突系铜鍑（A系）发展为直立环耳无乳突系（B系）、直立环耳三乳突系（C系）、动物耳系（D系）和斜肩耳系（E系）共五型铜鍑。其中A系铜鍑分布最广，从整个中国北方一直到新疆、南西伯利亚、西伯利亚、卡马河流域、中亚、南俄草原和库班草原都有发现；B系铜鍑基本和A系铜鍑同时同地域存在；C系分布于南西伯利亚、西伯利亚、卡马河流域、中亚、南俄草原和库班草原；动物耳系铜鍑（D系）分布于南俄草原和库班草原、米努辛斯克盆地和鄂比河上游地区；E系铜鍑主要分布于天山西部地区，另外，图瓦、北疆和南俄草原也有分布。

在第一阶段，A和B系铜鍑于公元前八世纪左右从中国北方传播到新疆北疆，进而传到俄罗斯的北高加索地区，在里海和黑海的北岸地区发展起来，并一直持续到公元四世纪。稍后，铜鍑传到了贝加尔湖以北的勒那河上游地区。通过新疆，铜鍑于公元前五世纪传到了南西伯利亚地区，以叶尼塞河上游地区为中心，铜鍑向东传到了贝加尔湖西部地区，向西，铜鍑传到了鄂毕河托博尔斯克地区，并翻越乌拉尔山，传到乌拉尔山西侧的卡马河地区，上述各地区的铜鍑又相互影响。A系和B系应当是所有铜鍑类型的源头，其中C系铜鍑可能在南西伯利亚地区从A系铜鍑的基础上被发展出来，D系铜鍑可能是在丰提克地区或者南西伯利亚地区被发展出来，E系铜鍑可能在新疆最早出现，E系铜鍑的斜肩耳这个设计和C系、D系铜鍑多有交融。

在第二阶段，铜鍑随匈奴的活动而在中国北方发展起来，并随匈奴的西迁，经新疆北疆、里海黑海北岸，传到了欧洲腹地，达到了铜鍑西传的最远点。鲜卑人受匈奴影响，也使用铜鍑，并随鲜卑的活动，在整个中国北方兴盛起来，进而影响到朝鲜半岛和新疆地区。

第三阶段，我们发现的鍑很少，但可以肯定，鍑在北方一直发展到公元8世纪。值得一提的是，新疆北疆地区作为连接欧亚大陆东与西的关键部分，在中国铜鍑向南西伯利亚、西伯利亚、天山西部地区、南乌拉尔、南俄草原和库班草原传播的过程中起到了中介的作用，显示了它在东西方文化交流中的独特地位。

青铜鍑不但作为烹饪炊具和盛食器，还被用作萨满仪式中的礼器。因此我们完全可以认为铜鍑是欧亚大陆游牧民族文化的一个显著特征，是我们今天了解欧亚大陆草原地带游牧人生活、宗教的一个重要方面，也是我们探寻诸游牧部落之间文化经济关系的一把钥匙，其意义不言而喻。我们通过对铜鍑埋藏情况的分析，从中得出了一些有价值的信息，知道铜鍑不单为北方民族使用，至少在晋国等诸侯国，铜鍑还被贵族用作随葬明器，反映了当时复杂的民族关系。

对欧亚草原游牧民族的研究是一门世界性的学问，铜鍑是游牧民族重要的文化构成，是草原文化的代表性因素，其研究，正反映了"世界性"。虽然铜鍑起源于中国，但它却在整个欧亚大陆流行，因此，我们今天对铜鍑有一个整体的认识，乃是一百多年各国学者共同努力的结果，所以，我们要对这些学者表示敬意和感谢。限于学识和能力，本人的研究是初步的，其中谬误在所难免，希望大家多提宝贵的批判意见，随着考古的发现，对铜鍑的研究也将是永无止境的，我将继续关注这一课题，不断充实对铜鍑的认识。

下编
资料篇

第六章 第一群铜鍑

一、中国北方东部区

这一区以黄河中游为中心,东北至内蒙古哲里木盟和军都山,东至河北新乐、唐县,东南至河南辉县,南至陕西城固,西南至甘肃河西走廊,西至陕西靖边,北至阴山。

1. 陕西省岐山县麦禾营乡王家村出土一件(庞文龙、崔玫英,1989,91页,图一;草原考古研究会,2011,13—14,A‐5)。耳部饰回纹,根据其形制及与之共存的銎柄短剑,时代可定为西周晚期。高39.5、口径37.6厘米。(AaⅠ)

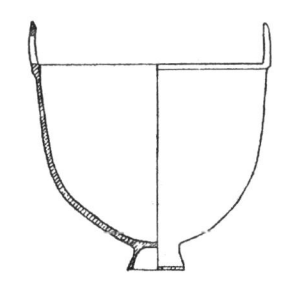

2. 北京市延庆县西拨子村出土一件(北京市文物管理处,1979,228页,图二:1,图版五:1;草原考古研究会,2011,12—14,A‐1)。环耳外侧有三道凸弦纹,侈唇,底部残破,圈足已失。根据共存器物,时代为西周晚期或春秋早期。(AaⅠ)

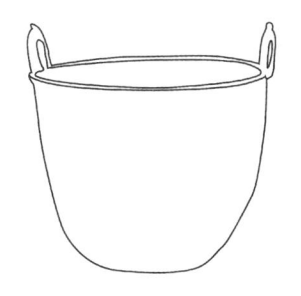

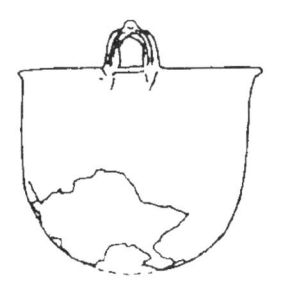

3. 陕西省西安市北郊大白杨库收集一件（王长启，1991，9 页，图一：6；草原考古研究会，2011，16，19，Ba－1）。腹上部有一周阴线刻划的重环纹，夹在两道弦纹之间；高圈足上有小圆形镂孔。高 22.3、口径 17.4 厘米。根据重环纹流行的年代（郭宝钧，1981，156 页），这件铜鍑时代不晚于春秋早期。（AaⅡ－1）

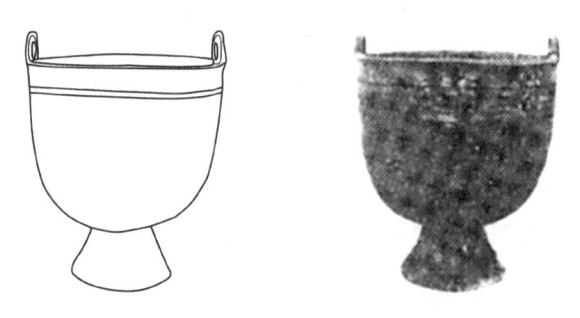

4. 陕西省西安市北郊范家寨出土一件（王长启，1991，10 页，图一：2；草原考古研究会，2011，13—14，A－3）。高 37.2、口径 26.5 厘米。耳部特征同 AaⅠ 式，腹体特征同上，腹上中部有一道凸弦纹，可定为春秋早期。（AaⅡ－2）

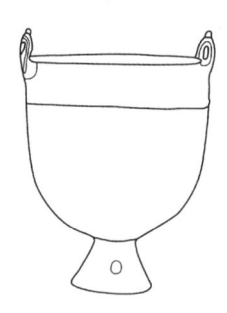

5. 义马上石河春秋墓出土一件（三门峡市文物考古研究所，2024，105 页）。（AaⅡ－2）

6. 内蒙古呼和浩特市采购一件，京都大学综合博物馆藏（水野清一、江上波夫，1935，图 113：1，图版二三；草原考古研究会，2011，13—14，A－2）。高 41.1、口径 33 厘米。特征同上，年代应和上述两件相近（东京国立博物馆编，1997，163 页）。（AaⅡ－2）

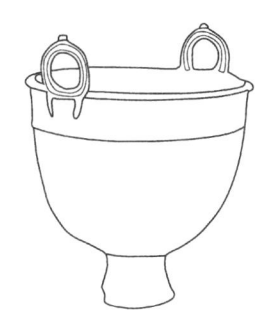

7. 中国出土,Hoyt 收藏(梅原,1930,第二十五图:1;草原考古研究会,2011,13—14,A-6)。直立环耳,立于口沿之上,根部贴附于口沿外,耳上突起不大,外沿有线纹;半筒圜底腹,腹壁较直。圈足适中。腹上部有一圈铸线纹。高 33 厘米。(AaⅡ-2)

8. 中国出土,加拿大多伦多皇家安大略博物馆(The Royal Ontario Museum)收藏一件(草原考古研究会,2011,13—14,A-7)。方耳,略呈桥形,耳上有一个扁平状的突起,不太明显。半筒圜底腹,腹壁较直,口微侈;圈足不大。腹上部有一圈铸线纹。通高 23.3、口径 19.8×18.3 厘米。(AaⅡ-2)

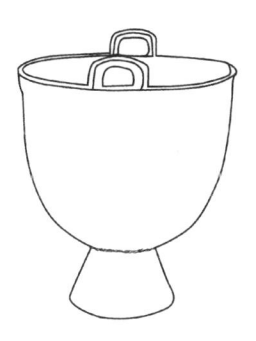

9. 中国出土,《西清续鉴》甲编记载一件(草原考古研究会,2011,13—14,A-8)。立耳略呈三角形,立于口沿之上,耳上突起发达;半筒圜底腹,口直;大圈足。立耳下有三条线纹构成的图案,腹体中上部有一圈铸线纹。(AaⅡ-2)

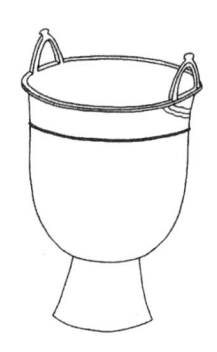

10. 陕西宝鸡甘峪出土一件(高次若、王桂枝,1988,21页,图版贰:2;草原考古研究会,2011,17—18,Bb‑2),钮扣式乳突。高24、口径22厘米。根据同墓共存的铜戈和陶罐,时代为春秋早期。(AaII‑2)

11. 陕西省韩城市梁带村26号墓出土一件(孙秉君 等,2006,86页;草原考古研究会,2011,17—18,Bbm‑1)。铜鍑发现于棺的东侧,耳上有突起,腹部装饰两组特有的一龙首一人首共身的纹样,龙长舌吐出延及身体。器体有龙纹装饰。通高6.7、口径6.5厘米,重175克。墓主为春秋早期国君芮公夫人。(AaIII‑1)

12. 陕西省凤翔县雍城东社采集一件(陕西省雍城考古队,1984,29页,图七:2;草原考古研究会,2011,16—18,Bb‑1)。长方形块状乳突,口沿下饰有以凸弦纹为界的双头兽纹一周,并有纤细的底纹,根据其纹饰可定为春秋早期(刘莉,1987,61页,图一:1)。通高18.6、口径19.4厘米。(AaIII‑1)

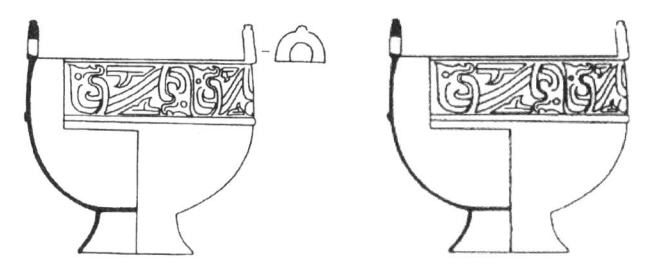

13. 山西省闻喜县上郭村墓葬出土一件(杨富斗,1994,129页,图十三:1;草原考古研究会,2011,17—18,Bb-3)。高 29.2、口径 27.2 厘米。口沿上有断面呈八棱形的立耳,斗状乳突,腹饰凸弦纹一周。根据共存陶鬲、铜戈,时代为春秋早期晚段。(AaⅢ-2)

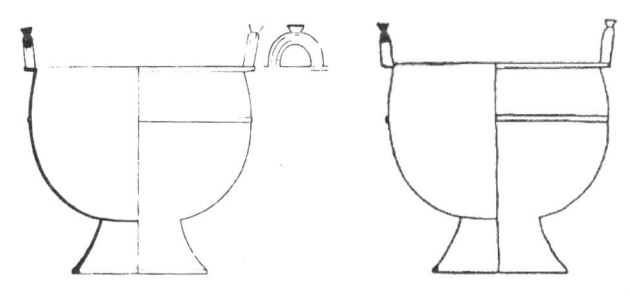

14. 甘肃省民和县博物馆藏一件(甘肃省文物考古研究所王辉惠赠照片并提供相关信息)。(AaⅢ-2)

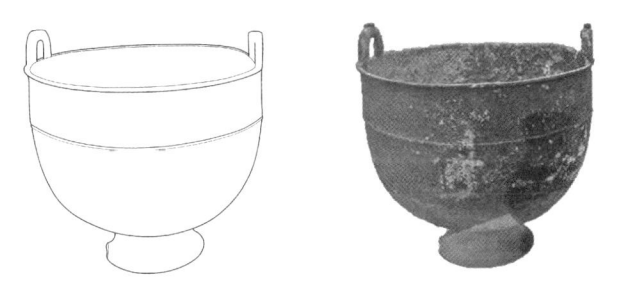

15. 陕西省榆林地区靖边县席麻湾乡小圈村出土一件(卢桂兰,1988,16页,图一;草原考古研究会,2011,24—26,Da-2)。圈足有镂孔,素面。通高 30.4、口径 18.5、腹深 18.9、足高 7.8 厘米,重 4 031 克。时代可能为春秋中、晚期。(AaV-1)

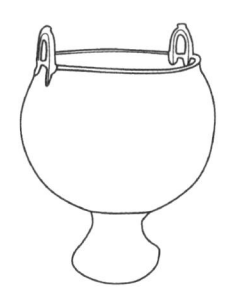

16. 中国出土,美国芝加哥费尔德博物馆收藏一件(Érdy,1995,Table6-2-8),1909年由西安购买,形同上。耳呈"n"形贴附于口颈部,时代可能为春秋中、晚期。(AaV-1)

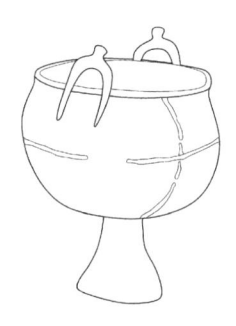

17. 内蒙古乌盟四子王旗出土一件(内蒙古—鞍马,1995,55页)。口径28.5、底径13、通高38.5厘米,器色漆黑。本件铜鍑和叶尼塞河上游布拉基诺(Braginno)出土一件十分相似(Érdy,1995,Table3-14-2),铜鍑在塔加尔文化出现的时间为公元前5—3世纪(《世界考古学大系·9》,日本,平凡社),因此,此件铜鍑时代可能与此相当,而且可能就是塔加尔文化人群到达内蒙古乌盟一带的物证。(AaIV-3)

18. 陕西省绥德县城关镇采集一件,1979年出土于绥德县城关镇,现藏于榆林市绥德县博物馆(卢桂兰,1988,17页,封三:1;草原考古研究会,2011,21—22,Ca-2)。通高19.9、腹深11.1、口径21.3×14.6厘米,重1562克。腹饰凸弦纹一周。(AbI)

19. 陕西省志丹县张渠乡 1984 年出土一件,现藏于延安文物研究所(姬乃军,1989,73 页,封三: 5;草原考古研究会,2011,21—22,Ca - 1)。高 22.3、口径: 24.0×15.1、腹深 12.5 厘米,重 1 697 克。圈足有圆形小镂孔,与马庄类型鹿形饰板共出(宁夏—杨郎,1993,41—42 页,图二三: 4;钟侃、韩孔乐,1983,207 页,图五: 11)。(AbI)

20. 1996 年延长县罗子山乡上西渠村出土一件,现藏于陕西历史博物馆(曹玮先生惠贻,谨致谢忱)。口径 19.2×13.6、通高 20.9、腹深 11.5 厘米,重 2 085 克。双立耳上有乳状凸起,椭方口,圜底下接圈足,腹部饰一道弦纹。足底有一圈凸形铸痕。(AbI)

21. 陕西省西安市纺织四厂厂区出土一件(王长启,1991,10 页,图一; 7;草原考古研究会,2011,21—22,Ca - 3)。高 19.5、口径 15—21.5 厘米。腹饰两道弦纹,圈足有五个镂孔。(AbI)

22. 陕西省西安市北郊大白杨库征集一件(王长启,1991,10页,无图)。高 22.5、口径 17.5—25 厘米。腹深,腹部饰弦纹一道,圈足有两个小镂孔。(AbI)

23. 陕西省西安市博物馆藏一件(Érdy,1995,Table6-1-13;草原考古研究会,2011,21—22,Ca-4)。高 30—35 厘米。腹深,腹部饰弦纹一道,圈足有镂孔。(AbI)

24. 陕西出土一件,现藏于延安文物研究所(曹玮先生惠贻,谨致谢忱)。通高 21.0、口径 24.3—12.7、腹深 10.5、足高 7.6 厘米,重 2 136 克。双立耳,椭方口,浅腹,圜底,喇叭形高圈足。耳下合范处范线明显。(AbI)

25. 陕西出土一件椭圆腹形圈足鍑:现藏于神木县文管会(曹玮先生惠贻,谨致谢忱)。残高 19.0、口径 15.8×21.3、腹深 12.0 厘米,重 1 793 克。两立耳且向内敛收,耳上有一圆形凸起;椭方形口,方唇,鼓腹,圈足残。(AbI)

26. 上海博物馆藏一件(高浜秀,1994,3页;草原考古研究会,2011,21—22,Ca-5)。腹饰凸弦纹一周,圈足有镂孔。通高20.2、口径21.4—13.3厘米。(AbI)

27. 美国赛克勒先生(Arthur M. Sackler)收藏一件(Bunker,1997,pp.238,No.195;草原考古研究会,2011,22—23,Ca-8)。通高22.8、口径14—22.2厘米,圈足底沿有折棱。(AbI)

28. 中国国家历史博物馆藏(登记号:C5.171,原号:5.2303,原版号:18470)。通高24.3、口径21.6厘米,圈足有约3厘米的修补痕迹。1954年8月6日文物局拨付给国家历史博物馆。这件铜鍑为单乳突直立环耳椭圆腹体圈足铜鍑,时代为春秋晚期至战国早期,在山西北部、陕西比较流行。(AbI)

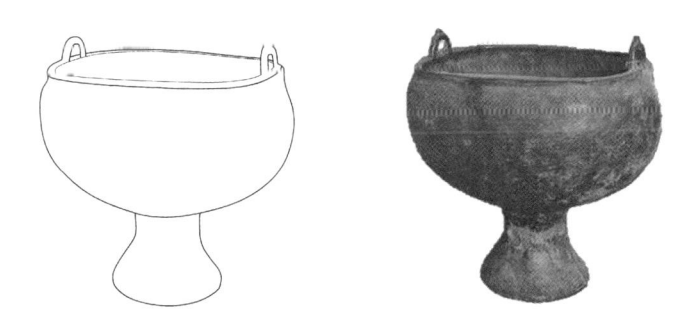

29. 山西省代县沙窊村1978年出土一件(贾志强,1992,125页,图一)。通高21.6厘米,型同上,素面。时代为春秋晚期。(AbII)

30. 内蒙古伊克昭盟准格尔旗宝亥社出土一件(伊克昭盟—宝亥社,1987,81页,图一、图三:1;草原考古研究会,2011,22—23,Cb-1)。高30.2厘米。附耳,绳索形,子母口,腹上部饰一周宽大变体窃曲纹,以"S"形云雷纹衬底,中部饰一周凸弦纹,圈足下沿起棱。年代为春秋晚期。(AbII)

31. 山西省原平县刘庄塔岗梁M3出土一件(山西—塔岗梁,1986,21页,图版五:1、图五;草原考古研究会,2011,22—23,Cb-2)。高22.4厘米。有盖,上有四个环形纽,盖上满饰勾连雷纹,纽饰绳索纹,器腹饰勾连雷纹,上下以云雷纹作界,在带状纹饰下饰凸起绳索纹一周。年代为春秋晚期。(AbII)

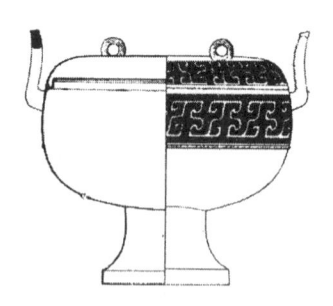

32. 山西省原平县刘庄塔岗梁出土一件(忻州—塔岗梁,1998,11页,图十:1、图十一;草原考古研究会,2011,22—24,Cb-3)。高20厘米。型同上,盖上有纹饰,腹体素面。时代为春秋晚期。(AbII)

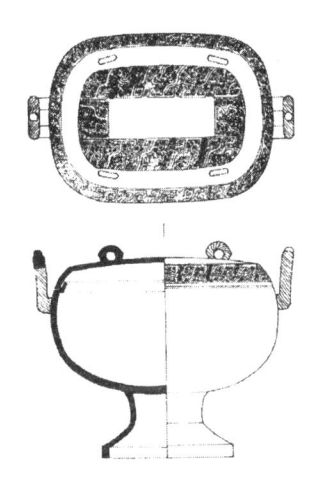

33. 山西省浑源县李峪村出土一件（山西—李峪村，1983，697 页，图二：1；草原考古研究会，2011，22—23，Cb-4）。高 16.4 厘米。有盖，麻花纽四个，现存三，子母口；器盖器腹饰勾连云纹，填以雷纹。年代为春秋晚期（赵化成，1995，221—222 页；李夏廷，1992b，66 页）。（AbⅡ）

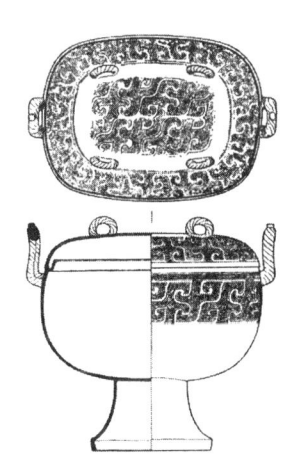

34. 日本出光美术馆收藏一件（北京大学考古文博学院徐天进教授惠贻信息和线图，谨致谢忱）。（AbⅡ）

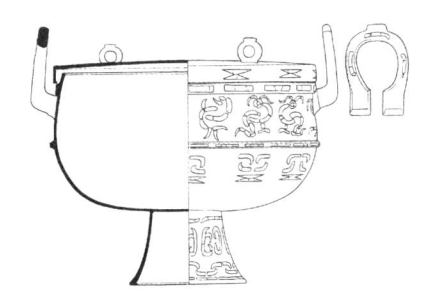

35. 陕西省西安市北郊大白杨库征集一件(王长启,1991,10 页,图一:13;草原考古研究会,2011,16,19,Bbm-2)。高 11.8、口径 9.8 厘米。一耳残缺,直立环耳,纽绳纹,口微侈,腹中部有一周凸起的纽绳纹,颈部饰变形窃曲纹,如同双"S"纹,圈足上有镂孔。根据变形窃曲纹流行的年代(郭宝钧,1981,156 页),此件铜鍑的时代不晚于春秋早期。(BaI-1)

36. 甘肃省礼县(一说是庆阳)1995 年出土一件(全国考古新发现精品展,1997;李学勤,1998,396 页;草原考古研究会,2011,16,19,Ba-2)。通高 21.8、口径 18.8 厘米。耳为绳索状,腹上段饰中间有目形的变形窃曲纹,下段饰垂鳞纹;圈足有三个小镂孔。根据变形窃曲纹和垂鳞纹流行的年代(郭宝钧,1981,156 页),此件铜鍑的时代也不晚于春秋早期。(BaI-1)

37. 美国范季融(George Fan)博士夫妇藏一件(So and Bunker 1995, No.22;Bunker 2002, No.185;Jenny,1995;草原考古研究会,2011,16,19,Ba-3)。高 21.9、口径 18.7 厘米。形同上,圈足无镂孔。(BaI-1)

38. 2000 年上海博物馆收藏垂鳞纹铜簋一件(李朝远,2004,84 页,图三)。高 21.5、口径 18.7 厘米,重 2 310 克。(BaI‐1)

39. 范季融先生 1994 年捐赠上海博物馆一件(李朝远,2004,83 页,图一)。口沿下饰一周双首共体兽目纹,腹部饰一周波带纹。高 23.4、口径 19.8 厘米,重 2 770 克。(BaI‐1)

40. 加拿大多伦多皇家安大略博物馆 1993 年藏一件(李学勤,1998,396 页)。高 21.5 厘米。绳索状立耳,缘下饰有目形的窃曲纹,下加索状纹一道,腹上饰波带纹,圈足无镂孔。(BaI‐1)

41. 日本和泉市久保物心纪念美术馆藏一件（东京国立博物馆编,1997,图版100,169页；草原考古研究会,2011,17,19,BbmⅠ-3）。高6.2厘米,腹饰蟠螭纹。（BaⅠ-1）

42. 山西省临猗县程村 M0002 出土一件（赵慧民、李百勤、李春喜,1991,990页,图三：3；草原考古研究会,2011,18,19,BbmⅠ-8）。高5.4、口径5.7厘米。墓葬年代为春秋中后期。（BaⅠ-3）

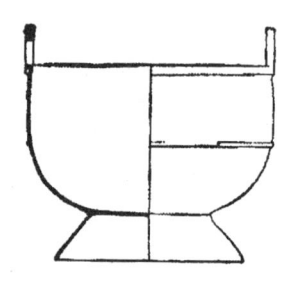

43. 山西省临猗县程村 M0002 出土一件（赵慧民、李百勤、李春喜,1991,990页,图三：4；草原考古研究会,2011,18,19,BbmⅠ-9）。高6.8、口径6.6厘米。以上铜鍑形制大致相同,根据共存器物,其时代在春秋中期至春秋晚期,大致在公元前550年前后（田建文,1993,167—168页）。（BaⅠ-3）

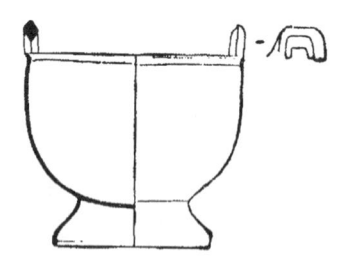

44. 陕西省凤翔县南指挥公社东指挥大队侯家庄村墓葬出土一件（赵丛苍,1991,图一：9；草原考古研究会,2011,18—19,BbmⅠ-4）。圈足有一个不规则的孔。高7、口径6.6厘米。（BaⅠ-3）

45. 2017—2018 年,陕西省考古研究院在澄城县刘家洼遗址发掘两座遭严重盗掘的中字形大墓。其中,在 M2 出土一件残的铜鍑。此墓墓室左上角随葬一件权杖,杖头系纯金铸造,扁球蘑菇状,下接圆柱状骹。杖顶圆面饰一组独立的蟠螭纹,周边环绕一圈绚纹。杖头其余部分满饰相互缠绕的蟠螭纹。杖头直径 2.5、高 6 厘米。权杖下部铜镦长 3.5、直径 2 厘米。木质杖柄已朽,据残留痕迹可知,此权杖长 140—145 厘米(李水城,2021)。(BaIII-1)

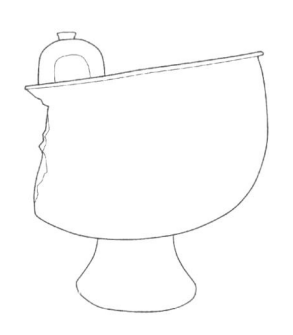

46. 北京市延庆县玉皇庙村 M18 出土一件(Érdy,1995,Table6-6-4;辽海文物学刊,1991;北京市文物研究所 2007,290,908,图五七二:1,彩版五〇;阜原考古研究会,2011,26—27,Db-3)。高 20.9、口径 19.8 厘米。(BaIII-1)

47. 山西省侯马市上马村 M13 出土一件(山西省文物管理委员会侯马工作站,1963,242 页,图十三:5、图十四:17;草原考古研究会,2011,18—19,Bbm-5)。高 7.5 厘米,圈足底沿起棱。根据共存的铜器、陶器,M13 的年代为春秋中叶至春秋晚期之际。大致在公元前 550 年前后(田建文,1993,167—168 页)。(BaⅢ-1)

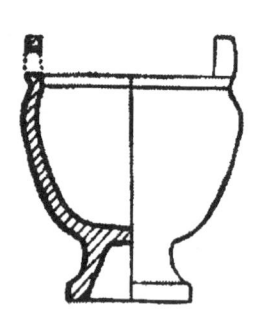

48. 山西省太原市金胜村 M251 出土一件(山西省考古研究所等,1996,129—130 页,图六八:5、图版八八:5;草原考古研究会,2011,18—20,Bbm-11)。高 7.3 厘米,圈足底沿起棱。根据墓葬年代,此件铜鍑时代为春秋晚期。(BaⅢ-1)

49. 山西省沁水市泽州桃花沟出土一件(李夏廷,1992,50 页,图八,1;李继红,2000,图七、图九:4;草原考古研究会,2011,25—27,Db-1)。腹部饰凸弦纹一周,圈足底沿起棱。通高 24.8、口径 20.5 厘米。(BaⅢ-1)

50. 陕西省榆林地区神木县桥岔滩征集一件,现藏于陕西历史博物馆(卢桂兰,1988,17 页,图版肆:3;草原考古研究会,2011,25—26,Da-3)。通高 27.3、口径 20.4、腹深 17.8 厘米,重 3 770 克。圈足有三个三角形镂孔。时代可能为春秋晚期。(BaIII-1)

51. 陕西李家崖 83 坟 M1 出土一件(陕西省考古研究院,2013,243—247 页,图二三四:1;333—334 页,彩版二九:3)。器壁较薄,腹部有修补痕迹,圈足内的泥范未取。整个器分两部分铸成,体上合缝明显,双耳是铸成后二次粘上去的。通体素面。口径 11.2、耳高 2.0、通高 15.2 厘米。此墓位置、形制和随葬名品均不同于周围的墓葬,时代为春秋晚期至战国早期。(BaIII-1)

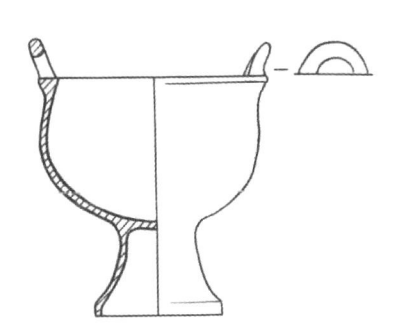

52. 河北省新乐县中同村出土一件(河北省文物研究所,1985,17 页,图九:3、图十)。口径 6.4、通高 5.5 厘米。根据共存物,时代为战国早期。(BaIII-1)

53. 河南省辉县琉璃阁甲乙墓出土一件(郭宝钧,1981,图版 74: 1;草原考古研究会,2011,29,图 5)。附耳,有盖,颈部饰蟠螭纹,圈足有小镂孔。时代为春秋晚期。(BaIII-2)

54. 北京市故宫博物院藏一件(故宫博物院,1991,177 页)。原来是一中原式鼎,三足去掉后,装上了圈足。鼎的时代为春秋中期(高浜秀,1994,5 页)。(BaIII-2)

55. 河北省唐县钓鱼台 1966 年出土一件(胡金华、冀艳坤,2007,图十;草原考古研究会,2011,26—27,Db-6)。圈足上有 3 个菱形孔。通高 22.6、口径 17—17.5 厘米。墓葬中出土青铜器、绿松石饰品、虎形金饰牌、螺旋状金卷等。时代为春秋中期。(BaIV-1)

56. 河北省怀来县北辛堡墓葬出土一件（河北—北辛堡，1966，图版贰：6），附耳，时代为春秋晚期（林沄，1980，150 页）。（BaⅢ-2）

57. 美国赛克勒先生（Arthur M. Sackler）收藏一件（Bunker，1997，pp.178），通高 25 厘米。（BaⅣ-1）

58. 美国芝加哥菲尔德博物馆中国展厅陈展一件，劳费尔（Berthold Laufer）在 1923 年从西安购得。（BaⅣ-1）

59. 中国出土，日本桑库拉财团藏一件（东京国立博物馆编，1997，图版 143，175 页；草原考古研究会，2011，25—26，Da-4）。高 27.5、口径 17.3 厘米。春秋战国时期。（BaⅣ-1）

60. 河北省怀来县甘子堡 8 号墓出土一件(贺勇、刘建中,1993,25 页,图四:3;草原考古研究会,2011,26,27,Db-2)。圈足为细高喇叭形。(BaIV-1)

61. 日本东京国立博物馆藏一件(东京国立博物馆编,1997,图版 144,175 页;草原考古研究会,2011,25,28,Db-7)。高 26、口径 22.3 厘米。腹饰凸弦纹一周,圈足有 3 个菱形小镂孔,时代为春秋晚期。(BaIV-1)

62. 美国芝加哥自然历史博物馆藏一件(草原考古研究会,2011,24,Da-1)。腹饰凸弦纹一周,圈足有小镂孔。(BaIV-1)

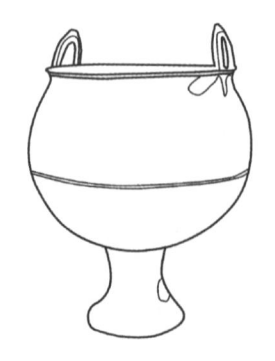

63. 河北省唐县北城子 2 号墓发现一件(郑绍宗,1991,20 页,图 4;草原考古研究会,2011,26,28,Dm-1)。小,通高 6.92、口径 4.5 厘米。时代春秋晚至战国早期。(BaIV-1)

64. 北京市延庆县玉皇庙村 M250 出土一件(Érdy,1995,Table6-6-3;北京市文物研究所,2007,328,908,图五七二:1,彩版五一:1;草原考古研究会,2011,26—27,Db-4)。高 23.3、口径 21 厘米。圈足十分细高。时代可能为战国早期。(BaV)

65. 宾夕法尼亚州博物馆收藏一件(梅原末治,1930,图二十五:2;草原考古研究会,2011,28,Db-8)。(BaV)

66. 河北省行唐李家庄发现一件(河北省文化局文物工作队—李家庄,1961,55 页,图一:1;河北省文化局文物工作队,1963;河北省博物馆—文物

管理处编,1980,No.160;草原考古研究会,2011,26,27,Db-5)。高 21 厘米。器表有明显的范铸痕迹,是由四块瓦状外范合组而成,腹部饰凸弦纹一周。时代为战国初期。(BaV)

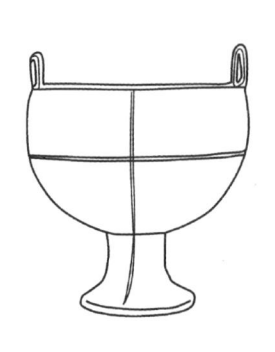

67. 山西省侯马市上马墓地 M2008 出土一件(山西省考古研究所,1994,73 页,图六十:2;草原考古研究会,2011,18,19,Bbm-6)。高 6、口径 5.2 厘米。(BaI-3)

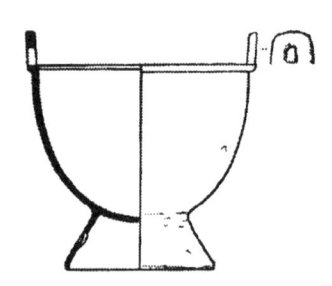

68. 内蒙古自治区包头市麻池古城征集一件(内蒙古自治区文物考古研究所编,2004,p.201,图 10;草原考古研究会,2011,13—14,A-4)。马镫形直立环耳,耳下面贴附于口沿外。桶形腹体,圜底。圈足适中,上有圆形镂孔。腹体中上部有一圈凸弦纹,并在一个地方起一个波折。通高 23、口径 19.8 厘米。(BaIV-1)

69. 陕西省黄陵县发现一件(Érdy,1995,Table6‑1‑12),细高圈足,圈足上有小镂孔。(BbI)

70. 上海博物馆藏一件(草原考古研究会,2011,21—22,Ca‑6)。腹饰凸弦纹一周,高圈足,方棱形,有镂孔。通高25.3、口径21.3—15.4厘米。根据AbI型的时代,此件铜鍑的年代应为春秋晚期至战国早期。(BbI)

71. 陕西省西安市博物馆藏一件(草原考古研究会,2011,21—22,Ca‑7)。腹深,腹部饰弦纹一道,圈足有镂孔。(BbI)

72. 日本横滨欧亚文化馆藏一件(草原考古研究会,2011,22—23,Ca‑9)。绳纽状立耳。圈足有小镂孔,相对的位置有凹坑。通高27.7、腹径20.9—27.7厘米。(BbI)

73. 山西省原平县练家岗 1974 年发现一件(李有成,1992,107 页,图 2;草原考古研究会,2011,22—23,Ca‑10)。通高 16.2、口径 10.9—14.5 厘米。墓葬中的甗、壶等共存物时代为春秋晚期至战国早期。(BbI)

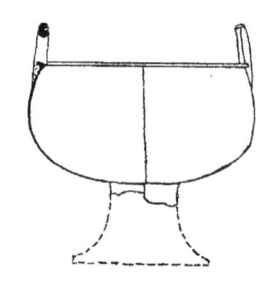

74. 陕西省黄陵县阿党镇寨头河村战国时代墓地墓葬中 2011 年 4 月发现作为明器的陶鍑,比如 M48 所出陶鍑为方圆体圈足鍑(陕西省考古研究所孙周勇等,2012 年)。(BbI)

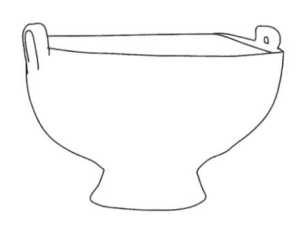

75. 美国费城宾夕法尼亚博物馆收藏一件(梅原末治,1930,图二十五:3;草原考古研究会,2011,22—23,Ca‑11)。附耳,腹体上部有一圈圆饼状装饰。圈足上有小的三角形镂孔。通高 33.9 厘米。(BbI)

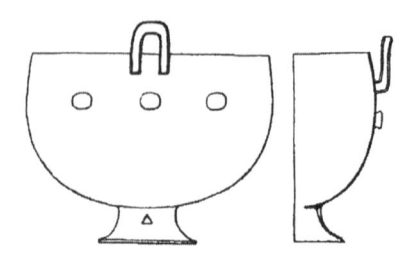

二、新疆、蒙古、中亚七河及两河地区

这一区东至巴里坤地区,北以阿尔泰山南麓为界,至哈巴河县,南以天山为界,西至谢米列契地区,也包括蒙古高原。铜鍑主要以 Ea、Eb 型为主,也有极少的 Ba、D 型铜鍑。时代可能是公元前 5—3 世纪。铜鍑特点为斜肩耳,有带圈足的,也有三足的,Ba 型铜鍑装饰华丽,D 型铜鍑制造简陋。

1. 新疆昌吉州奇台县坎尔孜村发现一件(王博、祁小山,1996,图十一:9;草原考古研究会,2011,195—196,A005)。高 56.5、口径 30 厘米。耳呈环状贴附于口沿,腹饰一周弦纹。根据其形制,与以上中原地区 AaI、AaII 式相仿,其时代可定为春秋早期。(AaII - 2)

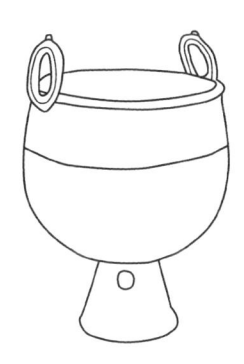

2. 新疆哈密地区巴里坤县大河乡发现一件(Érdy,1995,Table4 - 4)。形同上,残高 36 厘米,年代可能在战国到西汉早期。(AaIII - 2)

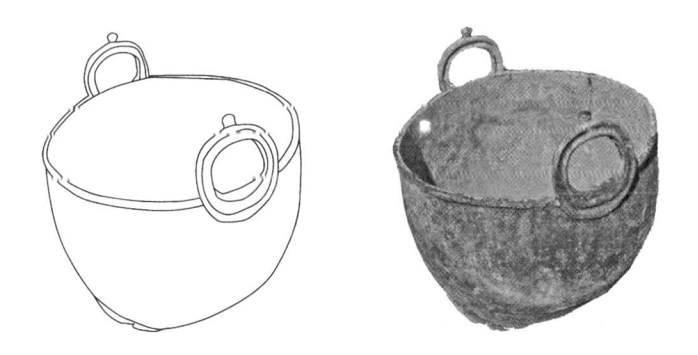

3. 新疆巩留县塔斯比尔乡出土,现藏伊犁州博物馆(李溯源等,2013,82 页,图六:6)。口径 38、高 53.5 厘米。(AaIII - 2)

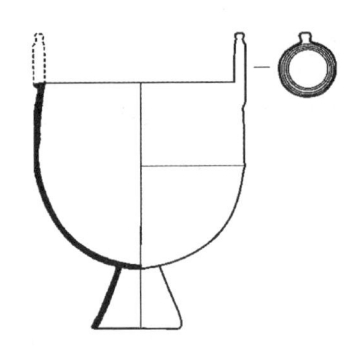

4. 新疆阿勒泰地区哈巴河县铁热克提山沟 1984 年出土一件(王博、祁小山,1996,291 页,图十一:4;草原考古研究会,2011,195—196,A002)。高 25.1 厘米、口径 20.7—21.8 厘米。耳呈环状贴附于口,内撇,腹饰一周凹弦纹。形制和山西闻喜上郭村铜鍑相近(AaⅡ‑5),可定为春秋中期。(AaⅢ‑2)

5. 新疆乌鲁木齐市出土一件(王博、祁小山,1996,290 页,图十一:7;草原考古研究会,2011,195—196,A004)。耳呈环状贴附于口,内撇,乳突较发达,呈四棱柱,素面。高 51、口径 33 厘米。根据其形制,可定为春秋中期。(AaⅢ‑2)

6. 哈巴河县萨尔塔木乡阔克吐木苏克村出土。高 38、口径 31 厘米。
（AaⅢ-2）

7. 新疆霍城县农 4 师 64 团 17 连发现一件（张玉忠、赵德荣，1991，43 页；草原考古研究会，2011，197，A008，图有误，书中图 A008 应当为温宿县所出铜鍑 A009），1988 年取土时发现。单突直立环耳，下部贴附于口沿外，深腹微鼓，腹部铸弦纹一道。高 56.4、腹径 40—43、口径 36.7—41.7 厘米。（AaⅣ-1）

8. 新疆阿克苏地区温宿县发现一件（新疆维吾尔自治区文物事业管理局等，1999，252，No.0685；草原考古研究会，2011，195—196，A009）。耳部乳突发达；球腹，口内敛。高 50、口径 33.2 厘米。（AaⅣ-1）

9. 新疆哈密地区巴里坤县兰州湾子石构房址出土一件（王博、祁小山，1996，291 页，图十一：2；草原考古研究会，2011，195—196，A003）。高 50.5、口径 33 厘米。乳突呈倒圆锥体，腹下部饰波纹。兰州湾子房址底层的碳十四年代为距今 3 285+75 年（王炳华，1985，255—256 页），这一石房曾三次住人。根据铜鍑的形制，如尖圜底和大圈足是晚期铜鍑的特征，因此，这件铜鍑时代不会太早。另外，和铜鍑一起出土的单乳突环首铜刀可与北京延庆县军都山墓地 M86 所出同型刀相类比（北京—军都山，1989），后者所属文

化出现于春秋中期,盛于春秋晚期,至战国早期衰落,战国中期之后融于燕文化之中,其Ⅱ式铜刀属于早期阶段。因此,可以把这件铜鍑定于春秋晚期。(AaⅣ-1)

10. 新疆伊犁地区巩留出土一件(张玉忠、赵德荣,1991,42 页,图一:3;草原考古研究会,2011,196—197,A007),1987 年发现。高 61、口径 38 厘米。形似上述铜鍑,口沿下铸凸起的倒三角纹一周,腹部有弦纹一道。时代可能同上。(AaⅣ-1)

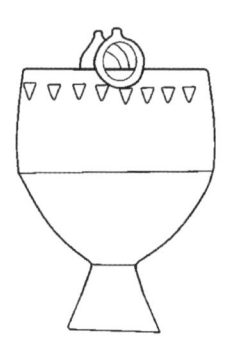

11. 新疆阿勒泰市莫什哈出土,耳部口径 30—29.5、高 43.5、耳高 8.2、圈足高 9.5 厘米。(AaⅣ-3)

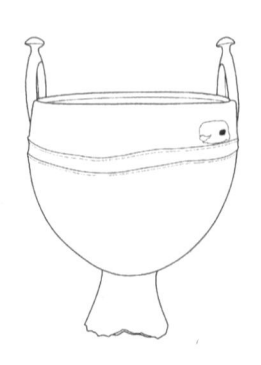

12. 新疆新源县巩乃斯河南岸肖尔布拉克发现一件(张玉忠,1985,79页,图版肆,1;草原考古研究会,2011,195—196,A006),高76、口径40.5厘米、一耳残,耳上小柱原有一兽形饰件,腹体深,微鼓,口内敛,腹中部饰一周弦纹。(AaIV-1)

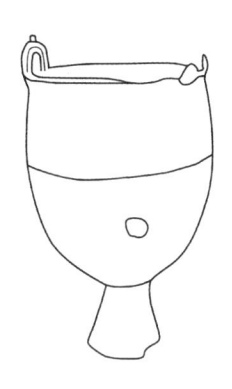

13. 新疆巴里坤红山农场发现一件(刘国瑞、祁小山,1997,32页,图版84),耳呈环状贴附于口沿,体瘦高。(AaIV-2)

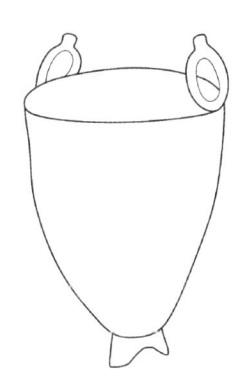

14. 新疆阜康市城关镇采集一件。(AaIV-1)

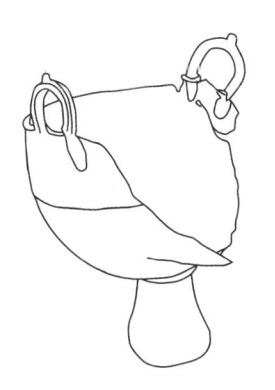

15. 新疆伊犁地区尼勒克县克令乡卡哈拉木东村征集一件(郭林平,1998,76页;草原考古研究会,2011,196,199,B003),高34、口径26.5厘米。耳作环状贴附于口,鼓腹,口微敛,高圈足,颈部饰凸弦纹一周。时代可能在春秋晚期至战国早期之间。(BaⅣ-1)

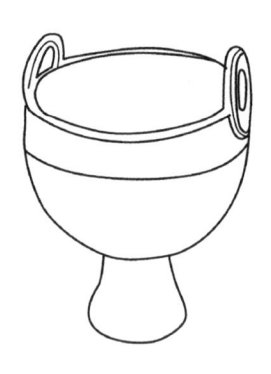

16. 新疆巩留县莫合乡出土,现藏伊犁州博物馆(李溯源,2013,图三、六:3)。口径30、高37厘米。(BaⅡ)

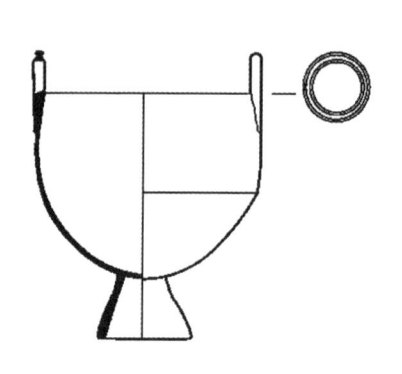

17. 新疆新源县出土,现藏伊犁州博物馆(李溯源等,2013,图四、六:2)。口径45、高70厘米。(BaⅡ)

18. 新疆霍城县芦草沟镇西宁村出土，现藏霍城县博物馆（李溯源等，2013，图五、六：8）。口径 20.5、高 24.5 厘米。（BaⅡ）

19. 新疆额敏县采集一件。（BaⅡ）

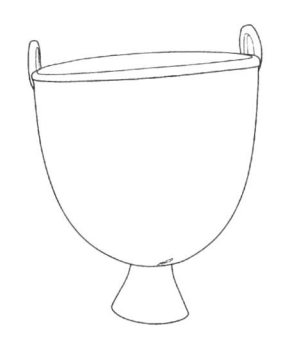

20. 新疆喀什市喀什地区博物馆藏一件（新疆维吾尔自治区文物事业管理局，1999，252 页，图片编号：0738；草原考古研究会，2011，199，B‑003）。环形耳，外有凹槽纹，下面近一半贴附于口沿。半球体腹，圜底。细高圈足。高 57、口径 46 厘米。（BaⅡ）

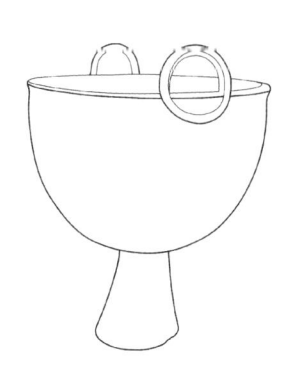

21. 新疆木垒县发现一件,藏木垒哈萨克自治县文物管理所(张玉忠,1991,44;草原考古研究会,2011,196,199,B-002)。较残,仅剩一耳。环形耳,外有凹槽纹,下面近一半贴附于口沿。深腹,圜底。腹体上部有一圈凸弦纹。圈足残失。(BaV)

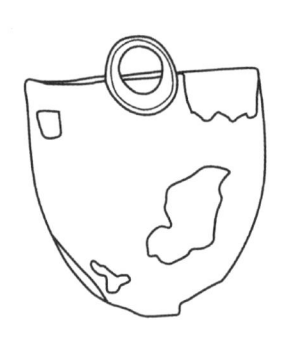

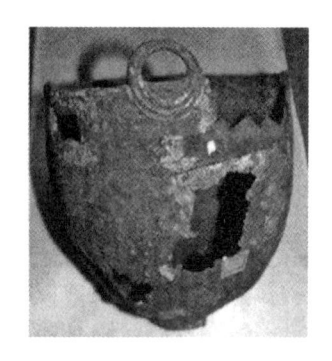

22. 新疆巩留县吉尔格朗乡出土,现藏伊犁州博物馆(李溯源等,2013,图六:7)。圈足缺失。口径34.7、残高24.7厘米。(BaV)

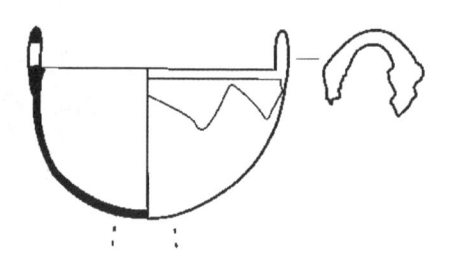

23. 新疆石河子市南山红沟溪谷中发现一件(新疆文物考古研究所1998,59—60页;草原考古研究会,2011,202,203,Ca 004)。斜肩耳,侈口,半球形腹,圜底;腹体中部有一圈凸弦纹;圈足适中。高19.5、口径19.5—24厘米。(EaI)

24. 新疆哈密地区巴里坤奎苏南湾1981年发现一件(王博、祁小山,1996,290页,图十一,3;草原考古研究会,2011,206,209,Cb 008),素面。斜

肩耳,耳外沿有凹槽纹;球形腹,口内敛,圜底;圈足适中。腹体中部偏下一面有一圈波纹,另一面为凸弦纹。残高26.7、口径33.3厘米。(EaⅡ)

25. 新疆阿勒泰地区哈巴河县铁热克提乡塔勒恰特1981年发现一件(引文同上,图十一:6;草原考古研究会,2011,206,209,Cb 009)。圈足残,腹饰波纹;斜肩耳,耳外沿有凹槽纹;小直沿,球形腹,口内敛,圜底;圈足适中。腹体中下部有一圈凸弦纹。高49、口径40.4厘米。(EaⅡ)

26. 新疆特克斯县出土,现藏特克斯县博物馆(李溯源等,2013,图二十:1)。口径48.5、残高37厘米。(EaⅡ)

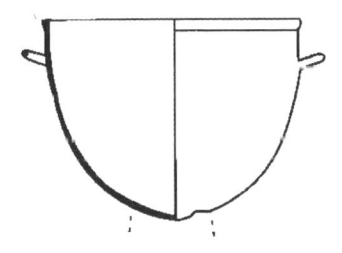

27. 新疆伊犁地区昭苏县天山牧场一土墩墓1959年发现一件出土,现藏伊犁州博物馆(张玉忠,1985,79,图版肆,2;李溯源等,2013,图七、图二十:2)。出土时有圈足,已残,后被锯掉,耳残,口沿下铸凸波纹一周。口径51、残高31.5厘米。(EaⅡ)

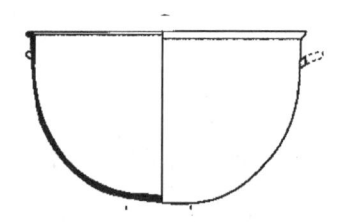

28. 新疆伊犁出土,具体地点不明,现藏伊犁州博物馆(李溯源等,2013,图八、图二十:3)。口径49.3、残高35厘米。(EaⅡ)

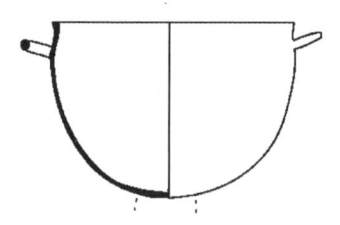

29. 新疆特克斯县出土,现藏伊犁州博物馆(李溯源等,2013,图九、图二十:4)。口径45、残高31厘米。(EaⅡ)

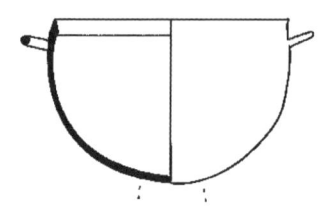

30. 新疆特克斯县库什台出土,现藏伊犁州博物馆(李溯源等,2013,图十、图二十:5)。口径47、残高38厘米。(EaⅡ)

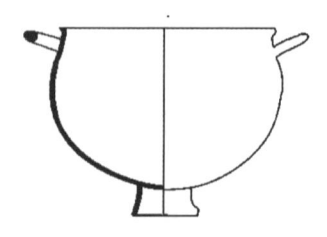

31. 新疆霍城县南东干乡出土,现藏新疆博物馆(李溯源等,2013,图九、图二十:6)。口径41、残高47厘米。(EaⅡ)

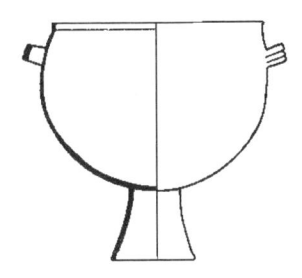

32. 新疆特克斯县库什台出土,现藏伊犁州博物馆(李溯源等,2013,图十二、图二十:9)。口径38、高38厘米。(EaII)

33. 新疆新源县出土,现藏伊犁州博物馆(李溯源等,2013,图十三、图二十:7)。口径42、高46厘米。(EaII)

34. 新疆霍城县清水镇出土,现藏霍城县博物馆(李溯源等,2013,图二十.8)。口径33、高26.7厘米。(EaII)

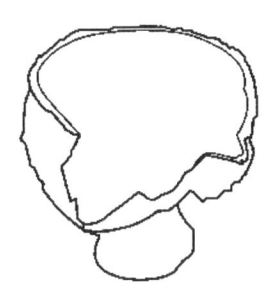

35. 新疆霍城县芦草沟镇西宁村出土,现藏霍城县博物馆(李溯源等,2013,图十四、图二十:10)。口径37、高35厘米。(EaII)

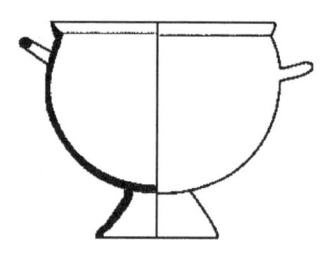

36. 新疆霍城县萨尔布拉克镇出土,现藏霍城县博物馆(李溯源等,2013,图十五、图二十:15)。口径45、高46厘米。(EaII)

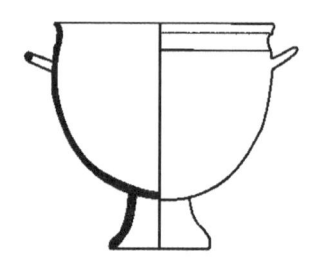

37. 新疆霍城县芦草沟镇西宁村出土,现藏霍城县博物馆(李溯源等,2013,图十六、图二十:11)。口径29、高31.5厘米。(EaII)

38. 新疆霍城县芦草沟镇西宁村出土,现藏霍城县博物馆(李溯源等,2013,图十七、图二十:12)。口径29、高29厘米。(EaII)

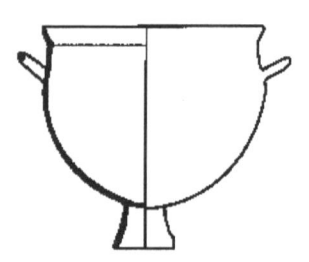

39. 新疆霍城县清水镇农科站出土,现藏霍城县博物馆(李溯源等,2013,图二十:14)。高38厘米。(BaIV-1)

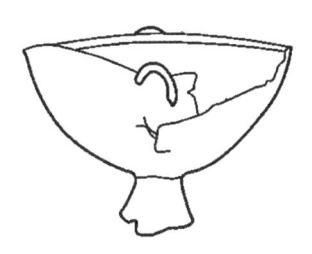

40. 新疆新源县出土,现藏新源县文物局(李溯源等,2013,图二十:13)。口径约21、残高20厘米。(EaII)

41. 新疆霍城县芦草沟镇元宝村出土,现藏伊犁州博物馆(李溯源等,2013,图十八、图二十:16)。口径44.5、高51.5厘米。(EaII)

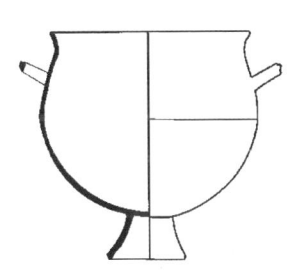

42. 新疆巩留县莫乎尔乡出土,现藏伊犁州博物馆(李溯源等,2013,图十九、图二十:17)。口径40.5、高39.5厘米。(EaII)

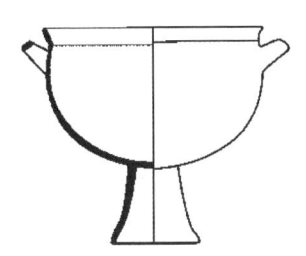

43. 新疆新源县出土,现藏新源县文物局(李溯源等,2013,图二十:18)。口径28、残高20.5厘米。(EaII)

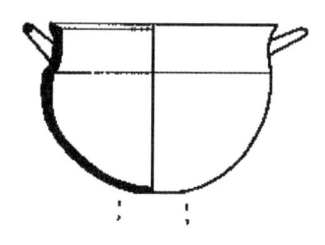

44. 新疆伊犁地区巩乃斯县生产建设兵团72团3连发现一件(新疆维吾尔自治区文物事业管理局,1999,371,No.1053;草原考古研究会,2011,206,Cb 002)。斜肩耳,耳外沿有凹槽纹;球形腹,口内敛,圜底;圈足适中。腹体中部偏下有一圈凸弦纹,口沿下有一圈尖头向下的锯齿样纹饰,可见的一面有六个三角纹。高57.5、口径42厘米。(EaII)

45. 新疆博尔塔拉州温泉县哈日布呼镇河滩挖渠的过程中发现一件铜鍑,为斜肩耳圈足铜鍑。(EaII)

46. 新疆阿勒泰地区青河县博物馆收藏一件。(EaII)

47. 新疆额敏县采集一件。（EaⅡ）

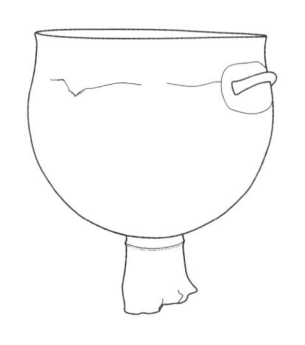

48. 新疆博尔塔拉州精河县芒丁乡农民犁地的时候发现，圈足铜鍑，双斜肩耳，另外还有一对小竖环耳置于肩部。（EaⅣ）

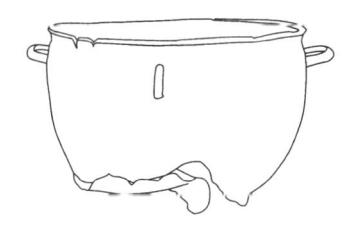

49. 新疆伊犁哈萨克自治州霍尔果斯特殊经济开发区施工工地上发掘出一尊四耳喇叭足文物。青铜鍑高约60厘米，直径约为50厘米。霍城县文物局保管。该青铜鍑共有4个耳，其中，2个大斜肩耳，2个小竖环耳。在这件青铜鍑的器身上，有3道旋纹。由于该青铜鍑在出土时，遭到重击，青铜鍑的腹部和足部都遭到不同程度损坏。在青铜鍑的腹部，有两个明显的凹坑，足底处，出现了3条裂纹，还缺失了两块青铜。（EaⅣ）

50. 2020 年新疆昭苏 75 团田地里发现一件斜肩耳圈足铜鍑,同时发现的还有一个方盘。(EaIV)

51. 新疆昭苏县出土,现藏伊犁州博物馆(李溯源等,2013,图二十一、图二十四:1)。口径 43.5、高 54 厘米。(EbI)

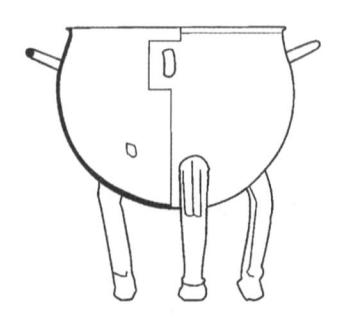

52. 新疆尼勒克县布台乡出土,现藏伊犁州博物馆(李溯源等,2013,图二十二、图二十四:2)。口径42、高44.5厘米。(EbI)

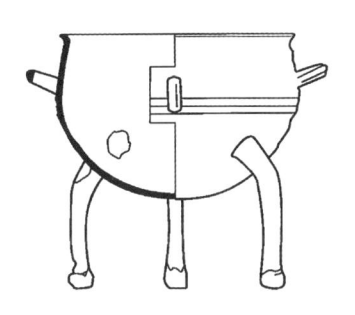

53. 新疆新源县71团一连鱼塘1983年建设作业中发现一件,现藏新疆博物馆(王博,1987,46页,图二:1;草原考古研究会,2011,218,220,D3001)。红铜材质,合范铸造。斜肩耳,耳沿外有凹槽纹,另外还有一对小竖环耳;小折沿、球形腹,口内敛,圜底。斜肩耳下面有三圈平行的凸弦纹。腹部饰有三圈凸弦纹,足下端似有兽形纹饰。高44、口径41厘米,重21公斤。同出文物和天山东部阿拉沟塞人墓出土文物相似,后者时代为战国至西汉,因此,这件铜鍑时代应是战国至西汉。(EbI)

54. 新疆尼勒克1988年收集一件,现藏伊犁州博物馆(张玉忠、赵德荣,1991,42页;1997,363页,图一:7;草原考古研究会,2011,220,D3002)。斜肩耳,另外还有一对小竖环耳;小折沿、球形腹,口内敛,圜底。细高兽蹄足。斜肩耳下面有三圈平行的凸弦纹。通高45.5、口径37.5、腹径40.5厘米。(EbI)

55. 2016年蒙古国色楞格省呼德尔苏木布敦高勒的一处青铜窖藏出土了4件铜鍑、2件中原式铜鼎,铜鍑1件较为完整,1件稍残,另外2件较残。

根据共存的铜鼎,可判断该窖藏的年代在西周晚期(Галдан, Г. Батдалай, Б. Амарт? вшин, Ч. 2016, 2017, pp.327 – 334. Ковалев, А. А. 2023, pp.38 – 68)。(AaI)

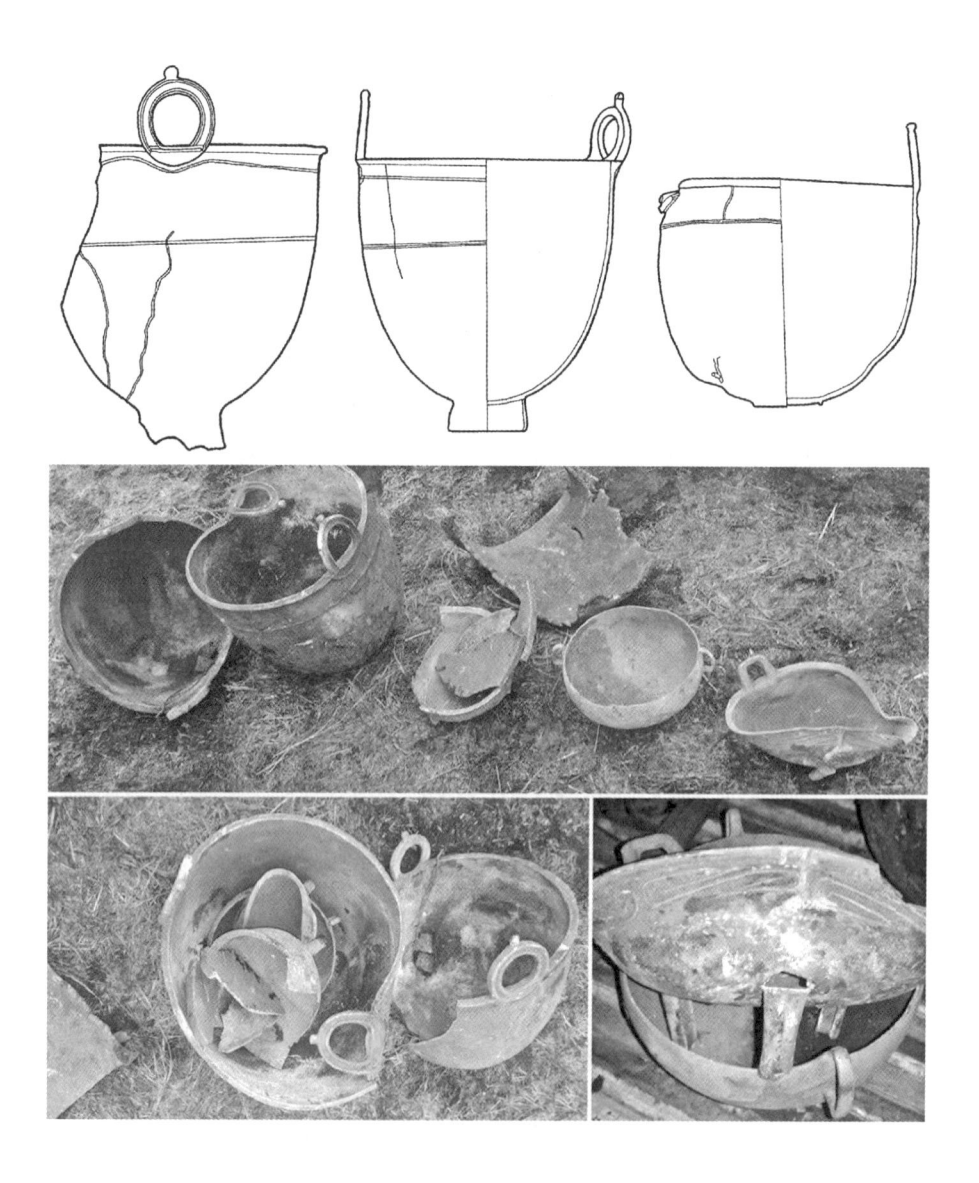

56. 蒙古共和国乌兰巴托国立博物馆藏一件(Érdy,1995,Table5 – 10),耳呈环状,下有圆片贴附于口颈,腹饰一道粗弦纹,圈足有圆形小镂孔。时代可能为春秋中、晚期。(AaV – 1)

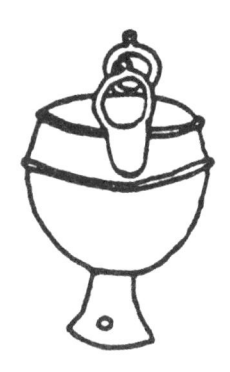

57. 蒙古民族历史博物馆藏一件(草原考古研究会,2011,69—70,X-8)。腹体有两圈凸弦纹,圈足残失。(BaIV-1)

58. 蒙古民族历史博物馆藏一件(阜原考古研究会,2011,70—71,X-12)。素面。(EaI)

59. 蒙古ザナバザル美术馆藏一件(草原考古研究会,2011,70—71,X-13)。腹部有一圈凸弦纹。通高约43厘米。(EaI)

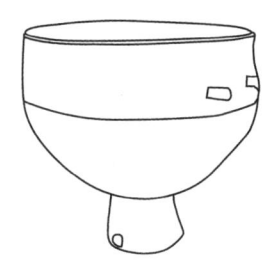

60. 蒙古民族历史博物馆藏一件（草原考古研究会，2011，70—71，X-14）。素面，小圈足。（EaI）

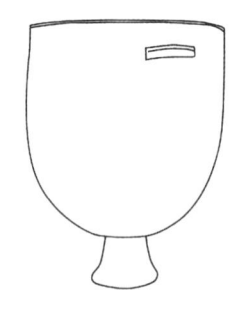

61. 蒙古ムルンのフブスグル＝アィマク博物馆藏一件（草原考古研究会，2011，70—71，X-15）。腹部有一圈凸弦纹。圈足残失。（EaII）

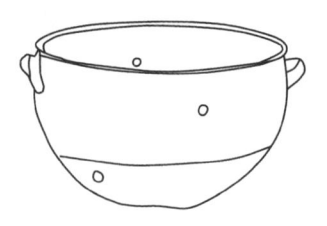

62. 蒙古ザフハン＝アィマク博物馆藏一件（Volkov 1967,Ris.16,8；草原考古研究会，2011，70—71，X-16）。（EaII）

63. 哈萨克斯坦共和国东哈萨克斯坦州 Ulan 地区 Leninka 村东南 6—7 公里农田中 1966 年发现一件（Arslanova et al. 1980：150；高浜秀，1995，349

页,图七:7;草原考古研究会,2011,194,A001)。耳突发达,耳呈环状,下面四分之一部分贴附于口沿外。腹深,腹体外中上部有一圈水平铸线纹。圈足小。高42、口径32厘米。(AaⅡ-1)

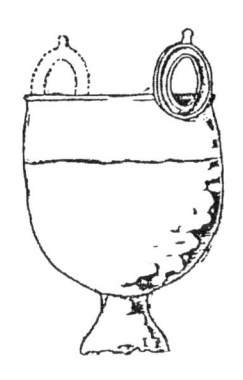

64. 哈萨克斯坦阿拉木图州テケリ(Tekeli)市周边1940年发现一件(Spasskaya,1958,182,Ris.2;草原考古研究会,2011,240,X 003)。单乳突直立环耳,立于口沿之上;鼓腹,口沿下有一圈凸弦纹;大圈足。高41、口径33—36、重20公斤,容积20升。认为和萨夫罗马太文化有关,时代为公元前5—前4世纪(草原考古研究会,2011,240)。(AaⅢ-2)

65. 哈萨克斯坦东哈萨克斯坦州Öskemen市近郊Stepanova矿山发现。Semey市博物馆藏,编号1256(草原考古研究会,2011,198—199,B-001)。环形耳,下面贴附于口沿外。深腹,圜底,圈足适中。高50、口径40厘米。(BaⅡ)

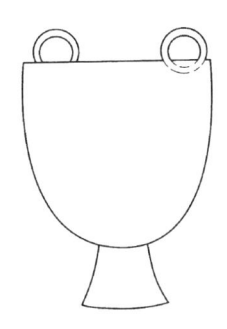

66. 吉尔吉斯斯坦 Chuy 河流域 Aleksandrovskoe 村与 Sretenka 村之间发现一件，藏于吉尔吉斯斯坦国立历史博物馆（Kibirov，1959，106；草原考古研究会，2011，238，X 002）。直立双耳，根部像插在口沿上一样，受压内撇；筒形腹体，圜底；圈足适中。腹体中部有一圈凸弦纹。高 44、口径 35 厘米。（BaII）

67. 哈萨克斯坦东哈萨克斯坦州 Bol'shaya Narym 地区 Kokterek 村西北 8 公里处 1965 年耕地时发现一件（Arslanova *et al.* 1980，149—150；Davis-Kimball，1995，p.213，fig.42；草原考古研究会，2011，241，X 005）。直立环耳，外沿有凹槽纹饰，口沿下有四个重叠倒三角线纹饰，其中两个正好在双立耳之下。腹微鼓，圜底。腹底外围中心有一个圆圈纹饰，以圆圈纹饰为中心，有 7 个放射状的三角形光芒样的装饰，三角形顶端都有一个针孔状的圆圈纹。小细圈足，圈足下部起圆滑状的阶形台面。高 50、口径 41 厘米。（BaIII-2）

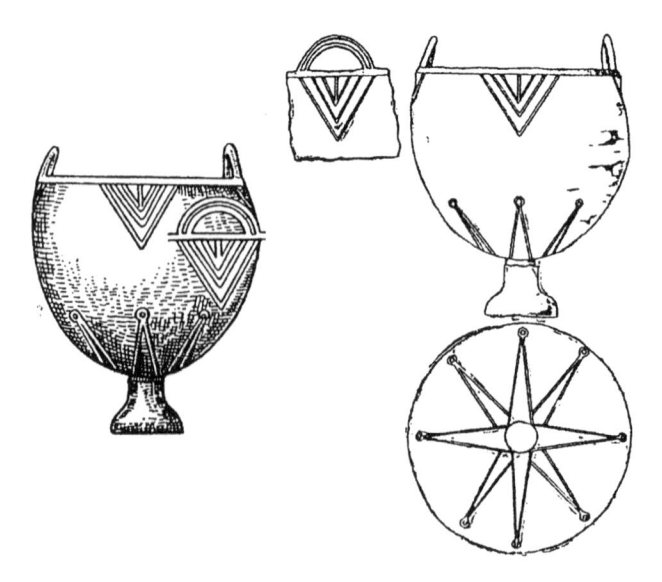

68. 哈萨克斯坦东部发现一件,藏哈萨克斯坦共和国国家博物馆。

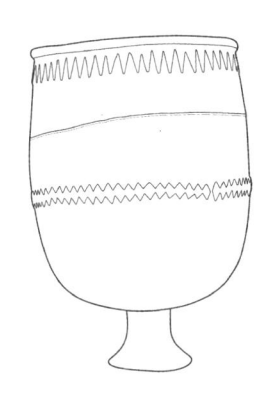

69. 吉尔吉斯斯坦费尔干纳盆地(Osh)奥什州 Kara Kulzha 地区 Kara Kulzha 河右岸 1953 年夏农耕时发现一件,同出的还有青铜镜、有铤三角镞和青铜环等(Zadneprovskii,1962,163;草原考古研究会,2011,203,204,Ca 015)。半环状耳,耳外有凹槽纹;桶形腹,圜底;与双耳齐高的地方有一圈凸弦纹;圈足残失。高 27、口径 32 厘米。(EaI)

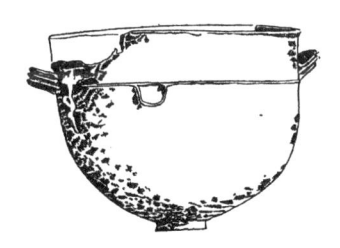

70. 哈萨克斯坦阿拉木图州 1979 年 Alatau 村耕地时发现一件(Grigor'ev et al. 1999,85;草原考古研究会,2011,206,Cb 001)。斜肩耳,耳外沿有凹槽纹;小折沿,球形腹,口内敛,圜底;小圈足,已残。腹体中部偏下有一圈凸弦纹,口沿下有一圈尖头向下的锯齿样的纹饰,可见的一面有六个三角纹。高 31.5、腹径 41 厘米。(EaII)

71. 哈萨克斯坦阿拉木图州テケリ（Tekeli 太凯利）市近郊准噶尔-阿拉套山支脉发现一件（Akishev *et al.* 1963,109—112；草原考古研究会,2011,206,Cb 004）。斜肩耳,仅存一耳,耳外沿有凹槽纹；小直沿,球形腹,口内敛,圜底；高圈足。腹体中部有一圈凸弦纹,口沿下与耳齐的地方有两圈波折纹饰。通高 54、口径 42、圈足高 24.5、腹径 57 厘米。（EaⅡ）

72. 哈萨克斯坦阿拉木图州伊塞克市道路建设时发现窖藏中有一件（Akishev *et al.* 1963,109；草原考古研究会,2011,206,Cb 005）。棒状斜肩耳；球形腹,口内敛,圜底；圈足适中。口沿下有一圈"U"形纹饰,可见的一面有两个。通高 40.5、口径 36、圈足高 12、腹径 39 厘米。（EaⅡ）

73. 哈萨克斯坦阿拉木图州 1988 年 1 月 4 日パンフィロフ村东南 2 公里耕作时发现两件,其中一件较大（Grigor'ev *et al.* 1999,84—85；草原考古研究会,2011,208,Cb 006）。斜肩耳,耳外沿有凹槽纹；球形腹,口内敛,圜底；圈足残失；口沿下有一圈"U"形纹饰,可见的一面有三个。高 39、口径 59、圈足高 12、腹径 63 厘米。（EaⅡ）

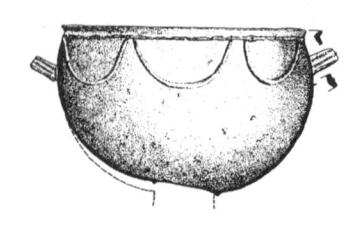

74. 哈萨克斯坦阿拉木图州タルガル市东 7 公里 Besagash 河左岸发现铜鍑残片(Bajpakov *et al.* 1996,347—349;草原考古研究会,2011,208,Cb 007)。棒状斜肩耳;球形腹,口内敛;口沿下有一圈"U"形纹饰,可见的一面有两个。(EaⅡ)

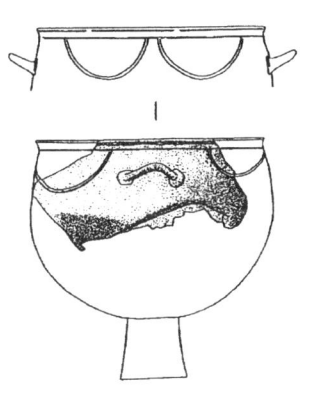

75. 哈萨克斯坦阿拉木图州距离伊塞克市 10 公里的地方发现一件铜鍑(Martynov,1955,150;草原考古研究会,2011,217,218,D 1001)。斜肩耳,剖面呈矩形,另外还有一对小竖环耳;小折沿,球形腹,口内敛,圜底;细高圈足。斜肩耳下面有三圈平行的凸弦纹。高 41、口径 44 厘米。(EaⅡ)

76. 哈萨克斯坦阿拉木图州 Talgar 地区 1988 年 1 月 4 日 Panfilov 村东南 2 公里发现(Grigor'ev *et al.* 1999,85;草原考古研究会,2011,202,203,Ca 006)。半环形斜肩耳,截面呈三角形;直沿微外侈,球形腹,圜底;小圈足。高 35.5、口径 36、腹径 37.5 厘米。腹体有修补痕迹,有灰烬。(EaⅡ)

77. 哈萨克斯坦 1960 年 Zhambyl 州 Kokterek 地区 Berlik 村 20 公里古代河床中发现一件(Popov,1972,206—207;草原考古研究会,2011,204,Ca 008)。塔拉兹博物馆收藏。半环形斜肩耳;直沿微外侈,球形腹,圜底;圈足适中。高 73、口径 68 厘米。(EaⅡ)

78. 哈萨克斯坦东哈萨克斯坦州发现一件,藏于塞米伊博物馆(Spasskaya,1958,183 页;草原考古研究会,2011,201,Ca 003)。斜肩耳,直沿微外侈,球形腹,圜底;圈足适中。高 30、口径 30 厘米。(EaⅡ)

79. 哈萨克斯坦阿拉木图市东南 6 公里 1930 年偶然发现,藏于哈萨克斯坦国立中央博物馆,编号 2292(Spasskaya,1958,180,No.19;草原考古研究会,2011,202,203,Ca 007)。斜肩耳,直沿微外侈,球形腹,圜底;圈足适中。(EaⅡ)

80. 哈萨克斯坦塔拉兹市近郊 1961 年 9 月发现两件,有陶片伴出,塔拉兹市博物馆收藏,编号 885－1、885－2(草原考古研究会,2011,204,Ca 009,Ca 010,无图)。半环形斜肩耳;直沿微外侈,球形腹,圜底;圈足适中。其中 885－1 高 50、口径 45、器壁厚 1 厘米;885－2 圈足残失,仅剩一耳。(EaⅡ)

81. 哈萨克斯坦塔拉兹市近郊 1962 年 5 月发现两件,和前两件发现的地点很近。出于地表下 1.5—2 米。塔拉兹市博物馆收藏,编号 888、889(Popov 1972,207;草原考古研究会,2011,204,Ca 011,Ca 012,无图)。半环形斜肩耳;直沿微外侈,球形腹,圜底;圈足适中。其中 888 高 35、口径 37 厘米。888 口沿和圈足部分破损,889 破损严重。(EaII)

82. 吉尔吉斯斯坦 Ysyk Köl 州 Anan'evo 村附近的山中发现一件,藏于吉尔吉斯斯坦国立历史博物馆(Kyzlasov,1972,107;草原考古研究会,2011,203,204,Ca 013)。直沿微外侈,球形腹,圜底;小细圈足。高 46、口径 42—61 厘米。(EaII)

83. 吉尔吉斯斯坦 Ysyk Köl 州 Bosteri 村建设灌溉渠时发现一件,藏于吉尔吉斯斯坦国立历史博物馆(Kyzlasov,1972,107;草原考古研究会,2011,203,204,Ca 014)。沿微外侈,球形腹,圜底;圈足残失。高 27、口径 35—42 厘米。(EaII)

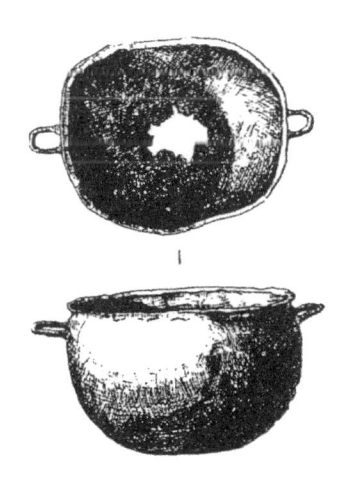

84. 哈萨克斯坦距离 Lugovoe 约 60 公里的 Chungur 溪谷 1960 年建设时在地面以下 2 米处发现一件，藏于塔拉兹市博物馆，编号 907（Popov，1972，206；草原考古研究会，2011，217，D 1002，无图）。高 58、口径 52 厘米。（EaII）

85. 吉尔吉斯斯坦 Chuy 州 1905 距离别什凯克约 27 公里的地方 Uch Emchek 年发现一件（Spasskaya，1958，187；草原考古研究会，2011，217，218，D 1003）。（EaII）

86. 哈萨克斯坦阿拉木图州伊塞克 Nadezhdinsk 村灌溉水渠 2.85 米深处发现一件（Spasskaya，1958，179，No.2；草原考古研究会，2011，206，Cb 003）。斜肩耳，耳外沿有凹槽纹；桶形腹，口直，圜底；圈足适中。口沿下与耳齐的地方有一圈波折纹饰，圈足上有竖棱纹。高 49.5 厘米。（EaII）

87. 哈萨克斯坦东北部 Pavlodar 市近郊发现一件，藏于塞米伊博物馆（Spasskaya，1958，183 页；草原考古研究会，2011，201，203，Ca 001）。斜肩耳，桶形腹，圜底；圈足适中。高 35、口径 38—40 厘米。（EaII）

88. 哈萨克斯坦东北部 Orlovka 村附近偶然发现,藏于塞米伊博物馆(Spasskaya 1958,183 页;草原考古研究会,2011,201,203,Ca 002)。斜肩耳,球形腹,圜底;细高圈足。高 40、口径 35—38 厘米。(EaII)

89. 吉尔吉斯斯坦 Karakol 市近郊 Chamanda 溪谷 1901 年发现一件(草原考古研究会,2011,217,D 1004,无图)。重 18 公斤。(EaII)

90. 俄罗斯埃尔米塔什博物馆藏一件(Minasyan 1986,Ris.5-5;草原考古研究会,2011,168,172,II.1.B-005)。Nizhnii Abakan 采集。直沿。肩部有斜肩耳,一只较上斜,一只稍水平。半球腹,腹体两耳中间有和口沿垂直的铸线纹。高圈足。(EaII)

91. 乌兹别克斯坦撒马尔罕州撒马尔罕市北部 30 公里 Koktepa 遗址公元前 1 世纪后半建造的一个洞室墓出土一件(Isamiddinov *et al.* 2001,82;草原考古研究会,2011,203,205,Ca 016)。洞室位于墓坑北侧,墓主为 25—35 岁女性,仰身直肢葬。随葬西汉后期的云气禽兽纹铜镜。铜鍑出于南侧直径 1.5 米的土坑中。棒状斜肩耳,直沿微外侈,球形腹,圜底;圈足适中。(EaII)

92. 哈萨克斯坦国立中央博物馆藏一件，藏品编号 2291（Spasskaya 1958,189；草原考古研究会，2011,203,205,Ca 017）。斜肩耳，直沿微外侈，球形腹，圜底；细高圈足。高 28—32、口径 30—31 厘米。（EaII）

93. 哈萨克斯坦国立中央博物馆藏一件，藏品编号 2294（Spasskaya 1958,188—189；草原考古研究会，2011,206,207,Ca 018）。斜肩耳，直沿微外侈，球形腹，圜底；细高圈足。高 45、口径 45—46 厘米。（EaII）

94. 哈萨克斯坦阿拉木图市内土坑中发现，发现时周围有散乱的陶片和骨片（Spasskaya,1958,181；草原考古学会，2012,219,D 2001）。斜肩耳，耳沿外有凹槽纹，另外还有一对小竖环耳；小折沿，球形腹，口内敛，圜底。斜肩耳下面有三圈平行的凸弦纹。高 51、口径 71 厘米，容量 138 升，重 82.5 公斤。（EaIV）

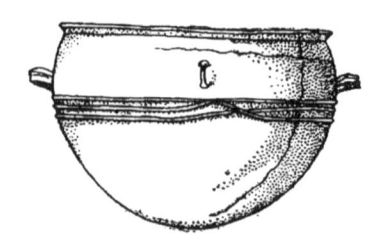

95. 哈萨克斯坦阿拉木图市近郊 1912 年在 Bol'shaya Alma-Ata 河与 Poganka 河之间的 Ulyashev 耕地中发现两件，哈萨克斯坦国立中央博物馆收

藏，大者编号 2293（Spasskaya，1958，180；草原考古学会，2012，219，大者编号 D 2002，小者编号 D 2003）。大者斜肩耳，另外还有一对小竖环耳；小折沿，球形腹，口内敛，圜底。斜肩耳下面有三圈平行的凸弦纹。高 51、口径 71 厘米，容量 140 升。（EaIV）

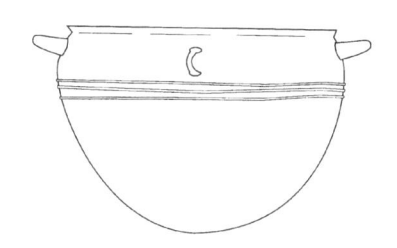

96. 哈萨克斯坦国立中央博物馆藏一件，编号 2299（Spasskaya，1958，189；草原考古研究会，2011，217，218，D 1005）。斜肩耳，剖面呈矩形，另外还有一对小竖环耳；小折沿，球形腹，口内敛，圜底；高圈足。斜肩耳下面有三圈平行的凸弦纹。（EaIV）

97. 哈萨克斯坦阿拉木图州距离伊塞克市 10 公里的当地中学，1953 年发现两件（Martynov，1955；草原考古学会，2012，220，D 3003—3004）。斜肩耳，耳沿外有凹槽纹，另外还有一对小竖环耳；小折沿，球形腹，口内敛，圜底。细高兽蹄足。斜肩耳下面有三圈平行的凸弦纹。D 3003 高 51、器深 33 厘米。（EbI）

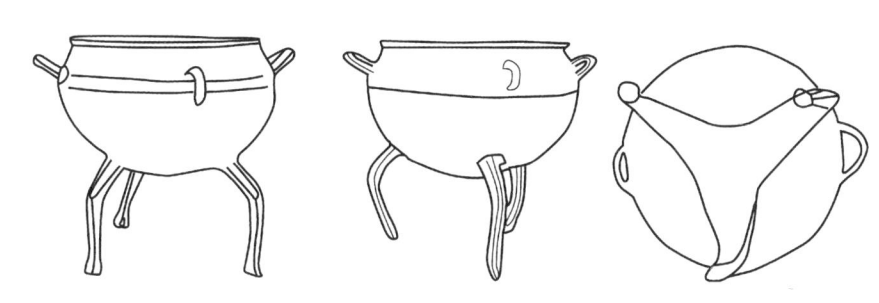

98—99. 哈萨克斯坦阿拉木图市鞑靼人劳动者街 1939 年发现两件，收藏于哈萨克斯坦国立中央博物馆，编号 2302、2305（Spasskaya, 1958, 181, No.22‐23；草原考古学会，2012，221—222，大者编号 D 3005，小者编号 D 3006）。斜肩耳，耳沿外有凹槽纹，另外还有一对小竖环耳；小折沿，球形腹，口内敛，圜底。粗壮高兽蹄足。D 3005 斜肩耳下面有三圈平行的凸弦纹，D 3006 素面。D 3005 高 50、口径 44—45，重 31.5 公斤，容量 38 升；D 3006 高 44.5、口径 33.5—39，重 14.5 公斤，容量 21 升。（EbI）

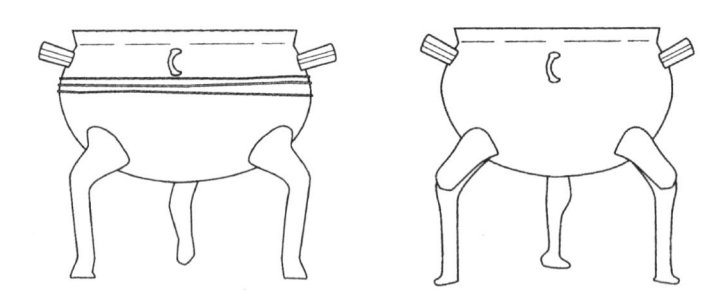

100. 哈萨克斯坦阿拉木图市近郊西南 1946 年在 Kamenskoe 台地发现一件，哈萨克斯坦国立中央博物馆收藏，编号 2293（Spasskaya, 1958, 181, No.24；草原考古学会，2012，222，D 3009）。斜肩耳，耳沿外有凹槽纹，另外还有一对小竖环耳；小折沿，球形腹，口内敛，圜底。细高兽蹄足。斜肩耳下面有三圈平行的凸弦纹。高 51.5、口径 43.5 厘米，容量 36 升，重 33 公斤。（EbI）

101. 哈萨克斯坦阿拉木图市近郊建筑工地 1951 年发现一件，哈萨克斯坦国立中央博物馆收藏，编号 7228 或者 7229（Spasskaya, 1958, 181—182, No.26‐27；草原考古学会，2012，222—223，D 3010）。斜肩耳，另外还有一对小竖环耳；口沿上套有装饰带翼对羊圆雕的环状圈，球形腹，口内敛，圜底。粗兽蹄足。（EbI）

102. 吉尔吉斯斯坦 Karakol 市南 6 公里溪谷中发现一件,吉尔吉斯斯坦国立历史博物馆藏,编号 9/1(Kanimetov et al. 1983,30,No.40;草原考古学会,2012,223,D 3011)。平肩耳,另外还有一对小竖环耳;小折沿,球形腹,口内敛,圜底。细高兽蹄足。高 35、口径 32、腹径 33.5 厘米。(EbI)

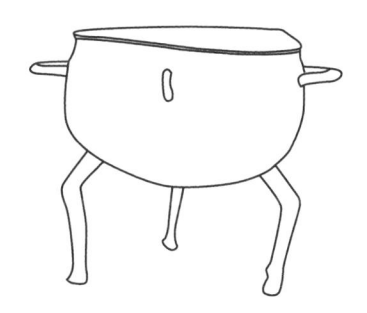

103. 哈萨克斯坦国立中央博物馆藏一件(Spasskaya,1958,188,No.5;草原考古学会,2012,223,D 3013)斜肩耳,另外还有一对小竖环耳;小平沿,球形腹,口内敛,圜底。细高兽蹄足,转折处装饰龙头形神兽。高 47、口径 46 厘米、重 28.5 公斤,容量 44 升。(EbII)

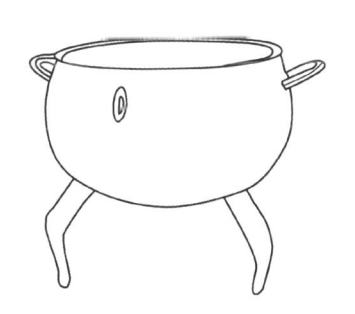

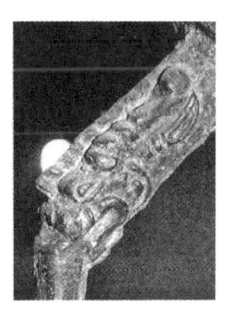

104. 俄罗斯埃尔米塔什博物馆藏一件,1893 年于今天的阿拉木图市征集(Spasskaya,1958,188,No.3;草原考古学会,2012,223,D 3012)。斜肩耳,

耳沿外有凹槽纹，另外还有一对动物状小竖环耳；小折沿，球形腹，口内敛，圜底。斜肩耳下面有三圈平行的凸弦纹。粗壮高兽蹄足，转折的位置设计为一圆雕的山羊头。高 62、口径 47.5 厘米，重约 43 公斤。（EbII）

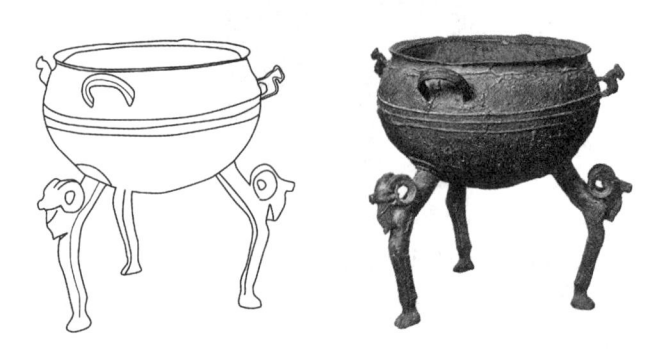

105—106. 哈萨克斯坦阿拉木图市近郊 1912 年在 Bol'shaya Alma-Ata 河与 Poganka 河之间的 Ulyashev 耕地中发现两件，哈萨克斯坦国立中央博物馆收藏，编号 2283 和 2306（Spasskaya，1958，180，No.4－8；草原考古学会，2012，222，大者编号 D 3007，小者编号 D 3008）。D 3007 斜肩耳，耳沿外有凹槽纹，另外还有一对小竖环耳；小折沿，球形腹，口内敛，圜底。斜肩耳下面有三圈平行的凸弦纹。粗壮高兽蹄足，转折的位置设计为一圆雕的山羊头。高 58、口径 46—48 厘米。D 3008 斜肩耳，耳沿外有凹槽纹，另外还有一对小竖环耳；小直沿，球形腹，口内敛，圜底。粗壮兽蹄足。高 35—37、口径 36—38 厘米。（EbII）

107. 哈萨克斯坦阿拉木图州伊塞克市距离 10 公里的当地中学生 1953 年发现一件（Martynov，1955，150；草原考古学会，2012，242，X 007）。铁质，斜肩耳；浅腹，口内敛，圜底。三个小足，高 24、口径约 36、器壁厚 7—8 厘米。（EbI）

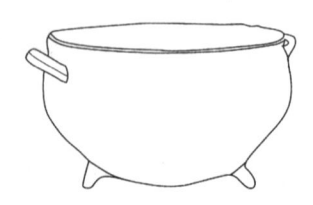

108. 哈萨克斯坦阿拉木图市近郊 1951 年发现一件,哈萨克斯坦国立中央博物馆收藏,编号 7228 或者 7229(Spasskaya,1958,181—182,No.26‐27;草原考古学会,2012,219,D 2004,无图)。(EaIV)

109. 吉尔吉斯斯坦 Semenovka 村北 4 公里 Kokdobe 河与 Malaya Aksu 河汇合处 1937 年 7 月农业耕作时发现两件(Bernshtam,1952,43;Spasskaya,1958,187—188;草原考古学会,2012,219,编号 D 2005、D 2006)。斜肩耳,另外还有一对小竖环耳;球形腹,口内敛,圜底。D 2005 高 41、口径 57 厘米。有学者认为这两件铜鍑原来可能有圈足(Kanimetov et al. 1983,25,No.23)。(EaIV)

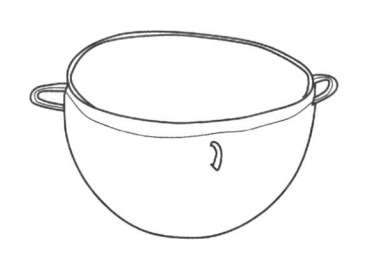

三、西伯利亚地区

这一地区为西伯利亚,分为几个地区。第一个以米努辛斯克盆地为中心,包括叶尼塞河上游地区。铜鍑在这一地区出现的时间是公元前 5—4 世纪[《世界考古学大系》(9),日本平凡社]。

(一)米努辛斯克盆地

1. 俄罗斯哈卡斯国立乡土博物馆藏一件(草原考古研究会,2011,136—138,I.1.A.bii‐001)。腹体上部三分之一的位置有水平向一圈凸弦纹。耳呈环状贴附于口沿之上。通高 40.8、口径 39.7 厘米。(Aa111‐2)

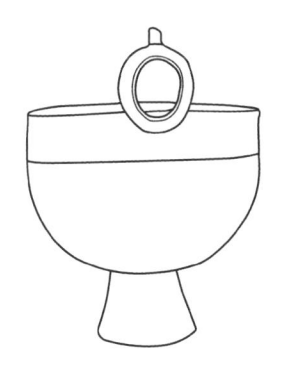

2. 俄罗斯米努辛斯克乡土博物馆藏一件（Levasheva et al. 1952, Ris.44 - 3；草原考古研究会, 2011, 137—138, I.1.A.bii - 009），Shalabolinskii Klad 村西南 4 公里偶然发现。立耳呈环状贴附于口沿外，腹体上部饰不封闭的绳套纹。圈足残。器体高 33、口径 33.5、圈足高 6、立耳高 9 厘米。（AaIV - 3）

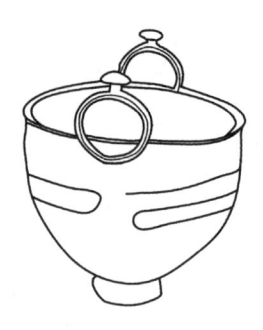

3. 俄罗斯叶尼塞河上游布拉基诺（Baragina）出土一件（Chlenova, 1967, Table.18 - 2；Érdy, 1995, Table3 - 14 - 2；草原考古研究会, 2011, 139, I.1.A.bii -013）。耳呈环状贴附于口，腹饰半封闭绳套纹。米努辛斯克乡土博物馆藏。（AaIV - 3）

4. 俄罗斯叶尼塞河上游沙拉博林斯克（Shalabolinsk Klad）出土一件（Levasheva et al. 1952, Ris.44 - 2；Érdy, 1995, Table3 - 14 - 6；草原考古研究会, 2011, 139, I.1.A.bii - 012）。高 22.2、径 29.5、圈足高 10.5、把手高 7 厘米。米努辛斯克乡土博物馆藏。（AaIV - 3）

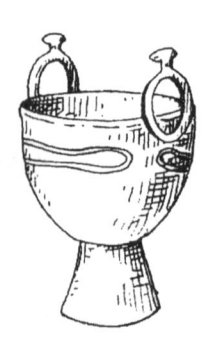

5. 俄罗斯叶尼塞河上游米努辛斯克出土一件(Tallgren,1917,Pl.XII26; Érdy,1995,Table3-5;草原考古研究会,2011,139,I.1.A.bii-010)。耳呈环状贴附于口沿外,腹饰双折绳套纹。芬兰赫尔辛基国家博物馆收藏,又名"托沃斯丁藏品"。(AaIV-3)

6. 俄罗斯哈卡斯国立乡土博物馆藏一件(草原考古研究会,2011,138—139,I.1.A.bii-014)。仅剩一耳,耳呈环状贴附于口沿之外,腹饰半封闭绳套纹。通高25.4、口径22.9—23.1厘米。(AaIV-3)

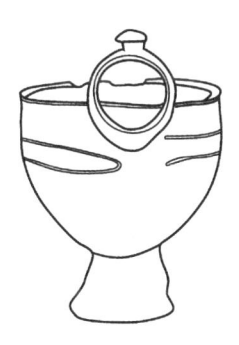

7. 俄罗斯哈卡斯国立乡土博物馆藏一件(草原考古研究会,2011,140,142,I.1.A.bii-019)。残,耳呈环状贴附于口沿之外,腹下有一圈凸线纹。通高28.8厘米。(AaIV-1)

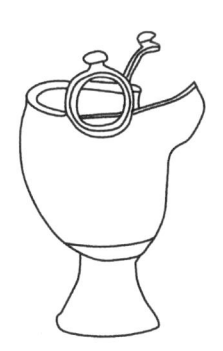

8. 俄罗斯米努辛斯克乡土博物馆藏一件(草原考古研究会,2011,136,138,I.1.A.bii-003)。阿巴扎(Abaza)市发现,1977 年入藏。立耳呈马掌形贴附于口沿。通体无纹饰。高 27、口径 26 厘米。(AaIV-1)

9. 俄罗斯 Bragino 和 Sidorovo 之间发现一件,1963 年入藏米努辛斯克乡土博物馆(草原考古研究会,2011,137—138,I.1.A.bii-006)。耳立于口沿之上,可能饰封闭状的绳套纹。通高 22、口径 17.2 厘米。(AaIV-3)

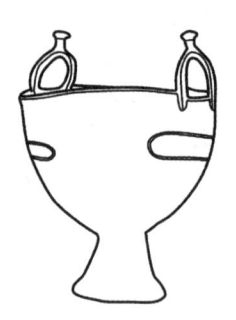

10. 俄罗斯米努辛斯克乡土博物馆藏一件(草原考古研究会,2011,137—138,I.1.A.bii-008)。Shalabolino 村发现。耳立于口沿上,腹体上部饰不封闭的绳套纹。圈足残。高 30、口径 37 厘米。(AaIV-3)

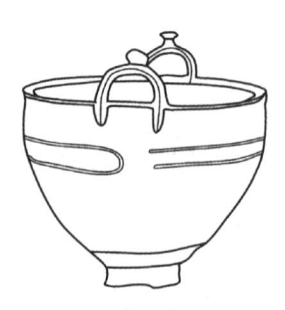

11. 俄罗斯叶尼塞河上游米努辛斯克出土一件(Tallgren 1917,Fig.62-2;Érdy,1995,Table3-5;草原考古研究会,2011,137,I.1.A.bii-005)。耳呈

块状贴附于口沿外。芬兰赫尔辛基国家博物馆收藏，又名"托沃斯丁藏品"。（AaIV-3）

12. 俄罗斯叶尼塞河上游米努辛斯克出土一件（Tallgren，1917，Fig.62-5；Érdy，1995，Table3-5；草原考古研究会，2011，140—142，I.1.A.bii-018）。耳呈马掌形贴附于口沿外，腹饰半封闭绳套纹。芬兰赫尔辛基国家博物馆收藏，又名"托沃斯丁藏品"。（AaIV-3）

13. 俄罗斯米努辛斯克乡土博物馆藏一件（Demidenko，2008，Ris.71-1；草原考古研究会，2011，138，140，I.1.A.bii-015）。Shalabolino 村发现。耳呈块状贴附于口沿外。腹饰半封闭绳套纹，腹下有一圈凸线纹。通高约 44 厘米。（AaIV-3）

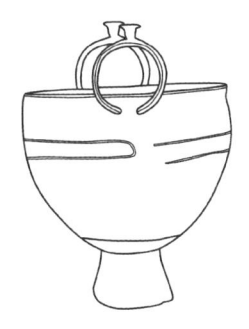

14. 俄罗斯米努辛斯克近郊发现一件,藏米努辛斯克乡土博物馆(Chlenova,1967,Table.18-7;草原考古研究会,2011,138,140,I.1.A.bii-016)。耳呈马掌形贴附于口沿外,腹饰半封闭绳套纹,腹下有一圈凸线纹。通高约41、口径31厘米。(AaIV-3)

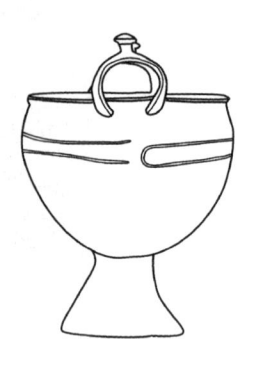

15. 俄罗斯Berezovka村发现一件,米努辛斯克乡土博物馆藏(草原考古研究会,2011,140,I.1.A.bii-017)。耳呈马掌形贴附于口沿外,腹饰半封闭绳套纹,腹下有一圈凸线纹。通高37、口径29厘米。(AaIV-3)

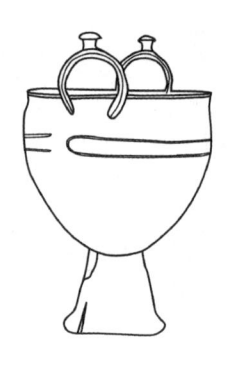

16. 俄罗斯哈卡斯国立乡土博物馆藏一件(草原考古研究会,2011,140,I.1.A.bii-020)。耳呈马掌形贴附于口沿之外,腹饰凸弦纹,腹下有一圈凸线纹。通高28.8、口径25.5—39.5厘米。(AaIV-1)

17. 俄罗斯哈卡斯国立乡土博物馆藏一件(草原考古研究会,2011,141,I.1.A.bii‐023)。耳呈马掌形贴附于口沿外,腹饰封闭绳套纹,圈足和腹体之间有 4 条加强筋。内底有四个突起,显示圈足为后加铸上的。通高 51.8、口径 36.7 厘米。(AaⅣ‐3)

18. 俄罗斯米努辛斯克发现一件(Grishin,1960,Ris.17‐1;草原考古研究会,2011,141,I.1.A.bii‐024)。耳立于口沿上。通高约 25 厘米。(AaⅣ‐1)

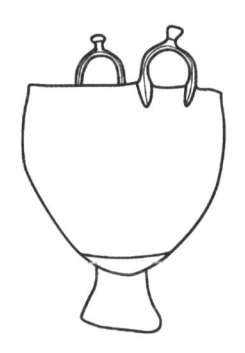

19. 俄罗斯米努辛斯克乡土博物馆藏一件(草原考古研究会,2011,141,I.1.A.bii‐026)。耳呈马掌形贴附于口沿外,腹饰二圈半封闭绳套纹,圈足和腹体之间有加强筋,内底有四个突起,显示圈足为后加铸上的。(AaⅣ‐3)

20. 俄罗斯叶尼塞河与下通古斯卡河汇流处的图鲁汉斯克(Turukhansk)出土一件(Pósta,1905,530,Abb.297;Érdy,1995,Table3-15,草原考古研究会,2011,143,I.1.A.bii-028),腹饰两圈弦纹,高圈足。米努辛斯克乡土博物馆藏。此地已经非常接近北极圈。(AaIV-3)

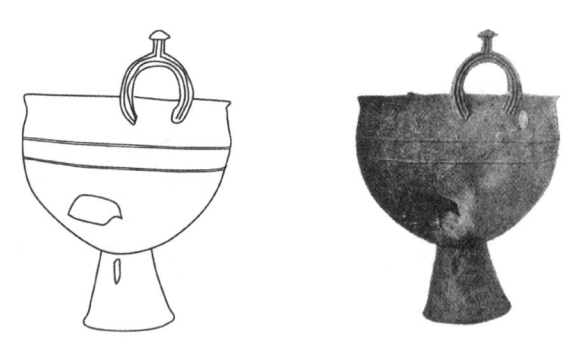

21. 俄罗斯米努辛斯克乡土博物馆藏一件,Migna 村发现(草原考古研究会,2011,140,I.1.A.bii-021)。耳呈马掌形贴附于口沿外,腹饰封闭绳套纹,圈足和腹体之间有 4 条加强筋。通高 40.5、口径 38 厘米,重量 15.8 公斤。(AaIV-3)

22. 俄罗斯米努辛斯克乡土博物馆藏一件,Potroshilovskii Klad 发现(草原考古研究会,2011,141,I.1.A.bii-022)。耳呈马掌形贴附于口沿外,腹饰封闭绳套纹,圈足和腹体之间有 3 条加强筋。通高 42、口径 37 厘米。(AaIV-3)

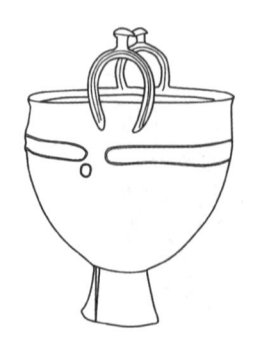

23. 俄罗斯米努辛斯克乡土博物馆藏一件,Potroshilovskii Klad 发现(草原考古研究会,2011,141,I.1.A.bii‒025)。耳呈马掌形贴附于口沿外,腹饰半封闭绳套纹,圈足和腹体之间有 4 条加强筋。通高 46、口径 40 厘米。(AaIV‒3)

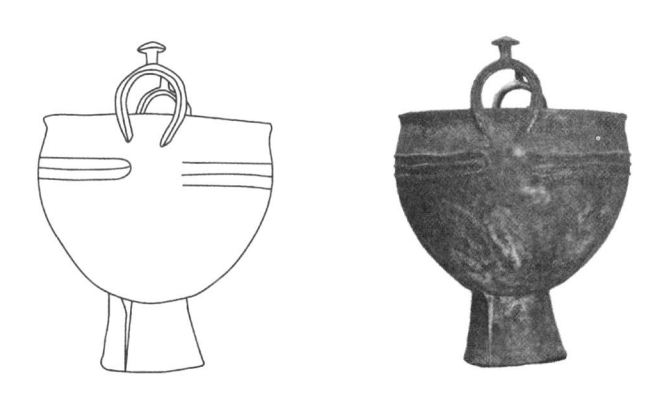

24. 俄罗斯米努辛斯克乡土博物馆藏一件(草原考古研究会,2011,143,I.1.A.bii‒029)。Srednii Kuzhebar 村附近发现,1929 年入藏。耳呈块状贴附于口沿外,腹中部外面有一对竖的小环耳,一耳不存,仅剩痕迹。圈足和腹体之间有 4 条加强筋,腹下有一圈凸线纹。高 27、口径 26 厘米。(AaIV‒1)

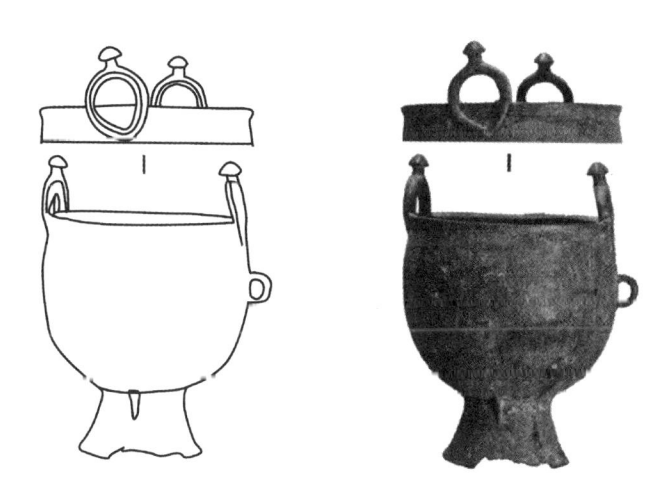

25. 俄罗斯哈卡斯国立乡土博物馆藏一件(草原考古研究会,2011,129,I.1.A.bi‒007)。XKM253/1。仅存一耳,耳呈马掌状,耳面无槽,根部贴附于口沿之外。从腹底内部看,圈足可能为后铸焊上去的。高 28.5、口径 25 厘米。(BaIII‒1)

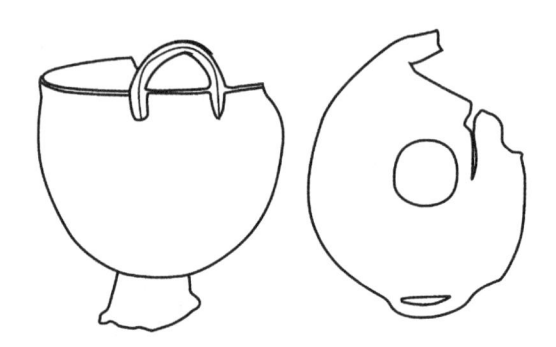

26. 俄罗斯叶尼塞河上游萨宾斯克伊(Sabinskoe)附近草原发现一件(Chlenova,1967,Table.18-3;Érdy,1995,Table3-14-3;草原考古研究会,2011,124—125,I.1.A.a-002)。小环耳,腹壁上附两小竖耳,腹体深,矮圈足,腹饰四道凸弦纹。高36、口径35厘米。有学者认为和阿尔赞2号冢5号墓室出土铜鍑接近。(BaI-2)

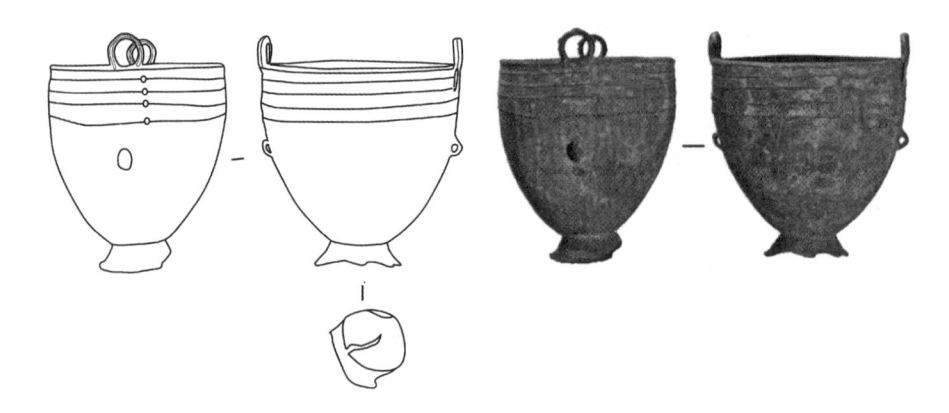

27. 俄罗斯叶尼塞河上游塔什提普(Tashtip)发现一件(Chlenova,1967,Table.18-4;Érdy,1995,Table3-14-4;草原考古研究会,2011,124—125,I.1.A.a-004)。颈部饰三道弦纹。(BaI-2)

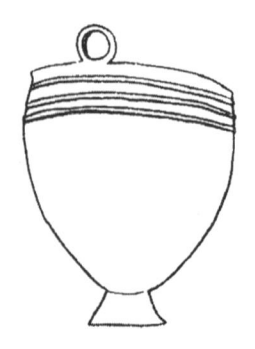

28. 俄罗斯米努辛斯克乡土博物馆藏一件,MM10105(Chlenova,1967,Tabl.18-10;Érdy,1995,Table3-14-10;草原考古研究会,2011,128,I.1.A.bi-004)。立耳下部连有一块长方形片状结构,贴附于口沿外,腹体上部饰三圈凸弦纹。(BaIV-1)

29. 俄罗斯叶尼塞河上游塔尕舍特(Tagashet)发现一件(Chlenova,1967,Table.18-11;Érdy,1995,Table3-14-11;草原考古研究会,2011,128,I.1.A.bi-003)。尖圜底,腹饰三道弦纹,圈足有裂缝。(BaIV-1)

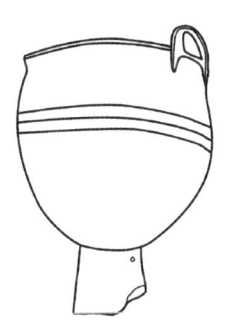

30. 俄罗斯米努辛斯克乡土博物馆藏一件,MM10070(Chlenova,1967,Tabl.18-12;Érdy,1995,Table3-14-12;草原考古研究会,2011,129,I.1.A.bi 008)。Taishet 发现。(BaIV-1)

31. 俄罗斯叶尼塞河上游戈拉伊兹（Gora Izih）发现一件（Erdy,1995, Table3－14－5），腹饰四道弦纹。（BaIV－1）

32. 俄罗斯米努辛斯克乡土博物馆藏一件，MM9603（Demidenko,2008, Ris.74；草原考古研究会,2011,131,I.1.A.bi－013）。Shunera 村发现。马掌状耳，耳面无槽，根部贴附于口沿之外。腹微鼓，圆圜底，腹上部饰两头封闭上下两平行线式绳套纹，腹下部有一圈铸线纹。圈足大小适中。通高33厘米。（BaIV－2）

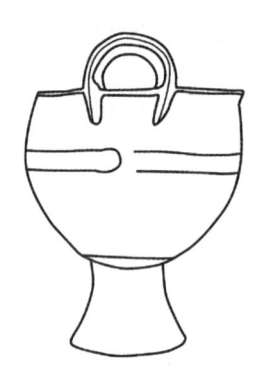

33. 俄罗斯哈卡斯国立乡土博物馆藏一件（草原考古研究会,2011,131, I.1.A.bi－014）。仅存铜鍑上半部分的一半。马掌状耳，根部贴附于口沿之外。腹体上部微鼓。腹上部饰半封闭上下两平行线式绳套纹。（BaIV－2）

34. 俄罗斯米努辛斯克乡土博物馆藏一件，MKM.A10021－5（10073）（草原考古研究会，2011，131，I.1.A.bi－015）。米努辛斯克附近 Berezovka 村发现。耳呈环状，耳面有槽，下部近一半贴附于口沿之外。腹微鼓，圆圜底，腹上部饰两头封闭上下两平行线式绳套纹，腹下部有一圈铸线纹。圈足大小适中。通高 33 厘米。（BaIV－2）

35. 俄罗斯米努辛斯克乡土博物馆藏一件，MKM10065/1（草原考古研究会，2011，132，I.1.A.bi－016）。叶尼塞河塔加尔岛架桥，在 Slivanikha 村耕地时发现，1979 年入藏。马掌状耳，耳面有槽，根部贴附于口沿之外。腹上部微鼓，尖圜底，腹上部饰半封闭上下两平行线式绳套纹，腹下部有一圈铸线纹。圈足大小适中。高 30、颈部口径 29 厘米。（BaIV－2）

36. 俄罗斯米努辛斯克乡土博物馆藏一件，MKM10065/2（草原考古研究会，2011，132，I.1.A.bi－017）。叶尼塞河塔加尔岛架桥，在 Slivanikha 村耕地时发现。马掌状耳，耳面有槽，根部贴附于口沿之外。腹上部微鼓，圜底，腹上部饰半封闭上下两平行线式绳套纹，腹下部有一圈铸线纹。圈足大小适中。腹体和圈足之间有 4 条加强筋。高 31、颈部口径 28.5 厘米。（BaIV－2）

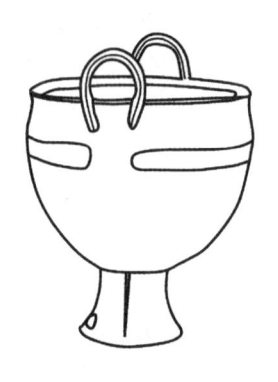

37. 俄罗斯哈卡斯国立乡土博物馆藏一件，XKM326（草原考古研究会，2011，132，I.1.A.bi-018）。马掌状耳，耳面有槽，下部三分之一贴附于口沿之外。腹上部微鼓，尖圜底，腹上部饰半封闭上下两平行线式绳套纹，腹下部有一圈铸线纹。圈足大小适中。通高46.2、口径36.3厘米。（BaIV-2）

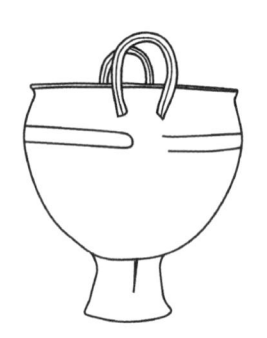

38. 俄罗斯哈卡斯国立乡土博物馆藏一件，XKM327（草原考古研究会，2011，132，I.1.A.bi-019）。马掌状耳，耳面有槽，下部三分之一贴附于口沿之外。腹上部微鼓，尖圜底，腹上部饰半封闭上下两平行线式绳套纹，腹下部有一圈铸线纹。圈足残，有加强筋。通高38.2、口径30.4—31.3厘米。（BaIV-2）

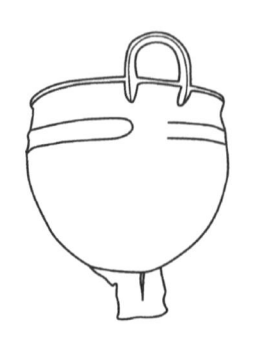

39. 俄罗斯哈卡斯国立乡土博物馆藏一件,XKM325(草原考古研究会,2011,132—133,I.1.A.bi-020)。马掌状耳,耳面有槽,下部三分之一贴附于口沿之外。腹上部微鼓,尖圜底,腹上部饰两头封闭上下两平行线式绳套纹,腹下部有一圈铸线纹。圈足大小适中。腹体和圈足之间有3条加强筋。通高31.6、口径24.1—26.3厘米。(BaIV-2)

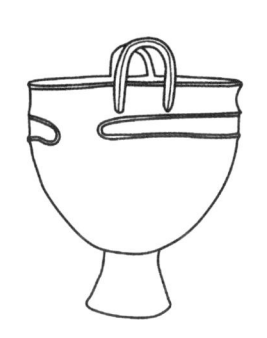

40. 俄罗斯米努辛斯克乡土博物馆藏一件,MKM.A 11920 (KII8608-52)(Demidenko,2008,Ris.72;草原考古研究会,2011,133,I.1.A.bi-021)。Tuba 河河口 Potroshilovskii Klad 村东北1公里松树林发现,1989 年入藏。马掌状耳,耳面有槽,下部近三分之一贴附于口沿之外。腹上部微鼓,尖圜底,腹上部饰两头封闭上下两平行线式绳套纹,有一边绳套纹又绕一个圈。圈足大小适中。腹体和圈足之间有加强筋。高36、口径34厘米。(BaIV-2)

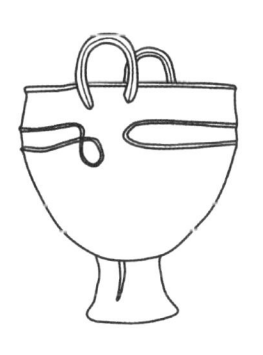

41. 俄罗斯哈卡斯国立乡土博物馆藏一件,XKMKII5131/3(草原考古研究会,2011,133,I.1.A.bi-022)。马掌状耳,耳面有槽,下部三分之一贴附于口沿之外。腹上部微鼓,尖圜底,腹上部饰两头封闭上下两平行线式绳套纹,腹下部有一圈铸线纹。圈足残失。腹体和圈足之间有4条加强筋。通高35.3、口径31.8—32.4厘米。(BaIV-2)

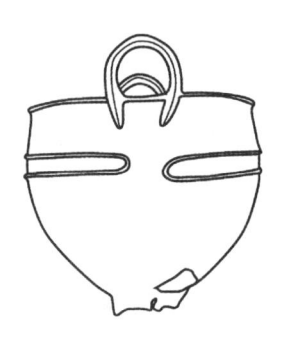

42. 俄罗斯米努辛斯克乡土博物馆藏一件，MKM.A9648（10120）（草原考古研究会，2011，133，I.1.A.bi-023）。Ermakovskoe 地区 Migna 村发现，1927年入藏。马掌状耳，耳面有槽，下部近二分之一贴附于口沿之外。腹上部微鼓，尖圜底，腹上部饰两头封闭上下两平行线式绳套纹。圈足大小适中。腹体和圈足之间有4条加强筋。高37.5、口径36厘米，重10.5公斤。（BaIV-2）

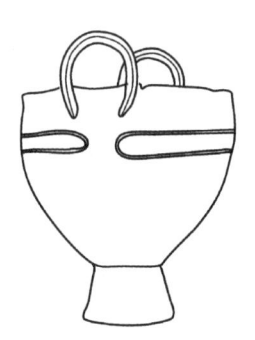

43. 俄罗斯哈卡斯国立乡土博物馆藏一件，XKMKII5131/2（草原考古研究会，2011，133，I.1.A.bi-024）。马掌状耳，耳面有槽，下部二分之一贴附于口沿之外。腹上部微鼓，尖圜底，腹上部饰两头封闭上下两平行线式绳套纹。圈足残。腹体和圈足之间有3条加强筋。通高43.6、口径30.4—31.7厘米。（BaIV-2）

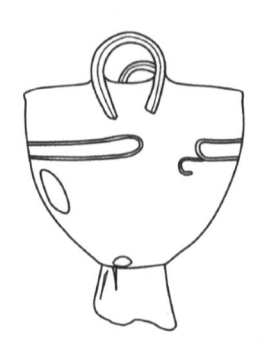

44. 俄罗斯哈卡斯国立乡土博物馆藏一件（草原考古研究会，2011，133—134，I.1.A.bi－025）。马掌状耳，耳面有槽，下部二分之一贴附于口沿之外。腹上部微鼓，尖圜底，腹上部饰两头封闭上下两平行线式绳套纹，腹下部有一圈铸线纹。圈足残。腹体和圈足之间有4条加强筋。通高50.5、口径36.1—39厘米。（BaIV－2）

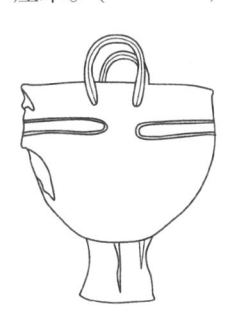

45. 俄罗斯出土，中央博物馆藏一件（草原考古研究会，2011，135，I.1.A.bi－027）。马掌状耳，耳面有槽，下部二分之一贴附于口沿之外。尖圜底，腹上部饰两头封闭上下两平行线式绳套纹，腹下部有一圈铸线纹。圈足残，腹体和圈足之间有加强筋。（BaIV－2）

46. 米努辛斯克乡土博物馆藏一件 MKM6659（草原考古研究会，2011，164—165，II.1.A－011）。Shushenckii 的 Kaptyrevo 村发现，1963年入藏。近环状立耳，下部三分之一贴附于口沿之外。尖圜底，腹上部饰两头封闭上下两平行线式绳套纹，两耳之间有相对的垂直于口沿的铸线纹。小圈足，圈足残，腹体和圈足之间有3条加强筋。高27、口径26厘米。（BaIV－2）

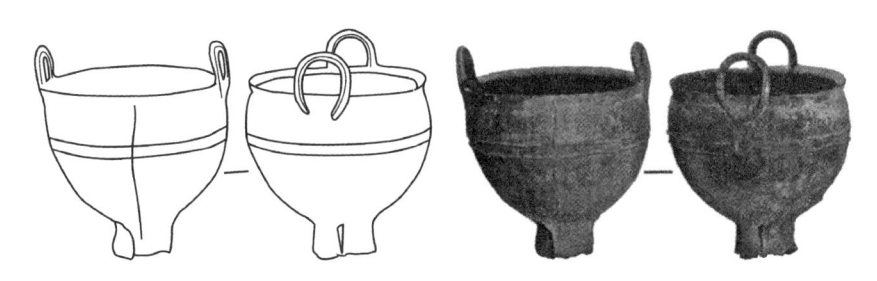

47. 俄罗斯米努辛斯克乡土博物馆藏一件 MKM.A9624(10096)(草原考古研究会,2011,165,II.1.A‐012)。Berezovaya 河 Irbinskaya Dacha 山中地表发现。马掌状耳,下部二分之一贴附于口沿之外。尖圜底,腹上部饰两头封闭上下两平行线式绳套纹,两耳之间有相对的垂直于口沿的铸线纹。小圈足,圈足残,腹体和圈足之间有4条加强筋。高32、口径31厘米。(BaIV‐2)

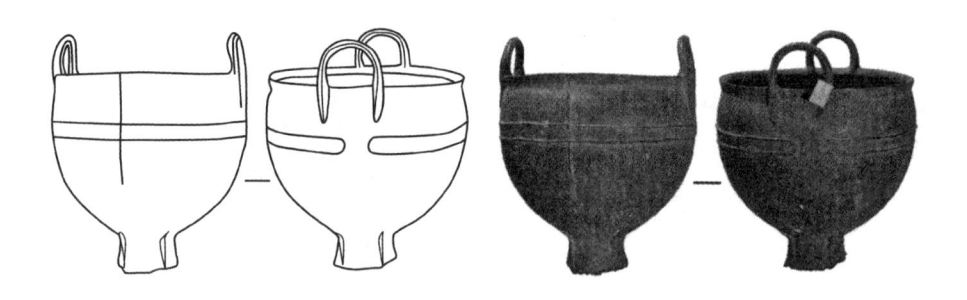

48. 俄罗斯米努辛斯克乡土博物馆藏一件(Chlenova,1967,Table.18‐16;草原考古研究会,2011,158—159,I.1.C‐001)。口沿带流,腹饰绳套纹,有一对小竖肩耳。(F)

49. 俄罗斯叶尼塞河上游米努辛斯克萨尔巴镇出土一件(Érdy,1995,Table3‐14‐15;草原考古研究会,2011,158—159,I.1.C‐002)。(F)

50. 俄罗斯米努辛斯克乡土博物馆藏一件（Demidenko, 2008, Ris. 70 – 1；草原考古研究会, 2011, 143, I. 1. A. biii – 001）。耳呈环状贴附于口沿，腹体中部有一圈凸弦纹。高 37 厘米。（CaI）

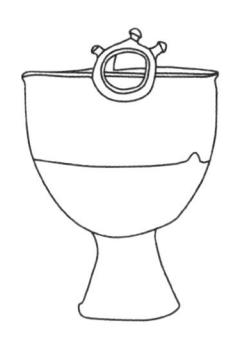

51. Devlet 著作记录一件（Devlet, 1976, Tabl. XII；草原考古研究会, 2011, 144, I. 1. A. biii – 003）。立耳大，耳呈环状，一半贴附于口沿。腹体下半部有一圈凸弦纹，可能是铸造留下的痕迹。圈足很大。（CaI）

52. 俄罗斯叶尼塞河上游沙拉博林斯克（Shalabolinskii Klad）发现一件（Levasheva et al. 1952, Ris. 44 – 1；Erdy, 1995, Table3 – 14 – 1；草原考古研究会, 2011, 145, I. 1. A. biii – 010）。耳作环状贴附于口，颈部有箭头符号若干，腹饰四道弦纹，圈足残。（CaI）

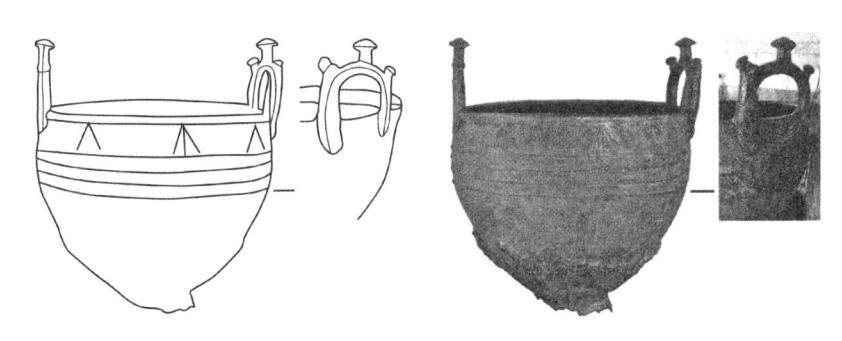

53. 俄罗斯トヴォスティン・コレクション国立博物馆藏一件（Tallgren,1917,Fig.62,Pl. XII24；草原考古研究会,2011,147,I.1.A.biii-012）。Salba 村出土。耳呈环状，下部近一半贴附于口沿外，腹体饰四道弦纹，圈足残。（CaIII-1）

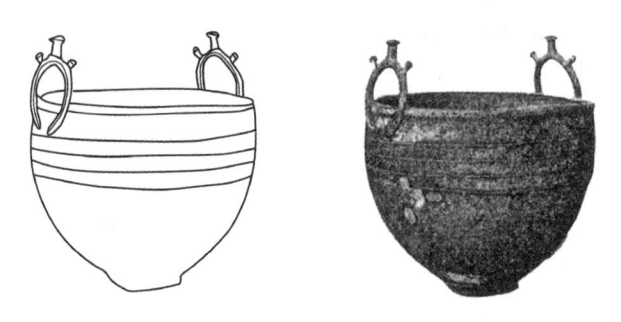

54. 俄罗斯米努辛斯克乡土博物馆藏一件（草原考古研究会,2011,144,I.1.A.biii-005）。腹体下半部有一圈凸弦纹，可能是铸造留下的痕迹。通高约20厘米。（CaI）

55. Devlet 著作记录一件（Devlet,1976,Tabl. XII；草原考古研究会,2011,144,I.1.A.biii-009）。立耳大，耳呈环状，下部三分之一贴附于口沿。腹体上中部饰两道凸弦纹构成的半封闭绳套纹，腹体下半部有一圈凸弦纹，可能是铸造留下的痕迹。圈足适中。（CaIII-1）

56. 俄罗斯米努辛斯克乡土博物馆藏一件（草原考古研究会,2011,147,I.1.A.biii－011）。仅剩一耳。耳呈环状,下部一小半贴附于口沿外。腹体饰三道凸弦纹,中下部有一圈铸线纹。腹体上部第一圈弦纹上装饰一圈三角纹。腹体和圈足之间有加强筋。圈足高大。（CaⅢ－1）

57. 俄罗斯叶尼塞河上游地区发现一件（Appelgren-Kivalo,1931：41；Jettmar,1967,pp.72－74,fig.39；草原考古研究会,2011,145,I.1.A.biii－007）（图七：3）。耳呈马掌状,下部约四分之一的部分贴附于口沿。腹体上部装饰三道凸弦纹构成的全封闭绳套纹。腹体下部有一圈铸纹。圈足适中。（CaⅢ－1）

58. 俄罗斯哈卡斯国立博物馆藏一件 XKM253－2（草原考古研究会,2011,147,I.1.A.biii－014）。耳呈马掌状,下部三分之一贴附于口沿。耳上突起粗大。腹体饰二道凸弦纹构成的封闭绳套纹。腹体下部有一圈铸线纹。腹体和圈足之间有4条加强筋。圈足适中,底缘外撇。（CaⅢ－1）

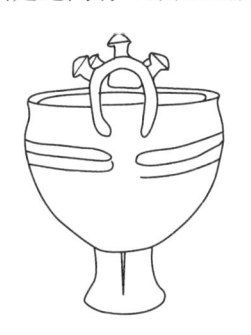

59. 俄罗斯米努辛斯克乡土博物馆藏一件 MM10094（Chlenova,1967, Tabl.18-8；草原考古研究会,2011,147,I.1.A.biii-015）。耳呈马掌状,下部四分之一贴附于口沿。耳上突起粗大。腹体饰三道凸弦纹构成的封闭绳套纹。腹体和圈足之间有加强筋。圈足适中。（CaIII-1）

60. 俄罗斯米努辛斯克乡土博物馆藏一件（Rygdylon *et al*. 1959,Ris.1-3；草原考古研究会,2011,153,I.1.A.c-005）。米努辛斯克盆地发现,1920年入藏。山羊圆雕耳,立于口沿之上,末端贴附于口沿。腹饰两圈弦纹,腹下部有一圈铸线纹。圈足粗大。底部有火烧的痕迹。通高约 20 厘米。（DaI-2）

61. 俄罗斯米努辛斯克乡土博物馆藏一件（Chlenova,1967,Tabl.33-6；草原考古研究会,2011,152,I.1.A.c-003）。Tigritskoe 出土,MM12845。马形耳,立于口沿之上,末端贴附于口沿。腹体饰三道绳索纹,上面两圈在耳下断开。腹体下有一圈铸线纹。通高约 35 厘米。（DaI-2）

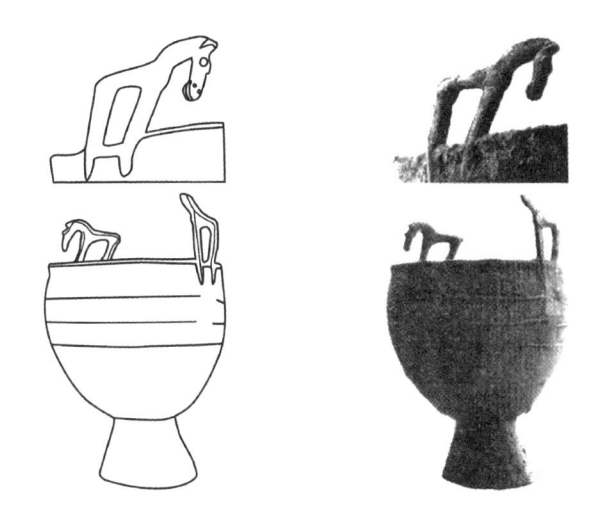

62. 俄罗斯米努辛斯克乡土博物馆藏一件鹿形耳（Chlenova,1967, Tabl.V-7;草原考古研究会,2011,153,I.1.A.c-006）。（DaI-2）

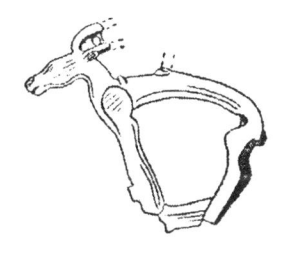

63. 俄罗斯米努辛斯克盆地 Izykhskii-Kop'1-1 墓地 1 号冢出土,唯一一件墓葬出土铜鍑（草原考古研究会,2011,166—167,II.1.B-001）。直沿稍外折,腹体肩部有一对斜肩耳。腹体两耳中间有与口沿垂直的铸线纹。与耳同高的位置有两圈凸弦纹,弦纹之间有连续波纹。鍑体底部中央有 3 个不规则孔,底部圆形突起周缘有 13 个小孔。圈足已残失。残高 29、口径 30—32、最大腹径 34 厘米。1 号冢下面有 6 个墓室:3—5 号墓室为塔加尔文化初期,1—2 号墓为 Bidzha 期,6 号墓不清楚。铜鍑出于墓葬上层石构封堆的盗掘坑中,器形和 Sidorovka 墓地 1 号冢 2 号墓出土鍑相似,因此,时代可能为塔加尔文化后半期（草原考古研究会,2011,167）。（EaII）

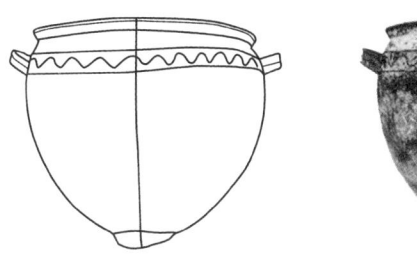

64. 俄罗斯米努辛斯克乡土博物馆藏一件(Bokovenko *et al*. 1993, Ris.5, No.23; Érdy, 1995, Table3 – 8; 草原考古研究会, 2011, 167—171, II.1.B – 002)。直沿稍外折，腹体肩部有一对斜肩耳。腹体两耳中间有和口沿垂直的铸线纹。与耳同高的位置有两圈凸弦纹，弦纹之间有连续波纹。圈足已残，可能为镂孔圈足。(EaII)

65. 俄罗斯米努辛斯克乡土博物馆藏一件(草原考古学会, 2012, 161, I.2.B – 006, 林俊雄摄影)。直沿，球腹。腹体上部有一对向上斜的半环状肩耳。器体中部有一圈水平凸弦纹，凸弦纹上面有半弧双线纹。无圈足。(EaIII)

66. 俄罗斯米努辛斯克乡土博物馆藏一件(Chlenova, 1967, Tabl.19 – 2; 草原考古学会, 2012, 160, I.2.B – 002)。直沿，球腹。腹体中上部有一对水平的半环状肩耳。器体外有与口沿垂直的凸弦纹。可能有很矮的圈足。(EaIII)

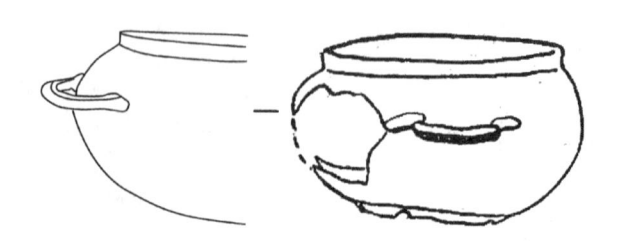

67. 俄罗斯米努辛斯克乡土博物馆藏一件（Chlenova,1967,Tabl.19-1；草原考古学会,2012,160,I.2.B-001），Izykh 山出土。直沿,球腹。腹体中上部有一对向上微斜的半环状肩耳。器体外有与口沿垂直的凸弦纹。无圈足。(EaIII)

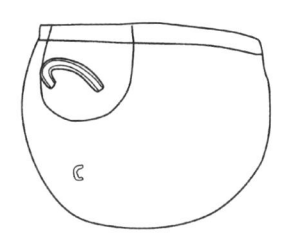

68. 俄罗斯米努辛斯克乡土博物馆藏一件 MM10110（Chlenova,1967,Tabl.19-3；草原考古学会,2012,162,I.3-001）。折沿,无耳,浅盆腹。三足,已残缺。可能是受天山地区同类鍑影响的结果。(EbI)

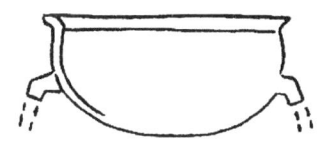

（二）图瓦地区

1. 俄罗斯图瓦 Barun-Khemchik 地区 Barlyk 流域 1954 年河岸崩塌时发现（Kyzlasov,1979,Ris.35-2；草原考古研究会,2011,137—138,I.1.A.bii-007）。耳立于口沿之上,腹体微鼓,中部有三道凸弦纹。通高约 40 厘米。(AaV-1)

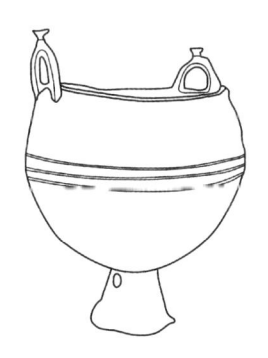

2. 俄罗斯图瓦克孜勒博物馆藏一件（Kyzlasov,1979,Ris.35-1；草原考古研究会,2011,138—139,I.1.A.bii-011）。耳呈环状贴附于口沿外,腹体上部饰绳套纹。通高约 40、口径 31 厘米。(AaIV-3)

3. 俄罗斯图瓦(Tuva)科凯尔(Kokel) 7 号大墓中出土一件(Vainshtein et al. 1966;Érdy,1995,Table3 – 18;草原考古研究会,2011,135,I.1.A.bi – 029)。筒腹,直壁,小圈足,腹颈饰弦纹两匝。高 52、口径约 39 厘米。时代为公元前 1 世纪。(BaII)

4. 俄罗斯图瓦 Chaa-Khol 村出土一件(Historisches Museum der Pfalz Speyer, 2007:64;草原考古研究会,2011,135,I.1.A.bi – 028)。马掌状耳,耳面无槽,根部贴附于口沿之外。尖圜底,腹上部饰两平行不连续凸弦纹。圈足失。残高约 30 厘米。(BaII)

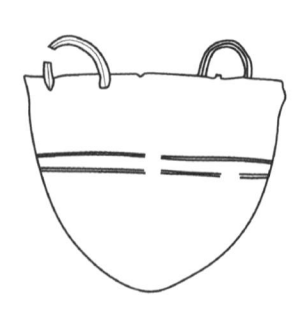

5. 俄罗斯图瓦 Chaa-Khol 村 Chushkut 发现(Kyzlasov,1979,Ris.35 – 5;草原考古学会,2012,160,I.2.A – 001)。1953 年发现。双半环耳,立于口沿

之上,内撇。腹深,中上部略鼓。腹体上部有两圈不太平行的凸弦纹。器体外有与口沿垂直的凸弦纹。无圈足。(BaV)

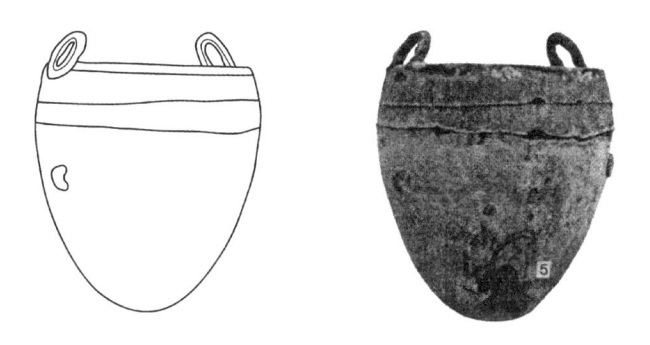

6. 俄罗斯图瓦克孜勒博物馆藏一件(Kyzlasov,1979,Ris.35 - 6,7;草原考古研究会,2011,145,I.1.A.biii - 008)。Chaa-Khol 村附近 Kara-Khovu 耕地下约 30 厘米深处发现。1960 年入藏。已残破,耳呈环状,下部三分之一的部分贴附于口沿。腹体饰四道弦纹。圈足适中。(CaIII)

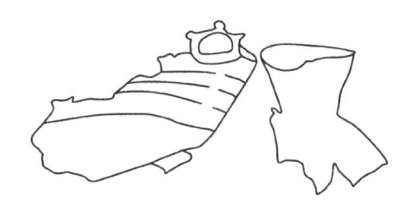

7. 俄罗斯图瓦 Khovuzhuk 墓地 7 号墓出土(Mannai-ool,1970,Ris.5;草原考古学会,2012,160,I.2.B - 003)。小直沿,球腹。腹体中上部有一对微微向上斜的半环状肩耳。器体外有与口沿垂直的凸弦纹。可能有很矮的圈足。通高约 11、最大腹径约 15.5 厘米。时代为公元前 5—前 3 世纪乌尤克文化(Mannai-ool 1970,83—85)。(EaIII)

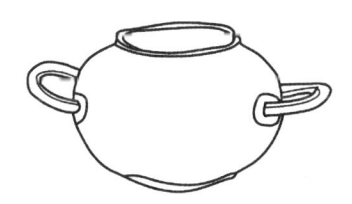

8. 俄罗斯图瓦 Aimyrlyg 古墓出土一件[Moshkova(ed.) 1992,Tabl.79 - 18;草原考古学会,2012,160,I.2.B - 004]。小直沿,球腹。腹体中上部有一对微微向上斜的半环状肩耳。器体外有与口沿垂直的凸弦纹。时代为乌尤克文化后半期[Moshkova(ed.) 1992,185—192,Tabl.76 - 77]。(EaIII)

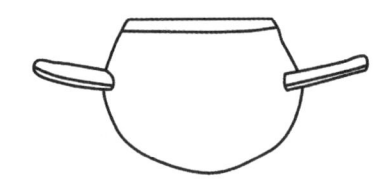

9. 俄罗斯图瓦克孜勒西北 17 公里科什-裴伊（Kosh-Pei）墓地发现一件（Érdy,1995,Table3－12；草原考古学会,2012,160—161,I.2.B－005）。小直沿、球腹。腹体中上部有一对微微向上斜的半环状肩耳。器体外有与口沿垂直的凸弦纹。无圈足。高 8 厘米。可能属于乌尤克文化。（EaIII）

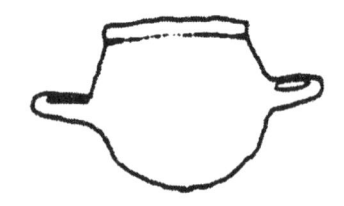

（三）贝加尔湖及勒那河地区

1. 俄罗斯外贝加尔边疆区ザバィカリエ、アギンスカヤ草原发现一件（Grishin,1981,Ris.35－2；高浜秀,1995,349 页,图七：5；草原考古研究会,2011,13—15,A－13）。单乳突直立环耳,下部贴附于口沿。深筒圜底腹,口微敛。腹体中上部有一圈铸线纹,中间有波折纹。圈足适中。（AaII－2）

2. 俄罗斯雅库特州乡土博物馆藏一件（Berdnikova et al. 1991,Ris.7；Érdy,1995,Table5－1；草原考古研究会,2011,128,I.1.A.bi－005）。雅库特州伊尔库茨克（Irkutsk）Kachug 区 Korsukovo 村 Korsukovskii Klad,勒拿河支流 Zhuya 河边土丘窖藏发现一件,1980 年入藏。立耳根部贴附于口沿之外,腹饰三圈凸弦纹。圈足适中。共存的还有青铜杆头饰。通高 21 厘米。时代为公元前 6 世纪。（BaI－4）

3. 俄罗斯伊尔库斯克乡土博物馆藏一件（Rygdylon et al. 1959, Ris.1 - 2; Erdy, 1995, Table5 - 7; 草原考古研究会, 2011, 144, 146, I.1.A.biii - 004）。伊尔库斯克北 13 公里安加拉河上的丘金岛（Shchukina）发现一件。1953 年入藏。耳呈环状，约四分之一贴附于口沿。腹体下半部有一圈铸线纹。圈足较高大。通高约 27 厘米。（CaI）

4. 俄罗斯伊尔库茨克乡土博物馆藏一件（Rygdylon et al. 1959, Ris.1 - 1; Erdy, 1995, Table5 - 6; 草原考古研究会, 2011, 148, I.1.A.biii - 017）。库图拉克（Kutullaki）河河岸出土，腹饰三道弦纹。（CaII - 1）

5. 俄罗斯伊尔库茨克乡土博物馆藏一件（Rygdylon et al. 1959, Ris.4 - 2; 草原考古学会, 2012, 174, II.2.B - 001）。球腹，肩部有一对斜肩耳，一耳残。器体外有与口沿垂直的凸弦纹。（EaIII）

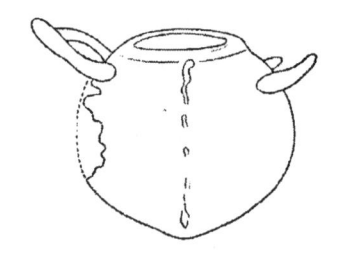

（四）鄂毕河上游地区

1. 俄罗斯阿尔泰 Ust'-Vasikha–1 发现一件（Kungurov et al. 2001, Ris.4-3, 2;5-1；草原考古研究会, 2011, 143, I.1.A.bii-027）。20 世纪 70 年代末河岸崩塌堆积中发现，还发现人头骨，附近有一座古墓。耳呈马掌形贴附于口沿外，耳的外面有凹槽纹，腹饰半封闭绳套纹，圈足和腹体之间有 3 条加强筋。（AaIV-3）

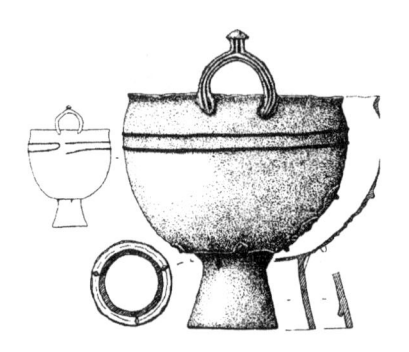

2. 俄罗斯鄂毕河 Kirza 偶然发现（Troitskaya et al. 1980, Tabl.XI-8；草原考古研究会, 2011, 153—154, I.1.A.d-001）。半环状耳，顶部有一突起。半球形腹体，腹体中部饰两圈凸弦纹。圈足大小适中。通高 34.5、口径约 27.5 厘米。（AaIV-1）

3. 俄罗斯托木斯克大学考古学民族学博物馆藏一件，Potanin 收藏品（草原考古研究会, 2011, 137—138, I.1.A.bii-004）。腹体饰不封闭绳套纹。

高41、口径27.8—28.8厘米。（AaⅣ-3）

4. 俄罗斯阿尔泰Chumsh河NovotroitskoeⅡ5号冢3号墓出土一件（Mogil'nikov *et al*. 1999, Ris.2-16；草原考古研究会，2011, 129, I.1.A.bi-011）。置于木椁墓主左脚右侧。仅存一耳，马掌状耳，耳面无槽，根部贴附于口沿之外。腹微鼓，圆圜底，上部饰两道凸绳索纹构成的封闭绳套纹。圈足适中。通高30.2、最大腹径26、圈足高5.8、圈足径9厘米。根据共存的器物，年代约为公元前4—3世纪。（BaⅣ-2）

5. 俄罗斯鄂毕河西岸Ob'eznoe-1, 1号冢4号墓发现一件（Borodovskii, 2008, Ris.1；草原考古研究会，2011, 129, I.1.A.bi-006）。铜鍑置于木椁东南角。耳呈环状，下部近一半贴附于口沿外。腹部中部微鼓。圈足适中。年代约为公元前5—前4世纪。通高22、口径16厘米。（BaⅢ-1）

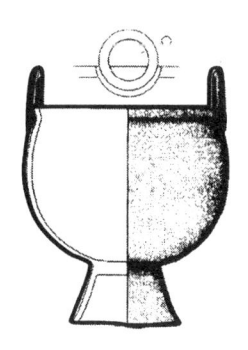

6. 俄罗斯鄂毕河上游 Bolotnoe 发现一件（Troitskaya et al. 2004, Ris.28 - 12；草原考古研究会，2011, 129, I.1.A.bi - 009）。半圆环立耳，立于口沿之上，球体腹。细高圈足。通高约 33 厘米。（BaIV - 1）

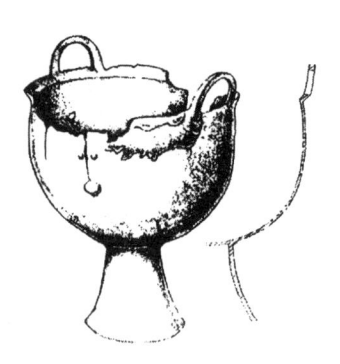

7. 俄罗斯新西伯利亚州发现一件（Troitskaya et al. 1980, Tabl.LX - 7；草原考古研究会，2011, 129, I.1.A.bi - 010）。马掌状耳，根部贴附于口沿之外。圈足粗大。（BaII）

8—9. 俄罗斯西西伯利亚巴拉巴草原（Baraba steppe）发现两件（Érdy, 1995, Table2 - 15.16；草原考古研究会，2011, 174—175, 图 20）。高 9.6 厘米和 5 厘米，素面。（BaII）

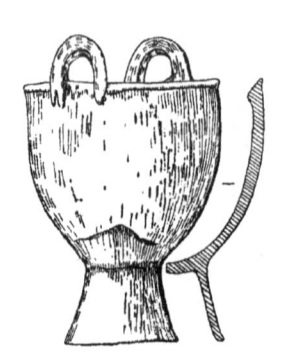

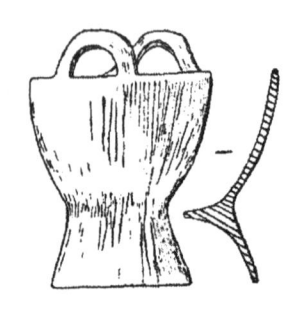

10. 俄罗斯阿尔泰 Ust'-Shamanikha－3 发现一件(Kungurov et al. 2001, Ris.4－1,2;草原考古研究会,2011,131,I.1.A.bi－012)。20 世纪 70 年代, Shamonikha 河右岸河口发现。马掌状耳,根部贴附于口沿之外。腹体上部微鼓,尖圜底,腹体瘦高。腹上部饰两头封闭上下两平行线式绳套纹,腹下部有一圈铸线纹。圈足大小适中。通高约 34.5 厘米。(BaIV－2)

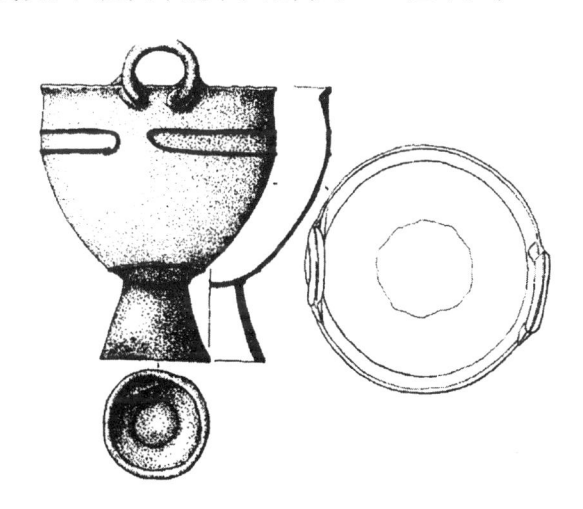

11. 俄罗斯科学院西伯利亚考古学·民族学研究所藏一件(福冈市博物馆编,2005,No.58;草原考古研究会,2011,135,I.1.A.bi－026)。阿尔泰出土。马掌状耳,耳面有槽,下部二分之一贴附于口沿之外。腹中上部微鼓,尖圜底,腹上部饰两头封闭上下两平行线式绳套纹。圈足残,腹体和圈足之间有 4 条加强筋。通高 50 厘米。(BaIV－2)

12. 俄罗斯阿尔泰 Shabanovo－Ⅵ 出土一件(Ilyushin et al. 1999,Ris.2－1;草原考古研究会,2011,144,I.1.A.biii－006)。耳呈环状,下部三分之一贴附于口沿。腹体中上部有三圈凸弦纹。腹体下半部中有一圈铸纹。圈足残,大小适中。通高约 33.3、口径约 31.7 厘米。(CaⅡ－1)

13. 俄罗斯托木斯克大学考古学民族学博物馆藏一件，Mogil'nik u ust'ya MaloiKirgizki 出土（草原考古研究会，2011，158—159，I.1.C‑006）。腹饰三道凸弦纹，腹体上部有一个管状流嘴。圈足残。残高 22.8、口径 18.6—19.3 厘米。（CaIII‑2）

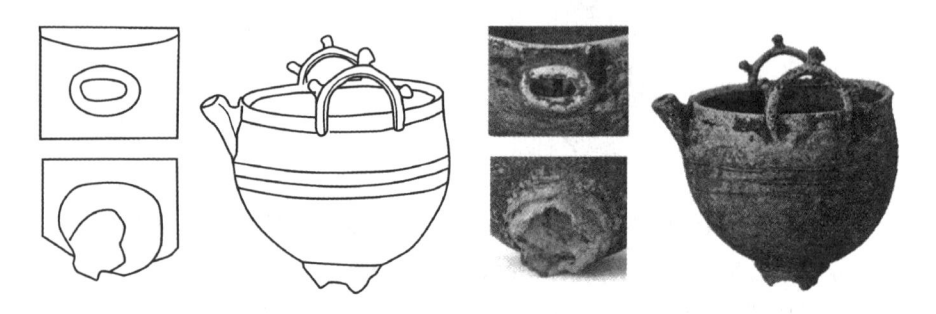

14. 俄罗斯鄂毕河上游 Serebrennikovo 村发现（Mogil'nikov，1997，Ris.62‑5；草原考古研究会，2011，151，I.1.A.c‑001）。马形耳，仅存一耳，腿的下部贴附于口沿。腹体饰三道弦纹。圈足大小适中。高约 65、口径 55 厘米（Mogil'nikov 1997：92）。（DaI‑2）

15. 俄罗斯戈尔诺-阿尔泰乡土博物馆藏一件（Kubarev，1979，Ris.3；Chlenova 1981，Ris.7；草原考古研究会，2011，152，I.1.A.c‑002）。1974 年在

Seminsk 发现。马形耳,垂头伫足,立于口沿之上,末端贴附于口沿。腹饰连续菱格纹。(DaI‑2)

16. 俄罗斯托木斯克大学考古学民族学博物馆藏一件(草原考古研究会,2011,152,I.1.A.c‑004)。Chernaya rechka 市出土。马形耳,马头朝前方,立于口沿之上,末端贴附于口沿。腹体饰绳套纹。腹体下部有一圈铸线纹。高 23.2、口径 16.2—18.2 厘米。(DaI‑2)

17. 俄罗斯托木斯克大学考古学民族学博物馆藏一件有蹄动物耳(草原考古研究会,2011,153,I.1.A.c‑007)。阿尔泰 Barnaul 地区发现。宽 14.3、厚 1.6 厘米。(DaI‑2)

18. 俄罗斯阿尔泰巴泽雷克二号墓出土一件(Rudenko,1970,Pl.62‑B; Jettmar,1967,pp.106)。高 14.8 厘米。时代为公元前 5—4 世纪。(EaIII)

19. 俄罗斯阿尔泰巴尔瑙尔东南 Novotroitskoe II 18 号冢 9 号墓出土(Mogil'nikov et al. 1999, Ris.4-9;157,I.1.B-002)。半圆环斜肩耳。耳的上下分别有一圈凸弦纹。腹体中上部微鼓。圈足大小适中。铜鍑葬于木椁内墓主脚部。根据共存的铁刀和铁质三翼镞,时代为公元前4世纪末—前2世纪初(Mogil'nikov et al. 1999:116,119-120)。(EaII)

(五) 托博尔河与卡马河地区

1. 俄罗斯西西伯利亚托博尔河 Klyuchevskoe 发现一件[Moshkova(ed.)1992,Tabl.120-29;草原考古研究会,2011,153—154,I.1.A.d-002]。半环状耳,顶部有一突起。筒形腹体,腹体上部饰两圈凸弦纹。圈足大小适中。高约35厘米。(AaIV-1)

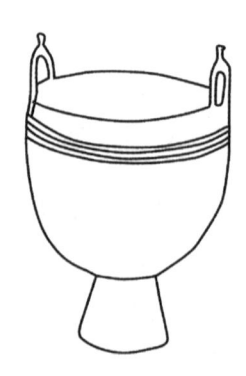

2. 俄罗斯托博尔斯克(Tobolsk)库尔干斯克区克琉切夫斯克村(Klyuchevsk)出土一件(Pósta,1905,Abb.294;Érdy,1995,Table2-10;草原考古研究会,2011,136,I.1.A.bii-002),耳呈环状贴附于口,半球腹,腹中部有一圈弦纹。托博尔斯克博物馆藏。(AaV-1)

3. 俄罗斯托博尔斯克省伊什姆(Ishim)区卡拉嘎伊(Karagay)村出土一件(Pósta,1905,Abb.295,295a;Érdy,1995,Table2-14;草原考古研究会,2011,155,I.1.A.d-006),环耳下部在颈部形成数圈"n"形,附加两小竖状颈耳,球腹,腹体上部饰两圈凸绳纹,小圈足。鄂木斯克博物馆藏。(AaV-2)

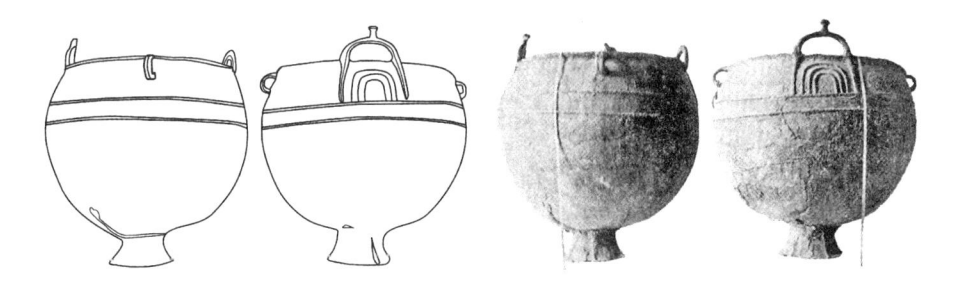

4. 俄罗斯托博尔河中游地区 Krasnogorskii 1 号墓地 17 号墓东南壁发现一件(Matveeva,1993,Tabl.19-137;草原考古研究会,2011,154—155,I.1.A.d-004)。半环状耳,顶部有一突起。筒形腹体,腹体上部饰两圈凸弦纹。圈足小。高约40厘米。属于萨盖特文化。(AaV-1)

5. 俄罗斯新西伯利亚州鄂比河和额尔齐斯河中间 Turunovka 4 出土一件（Molodin 1985, Tabl.84 - 3; Chlenova 1994, Ris.33; 草原考古研究会, 2011, 155, I.1.A.d - 005）。仅存带立耳的残片。半环状耳, 顶部有一突起。高约 15.5 厘米。可能属于萨盖特文化。（Aa）

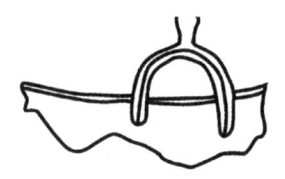

6. 俄罗斯西西伯利亚托博尔河-伊希姆河 Abatskii - 3 号墓地 2 号冢 7 号墓出土一件[Matveeva(ed.) 1994, Ris.68 - 9; 草原考古研究会, 2011, 165, II.1.A - 009]。马掌形耳, 外面带槽。耳上有小蘑菇状的突起, 耳近一半贴附于口沿外, 根部向外卷曲。耳下肩部有三圈凸弦纹。鼓腹。两耳之间的腹体上有垂直于口沿的凸弦纹。圈足大小适中。通高 36 厘米。（AaV - 4）

7. 俄罗斯托博尔斯克博物馆藏一件（Pósta, 1905, Abb.294; Érdy, 1995, Table2 - 11; 草原考古研究会, 2011, 165, II.1.A - 010）。Klyuchevsk 发现。马掌形耳, 外面带槽。耳上有小蘑菇状的突起, 耳近一半贴附于口沿外, 根部向外卷曲成一圈。耳下肩部有三圈凸弦纹, 接缝不齐。鼓腹。两耳之间的腹体上有垂直于口沿的凸弦纹。圈足大小适中, 圈足和腹体之间有加强筋。（AaV - 1）

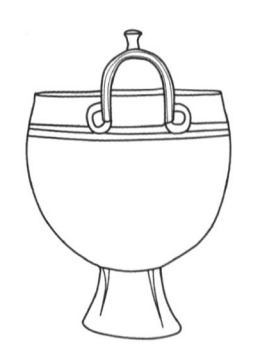

8. 2015 年，在俄罗斯靠近北极圈的 Gornoknyazevsk 村庄附近窖藏发现两件铜鍑，也有约 20 面铜镜。这个种类丰富多样的古窖藏，将 Gornoknyazevsk 极北地区的历史回溯了 2000 年。（AaV‑1）

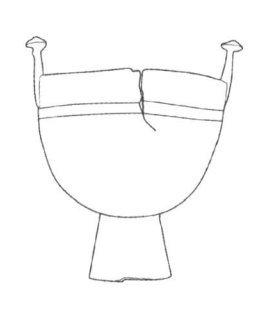

9. 俄罗斯伏尔加河左岸支流卡马河流域彼尔姆（Perm）索里卡姆斯克（Solikamsk）市出土一件（Takács，1927，146；Alfoldi，1932，fig.5；Maechen‑helfen，1973，pp.315；草原考古研究会，2011，359—360，II‑c‑4）。方圆耳，深筒腹，饰复杂纹饰。高 90 厘米（Прокошев 1948，20）。（AaVII）

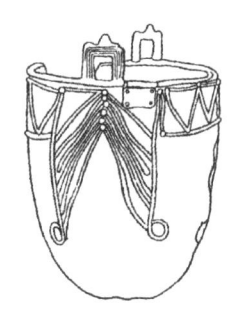

10. 俄罗斯托博尔斯克市 Tyrkov 村发现一件（Pósta，1905，Abb.300，300a；Érdy，1995，Table2‑12；草原考古研究会，2011，147，I.1.A.biii‑016）。1890 年小土丘的腐殖土中发现。耳呈马掌形，下部三分之一贴附于口沿。腹体上部饰三道凸弦纹构成的封闭绳套纹。腹体和圈足之间有加强筋。圈足高大。高 58.5、深 39、腹体内径径 41—50.5、圈足高 19 厘米，重约 25 公斤（Moshinskaya 1953：202，Ris.5）。（CaIII‑1）

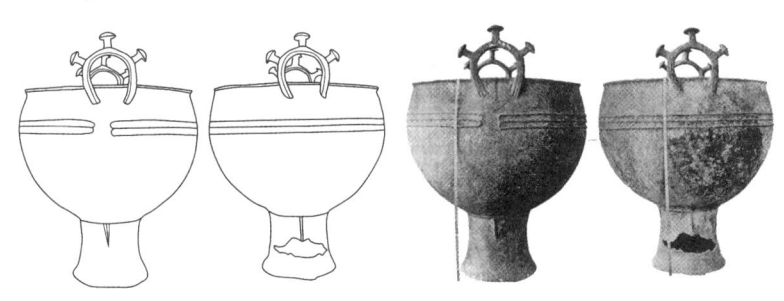

11. 俄罗斯托博尔斯克博物馆藏一件(Pósta 1905,Abb.301;草原考古研究会,2011,147,I.1.A.biii - 013)。耳呈马掌,下部小部分贴附于口沿,耳部突起较为粗大。腹体饰三道凸弦纹构成的封闭绳套纹。腹体下部有一圈铸线纹。腹体和圈足之间有加强筋。圈足适中。(CaIII - 1)

12. 俄罗斯埃尔米塔什博物馆藏一件(Minasyan,1986,Ris.5 - 1;草原考古研究会,2011,148,I.1.A.biii - 018)。伊希姆河与托博尔河之间的Karachai村发现。耳呈马掌形,下部贴附于口沿。腹部有两竖耳;腹上部饰三道弦纹。圈足瘦高,腹体和圈足之间有细长加强筋。(CaIII - 1)

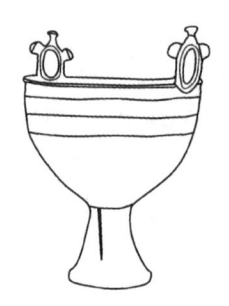

13. 俄罗斯托博尔斯克伊希姆(Ishim)地区Karachai村发现一件(Pósta,1905,Abb.302;Érdy,1995,Table2 - 13;草原考古研究会,2011,149,I.1.A.biii - 019)(图七:5)。耳呈马掌形,下部贴附于口沿。腹部有两竖耳;腹上部饰三道弦纹。弦纹下饰"V"形纹,两头向外内卷成涡纹。圈足瘦高,腹体和圈足之间有细长加强筋。(CaIII - 3)

14. 俄罗斯西西伯利亚车尔雅宾斯克 Berezovka 村古墓出土一件（Khabdulina, Malyyutina, 1982, p.79; 草原考古研究会, 2011, 299—300. V‐1‐a, N0.22）。敞口半球腹。时代为公元前 4 世纪初。属萨尔马泰文化。（EaI）

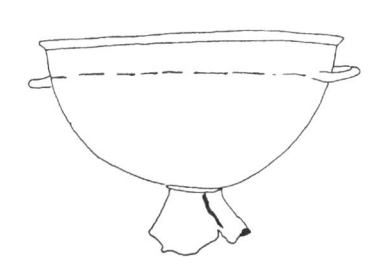

四、多瑙河下游至乌拉尔河地区

1. 俄罗斯北高加索中部帕秋俄洛斯库市市郊白修塔务山西北山麓1951 年发现窖藏中有一件（Iessen 1954, 124, Ris.13; 雪嶋宏一, 1995, 图 A‐1; 草原考古研究会, 2011, 259—262, I‐1），钮扣形突，形同陕西宝鸡甘峪铜鍑，耳呈环状贴附于口，耳外侧起弦纹，腹体半球形，腹中部有一周凸弦纹，形同上述 2.5 件铜鍑，高圈足。通高 46、圈足高 11、口径 33—34 厘米。根据共存的器物，时代为公元前 8—7 世纪，相当于春秋早期。（AaIII‐2）

2. 俄罗斯北高加索中部帕秋俄洛斯库市市郊白修塔务山北峰 1927 年发现一件（Iessen 1954, 126, Ris.15; 草原考古研究会, 2011, 259—262, I‐2）。已经残破变形。耳呈环状，外部有凹槽纹，下部三分之一贴附于口沿，耳顶部有较大、较扁的突起。颈部有一圈凸弦纹。从器形和耳部特征看，和 1951 年发现的鍑相似。（AaIII‐2）

3. 俄罗斯萨马拉县 Sobolevskii 古墓发现一件（Smirnov,1964,p.45；Davis-Kimball,1995,111,fig.16,b；草原考古研究会,2011,296—297,I‑1‑b）。高圈足，腹部有一圈"n"形装饰。时代为公元前5世纪，属萨夫罗马泰文化。（AaIV‑2）

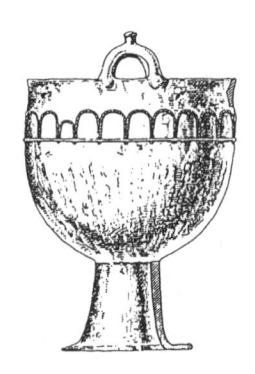

4. 俄罗斯的扎普拉沃诺伊（Zaplavnoe）发现一件（Davis-Kimball,1995,111,fig.16,c）。圈足残，耳呈环状贴附于口。时代为公元前6世纪，属萨夫罗马泰文化。（AaIII‑2）

5. 俄罗斯顿河入海口西部罗斯托夫 Rostovskaya 州 Donskii 墓群1号墓3号墓室出土一件（草原考古研究会,2011,305—306,VI‑5‑a,No.162,同类的还有 No.19,67）。单突环立耳，敛口球腹，腹体中部饰一圈凸弦纹，圈足残。时代为公元前2世纪中。（AaV‑1）

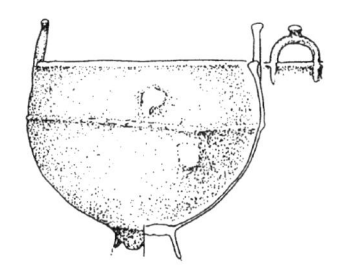

6. 俄罗斯奥伦堡州发现一件（草原考古研究会，2011，305—306，VI-5-b，No.154，同类的还有 No.155）。纽扣状单突耳，敛口球腹，圈足适中。时代为公元前2—前1世纪。（AaV-1）

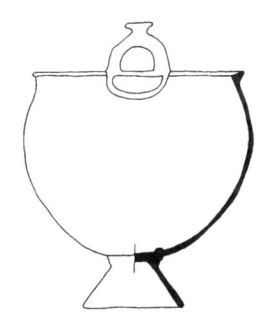

7. 俄罗斯亚速海东岸地区 Krasnodarskii krai 地方 Timashevskii 地区 Novokorsunskaya 村2号墓6号墓室出土一件（Zasetskaya，Marchenko，1995，p.96；草原考古研究会，2011，305—306，VI-4-a，No.66）。单乳突直立环耳，与立耳相对的口沿位置有一对竖耳。腹饰两圈绳索纹。时代为公元前1世纪中。（AaV-2）

8. 俄罗斯伏尔加河下游 Krasnopartizanskii 地区萨拉托夫 Saratov 州 Miloradovka 村1号墓3号墓室发现一件（Lopatin，1997；草原考古研究会，

2011,299—300,Ⅳ-1-a,No.21）。大敞口，球腹，大矮圈足。时代为公元 2 世纪。（AaⅥ）

9. 俄罗斯阿利吐伯（Alitub）发现一件（Davis-Kimball,1995,129,fig.30,a）。敞口，腹饰两道绳索纹。属萨尔马泰早期文化。（AaⅤ-1）

10. 俄罗斯亚速海西岸地区 Donetsk 州东南部偶然发现（草原考古研究会,2011,297—299,Ⅱ-1-a,No.16）。腹体饰大波状纹。时代为公元前 5—前 4 世纪初。（AaⅤ-3）

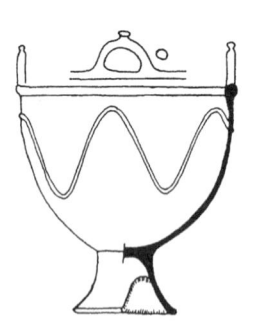

11. 俄罗斯顿河下游罗斯托夫 Rostovskaya 州 Belokalitvenskii raion 地区 Sholokhovskii 村古墓发现一件（Maksimenko 等,1984,140；草原考古研究会,2011,296—297,Ⅰ-1-c,No.3,同类的还有 No.4）。腹饰大波浪纹。时代为公元前 4 世纪初。（AaⅤ-3）

12. 俄罗斯奥伦堡州 Buzulukskii 郡 s. Ovsyanka 村偶然发现一件（Smirnov, 1964, p.129；草原考古研究会, 2011, 296—297, I-1-d, No.8, 同类的还有 No.5、6、7、9、10、11、12, 时代为公元前 5—前 1 世纪）。纽扣状单乳突, 直立环耳, 敞口球腹, 圈足适中。时代为公元前 4 世纪。（AaV-1）

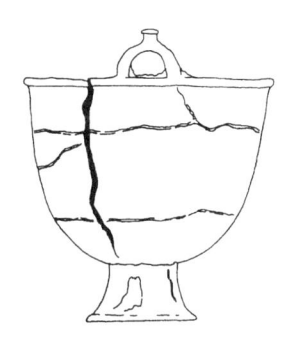

13. 俄罗斯顿河沃罗涅日恰斯托伊埃第 2 号古墓群 1 号墓出土一件（Maksimenko, Klyuchnikov and Gurkin, 2001, 220, Ris.3, 5；草原考古研究会, 2011, 276, V-1-1）。直口半球腹。时代为公元前 5 世纪末—4 世纪。（AaV-1）

14. 俄罗斯顿河托沃罗夫卡ドウロフカ 20 号墓出土一件（Puzikova, 2001, 259, Ris.57, 1；草原考古研究会, 2011, 276, V-2-1）。单突立耳, 两耳根贴附于口沿下, 末梢向外卷曲。敞口球腹, 尖圜底, 小圈足。（AaV-1）

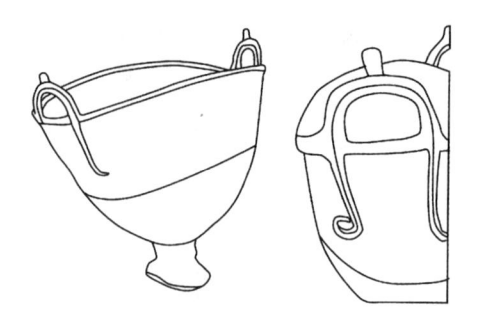

15. 俄罗斯车尔雅宾斯克州奥伦堡市 Mias 河流域 2 号墓出土一件（Smirnov,1964,p.129;草原考古研究会,2011,297—299,Ⅲ-1-a,No.20）。深腹。时代为公元前 4 世纪。（AaV-1）

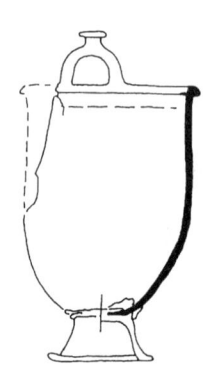

16. 俄罗斯亚速海东岸 Vysochino 的 V 号墓群 27 号墓 2 号横洞墓室发现 2 号鍑（Bespalyi,1985;草原考古研究会,2011,307—308,Ⅷ-1-a,No.73）。一突直立环耳,敛口球腹微尖圜底,圈足残失。时代为公元前 4 世纪末—前 3 世纪初。（AaV-1）

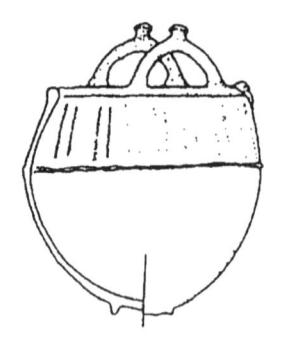

17. 俄罗斯亚速海 Miusskii 半岛 Zolotaya kosa 第 2 号墓 9 号墓室 1986 年发现一件（Davis-Kimball,1995,111,fig.16,a;Marchenko 1996,pp.83—92;

草原考古研究会,2011,297—299,Ⅱ-1-b,No.17,同类的还有 No.18)。小圈足。时代为公元前 2 世纪后半。(AaV-1)

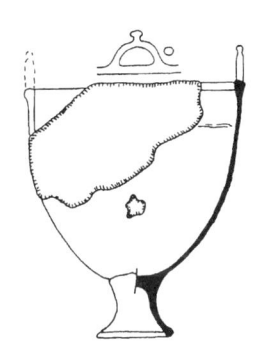

18. 俄罗斯北高加索 Nal'chik 市 Belaya Rechka 古墓出土一件(Vinogradov,1972,35,Ris.4,4;Il'inskaya and Terenozhkin 1983,46 and 52;雪嶋宏一,1995,图 G-1;草原考古研究会,2011,276—277,Ⅵ-1)。铜鍑立于古墓下原来的地面之上。时代为公元前 5 世纪。(BaⅡ)

19. 俄罗斯顿河下游左岸支流上游 Krivolimanskii Ⅰ号墓群 16 号墓 9 号墓室出土一件(草原考古研究会,2011,311—312,ⅩⅠ-5-a,No.129)。直立环耳,耳根下有"π"形装饰。敛口球腹,细高圈足。时代为公元 1 世纪后半—2 世纪前半。(BaⅤ)

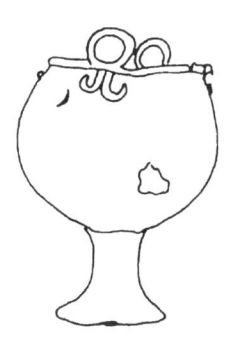

20. 乌克兰 Donskaya 州 Nizhne Gnilovskaya 村 Kruglyi 古墓发现 2 号镢（草原考古研究会，2011，305—306，VI-3-b，No.64，同类的还有 No.65）。直立环耳，两耳根下的口沿外有"π"形装饰，与立耳相对的口沿位置有一对竖耳。时代为公元 1 世纪前半。（BaVI）

21. 俄罗斯顿河中游伏尔加格勒 Volgogradskaya 州 Ilovlinskii 地区 Berdiya 墓群 8 号墓 1 号墓室发现一件（Sergatskov，2000；草原考古研究会，2011，305—308，VII-2-a，No.72）。直立环耳，外沿有凹槽，相对的位置有两竖环耳。敛口球腹，中部有铸范线纹，上部有一圈绳索纹。圈足残失。时代为公元 1 世纪后半—2 世纪前半。（BaVI）

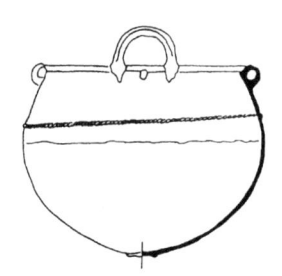

22. 俄罗斯顿河下游右岸罗斯托夫 Rostovskaya 州 Krepinskii 墓群 11 号墓发现一件（Raev，1986，p.54；草原考古研究会，2011，305—306，VI-3-a，No.63，同类的还有 No.153、81、83）。直立环耳，大敛口球腹尖圜底，小圈足。腹饰一圈绳索纹。时代为公元 1 世纪末—2 世纪中前期。（BaVI）

23. 俄罗斯北高加索地区 Checheno Ingushckaya ASSR 山地偶然发现一件(草原考古研究会,2011,307—308,VIII－3－a,No.84,同类的还有No.82)。直立环耳,耳根下有"π"形装饰,肩部有涡旋纹装饰。小直口,敛口球腹尖圜底,圈足残失。腹饰一圈绳索纹。时代为公元 2 世纪后半。(BaVI)

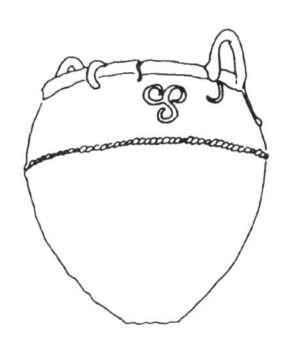

24. 西哈萨克斯坦州 LebedevkaVI 墓群 24 号墓出土一件(草原考古研究会,2011,307—308,VIII－4－a,No.91,同类的还有 No.85、86、87、88、89、90、92、93、94、95、96、97、98、99、100、101、102、103、104、160)。直立环耳,小直沿,敛口球腹尖圜底,圈足残失。时代为公元 2 世纪后半—3 世纪初。(BaV)

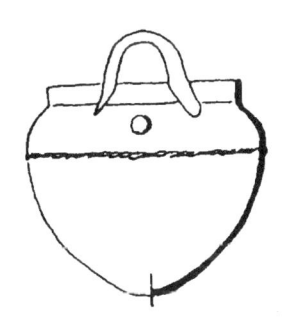

25. 俄罗斯顿河下游罗斯托夫 Rostov na Donu 市偶然发现一件(草原考古研究会,2011,305—306,VI－8－a,No.70)。直立环耳,入敛口鼓腹尖圜底,腹体最鼓处装饰一圈绳索纹,圈足残失。(BaV)

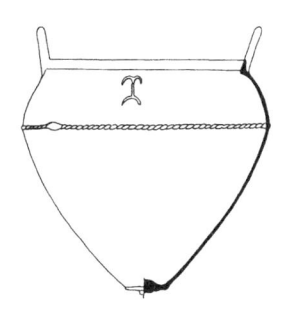

26. 多尼埃普鲁河下游右岸奥鲁鸠尼克亚市近郊 Nagornoe 村 5 号墓出土一件（Mozolevskiy,1973,194,Ris.6,10;雪嶋宏一,1995,图 H-1;草原考古研究会,2011,277—278,Ⅶ-1-1）。通高 29、口径 36—23 厘米。（BbI）

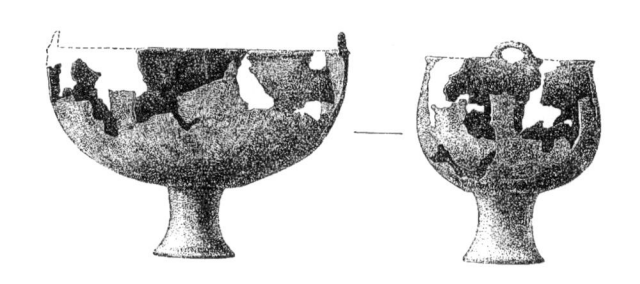

27. 多尼埃普鲁河中游 Dnepropetrovsk 市 Orlovskoo 古墓群 6 号墓出土（埃尔米塔什博物馆藏 2490/52;Minasyan 1986,67,Ris.1,5 & 3,5;雪嶋宏一,1995,图 H-2;草原考古研究会,2011,277—278,Ⅶ-1-2）。墓葬时代为公元前 4 世纪。（BbI）

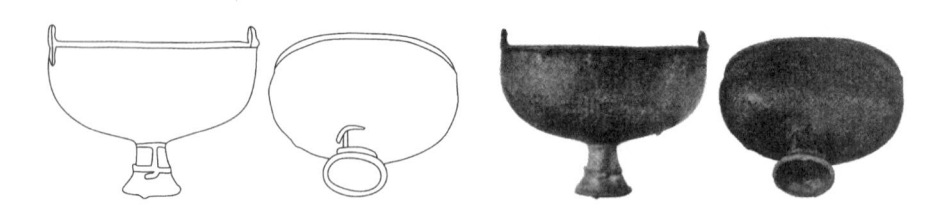

28. 庞卡利东部奥西埃尼发现一件（Wilke,1928,Taf.68;雪嶋宏一,1995,图 H-3;草原考古研究会,2011,277—278,Ⅶ-1-3）。（BbI）

29. 多尼埃普鲁河下游左岸 Krasnyi Podol 村第 1 古墓群 2 号墓发现一件（草原考古研究会,2011,277—278,Ⅶ-2-1）。耳根贴附于口沿下,末端向外卷曲。通高 28、口径 35—22 厘米。（BbI）

30. 第聂伯河中游右岸支流恰斯明河 Martonosha 村古墓出土一件（オデッサ考古学博物馆藏，No.43715；Dzis-Rayko 1983，66，Ris.117；雪嶋宏一，1995，图 E-1；草原考古研究会，2011，274—275，IV-2-1-1）。一立耳残失，微敛口球腹，小细圈足。通高 50 厘米。墓葬年代为公元前 6 世纪前半。（CaII-2）

31. 第聂伯河中游左岸支流斯拉（Sula）河上游阿库希尤泰茨伊（Aksyutintsy）村斯塔依金·乌埃鲁夫地区 2 号墓出土一件（Mantsevich，1987，69，Kat.48；Il'inskaya 1968，35，Tab.XVI，13；雪嶋宏一，1995，4 页，图 D-2；草原考古研究会，2011，266—267，IV-1-1 1）。墓葬时代为公元前 5 世纪。（CaII-1）

32. 俄罗斯索罗帕古墓南室出土一件（埃尔米塔什博物馆藏 Dn 1912 1/57；Mantsevich，1987，35-37，Kat.8；雪嶋宏一，1995，图 D-3；草原考古研究会，2011，271—272，IV-1-2-1）。六个三突立耳，半球腹，腹饰大波折纹。

细圈足,下缘扩展。通高 65、口径 71—72 厘米。时代为前 5 世纪末至 4 世纪初。(CaII‑3)

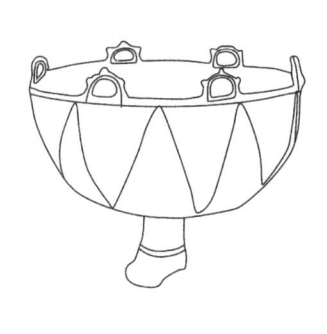

33. Kalachevskii 地区 Vertyachii 村 6 号墓 4 号墓室出土一件(Mamontov, 1993, pp.187—193;草原考古研究会,2011,299—301,图 4,V‑2‑a,No.23,同类的还有一件,见 No.24)。半球腹,很高的圈足。斜坡洞室墓,时代为公元前 4 世纪后半至前 3 世纪初。(CaII‑1)

34. 第聂伯河中游左岸支流斯拉河上游 Volkovtsy 村 1 号墓出土一件(Il'inskaya,1968,48,Tabl.38,1;雪嶋宏一,1995,图 E‑3;草原考古研究会,2011,274—275,IV‑2‑1‑3)。直口半球腹。墓葬年代为公元前 4 世纪后半。(CaII‑2)

35. 顿河中游右岸支流 Potudan 河 Kolbino 第 1 号墓群 14 号墓出土一件（Savchenko,2001,103—107,Ris.38,25；草原考古研究会,2011,269—270,Ⅳ-1-1-22；）。敞口球腹。时代为公元前 4 世纪。（CaⅡ-1）

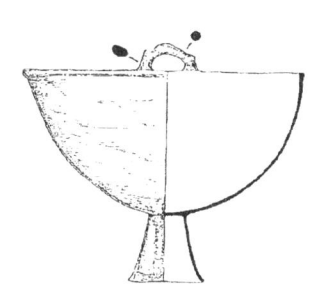

36. 顿河中游沃罗涅日市恰斯托依埃古墓群 1927 年发掘 3 号墓时出土一件（俄罗斯国立历史博物馆藏；Gorodtsov 1947,19,Ris.8；雪嶋宏一,1995,图 D-4；草原考古研究会,2011,273—274,Ⅳ-1-6-1）。三突立耳，两耳根下部呈"八"字卷曲纹装饰，直口半球腹，高圈足。时代为公元前 4—前 3 世纪。（CaⅡ-3）

37. 俄罗斯索罗帕古墓出土一件（埃尔米塔什博物馆藏 Dn 1913 1/58；雪嶋宏一,1995,图 E-2；草原考古研究会,2011,274—275,Ⅳ-2-1-2）。立耳残失一个，圈足已掉落。敛口球腹。通高 65、口径 71—78 厘米。墓葬年代为公元前 5 世纪末 4 世纪初。（CaⅡ 1）

38. 俄罗斯第聂伯河下游右岸 Raskopana Mogila 发现一件（埃尔米塔什博物馆藏 Dn 1897 2/14；Melyukova，1989，111；Alekseev，Murzin and Rolle，1991，130；雪嶋宏一，1995，图 D-13；草原考古研究会，2011，272—273，IV-1-5-1）。三突双立耳，敛口球腹，小细圈足。腹体纹饰分上中下三段，最上为公牛和双圈同心圆，中间是希腊风格的阿堪瑟斯植物纹，下段也是植物纹。通高 47、口径 39 厘米。时代为公元前 5 世纪后半—4 世纪前半。（CaII-3）

39. 俄罗斯契埃莱托姆鲁依库古墓葬东南侧室出土一件，埃尔米塔什博物馆藏，Dn 1863 1/377a（Alekseev，Murzin and Rolle，1991，206—208，Kat. 133；雪嶋宏一，1995，图 D-8；草原考古研究会，2011，265—266，IV-1-1-5）。三突立耳，内撇。敛口球腹，细高圈足，圈足残。通高 27、口径 31 厘米。有修复的痕迹。时代为前 4 世纪后半。（CaII-1）

40. 俄罗斯第聂伯河下游左岸 Balki 村 Gaimanova Mogila 古墓出土一件（雪嶋宏一，1995，图 D-9；草原考古研究会，2011，265—266，IV-1-1-4）。极端敛口球腹，高圈足，下缘扩展。通高 26、口径 20 厘米。时代为公元前 4 世纪后半。（CaII-1）

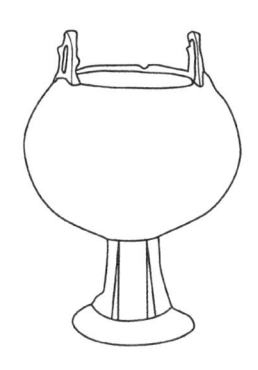

41. 俄罗斯丘埃鲁托姆鲁依库古墓 1985 年第二次调查时,在北侧附葬墓发现一件(Alekseev,Murzin and Rolle,1991,129—130,256—258,Kat.229;雪嶋宏一,1995,图 D‐14;草原考古研究会,2011,272—273,Ⅳ‐1‐5‐2)。敛口球腹,高圈足。腹体上半部有两层纹饰,上层为植物纹,下层为奔犬纹。通高 55、口径 30 厘米。(CaⅡ‐3)

42. 俄罗斯顿河下游ノヴォチェルカッスク市发现一件(Demidenko,2008,113,Ris.122;草原考古研究会,2011,269—270,Ⅳ‐1‐1‐21)。耳上有三突,耳朝内撇。敛口半球形,高圈足,圈足中部有一圈突起。(CaⅡ‐1)

43. 俄罗斯第聂伯河中游左岸支流斯拉河中游 Tishki 村古墓出土一件（Il'inskaya，1968，62，Tabl.55，5；雪嶋宏一，1995，图 E－4；草原考古研究会，2011，274—275，Ⅳ－2－1－4）。立耳内撇，敛口球腹，圈足中部有一圈凸棱纹。墓葬年代为公元前 4 世纪。（CaⅡ－2）

44. 俄罗斯沃罗涅日市恰斯托依埃古墓群 9 号墓出土一件（Zamyatin，1946，36；雪嶋宏一，1995，5 页；草原考古研究会，2011，275，Ⅳ－2－1－5）。通高 54、圈足高 14 厘米。无图。（CaⅡ）

45. 俄罗斯亚速海北岸ベルジャンスク市 1977—1978 年调查时发现一件（Boltrik，Fialko and Cherednichenko，1994，149，154 and 148，Ris.9，3；草原考古研究会，2011，275，Ⅳ－2－1－7）。通高 40、口径 48 厘米。时代为公元前 375—前 365 年。无图。（CaⅡ）

46. 乌克兰ガィマノヴア・モギーラ墓室出土一件，乌克兰国立历史博物馆藏（Bidzilya，1971，47—48；草原考古研究会，2011，274—276，Ⅳ－2－2－1）。敛口球腹，细高圈足。腹饰大波折纹。口径 80 厘米。（CaⅡ－2）

47. 沃罗涅日市近郊多罗夫卡村 4 号墓出土一件（Puzikova，1966，90；雪嶋宏一，1995，图 D－6）。敛口球腹，细高圈足。时代为公元前 3 世纪早期。（CaⅡ）

48. 第聂伯河下游左岸白利斯拉夫地区卡曼喀(Kamenka)村附近1966年发现一件(Symonovich,1969,Ris.1,Ris.2,1;雪嶋宏一,1995,图D-10;草原考古研究会,2011,271—272,IV-1-4-1)。敞口半球腹,腹体中部有一圈绳索状凸弦纹。小圈足。通高34.7、口径30厘米。(CaII-1)

49. 俄罗斯彼尔姆(Perm)萨德林(Sadrin)地区扎马拉艾沃斯科伊Zamaraevo发现一件(Pósta,1905,Abb.298;Érdy,1995,Table2-4;草原考古研究会,2011,154,I.1.A.d-003)。半环状耳,立于口沿之上,耳上有三个突起。腹呈半球体,略微尖圜底。高圈足。通高约45厘米。(CaII-1)

50. 第聂伯河下游海鲁索州 Andrusovka 村发现一件（埃尔米塔什博物馆藏；Matsevich,1961,149,Ris.12；雪嶋宏一,1995,图 E‑7；草原考古研究会,2011,274—276,Ⅳ‑2‑2‑2）。微敛口球腹,腹饰波折纹。时代为公元前 4 世纪。（CaⅢ‑1）

51. 俄罗斯派提马瑞（Pyatimary Ⅰ）发现一件（Davis-Kimball,1995,129,fig.30,b）。圈足残。属萨尔马泰文化早期,时代为公元前 4—前 1 世纪。（CaⅡ‑1）

52. 俄罗斯亚速海市 Krasnodarskii Krai 地方 Kalininskaya 村 5 号墓 10 号墓室发现一件（Maksimenko,1983,pp.37,181；草原考古研究会,2011,296—297,Ⅰ‑3‑a,No.14）。圈足残。属萨尔马泰文化。（CaⅡ‑1）

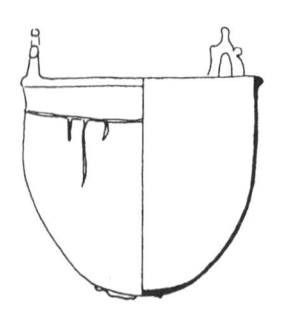

53. 俄罗斯奥伦堡州 Krasnogorskii 村古墓出土一件(Smirnov,1964,p.132;草原考古研究会,2011,299—300,V-2-b,No.25,同类的还有两件,见 No.26、149)。(CaII-1)

54. Astrakhan 州 Krasnoyarskii 地区 pos.Komsomal'skii 村破坏的墓中偶然发现一件(草原考古研究会,2011,311—312,XI-3-a,No.126)。三突立耳,耳突发达,另外还有动物形的竖肩耳,折沿,敛口球腹,高圈足,已残。腹饰绳索纹。时代为公元1世纪后半—2世纪前半。(CaIII-3)

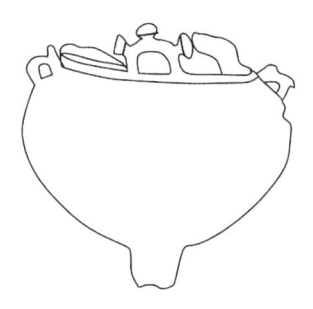

55. Tbilisskii 地区 Kh.Peschanyi 村古墓 10 号墓出土 2 号鍑(草原考古研究会,2011,308—310,IX-2-a,No.106,同类的还有 No.107)。三突立耳,乳突发达,有流嘴和竖的肩耳,小敛口球腹,高圈足。时代为公元前1世纪后半。(CaIV-2)

56. 俄罗斯库班州 Khatazhukaevskii aul 古墓出土一件（Gushshina, Zasetskaya, 1989, p. 88; Shukin 1992, p. 112; 草原考古研究会, 2011, 300—303, VI-1-b, No.27, 同类的还有 No.54）。三突直立环耳, 两耳根下口沿外有锚形装饰。时代为公元 1 世纪后半。（CaIII-1）

57. 俄罗斯库班州 Yaroslavskaya 村出土一件（Gushshina, Zasetskaya, 1989, p. 88; Shukin 1992, p. 110; 草原考古研究会, 2011, 300—303, VI-2-b, No.61, 同类的还有 No.62）。三突环立耳, 突很小, 直口球腹, 小圈足。素面。时代为公元 1 世纪后半。（CaIII-1）

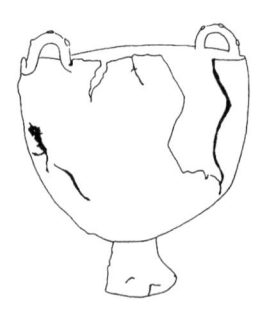

58. 俄罗斯亚速海地区 Rostovskaya 州 Vysochino 墓群 4 号墓出土一件（Bespalyi, 1985; 草原考古研究会, 2011, 305—306, VI-7-a, No.69）。三突环耳, 下部贴附于口沿外, 此外还有一对竖的动物形耳。时代为公元 1 世纪后半—2 世纪前半。（CaIII-3）

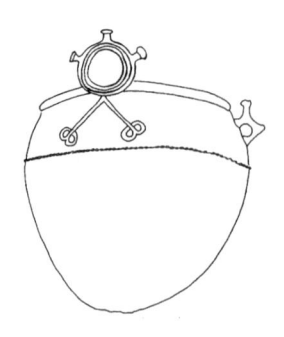

59. 俄罗斯 Saratov 州 Palassovskii 地区 Khar'kovka 村 15 号墓出土一件（Grakov,1965,p.218 草原考古研究会,2011,300—303,Ⅵ-2-a,No.56,同类的还有 No.55、57、58、59、60）。三突环立耳,小折沿,敛口球腹尖圜底,腹饰一圈绳索纹,小圈足。时代为公元 1 世纪。（CaⅢ-1）

60. 俄罗斯 Saratov 州 Krasnokutskii 地区 Verkhnii Eruslan 村 1 号墓 5 号墓室出土一件（Yudin,1997；草原考古研究会,2011,299—302,Ⅵ-1-a,No.29,同类的还有 28 件,见 No.161、30、28、31、32、33、163、34、35、36、37、38、39、40、152、41、42、43、44、45、46、47、48、49、50、51、52、53）。三突环立耳,两耳根下,口沿外有锚形装饰。与立耳相对的口沿外还有一对竖鼻耳。腹体饰两圈凸弦纹。小圈足。时代为公元前 2 世纪。（CaⅢ-3）

61. 俄罗斯 Volgogradskaya 州 Ilovlinskii 地区 Berdiya 墓群 3 号墓 1 号铜鍑（Mordvintseva,Sergatskov,1995,p.125；草原考古研究会,2011,303—304,Ⅵ-1-a,No.45）。三突环立耳,两耳根下部口沿外装饰"π"形纹饰,末端卷曲。与立耳相对的口沿外还有一对竖鼻耳。腹体饰一圈绳索状凸弦纹。小圈足。时代为公元 1 世纪后半—2 世纪初。此墓还出土另外一件竖肩耳的铜鍑。（CaⅢ-3）

62. 俄罗斯 Volgogradskaya 州 Kamyshinskii 地区 Baranovka 村 2 号墓出土一件（Sergatskov，2000；草原考古研究会，2011，299—303，VI－1－a，No.46）。三突环立耳，两耳根下部贴附于口沿外。与立耳相对的口沿外还有一对竖鼻耳。腹体饰一圈绳索状凸弦纹。小圈足。时代为公元 1 世纪末—2 世纪初。（CaⅢ－3）

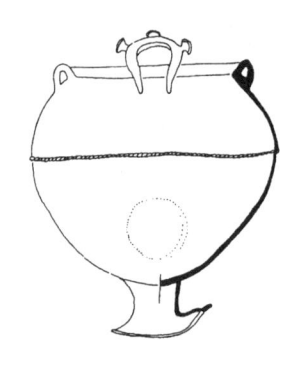

63. 巴尕伊沃斯基（Bagaevskii）发现一件（Davis-Kimball，1995，149，fig.12，b）。属萨尔马泰文化中期，时代为公元前 1—公元 1 世纪。（CaⅣ－1）

64. 俄罗斯 Balashovskii 郡 Saratov 县 Norka 村偶然发现一件（草原考古研究会，2011，305—308，VII-1a，No.71）。三突直立环耳，乳突发达。小折沿，敛口鼓腹尖圜底，圈足残失。时代为公元 2 世纪前半—中叶。（CaIV-1）

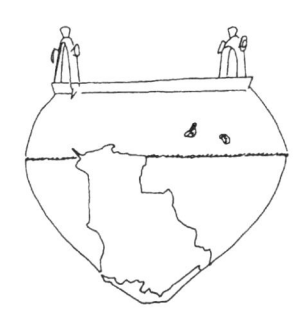

65. 俄罗斯伏尔加州 Volgogradskaya 州 Palassovskii 地区 Al't Veimar 墓群 D16 号墓出土一件（Rau，1927，pp.36-40；草原考古研究会，2011，307—208，VIII-2-a，No.74，同类的还有 No.75、76、77、78、79、80）。三乳突直立环耳，根部贴附于口沿之外，小直沿，敛口球腹尖圜底，圈足残。腹体饰一圈绳索纹。（CaIV-1）

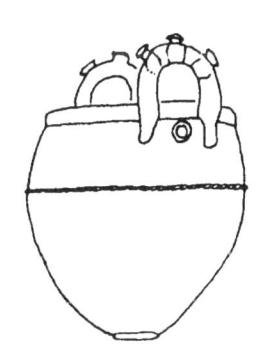

66. 萨尔马泰文化晚期墓葬发现一件（Davis-Kimball，1995，pp.156，fig.15）。时代为公元 2—4 世纪。（CaIV-1）

67. 萨尔马泰文化晚期墓葬发现一件（Davis-Kimball,1995,156,fig.15）。时代为公元 2—4 世纪。（CaIV-1）

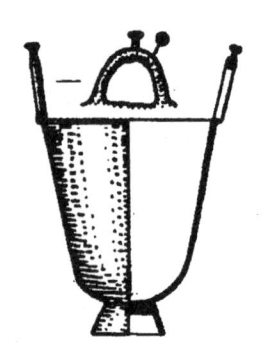

68. 俄罗斯第聂伯河下游左岸索罗帕古墓出土一件（Mantsevich,1987,98—99,Kat.72;雪嶋宏一,1995,图 F-1;草原考古研究会,2011,265—266,IV-1-1-2）。通高 47、口径 31—44 厘米,墓葬年代为公元前 5 世纪末—4 世纪初。（Cb）

69. 第聂伯河下游右岸托鲁斯塔亚·莫克纳（Tolstaya Mogila）墓葬出土一件（Mozolevs'kiy,1979,144,Ris.130;雪嶋宏一,1995,图 F-2;草原考古研究会,2011,265—266,IV-1-1-3）。通高 35.2、口径 33—22.5 厘米。墓葬时代为公元 4 世纪中叶后半。（Cb）

70. 第聂伯河中游右岸 Cherkassk 州 Ryzhanovka 村大型墓出土两件（Skoryi, Khokhorovs'ki, Grygor'ev and Rydsevs'ki, 1999, 100; Chochorowski and Skoryi, 1999, fot.1; 草原考古研究会, 2011, 265—268, Ⅳ-1-1-6, Ⅳ-1-1-7）。一大一小。鍑中发现动物骨骼。时代为公元前 350—前 325 年。（Cb）

71. 第聂伯河下游左岸 Kazak 河流域 1957 年发现一件（Symonovich, 1969, Ris.2, 2; 草原考古研究会, 2011, 267—268, Ⅳ-1-1-8）。直口尖圜底球腹，细圈足。圈足残损。残高 27.3、直径 28.5—39.5 厘米。（Cb）

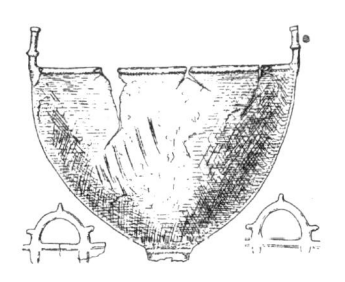

72. 第聂伯河下游 Kherson 州 Krasnyi Perekop 村古墓出土一件（Leskov, 1974, 75, Abb.106; 草原考古研究会, 2011, 267—268, Ⅳ-1-1-9）。直口半球腹，细高圈足，下缘扩展。（Cb）

73. 第聂伯河 Zaporozh'e 州 Dneprorudny 村 6 号墓 2 号墓室出土一件（Grakov，1971，Tabl.X，a；Kuznetsova and Kuznetsov，2005，321，Ris.4，6；草原考古研究会，2011，267—268，IV-1-1-10）。微敛口椭圆球腹，细高圈足，下缘扩展。通高 30、口径 32.5—19.5 厘米。（Cb）

74. 第聂伯河中游支流恰斯明（Tyasmin）河上游卡皮塔诺卡（Kapitanovka）村 487 号墓出土一件（Petrenko，1967，25，Tabl.XV，4；雪嶋宏一，1995，图 F-3；草原考古研究会，2011，267—268，IV-1-1-11）。微敛口椭圆球腹，细高圈足，圈足下部残失。墓葬时代为公元前 4 世纪。（Cb）

75. クリシア、ケルチ市 Mitridates 山クリ＝オバ古墓出土一件大型鍑，埃尔米塔什博物馆藏（Yakobenko，1974，64.Ris.25，1；草原考古研究会，2011，267—268，IV-1-1-12，无图）。前 4 世纪后半。（Cb）

76. クリシア、ケルチ市 Mitridates 山クリ＝オバ古墓出土一件小型鍑，埃尔米塔什博物馆藏（Yakobenko，1974，64.Ris.25，2；草原考古研究会，2011，267—268，IV-1-1-13，无图）。前 4 世纪后半。（Cb）

77. ケルチ市郊外 Patinioti 古墓出土一件（Diamant，1967；Yakobenko，1974，64，Ris.25，4；66，Ris.26；草原考古研究会，2011，267—268，IV-1-1-14）。敞口椭圆球腹尖圜底，细高圈足，下缘扩展。通高 35.5 厘米。同出斯基泰的战士雕像、杯等。时代为公元前 4 世纪后半。（Cb）

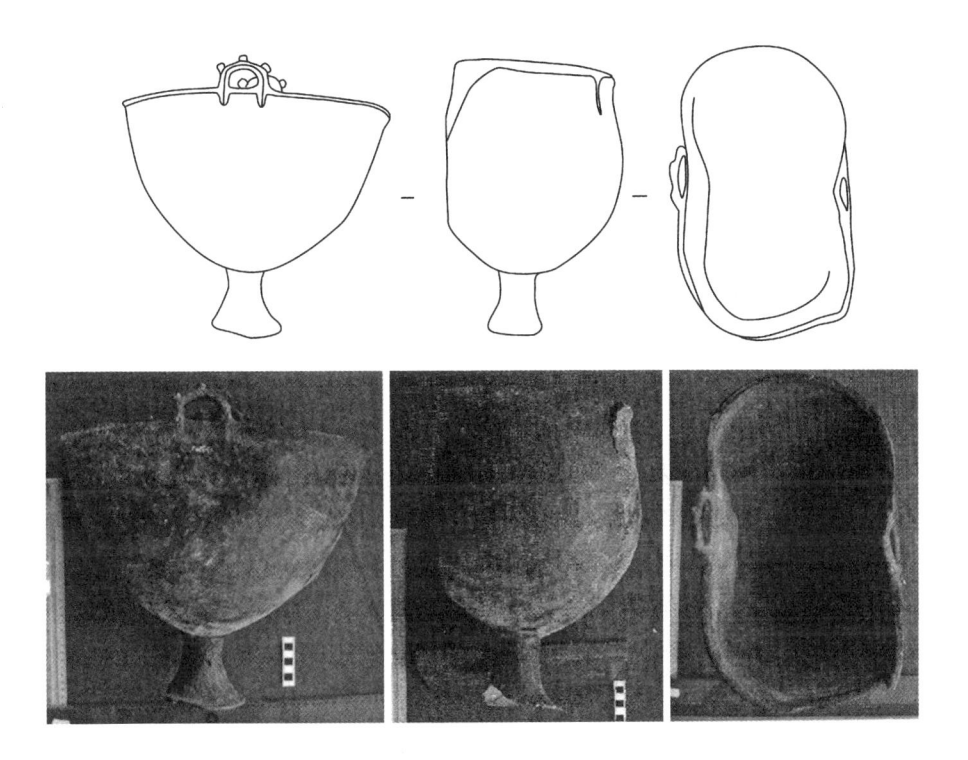

78. 亚速海北岸多莱茨库州鸠达诺夫市 Zhdanov 市近郊 Dvugorbaya Mogila 墓地 2 号墓出土一件（Privalova, Zarayskaya and Privalov, 1982, 169—170, Ris.16；雪嶋宏一, 1995, 图 F‐4；草原考古研究会, 2011, 267—268, Ⅳ‐1‐1‐15）。细小圈足, 圈足中部有一圈凸弦纹, 敛口球腹, 椭圆腹体, 一侧平。通高 36、口径 49—33 厘米。表面有灰烬。墓葬年代为公元前 4 世纪。（Cb）

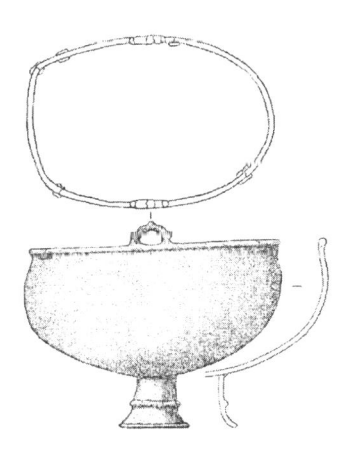

79. 顿河河口亚速市近郊 Koluzaevo 偶然发现一件铜鍑（Kosyanenko, 1978, 197, Ris.3, 2；雪嶋宏一, 1995, 图 D‐11；Demidenko, 2008, 234, Ris.

122,VVI.1.A;草原考古研究会,2011,267—269,Ⅳ-1-1-16)。器形较大,敛口球腹,细高圈足,下缘有两圈凸弦纹。(Cb)

80. 顿河河口亚速市近郊 Koluzaevo 偶然发现一件铜镄(Kosyanenko,1978,197,Ris.3,4;雪嶋宏一,1995,图 D-12;Demidenko 2008,234,Ris.122,VVII.1.A;草原考古研究会,2011,267—269,Ⅳ-1-1-17)。器形较小,敛口球腹,细高圈足,下缘有两圈凸弦纹。(Cb)

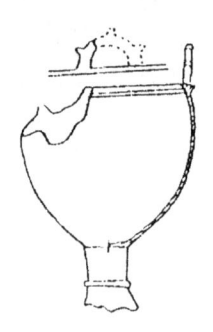

81. 顿河河口 Elizavetovskaya 村 Pyat'Brat'ev 古墓群 9 号墓 2 号墓室发现一件(亚速博物馆藏 KP 3520/44;Kosyanenko,1978,196,Ris.3,1;雪嶋宏一,1995,图 F-5;Demidenko,2008,233,Ris.121;草原考古研究会,2011,269—270,Ⅳ-1-1-18)。敛口球腹,腹体椭方形。细圈足,下缘扩展。通高 41、口径 26.5—38.5 厘米。墓葬年代为公元前 4 世纪末—3 世纪初。(Cb)

82. 第聂伯河下游右岸奥鲁交尼克塞市近郊斯托拉-夏拉亚·莫克拉古墓群4号墓的2号墓室出土一件(雪嶋宏一,1995,图F-9)。通高43厘米。墓葬年代为公元前4世纪。(Cb)

83. 顿河河口 Elizavetovskaya 村 Pyat'Brat'ev 古墓群 11 号墓出土一件(亚速博物馆藏;Kosyanenko,1978,196,Ris.3,3;雪嶋宏一,1995,图F-6;Demidenko,2008,232,Ris.120,06.1.A;草原考古研究会,2011,269—270,Ⅳ-1-1-19)。墓葬年代为公元前4世纪。(Cb)

84. 顿河河口 Vysochino 第5墓群27号墓2号墓室出土一件(Demidenko,2008,112,Ris.123,141;Bespalyi and Luk'yashko,2008,99,Tabl.XCVI,5;草原考古研究会,2011,269—270,Ⅳ-1-1-20)。通高41、口径46—30.5厘米。(Cb)

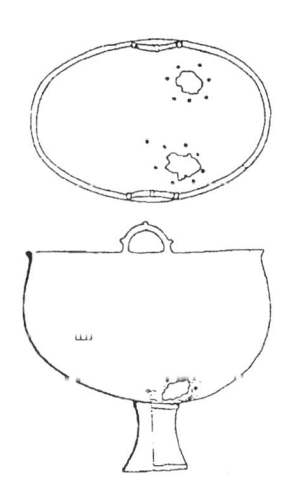

85. 顿河中游右岸 Tikhaya Sosna 河流域 Durovka 村 16 号墓出土一件(Puzikova,2001,197,Ris.50,1;草原考古研究会,2011,269—270,Ⅳ-1-1-23)。耳上三突较小,圈足较高。发现于墓室中央东南部。时代为公元前4世纪—前3世纪。(Cb)

86. ドゥロフカ村 4 号墓出土一件小型鍑（Puzikova,1966,90,Ris.32,1；Puzikova,2001,186,Ris.20,1；草原考古研究会,2011,270—271,Ⅳ-1-1-24）。圈足较高。公元前 3 世纪早期。（Cb）

87. 丘埃鲁托姆鲁依库古墓 5 号墓室出土一件（埃尔米塔什博物馆藏 Dn 1863 1/363；Alekseev,Murzin and Rolle,1991,215—217,Kat.144；雪嶋宏一,1995,图 F-7；草原考古研究会,2011,271—272,Ⅳ-1-3-1）。三突双立耳,微敛口半球腹,腹体饰相交的双波折纹,小细高圈足。通高 59、口径 62—40 厘米。墓葬时代为公元前 4 世纪后半。（Cb）

88. 黑海北岸草原麦利托-玻利（Melitopol）市内麦利托-玻利古墓 1 号墓墓道出土一件（Terenozhkin and Mozolevskiy,1988,76,Ris.80-81；雪嶋宏

一,1995,图 F‑8;草原考古研究会,2011,271—272,Ⅳ‑1‑3‑2)。微敛口半球腹,一边较平,腹体饰相交的双波折纹,小细高圈足。通高 51、口径 54 厘米。墓葬年代为公元前 4 世纪后半。(Cb)

89. 恰斯托依埃古墓群 11 号墓发现一件(Puzikovka,2001,14,Ris.7,3;草原考古研究会,2011,273—274,Ⅳ‑1‑6‑2)。两耳根有小的卷曲纹饰。通高 60、口径 55—60 厘米。时代为公元前 4 世纪—前 3 世纪。(Cb)

90. 沃罗涅日市近郊多罗夫卡村 4 号墓出土一件(Puzikov,1966,90,Ris.32,2;2001,186,Ris.20,2;雪嶋宏一,1995,图 D‑5;草原考古研究会,2011,273—274,Ⅳ‑1‑6‑3)。两耳根有小的卷曲纹饰,腹体方圆,外饰波折纹。时代为公元前 3 世纪早期。(Cb)

91. 沃罗涅日ヴォロネジ州 Mastyugino 村 4 号墓 2 号墓室发现一件(Medvedev,1999,Ris.56,1;草原考古研究会,2011,274—275,Ⅳ‑2‑1‑6)。有斜肩耳,微敛口球腹,椭方圆体,尖圜底。粗圈足,圈足中部有一圈凸棱纹。(Cb)

92. 俄罗斯 1903 年高加索山西北库班河中流右岸支流 Belaya 河凯莱鲁麦斯墓群希由利茨 2 号墓发现一件（Mantsevich, 1961, 147, Ris.6; Piotrovsky, 1986, Ris.54; Minasyan, 1986; Galanina, 1997, 227, 33, Table.41, 33; 雪嶋宏一, 1995, 图 B-1; 草原考古研究会, 2011, 260—261, II-1-1-1）。球腹。通高 46、口径 44—51.2 厘米。时代为公元前 7 世纪后半。（DaI-1）

93. 俄罗斯 1903 年高加索山西北库班河中流右岸支流 Belaya 河凯莱鲁麦斯墓群希由利茨 2 号墓发现一件（Borovka, 1928, Pl.29; Mantsevich, 1961, 147, Ris.5; Galanina, 1997, 226—227, 32, Table.41, 32; 雪嶋宏一, 1995, 图 B-2; 草原考古研究会, 2011, 260—261, II-1-1-2）。半球腹。通高 38.5、口径 44.5—50.5 厘米。时代为公元前 7 世纪后半。（DaI-1）

94. 莱玛尼阿ルーマニア的黑海沿岸 Constanta 近郊 Castelu 村发现一件鍑(Florescu,1980,191;雪嶋宏一 1995,图 C-2;草原考古研究会,2011,260—261,Ⅱ-1-1-3)。球腹,腹体有大波折纹。小圈足,已残。年代为公元前 5 世纪。(DaⅠ-1)

95. Temir 古墓出土一件(草原考古研究会,2011,296—297,Ⅰ-2-a)。动物形双立耳,直口半球腹,圈足残。时代为公元前 5—4 世纪,属萨尔马泰文化。(DaⅠ-1)

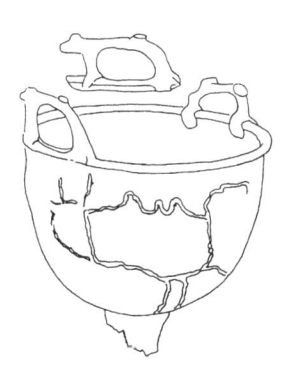

96. 契埃莱托姆鲁依库古墓出土一件(Piotrovsk,1986,270;Alekseev,Murzin and Rolle,1991,215,Kat.142;雪嶋宏一,1995,图 C-3;草原考古研究会,2011,261—262,Ⅱ-1-2-2),通高 100.1、直径 68 厘米,是迄今发现最大的斯基泰铜鍑。墓葬年代为公元前 4 世纪至 3 世纪初。(DaⅠ-1)

97. 凯莱鲁麦斯 3 号墓出土一件(Mantsevich,1961,147,Ris.7;Minasyan, 1986,66,R;Galanina,1997,230,43,Table.41,43;Galanina,2006,27,Ⅱ;70, Ⅱ。97;雪嶋宏一,1995,图 B‐4;草原考古研究会,2011,262—263,Ⅱ‐2‐ 1‐1)。已经严重变形,但形制纹饰尚存。羊形立耳,腹体饰上下双排波折纹,颈腹部另有对羊形象。年代为公元前 7 世纪后半。(DaⅡ)

98. 第聂伯河中流左岸支流 Vorskra 河流域 Bel'sk 城塞聚落遗址西侧城址发现一件(Shramko,1976,196,Ris.2,1;雪嶋宏一,1995,图 C‐4;草原考古研究会,2011,262—263,Ⅱ‐2‐2‐1)。口沿上有动物形立耳,颈腹部还有一对斜肩耳,腹饰双交波折纹,粗高圈足,圈足下部有一圈波折纹。(DaⅡ)

99. ルーマニア、Dungeni 地区 Iacobeni 村发现一件(Florescu 1980,191; 雪嶋宏一,1995,图 C‐1;草原考古研究会,2011,264—265,Ⅱ‐2‐4‐1)。口沿有两对羊形立耳,颈腹部还有一对斜肩耳,半球形腹体,素面,高细圈足,底缘扩张。时代为公元前 6—5 世纪。(DaⅡ)

100. Rostovskaya 州 Myasnikovskii 地区 Valovyi I 墓群 33 号墓出土一件（Bespalyi,1985;草原考古研究会,2011,308—310,X－3－a,No.114,同类的还有 No.112,113）。一对动物形竖肩耳和一对竖肩环耳,直沿,敛口球腹尖圜底,腹体饰一圈绳索状凸弦纹。小圈足。时代为公元 2 世纪后半。（DaIII）

101. Starobel'sk 市附近发现一件（Shramko,1962,p.240;草原考古研究会,2011,308—310,X－4－a,No.116）。一对动物形竖肩耳,直沿,敛口球腹尖圜底,腹体饰一圈绳索状凸弦纹。小圈足。（DaIII）

102. 帕里阔夫 Izyumskii 郡 Selimovka 村 2 号墓 2 号墓室出土一件（Gorodtsov,1905;草原考古研究会,2011,311—312,XI－2－a,No.124,同类的还有 No.125）。一对动物形立耳,口沿处有一个竖环耳,敛口球腹,高圈足。腹饰绳索纹。时代为公元 1 世纪。（DaIII）

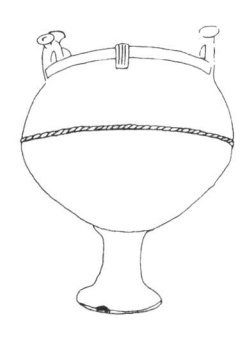

103. Volgogradskaya 州 Ilovlinskii 地区 Berdiya 墓群 3 号墓 1 号铜鍑（Mordvintseva, Sergatskov, 1995, p.125；草原考古研究会, 2011, 303—304, 308, X‐2‐a, No.110, 同类的还有 No.109, 111）。一对野猪形竖肩耳和一对竖肩环耳，折沿，敛口球腹，腹体饰一圈绳索状凸弦纹。小圈足。时代为公元 1 世纪后半至 2 世纪初。（DaIII）

104. 亚速海地区 Rostovskaya 州 VysochinoVII 墓群 28 号墓出土 2 号鍑（草原考古研究会, 2011, 311—312, XIII‐2‐a, No.136）。一大一小动物圆雕竖肩耳，与大耳相对的是管状流。折沿敛口球腹尖圜底，细高圈足，腹饰一圈绳索纹。（DaIII）

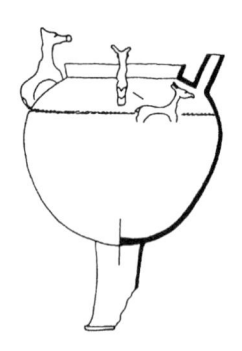

105. Volgogradskaya 州 s.Kilyakovka 偶然发现一件（Skripkin, 1970, pp.206—208；Davis-Kimball, 1995, 143, fig.12, a；草原考古研究会, 2011, 311—312, XI‐4‐a, No.128, 同类的还有 No.127）。一对动物形竖肩耳，折沿，敛口球腹。高圈足。（DaIII）

106. Donskaya 州 Golubinskaya 村 kh.Mostovoi 古墓发现一件（Raev, 1979, Tabl.17.3；草原考古研究会, 2011, 308—310, X‑3‑b, No.115）。一对动物形竖肩耳和一对竖肩环耳，折沿，敛口球腹，高圈足，已残。时代为公元1世纪后半—2世纪前半。（DaIII）

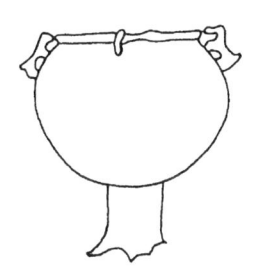

107. Rostovskaya 州 Novocherkasskii 地区 Sokolovskii 墓群3号墓出土一件（Bokovenko, 1977, p.229；草原考古研究会, 2011, 308—310, XI‑1‑a, No.118, 同类的还有 No.117、119、120、121、158、157）。一对动物形竖肩耳和一对竖肩环耳，折沿，敛口球腹，腹体饰一圈绳索状凸弦纹。细高圈足。时代为公元1世纪晚—2世纪初。（DaIII）

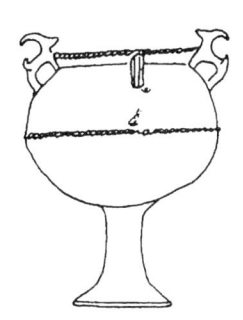

108. Verbki 村1号墓1号墓室出土一件（Mukhopad, 1984, pp.136—143；草原考古研究会, 2011, 311—312, XII‑1‑a, No.133, 同类的还有 No.134）。一对羊形动物圆雕竖肩耳，还有一对竖肩环耳。折沿敛口球腹尖圜底，腹饰一圈绳索纹。（DaIII）

109. Podol'skaya 县 Troyany 村 1914 年发现一件（OAK za, 1913—1915 gg., 1918；草原考古研究会，2011，311—312，XIII-1-a, No.135）。一对动物圆雕竖肩耳，还有一对竖肩环耳。折沿敛口球腹尖圜底，高圈足，腹饰一圈绳索纹。（DaIII）

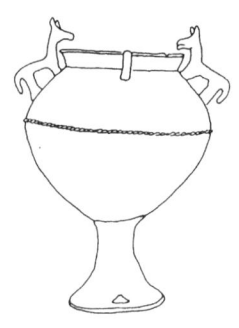

110. Astrakhan 州 Chernozemelskii 地区 s.Bassy 村发现一件（Skripkin, 2000, pp.96—99；草原考古研究会，2011，311—312，XI-7-a, No.164，同类的还有 No.132）。回首动物形竖肩耳，动物首粗流嘴。敛口球腹，粗高圈足。时代为公元 1 世纪后半—2 世纪前。（DaIV）

111. 凯莱鲁麦斯希由利茨 4 号墓出土一件（Mantsevich, 1961, 147, Ris.8；Minasyan, 1986, 66—67, Ris.3-2；Galanina, 1997, 230, 53, Table.41, 53；雪嶋宏一，1995，图 B-3；草原考古研究会，2011，260—261，II-1-2-1）。腹体呈椭圆形，腹体有两道大波折纹相交错形成三角和菱格纹装饰。圈足中部有一圈凸弦纹。通高 54—60、口径 84.5 厘米。时代为公元前 7 世纪后半。（DbI）

112. ドニエブル河下游右岸 Ordzhanikidze 市近郊 Strashnaya Mogila 古墓群 4 号墓 2 号墓室出土一件（Terenozhkin and Mozolevskiy, 1973, 148, Ris.30, 4; Il'inskaya and Terenozhkin 1983, 168—169; 草原考古研究会, 2011, 262—263, II‐1‐3‐1）。（DbII）

113. 俄罗斯高加索山西北库班河中流右岸支流 Belaya 河凯莱鲁麦斯墓群 27 号墓发现一件（Galanina, 1997, 233, Table.41, 105; 草原考古研究会, 2011, 264—265, III‐1）。斜肩环耳, 敞口球形腹, 可能是椭圆形腹体。腹体和圈足残。通高 34、口径 61 厘米。（EaI）

114. 乌克兰第聂伯河ドニエプル河下游左岸ソローハ古墓出土一件（Mantsecich, 1987, 99—100, Kat.74; 雪嶋宏一, 1995, 图 I‐1; 草原考古研究会, 2011, 264—265, III‐2）。极端敛口球腹, 肩部有一对斜耳。细高圈足, 下缘扩展。通高 47、口径 46 厘米。时代为公元前 5 世纪末—4 世纪初, 属斯基泰文化。（EaII）

115. 俄罗斯高加索西北库班河流域 Ulyap 村古墓地 1 号墓出土一件（Dneprovskii,1985,124,Ris.74；草原考古研究会,2011,264—265,III‑3）。微敛口球腹,肩部有一对斜耳。细圈足。通高 39、口径 40 厘米。时代公元前 4 世纪。属斯基泰文化。（EaII）

116. 俄罗斯亚速海地区 Rostovskaya 州 Vysochino 墓群 28 号墓出土 1 号鍑（Bespalyi,1985,pp.163—172；草原考古研究会,2011,305—306,VI‑6‑a,No.68）。一对斜肩耳,一对竖鸡冠肩耳,敛口球腹,腹饰三圈绳索纹,圈足残。时代为公元 1 世纪末—2 世纪前半。（EaIV）

117. 俄罗斯顿河下游 Rostovskaya 州 Arpachin 古墓出土一件（草原考古研究会,2011,299—300,V‑3‑a,No.150）。口沿下有竖的小耳,敞口球腹,高圈足。腹体有两圈凸弦纹。（EaIV）

118. 俄罗斯顿河下游 Volgogradskaya 州 Chikov 村 8 号墓 1 号墓室出土一件(Skriphin,1990,p.153,172;草原考古研究会,2011,311—312,XI-1-c,No.123)。口沿处有两竖环耳,另外还有一个较大的竖环耳,敛口球腹,高圈足。腹饰城墙雉堞纹。(EaIV)

119. 罗马尼亚布勒伊拉州 Brăila スコルッアルヴェキ村古墓出土一件(Pârvan,1982,11—12,Fig.1,2;Sîrbu,1983,32-33,Fig.3,2;草原考古学会,2012,263—264,II-2-3-1)。口沿有 8 个动物性立耳,3 个残破,颈腹部有一对斜肩耳。敛口球腹,腹饰圆弧波折纹,三足。通高 62.5、口径 65 厘米。腹底有直径 18 厘米的圆环,雪嶋宏一认为此鍑原来为圈足鍑,后改成三足鍑(草原考古学会,2012,264)。(Eb)

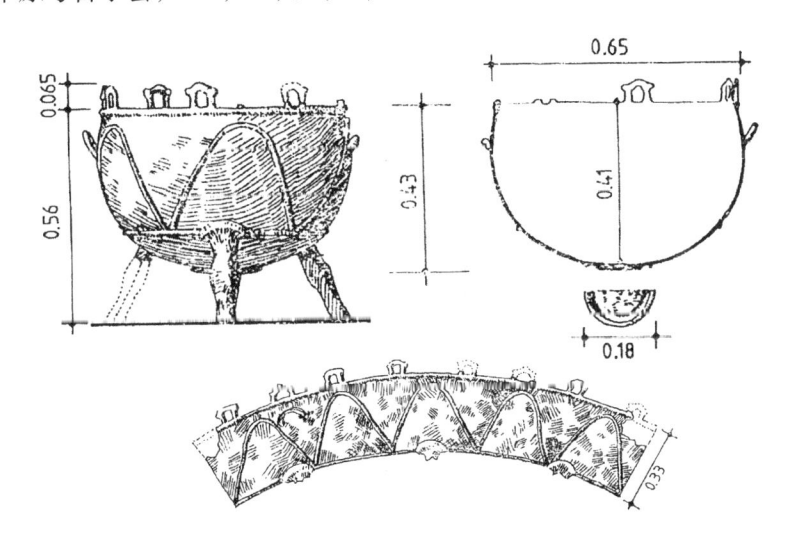

五、特型鍑

指发现数量少,存在时空有限的鍑。根据迄今已知的材料,和其他流行的铜鍑相比,这些铜鍑器形比较特别,数量较少(发现数量少于 5 件)。

(一) 无圈足平底或圜底鍑

1. 河南安阳市郭家庄东南 26 号墓出土一件(中国—郭家庄,1998,38 页,图八:2、图九、图版肆:2),口呈椭圆形,在弧度较大的两边口沿上有两个对称的直耳,内穿绳索形提梁,侈口,束颈,下腹外鼓,底近平,底部有烟炱,颈饰凸弦纹三周。器内底部有铭文"□宁"二字。通高 27.6 厘米。墓葬时代为殷墟二期偏晚阶段。

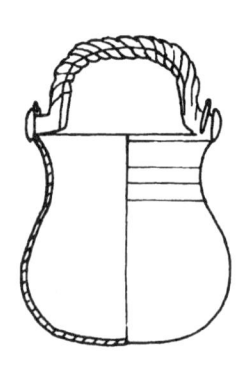

2. 1975 年陕西省城固县五郎庙发现一件(唐金裕、王寿之、郭长江,1980,216 页)。形制为双耳,直口,深腹,底微平(底、腹有炊烟痕迹),素面,通体有两条对称凸竖棱纹,系合范铸痕。通高 21、耳高 3.3、口径 15.7、肩径 20.5、底径 11 厘米。根据共存的矛、瓿,年代为殷墟一期(赵丛苍,1996,14 页)。

3. 中国历史博物馆藏一件商代晚期的兽面纹鍑(《中国青铜器全集·商 2》,83 页,图版八十、八十一),据说是 1946 年在河南安阳高楼庄出土。高 24.7、口径 32.4 厘米。侈口,深腹,平底,腹两侧各有一对横系,连接一半环形器耳,口下饰一周兽面纹,腹饰三角纹,耳上饰三角纹和雷纹。时代为商代晚期。

4—11. 山西省太原晋国赵卿墓出土 8 件(山西—赵卿墓,1996,129 页,图六八:3、图版八八)。通高 4.7 厘米、时代为春秋晚期。

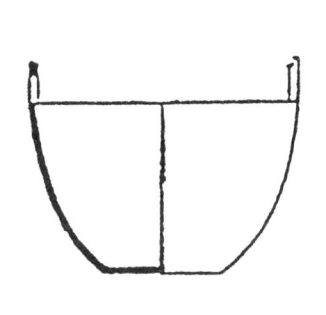

(二) 一对双立耳

1. 图瓦阿尔赞 2 号冢 5 号墓穴发现两件铜鍑(Čugunov,2010;Čugunov,2011;草原考古研究会,2011,123,I.1.A.a‑001)。其中一件通高 45.6、口径 32.8—31.5 厘米。时代为公元前 7 世纪末。阿尔赞 2 号冢被认为属于艾迪拜尔文化(Aldy-bel culture)(Konstantin V. Čugunov, Hermann Parzinger und Anatoli Nagler, 2010)。

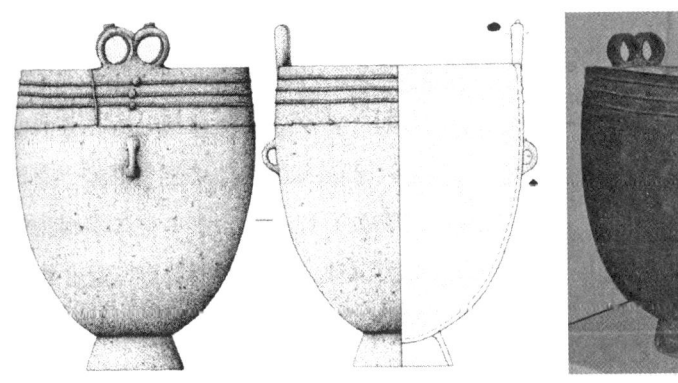

(三) 方耳铜鍑

1. 图瓦阿尔赞 2 号冢 5 号墓穴发现两件铜鍑,其中一件铜鍑的双直立耳为方形耳。阿尔赞 2 号冢被认为属于艾迪拜尔文化(Aldy-bel culture),阿尔赞 2 号冢和 1 号冢有很多因素是相联系的,1 号冢也曾发现过铜鍑残片(Konstantin V. Čugunov, Hermann Parzinger und Anatoli Nagler, 2010)。

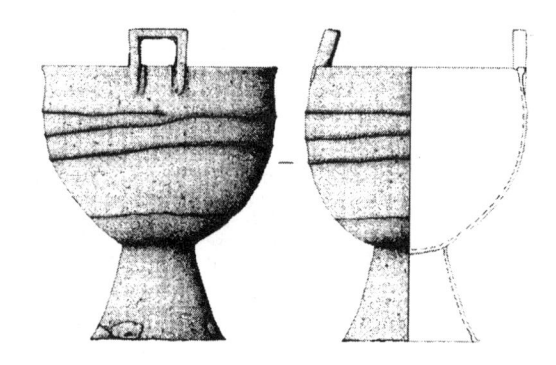

2. 米努辛斯克 Kavkazskoe 村 Tuba 河上游采砂场深 0.6 米处发现一件，米努辛斯克博物馆藏，MKM.A11999（8752）（草原考古研究会，2011，127，130，I.1.Abi－002）。高 36、口径 25.5 厘米。

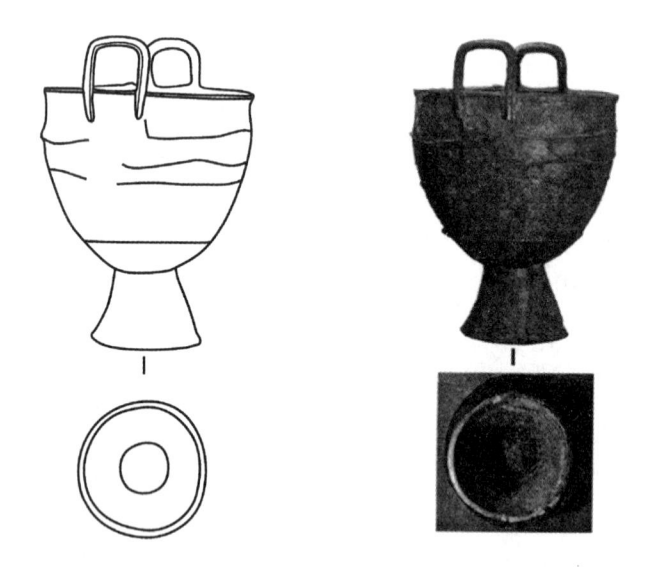

3. 蒙古オウス＝アィマク、オランゴム（Novgorodova et al. 1982, Abb.43,1; 草原考古学会, 2012, 70—71, X－9）。

4. 河北省顺平县齐各庄乡坛山村一座土坑竖穴积石墓发现一件（保定市文物保管所,2002,图二：1;草原考古研究会,2011,26,28,Db-9）。有青铜斧、虎形金饰牌、镀金动物纹金带具、长柄镜和陶器共存。通高22.2、口径22.6厘米。

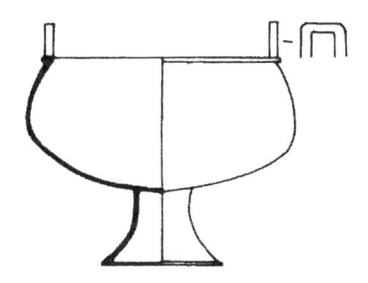

（四）竖肩耳

1. 俄罗斯顿河下游 Volgogradskaya 州 Oktyabr'skii V 墓群1号墓1号墓室出土小型鍑（Mys'kov 1999, pp.149—159;草原考古研究会,2011,310—312,XI-1-b,No.159,同类的还有 No.122）。口沿处有两竖环耳,敛口球腹,高圈足。腹饰波状纹。

（五）竖肩耳带流嘴

1. 俄罗斯萨马拉县 Sobolevskii 古墓发现2号鍑（草原考古研究会,2011,308—310,IX-1-a,No.105）。一侧有流嘴,另一侧有一竖环耳。高脚杯形。时代为公元前5世纪。

2. 俄罗斯伏尔加河下游 Astrakhan 州 Chernyi Yar 村 3 号墓 2 号墓室一件（Shnadshtein 1970；草原考古研究会，2011，308—310，X－1－a，No.108）。口沿一侧有流嘴，一侧有竖肩耳，敛口球腹，粗大圈足。腹饰一圈绳索纹。时代为公元 1 世纪前半。

（六）爪形耳铜鍑

1. 昌吉州奇台县碧流河后山出土，重 47 公斤。

（七）爪形耳带流铜鍑

1. 米努辛斯克 Shalabolinskii Klad 发现一件，米努辛斯克博物馆藏（Levasheva et al. 1952.Ris.44－4；草原考古研究会，2011，158—159，I.1.C－003）。通高 27、口径 21 厘米。与 I.1.A.bii－009.012，I.1.A.biii－010 三件铜鍑共出。

2. 米努辛斯克出土一件,米努辛斯克博物馆藏(Chlenova 1967,Table.18－17;草原考古研究会,2011,158—159,I.1.C－004)。

3. 米努辛斯克出土一件,米努辛斯克博物馆藏(Chlenova 1967,Table.18－13;草原考古研究会,2011,158—159,I.1.C－005)。

(八) 直立环耳、竖肩耳和带流铜鍑

1. 陕西省韩城市梁带村 26 号墓出土一件带流镂孔圈足铜鍑(孙秉君、蔡庆良,2007;高西省,2010)。有盖,握手为一人面兽首钮,盖顶上饰两组浅浮雕式"S"状纹,直口方唇,深腹,镂孔圈足。有宽流,腹部与流之间有两个龙形环耳。口沿下及腹部饰一周四组窃曲纹,其下有一周阴弦纹。流口及双耳上两侧饰重环纹。通高 10.3、口径 8.2、圈足底径 5.6 厘米,重 550 克。

2. 俄罗斯米努辛斯克乡土博物馆藏一件(Chlenova 1967,Table.18－16;草原考古研究会,2011,158—159,I.1.C‑001)。口沿带流,腹饰绳套纹,有一对小竖肩耳。

(九) 无耳铜鍑

1. 内蒙古哲里木盟扎鲁特旗巴雅尔吐胡硕发现的一个青铜器窖藏出土一件(张柏忠,1980,5—8页;张柏忠,1982,185—186页),圈足无镂孔,同出一簋及联珠纹青铜饰件等器物,簋为西周晚期至春秋早期的邢国铜器,鍑的年代亦应与此同时。

2—3. 山西太原晋国赵卿墓出土2件(山西—赵卿墓,1996,129页,图六八:4;图版八:4)。通高6.3厘米。直口,卷唇,腹壁圆弧,圜底,下接喇叭形高圈足,器中残存有颜料,可能是调色器皿。年代根据共存物为春秋晚期。

(十) 混合型鍑

1. 乌兹别克斯坦1939年安集延州Tyuyachi村西北2公里大运河作业时于地表下2米深的地方发现一件(Zadneprovskii,1962,162—163;草原考古学会,2012,241—242,X 006)。口沿上有四只环状立耳,下部近一半贴附于口沿之外,耳外有凹槽装饰。两耳之间的口沿上立一个圆雕的羊。盆形腹体,直壁平底。腹体中上部有一圈凸弦纹。腹体下有三足。高55、口径64厘米。

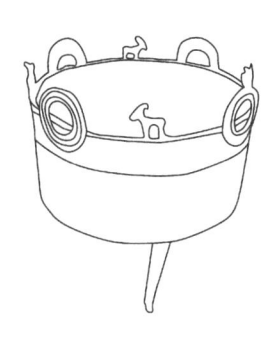

2. 甘肃省武威市张义镇 2009 年 4 月出土铜鍑,为特型鍑。高 1.18、口径 0.87 米,150 多公斤。口沿下有三个虎形把手,下腹有四个钮形小环。推测时代为战国晚期至西汉(草原考古研究会,2011,25—26,Da‑5;甘肃省博物馆编,2010 年)。

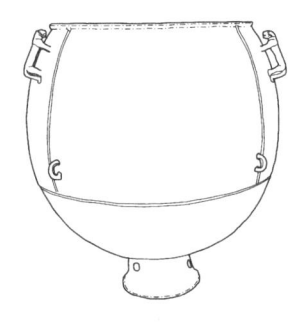

(十一) 微型铜鍑

1. 新疆伊犁尼勒克发现一件。这种微型铜鍑在米努辛斯克等地都有发现(草原考古研究会,2011,174—175,212)。

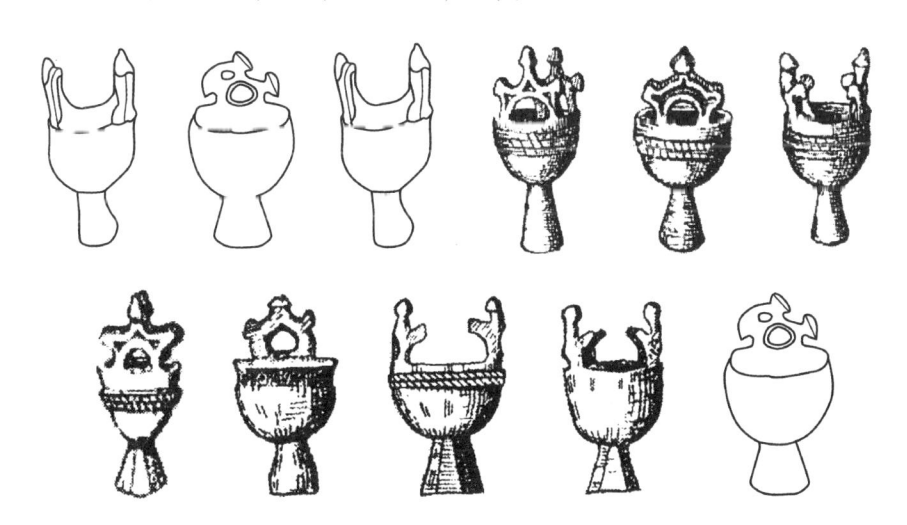

（十二）耳部残失铜鍑

1. 俄罗斯顿河地区 Novokhoperskii uezd 郡 Voronezhskaya gubereniya 县 Mazurki 村发现一件（Smirnov 1964, 131；草原考古研究会, 2011, 296—297, I-1-a-1）。耳残失，微敛口球腹，小圈足。腹体上部有两圈凸棱纹，中间饰波折纹。时代为公元前 6 世纪。（AaII）

2. 新疆伊犁地区昭苏县天山牧场的封堆墓出土一件（张玉忠, 1985, 79；草原考古研究会, 2011, 202, 203, Ca 005）。斜肩耳，直沿微外侈，球形腹，圜底。耳及圈足残失。残高 31、口径 47 厘米。

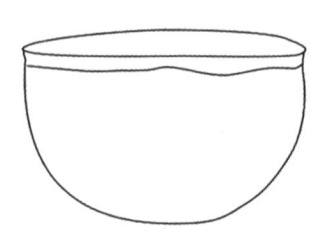

3. 2013年6—7月,俄罗斯科学院考古研究所Leonid T. Yablonsky教授在俄罗斯乌拉尔草原奥伦堡州乌法市菲力波夫卡地区主持发掘了一座萨尔玛特时期(公元前4世纪)的墓葬,编为1号墓。圆形土丘封堆,高5、直径约50米。有墓道和墓室,保存完好。在墓道内出土了一件青铜鍑,口径102厘米,双耳为嘴部相对的格里芬头,肩部有一对竖环耳,肩腹部饰大波折纹。墓室深4米,在墓室内发现完整的人骨和大量的随葬品。墓主人头骨旁发现一件柳木制成的化妆箱,箱内装满各种饰品和日常用品,包括银盆、黄金胸饰、小木盒、陶瓶、皮囊及染红的马牙等。墓主人左侧发现一面金柄银镜。墓主人身上布满了圆形花纹饰件、豹噬羚羊纹金牌饰和五彩串珠等。颚骨附近还发现两枚掐丝珐琅金耳环。墓内还出土了调色板、铁质或金质的针等用于纹身的工具。①

六、无法判断出土地点的铜鍑

1. 悠莱西库博物馆藏一件(Minasyan,1986,Ris.5-3;草原考古研究会,2011,144,146,I.1.A.biii-002)。Kuznetsov收集品。耳呈环状贴附于口沿,腹体上部有一圈凸弦纹,腹体下半部有一圈凸弦纹,可能是铸造留下的痕迹。圈足很小,也可能是残断的结果。(CaI)

2. 瑞典斯德哥尔摩东亚博物馆藏一件(Andersson 1932,Pl.XIX,1,Fig.3;草原考古研究会,2011,69—70,X-3)。高16.1、口径14.6-13厘米。(EaII)

---

① T.雅布隆斯基著,萨仁毕力格译:《俄罗斯菲力波夫卡墓地考古新发现》,《草原文物》2013年2期。

第七章　第二群铜鍑

一、贝加尔湖及以南的色楞格河地区

1. 俄罗斯色楞格河左支流伊沃尔加河(Ivolga)乌兰乌德西的伊沃尔金斯克(Ivolginsk)发现一件(Érdy,1995,Table5-2;草原考古研究会,2011,30、36,Ea-1)。出自伊沃尔加 M119 号墓,木棺,墓主为 40—55 岁女性。鍑和1个陶器置于头部上方。鍑中发现毛织物残片和鱼骨。鍑下有红色漆器痕迹。通高 26.8 厘米。可能为匈奴墓葬,时代为公元前 2—1 世纪(图十三,1)。(GaI)

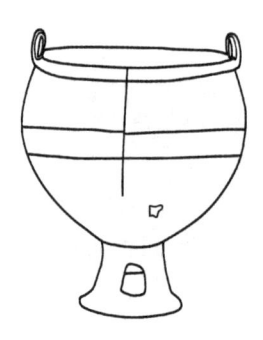

2. 俄罗斯ザバィカリェCheremkhovaya pad 匈奴墓地出土一件铜鍑的圈足(Konovalov,1976,Tabl.XVIII-14;草原考古研究会,2011,30—31,Eb-4)。高圈足,有梯形镂孔。(GaI)

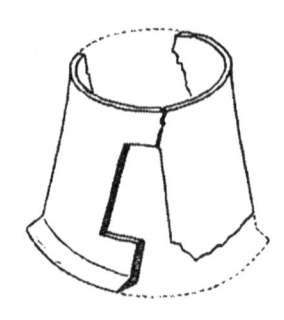

3. 蒙古 Tamir 墓地 97 号墓出土一件(Purcell and Spurr,2006,p.25; Batsaikhan 2006,fig.2;草原考古研究会,2011,30—32,Eb‑10)。器体为铜,圈足为铁。拱桥形立耳,两端根部贴附于口沿外。墓葬出土角、铁器、漆器、马衔等,墓主可能是匈奴联盟中的外部民族。(GaI)

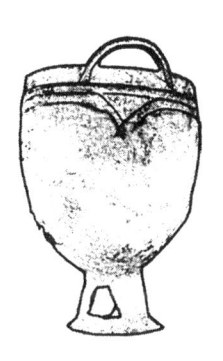

4. 蒙古 Gol Mod 发现一件(Erdelyi et al. 1967,Fig.29c,note 16;草原考古研究会,2011,34—35,Ec‑9)。圈足失。发现时,鍑中有动物骨骼。(GaI)

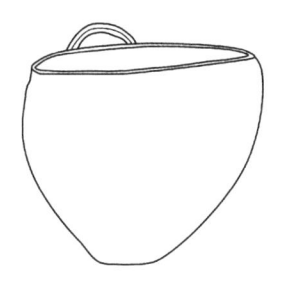

5. 俄罗斯埃尔米塔什博物馆藏一件(Minasyan 1986,Ris.5‑4;草原考古研究会,2011,162—163,II.1.A‑002)。Kuznetsov 收集品。半环耳,折沿。鼓腹,腹体上部有 2 圈凸弦纹,凸弦纹之间装饰半环状纹,接缝不齐。腹部有垂直口沿的铸线纹。圈足残失。(GaI)

6. 蒙古 Kiron 河发现一件(Rudenko,1962,Ris.29‑B;Érdy,1995,Table5‑8;草原考古研究会,2011,30—32,Eb‑7)。拱桥形立耳,根部有阶形附属,

并贴附于口沿外。腹体被竖范纹从与立耳垂直的部位分为两半。有垂弧纹把腹体分为四部分。圈足残,可能有镂孔。(GbI)

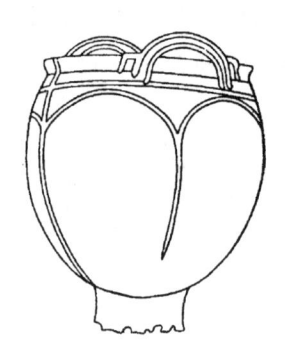

7. 俄罗斯色楞格河地区萨瓦(Sava)发现一件(Érdy,1995,Table5-5)。(GcI)

8. 俄罗斯吉达河(Dzhida)西岸ザバイカリエ迪莱斯图伊 Derestui 匈奴墓地43号墓出土一件(Minyaev,1998,Table.21-6;Érdy,1995,Table5-4;草原考古研究会,2011,30—31,Eb-3)。直立环耳,略呈桥形,外有凹槽;卵形腹,口内敛,尖圜底;高圈足,有梯形镂孔。此墓墓主为一8岁以下的儿童。出土陶器、漆器、复合弓、铁片等。通高18厘米。时代为公元前2—1世纪。(GcI)

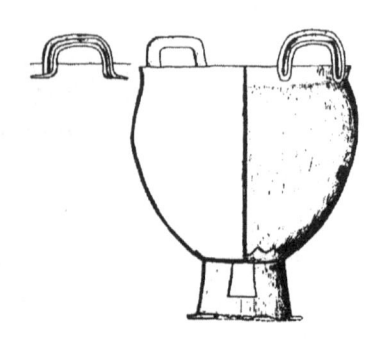

第七章　第二群铜鍑　·409·

9. 蒙古ボルガン゠アィマク、ポルハン・トルゴィ73号墓出土一件（Törbat et al. 2003, p.235；草原考古研究会，2011，70—71，X－10）。铁鍑。圈足有小的方形镂孔。同墓出土铁的刀片、箭头。（GcII）

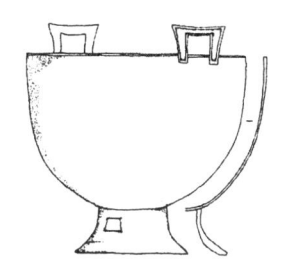

10. 蒙古 Egiin gol 河 63 号墓发现一件（Töbat et al. 2003, pp.153, 225；Desroshes 2000, No.139；草原考古研究会，2011，30—31，Eb－5）。口沿下有两圈凸弦纹，腹体被竖范纹从与立耳垂直的部位分为两半。有垂弧纹把腹体分为四部分。器体和圈足的金属颜色不一致。圈足有两个梯形大镂孔。（GeI）

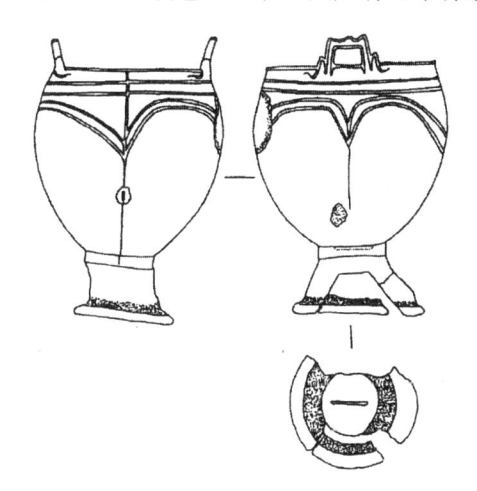

11. 蒙古 Duurlig Nars 墓地 4 号墓发现一件，为韩国国立中央博物馆与蒙古国共同调查发现（韩国国立中央博物馆 2009, p.28；草原考古研究会，2011，30—32，Eb－6）。仅存一耳。鍑中发现牛骨。通高 37.5 厘米。（GeI）

12. 贝加尔湖鄂尔浑河地区发现一件（Érdy,1995,Table5－13），圈足无镂孔。（GeI）

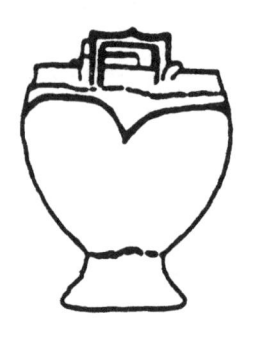

13. 蒙古诺颜乌拉（Noin Ula）6 号墓出土一件（Rudenko,1962,Ris.29－6,Tabl.Ⅶ－5,6;梅原末治,1960,第二一图：左;Érdy,1995,Table5－14;草原考古研究会,2011,30—31,Eb－1），残。此墓所出耳杯有"建平五年"的文字,是西汉哀帝年号,为公元前 2 年。（GeI）

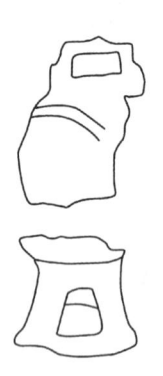

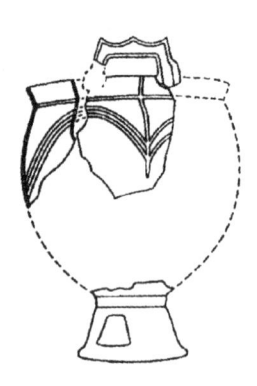

14. 蒙古胡尼伊河谷（Huniy）纳马托郭 Naima Tolgoi 墓地 3 号墓发现一件（Erdelyi *et al.* 1967,Fig.26a;草原考古研究会,2011,33—34,Ec－7）。仅存一山字形耳,不知两耳根部是否有阶形装饰,因此归在此式。（GeI）

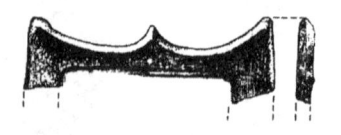

15. 俄罗斯外贝加尔的恰克图市沙拉郭勒镇发现一件（Konovalov,1980,Ris.2－1;Érdy,1995,Table5－3;草原考古研究会,2011,70—71,Ⅹ－17），仅

发现一耳。同墓发现残的铜饰牌、铜斧、玉板、铁刀、陶片、人头骨残片等,推测是匈奴墓。从出土器物分析,墓葬年代为公元前 3—前 2 世纪,但耳的年代应当没有如此早。(GeⅡ)

16. 蒙古 Burhan Tolgoy 出土一件(Töbat et al. 2003.p.152;草原考古研究会,2011,50—51,Fa-6)。腹部有"V"形波状带纹,铸线纹位于与耳垂直的腹体。(IaI)

17. 蒙古军事博物馆藏一件(草原考古研究会,2011,50—51,Fa-4)。颈部有 2 圈凸弦纹,腹部有"V"形波状带纹,铸线纹位于与耳垂直的腹体。蒙古(Dulga-Ul)M15 出土一件(Érdy,1995,Table5-9)。(IaI)

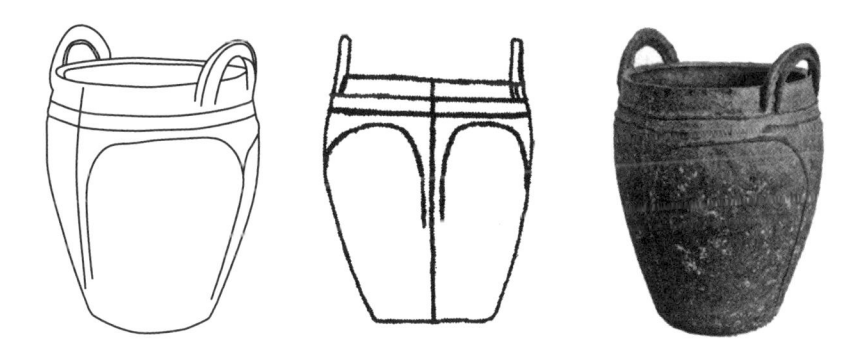

18. 蒙古ノョン・オール4 号墓出土一件(Dorzhsuren 1962.Ris.8-3;草原考古研究会,2011,50—51,Fa-5)。耳残失,腹部有"V"形波状带纹,铸线纹位于与耳垂直的腹体。墓中出土汉代铜壶、铁烛台、马具等。(IaI)

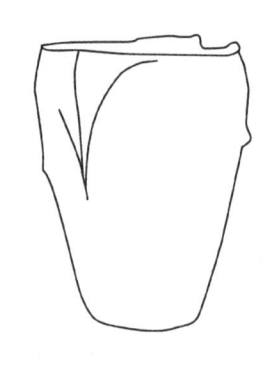

19. 蒙古民族历史博物馆藏一件（草原考古研究会，2011，54—55，Fc-1）。(Ib)

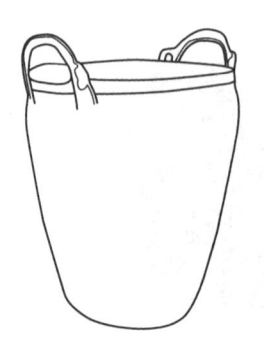

20. 蒙古科布多省塔黑尔特·霍特格伦墓地 M1 出土一件。(GaI)

二、中国中东部区

1. 内蒙古满洲里市扎赉诺尔墓地出土一件（郑隆，1961，16—18 页，图 3；草原考古研究会，2011，69—70，X-6）。口径 16 厘米。圈足残失。时代可能为两汉之际。(GaI)

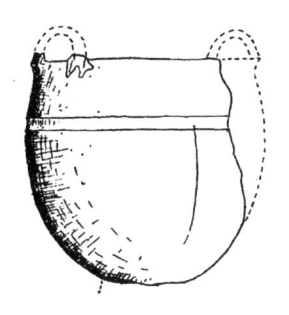

2. 内蒙古鄂尔多斯青铜器博物馆藏一件(草原考古研究会,2011,43—44,Ef-12)。垂直于立耳的腹部有垂直口沿的铸线纹。圈足4个等腰三角形镂孔。(GaI)

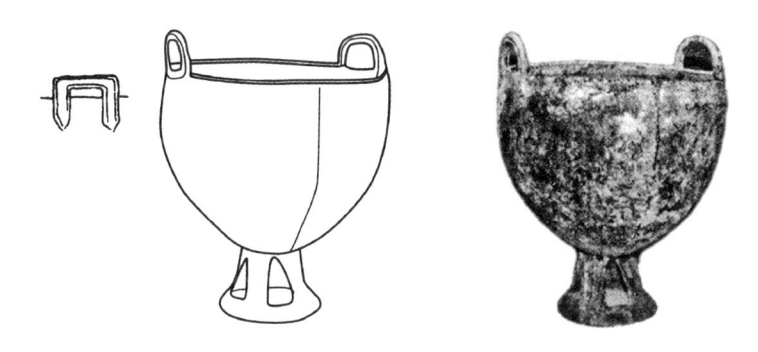

3. 陕西省西安市北郊白杨库出土一件,藏西安文管会(王长启,1991,7页,图一:3;草原考古研究会,2011,44—45,Ef-14;潘玲,2015,39—40页,图二一:2)。通高22.3、口径14.2厘米。(GaII)

4. 山西省艺术博物馆收藏一件(潘玲,2015,38—39页,图三〇:6、7)。(GaII)

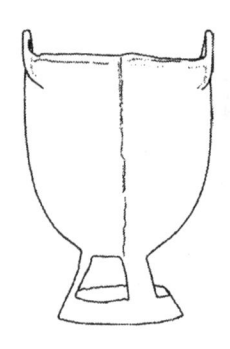

5. 河北张家口地区收购(水野清一、江上波夫,1935,179页,第百五图：3;潘玲,2015,38—39页,图三〇：3)。(GaII)

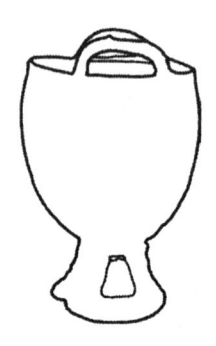

6. 内蒙古土默特旗二十家子村砖室墓出土一件(李逸友,1956,60页,图版拾伍：1;李逸友,1957;静宜,1956;草原考古研究会,2011,63—64,G-8)。通高19.7厘米。同出镰斗、勺、动物争斗纹饰板,根据共存物,时代为北魏早期。(GaII)

7. 内蒙古呼和浩特市美岱村砖室墓出土一件(李逸友,1962,86页,图2：左;草原考古研究会,2011,63—64,G-9)。耳为绳索状,时代为北魏早

期。通高19.5、口径11.6厘米。同出龙头铜钩形器、镶嵌绿松石金戒指、菱形金片、金小铃、铁剑、陶器等。(GaII)

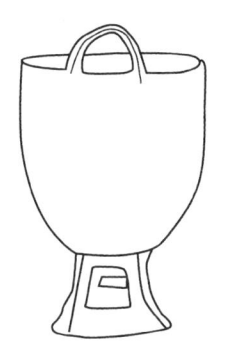

8. 甘肃省秦安县五营邵店出土一件(秦安县文化馆,1986,41页,图三;草原考古研究会,2011,64—65,G‐11),足有三个镂孔,足中心有一圆柱,通高18、口径13.4厘米。(GaII)

9. 甘肃省平凉市博物馆藏一件。(GaII)

10. 内蒙古自治区乌兰察布盟卓资县石家沟发现一件(内蒙古博物馆,1998,17页,图 :3;草原考古研究会,2011,45—46,Ef‐20)。虹桥耳,铁质。圈足残失。残高21、口径15.4厘米。(GaIII‐1)

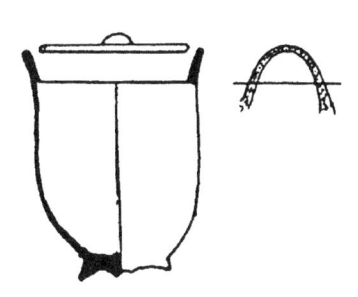

11. 内蒙古杭锦旗博物馆藏一件(潘玲,2015,32—33页,图二五:4、5)铁质。(GaIII-1)

12. 内蒙古托克托县郝家窑鲜卑墓葬 M1 出土一件(托克托县博物馆,2014,36页,图三:1)。时代为北魏中期的早段(潘玲,2015,14页,图一〇:14)。(GaIII-1)

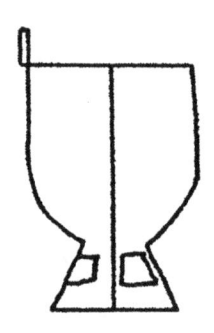

13. 内蒙古自治区呼伦贝尔市附近フビラールTsuruhaitui 村发现一件(Tolmacheff,1929;江上波夫、水野清一,1935,第一百五图:1;草原考古研究会,2011,64—65,G-15)。腹体有不规则分布的斜凸弦纹。(GaIII-1)

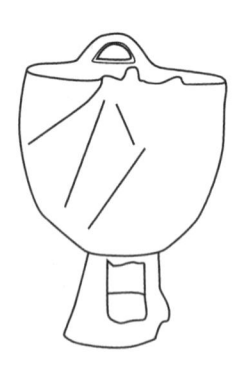

14. 瑞典斯德哥尔摩东亚博物馆藏一件(Andersson,1932,Pl.XIX-3. Fig.5;草原考古研究会,2011,39—40,Ed-7)。"V"形凸弦纹装饰位于与耳

位置垂直的腹体。圈足有四大梯形镂孔。高 15.6、最大径 11.6 厘米。（GaⅡ）

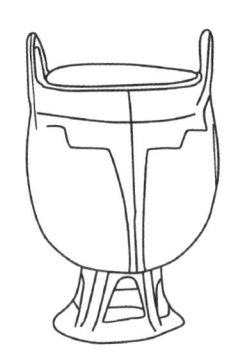

15. 河北省尚义县出土一件（河北省博物馆—文物管理处，1980，No. 281；草原考古研究会，2011，44—45，Ef－15）。圈足不高，但镂孔很大。通高 22.4、口径 13.2 厘米。（GaⅢ－1）

16. 山西省大同市雁北师院 52 号北魏墓出土一件（大同市考古研究所、刘俊喜，2008，图二二：11、图版六：1；草原考古研究会，2011，67—68，Gm－1）。陶质。圈足有 3 个长方形镂孔。高 7.2、口径 7.65 厘米。时代可能为 5 世纪后半期。（GaⅢ－1）

17. 陕西省淳化县关庄出土一件（姚生民，1983，72页；草原考古研究会，2011，64，65，G-14）。口径略呈半椭圆形，腹部三方鼓起，一方平直，两耳紧贴口沿外，三短足略向外撇，通高20、腹径14.4—9.6厘米。素面，腹壁有铸造痕迹，腹外有烟炱。也可能是圈足铜鍑，圈足损坏后，呈三短足。（GaⅢ-1）

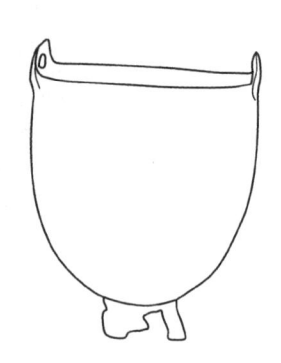

18. 内蒙古鄂尔多斯市博物馆（潘玲，2015，35—36页，图二八：4）。（GaⅣ）

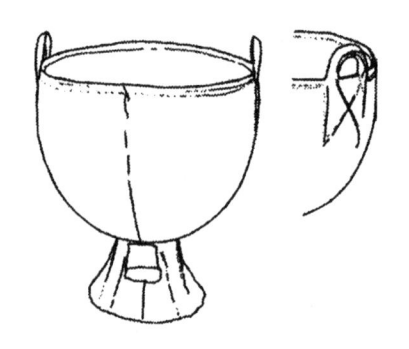

19. 京都大学人文科学研究所藏一件，内蒙古呼和浩特市购买（水野清一、江上波夫，1935，191页，第一百十三图：2，图像24；草原考古研究会，2011，66—67，G-21；潘玲，2015，38—39页，图三〇：8）。圈足有3个镂孔。通高19、口径14厘米。（GaⅣ）

20. 内蒙古中南部发现一件,日本京都大学人文科学研究所藏(水野清一、江上波夫,1935,图 113:4、图版二五;草原考古研究会,2011,45—46,Ef-25),一耳残。残高 16、口径 10.9 厘米。(GaIV)

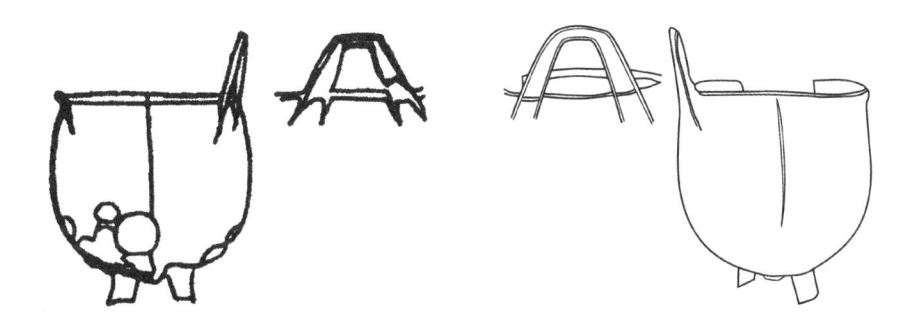

21. 内蒙古自治区赤峰市林西县十二吐乡出土一件(王刚,1996,图一;草原考古研究会,2011,45—46,Ef-24)。圈足残损。底部有烟熏痕迹。高 14、口径 10 厘米。(GaIV)

22. 内蒙古自治区乌兰察布盟石家沟发现一件(内蒙古博物馆,1998,图一一:1;草原考古研究会,2011,45—46,Ef-21)。虹桥耳,铁质。圈足残失。残高 13、口径 10.4 厘米。(GaIV)

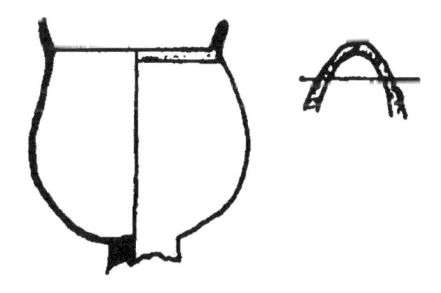

23. 内蒙古林西县苏泗汰鲜卑墓葬出土一件(林西—苏泗汰,1997,461 页,图二:1;草原考古研究会,2011,45—46,Ef-23)。通高 14、口径 11 厘

米。底部有烟熏痕迹。铜鍑和拓跋鲜卑陶罐和三鹿纹金牌饰共存,时代为东汉末年,可能是拓跋鲜卑西南迁至乌尔吉木伦河流域的遗物。(GaⅣ)

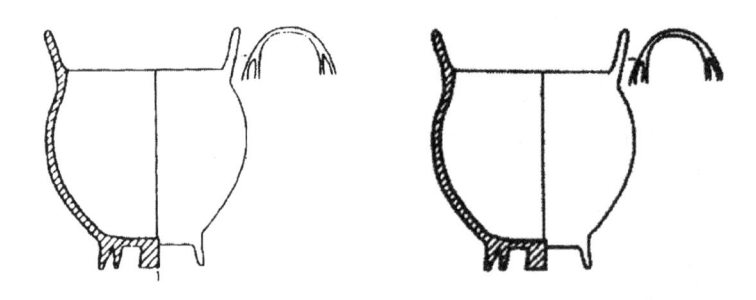

24. 山西省大同市出土一件(山西省考古研究所、大同市博物馆,1992,图二五;Érdy,1995,Table6-4-1;草原考古研究会,2011,66—67,G-19)。通高15.8、口径11.2厘米。(GaⅣ)

25. 山西省大同市智家堡出土一件(王银田、刘俊喜,2001,图四,图一四;草原考古研究会,2011,66—67,G-23)。腹体上有"白兵三奴"阳文,"白兵三"为倒写形式。通高13.3、口径11.3厘米。器体外面有烟烬。为石椁壁画墓,根据壁画上的忍冬纹,年代可能为465—494年左右。(GaⅣ)

26. 山西大同市迎宾大道北魏墓群M76出土1件(大同市考古研究所,2006,69页,图三八:8)。铁质,圈足残。时代为北魏早中期。(GaⅣ)

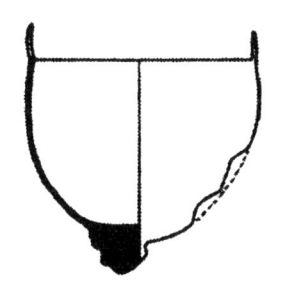

27. 山西大同市雁北师院北魏墓群 M52 发现一件（潘玲,2015,15 页,图一二：10）。高 7.2 厘米,陶质,腹浅,环耳。时代为北魏早中期。（GaIV）

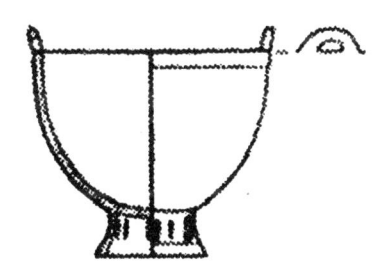

28. 山西省右玉县善家堡墓地出土一件（王克林等,1992,16 页,图十七：5、图十八：6；草原考古研究会,2011,45—46,Ef‐26）。铁质,高 14、口径 10 厘米。16 号墓出土,上层为儿童,下层为男女合葬时期,鍑置于下层墓主足部。此墓出土东汉晚期的长宜子孙铜镜残片和五铢钱,时代为东汉桓灵至魏晋。此铁鍑的圈足也可能已经残失。（GaIV）

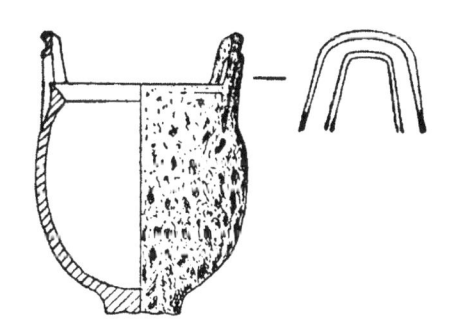

29. 陕西省榆林县芹河乡 1984 年出土一件（卢桂兰,1988,16 页,图版肆：1；草原考古研究会,2011,66,68,G‐29）。足有三个镂孔,足中心有一圆柱。通高 18、口径 14 厘米。通高 15.2、口径 14.2、腹深 11.1 厘米,重量 1 395 克。现藏于榆林市榆阳区文管所。（GaIV）

30. 陕西横山县城关镇沙坪沟村出土一件(陕西省考古研究院,2009,300页)。通高19.2、口径16.2、腹深11.4厘米,重量1 087克。时代可能为北魏时期。(GaIV)

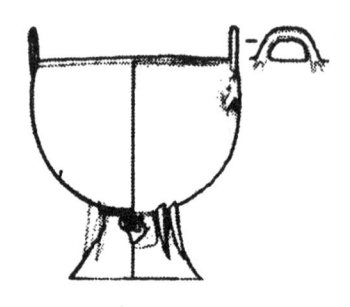

31. 陕西子洲县电市乡王庄村,收藏于子洲县博物馆(陕西省考古研究院,2009,309页;潘玲,2015,38—39页,图三〇:10)。口径12.5、腹深13.3、通高17.3厘米,重量1 271克。(GaIV)

32. 陕西榆林市榆阳区文物管理所(陕西省考古研究院,2009,296页;潘玲,2015,38—39页,图三〇:12)。残高15.6、口径14.5、腹深11.4厘米,残重866克。(GaIV)

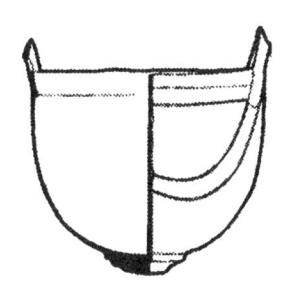

33. 陕西绥德县废品收购站,1986年出土于绥德县刘家川,绥德县博物馆收藏(陕西省考古研究院,2009,311页;潘玲,2015,33—34页,图二六:3)。通高21、腹深14.1、口径12.5厘米,重量950克。(GaIV)

34. 陕西清涧县折家坪贺家沟村出土一件(陕西省考古研究院,2009,317页;潘玲,2015,38—39页,图三〇:11)。残高18.3、口径18.2、腹深15.1厘米,残重1 200克。(GaIV)

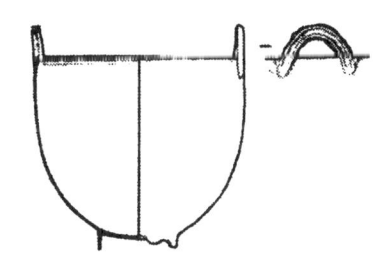

35. 陕西米脂县城关镇居民捐赠一件(陕西省考古研究院,2009年,305页;潘玲,2015,33—34页,图二六:2)。通高18.5、口径11.2、腹深10厘米,重量905克。(GaIV)

36. 陕西米脂县征集一件,现藏米脂县博物馆(陕西省考古研究院,2009,307 页;潘玲,2015,38—39 页,图三〇:2)。通高 22.3、口径 16.0、腹深 14.6 厘米,重量 1 930 克。(GaIV)

37. 陕西横山县城关镇沙坪沟村出土,收藏于榆林市横山县博物馆,时代为西晋晚期至北魏时期(陕西省考古研究院,2009,298 页;潘玲,2015,40—41 页,图三二:3)。通高 16.9、口径 10.6、腹深 8.9 厘米,重量 714 克。(GaIV)

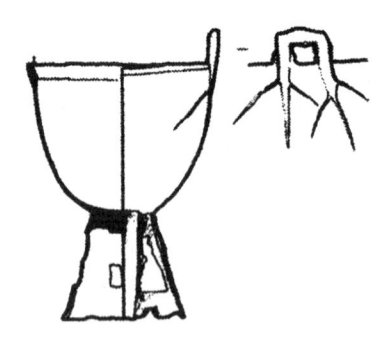

38. 陕西省 1979 年绥德县城关镇征集一件,现藏于榆林市绥德县博物馆(卢桂兰,1988,17 页,图版肆:4;草原考古研究会,2011,66,68,G-25)。通高 21.3、口径 16.1、腹深 14.3 厘米,重量 1 777 克。(GaIV)

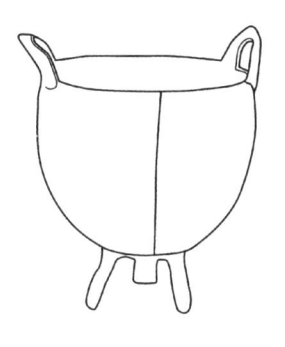

39. 陕西靖边县文物管理委员会办公室收藏一件（陕西省考古研究院，2009，319页）。铁质，直立环耳，器耳残。残高14.3、口径13.7、腹深9.4厘米，残重1 138克。（GaIV）

40. 陕西历史博物馆收藏一件。通高18.5、口径11.2、腹深10.0厘米，重量905克。双耳贴于口沿，口部微侈，深腹，圜底，三足下加圈底；通高大于口径，器耳部、器腹范线清晰。整体器壁较薄。（GaIV）

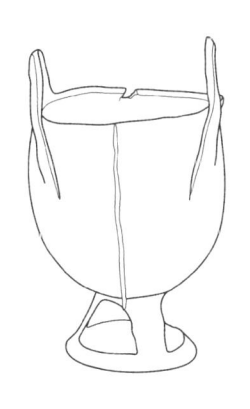

41. 日本东京国立博物馆藏一件（东京国立博物馆编，2005，鍑8；草原考古研究会，2011，63—64，G-10）。一耳残失，圈足镂孔不规则。高25.7、口径11.6厘米。（GaII）

42. 日本早稻田大学文学部考古学研究室藏一件（东京国立博物馆编，1997，186页，图版232；草原考古研究会，2011，64—65，G-13），高22.7、口径14.5厘米。（GaⅢ）

43. 日本奈良国立博物馆藏一件（奈良国立博物馆，2005，No.265；草原考古研究会，2011，66—67，G-19）。耳呈三角形，圈足有3个镂孔。通高20.1、口径13.6厘米。（GaⅢ）

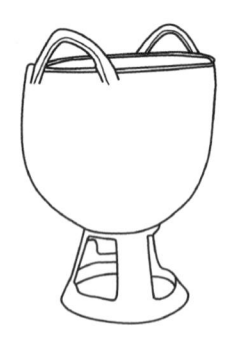

44. 日本奈良县橿原考古学研究所藏一件（草原考古研究会，2011，66—67，G-24）。圈足有3个镂孔。通高25.6、口径18.2厘米。（GaⅣ）

45. シカゴ、フィールド・ミユージアム(草原考古研究会,2011,44—46,Ef‐16)。(GaIV)

46. 东京大学考古学研究室藏一件(水野清一、江上波夫,1935,第105图‐3;草原考古研究会,2011,34—35,Ec‐8)。圈足有4个楼孔。通高21.3、口径13.7—13.2厘米。(GcII)

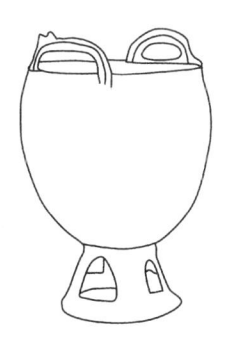

47. 美国芝加哥费尔德(Field)博物馆藏一件(Érdy,1995,Table6‐2‐6),1909年购于西安。高约18厘米。(GaIII)

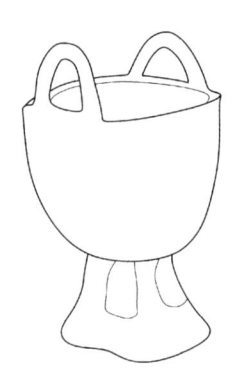

48. 河南省淇县杨晋庄村出土一件（耿青岩，1984，277 页，图一；草原考古研究会，2011，44—45，Ef－13）。通高 18、口径 10.5 厘米。（GaIV）

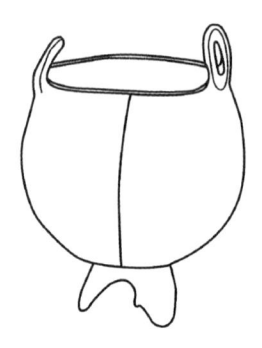

49. 宁夏回族自治区固原市原州区南塬墓地 31 号墓出土一件（宁夏文物考古研究所，2009，图四 B：1、彩版五：6；草原考古研究会，2011，45—46，Ef－22）。耳残失，铁质。口径 15.5、通高 19.4 厘米。墓葬为甲字形单室土洞墓，出土陶器、货泉等，年代为北魏时期。（GaIV）

50. チュルヌスキ美术馆藏一件（梅原，1930，第二十三图：2；草原考古研究会，2011，40—41，Ee－5）。"V"形装饰位于立耳下腹体。圈足较矮，镂孔不规则。通高 18.8 厘米。（GaIV）

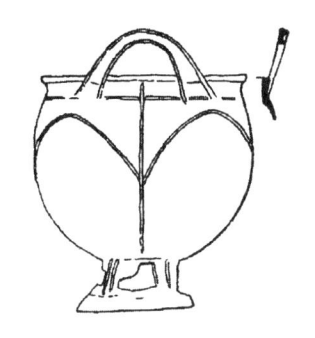

51. 旅顺博物馆藏一件（杉村、后藤，1953，图版 16：11；草原考古研究会，2011，40—41，Ee-6）。"V"形装饰位于与立耳垂直的腹体下。圈足有 4 个梯形镂孔。（GaIV）

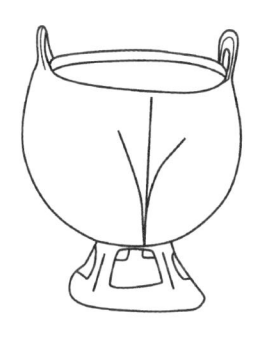

52. 日本奈良国立博物馆藏一件（奈良国立博物馆，2005，No.264；草原考古研究会，2011，40—41，Ee-7）。圈足有 3 个梯形镂孔。通高 17.2、口径 11.7 厘米。（GaIV）

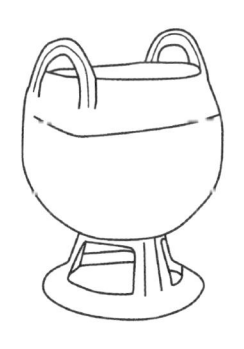

53. 日本奈良国立博物馆藏一件（奈良国立博物馆，2005，No.268；草原考古研究会，2011，45—48，Ef-28）。圈足有 3 个梯形镂孔。通高 15.8、口径 11 厘米。（GaIV）

54. 美国纽约塞克勒收藏一件(Érdy,1995,Table6-2-5;草原考古研究会,2011,45—48,Efm-1)。高11.4、口径11.5厘米。(GaIV)

55. 内蒙古自治区准格尔旗哈岱高勒乡阳羔窑子村二里半墓葬出土一件(内蒙古自治区文物考古研究所编,2004,207,图三:1,彩版二五:1;草原考古研究会,2011,43—44,Ef-11)。铁质。腹呈鸡蛋形,圈足不高,4个梯形镂孔。通高20.4、口径12.2厘米。根据墓葬地理位置和出土陶器特征,可以确定该墓地为东汉前期南匈奴墓葬。(GcI)

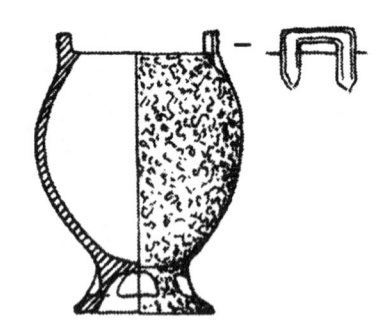

56. 内蒙古中南部出土一件(水野清一、江上波夫,1935,第一百十三图:6)(GcI)

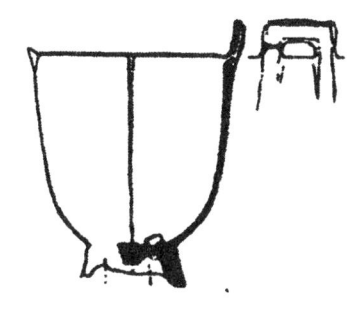

57. 内蒙古东胜县博物馆藏一件(Érdy,1995,Table6-2-15),颈部有两道弦纹,圈足镂孔很大。(GcⅡ)

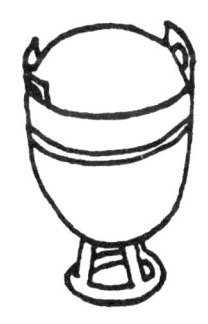

58. 内蒙古满洲里市扎赉诺尔 1986 年 M14 出土一件(卜扬武、程玺,1992,14 页,图一:2;李逸友、魏坚,1994,372、376 页,图九:1;尚晓波,1996,28 页,图三:1),鼓腹,口微敞,口沿下有两道弦纹,弦纹之间绘有波浪纹,圈足有四个镂孔,通高 30.5、口径 27.5 厘米。墓主为 30—40 岁男性,木棺随葬陶壶、骨簪、桦树皮制品等,鍑横置于墓主头部。年代为东汉前、中期。(GcⅡ)

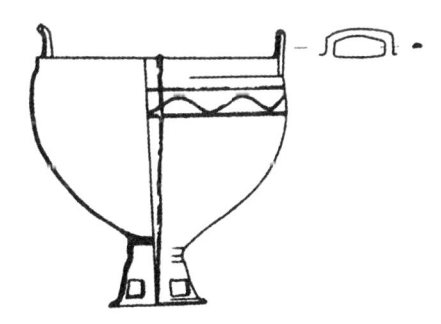

59. 内蒙古伊盟乌审旗 1986 年北魏窖藏出土一件(卜扬武、程玺,1992,15 页,图一:3;草原考古研究会,2011,44—45,Ef-8)。铁质,口沿有两对称鞍桥形直立方耳,耳部有交叉凸棱纹,颈部有一圈凸弦纹,未重合。圈足有瘦

高梯形镂孔。口径 37 厘米。时代可能为北魏中晚期至北朝末期。(GdI)

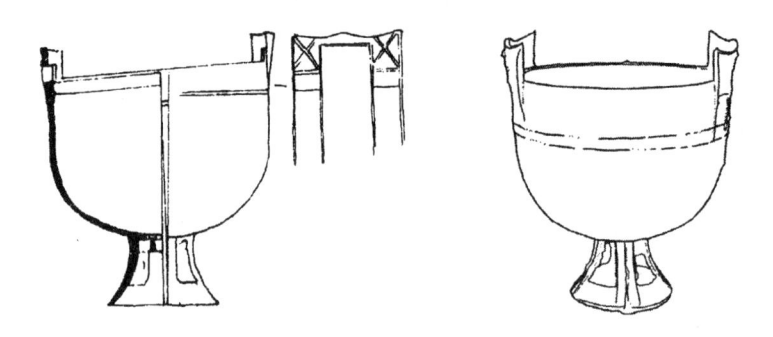

60. 内蒙古自治区乌兰察布盟卓资县梅力盖图乡石家沟出土一件(内蒙古博物馆,1998,图一一:2;草原考古研究会,2011,42—43,Ef-4)。竖铸线位于与立耳垂直的位置。把手下有六放射线装饰,圈足镂孔为等腰三角形。通高 28、口径 16.2 厘米。这个墓地发现 3 个铁鍑,墓地出土有东汉五铢钱、铁刀、位至三公镜、长宜子孙镜。可能为东汉鲜卑墓。(GdI)

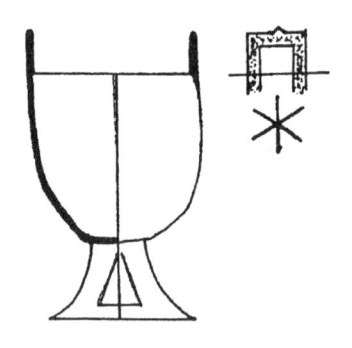

61. 内蒙古鄂尔多斯发现一件(Érdy,1995,Table 6-2-16;草原考古研究会,2011,39—40,Ed-5)。颈部饰弦纹一圈,腹部被框形纹饰分隔为两部分,腹体变浅,圈足镂孔显著。藏布达佩斯拉斯乔济(Rath Gyorgy)博物馆。通高 23.5、口径 15 厘米。(GdI)

62. 内蒙古包头市固阳县北魏怀朔镇故城遗址出土一件（刘媛，2014，137—143页）。铁质，时代为北魏中晚期。（GdI）

63. 内蒙古鄂尔多斯青铜器博物馆藏一件（鄂尔多斯博物馆，2013，118页；草原考古研究会，2011，39—40，Ed—3；潘玲，2015，39—40页，图三一：6）。圈足有4个大镂孔。（GdI）

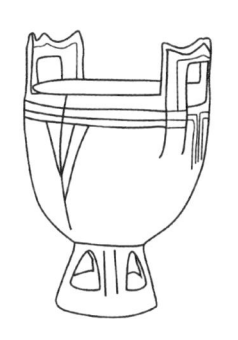

64. 内蒙古鄂尔多斯博物馆（鄂尔多斯博物馆，2013，118页；潘玲，2015，38—40页，图三一：1）。（GdI）

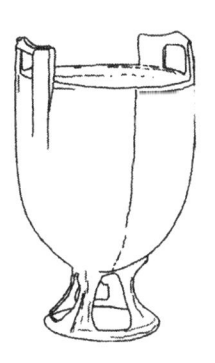

65. 日本东京国立博物馆藏一件（东京国立博物馆编，2005，鍑7；草原考古研究会，2011，42—43，Ef–6）。圈足残。高21、口径12.9—14厘米。（GdI）

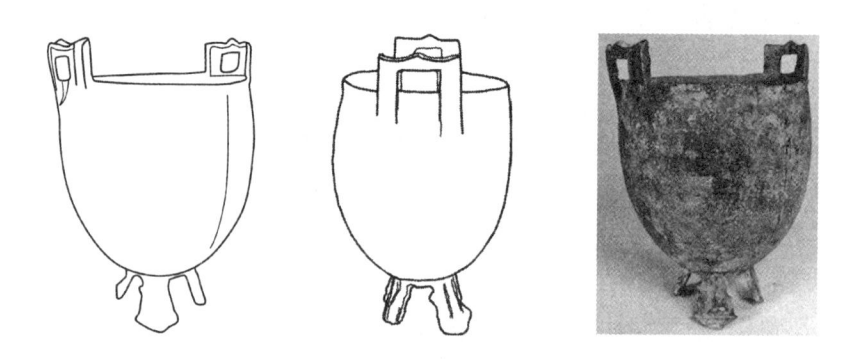

66. 日本奈良国立博物馆藏一件(奈良国立博物馆,2005,No.266;草原考古研究会,2011,39—40,Ed-6)。圈足有4个大镂孔。通高22.6、口径14.3厘米。(GdI)

67. 旅顺博物馆藏一件(杉村、后藤,1953,图版16:10;草原考古研究会,2011,34—35,Ec-10)。圈足镂孔不规则,镈可能为一体铸成。(GdI)

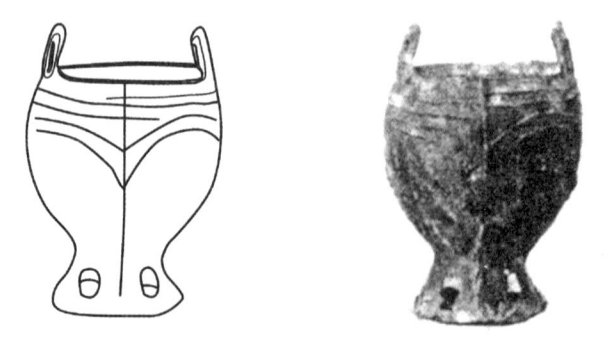

68. 日本东京国立博物馆藏一件(草原考古研究会,2011,30—32,Eb-9)。圈足残。高17.8、口径11.6厘米。(GdI)

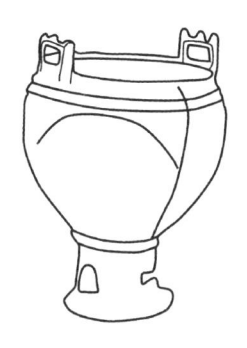

69. 甘肃省庆阳市出土一件（梅原，1930，第二十八图：1；水野清一、江上波夫，1935，图像 106；草原考古研究会，2011，39—40，Ed‑4）。1920 年天津北疆博物院在甘肃庆阳府东北古寨址附近发掘所获。高 32.1 厘米。（GdI）

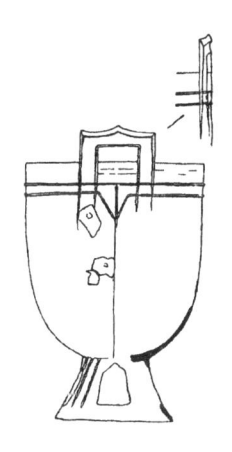

70. 美国纽约私人收藏（So and Bunker 1995，No.10；Bunker 2002，No.186；Érdy，1995，Table6‑3‑2；草原考古研究会，2011，42—43，Ef‑5）。素面。通高 17.8、口径 11.4 厘米。M. Érdy 认为出自甘肃。（GdI）

71. 北京市购买一件,京都大学综合博物馆藏一件(水野清一、江上波夫,1935,图像34;京都大学文学部1963,金属制品No.397;草原考古研究会,2011,40—41,Ee－1)。无"V"形装饰,仅有铸线纹。高18.7厘米。(GdⅡ)

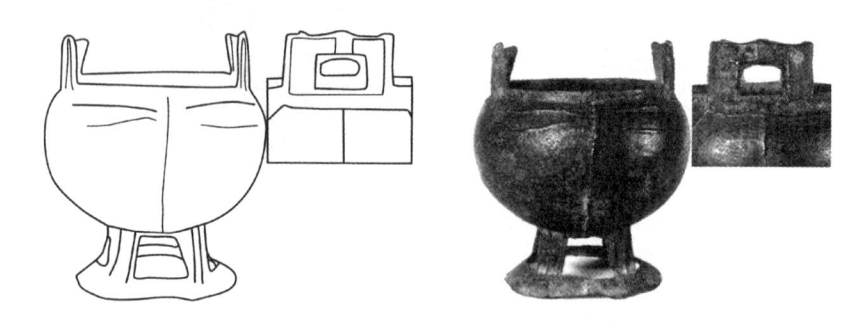

72. 内蒙古征集一件,内蒙古文物考古研究所藏(田广金、郭素新,1986,147页,图106:4、图版九四:2;中国青铜器全集编辑委员会编1995,No.207;草原考古研究会,2011,40—41,Ee－2)。圈足有4个梯形镂孔。(GdⅡ)

73. 内蒙古博物院藏一件(田广金、郭素新,1986,图版九四:1;草原考古研究会,2011,40—41,Ee－4)。"V"形装饰位于与耳垂直的腹体。(GdⅡ)

74. 日本横滨个人收藏一件(东京国立博物馆编 1997,No.231;草原考古研究会,2011,40—41,Ee-3)。"V"形装饰位于与耳垂直的腹体。高 21.9、口径 14 厘米。(GdⅡ)

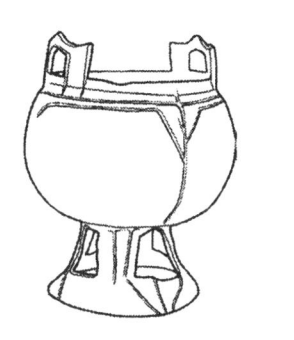

75. 内蒙古长城地带发现一件(水野清一、江上波夫,1935,第一百十三图,3;潘玲,2015,41—42 页,图三三:2)。(GdⅡ)

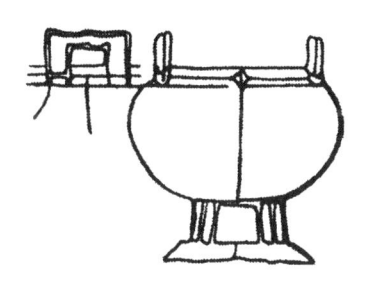

76. 内蒙古伊克昭盟征集(上海博物馆,2000,89 页;潘玲,2015,41—42 页,图三三:1)。(GdⅡ)

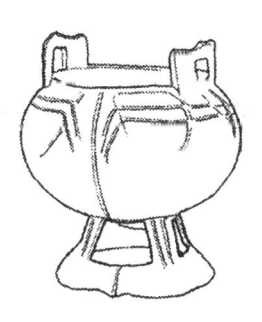

77. 内蒙古呼和浩特钢铁厂出土一件(陆思贤,1991,14—16 页;潘玲,2015,32—33 页,图二五:1)。(GeⅠ)

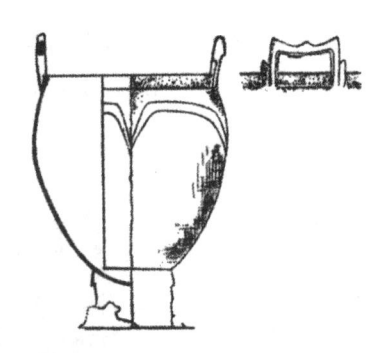

78. 内蒙古自治区博物院收藏一件（高浜秀，1997，135 页，图 230；潘玲，2015，36—37 页，图二九：2）。铁质。（GeI）

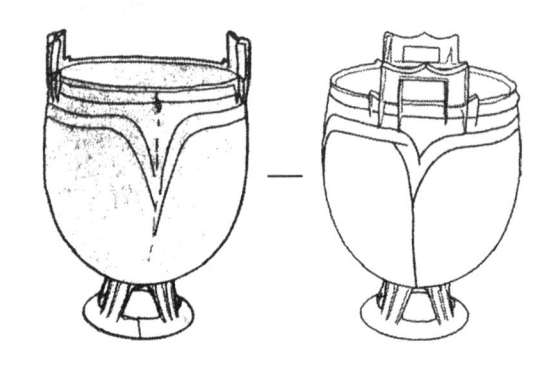

79. 内蒙古赤峰市林西县大营子乡征集一件，林西县文物管理所收藏（王刚，1996，15 页，图二；草原考古研究会，2011，33—34，Ec‑1；潘玲，2015，32—33 页，图二五：2，3）。耳部特征同上，颈部起大波纹，圈足矮，有 4 个梯形镂孔。通高 67、口径 34 厘米。（GeI）

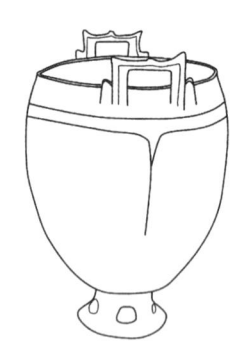

80. 内蒙古乌兰察布市征集，内蒙古博物院藏（草原考古研究会，2011，33—34，Ec‑2）。圈足有 4 个楼孔。通高约 60 厘米。（GeI）

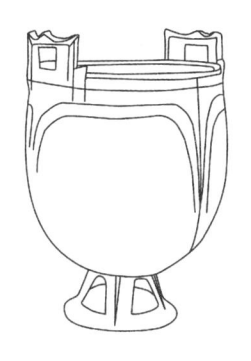

81. 内蒙古赤峰县巴林左旗征集一件(Érdy,1995,Table6-2-28),内蒙古博物馆藏。耳残。(GeI)

82. 内蒙古呼和浩特市郊区发现一件(Érdy,1995,Table6-2-27),耳残。(GeI)

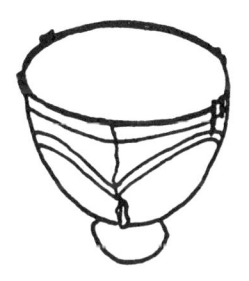

83. 内蒙古呼和浩特博物馆藏一件(Erdy,1995,Table6-2-40),残。口径约34、腹深29厘米。(GeI)

84. 瑞典斯德哥尔摩远东博物馆藏一件(Andersson 1932,Pl.XIX‐4;草原考古研究会,2011,32—34,Ec‐4)。圈足残失。腹径 18.7 厘米。(GeI)

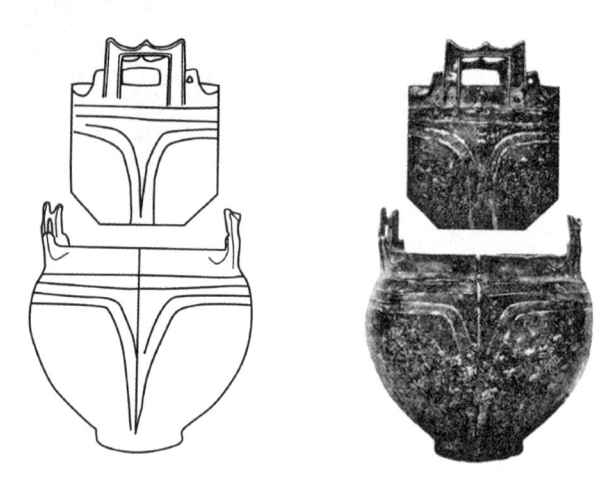

85. 大原美术馆藏一件(梅原,1960,第二图;草原考古研究会,2011,33—34,Ec‐5)。圈足有 2 个镂孔,腹体和圈足可能为一体铸成。通高 19.2、口径 13.7 厘米。(GeI)

86. 日本东京国立博物馆藏一件(东京国立博物馆编,1997,图版 229,186 页;草原考古研究会,2011,30—32,Eb‐8)。圈足残。高 35.1、口径 25.9 厘米。(GeI)

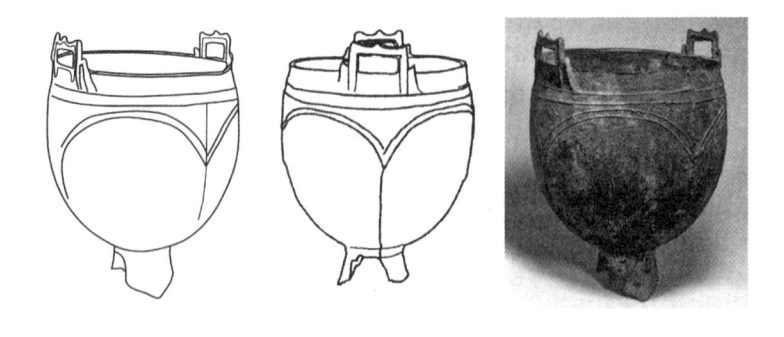

87. 日本东京艺术大学大学美术馆藏一件(东京国立博物馆编,1997,186页,图版230;草原考古研究会,2011,38—40,Ed‐1)。高26.5、口径15厘米。(GeI)

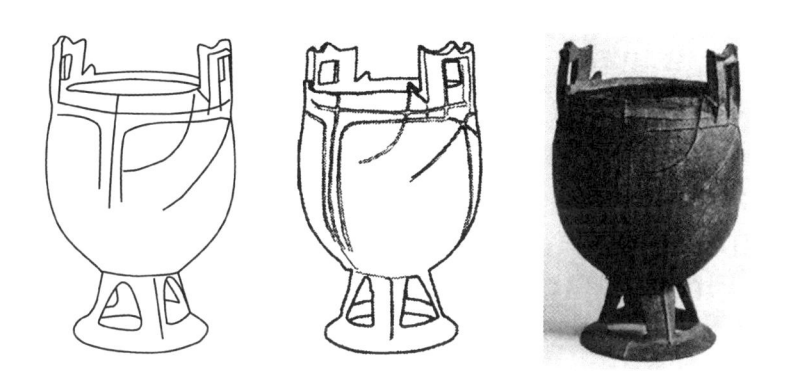

88. 日本东京国立博物馆收藏一件(东京国立博物馆编,2005,217页图版;潘玲,2015,43—44页,图三四:2)。(GeI)

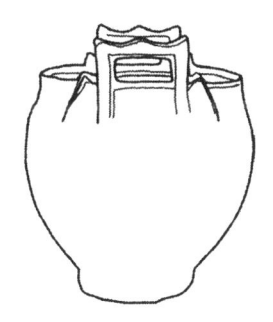

89. 宁夏回族自治区固原市塞科乡出土一件,固原博物馆藏(姚蔚玲,2001,图一:5,图三;草原考古研究会,2011,42—43,Ef‐1)。素面,山形耳两根部贴附于口沿下,阶形附件呈三角形。同出器物有陶罐、金耳环、金戒指、金项链。通高26、口径17厘米。(CeI)

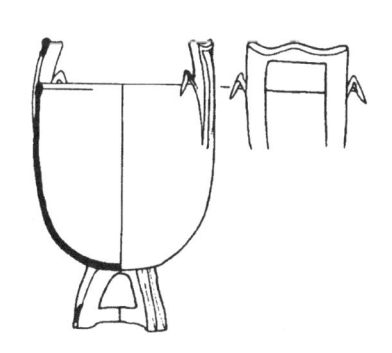

90. 宁夏回族自治区固原县高台乡乾旦村出土一件,固原县博物馆藏(姚蔚玲,2001;草原考古研究会,2011,42,无图)。通高 25.7、口径 16.7 厘米。(GeI)

91. 陕西省榆林县小纪汗乡菠萝滩村 1982 年征集一件(卢桂兰,1988,图二;草原考古研究会,2011,33—34,Ec-6)。口沿下有两道凸起弦纹,腹部上亦有四道突起的弦纹,每条两端下垂而互不相连,足残。通高 25、口径 17 厘米。(GeII)

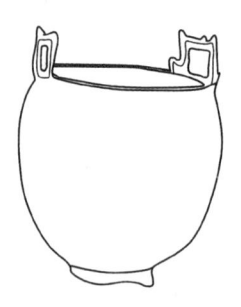

92. 内蒙古博物院藏一件,乌兰察布盟四子王旗征集(草原考古研究会,2011,30,37,Ea-4)。圈足有 2 个三角形镂孔。通高 60 厘米。(Gf)

93. 青海省民和县博物馆藏一件,圈足镂孔为圆形。(Gf)

94. 中国历史博物馆藏镂空圈足铜鍑,登记号:C5.172,原号:52.5.89,原版号:13993。通高 18.6、口径 9.8、足径 9.7 厘米。1952 年 7 月 9 日姚鉴售。时代可能是魏晋南北朝时期,娄睿墓壁画所绘铜鍑也与此相仿。(Gg)

95. 河北唐山市滦县塔坨鲜卑墓地 M6 出土一件（唐山市文物管理处，1994，1—8 页）。器形较小，圈足上有三个大的梯形镂孔，腹部有一个横耳。时代为东汉晚期至魏晋时期。（Gg）

96. 河南汜水县出土一件（水野清一、江上波夫，1935，图一百十二：4）。肩部有一横耳，高圈足大镂孔，十六国至北魏时期。（Gg）

97. 日本奈良国立博物馆藏一件（水野清一、江上波夫，1935，图一百十二：3，认为是大阪故齐藤悦藏氏藏；奈良国立博物馆 2005，No.267；草原考古研究会，2011，48—49，Eg‐5）。山东长清县发现，铁质，有盖，肩部有 2 个小耳，小直沿下还有一个连接盖子的小钮。通高 20.8、口径 9.2 厘米。（Gg）

98. 山西省太原市北齐库狄业墓出土一件(太原市文物考古研究所,2003,32—34 页,图二三、图二四:4;草原考古研究会,2011,48—49,Eg-3)。肩部有 2 个小耳,直口鼓腹,小直沿下还有一个连接盖子的小钮,未发现釜盖。圈足有大镂孔,下面圆圈可能残失。底部有烟熏痕迹,应当为实用器。圈足有焊接修补痕迹。高 23.7、腹径 19.1 厘米。(Gg)

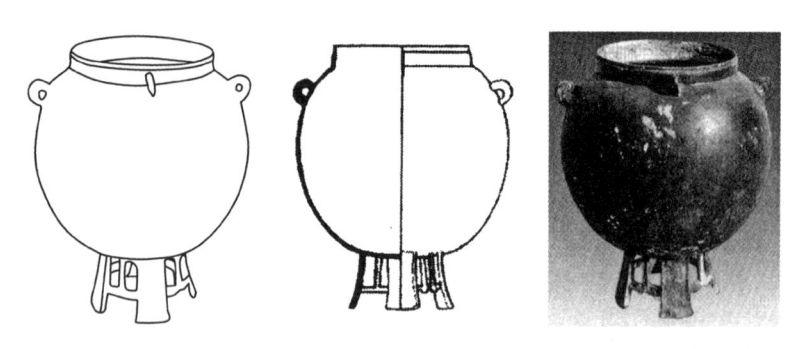

99. 1988 年陕西咸阳市发掘的北周王德衡墓出了一件(負安志,1992,50 页,图九九、图版一二七)。圈足和器身相接处有凸棱,铜质提梁,盖顶有钮,盖与器身有折页连接,形体很小。(Gg)

100. 1983 年宁夏固原北周李贤夫妇墓中出土的银提梁小壶(宁夏回族自治区博物馆,1985,12 页,图二十七:1。)(Gg)

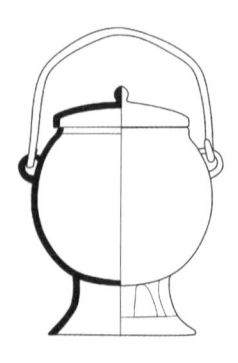

101. 内蒙古和林格尔县另皮窑北魏墓出土一件(内蒙古自治区博物馆、和林格尔县文化馆,1984,54页,图版贰:5;草原考古研究会,2011,48—49,Eg-1)。环形附耳,球形腹,圈足残。高52、口径35厘米。(Gh)

102. 美国纽约范氏私人收藏一件(Érdy,1995,Table6-3-3;Bunker 2002,No.187;草原考古研究会,2011,48—49,Eg-2)。环形附耳,球形腹,大圈足,高37.5厘米。(Gh)

103. 中国历史博物馆藏,登记号:C5.1085,原号:5.5187。通高21、口径11.8厘米,附耳,一耳上有小乳突。1960年9月21日振寰阁100元购入,可能出土于山西、内蒙古中部。与这件铜鍑相似的有一件,耳上为三突,时代为北魏,因此,这件铜鍑时代可能也属于这个时期。(Gh)

104. 陕西横山县石窑沟乡出土一件（陕西省考古研究院，2009，303页）。双贯耳，通高 13.2、口径 11.2、腹深 9.7 厘米，重量 470 克。(Gi)

105. 内蒙古东胜县补洞沟 7 号墓出土一件（田广金、郭素新，1986，397页，图三：3；草原考古研究会，2011，69—70，X‐7）。铁质，无耳，小圈足，有镂孔。该墓地为刚迁入鄂尔多斯高原不久的南匈奴所遗留，年代为东汉前期（林沄，1993，127—141 页）。(Gj)

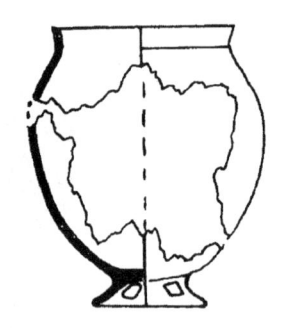

106. 内蒙古中南部出土一件。(Gk)

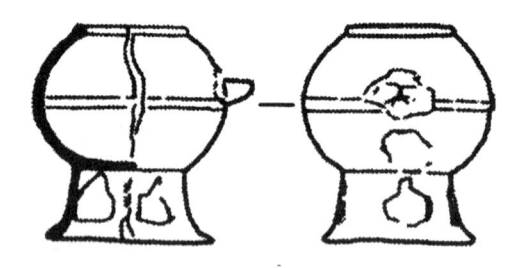

107. 内蒙古呼和浩特市购买一件，藏京都大学人文科学研究所（水野清一、江上波夫，1935，图版 27；草原考古研究会，2011，49—51，Fa‐3），颈部有 2 圈凸弦纹，腹部有"V"形波状带纹，铸线纹位于与耳垂直的腹体。通高 26.9、口径 19.2 厘米。(IaI)

108. 内蒙古自治区乌兰察布盟石家沟发现一件(内蒙古博物馆,1998,图三:10;草原考古研究会,2011,52—53,Fb-4)。鞍桥形环立耳,两端贴附于口沿上。通高19.7、口径13厘米。(IaI)

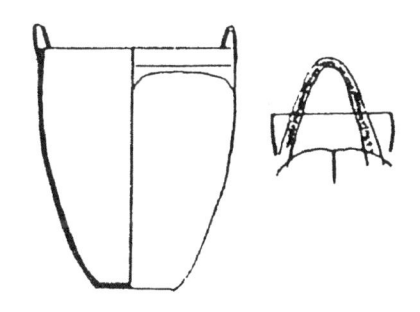

109. 内蒙古自治区乌兰察布盟石家沟发现一件(内蒙古博物馆,1998,图三:12;草原考古研究会,2011,52—53,Fb-5)。鞍桥形环立耳,两端贴附于口沿上。通高19、口径12.8厘米。(IaI)

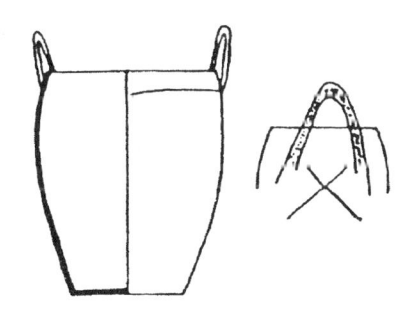

110. 内蒙古自治区乌兰察布盟石家沟发现一件(内蒙古博物馆,1998,图三:11;草原考古研究会,2011,52—53,Fb-7)。鞍桥形环立耳,两端贴附于口沿上。通高17.5、口径13.4厘米。(IaI)

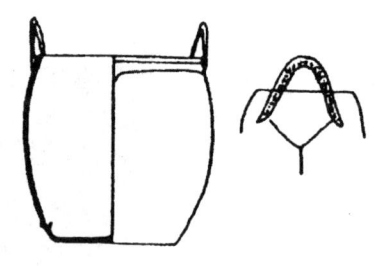

111. 内蒙古伊克昭盟东胜县补洞沟 5 号墓中发现一件（田广金、郭素新,1986,397 页,图三:2;草原考古研究会,2011,54—55,Fc‑6），铁质,时代为西汉晚期至东汉初期。高 21、口径 15 厘米。(IaI)

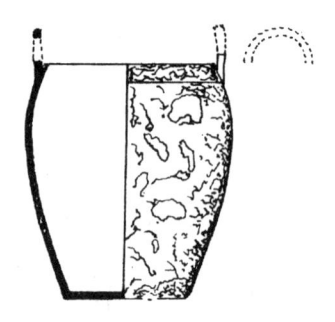

112. 内蒙古鄂尔多斯地区出土一件（鄂尔多斯博物馆,2013,119 页;潘玲,2015,45—46,图三五:6）。鄂尔多斯博物馆收藏。(IaI)

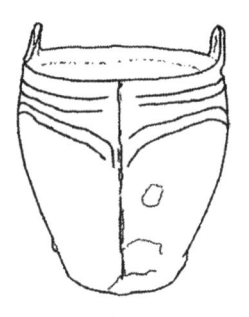

113. 内蒙古鄂尔多斯地区征集一件（中国青铜器全集编辑委员会,1995,144 页;潘玲,2015,45—46,图三五:7）。(IaI)

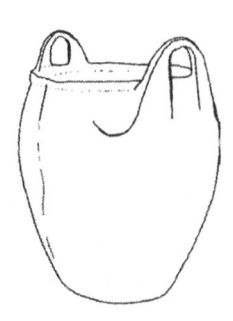

114. 内蒙古发现一件,藏内蒙古文物考古研究所(田广金、郭素新,1986,146页,图105：2;中国青铜器全集编辑委员会编,1995,No.206;草原考古研究会,2011,54—55,Fc-3)。耳呈鞍桥形贴附于口。通高24厘米。(IaI)

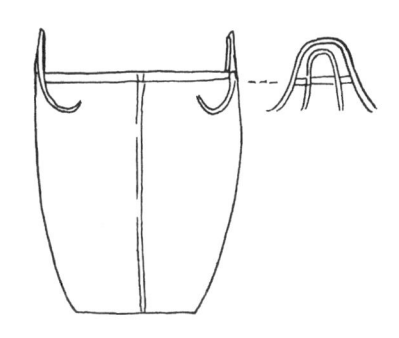

115. 内蒙古乌兰察布盟二兰虎沟古墓出土一件(李逸友,1963,5页,图52;田广金、郭素新,1986,图版九四：3;草原考古研究会,2011,55—56,Fd-1)。高16厘米,时代为东汉晚期。(IaI)

116. 内蒙古察右前旗三岔口乡下黑沟村墓葬出土一件(郭治中、魏坚,1994,434页,图二：2;草原考古研究会,2011,56—57,Fd-6)。通高16、口径11厘米。底部有一块修补疤。时代为曹魏至十六国前期。(IaI)

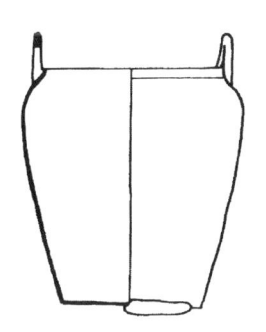

117. 内蒙古扎赉诺尔发现一件(潘玲,2015,85页,图五七:6)。(IaI)

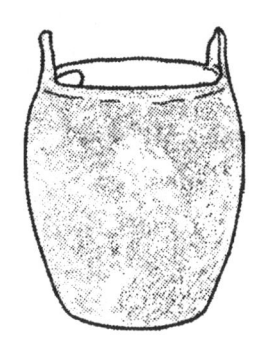

118. 内蒙古中南部发现一件(水野清一、江上波夫,1935,图一百十三:7、图版27;潘玲,2015,47—48,图三六,1)。(IaI)

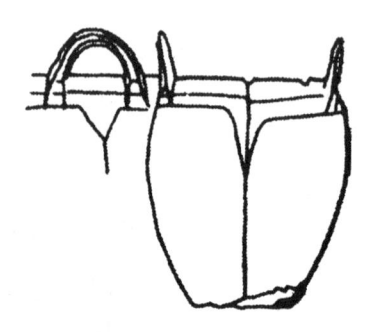

119. 瑞典斯德哥尔摩东亚博物馆(Andersson 1932.Pl.XIX-5,Fig.2;草原考古研究会,2011,52—53,Fb-3)。至口沿高18.7、口径13.2厘米。(IaI)

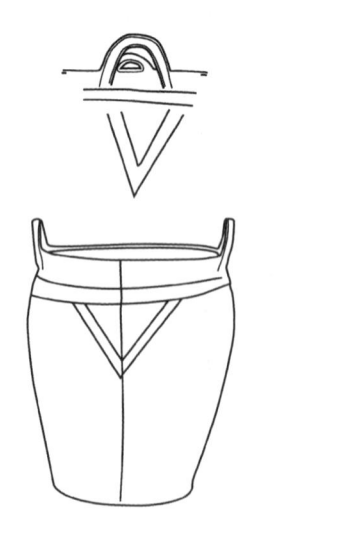

120. サックラー・コレクション（Bunker 1997,236；草原考古研究会，2011,52—53,Fb‐8）。腹部有"V"形波状带纹，铸线纹位于与耳垂直的腹体。口至底高 18、口径 15.3 厘米。（IaI）

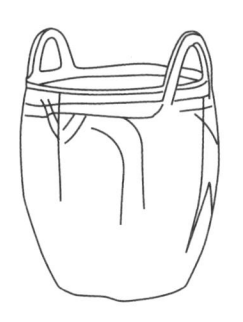

121. 日本东京国立博物馆藏一件（东京国立博物馆编，2005，鍑 5；草原考古研究会，2011,52—53,Fb‐9）。近罐形。高 19.8、口径 13.6 厘米。（IaI）

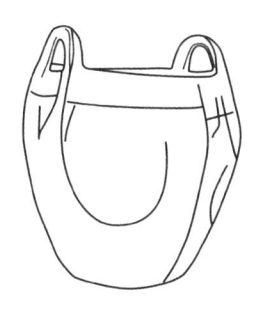

122. 北京购买一件，日本京都大学综合博物馆藏（水野清一、江上波夫，1935，图版 33；京都大学文学部 1963，金属制品 No.393；草原考古研究会，2011,51—52,Fb‐1）。通高 19.2、口径 12.4 厘米。有烟烬。（IaI）

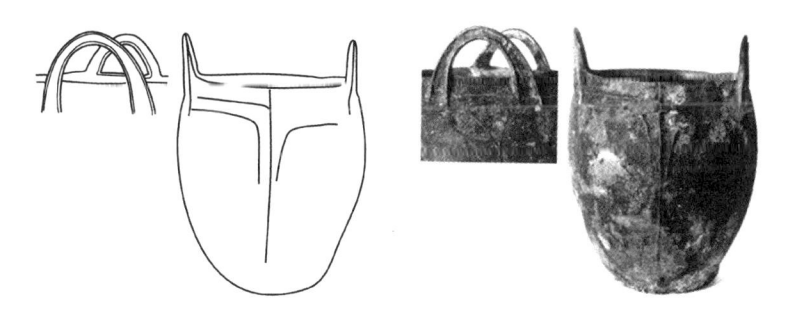

123. 河北省定县 43 号汉墓出土一件（定县博物馆，1973,8—16 页，图一九；草原考古研究会，2011,57,59,Fdm‐1）。有提梁。高 12 厘米。此墓可能是公元 174 年东汉中山王刘畅的墓。（IaI）

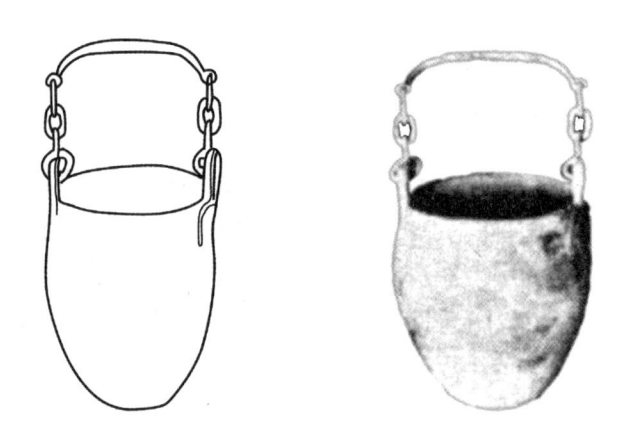

124. 山西省右玉县善家堡墓地出土一件(王克林等,1992,图十五:3、图版叁:1;草原考古研究会,2011,54—55,Fc－4)。耳呈鞍桥形贴附于口。高 22.5、口径 15.5 厘米,根据出土的夹砂大口平底罐、铜镜和五铢钱,时代为东汉桓灵之际至魏晋时期。(IaI)

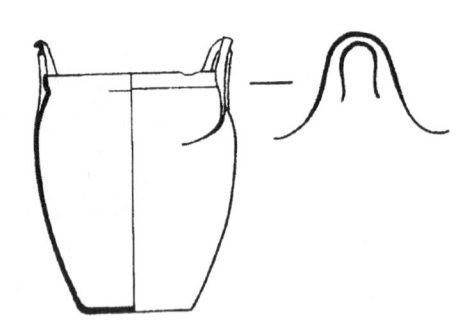

125. 山西省朔县东官井村 1984 年 M1 出土一件(雷云贵、高士英,1992,图一:1、图十一:1;草原考古研究会,2011,56—57,Fd－4)。高 16、口径 12 厘米。器底有烟烬。同墓出土斜格子青铜饰板、东汉五铢钱、金带具等,可能为东汉降汉的匈奴墓。(IaI)

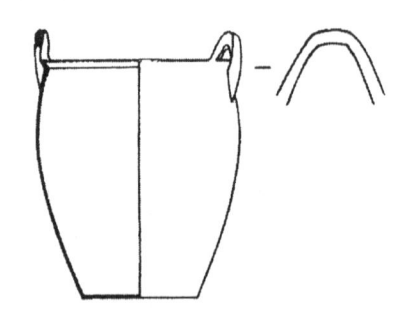

126. 山西省右玉县善家堡墓地出土一件(王克林等,1992,图十五: 1、图版叁: 2;草原考古研究会,2011,52—53,Fb-6)。颈部有凸弦纹一周,其下饰四组弧形纹。通高 17、口径 11.2 厘米。时代同上。(IaI)

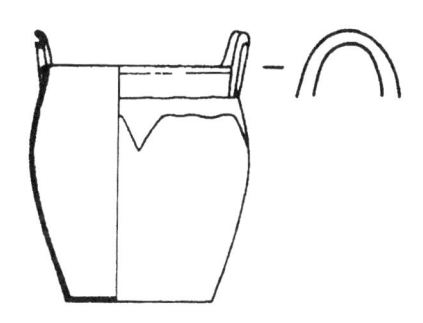

127. 陕西历史博物馆藏一件(草原考古研究会,2011,56—57,Fd-9)。通高 22.1、口径 15.0、腹深 17.8 厘米,重量 2 475 克。(IaI)

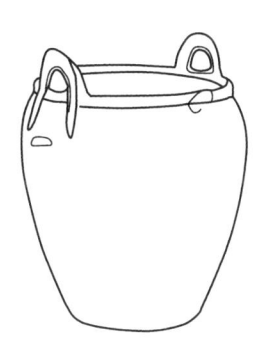

128. 陕西神木县孙家岔镇马家盖沟村征集一件(戴应新、孙嘉祥,1983,26 页,图七;卢桂兰,1988,16 页,图版肆: 2;草原考古研究会,2011,54—55,Fc-2;陕西省考古研究院,2009,335 页),现藏于榆林市神木县博物馆,口径 15.6、腹深 17.6、通高 22.3 厘米,重量 2 227 克。一耳残。可能和 Fc-7 为同一件。(IaI)

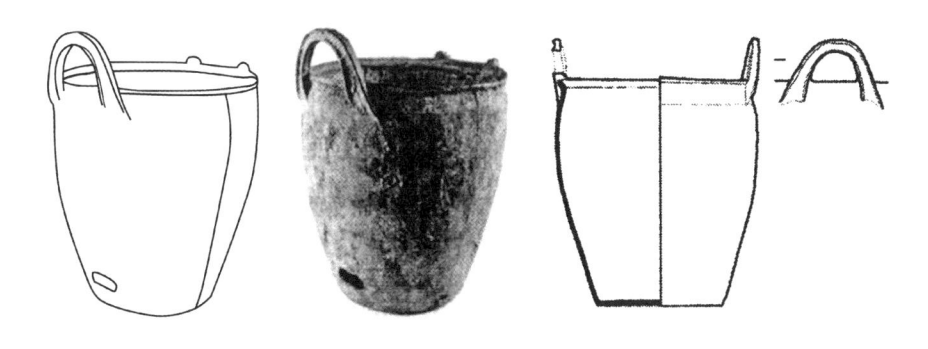

129. 陕西府谷县黄甫乡小宽坪村 1988 年出土一件（陕西省考古研究院，2009，333 页；潘玲，2015，45—46，图三五：3）。通高 25.4、口径 16.4、腹深 21.9 厘米，重量 1 976 克。现藏于榆林市府谷县博物馆。（IaI）

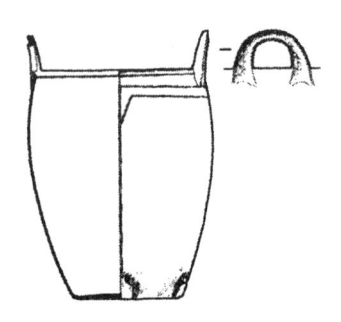

130. 陕西宜川县城关镇 2004 年出土一件（陕西省考古研究院，2009，339 页；潘玲，2015，46—47，图三五：10）。通高 35.3、口径 27.0、腹深 30.9 厘米，重量 5 038 克。器身饰单四分弧线纹，口沿下有双凸弦纹。现藏于宜川县博物馆。（IaI）

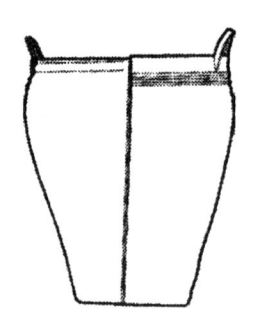

131. 陕西省供销社废品库征集一件（陕西省考古研究院，2009，341 页；潘玲，2015，46—47，图三五：12）。（IaI）

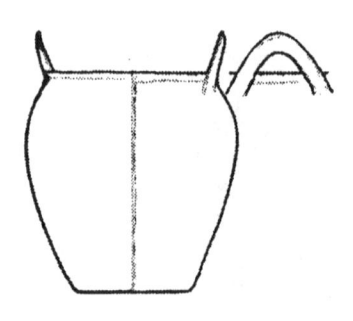

132. 宁夏回族自治区固原市彭堡乡大湖滩水库工地出土一件(姚蔚玲，2001，图一∶3；草原考古研究会，2011，56—57，Fd‑11)。通高 21.8、口径 14 厘米。(IaI)

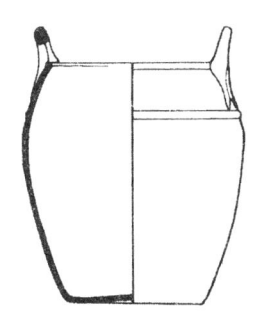

133. 甘肃酒泉市西沟村魏晋墓 M7 出土一件(甘肃省文物考古研究所，1996，4—38 页)。4 厘米的明器，带提梁。时代不晚于西晋(潘玲，2015，23—24 页，图一七∶2)。(IaI)

134. 甘肃嘉峪关市 1972 年发掘壁画墓 M7 出土一件(甘肃省文物队、甘肃省博物馆、嘉峪关市文物管理所，1985，34 页，图三二∶2)。高 8.6 厘米，器耳较大。时代为西晋。(IaI)

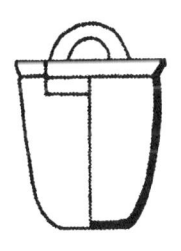

135. 甘肃省平凉白水出土一件，藏平凉地区博物馆，通高 22 厘米。(IaI)

136. 中国历史博物馆藏，登记号：C5.319，原号：5.5186。筒形双耳鍑。通高 21.7、口径 15.2、底径 11 厘米。(IaI)

137. 内蒙古鄂尔多斯地区出土一件(鄂尔多斯博物馆,2013,119 页;潘玲,2015,49—51 页,图三九:1)。(IaII)

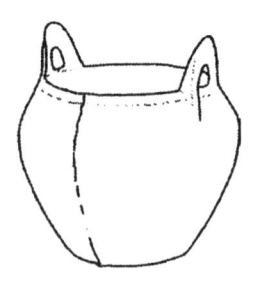

138. 内蒙古中南部出土一件,京都大学综合博物馆藏(水野清一、江上波夫,1935,图一百十三:11;草原考古研究会,2011,60—61,Fe‐15;潘玲,2015,49—51 页,图三九:2)。腹部有三道凸弦纹。(IaII)

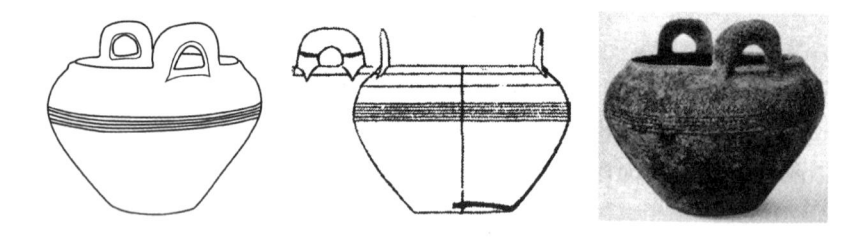

139. 山西省右玉县善家堡墓地出土一件(王克林等,1992,图十五:2;草原考古研究会,2011,56—58,Fd‐14)。高 21、口径 16.8 厘米。耳部特征同上,腹上部有一圈凸棱装饰。时代为东汉桓灵之际至魏晋时期。(IaII)

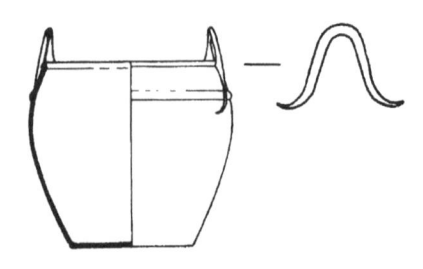

140. 陕西省陇县杜阳公社子留大队发现一件(肖琦,1991,图版一:1;草原考古研究会,2011,60—61,Fe-9)。通高 19、口径 16.2 厘米。(IaII)

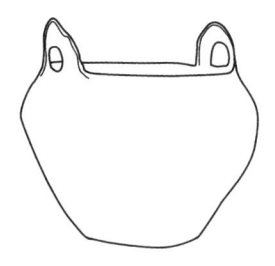

141. 陕西省陇县杜阳公社子留大队发现一件(肖琦,1991,图版一:2;草原考古研究会,2011,59—60,Fe-1)。通高 20.5、口径 15.3 厘米。(IaII)

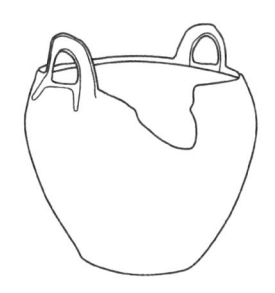

142. 陕西省西安北郊一号工程 III 区 13 号墓出土一件(陕西省考古研究所,2001,13—15 页)。(IaII)

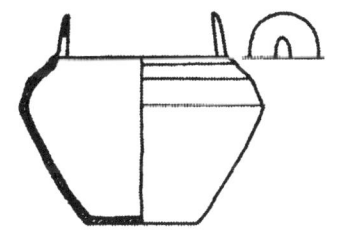

143—144. 陕西宝鸡市征集 2 件(卢建国、贾靖,1990,17—21 页,图一:6)。其中一件器身略方,一件器身较扁。通高 18.8、腹径 22 厘米。(IaII)

145. "宫"字双耳铜鍑,陕西西安长安区纪阳出土。(IaI)

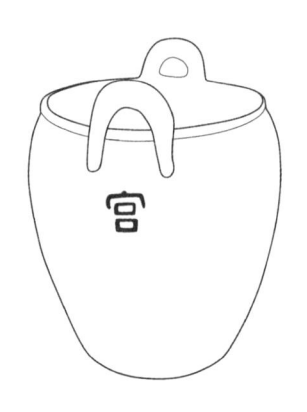

146. 河南省巩县寨沟芝田公社寨沟大队窖藏出土一件(河南—巩县,1974,123—125页;草原考古研究会,2011,59—60,Fe-6)。通高26厘米。共存物有铜洗和塔形器,铜洗和传世东汉洗相似,塔形器和魏晋时期的器物相似。(IaII)

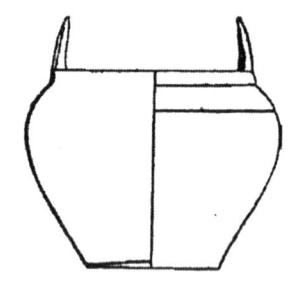

147. 河南省安阳市大司空村38号竖穴砖棺墓出土一件(张静安,1958,54—55页;草原考古研究会,2011,60—61,Fe-10)。此墓出土长宜子孙镜、陶器、玛瑙珠、镀金青铜带具等,时代东汉末至六朝(三世纪末四世纪初)。(IaII)

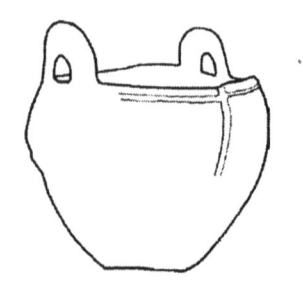

第七章 第二群铜鍑 ·459·

148. 河南省辉县固围村第 1 号墓（中国科学院考古研究所编,1956,图版四八：10;草原考古研究会,2011,59—60,Fe-8）。通高 18、口径 17.7 厘米。此墓为战国墓。（IaII）

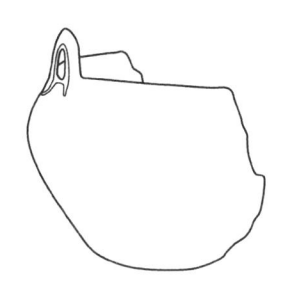

149-162. 河南安阳市大司空村东地西晋十六国墓葬出土铜鍑 14 件。均为罐形铜鍑,一种稍微瘦高,出土 3 件。另外一种典型的罐形铜鍑,6 件素面,5 件肩部有一周凹弦纹,有的在肩、腹相接处饰三周凹弦纹（原文图一九、图二〇）。还有 2 件铁鍑,一件罐形,一件桶形（原文图二九、图三〇）（中国社会科学院考古研究所安阳工作站,2024）。（IaII）

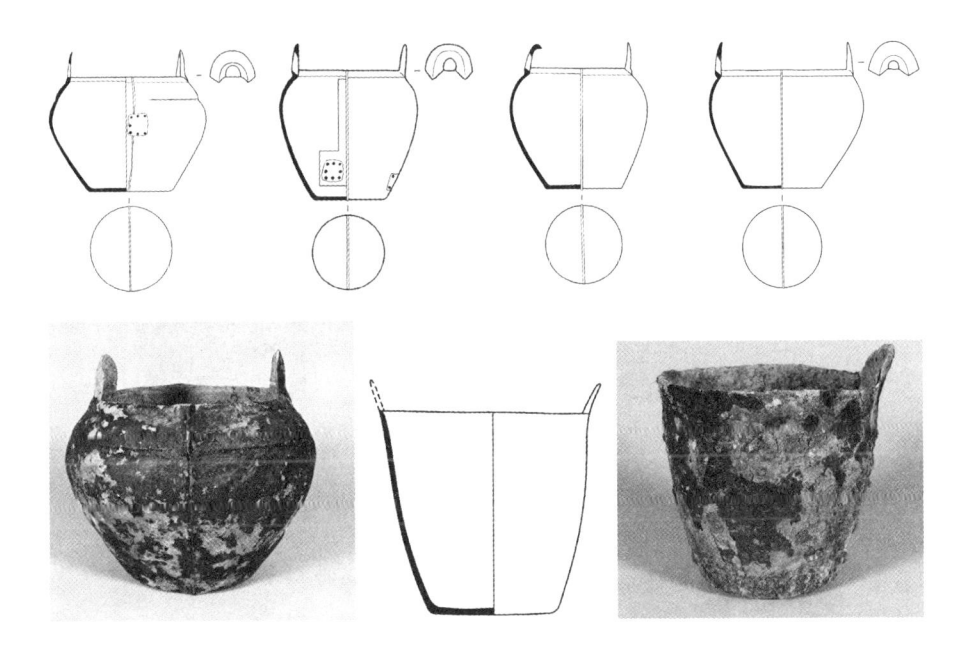

163. 宁夏回族自治区固原市峡口村出土一件（姚蔚玲,2001,图一：2;草原考古研究会,2011,59—60,Fe-5）。通高 21.5、口径 15.3 厘米。时代可能在西晋晚期至十六国前期。（IaII）

164. 宁夏回族自治区固原市河川乡出土一件(姚蔚玲,2001,图一:4;草原考古研究会,2011,60—61,Fe-14)。腹部有五道凸弦纹。通高19.7、口径17.4厘米。(IaII)

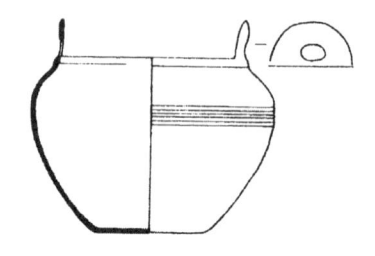

165. 甘肃省平凉地区博物馆藏一件,平凉灵台县出土。(IaII)

166. 甘肃泾川县光绪年间出土,现收藏于平凉市博物馆(刘玉林、徐冰,1999)。口径18.5、底径10.2、高17厘米。肩部有铭文"始建国元年正月癸酉朔日制""汾阴侯"两处,年代为公元9年。(IeIV)

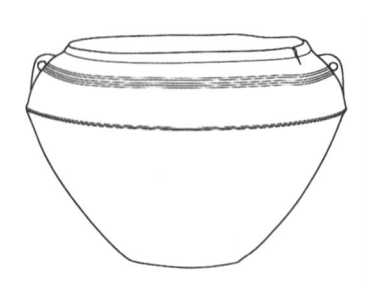

167. 湖北省鄂城钢铁厂古井发现一件(鄂城,1978,358页,图一:1,图版一二:1,4;草原考古研究会,2011,57—58,Fd-10)。通高20、口径12.8厘米。肩部刻有铭文"黄武元年作三千四百卅八枚",腹部刻有"武昌""官"。腹下部满饰均匀的弦纹,靠近底部,有一破洞,附有一个用生铁铸补

的补丁。"黄武元年"是三国吴主孙权立国称帝的第一个纪年,为公元222年。(IaII)

168. 四川省双流县黄水乡牧马山出土一件(四川省博物馆,1959,428页,图七;草原考古研究会,2011,59—60,Fe-7)。高19.2、口径20.5厘米。时代为南北朝。(IaII)

169. 中国历史博物馆藏,登记号:C5.1082,原号:5.101,底版号:14007。通高19.7、口径17.6厘米,肩部有一约1厘米的孔。1949年6月霍明志捐赠。(IaII)

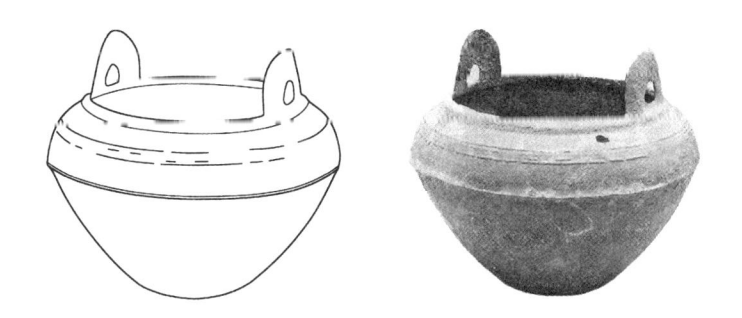

170. 内蒙古自治区通辽市开鲁县建华乡福兴地发现一件(武亚琴、李铁军,2007,11—13页,图二:4、图三;草原考古研究会,2011,52—53,Fb-

10）。山形方耳，假圈足。通高 25、口径 17 厘米。底部有烟烬。时代可能为东汉中晚期至曹魏时期（潘玲，2015，28 页）。（Ic）

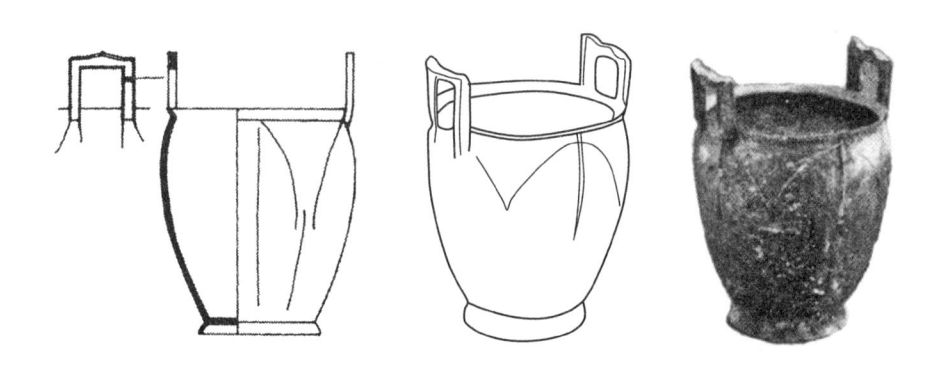

171. 内蒙古伊克昭盟东胜县补洞沟 4 号墓中发现一件（田广金、郭素新，1986，397 页，图三：4；草原考古研究会，2012；54—55，Fc‐5），铁质，时代为西汉晚期至东汉初期。（IdI）

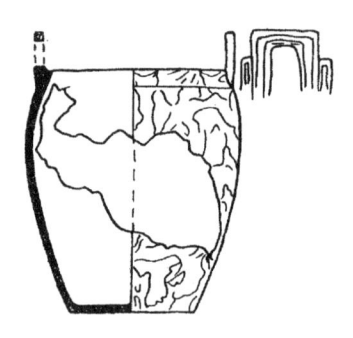

172. 内蒙古乌盟二兰虎沟出土一件（李逸友，1963，5 页）。素面，腹体上垂直于立耳的部位有竖的铸线，镬底有假圈足。高 16 厘米。（IdII）

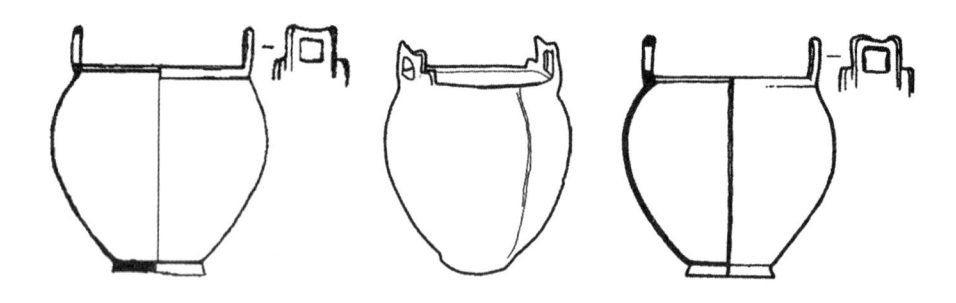

173. 陕西绥德县辛店乡裴家峁村出土一件（陕西省考古研究院，2009，337 页；潘玲，2015，46—47，图三五：9）。绥德县博物馆收藏。（IeIII）

174. 内蒙古呼和浩特市郊太平乡添密梁出土一件（卜扬武、程玺，1992，15—16页，图一：11），通高11厘米。时代为西晋晚期至北魏早期。（IeIV）

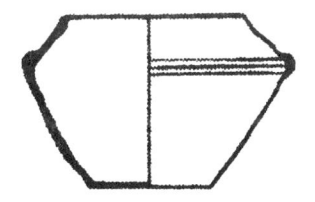

175. 陕西咸阳平陵 M1 出土一件（咸阳市文物考古研究所，2006）。时代为前秦中晚期至后秦时期。（IeIV）

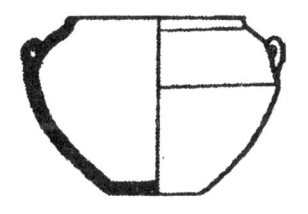

176. 内蒙古伊盟乌审旗1986年北魏墓出土一件（卜扬武、程玺，1992，15—16页，图一：14）。铁质，高24厘米。（If）

177. 西安吴家坟汉墓，时代为王莽至东汉早期（柟枫，1989，51页；潘玲，2015，68页，图四六：1）。（If）

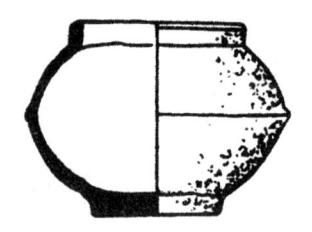

178. 洛阳五女塚（洛阳市第二文物工作队，1996，42—53 页；潘玲，2015，68 页，图四六：2）。（If）

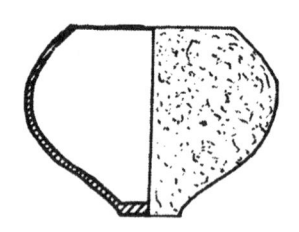

三、东北亚地区

1. 辽宁省北票市喇嘛洞 217 号墓出土一件（辽宁省文物考古研究所编，2002，No.119；辽宁省文物考古研究所等，2004，图一七：1；草原考古研究会，2011，62—64，G-1）。铁质，环耳贴附于口，圈足镂孔不规则。通高 16、口径 10.4 厘米。（GaII-1）

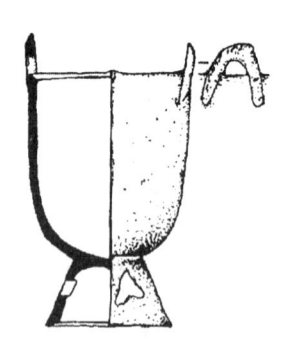

2. 辽宁北票县喇嘛洞墓地 IIM370 出土一件（潘玲，2015，15 页，图一二：1）。铜质，腹深，拱桥形耳。时代为西晋晚期至十六国前期。（GaII-1）

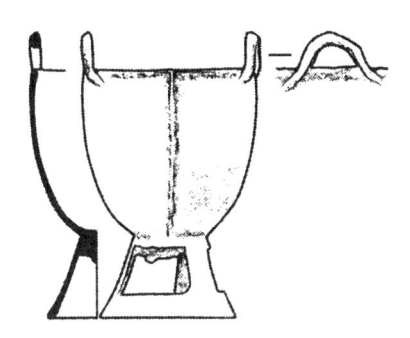

3. 辽宁北票县喇嘛洞墓地 IIM18 出土一件(潘玲,2015,15 页,图一二:3)。铜质,腹深,环耳。时代为西晋晚期至十六国前期。(GaII-1)

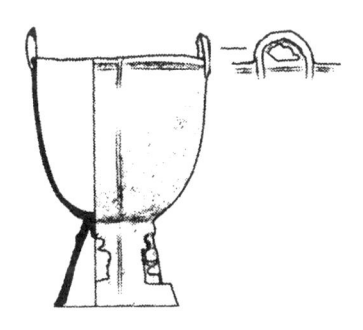

4. 辽宁北票县喇嘛洞墓地 IM53 出土一件(潘玲,2015,15 页,图一二:4)。铜质,腹深,环耳。时代为西晋晚期至十六国前期。(GaII-1)

5. 辽宁北票县喇嘛洞墓地 IIM202 出土一件(潘玲,2015,15 页,图一二:5)。铜质,腹深,拱桥形耳。时代为西晋晚期至十六国前期。(GaII-1)

6. 辽宁北票县喇嘛洞墓地 IM345 出土一件(潘玲,2015,15 页,图一二:6)。铁质,腹深,拱桥形耳。时代为西晋晚期至十六国前期。(GaII-1)

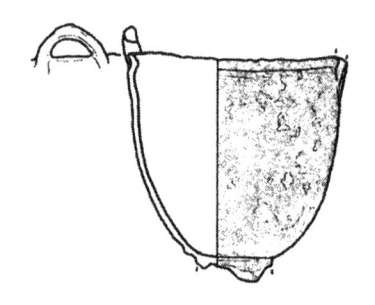

7. 辽宁北票县喇嘛洞墓地 IIM60 出土一件(潘玲,2015,15 页,图一二:7)。铁质,腹深,耳已残,可能是拱桥形耳。时代为西晋晚期至十六国前期。(GaII-1)

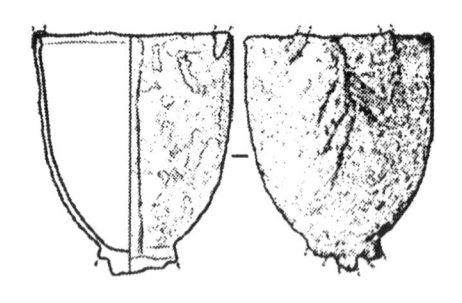

8. 辽宁省北票市喇嘛洞 266 号墓出土一件(辽宁省文物考古研究所,2004,图一九:2、图版一七:2;草原考古研究会,2011,63—64,G-4)。通高 18.7、口径 10.8—12.3 厘米。腹体一面是平的。学者认为可能是为了方便用马或者骆驼运输,其形象可以在娄睿墓的壁画上看到(高浜秀,2012,62 页)。(GaII-2)

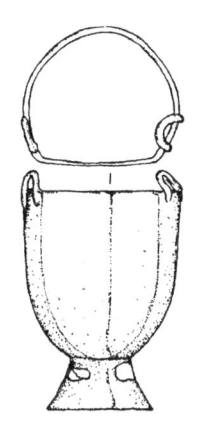

9. 辽宁北票县喇嘛洞墓地 IIM207 出土一件（潘玲，2015，16—17 页，图一三：1）。铜质，腹深，侧面有一平面，口沿俯视呈马蹄形，拱桥形耳。时代为西晋晚期至十六国前期。（GaII-2）

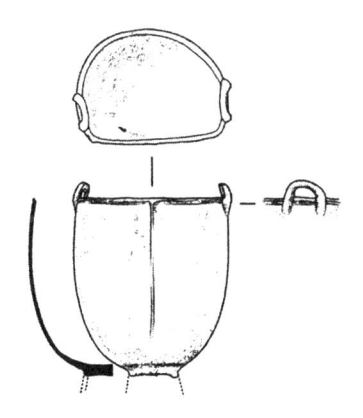

10. 辽宁北票县喇嘛洞墓地 IM16 出土一件（潘玲，2015，16—17 页，图一三：2）。铜质，腹很深，侧面有一平面，口沿俯视呈马蹄形，拱桥形耳。时代为西晋晚期至十六国前期。（GaII-2）

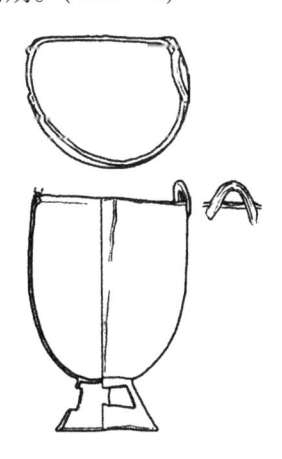

11. 辽宁北票县喇嘛洞墓地 IIM266 出土一件(潘玲,2015,16—17 页,图一三：3)。铜质,腹很深,侧面有一平面,口沿俯视呈马蹄形,拱桥形耳。时代为西晋晚期至十六国前期。(GaII‑2)

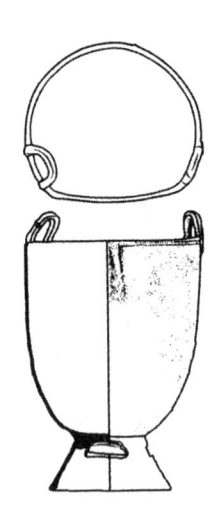

12. 辽宁北票县喇嘛洞墓地 IIM364 出土一件(潘玲,2015,16—17 页,图一三：4)。铜质,腹很深,侧面有一平面,口沿俯视呈马蹄形,拱桥形耳。时代为西晋晚期至十六国前期。(GaII‑2)

13. 辽宁省朝阳市袁台子东晋壁画墓出土一件(辽宁省博物馆文物队等,1984,33 页,图七：1；草原考古研究会,2011,62,64,G‑6),共存的鞍桥、马镫与北票房身村晋墓和安阳孝民屯 M154 出土器比较,特征相同,因而可推定此式铜鍑年代为前燕时期(公元 337—370 年)。腹体一面是平的。通高 20、口径 10.7—14 厘米。(GaII‑2)

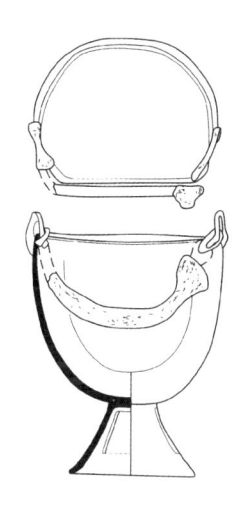

14. 辽宁省北票市喇嘛洞 IM42 出土一件（潘玲，2015，19 页，图一四：4）。铜质，耳比较特殊。圈足残，仅剩镂空侧柱部分。（GaII‐2）

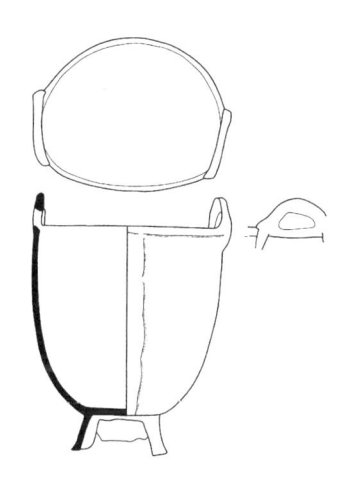

15 辽宁省北票市喇嘛洞 IIM373 出土一件（潘玲，2015，19 页，图一四：5）。铜质，环耳，连接一段残的铁质提梁。圈足残。（GaII‐2）

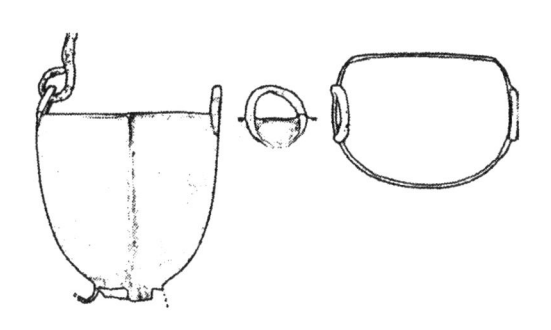

16. 辽宁朝阳市东风柴油机公司住宅工地 96M2 发现一件（朝阳市博物馆，2007，图九：4；草原考古研究会，2011，67—68，G‑26）。铁质，圈足有 3 个镂孔。通高 19、口径 14.4 厘米。2 号墓为夫妇合葬墓，墓道在东。根据出土陶壶判断，可能是北魏统一北方早期。（GaIII‑1）

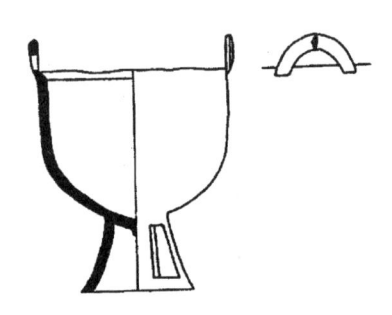

17. 辽宁朝阳市东风柴油机公司住宅工地 96M3 发现一件（朝阳市博物馆，2007，图九：10；草原考古研究会，2011，67—68，G‑27；潘玲，2015，15 页，图一二：9）。铁质，圈足有 3 个镂孔，腹稍浅，环耳。通高 20.4、口径 16.4 厘米。墓道在东，有木棺，骨殖散乱。出土 5 件陶器。时代为北魏中、晚期。（GaIII‑1）

18. 辽宁朝阳市腰儿营子村小湾地北魏墓地 M2 出土 1 件（辽宁省文物考古研究所等，2004）。时代为北魏中晚期。（GaIII‑1）

19. 辽宁省喀左县草场乡于杖子遗址出土一件(尚晓波,1996,27页,图二:3;草原考古研究会,2011,66—67,G-22)。铁质(图的说明是铜质),耳为宽板状半圆形,腹稍浅,足有三镂孔,腹底有柱状突起。年代在北魏统一北方的早期阶段。(GaIII-1)

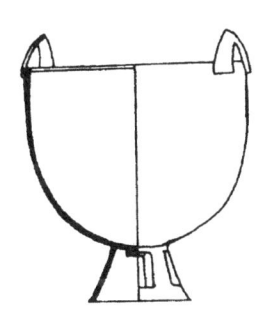

20. 辽宁省朝阳七道泉子乡下河首果园北魏墓出土一件(尚晓波,1996,27页,图二:4;草原考古研究会,2011,66—68,G-28)。铁质,耳部特征同上,腹更浅,腹底有圆柱,圈足宽高。时代为北魏中期。(GaIII-1)

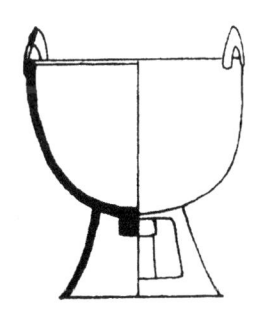

21. 辽宁省北票市喇嘛洞202号墓出土一件(辽宁省文物考古研究所编,2002,No.77;辽宁省文物考古研究所等,2004,图一九:1,图版一七:1;草原考古研究会,2011,62,64,G-3)。青铜质,圈足镂孔为大梯形。通高18.7、口径14.6厘米。(GaIII-1)

22. 辽宁省北票市喇嘛洞 364 号墓出土一件(辽宁省文物考古研究所,2004,No.76;草原考古研究会,2011,62,64,G-5)。青铜质,圈足有 3 个三角形镂孔。通高 20.5、口径 11—15.4 厘米。(GaIII-1)

23. 辽宁省北票县喇嘛洞墓地 IM20 出土一件(潘玲,2015,12 页,图一〇:3)。器耳上连接有铁质提梁。(GaIII-1)

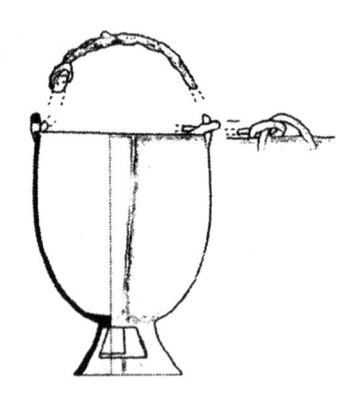

24. 辽宁省北票县喇嘛洞墓地 IIM191 出土一件(潘玲,2015,12 页,图一〇:6)。(GaIII-1)

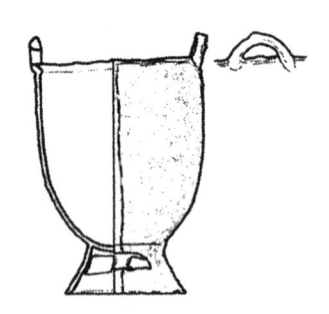

25. 辽宁省北票县喇嘛洞墓地 IIM156 出土一件(潘玲,2015,13—14 页,图一一:4)。(GaIII-1)

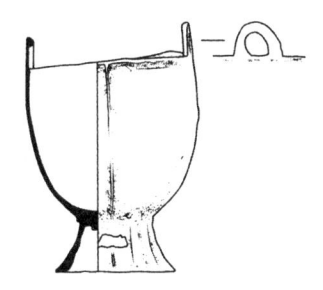

26. 辽宁省北票县喇嘛洞墓地 IIM325 出土一件(潘玲,2015,12 页,图一〇:8)。(GaIII‐1)

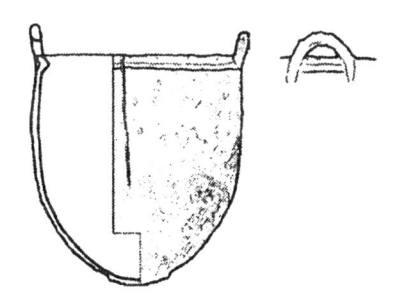

27. 辽宁省北票县喇嘛洞墓地 IM40 出土一件(潘玲,2015,12 页,图一〇:9)。(GaIII‐1)

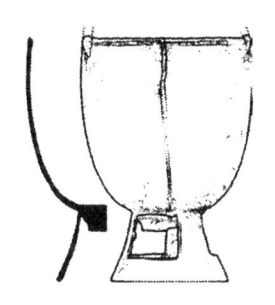

28. 辽宁省北票县喇嘛洞墓地 IIM9 出土一件(潘玲,2015,12 页,图一〇:11)。(GaIII‐1)

29. 辽宁省北票县喇嘛洞墓地 IM1 出土一件（潘玲，2015，12 页，图一〇：12）。（GaⅢ-1）

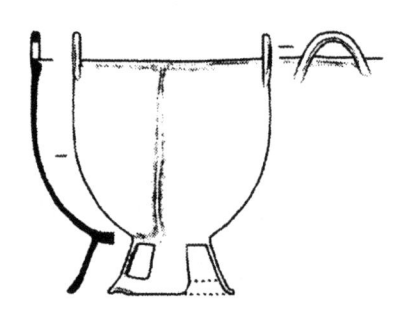

30. 辽宁省北票县喇嘛洞墓地 IIM241 出土一件（潘玲，2015，11—13 页，图一一：1）。（GaⅢ）

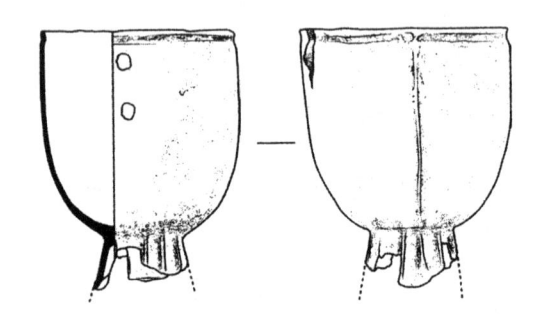

31. 辽宁省北票县喇嘛洞墓地 IM11 出土一件（潘玲，2015，11—13 页，图一一：3）。铁质。（GaⅢ）

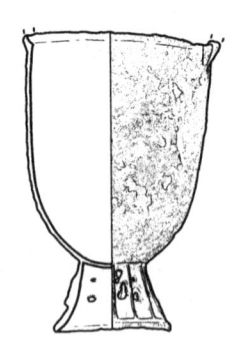

32. 辽宁省旅顺市博物馆藏一件（杉村·后藤，1953，图版 16-7；草原考古研究会，2011，45—46，Ef-19）。垂直于立耳的腹部有垂直口沿的铸线纹。圈足等腰梯形镂孔。高 21.8 厘米。（GaⅢ-1）

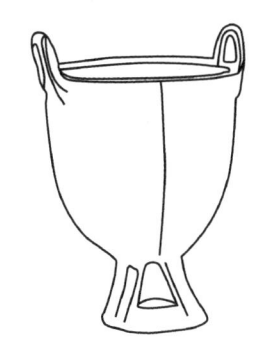

33 辽宁省朝阳市双塔区肖家村发现一件(蔡强,2007,图三:10;草原考古研究会,2011,66—67,G-18)。耳呈三角形,圈足有3个镂孔。通高17.8、口径12.8厘米。竖穴土坑墓出土,共存陶器、铁刀和箭头,鍑出于木棺中,墓主头骨右上位置。推测为十六国时代的北燕时期,公元407—436年之间。也有学者认为在公元436年以后(尚晓波,1996,26—33页)。(GaⅢ-1)

34. 东北地区出土一件(潘玲,2015,38—39页,图三〇:13)。(GaⅢ-1)

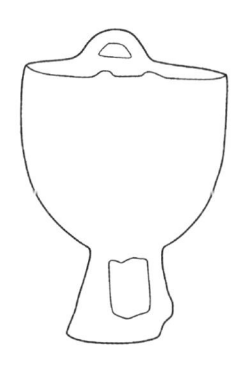

35. 辽宁省北票西官营子乡北燕冯素弗墓出土三件(黎瑶渤,1973,5页,图版贰:2;草原考古研究会,2011,64—66,G-17)。有铁提梁和铁盖,高16.5厘米。此墓为北燕中期埋葬,公元415年左右。(GaⅢ-2)

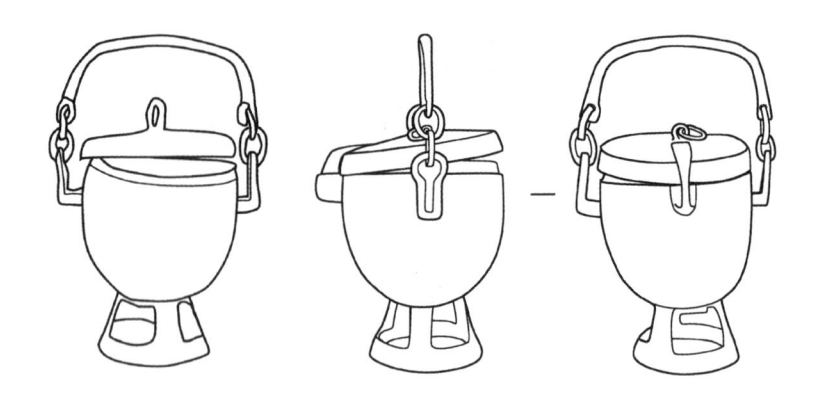

36. 中国历史博物馆藏一件(Érdy,1995,Table6-2-25),型同上。(GaIII-2)

37. 辽宁省旅顺博物馆藏一件(杉村·后藤,1953,图版16;草原考古研究会,2011,64—65,G-16)。(GaIV)

38. 辽宁省喀左县草场乡于杖子北魏时代遗址出土一件(尚晓波,1996,27页,图二:5;草原考古研究会,2011,43—44,Ef-9)。腹底圆柱衰退;圈足高大,有4个镂孔。铁质。时代为北魏中期。(GcIII)

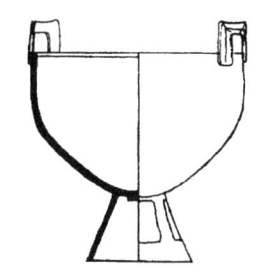

39. 辽宁省北票喇嘛洞墓地 IM38 出土一件(潘玲,2015,13—14,图一一:2)。(GcIII)

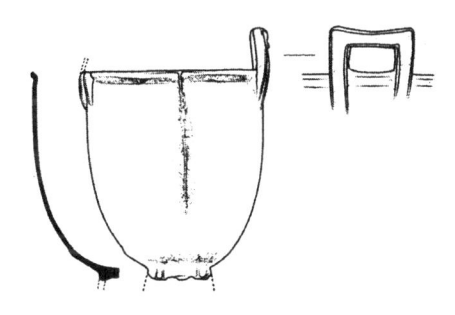

40. 辽宁省北票喇嘛洞墓地 IIM13 出土一件(潘玲,2015,10—11,图九:1)。圈足残,有凸棱。(GdI)

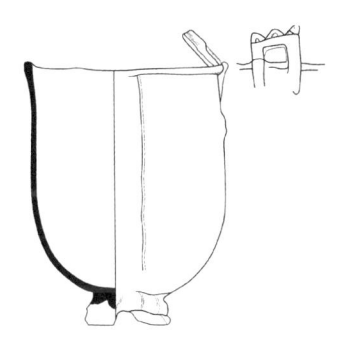

41. 辽宁北票县喇嘛洞墓地 IM17 出土一件(潘玲,2015,15 页,图一二:2)。铜质,山字形方耳。时代为西晋晚期至十六国前期。(GdI)

42. 辽宁北票县喇嘛洞墓地 IM10 出土一件(潘玲,2015,15 页,图一二:8)。铜质,腹稍浅,山字形方耳。时代为西晋晚期至十六国前期。(GdI)

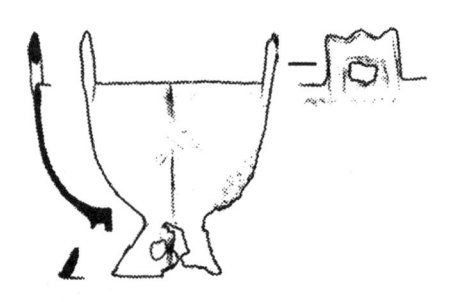

43. 辽宁省北票县喇嘛洞墓地 IIM14 出土一件(潘玲,2015,12 页,图一〇:10)。(GdI)

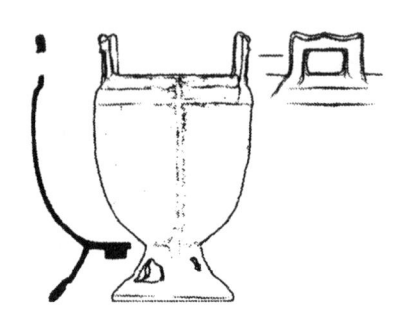

44. 辽宁省北票喇嘛洞墓地 IM52 出土一件(潘玲,2015,13—14 页,图一一:5)。(GdI)

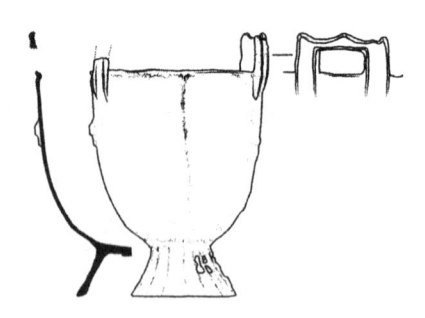

45. 吉林省榆树老河深 M56 出土一件(吉林省文物考古研究所,1987,48—49 页,图四二:1,彩版二;草原考古研究会,2011,30—31,Eb‐2)。通高 25 厘米。时代为西汉末至东汉初。(GeI)

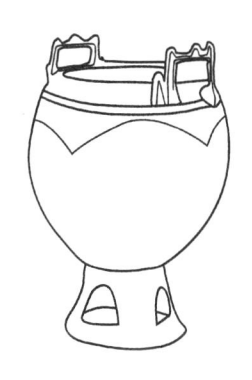

46. 辽宁省北票市喇嘛洞 ⅡM49 出土一件(辽宁省文物考古研究所编,2002,No.120;辽宁省文物考古研究所等,2004,图一七:2;草原考古研究会,2011,62,64,G-2)。铁质,耳比较特殊,圈足镂孔为大梯形。通高 26.6、口径 19.2 厘米。(Gi)

47. 辽宁省北票市喇嘛洞 ⅡM374 出土一件(潘玲,2015,12 页,图一〇:5)。(Gi)

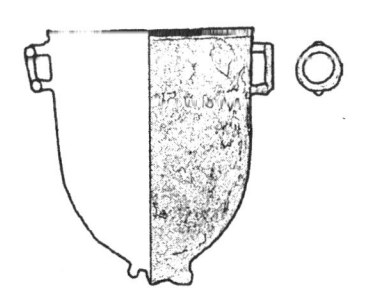

48. 辽宁省北票市喇嘛洞 ⅠM15 出土一件(潘玲,2015,19 页,图一四:2)。铜质,耳比较特殊,圈足残。(Gi)

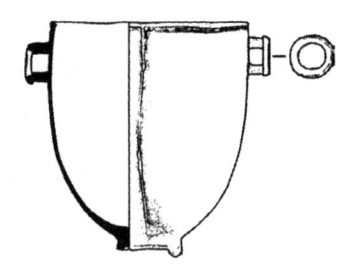

49. 辽宁省北票市喇嘛洞 IIM309 出土一件(潘玲,2015,19 页,图一四:3)。铁质,横耳。圈足残,仅剩镂空侧柱部分。(Gi)

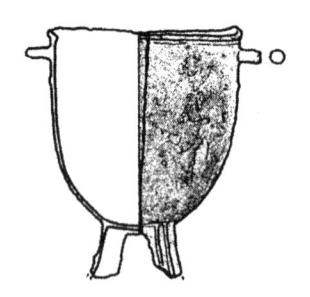

50. 辽宁桓仁县五女山城铁器窖藏发现一件(辽宁省文物考古研究所,2004,168 页,图一七九:1)。铁质,肩部有窄腰檐,有提梁。时代为四世纪末至五世纪初。(IaI)

51. 辽宁省北票市喇嘛洞 IIM324 出土一件(潘玲,2015,21—22 页,图一五:12)。铜质,环耳,肩部有弦纹。(IaI)

52. 吉林省榆树老河深 M97 出土一件(吉林省文物考古研究所,1987,48—49页,图四二: 2;草原考古研究会,2011,49—50,Fa‐2)。颈部有2圈凸弦纹,腹部有"V"形波状带纹,铸线纹位于与耳垂直的腹体。通高26、口径16.4厘米。墓葬为成年男女合葬墓,镂位于男性头骨西侧。时代为西汉末东汉初期或稍晚。(IaI)

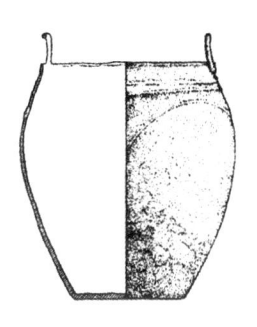

53. 吉林省吉林市帽儿山出土一件(国家文物局,1993,图 127;草原考古研究会,2011,56—57,Fd‐2)。木椁土坑墓,出土漆器、铜车马具、金饰板、铁马具、环首铁刀等。这个墓地可能是汉代夫余国王陵区。(IaI)

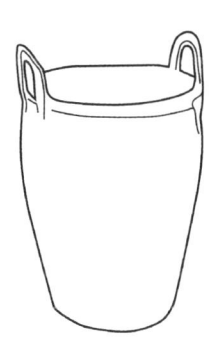

54. 吉林省永吉县学古村墓葬出土一件(尹玉山,1985,图一: 3;草原考古研究会,2011,56—57,Fd‐3)。墓葬为男女合葬墓,出土两个相同的铜镂。通高20、口径13.8厘米。同墓出土铜带钩、昭明镜、铜带扣、铁矛、铁刀等。(IaI)

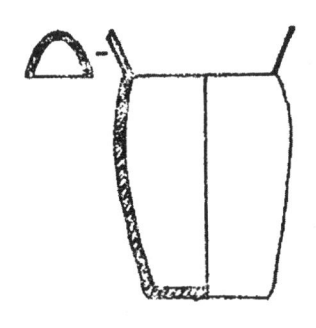

55. 吉林省永吉县学古村墓葬出土一件(李海莲,2003,图版9,3;李海莲,2006,图版4,59;草原考古研究会,2011,56—57,Fd‐5)。通高19.5、口径12.8厘米。(IaI)

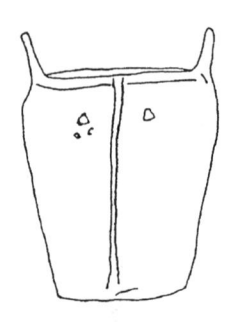

56. 吉林省舒兰县嘎牙河村砖厂窖藏(吉林市文物编委会,1985,41,96,174页,图版9:2;李海莲,2003,图版9:1;李海莲,2006,图版4:55;草原考古研究会,2011,56—57,Fd‐8)。器体瘦高。通高21.5、口径11.3厘米。同出铁箱、铜釜和泡饰,可能为高丽时代。(IaI)

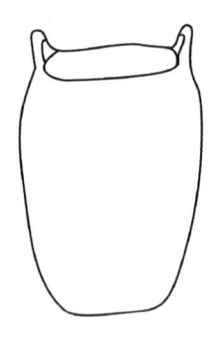

57. 喇嘛洞IM13出土一件(潘玲,2015,20—21页,图一五:7)。铜质,环耳。(IaI)

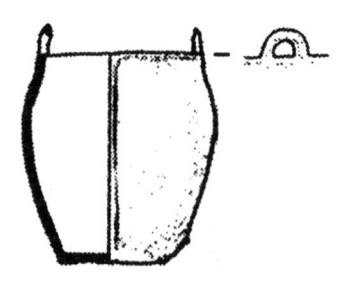

58. 黑龙江省友谊县凤林古城内采集一件(潘玲,1994,127页;潘玲,2015,47—48,图三六:3、4)。(IaI)

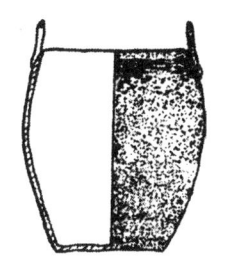

59. 韩国金海大成洞29号墓出土一件(《金海大成洞遗迹》,1992,转引自高浜秀,1994,8页;申敬澈、金宰佑,2000,49图,14,115页;草原考古研究会,2011,56—57,Fd-7;草原考古研究会,2012,104—105,图5,2)。29号墓出土铜鍑通高18.2、口径12.6厘米。内有有机物的痕迹。时代为3世纪后半期。(IaI)

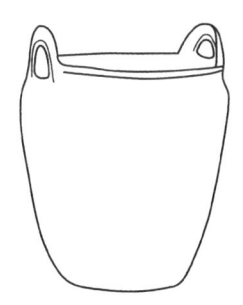

60. 辽宁省北票市喇嘛洞IM21出土一件(潘玲,2015,21—22页,图一五:14)。铜质,环耳。(IaII)

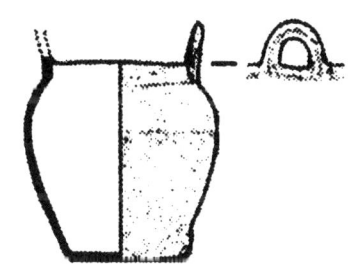

61. 辽宁省北票市喇嘛洞IIM43出土一件(潘玲,2015,21—22页,图一五:16)。铜质,环耳。(IaII)

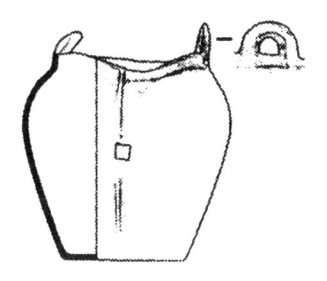

62. 辽宁省北票市喇嘛洞 IIM125 出土一件(潘玲,2015,21—22 页,图一五:17)。铜质,环耳。(IaII)

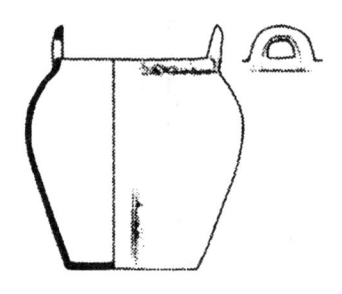

63. 辽宁省北票市喇嘛 IIM166 出土一件(辽宁省文物考古研究所编,2002,No.78;草原考古研究会,2011,56—58,Fd‑15;潘玲,2015,21—22 页,图一五:18)。通高 17.5、口径 12.2 厘米。三燕时代墓地,公元 3 世纪末至 4 世纪前半。(IaII)

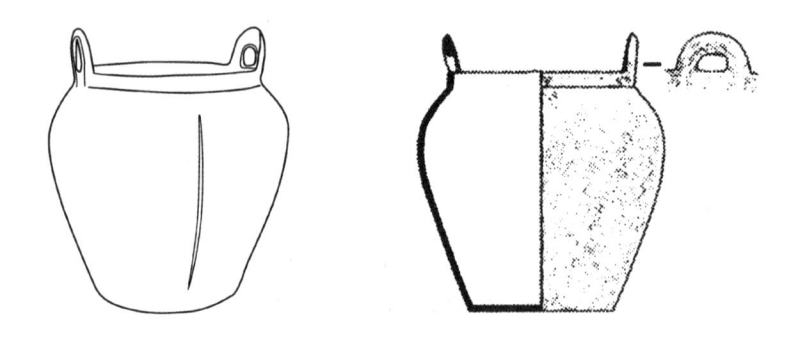

64. 辽宁省北票市喇嘛洞 IIM193 出土一件(潘玲,2015,21—22 页,图一五:19)。铜质,环耳。(IaII)

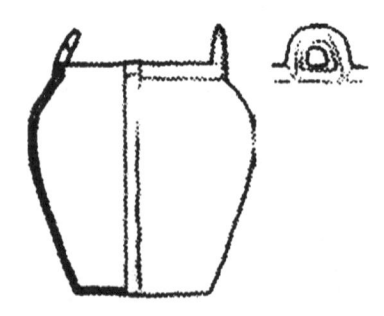

65. 辽宁省北票市喇嘛洞 IIM218 出土一件(潘玲,2015,21—22 页,图一五:20)。铜质,环耳。(IaII)

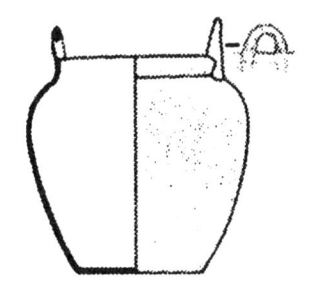

66. 辽宁省北票市喇嘛洞 IIM240 出土一件（潘玲，2015，21—22 页，图一五：21）。铁质，环耳。（IaII）

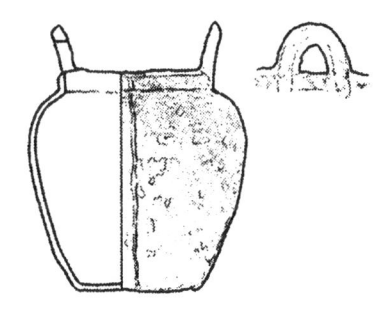

67. 辽宁省北票市喇嘛洞 IIM261 出土一件（潘玲，2015，21—22 页，图一五：22）。铜质，环耳。（IaII）

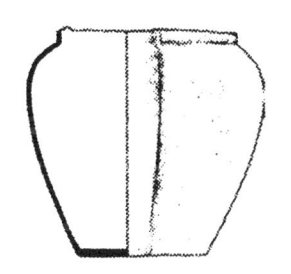

68. 辽宁省北票市喇嘛洞 IIM335 出土一件（潘玲，2015，21—22 页，图一五：23）。铜质，环耳。（IaII）

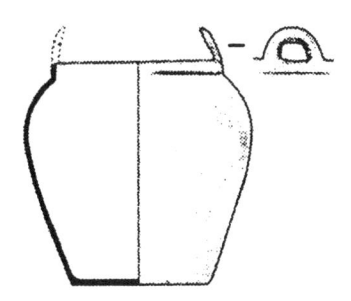

69. 辽宁省北票市喇嘛洞 IIM235 出土一件（潘玲，2015，21—22 页，图一五：24）。铜质，环耳。（IaII）

70. 辽宁省北票市喇嘛洞 II 墓地 328 号墓出土一件（辽宁省文物考古研究所编，2002，No.79；草原考古研究会，2011，56—59，Fd－17）。通高15.8、口径 12.6 厘米。三燕时代墓地，公元 3 世纪末至 4 世纪前半。（IaII）

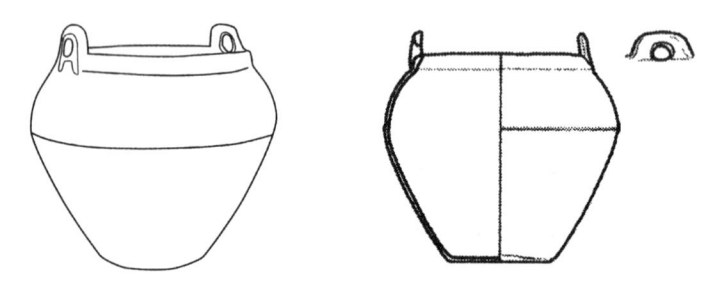

71. 辽宁省北票市喇嘛洞 II 墓地 304 号墓出土一件（潘玲，2015，25 页，图一九：2）。三燕时代墓地，公元 3 世纪末至 4 世纪前半。（IaII）

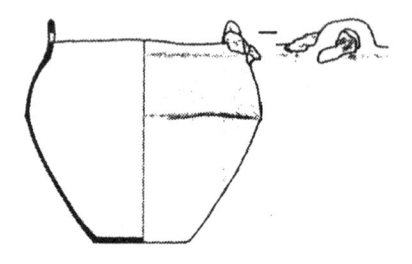

72. 辽宁省北票市喇嘛洞 II 墓地 116 号墓出土一件（潘玲，2015，25 页，图一九：3）。铁质。三燕时代墓地，公元 3 世纪末至 4 世纪前半。（IaII）

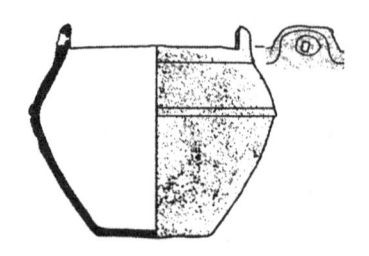

73. 辽宁省北票市喇嘛洞 209 号墓出土一件(辽宁省文物考古研究所等,2004,图一九:4;草原考古研究会,2011,59—60,Fe‑3)。通高 18.5、口径 16.3 厘米。(IaII)

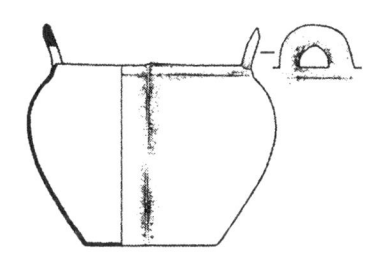

74. 辽宁省北票市喇嘛洞 I 墓地 4 号墓出土一件(潘玲,2015,25 页,图二〇:2)。铜质。三燕时代墓地,公元 3 世纪末至 4 世纪前半。(IaII)

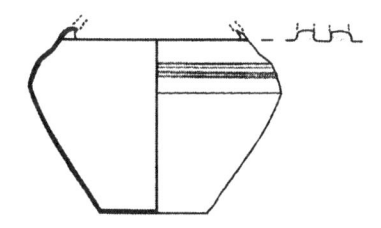

75. 辽宁省北票市喇嘛洞 II 墓地 56 号墓出土一件(潘玲,2015,25 页,图二〇:3)。铁质。三燕时代墓地,公元 3 世纪末至 4 世纪前半。(IaII)

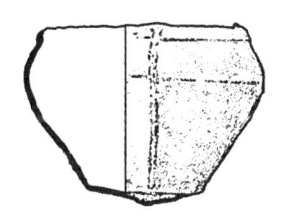

76. 辽宁省北票市西官营子冯素弗墓出土一件(黎瑶渤,1973,5 页,图三一;草原考古研究会,2011,60—61,Fe‑11)。通高 12.2 厘米。时代在公元 415 年左右。(IaII)

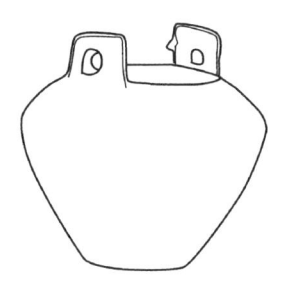

77. 辽宁省北票市喇嘛洞 IIM197 出土一件(潘玲,2015,21—22 页)。铜质,环耳。无图。

78. 辽宁省北票市喇嘛洞 IIM16 出土一件(潘玲,2015,21—22 页,图一五:15)。铜质,环耳。(IaII)

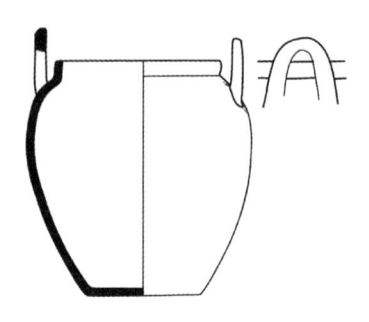

79. 吉林省集安县太王乡下解放村出土一件(吉林省文物志编委会,1984,图三十四:7、图版二十一:5;吉林—浑江,1987,68 页;冯恩学,1993,321 页,图三:3;魏存成,1994,106 页,图一五四:13;草原考古研究会,2011,56—58,Fd‑12)。高 13、口径 10—8 厘米。(IaII)

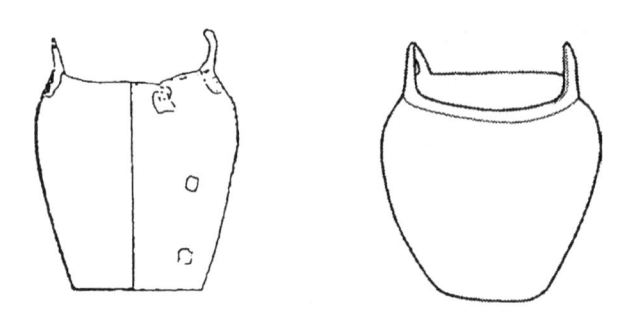

80. 吉林集安市禹山墓区征集一件(吉林省文物考古研究所等,2010,173 页;潘玲,2015,46—47 页,图三五:15)。(IaII)

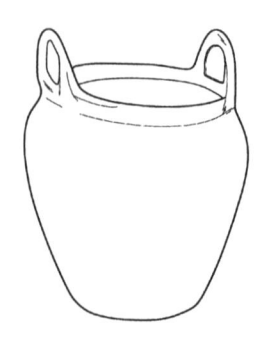

81. 吉林省浑江市东甸子墓葬出土一件(吉林文物志编委会,1984,图二十一:1;吉林—浑江,1987,68页;冯恩学,1993,321页;草原考古研究会,2011,56—58,Fd‐13)。高约13厘米。积石墓群附近征集。(IaII)

82. 吉林省帽儿山墓地出土一件(潘玲,2015,47页)。无图。

83. 朝鲜平壤附近出土一件(梅原、藤田,1947,No.220;草原考古研究会,2011,60—61,Fe‐13)。通高18.3、口径19.3厘米。(IaII)

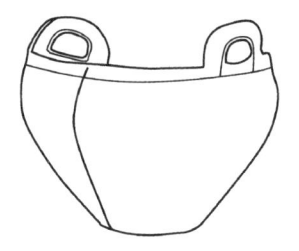

84. 韩国良洞里235号墓出土一件(林孝泽、郭东哲,2000,No.153;草原考古研究会,2011,59—60,Fe‐4;草原考古研究会,2012,104—105,图5:1)。残高16.1、复原口径18.5厘米。(IaII)

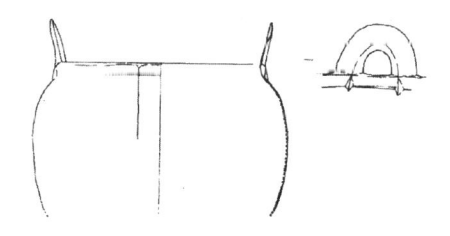

85. 韩国金海大成洞47号墓出土二件(《金海大成洞遗迹》,1992,转引自高浜秀,1994,8页;申敬澈、金宰佑,2003,43图,8,98页;草原考古研究会,2011,56—58,Fd‐16;草原考古研究会,2012,104—105,图5,3)。通高17.8、口径13厘米。时代为3世纪后半。(IaII)

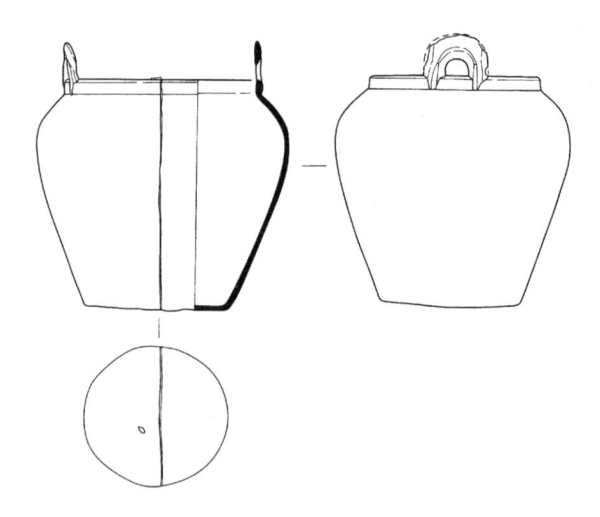

86. 韩国庆州入室里出土一件(崇实大学附设韩国基督教博物馆,1988,No.46;草原考古研究会,2011,59—60,Fe‑2;草原考古研究会,2012,104—105,图5,4)。通高18.5厘米。(IaII)

87. 日本横滨欧亚文化馆藏一件,江上波夫旧藏(草原考古研究会,2011,60—61,Fe‑12)。通高11.3、腹径14.4厘米。(IaII)

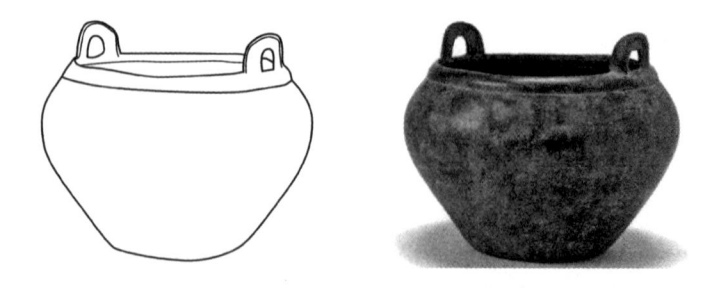

88. 辽宁北票县喇嘛洞墓地 IM17 出土一件(潘玲,2015,27页,图二一:6)。铜质。三燕时代墓地,西晋晚期至十六国时期。(IeIV)

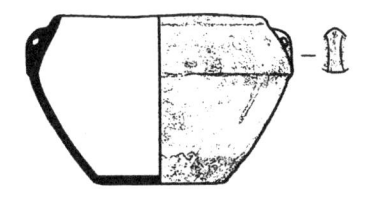

89. 辽宁北票县喇嘛洞墓地 IM30 出土一件（潘玲，2015，27 页，图二一：7）。铜质。三燕时代墓地，西晋晚期至十六国时期。（IeIV）

90. 辽宁北票县喇嘛洞墓地 IM43 出土一件（潘玲，2015，27 页，图二一：8）。铜质。三燕时代墓地，西晋晚期至十六国时期。（IeIV）

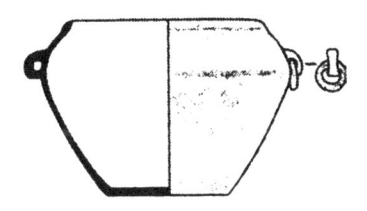

91. 辽宁北票县喇嘛洞墓地 IM44 出土一件（潘玲，2015，27 页，图二一：9）。铜质。三燕时代墓地，西晋晚期至十六国时期。（IeIV）

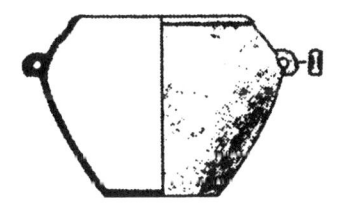

92. 辽宁北票县喇嘛洞墓地 IM45 出土一件（潘玲，2015，27 页，图二一：10）。铜质。三燕时代墓地，西晋晚期至十六国时期。（IeIV）

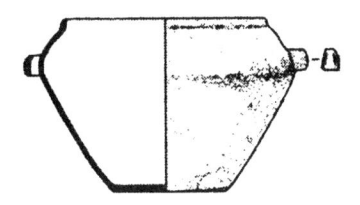

93. 辽宁北票县喇嘛洞墓地出土一件(潘玲,2015,26—27页,图二一:13)。铁质。(IeIV)

94. 辽宁北票县喇嘛洞墓地喇嘛洞 IIM218 出土一件(潘玲,2015,26—27页,图二一:3)。铜质,有提梁。(IeV)

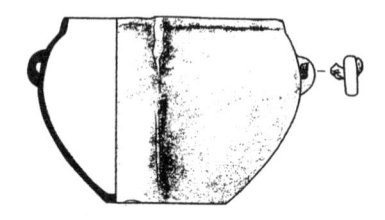

95. 辽宁北票县喇嘛洞墓地 IM5 出土一件(潘玲,2015,27页,图二一:1)。铜质,有提梁。三燕时代墓地,西晋晚期至十六国时期。(IeV)

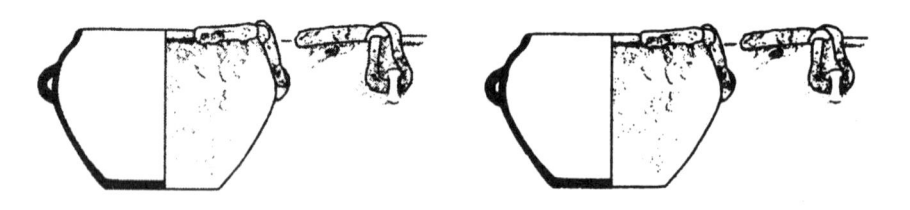

96. 辽宁北票县喇嘛洞墓地 IIM14 出土一件(潘玲,2015,27页,图二一:2)。铜质,有龙首提梁。三燕时代墓地,西晋晚期至十六国时期。(IeV)

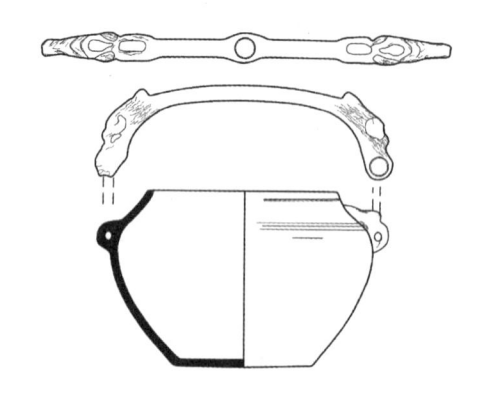

97. 辽宁北票县喇嘛洞墓地 IIM311 出土一件(潘玲,2015,27 页,图二一:11)。铜质,带双龙首提梁,三燕时代墓地,西晋晚期至十六国时期。(IeV)

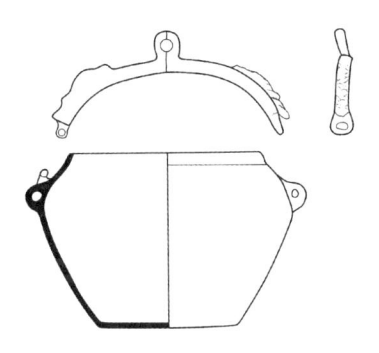

98. 辽宁北票县仓粮窖鲜卑墓出土一件(孙国平,1994,38—47 页)。铜质,有龙首提梁,前燕时期。(IeV)

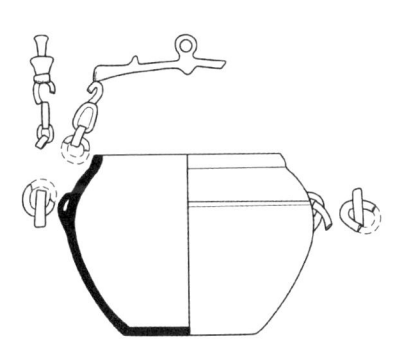

99. 辽宁省北票市西官营子冯素弗墓出土一件(黎瑶渤,1973,5 页;潘玲,2015,27 页,图二一:12)。时代在公元 415 年左右。(IeV)

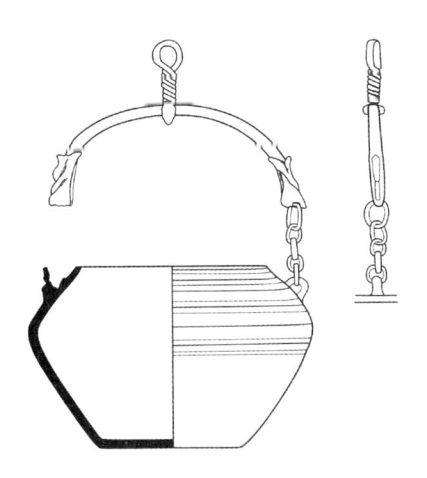

100. 朝鲜平壤市乐浪区附近发现,日本京都多田春臣氏、守屋孝藏氏收藏一件(水野清一、江上波夫,1935,图112:6;草原考古研究会,2011,100,101,图3:5),双耳(图十八:5)。铜质。通高16.3、口径11.8厘米。(IeII)

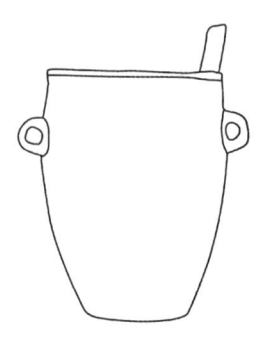

101. 朝鲜咸镜南道金野郡(旧永兴郡)所罗里 Sora-ri 土城发现一件(池内,1951,p.26;草原考古研究会,2011,100,图3:3)。铜质。通高22、口径12.6厘米。(IeII)

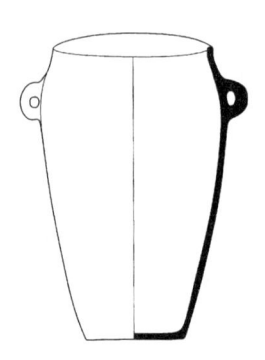

102. 朝鲜平壤东大院里许山 Dondaeueon-ri Heosan 收藏一件(藤田,1925.1947;草原考古研究会,2011,101—102,图3:8)。铜质。通高16、口径11.5厘米。1922年修铁路时发现。时代可能为公元前2—公元1世纪。(IeII)

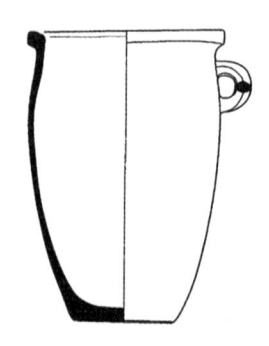

103. 朝鲜平壤市万景台 Wangyeongdae 墓葬出土一件(草原考古研究会,2012,102—103,图4:3)。铁质。双耳,有小圈足。通高17.5、口径14.3厘米。公元1世纪末至2世纪。(IeII)

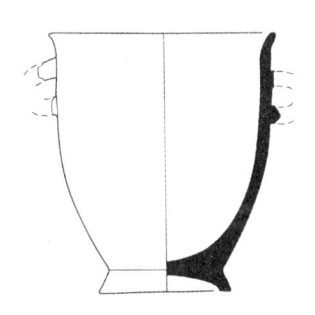

104. 朝鲜黄海北道黄州郡顺天里 Suncheon-ri 木椁墓发现一件(草原考古研究会,2012,102—103,图4:4)。铁质。双耳,有小圈足。通高17.8、口径13.8厘米。(IeII)

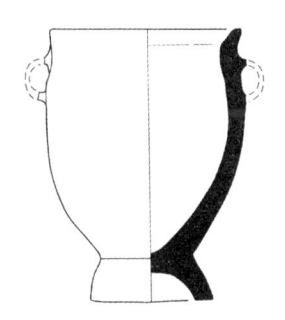

105. 朝鲜平壤石岩里 Seokam-ri 194 号墓出土一件(乐浪汉墓刊行会,1974;草原考古研究会,2011,101—102,图3:9)。铜质。通高12.4、口径12.1厘米。根据出土器物,时代为公元1世纪早中期。(IeII)

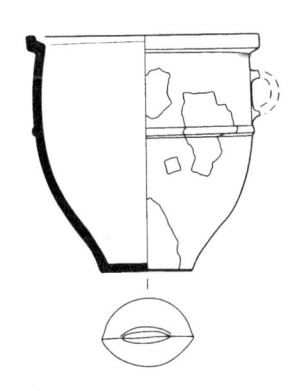

106. 朝鲜北道黄州郡天柱里 Cheonju-ri 墓葬出土一件（草原考古研究会，2012，103，图4：2）。铁质。通高18.4、口径12.6厘米。（IeII）

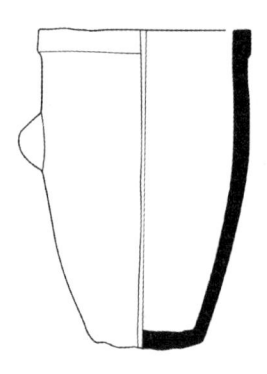

107. 朝鲜平安南道南浦市台城里 Daeseong-ri 11号木椁墓出土一件（草原考古研究会，2012，102—103，图4：1）。铁质。单耳。通高18.4、口径12.8厘米。时代为公元前2世纪至前1世纪。（IeII）

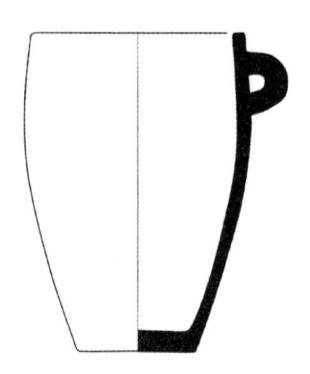

108. 桥都芳树氏藏一件（梅原，1938，p.118；草原考古研究会，2012，100，图3：4）。铜质。通高17、口径11.5厘米。（IeII）

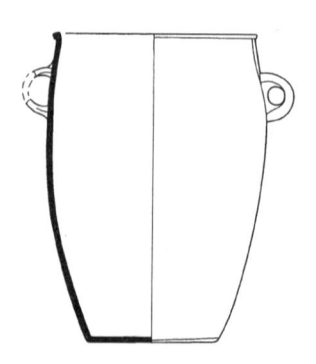

109. 集安榆林乡地沟村出土一件(草原考古研究会,2012,109,图8:2)。(If)

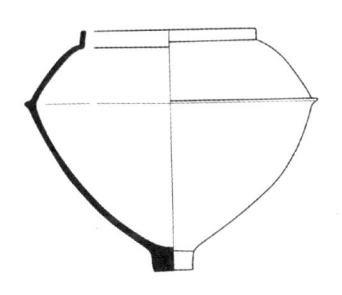

110. 辽宁省北票喇嘛洞 IIM266 号墓出土一件(草原考古研究会,2012,109,图8:3)。(If)

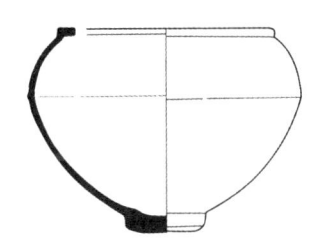

111. 辽宁桓仁五女山城铁器窖藏(辽宁省文物考古研究所,2004,168页,图一七九)。(If)

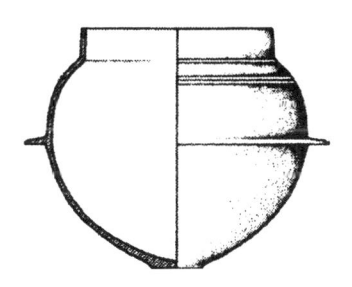

112. 韩国庆尚北道庆州市舍罗里 Sara-ri 130 号大型木棺墓出土一件(岭南文化财研究院,2001;草原考古研究会,2012,105—106,图6:1)。瘦高,无耳。通高39.4、口径26.5厘米。时代为公元1世纪后—2世纪中。(If)

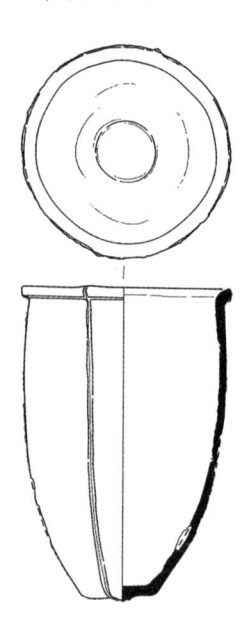

113. 韩国庆尚南道金海市良洞里 162 号大型木椁墓出土一件（东义大学校博物馆，2000；草原考古研究会，2012，105—106，图 6：2）。瘦高，无耳。通高 32.8、口径 23.5 厘米。时代为公元 2 世纪后半。（If）

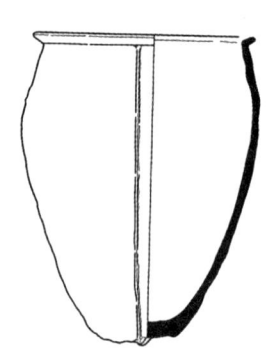

114. 韩国庆尚南道金海市良洞里 318 号墓出土一件（国立中央博物馆，2001，p.208；草原考古研究会，2012，105—106，图 6：3）。铁质。通高 32.4、口径 25.1 厘米。球腹。（If）

115. 日本长崎县对马市佐护クビル遗址出土一件（后藤，1922；小田，1977；草原考古研究会，2012，107，图7：1）。铜质。球腹，最大径有转折。小假圈足。通高33.9、口径28.2厘米。时代为公元1世纪后半—2世纪前半。（If）

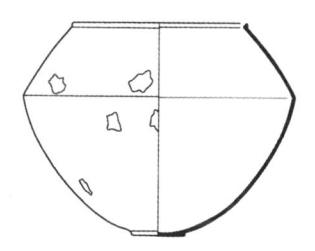

116. 日本兵库县行者塚古坟出土一件（草原考古研究会，2012，107—108，图7：2）。铁质。口径14.4厘米。时代为4世纪末—5世纪初。（If）

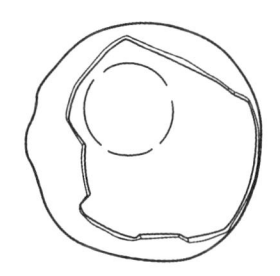

117. 日本和歌山县丸山古坟出土一件（草原考古研究会，2012，107—108，图7：3）。铁质。球腹，最大径有转折。小假圈足。通高19.7、口径25厘米。时代为公元5世纪前—中。（If）

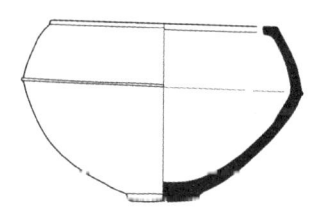

四、南西伯利亚及新疆地区

1. 俄罗斯叶尼塞河上游下乌金斯克（Nizhneudinsk）郊外发现（Rygdylon et al. 1959，Ris.3-2；Érdy，1995，Table3-9-2；草原考古研究会，2011，163，II.1.A-003）。半环耳立于口沿上，下面有锚状装饰，呈"W"形。折沿。尖圜底腹，腹体上部有2圈凸弦纹。腹部有垂直口沿的铸线纹。腹体残，圈足小而残。残高约38厘米。（GaI）

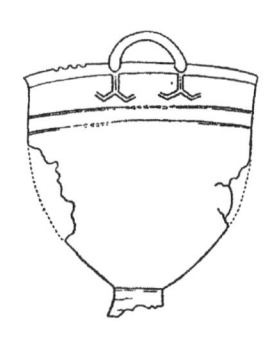

2. 俄罗斯米努辛斯克乡土博物馆藏一件 MKM.A10025/2（草原考古研究会，2011，163，Ⅱ.1.A－004）。半环耳立于口沿上。折沿。尖圜底腹，腹体上部有 3 圈凸弦纹。腹部有垂直口沿的铸线纹。圈足残失。高 27.5 厘米。（GaI）

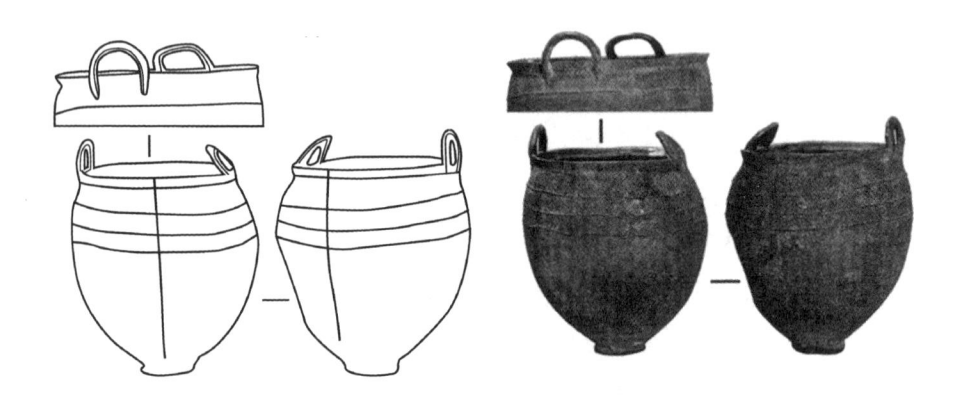

3. 俄罗斯鄂木斯克 Sidorovka 墓地 1 号冢 2 号墓出土一件（Matyushchenko et al. 1997，Ris.16－3；草原考古研究会，2011，163，Ⅱ.1.A－005）。木椁内南壁出土，墓主 30—35 岁男性，头朝北，镬置于足的附近。南壁西南角还出一件斜肩耳镂孔圈足镬。腹部有垂直口沿的铸线纹。残高 26、口径 20.5 厘米。时代为公元前 3—前 2 世纪。（GaI）

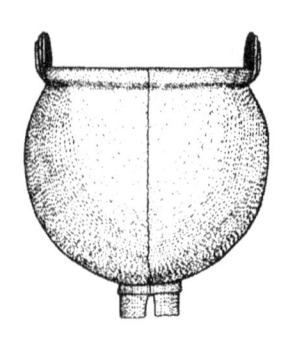

4. 俄罗斯 YalomanII 墓地 51 号墓出土一件(Tishkin *et al.* 2003, Ris.1 - 26; 草原考古研究会,2011,163,II.1.A - 006)。环耳,根部贴附于口沿外。鼓腹。腹部有垂直口沿的铸线纹。高圈足,镂孔。时代为公元前 2—公元 1 世纪。(GaI)

5. 俄罗斯米努辛斯克乡土博物馆藏一件 MM10060(Chlenova 1967, Tabl.18 - 18;Érdy,1995,Table3 - 14 - 16;草原考古研究会,2011,164,II.1.A - 007).阿巴坎河流域 Dorina 村出土。半环耳,耳呈弓形,近一半贴附于口沿外,根部向外弯翘。腹部有垂直口沿的铸线纹。小镂孔圈足。(GaI)

6. 新疆阿勒泰地区富蕴县沙尔布拉克 1989 年发现一件(王博、祁小山,1996,290 页,292 页,图十一: 8;草原考古研究会,2011,238—239,X001),现藏阿勒泰地区博物馆,通高 37.2、口径 27—28,底径 13.5 厘米,颈部有附耳,圈足低矮,有三角形镂孔(图丨三: 10),可能属于公元 487 年阿伏至罗和穷奇建立的高车国所有(林梅村,1999,189—190 页)。(GaV)

7. 俄罗斯南西伯利亚图瓦的艾梅尔雷格 3 号古墓群 5 号墓组 1 号墓发现了一件(奥甫琴尼科娃,1982;冯恩学,1993,320 页)。与唐代铜镜和开元通宝共出,时代为公元 8 世纪。(GaVI)

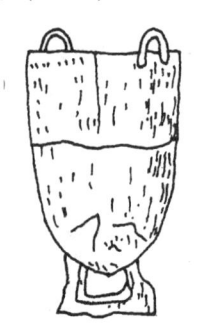

8. 俄罗斯叶尼塞河上游克兹库尔湖(Kizikul)发现,俄罗斯米努辛斯克乡土博物馆藏一件 MKM.A9625(10097)(Grishin 1960,Ris.17-2;Bokovenko et al. 1993,Ris. 5,No.24;Érdy,1995,Table3-6-3;草原考古研究会,2011,162,II.1.A-001)。Kyzykul 发现。1886 年以前入藏。半环耳,两耳根处各起阶形附件。折沿。深鼓腹,腹体上部有 2 圈凸弦纹,凸弦纹之间装饰波状纹,下接四个双线"Y"形凸弦纹装饰。腹部有垂直口沿的铸线纹。圈足小,有 4 条加强筋。高 36、口径 35.5 厘米。(GbI)

9. 俄罗斯米努辛斯克乡土博物馆藏一件(Bokovenko et al. 1993,Ris.5,No.25;草原考古研究会,2011,165,II.1.A-008)。Komarkava 出土。半环耳,两耳根处各起阶形附件。折沿。鼓腹。腹部有垂直口沿的铸线纹。三角形镂孔圈足。(GbI)

10. 俄罗斯鄂木斯克 Sidorovka 墓地 1 号冢 2 号墓出土一件（Matyushchenko et al. 1997, Ris.16-1；草原考古研究会，2011，172，Ⅱ.1.B-004）。木椁内南壁西南角出土，墓主为 30—35 岁男性，头朝北，鍑置于足的附近。斜肩耳，腹体两耳中间有和口沿垂直的铸线纹。与耳同高的位置有三圈凸弦纹。三角镂孔圈足鍑。高 47、口径 42 厘米。时代为公元前 3—前 2 世纪。（Gf）

11. 俄罗斯鄂毕河地区土门（Tyumen）萨维诺夫卡 Savinovka 墓地 7 号冢 2 号墓出土一件（Matveev et al. 1988. Ris.2；Érdy，1995，Table2-9；草原考古研究会，2011，171—172，Ⅱ.1.B-003）。直沿，腹体肩部有一对斜肩耳，腹体两耳中间有和口沿垂直的铸线纹。与耳同高的颈部位置有两圈凸弦纹，弦纹之间有连续波纹，弦纹下有四个凸弦纹构成的"Y"形纹饰。菱形镂孔圈足，圈足为六面体。通高 36、口径 33.5、最大径 36.5、圈足高 9.5 厘米。鍑中发现有马的头骨，鍑体下部有烟灰。有萨盖特文化的陶器共存。根据 1 号墓室出土三翼带铤铁镞，时代可能为公元前 3 世纪末—前 2 世纪初（Matveev et al. 1988，241—242）。（Gf）

12. 俄罗斯鄂木斯克 Sidorovka 墓地 5 号冢 1 号墓出土一件（Matyushchenko et al. 1997, Ris.70-3；草原考古研究会，2011，172，Ⅱ.1.B-006）。口沿下有小斜肩耳，腹体两耳中间有和口沿垂直的铸线纹。鍑体下部残失。残高 22.4、口径 42 厘米。有萨盖特文化的陶器共存。（Gf）

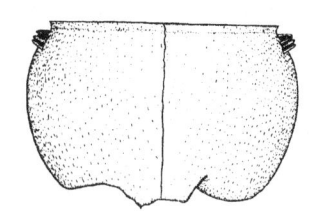

13. 新疆罗布泊北部的库鲁克山地区1901年2月10日斯文·赫定的探险队发现一件(王安洪、崔延虎译,1997,125—126页,图39)。铁质,肩部有小环耳(图十五:5)。此件铜鍑可能是丁零(高车国)破灭鄯善时留下的遗物,时代为五世纪末(林梅村,1999,186—190页)。(Gg)

14. 俄罗斯图瓦西部Khemchik河左岸支流Aldy-Ishkin河和Ust'-Ishkin河之间的Kokel'墓地1962年26号墓Ⅲ号墓室人骨头部发现一件陶鍑(Вайнштейн1970,13,77;草原考古研究会,2011,364—366,Ⅲ-b-4)。方耳,上面有三个突起。高29厘米。(HaI)

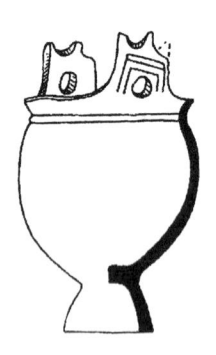

15. 俄罗斯图瓦西部Khemchik河左岸支流Aldy-Ishkin河和Ust'-Ishkin河之间的Kokel'墓地1965年37号墓Ⅷ号墓室人骨头部发现一件陶鍑(Дьяконова1970,181,табл.Ⅵ;草原考古研究会,2011,364—366,Ⅲ-b-5)。方耳,上面有三个突起。高20厘米。(HaI)

16. 俄罗斯阿尔泰共和国东部泰利斯克伊 Teletskoe 湖附近 Byushk 发现一件,1877 年发表(Érdy,1995,Table3-3;Aspelin 1877,70;Боковенко,Засецкая 1993,81;草原考古研究会,2011,364—365,Ⅲ-b-2)。方耳,耳上有三个三角形的突起,方耳根部贴附于口沿,并呈"π"形延伸到腹部。口颈表面有两条折线纹交叉形成的装饰纹。DaX 方耳,耳上有三突,耳根呈"八"字形向两边翘起,颈部饰"X"纹。高 27 厘米。时代可能为公元 1—2 世纪。(HaI)

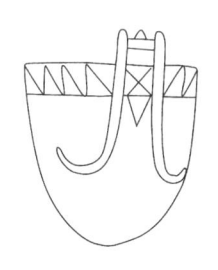

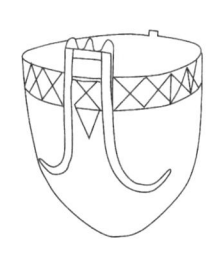

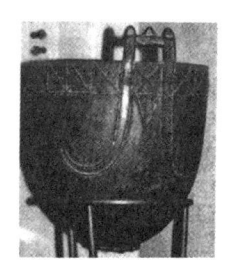

17. 俄罗斯南西伯利亚阿尔泰地区バルナゥル市乔尔纳亚库吕亚(Chernaya Kur'ya)村发现一件(Боковенко,Засецкая 1993,81;Érdy,1995,Table3-4;草原考古研究会,2011,364—365,Ⅲ-b-1)。颈部有两圈凸弦纹,下面一圈和"Y"形分隔凸弦纹分隔腹体为四部分。圈足残。(HaI)

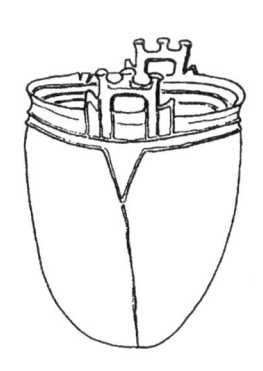

18. 蒙古西北部 Mörön 县发现一件残鍑,フブスグル＝アィマク博物馆藏(草原考古研究会,2011,70—71,X‐11;草原考古研究会,2011,367—368,Ⅲ‐c‐1)。仅存上半部。(HaⅡ)

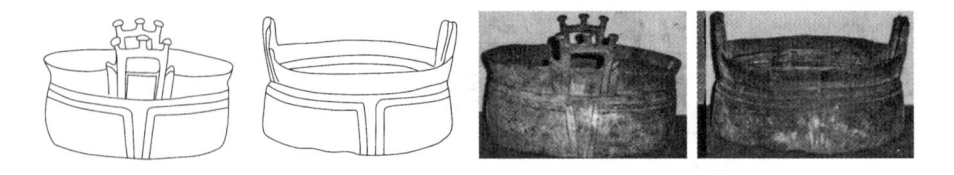

19. 俄罗斯图瓦西部 Khemchik 河左岸支流 Aldy-Ishkin 河和 Ust'-Ishkin 河之间的 Kokel' 墓地 1962 年 40 号墓发现一件陶鍑(Вайнштейн 1970,58,61;Basilov 1989,44—45;草原考古研究会,2011,364—366,Ⅲ‐b‐3)。方耳,上面有三个柱状突起,两耳根贴附于口沿外,两边有变尖的附加装饰。腹体有竖向凸纹分隔腹体,中间有两竖排圆钉纹。高 16.7 厘米。40 号墓为直径 3 米的积石墓,土坑中有人骨,头部有木杯,腰骨附近有三翼镞。(HaⅡ)

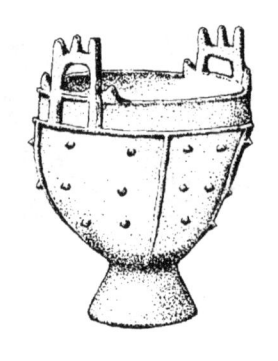

20. 新疆乌鲁木齐南山沟发现一件(王博,1987,46—47 页;草原考古研究会,2011,363—364,Ⅲ‐a‐6)。通高 72 厘米。蘑菇形装饰发达,口沿外有小方格装饰一周,腹部框形纹饰之间有箭形纹饰,同 EbⅠ‐1。国外学者认为此件铜鍑是北匈奴从新疆西迁前留下的遗物,是匈人铜鍑的原型(Erdy,1990,pp.11—13;1995,pp.32—33)。但根据其耳部特征,此件铜鍑只能是奥伦堡的(HaⅡ‐1)发展型式,这种耳朵式样只是在库班河、顿河地区才形成,其腹部的纹饰和乌拉尔山西侧的铜鍑(HbⅠ‐1)十分相近,连大耳下方框间隙中的箭形装饰都一致,而在奥伦堡铜鍑还没有这种装饰。因此,我们认为此件铜鍑应当是公元 350—374 年从库班河、顿河地区传回新疆地区的,至于其铸造地,可能就在新疆北疆,这一时期活动于天山以北、热海及特克斯

河峡谷的是北匈奴西迁时因孱弱留下的余部。所以此件铜鍑可能为悦般所有,这件铜鍑的发现说明悦般的势力还曾到达乌鲁木齐一带。(HaIV)

21. 据巫新华告之,新疆发现一件,来源不清。(Hc)

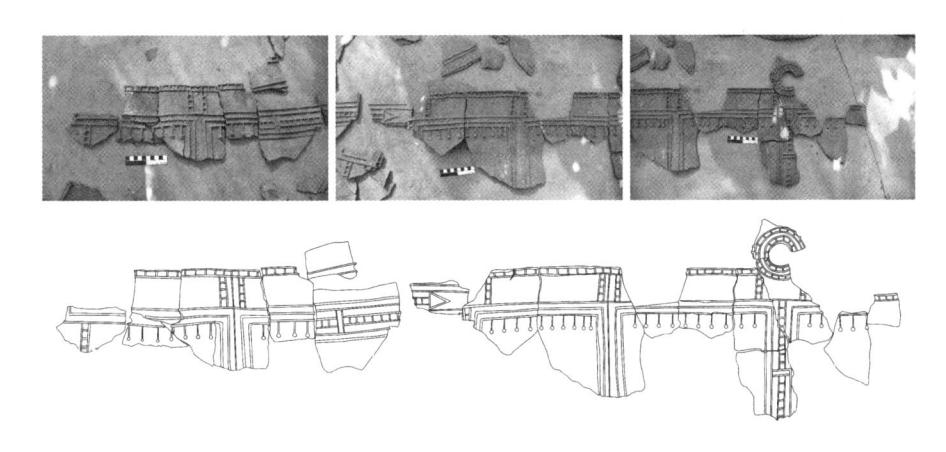

22. 俄罗斯哈卡斯国立乡土博物馆藏一件 XKM253/1(草原考古研究会,2012,173,II.2.A-002)。半环形立耳,一耳残失。桶形腹体。通高 28.5 厘米。(IaI)

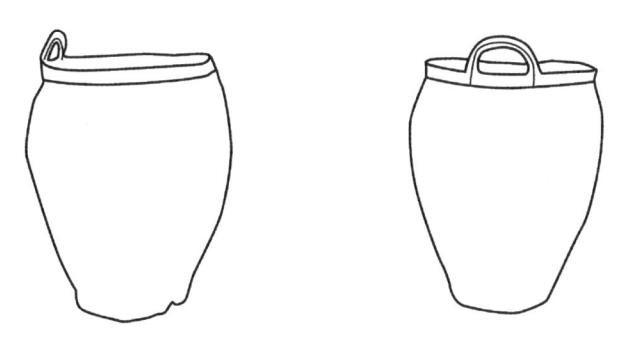

23. 俄罗斯图瓦 Bai-Dag II 匈奴墓出土一件[Moshkova(ed.) 1992, Tabl.79-16;草原考古研究会,2012,173,II.2.A-003]。半环形耳,桶状腹体,两耳之间的腹体上有双线"Y"形凸弦纹装饰。(IaI)

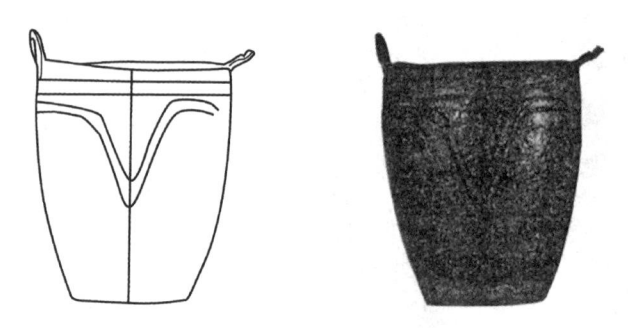

24. 俄罗斯米努辛斯克乡土博物馆藏一件(Grishin 1960,Ris.17-3;草原考古研究会,2012,173,II.2.A-001)。方耳,耳根有阶形装饰。桶状腹体,上部微鼓。腹体上部有两圈凸弦纹,弦纹之间有波纹。(IdI)

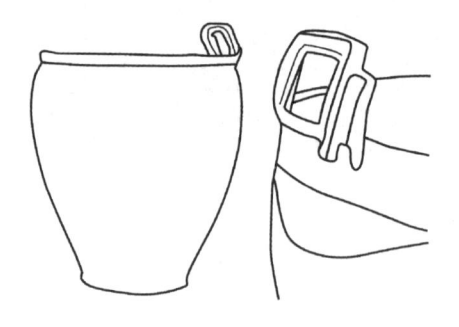

25. 俄罗斯托木斯克大学考古学民族学博物馆藏一件(草原考古研究会,2012,173,II.2.A-005)。米努辛斯克 Askis 河流域发现。通高 28、口径 18.5、底径 13 厘米。(IeI)

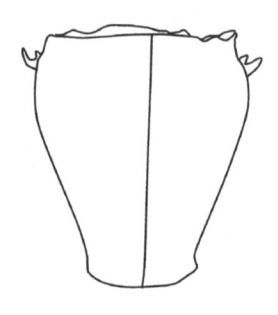

26. 俄罗斯哈卡斯国立乡土博物馆藏一件 XKM349(草原考古研究会,2012,173,II.2.A-004)。"Ω"环形附耳。通高 20.8 厘米。(IeIII)

五、从巴尔喀什湖至伏尔加河的广大地区（包括乌拉尔山中段西侧的一些地区）

1. 哈萨克斯坦南哈萨克斯坦州 Shardara 地区 Zhaman Togai 9 号墓出土一件（Maksimova et al. 1968,181；草原考古研究会,2011,240,X 004）。山字形耳,耳根两旁有阶形装饰,根部贴附于口沿之外。直口,桶形腹,微鼓。高圈足,圈足上有细长三角形镂孔。（GeI）

2. 俄罗斯南乌拉尔 1977 年 Saratov 国立大学地质学者在奥伦堡（Orenburg）州南部 Belyaevskij 地区和 Kuvandyk 地区之间克兹尔-阿德（Kyzyl-Adyr）洞穴墓葬中发现一件（Гаряинов 1980,259；Érdy,1995,Table2-8；草原考古研究会,2011,359—361.II-c-5）。洞窟入口原来有砂岩石板封堵,墓葬还出土了骨质复合弓部件、三翼铁镞、铁刀残片、金银装饰品、人骨、大型动物骨骸。圈足残失,高 34.5、口径 24.5 厘米。（HaIII）

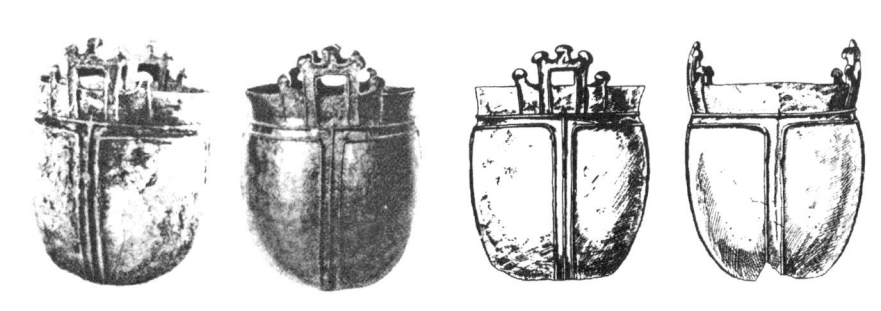

3. 乌兹别克斯坦 Karakalpakstan 共和国 Turtkul 市近郊纳林赞巴巴（Narindjan-Baba）发现一蘑菇状耳（Maechen-helfen, 1973, pp. 321, 318, fig.49；草原考古研究会, 2011, 362—363, Ⅲ-a-5）。鄂第认为此件铜鍑耳可能是厌哒的遗物（Érdy, 1995, pp.21, 52）。（HaⅣ）

4. 哈萨克斯坦西部锡尔河下游 Kyzyl-Orda 市西部 Djety Asar 遗址群中的 Altyn Asar 遗址发现两件陶质的仿铜鍑（Левина 1971, 17, 20, рис.3；草原考古研究会, 2011, 361—362, Ⅲ-a-1, 2）。方耳，外有凹槽，方耳根贴附于口沿外，并下延至腹部。口沿外有一圈突起的圆钉纹，腹部也有竖向的圆钉纹。小圈足。高 39 和 35 厘米。（HbⅠ）

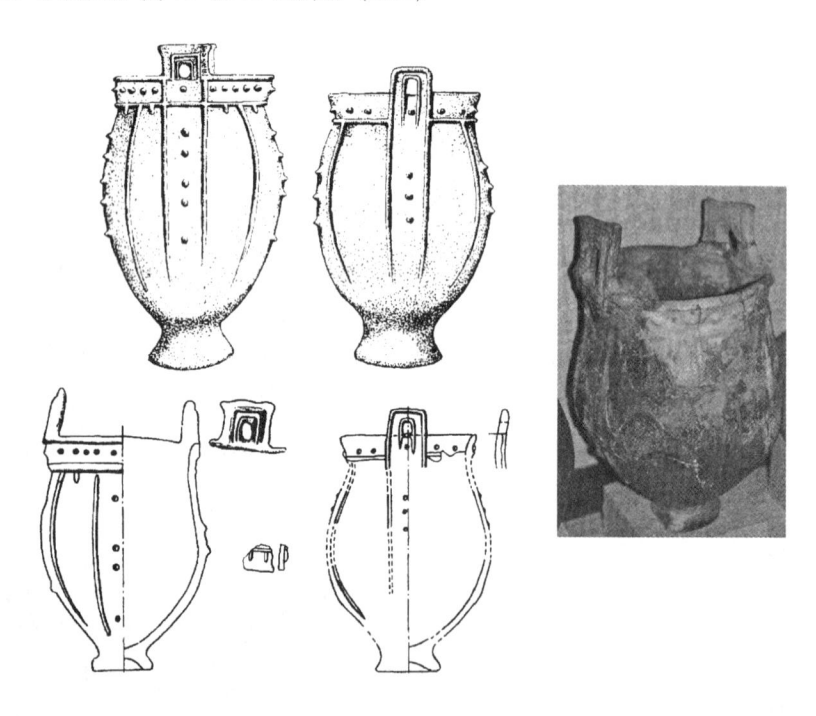

5. 哈萨克斯坦西部锡尔河下游 Kyzyl-Orda 市西部 Djety Asar 遗址群中的 Altyn Asar 遗址 4 号墓、1 号墓发现两件陶质的仿铜鍑（Левина 1993,

45—47,156;草原考古研究会,2011,361—362,Ⅲ-a-3,4)。耳已残失,可能为方耳,口沿外有一圈较密集的联珠纹,腹体有竖向的凸弦纹分隔,小圈足。高18和16厘米。(HbI)

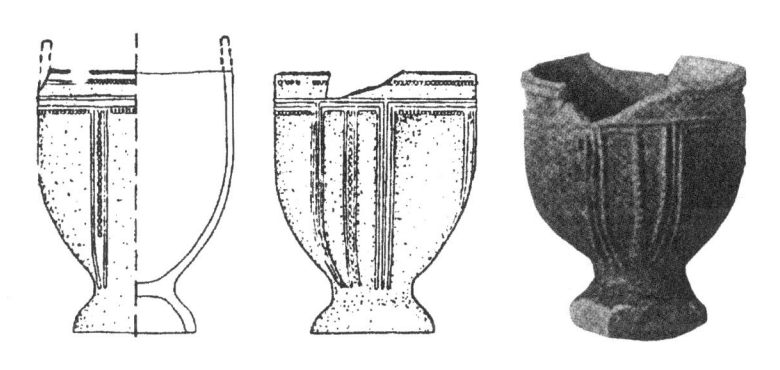

六、北高加索、库班河、顿河下游地区

1. 俄罗斯北高加索中部卡巴尔达-巴尔卡尔共和国(Kabardino-Balkariya)哈巴兹(Khabaz)村马尔卡(Malka)河源头附近 Shiyakky-Kol 溪谷中世纪初墓地地下石室发现一件,卡巴尔达-巴尔卡尔历史·语言·经济学研究所藏(Батчаев 1984,256;Érdy,1995,Table1-19;草原考古研究会,2011,356—357,Ⅱ-b-3)。腹部主体纹饰同上式,外加穗形装饰。高57.5、最大径31.5厘米,重15—20公斤。(HaⅣ)

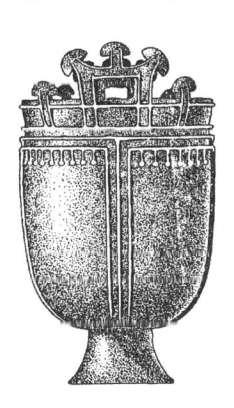

2. 俄罗斯北高加索罗斯托夫州(Rostov)顿河河口伊万诺夫卡村(Ivanovska)发现一件,Novocherkassk 市博物馆藏[Anke 1998:(2)54;Maenchen-helfen,1973,pp.316,fig.47;Érdy,1995,Table1-18;草原考古研究会,2011,355—356,Ⅱ-b-1]。大方耳,上面微下凹,有三个大蘑菇构件,方耳两侧外各有一个蘑菇状构件。口沿下有一圈凸弦纹。颈部两圈凸弦纹,

上面一圈封闭，下面一圈分为四段，和竖凸弦纹一起把腹体分隔成四块。（HaⅣ）

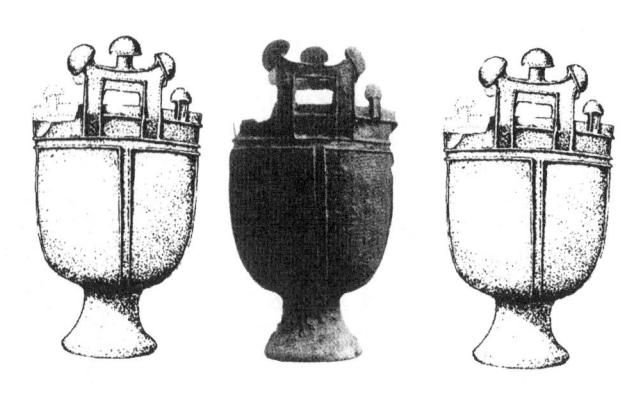

3. 北高加索 Stavropol 州发现一件铜鍑（草原考古研究会，2011，356，Ⅱ-b-2）。有蘑菇状装饰的立耳。高 45 厘米、圈足高 11 厘米。无图。（HaⅣ）

4. 俄罗斯西乌拉尔 1884 年 Simbrisk 市（现在的乌里扬诺斯克市 Ul'yanovsk）西南约 100 公里的奥索卡（Osoka）村和 Zagarino 村之间的小河砂土中发现一件［Maechen-helfen，1973，pp. 316－317，fig. 45；Érdy，1995，Table2－1；Anke 1998：（2）100；草原考古研究会，2011，357—358，Ⅱ-c-2］。口沿外有穗状装饰，腹体有四个方框形装饰，方框上部有穗状装饰，大耳下的方框间隙有一箭形装饰。高 53.5、直径 31 厘米，重 17.6 公斤。（HbⅡ）

5. 南 Bug 河流入黑海的河口右岸古代都市遗址 Olbia 发现一支方耳，Odesa 博物馆藏（Редина，Росохацький 1994，152；草原考古研究会，2011，355—356，Ⅱ-a-3）。方耳外有联珠纹，方耳下还有一部分口沿，装饰竖格纹。高 12.7、宽 14.3 厘米。（HbⅡ）

6. 俄罗斯 Komi 共和国首府瑟克提沃卡尔(Syktyvkar)西南约 85 公里上科奈特斯(Verkhnij Konets)村发现一件,Vologda 州博物馆藏(Maechen-helfen,1973,pp.316,fig.46;Érdy,1995,Table2-2;草原考古研究会,2011,357—358,II-c-1)。装饰基本同上,但穗状装饰非常发达,大方耳下无箭形装饰。(HbII)

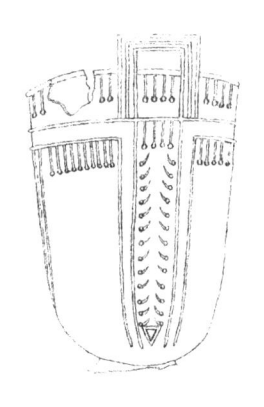

7. 克里米亚半岛中部 Simferopol 市 1984 年发现一块铜鍑残片[Anke 1998:(2)115;草原考古研究会,2011,355—356,II-a-4]。为铜鍑腹部残片,分隔的凸弦纹和圆圈坠饰纹尚存。高 22、宽 18 厘米。

七、顿河下游、第聂伯河、多瑙河地区

1. 捷克奥帕瓦(Opava)贝内绍夫(Horny Benešov)发现一件铜鍑耳朵

(Maenchen-helfen,1973,pp.307—308,fig.32；Érdy,1995,Table1－7；草原考古研究会,2011,343—345,I‐a‐2,也称为 Raase 鍑)。突起不发达。1907年,山麓堤堰建设时发现,埋藏环境为泥炭和水的地方。1916 年开始藏于 Opava 博物馆。根据残存部分尺寸,原来铜鍑可能高 50—60 厘米(Nestor et al.1937,181)。(HaIV)

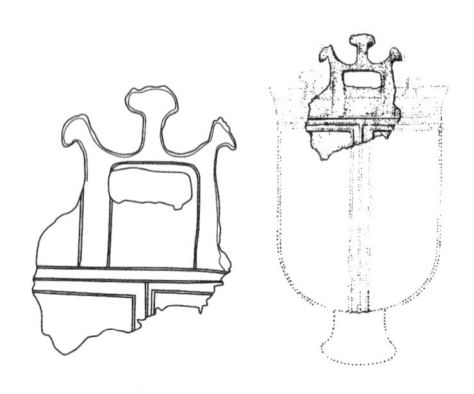

2. 乌克兰西南部 Odesa 州 Kodyma 地区 Timkovo 村古代聚落遗址发现一个立耳残件(Редина, Росохацький 1994,152；草原考古研究会,2011,354—355,II‐a‐2)。残存的方立耳上残存两个大蘑菇状突起,不能肯定原来有几个。(HaIV)

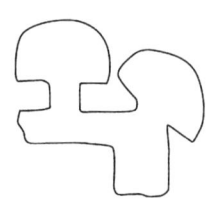

3. 罗马尼亚西南地区 Mehedinţi 郡 Turnu-Severin 市东南约 10 公里多瑙河左岸罗马晚期城塞发现一块铜鍑的残片［Davidescu 1980,84；Harhoiu, Diaconescu 1984,101,107；Anke 1998：(2)49；草原考古研究会,2011,350—351,I‐c‐1］。铜鍑口沿的一部分,可以看到口沿下分隔腹体的凸弦纹。(HaIV)

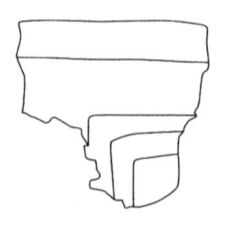

4. 罗马尼亚西奥尔泰尼亚地区（Oltenia）克拉约瓦区（Craiova）Mehedinți 郡 Rogova 南 5.5 公里霍塔拉尼（Hotărani）村发现一件（Nestor, Nicolaescu-plopșor 1937, 179; Maenchen-helfen, 1973, pp.313, fig.39; Érdy, 1995, Table1-12; 草原考古研究会, 2011, 350—351, I-c-2）。仅存一个三蘑菇首装饰的耳。高 16.2 厘米、最宽处为 12.7 厘米。（HaIV）

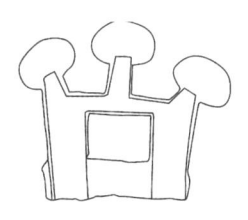

5. 罗马尼亚蒙泰尼亚（Muntenia）区 Călărași 市西 30 公里附近的博什尼亚古（Boșneagu）村莫斯蒂什泰湖（Mostiștea）东岸 1956 年发现两耳［Mitrea, Anghelescu 1960, 156, 158; Mitrea 1961, 550; Anke 1998：（2）18; Maenchen-helfen, 1973, pp.314, fig.41; Érdy, 1995, Table1-16; 草原考古研究会, 2011, 350—351, I-c-6］。一个高 18、宽 12.7 厘米；另一个高 15、宽 12.8 厘米。（HaIV）

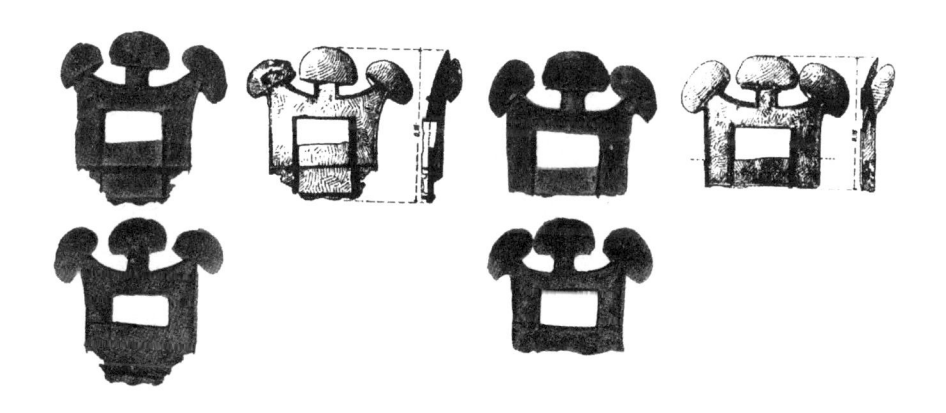

6. 罗马尼亚首都布加勒斯特西北 70 公里 Dîmbovița 郡的约内什蒂（Ionești）村发现一件（Harhoiu, Diaconescu 1984, 99; Érdy, 1995, Table1-14; 草原考古研究会, 2011, 352—353, I-c-7）。完整器。1983 年在 Argeș 河支流河床采砂场建造储水池的时候发现于 6 米深含地下水的沙砾层中。高 71.4、口径 37.6 厘米。（HaIV）

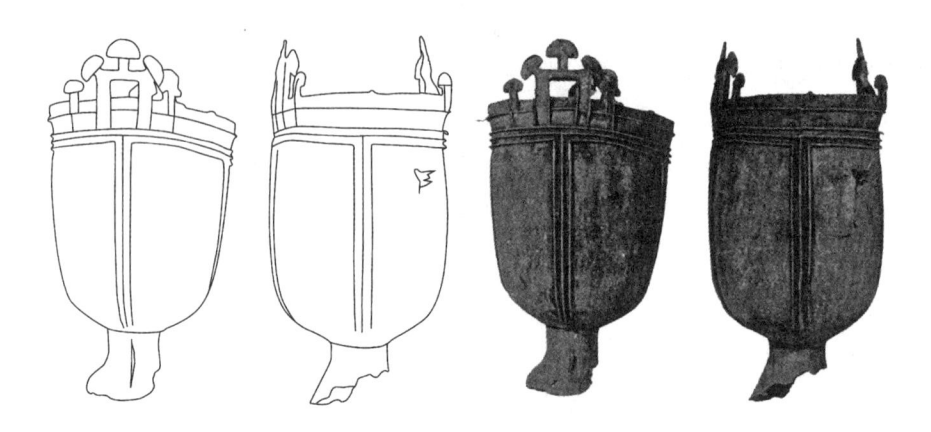

7. 罗马尼亚首都布加勒斯特东北 80 公里 Buzău 郡 Sudiți 发现铜鍑腹部残片一块(Harhoiu, Diaconescu 1984, 100; Koch 2007, 333; 草原考古研究会, 2011, 353—354, I-c-8)。(HaIV)

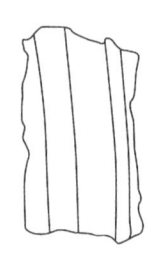

8. 罗马尼亚西奥尔泰尼亚地区(Oltenia)克拉约瓦区(Craiova)代萨(Desa)发现一件(Nestor, Nicolaescu-plopşor 1937, 178; Maenchen-helfen, 1973, pp.312, fig.38; Érdy, 1995, Table1-11; 草原考古研究会, 2011, 350—351, I-c-4)。完整器。腹部纹饰同本式第一件。高 54.1、直径 29.6 厘米。(HaIV)

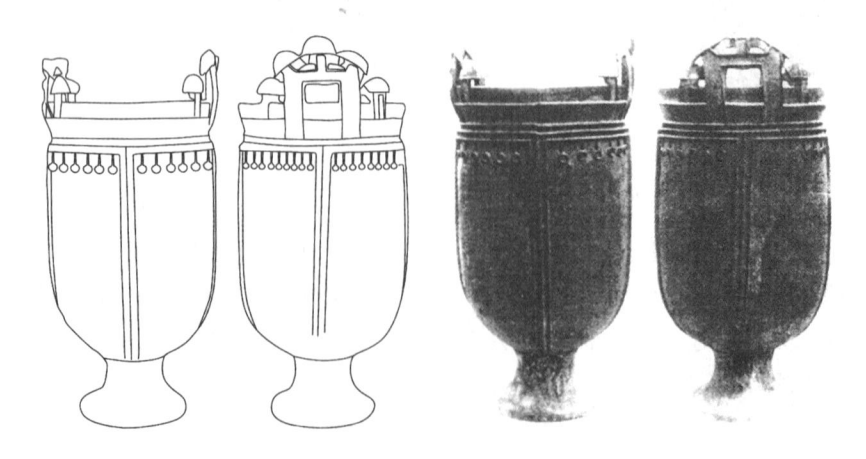

9. 匈牙利 2006 年 Balaton 湖南岸 Somogy 郡 Balatonlelle 村 Rádpuszta 修路时在深 1 米的地下发现一件(Honti 2007,44;草原考古研究会,2011,346—345,Ⅰ-b-2)。三大蘑菇首大方耳,耳根贴附于口沿外,方耳两侧不远还有一个蘑菇首装饰。口沿下有一圈凸弦纹,和口沿之间有波折纹,颈部有三圈凸弦纹,上面两圈封闭,下面一圈和四组三条一组的竖线纹把腹体平分为四部分,每部分的横凸弦纹下有两个一组,共三组六个圆圈缀形装饰。圈足残。高 60 厘米,重 22 公斤。(HaⅣ)

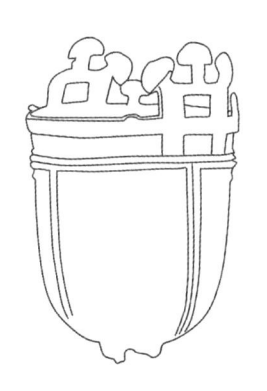

10. 匈牙利 Balaton 湖东南 50 公里,托尔纳(Tolna)县霍杰斯(Högyész)北的卡帕斯(Kapos-vörgy)河谷右岸泥炭地耕作时出土一件,1891 年藏匈牙利国立博物馆(Maenchen-helfen,1973,pp.309-310,fig.35;Bóna 1991,275;Érdy,1995,Table1-3;草原考古研究会,2011,346—349,Ⅰ-b-3)。三大蘑菇首人方耳,耳根贴附于口沿外,方耳两侧不远还有一个蘑菇首装饰。口沿下有一圈凸弦纹,和口沿之间有格子纹,颈部有一圈凸弦纹,和四条竖线纹把腹体平分为四部分,每部分的横凸弦纹下有两个一组,共三组六个圆圈缀形装饰。圈足残。高 49.5、口径 30—33 厘米,重 16 公斤。蘑菇形装饰发达,口沿外有小方格装饰一周。从冶金成分分析,这件铜鍑和上述皇宫堡(Ⅰ-b-1)一件可能是一个作坊铸成的(Kovrig 1973,114)。(HaⅣ)

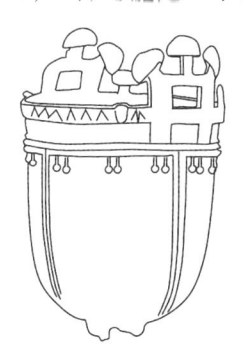

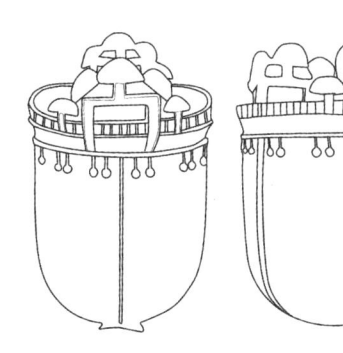

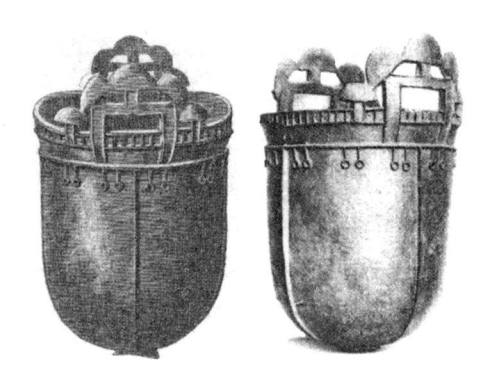

11. 匈牙利多瑙河右岸费耶尔（Fejér）县多瑙济瓦罗斯（Dunaújváros）罗马时代晚期 Intercisa 城塞 1909 年调查时在 5 号建筑址 III 号室出土一件（Maenchen-helfen,1973,pp.311,fig.37;Érdy,1995,Table1－4;草原考古研究会,2011,348—349,I－b－4）。仅存腹部一小块,有三道弦纹。（HaIV）

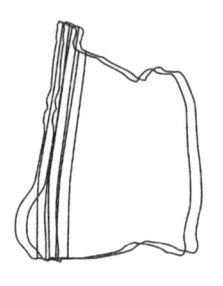

12. 匈牙利发现一件。（HaIV）

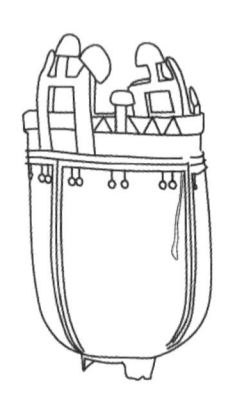

13. 斯洛伐克科马尔诺（Komárno）东 8 公里的罗马时代城塞伊扎-莱尼瓦尔（Iža-Leányvár）出土三块铜鍑残片（Érdy,1995,Table1－6;草原考古研究会,2011,343,I－a－3）。1983 年发掘时出土很多陶器残片,时代为公元 4 世纪末—5 世纪前半（Kuzmová,Rajtár 1984,138,140,141）。残片结合起来

高 8.5 厘米,可以看到三道凸弦纹,应当是铜鍑腹体的一部分。(HaIV)

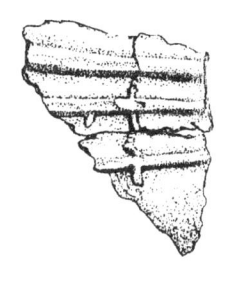

14. 罗马尼亚蒙泰尼亚(Muntenia)切利伊苏西达瓦(Celeisucidava)发现四块残片(Tudor 1941,375;Tudor 1948,189;Érdy,1995,Table1 - 13;草原考古研究会,2011,351—352,I - c - 5),为口沿部分,一块带蘑菇状装饰,1937—1940 年、1942、1943 和 1945 年先后出于罗马堡垒 Sucidava 的灰烬中。发现铜鍑残片的火烧层堆积出土了罗马帝国后期的金带饰和铜币,铜币的时代跨度约为公元 337—450 年之间(Harhoiu, Diaconescu 1984,109)。(HaIV)

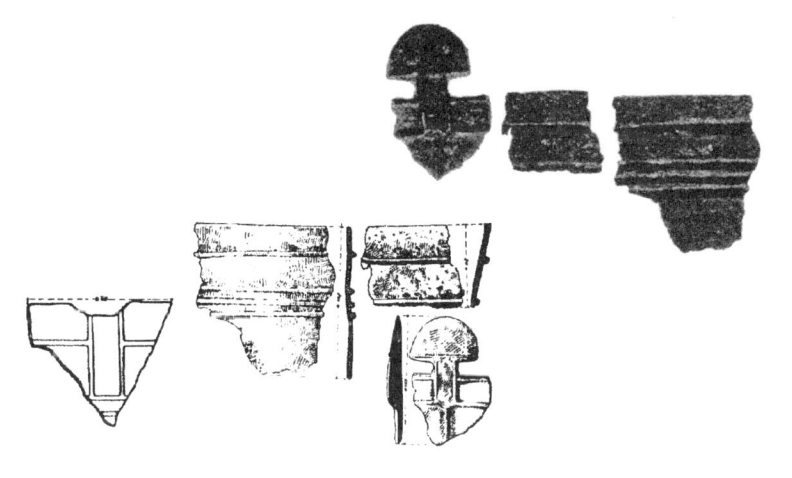

15. 罗马尼亚西欧泰尼亚(Oltenia)发现一蘑菇形耳(Nestor, Nicolaescu-plopşor 1937, 179—180; Maechen-helfen, 1973, pp. 313, fig. 40; Érdy, 1995, Table1 - 10;草原考古研究会,2011,350—351,I - c - 3),现藏布加勒斯特博物馆。高 8.4 厘米。(HaIV)

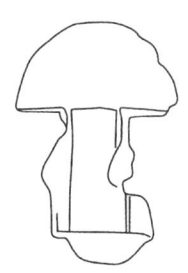

16. 摩尔多瓦共和国1962年列济纳区（Rezina）舍斯塔契（Șestaci）村发现一件，藏摩尔多瓦国立博物馆（Нудельман 1967，306—307；Maechen-helfen，1973，pp.315，fig.43；Érdy，1995，Table1 - 17；草原考古研究会，2011，354—355，Ⅱ - a - 1）。高53、直径35厘米，重29公斤。鍑下部有两处修复的痕迹。鍑中发现筒形金属容器和壶形陶器的残片。（HaV）

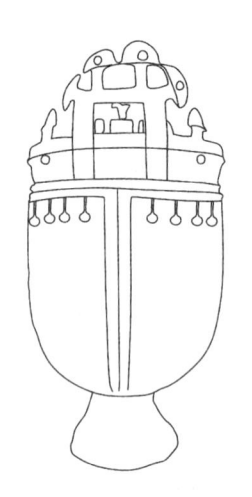

17. 奥地利维也纳购买到一耳（Maechen-helfen，1973，pp.318.322，fig.50；Érdy，1995，Table1 - 5；草原考古研究会，2011，344—345，Ⅰ - a - 4）。四大蘑菇首立方耳。这件耳的细部特征和上述一件完全相同，即蘑菇状装饰的柄和帽相结处有一小圆圈。（HaV）

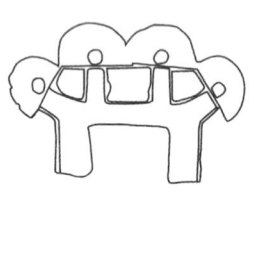

18. 匈牙利首都布达佩斯东南约80公里佩斯县（Pest）特尔泰尔（Törtel）村古代聚落遗址（Czakóhalom）的古墓内出土一件，1869年入藏匈牙利国立博物馆（Maechen-helfen，1973，pp.309，fig.34；Érdy，1995，Table1 - 1；

草原考古研究会,2011,348—349,Ⅰ-b-5)。四大蘑菇首大方耳,耳根贴附于口沿外,方耳中间还有一个竖阶梯状支撑物,方耳两侧不远还有一个蘑菇首装饰。口沿下有一圈凸弦纹,和口沿之间有小方格装饰一圈,颈部有三圈凸弦纹,上面一圈封闭,下面两圈向下连成竖线纹把腹体平分为四部分,每部分的横凸弦纹下有11个圆圈缀形装饰。圈足残。口沿外有小方格装饰一圈,腹体被方框形纹饰分隔为四块,每块上部有穗状装饰。高88—89、直径46—48厘米,重41公斤。新的观点认为出土于特尔泰尔村东约6公里的Köröstetétlen,是礼仪用品[Anke 1998,(2)138]。(HaV)

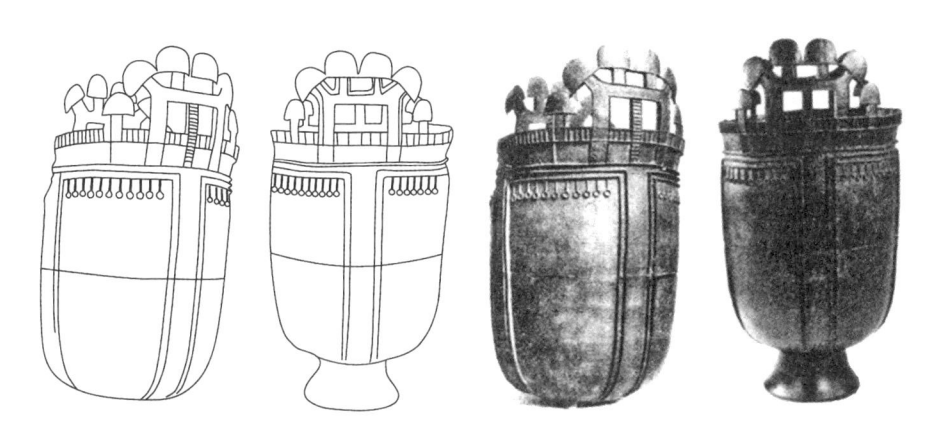

19. 匈牙利维斯普雷姆县(Veszprem)皇宫堡(Várpalota)出土一件(Maechen-helfen,1973,pp.311,fig.36;Érdy,1995,Table1-2;草原考古研究会,2011,345—345,Ⅰ-b-1)。立耳、腹体和圈足均有残失。蘑菇首大方耳仅存一只立耳的根部,方耳两边的两个稍小的蘑菇首装饰尚存。口沿下有一圈凸弦纹,颈部有三圈凸弦纹,最上面一圈封闭,下面两圈和竖向凸弦纹组合把腹体表面分为四大块。高57.5、直径34—35厘米、平均厚0.65—0.70厘米,重20.15公斤(Kovrig 1973,97)。新的观点认为出土地点为Bérhegy(Bóna 1991,275)。(HaⅥ)

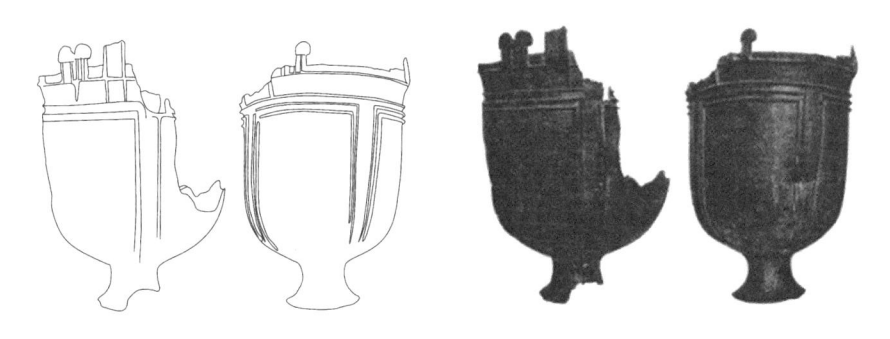

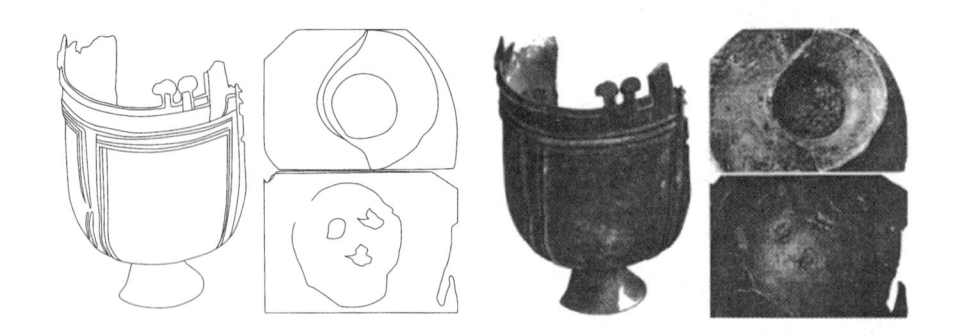

20. 波兰西南部的西里西亚地区（Silesia）延杰恰维斯［Jedrzychowice，又名霍克吕契特（Höckricht）］1831 年在河滩地发现一件（Maechen-helfen，1973，pp.308，fig.33；Érdy，1995，Table1－8；草原考古研究会，2011，342，344，图1，I－a－1）。大方立耳，两耳根贴附于口沿之下，口沿下有两圈凸弦纹，腹体有四条竖的凸弦纹。高 55 厘米。发现后曾进行过发掘，出土了镶嵌红宝石的金制品。（HbII）

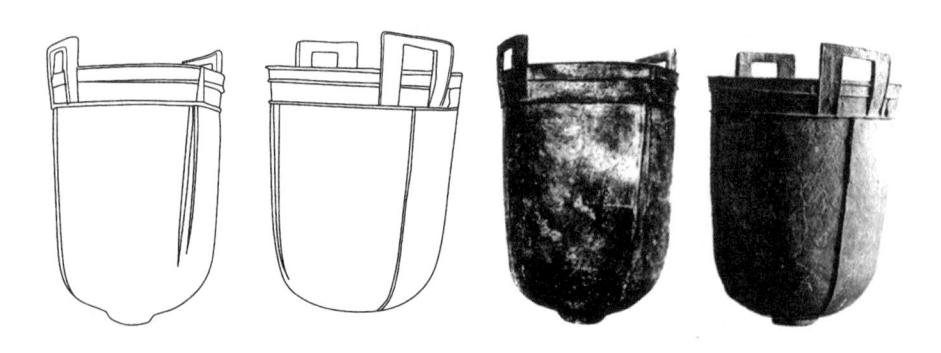

八、无法判断出土地区的铜（铁）鍑

1. 中国历史博物馆展出一件（Érdy，1995，Table6－2－24）。（GaII）

2. 日本东京国立博物馆藏一件(东京国立博物馆编 2005,鍑6;草原考古研究会,2011,63—64,G－7)。腹体一面是平的。圈足残失。通高 19.5 厘米。(GaII)

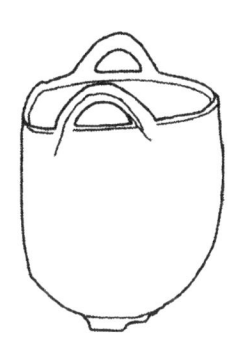

3. 美国纽约赛克勒(Arthur M. Sackler)收藏一件(Érdy,1995,Table6－2－4;Bunker,1997,pp.240;草原考古研究会,2011,45—48,Ef－27)。耳已经残失,肩部有斜肩小耳。腹体卵圆形。圈足较大,镂孔近三角形,不大。通高 15.5、口径 7.9 厘米。(GaIV)

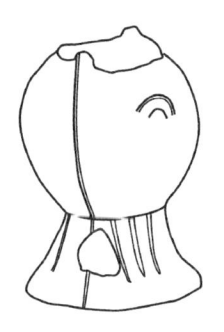

4. 俄罗斯ザバィカリェキャフタ博物馆藏一件(Grishin 1981,Ris 35－3;草原考古研究会,2011,30、36,Ea－3)。耳已残失。器体纹饰和扎赉诺尔 1986 年 M14 出土一件相似。(GcII)

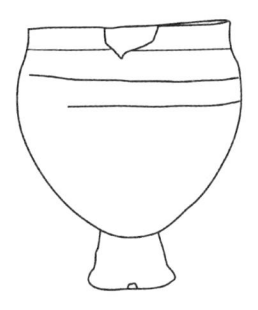

5. 日本京都大学人文科学研究所藏一件(水野清一、江上波夫,1935,图一百十三: 6、图版二六;草原考古研究会,2011,42—44,Ef‐7)。腹稍浅,圈足残。高 14.1、口径 10.0 厘米。(GdI)

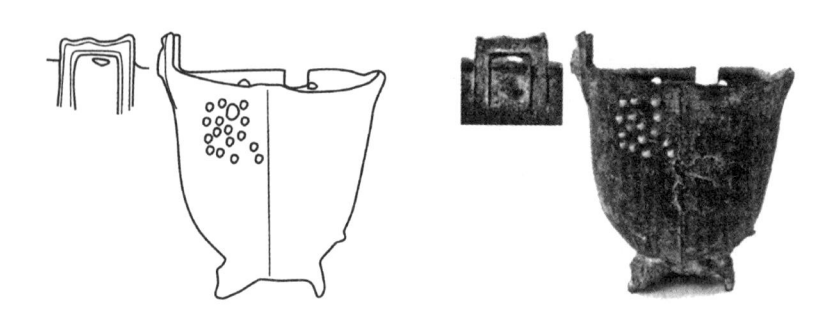

6. 日本天理大学附属天理参考馆藏一件(草原考古研究会,2011,39—40,Ed‐2)。通高 25.2、口径 18.3 厘米。(GeI)

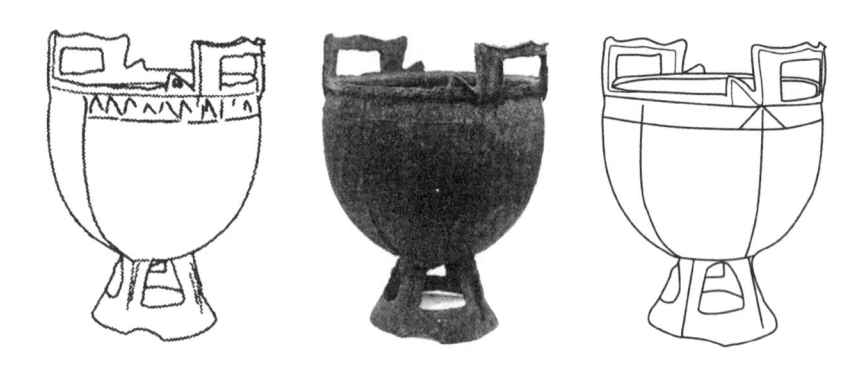

7. 乌拉尔河下游东岸 Engel's 市博物馆藏一件[Tallgren 1934,40;Anke 1998:(2)37;草原考古研究会,2011,360,Ⅱ‐c‐3]。无图。

8. ニューョーク自然史博物馆(梅原,1930,图二十四: 2;草原考古研究会,2011,52—53,Fb‐2)。(IaI)

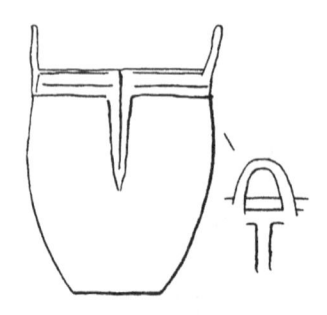

9. 旅顺博物馆藏一件(杉村·后藤,1953,图版16:7;草原考古研究会,2011,54—55,Fc-8)。(IaI)

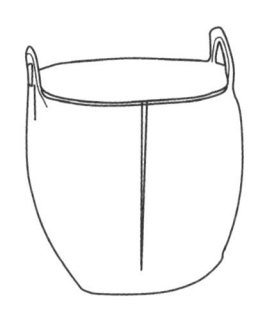

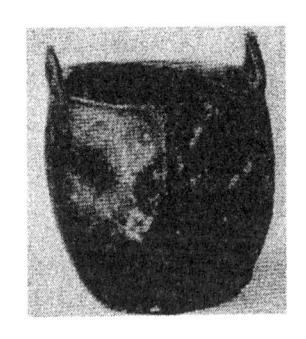

10. 日本东京国立博物馆藏一件(东京国立博物馆编2005,鍑4)。素面,腹体上垂直于立耳的部位有竖的铸线,鍑底有假圈足。高15.5、口径12.3厘米。(IdII)

11. 日本京都大学综合博物馆藏一件(水野清一、江上波夫,1935,图版二八;京都大学文学部,1963,金属制品No.394;草原考古研究会,2012,49—50,Fa-1),腹饰大波带纹(图十五:15)。高31.5、口径29.1厘米。(IeI)

参 考 文 献

一、东亚国家参考文献目录（以拼音为序）

阿密阿那斯·玛西里那斯著(Ammianus Marcellinus)，齐思和编：《历史》，1935年，(《罗马古典丛书》本，剑桥1935年)，第三册第二章，编入齐思和等译《世界史资料丛刊初集·中世纪初期的西欧》，三联出版社，1958年。

阿密阿那斯·玛西里那斯著(Ammianus Marcellinus)，齐思和编：《匈奴西迁及其在欧洲的活动》，《历史研究》1977年3期；收入林幹编《匈奴史论文选集(1919—1979)》，中华书局，1983年。

奥甫琴尼科娃：《中亚图瓦的古代突厥武士墓》，《苏联考古学》1982年3期。

保定市文物保管所：《河北顺平县坛山战国墓》，《文物春秋》2002年4期。

北京市文物管理处：《北京市延庆县西拨子村窖藏铜器》，《考古》1979年3期。

北京市文物研究所山戎文化考古队：《北京延庆军都山东周山戎部落墓地发掘纪略》，《文物》1989年8期。

伯恩斯坦姆，A.H.著；陈世良译，陈婉仪校：《谢米列契和天山历史文化的几个主要阶段》，《苏联考古学》1949年11期，载《新疆文物》译文专刊，1992年。

卜扬武、程玺：《内蒙古地区铜(铁)鍑的发现及初步研究》，《内蒙古文物考古》1995年1、2期。

蔡强：《朝阳发现的北燕墓》，《北方文物》2007年3期。

岑仲勉：《伊兰之胡与匈奴之胡》，《真理杂志》第一卷第三期，1944年5月。

朝阳市博物馆：《辽宁朝阳北魏墓》，《边疆考古研究》第5辑，科学出版社，2007年。

陈芳妹：《晋侯墓地青铜器所见性别研究的新线索》，上海博物馆编《晋侯墓地出土青铜器国际学术研讨会论文集》,上海书画出版社,1997年。

陈光祖:《欧亚草原地带出土"鍑类器"研究三题》,《欧亚学刊》第8辑,中华书局,2008年。

池内宏:《滿鮮史研究 上世編》,祖国社,1951年。

大同市考古研究所:《山西大同迎宾大道北魏墓群》,《文物》2006年10期。

大同市考古研究所、刘俊喜编:《大同雁北师院北魏墓群》,文物出版社,2008年。

戴应新、孙嘉祥:《陕西神木县出土匈奴文物》,《文物》1983年12期。

東義大學校博物館:《金海良洞裡古墳文化》,《東義大學校博物館學術叢書7》,2000年。

定县博物馆:《河北定县43号汉墓发掘简报》,《文物》1973年11期。

鄂尔多斯博物馆:《农耕 游牧·碰撞 交融——鄂尔多斯通史陈列》,文物出版社,2013年。

鄂钢基建指挥部文物小组、鄂城县博物馆:《湖北鄂城发现古井》,《考古》1978年5期。

冯恩学:《中国境内的北方系东区青铜釜研究》,《青果集:吉林大学考古专业成立二十周年考古论文集》,知识出版社,1993年。

甘肃省文物队、甘肃省博物馆、嘉峪关市文物管理所:《嘉峪关壁画墓发掘报告》,文物出版社,1985年。

甘肃省文物考古研究所:《甘肃酒泉西沟村魏晋墓发掘报告》,《文物》1996年7期。

高浜秀:《大草原の騎馬民族——中国北方の青銅器》,東京国立博物馆,1997年。

高浜秀:《西周·東周時代における中国北辺の文化》,《文明学原論——江上波夫先生米寿記念論集》,山川出版社,1995年。

高浜秀:《中国の鍑》,《草原考古通信》1994年4号。

高次若、王桂枝:《宝鸡县甘峪发现一座春秋早期墓葬》,《文博》1988年4期。

高西省、叶四虎:《论梁带村新发现春秋时期青铜鍑形器》,《中国历史文物》2010年6期。

高西省:《秦式铜鍑及相关问题——从新见的垂鳞纹铜鍑谈起》,上海博物馆和香港中文大学文物馆编《中国古代青铜器国际研讨会论文集》,香港中文大学文物馆出版社,2010年。

耿青岩:《河南淇县出土一件北魏铜双耳釜》,《考古》1984年3期。

巩县文化馆：《河南巩县发现一批汉代铜器》，《考古》1974年2期。
固原县文物工作站：《宁夏固原北魏墓清理简报》，《文物》1984年6期。
故宫博物院：《故宫博物院历代艺术馆陈列品图目》，文物出版社，1991年。
顾志界：《鄂尔多斯铜（铁）釜的形态分析》，《北方文物》1986年3期。
郭宝钧：《商周铜器群综合研究》，文物出版社，1981年。
郭林平：《新疆尼勒克县发现古代铜鍑》，《文博》1998年1期。
郭平梁：《匈奴西迁及一些有关问题》，《民族史论丛》第1辑，中华书店，1987年。
郭素新：《内蒙古呼和浩特北魏墓》，《文物》1977年5期。
郭物：《第二群青铜（铁）鍑的研究》，《考古学报》2007年1期。
郭物：《鍑中乾坤：青铜鍑与草原文明》，上海社会科学院出版社，2003年。
郭物：《论青铜鍑的起源》，中国社会科学院考古研究所编《二十一世纪世界考古学国际学术讨论会论文集》，中国社会科学出版社，2002年。
郭物：《青铜鍑在欧亚大陆的初传》，《欧亚学刊》第一辑，中华书局，1999年。
郭物：《试析铜鍑器耳突起装饰的象征意义》，《考古与文物》2010年2期。
郭物：《新疆史前晚期社会的考古学研究》（国家社会哲学科学成果文库），上海古籍出版社，2012年。
郭治中、魏坚：《察右前旗下黑沟鲜卑墓及其文化性质初论》，《内蒙古文物考古文集》（一），中国大百科全书出版社，1994年。
国家文物局主编：《中国文物地图集·吉林分册》，中国地图出版社，1993年。
国家文物局：《1998年中国重要考古发现》，文物出版社，2000年。
国立中央博物馆：《楽浪 The Ancient Tomb of Nangnang》，2001年。
韩嘉谷：《从军都山东周墓谈山戎、胡、东胡的考古学文化》，《内蒙古文物考古文集》（一），中国大百科出版社，1994年。
韩嘉谷：《燕史源流的考古学考察》，《北京文物与考古》第二辑，北京燕山出版社，1991年。
韩汝玢、埃玛·邦克：《表面富锡的鄂尔多斯青铜饰品的研究》，《文物》1993年9期。
韓國國立中央博物館：Xiongnu Tombs of Duurlig Nars, 2009.
何震亚：《匈奴与匈牙利》，载《中外文化》第1937年1卷第1期。
河北省文化局文物工作队：《行唐县李家庄发现战国铜器》，《文物》1963年4期。
河北省文化局文物工作队：《河北怀来北辛堡战国墓》，《考古》1966年5期。

河北省文物研究所:《河北新乐中同村发现战国墓》,《文物》1985年6期。

贺勇、刘建中:《河北怀来甘子堡发现的春秋墓群》,《文物春秋》1993年2期。

後藤守一:《對馬國上県郡佐須奈村發掘品(東京帝室博物館新收品の解説)》,《考古学雜誌》1922年第12卷第8号。

胡金华、冀艳坤:《河北唐县钓鱼台积石墓出土文物整理简报》,《中原文物》2007年6期。

姬乃军:《延安地区文管会收藏的匈奴文物》,《文博》1989年4期。

吉林省文物考古研究所编:《榆树老河深》,文物出版社,1987年。

吉林省文物考古研究所、集安市博物馆、吉林省博物馆:《集安出土高句丽文物集粹》,科学出版社,2010年。

吉林省文物志编委会:《浑江县文物志》,1987年。

贾依肯:《匈奴西迁问题研究综述》,《中国史研究动态》2006年9、10期。

贾志强:《无终、楼烦考》,《山西省考古学会论文集》,山西人民出版社,1992年。

金元龙:《考古学より見た伽耶》,《伽耶文化展》,朝日新聞社,1992年。

金元宪:《北匈奴西迁考》,《国学论衡》第5期(上),1935年。

静宜:《对"内蒙古土默特旗出土的汉代铜器"一文的商榷》,《考古通讯》1956年4期。

雷云贵、高士英:《朔县发现的匈奴鲜卑遗物》,《山西省考古学会论文集》,山西人民出版社,1992年。

黎瑶渤:《辽宁北票县西官营子北燕冯素弗墓》,《文物》1973年3期。

李伯谦:《张家园上层类型若干问题研究》,北京大学考古系编《考古学研究》(二),北京大学出版社,1994年;收入《中国青铜文化结构体系研究》,科学出版社,1998年。

李朝远:《上海博物馆新获秦公器研究》,《上海博物馆集刊》第七期,上海书画出版社,1996年。

李朝远:《新见秦式青铜鍑的研究》,《文物》2004年1期。

李零:《"车马"与"大车"(跋师同鼎)》,《考古与文物》1992年2期。

李水城:《耀武扬威:权杖源流考》,上海古籍出版社,2021年。

李溯源、吴立、李枫:《伊犁河谷铜鍑研究》,《文物》2013年6期。

李夏廷:《关于图像纹铜器的几点认识》,《文物季刊》1992年4期。

李夏廷:《浑源彝器研究》,《文物》1992年10期。

李肖、党彤:《新疆准噶尔盆地周缘地区出土铜器初探》,《内陸アジア史研究》1992 年 7、8 合期。

李学勤:《论甘肃礼县铜镈》,陕西省考古研究所编《远望集——陕西省考古研究所华诞四十周年纪念文集》,陕西人民美术出版社,1998 年。

李学勤:《师同鼎试探》,《文物》1983 年 6 期。

李逸友:《内蒙古土默特旗出土的汉代铜器》,《考古通讯》1956 年 2 期。

李逸友:《关于内蒙古土默特旗出土文物情况的补正》,《考古通讯》1957 年 1 期。

李逸友:《内蒙古呼和浩特美岱村北魏墓》,《考古》1962 年 2 期;收入《内蒙古文物资料选辑》,内蒙古人民出版社,1964 年。

李逸友:《内蒙古出土文物选集》,文物出版社,1963 年。

李逸友:《札赉诺尔古墓为拓跋鲜遗迹论》,《中国考古学会第一次年会论文集》,1979 年。

李逸友、魏坚:《扎赉诺尔古墓群 1986 年清理发掘报告》,《内蒙古文物考古文集》(一),中国大百科全书出版社,1994 年。

李永平:《甘肃省博物馆系统所藏青铜器选介》,《文物》2000 年 12 期。

李永平:《新见秦公墓文物及相关问题探识》,台北《故宫文物月刊》1999 年 5 月号。

李有成:《原平县练家岗战国青铜器》,《山西省考古学会论文集》,山西人民出版社,1992 年。

梁启超:《中国历史研究法》,上海商务印书馆,1922 年。

辽宁省博物馆文物队、朝阳地区博物馆文物队、朝阳县文化馆:《朝阳袁台子东晋壁画墓》,《文物》1984 年 6 期。

辽宁省文物考古研究所编:《三燕文物精粹》,辽宁人民出版社,2002 年。

辽宁省文物考古研究所、朝阳市博物馆、北票市文物管理所:《辽宁北票喇嘛洞墓地 1998 年发掘报告》,《考古学报》2004 年 2 期。

辽宁省文物考古研究所、朝阳市博物馆、朝阳县文物管理所:《朝阳柳城镇腰儿营子村小湾地北魏墓地发掘简报》,《辽宁省道路建设考古报告集》,辽宁民族出版社,2004 年。

辽宁省文物考古研究所:《五女山城——1996—1999、2003 年桓仁五女山城调查发掘报告》,文物出版社,2004 年。

林沄:《中国东北系铜剑初论》,《考古学报》1980 年 2 期。

林幹:《匈奴史论文选集》,中华书局,1983 年。

林幹:《匈奴通史》,人民出版社,1986 年。

林幹:《中国古代北方民族通论》,内蒙古人民出版社,1999 年。

林幹:《北匈奴西迁考略》,《内蒙古社会科学》1984年1期。

林梅村:《从考古发现看火祆教在中国的初传》,《西域研究》1996年4期;收入《汉唐西域与中国文明》,文物出版社,1998年。

林梅村:《楼兰:一个世纪之谜的解析》,中共中央党校出版社,1999年。

林梅村:《吐火罗人与龙部落》,《西域研究》1997年1期;收入《汉唐西域与中国文明》,文物出版社,1998年。

林西县文物管理所:《林西县苏泗汰鲜卑墓葬》,《内蒙古文物考古文集》(二),中国大百科全书出版社,1997。

林沄:《关于中国对匈奴族源的考古学研究》,《内蒙古文物考古》1993年1、2合期;收入《林沄学术文集》,中国大百科全书出版社,1998年。

林沄:《夏至战国中国北方长城地带游牧文化带的形成过程(论纲)》,《燕京学报》第14期,2003年。

嶺南文化財研究院:《慶州舍羅裡遺跡Ⅱ》(嶺南文化財研究院學術調查教告第32冊),2001年。

刘国瑞、祁小山:《哈密古代文明》,新疆美术摄影出版社,1997年。

刘莉:《铜鍑考》,《考古与文物》1987年3期。

柳生俊樹:《天山北方地域における前1千年紀の鍑》,草原考古研究会编《鍑の研究—ユーラシア草原の祭器・什器》,雄山阁,2011年。

卢桂兰:《榆林地区收藏的部分匈奴文物》,《文博》1988年6期。

卢建国、贾靖:《宝鸡市在打击盗掘、走私文物斗争中保护的部分青铜器和铁器》,《考古与文物》1990年4期。

陆思贤:《土默川平原上的北魏铜鍑》,《呼和浩特文物》1991年总第2期。

罗丰:《固原北魏漆棺画》,宁夏人民出版社,1988年。

洛阳市第二文物工作队:《洛阳五女冢267号新莽墓发掘简报》,《文物》1996年7期。

马长寿:《乌桓与鲜卑》,上海人民出版社,1962年。

W.M.麦高文著,章巽译:《中亚古国史》,中华书局,1958年,译自W.M. McGovern, *The Early Empires of Central Asia*, 1939。

梅建军、王博、李肖:《新疆出土铜鍑的初步科学分析》,《考古》2005年4期。

梅原末治:《北支那発見一种の铜容器と其の性質》,《東方學報》京都第一册,昭和六年三月(1931)。

梅原末治:《古代北方文物の研究》,昭和十三年(1938年)。

梅原末治、藤田亮策编著:《朝鮮古文化綜鑑(第一卷)》,養德社,1947年。

奈良国立博物館:《奈良国立博物藏品図版目録 中国古代青銅器篇》,2005 年。

内蒙古自治区博物馆、和林格尔县文化馆:《和林格尔县另皮窑村北魏墓出土的金器》,《内蒙古文物考古》1984 年 3 期。

内蒙古博物馆:《卓资县石家沟墓群出土资料》,《内蒙古文物考古》1998 年 2 期。

内蒙古博物馆编:《鞍马文化——中国古代北方游牧民族》,内蒙古人民出版社,1995 年。

内田吟風:《フン匈奴同族論研究小史》,《匈奴史研究》,1953 年。

宁夏回族自治区博物馆、宁夏固原博物馆:《宁夏固原北周李贤夫妇墓发掘简报》,《文物》1985 年 11 期。

宁夏文物考古研究所、宁夏固原博物馆:《宁夏固原杨郎青铜文化墓地》,《考古学报》1993 年 1 期。

宁夏文物考古研究所:《固原南塬汉唐墓地》,文物出版社,2009 年。

潘玲:《黑龙江友谊县出土的鄂尔多斯式青铜釜探源》,《北方文物》1994 年 3 期。

潘玲:《对部分与鲜卑相关遗存年代的再探讨》,《边疆考古研究》第 13 辑,科学出版社,2013 年。

潘玲:《中国北方晚期鍑研究》,科学出版社,2015 年。

庞文龙、崔玫英:《岐山王家村出土青铜器》,《文博》1989 年 1 期。

齐思和:《匈奴西迁及其在欧洲的活动》,《历史研究》1977 年 3 期。

乔梁:《鄂尔多斯的鲜卑遗存》,《鄂尔多斯青铜器国际学术研讨会论文集》,科学出版社,2009 年。

秦安县文化馆:《秦安县历年出土的北方系青铜器》,《文物》1986 年 2 期。

邱克、王建中:《关于匈奴西迁欧洲的质疑》,《西北民族文丛》1984 年 2 期。

枏枫:《西安南郊吴家坟汉墓清理简记》,《考古与文物》1989 年 2 期。

三门峡市文物考古研究所:《义马上石河春秋墓》,科学出版社,2024 年。

山西大同考古研究所、大同市博物馆:《大同南郊北魏墓群发掘简报》,《文物》1992 年 8 期。

山西省考古研究所、太原市文物管理委员会,陶正刚、侯毅、渠川福编著:《太原晋国赵卿墓》,文物出版社,1996 年。

山西省考古研究所:《山西浑源县李裕村东周墓》,《考古》1983 年 8 期。

山西省考古研究所:《上马墓地》,文物出版社,1994 年。

山西省文物管理委员会侯马工作站:《山西侯马上马村东周墓葬》,《考古》1963 年 5 期。

杉村勇造、後藤真太郎編:《旅順博物館図録》,1953年。

陕西省考古研究所:《西安北郊一号工程Ⅲ区13号墓发掘简报》,《考古与文物》2002年1期。

陕西省考古研究所等:《陕西韩城梁带村遗址M26发掘简报》,《文物》2008年1期。

陕西省考古研究院编著:《陕北出土青铜器》,巴蜀书社,2009年。

陕西省考古研究院编著:《李家崖》,文物出版社,2013年。

陕西省雍城考古队:《一九八二年凤翔雍城秦汉遗址调查简报》,《考古与文物》1984年2期。

上海博物馆:《草原瑰宝——内蒙古文物考古精品》,上海书画出版社,2000年。

尚晓波:《大凌河流域鲜卑文化双耳镂孔圈足釜及相关问题考》,《辽海文物学刊》1996年1期。

申敬澈:《四·五世紀代の金官伽の実像》,《巨大古墳と伽取文化》,角川书店,1992年。

舒顺林:《略论北匈奴西迁的原因》,《内蒙古师大学报》1986年3期。

水野清一、江上波夫:《内蒙古·長城地帶》,東亞考古學會《東方考古學叢刊 乙種》第一册,座右宝刊行会,1935年。

斯文·赫定著,王安洪、崔延虎译:《罗布泊探秘》,新疆人民出版社,1997年。

四川省博物馆:《四川牧马山灌溉渠古墓清理简报》,《考古》1959年8期。

孙秉君、蔡庆良:《芮国金玉选粹——陕西韩城春秋宝藏》,三秦出版社,2007年。

孙国平、李智:《辽宁北票仓粮窖鲜卑墓》,《文物》1994年11期。

孙机:《固原北魏漆棺画》,《中国圣火》,辽宁教育出版社,1996年。

T.雅布隆斯基著,萨仁毕力格译:《俄罗斯菲力波夫卡墓地考古新发现》,《草原文物》2013年2期。

太原市文物考古研究所:《太原北齐库狄业墓》,《文物》2003年3期。

唐金裕、王寿之、郭长江:《陕西省城固县出土殷商铜器整理简报》,《考古》1980年3期。

唐山市文物管理处、滦县文物管理所:《滦县塔坨鲜卑墓群清理简报》,《文物春秋》1994年3期。

陶正刚:《从太原赵卿墓出土文物看我国东周时期南北文化的交流和影响》,《中国北方古代文化国际学术研讨会论文集》,中国文史出版社,1995年。

滕铭予:《中国北方地区两周时期铜鍑的再探讨——兼论秦文化中所见铜

鍑》,《边疆考古研究》第一辑,科学出版社,2002 年。

藤川繁彦主编:《中央ユーラシアの考古学》,日本世界考古学系列丛书第 6 卷,同成社,1999 年 6 月。

藤田亮策、梅原末治:《四五平壌附近出土銅鉢・銅壺[朝鮮古文化綜鑑》第一卷,養德社,1947。

藤田亮策、梅原末治、小泉顯夫:《東大院里許山の遺蹟と遺物》《南朝鮮に于ける漢代の遺跡》,《大正十一年度古蹟調査報告》第二册,朝鮮総督府,1925 年。

田广金、郭素新:《北方文化与草原文明》,收入魏坚主编:《内蒙古文物考古文集》第二辑,中国大百科全书出版社,1997 年。

田广金、郭素新:《鄂尔多斯式青铜器》,文物出版社,1986 年。

田建文:《侯马上马墓地 M13、M2008 出土的北方式青铜器》,《考古》1993 年 2 期。

托克托县博物馆:《呼和浩特托克托县郝家窑鲜卑墓葬的清理》,《草原文物》2014 年 2 期。

王炳华:《巴里坤县兰州湾子三千前石构建筑遗址》,《中国考古学年鉴》,文物出版社,1985 年。

王博、祁小山:《新疆出土青铜鍑及其族属分析——兼谈亚欧草原青铜鍑》,《丝绸之路草原石人研究》,新疆人民出版社,1996 年。

王博:《新疆近十年发现的一些铜器》,《新疆文物》1987 年 1 期。

王博:《亚欧草原所见青铜鍑及其研究》,《新疆师范大学学报(哲学社会科学版)》1995 年 4 期。

王刚:《赤峰发现鄂尔多斯式铜鍑》,《北方文物》1996 年 2 期。

王国维:《鬼方昆夷玁狁考》,《观堂集林》,中华书局,1994 年。

王克林、宁立新、孙春林、胡生:《山西省右玉县善家堡墓地》,《文物季刊》1992 年 4 期。

王林山、王博:《中国阿尔泰山草原文物》,新疆美术摄影出版社,1996 年。

王巍:《从考古发现看四世纪的东亚》,《考古学报》1996 年 3 期。

王彦辉:《北匈奴西迁欧洲的历史考察》,《东北师大学报(哲学社会科学版)》1989 年 3 期。

王银田、刘俊喜:《大同智家堡北魏墓石椁壁画》,《文物》2001 年 7 期。

王长启:《西安市文管会藏鄂尔多斯式青铜器及其特征》,《考古与文物》1991 年 4 期。

魏存成:《高句丽考古》,吉林大学出版社,1994 年。

魏坚：《林西县苏泅汰鲜卑墓葬》，魏坚主编，林西县文物管理所编《内蒙古文物考古文集》第二辑，中国大百科全书出版社，1997年。

魏坚主编：《内蒙古地区鲜卑墓葬的发现与研究》，科学出版社，2004年。

乌恩：《北方草原考古学文化比较研究——青铜时代至早期匈奴时期》，科学出版社，2008年。

乌恩：《试论汉代匈奴与鲜卑遗迹的区别》，《中国考古学会第六次年会论文集》，文物出版社，1987年。

乌恩岳斯图：《北方草原考古学文化研究——青铜时代至早期铁器时代》，科学出版社，2007年。

乌恩岳斯图：《论石板墓文化的年代及相关问题》，《新世纪的中国考古学——王仲殊先生八十华诞纪念论文集》，中国社会科学院考古研究所编著，科学出版社，2005年。

吴兴勇：《论匈奴人西迁的自然地理原因》，《史学月刊》1991年3期。

武亚琴、李铁军：《开鲁县福兴地鲜卑墓》，《内蒙古文物考古》2007年2期。

咸阳市文物考古研究所：《咸阳十六国墓》，文物出版社，2006年。

肖琦：《陇县出土的匈奴文物》，《文博》1991年5期。

肖之兴：《关于匈奴西迁过程的探讨》，《历史研究》1978年7期。

小田富士雄：《對馬・夕ヒ兒遺跡の再検討》，《考古論集——慶祝松崎寿和先生六十三歳記念論文集一》，松崎寿和先生退官記念事業会，1977年。

忻州地区文物管理处、原平市博物馆：《山西原平刘庄塔岗梁东周墓第二次清理简报》，《文物季刊》1998年1期。

宿白：《东北・内蒙古地区的鲜卑遗迹》（一），《文物》1977年5期。

宿白：《盛乐・平城一带的拓跋鲜卑——北魏遗迹——鲜卑遗迹辑录之二》，《文物》1977年11期。

徐文堪：《吐火罗人起源研究》，昆仑出版社，2007年。

雪嶋宏一：《スキタイの鍑》，《草原考古通信》1995年6号。

杨富斗：《1976年闻喜上郭村周代墓葬清理记》，《三晋考古》第一辑，山西人民出版社，1994年。

姚生民：《陕西淳化县出土汉代铜釜》，《文物》1983年1期。

姚蔚玲：《宁夏固原县出土的铜鍑》，《考古》2001年11期。

伊克昭盟文物工作站：《内蒙古准格尔旗宝亥社发现青铜器》，《文物》1987年12期。

尹玉山：《吉林永吉学古汉墓清理简报》，《博物馆研究》1985年1期。

余大钧：《公元91年后居留新疆北部一带的北匈奴》，《中华文史论丛》第1

辑,上海古籍出版社,1986 年。

余太山:《匈奴、Huns 同族论质疑》,《文史》第 33 辑,1990 年。

余太山:《关于 Huns 族源的臆测》,《文史》第 34 辑,中华书局,1992 年。

楽浪汉墓刊行会:《楽浪汉墓第一册》,真阳社,1974 年。

負安志:《中国北周珍贵文物——北周墓葬发掘报告》,陕西人民美术出版社,1992 年。

张柏忠:《霍林河矿区附近发现的西周铜器》,《内蒙古文物考古》第二期,1982 年。

张柏忠:《霍林海上游出土周代铜器的几点补正》,《社会科学战线》1982 年 2 期。

张静安:《河南安阳大司空村六朝墓的清理》,《考古通讯》1958 年 7 期。

张玉忠、赵德荣:《伊犁河谷发现的大型铜器及有关问题》,《新疆文物》1991 年 2 期。

张玉忠:《新疆伊犁地区发现的大型铜器》,《文博》1985 年 6 期。

章炳麟:《匈奴始迁欧洲考》,载《太炎文录初编·别录》卷二,载《章太炎文集》(四),上海人民出版社,1985 年。

张振腾:《试论延庆西拨子窖藏的文化归属及相关问题》,《边疆考古研究》2023 年第 1 辑。

赵丛苍:《凤翔出土一批春秋战国文物》,《考古与文物》1991 年 2 期。

赵丛苍:《城固洋县铜器群综合研究》,《文博》1996 年 4 期。

赵化成:《东周燕代青铜容器的初步分析》,《燕文化研究论文集》,科学出版社,1995 年。

赵慧民、李百勤、李春喜:《山西临猗县程村两座东周墓》,《考古》1991 年 11 期。

郑隆:《内蒙古扎赉诺尔古墓群调查记》,《文物》1961 年 9 期。

郑隆、李逸友:《察右后旗二兰虎沟的古墓群》,《内蒙古文物资料选辑》,1964 年。

中国青铜器全集编辑委员会:《中国青铜器全集 15:北方民族》,文物出版社,1995 年。

中国青铜器全集编辑委员会:《中国青铜器全集·商 2》,文物出版社,1997 年。

中国社会科学院考古研究所安阳工作队:《河南安阳市郭家庄东南 26 号墓》,《考古》1998 年 10 期。

中国社会科学院考古研究所安阳工作站:《河南安阳市大司空村东地西晋

十六国墓葬的发掘》,《考古》2024 年 6 期。

钟侃、韩孔乐:《宁夏南部春秋战国时期的青铜文化》,《中国考古学会第四次年会论文集》,文物出版社,1983 年。

朱永刚:《夏家店上层文化的初步研究》,苏秉琦主编《考古学文化论集》(一),文物出版社,1987 年。

二、西文参考文献目录

Alföldi András. 1932 "Leletek a hun korszakból és ethnikai szétválasztásuk. Funde aus der Hunnenzeit und ihre ethnische Sonderung," *Archaeologia Hungarica*, Budapest, Vol. 9.

Ammianus Marcellinus, 1986 *The Later Roman Empire*(A. D. 354 – 378), Penguin.

Andersson, J. G. 1932 "Hunting Magic in the Animal Style", *Bulletin of the Museum of Far Eastern Antiquities*, No.4, pp.221 – 317, pls.1 – 36.

Anke, B. 1998 *Studien zur Reiternomadischen Kultur des 4. bis 5. Jahrhunderts*, Weissbach: Beier & Beran.

Anke, B., Revesz L. & Vida T. 2008 Reitervolker im Fruhmittelalter: Hunnen - Awaren - Ungarn, Stuttgart: Konrad Theiss.

Anthony, David W. 2007 *The Horse, the Wheel, and Language: How Bronze-Age Riders from the Eurasian Steppes Shaped the Modern World*, Princeton, N. J.: Princeton University Press.

Appelgren-Kivalo, H. 1931 Alt - Altaische Kunstdenkmaler: Briefe und Bildermaterial von J. R. Aspelins Reisen in Sibirien und der Mongolei 1887 – 1889. Helsingfors.

Arslanova, F. Kh., Charikov, A. A. 1980 "Bronzovye kotly iz muzeev Vostochno kazakhstanskoi oblasti", In Martynov, A. I. (ed.) *Skifosibirskoe kul'turno-istoricheskoe edinstvo*, Kemerovo.

Artamonov, M. I. 1962 *Istorija Hazar*, Leningrad.

Aspelin, J. R. 1877 *Muinaisjaannoksia Suomen Suvun Asumus-aloilta* Ⅰ (*Antiquities du Nord Finno - Ougrien*), Helsingfors.

Basilov, V. N, ed. 1989 *Nomads of Eurasia*, Los Angeles: Natural History Museum of Los Angeles County.

Batsaikhan, Zagd 2006 "Foreign Tribes in Xiongnu Confederation", *The Silk Road* Vol. 4, Number 1, pp.45 – 46.

Bernshtam, A. N. 1949 "Osnovnye etapy istorii kul'tury Semirech'ya iTyan'-Shanya", *Sovetskaya Arkheologiya* 11: 337 – 384.

Bernshtam, A. N. 1952. "Istoriko-arkheologicheskie ocherki Tsentral'nogo Tyan'-Shanya i Pamiro-Alaya", *Materialy i issledovaniya po arkheologii SSSR* 26, Moskva/Leningrad.

Bokovenko, N. A. and Irina P. Zasetskaia, 1993 "Proishoždenie kotlov 'gunnskogo tipa' vostočnoj evropi v svete problemy hunno-gunnskih svjazej", *Peterburgskij Arheologičeskij Vestnik*. S.-Peterbury: FARN, (3). pp.73 – 88.

Bona I. 1991 *Das Hunnen - Reich*, Budapest: Corvina.

Bona I. 2002 *Les Huns*, Saint - Germain - du - puy: Editions Errance.

Borovka, G. I. 1928 Scythian art (Kai Khosru monographs on Eastern art). Frederick A. Stokes Company, New York.

Botalov, S. G. 2003 the Xiong-nu and the Huns, Archaeology, *Ethnology & Anthropology of Eurasia*. 1(13).

Bunker, Emma C. with Trudy S. kawami, kawami, katheryn M. Linduff, Wu En. 1997 Ancient Bronzes of the Eastern Eurasian Steppes from the Arthur M. Sackler collections, New York: The Arthur M. Sackler Foundation (distributed by Harry N. Abrams, Inc, publishers).

Chernykh, E. N. 1992 *Ancient metallurgy in the USSR: The Early Metal Age*, Translated by Sarah Wright, Cambridge University Press.

Chochorowski, J. and Skoryi, S. 1999 "Kobiece nakrycie glowy z centralnego grobowca Wielkiego Kurhanu Ryżanowskiego", *Materialy i sprawozdania Rzeszowskiego Ośrodka Archeologicznego*, t. XX.

Dacidescu, M. 1980 "Sapaturile archeologice din castrul roman de la Hinova", *Drobeta* 4: 77 – 86.

Dagny Carter, 1957 *The Symbol of the Beast-The Animal-Style Art of Eurasia*, New York: The Ronald Press Company.

Davis-Kimball, J., Bashilov, V. B. and Yablonsky, L. T.(ed.). 1995 *Nomads of the Eurasian Steppes in the Early Iron Age*, Berkeley: Zinat Press.

De la Vaissiere, E. 2005 "Huns et xiongnu", *Central Asiatic Journal* 49 (1): 3 – 26.

Desroches, Jean-Paul (commissaire) 2000 L'Asie des steppes: d'Alexandre le Grand a Gengis Khan, Reunion des musees nationaux.

Eichmann, Ricardo and Parzinger, Hermann (ed.). Migration und Kulturtransfer - Der Wandel vorder-und zentralasiatischer Kulturen im Umbruch vom 2. zum 1. vorchristlichen Jahrtausend. Akten des Internationalen Kolloquiums Berlin, 23. bis 26. November 1999. (Bonn 2001).

Erdelyi, I., Dorjsuren C., Navaan D. 1967 *Results of the Mongolian-Hungarian archaeological expeditions 1961 – 1964 (A comprehensive report)*, Acta Archaeologica Academiae Scientiarum Hungaricae Vol.19, pp.335 – 370.

Érdy, Miklós. 1990 Unique Xiong-nu Cauldron from Urumqi, Inner Asia Report, Newsletter-Harvard (Cambridge, USA), pp.11 – 13 (No.7).

Érdy, Miklós. 1992 The Xiong-nu Type cauldrons Throughout central Eurasia and Their Occurrence on Petroglyphs, English-Chinese bilingual MS distributed and paper presented at The International Academic conference on Archeological Cultures of the Northern Chinese Ancient Nations. Hohhot, Inner Mongolia, China, August 11 – 18, 1992, Ibid. MS is included in the republication of facsimile MSS. Vol. I – III. Asian Art and Archaeology, 600 kalmia Ave, Boulder, Co 80304, USA.

Érdy, Miklós. 1994 "An overview of the Xiong-nu Type Cauldron Finds of Eurasia in Three Media With Historical Observations", In: Bruno Genito (ed.): *The Archaeology of the steppes-work Methods and strategies*, Napoli: Instituto Universitario Orientale.

Érdy, Miklós. 1995 "Hun and Xiong-nu Type Cauldron Finds Throughout Eurasia", Eurasian Students Yearbook, Continuation of Fortsetzung der Ural-Altaische Jahrbücher/Ural-AltaicYearbook 67, Berlin/Bloomington/London/Paris/Toronto.

Étienne De la Vaissière (EPHE, Paris) 2005 "Huns et xiongnu", *Central Asiatic Journal* 49 (1).

Externbrink, H. 2007 "Attila als historische Personlichkeit", A. Koch (editor in chief), *Attila und die Hunnen*. Stuttgart: Konrad Theiss, SS.49 – 57.

Florescu, R., Daicoviciu, H. and Rosu, L. 1980 *Dictionar encyclopedic de arta veche a romaniei*, Bucuresti.

Gamkrelidze, T. V. & Ivanov, V. V. 1995 Indo-European and the Indo-Europeans: a reconstruction and historical analysis of a Proto-language and a Proto-culture, with a preface by Roman Jakobson, Berlin; New York: Mouton. de Gruyter.

Genito, Buruno. edited 1994 *The Archaeology of the Steppes Methods And Strategies*, Napoli.

Gimbutas, M. 1970 "Proto-Indo-European Culture: the Kurgan culture during the 5th – 3rd Millennia BC", in *Indo-European and Indo-Europeans*, eds. G. Cardona, H. M. Koeningswald & A. Senn. Philadelphia (PA): University of Pennsylvania Press.

Grigor'ev F. P., Ismagil, R. 1999 Novye nakhodkibronzovykh kotlov v okrestyakh Almaty, In Mar'yashev, A. N., Motov, Yu. A., Goryachev, A. A. (eds.), Istoriya i arkheologiya Semirech'ya: Sbornik statei i publikatsii, Almaty, p.85.

Gumilev, L. N. 1960 *Hunnu. Central'naja Azija v drevnie veka*, Moskva.

Hampel, J. 1895 Skythische Denkmaler aus Ungarn. Ethnologische Mitteilungen aus Ungarn, 4, 1, pp.9 – 15, Budapest.

Hampel, J. 1905 Rez: "Schlesiens Vorzeit in Bild und Schrift. NFIV. Band". Archeologiai Ertesito 25: 85 – 88.

Harhoiu, R. & P. Diacinescu 1984 "Hunnischer Kessel aus Muntenien", *Dacia* N. S. 28: 99 – 166.

Historisches Museum der Pfalz Speyer 2007 *Attila und die Hunnen. Konrad Theiss Verlag GmbH*, Stuttgart.

Honti, Sz. 2007 "Une decouverte recente: un chaudron hunnique intact en Hongrie", *LArcheologur* No.93: 44.

Hungarica. 1970 *A népvándorláskor múvészete Magyarországon* (Art of the age of migration in Hungary), Budapest: Corvina kiadó, pp.35 – 38.

Irina P. Zaseckaia & Nikolai A. Bokovenko, 1994 "The Origin of Hunnish Cauldrons in East-Europe", *The Archaeology of The Steppes Methods And Strategies*, Napoli.

Isamiddinov, M., Rapen, K., Grenet, F. 2001 *Raskopki na gorodishche Koktepa*, Arkhologicheskie issledovaniya v Uzbekistane 2000 god, Samarkand, pp.79 – 86.

Jenny F. SO. and Emma C. Bunker 1995 Traders and Raiders on China's Northern Frontier, Smithsonian Institution, Catalogue 22, Washington University, Seattle and London.

Jettmar, K. 1967 *Art of the Steppes*, New York: Crown Publications.

Jettmar, K. 1981 "Culture and Ethnic Groups West of China in the Second and

First Millennia B. C.", *Asian Perspective*, 114 – 112.

Jutta Frings 2005 *Dschingis Khan und seine Erben*, *Das Weltreich der mongonlen*, Munchen: Hirmer Verlag.

Kanimetov, A., Marshak, B. I, Ploskikh, V. M, Sher, Ya. A. (eds.) 1983 *Pamyatniki kul'tury i iskusstva Kirgizii: Katalog vystavki*, Leningrad.

Katie Boyle, Colin Renfrew & Marsha Levine (eds), 2002 *Ancient Interactions: East and West in Eurasia*, McDonald Institute for Archaeological Research.

Kibirov, A. K., 1959 "Arkheologicheskie raboty v Tsentral'nom Tyan'-Shane: 1953 – 1955 gg.", In Debets, G. F. (ed.) *Trudy kirgizskoi arkheologo-etnograficheskoi ekspeditsii* 2, Moskva, 63 – 138.

Koch, A. 1997 "Ein hunnischer Kessel aus Westchina", *Archaologisches Korrespondenzblatt* 27: 631 – 643.

Koch, A. 2007 *Attila und Hunnen*, Stuttgart: Konrad Theiss.

Kovrig, I. 1972 "Hunnischer Kessel aus Umgebung von Várpalota", *Folia Archaeologica*, 23, pp.95 – 121, Budapest.

Krause. E. 1904 "Der Fund von Hochricht, Kreis Ohlau", Schlesiens Vorzeit in Bild und Schrift. Neue Folge: 46 – 50.

Kuz'mina, Elena E. 2007 *The origin of the Indo-Iranians*, edited by J. P. Mallory, Leiden, The Netherlands; Boston: Brill.

Kuzmova, K. & J. Rajtar 1984 "Siesta sezona revizneho vyskunmu rimskeho kastela v Izi", *Archeologicke Vyskumy a Nulezy an Slovenku* 1983: 135 – 141.

Kyzlasov, L. R 1972 "Sakskaya kollektsiya s Issyk-Kulya", In Yalin, V. L. (ed) *Novoe v arkheologii*, Moskva, 102 – 107.

Laszlo Gy. 1951 "The Significance of the Hun Golden Bow", *Acta Orientalia Academiae Scientiarum Hungaricae* 1: 91 – 106.

Laszlo Gyula, 1955 "Etudes archeologigues sur L'histoire de la Societe des Aras". *Archaeologia* 34.

Leskov, A. 1974 "Die Skythischen Kurgan", Antike Welt, Sondernummer.

Maenchen-Helfen, 1978 *Die Welt der Hunnen: Eine Analyse ihrer historischen Dimension*, Wien - Köln - Graz: Hernn Bohlaus Nachf.

Maenchen-Helfen, O. 1973 *The World of the Huns: Studies in Their History and Culture*, Berkeley: University of California Press, 306 – 337.

Mair, Victor H. edited 1998 *The Bronze Age and Early Iron Age People Of Eastern Central Asia*, Volume II, The University of Pennsylvania Museum

Publications.

Maksimova, A. G., Mershchiev, M. S., Vajnberg, B. I., Levina, L. M. 1968 *Drevnosti Chardary*, Alma-Ata.

Mallory, J. P. & Adams, D. Q., 1997 *Encyclopedia of Indo-European Culture*, Fitzroy Dearborn Publishers.

Mallory, J. P. & Adams, D. Q., 2006 *The Oxford Introduction to Proto-Indo-European and the Proto-Indo-European World*, Oxford; New York: Oxford University Press.

Martynov, G. S. 1955 lssykskaya nakhodka, Kratkie soobshcheniya instituta istorii material'noi kul'tury 59: 150 – 156.

Menghin, W. ed. 1987 *Germanen, Hunnen und Awaren: Schatze der Vollerwanderungszeit*, Nurnberg: Verlag des Germanischen Nationalmuseums.

Menghin, W. ed. 2007 *The Merovingian Period: Europe without Borders, Archaeology and History of the 5th to 8th centuries*, Wolfratshausen: Edition Minerva.

Miniaev, S. S. 1992 "On the Origin of the Hsiung-nu", Paper presented at the International conference of Archaeological Cultures of the North Chinese Ancient Nations, Hohhot, Inner Mongolia, August.

Mitrea, B. & N. Anghelescu 1960 "Fragmente de cazan hunic descoperite in sud-estul Munteniei", *Studii i Cercetari de Istorie Veche i Arheologie* 11: 155 – 158.

Mitrea, B. 1961 "Beitrage zum Studium der hunnischen Altertumer. Zwei neue hunnische Kesselgriffe aus dem südlichen Muntenien", *Dacia* 5: 549 – 558.

Nestor, J. & C. S. Nicolaescu-Plopsor 1937 "Hunnische Kessel aus der Kleinen Walachei", *Germania* 21: 178 – 182.

Parvan, V. 1982 Getica: *o protoistorie a Daciei. Editura Meridiane*, Bucuresti.

Parzinger, Hermann, 2006 *Die Frühen Völker Eurasiens: Vom Neolithikum bis zum Mittelalter*, Verlag C. H. Beck Ohg, München.

Piotrovsky, B. 1986 *Scythian art: the legacy of the Scythian world: mid-7th to 3rd century B.C.*, Aurora Art Publishers, Leningrad.

Popov, A. P. 1972 "Nakhodki sakskogo vremeni v Zharnbulskoj oblasti", In *Poiski i raskopki v Kazakhstane Alma-Ata*, 206 – 08.

Posta, B. 1905 *Archaeologische Studien aufrussischem Boden*, Budapset: Hornyanszky Verlag.

Purcell, David E., Kimberly, C. Spurr 2006 "Archaeological Investigations of Xiongnu Sites in the Tamir River Valley: Results of the 2005 Joint American - Mongolian Expedition to Tamiryn Ulaan Khoshuu, Ogii nuur, Arkhangai aimag, Mongolia", *The Silk Road* Vol.4, Number 1, pp.20 - 31.

Pósta, Bela 1905 *Archaologische Studien auf russischem Boden* (Hungarian-German bilingual), Budapest: Homyánszky Verlag.

Raev, Boris A. 1986 *Roman Imports in the Lower Don Basin*, British Archaeological Reports, International Series 278, Oxford.

Rau P. 1927 Prahistorische Ausgrabungen auf der Steppenseite des deutschen Wolgagebiets im Jahre 1926. Pokrowsk.

Reinecke, P. 1896 "Die Scythischen Alterthümer im mittelern Europa", *Zeitschrift fur Ethnologie*, 28, Berlin.

Reinecke, P. 1896 "Die skythischen Altertumer im mittleren Europa", *Zeitschrift fur Ethnologie* 28: 1 - 43.

Renfrew, Colin., 1987 *Archaeology and Language: The Puzzle of Indo-European Origins*, London.

Rómer, Flóris. 1870 "A czokói bronz-edény" (The bronze vessel from Czakó), *Archaeológiai Értesítő* II.(14.SZ), pp.290 - 297.

Rudenko, S. I. 1969 *Die Kultur der Hsiung-nu und die Hugelgraber von Noin Ula*, Bonn: Rudolf Habert Verlag.

Sirbu, V. 1983 "Campia Brailei in seccolele V - III i. e. n. - descoperiri arheologice si interpretari istorice", Studii si.

Spasskaya, E. Yu. 1956 Mednye kotly rannikh kochevnikov Kazakhstana i Kirgizii, *Uchenye zapiski Kazakhskogo gosudarstvennogo pedagogicheskogo institute imeni Abaya* 11: 155 - 169.

Spasskaya, E. Yu. 1958 Mednye kotly rannikh kochevnikov Kazakhstana i Kirgizii, *Uchenye zapiski Kazakhskogo gosudarstvennogo pedagogicheskogo institute imeni Abaya* 15: 178 - 193.

Stoicovici, E. 1961 "Befund uber chemische Zusammensetzung und Struktur der hunnischen Kesselgriffe", *Dacia* 5: 557 - 558.

Sucidava 1956 Beitrage zur Archaologie des Attila-Reiches.Munchen: Verlag der Bayerischen Akademie der Wissenschaften.

Takács Zoltán, Felvinczi. 1925 "Chinesisch-hunnische Kunstformen", *Bulletin de Iinstitut Archeologique Bulgare* 3: 194 - 220.

Takács Zoltán, Felvinczi. 1927 "Kinai-hunn kapcsolatok. Ujabb adalekok", *Archaeologiai Ertesito* 41: 146 – 155.

Takács Zoltán, Felvinczi. 1955 "Catalaunischer Hunnenfund und seine ostasiatischen Verbindungen", *Acta Orientalia Academiae Scientiarum Hungaricae* 5 (1/2): 143 – 173.

Takács Zoltán, Felvinczi. 1960 "Some Chinese Elements in the Art of the Early Middle Age of the Carpathian Basin", *East and West* 11 (2/3): 121 – 134.

Tallgren, A. M. 1917 *Collection Tovostine des antiquités préhistoriques de Minoussinsk conservées chez le Dr. Karl Hedman à Yasa/chapitres d'archéologie sibérienne par A. - M. Tallgren*. Helsinki.

Tallgren, A. M. 1934 "Besprechung zu Andreas Alfoldi, Funde aus der Hunnenzeit und ihre ethnische Sonderung, Budapest 1932", *Finnisch - Ugrische Forschungen* 22: 38 – 43.

Tudor, D. 1941 "Sucidava", *Dacia* 7/8: 359 – 400.

Vainstein, S. 1992 "kokel Cemetery and Problem of History of the Hunnu in Central Asia", The International Academic Conference on Archaeology, Cultures of the Northern Chinese Ancient Nations, Vol 2 (WU) of preprints of papers, Hohhot, Inn. Mong., China, Aug.11 – 18.

Werner, Joachim 1956 Beiträge zur Archälogie des Attila-Reiches Ⅰ - Ⅱ, München: Abhandl, der Bayerischen Akademie der Wissenschaften.

Wieczorek, A. & CH. Lind 2007 Ursrpunge der Seidenstrasse: Sesattionelle Neufunde aus Xinjiang, China, Stuttgart: Konrad Theiss.

Wilke, A. G. 1928 "Skythen", in Ebert M. (ed.), Reallexikon der Vorgeschichte, Bd. 12. 230 – 236.

Wosinsky (Vosinszky), M. 1891 "A kaposvolgyi nepvandorlaskori ust", *Archaeologiai Ertesito* 11: 427 – 431.

Zadneprovskii, Yu. A. 1962 "Drevnezemledel'cheskaya kul'ura Fergany", *Materialy i issledovaniy a poarkheologi I SSSR* 118, Moskva/Leningrad.

Zaseckaia, Irina P. & Nikolai A. Bokovenko, 1994 "The Origin of Hunnish Cauldrons in East-Europe", *The Archaeology of The Steppes Methods And Strategies*, Nappli.

Zimmer, K., Jaro, M. 1973 "Spektrographische Untersuchungen von hunnischen Kesseln", *Folia Archaeologica* 23: 122 – 125.

Government of the Orenburg region, Department of culture and art of the

Orenburg region, Institute of archaeology of the Russian academy of sciences, Orenburg history museum, Treasures of Sarmatian rulers-Materials of excavation of Filippovka burial ground, Orenburg: Publishing house "Dimur", 2008, Pl.101.

Aruz, Joan., Ann Farkas, Andrei Alekseev, and Elena Korolkova Edited, *The golden deer of Eurasia: Scythian an sarmatian treasures from the Russian steppes*, The State Hermitage, Saint Petersburg, and the Archaeological Museum, Ufa, The Metropolitan Museum of Art & Yale University Press, 2000.

三、俄文参考文献目录

Alekseev, A. Yu., Murzin V. Yu., and Rolle, R. 1991 Чертомлык: (Скифский царский курган IV в. до н. э.). Наукова думка. Киев.

Berdnikova et al. Бердникова В. И., Ветров В. М., Лыхин Ю. П. 1991 Скифо - сибирский стиль в художественной бронэе верхней Лены. *Советская археология* 1991 – No. 2. сс. 196 – 205.

Bernshtam, A. N. 1949 Osnovnye etapy istorii kul'tury Semirech'ya i Tyan'-shanya, *Sovetskaya Arkheologiya* 11: 337 – 384.

Bespalyi Беспалый Е. И. 1985 Курган I в. н. э. у. г. Азова. *Советская археология* М. No. 4.

Bespalyi, E. I. and Luk'yashko, S. I. 2008 Декан сс население междуречья Дона и кагальника. курганный могильник у с. Высочино, том 1. Издательство ЮНЦ РАН, Ростов - на - Дону.

Bidzilya, V. I. 1971 "Дослідження Гайманової Могили", *Археологія*, No. 1, 44 – 56. Boltrik, Yu. V., Fialko, E. E. and Cherednichenko, N. N. 1994 "Бердянский курган". *Российская археология*, No. 3, 140 – 156.

Bokovenko et al. Боковенко Н. А., Засецкая. И. П. 1993 Происхождение котлов 《гуннского типа》 Восточнной Европы в светe проблемы хунно - гуннских связяей. *Петербургский археологический весник* No. 3. С. -Петербург. сс. 73 – 88.

Bokovenko Боковенко Н. А. 1977 Типология бронзовых котлов сарматского времени в Восточной Европе. *Советская археология* М. No. 4.

Borodovvskii Бородовский А. П. 2008 Иэображение лошади на роговых деталях конского снаряжения скифского времени юга Западной Сибири. *Россиская археология*. 2008 - No. 3. сс. 111 - 119.

Chlenova Членова Н. Л. 1967 *Происхождение и ранняя история племен тагарской культуры*. Москва.

Chlenova Членова Н. Л. 1981 Тагарск Лошадн. (О связаях племен Южной Сибири и Средней Азии в скифскую эпоху.) *Кавказ и Средняя Азия в древности и средневековье*. Москва. сс. 80 - 94.

Demidenko Демиденко С. В. 2008 *Бронзовые котлы древних племен нижнего Поволжья и южного Приуралья*. (V в. до н. э. - III в. н. э.) Москва.

Demidenko, S. V. 2008 *Бронзовые котлы древних племен Нижнего Поволжья и Южного Приуралья* (V в. до н. э. - III в. н. э.). Издательство ЛКИ, Москва.

Devlet Дэвлет М. А. 1976 *Боярская писаница*. Москва.

Diamant, E. I. 1967 "Скифский котел из кургана открытого вблизи Керчи в 1821 г.", *Записки Одесского археологического общества*, т. 2, (35), 250 - 252.

Dnerovskii, K. A. 1985 *Сокровища курганов Адыгеи*. Сов. Художник. Москва.

Dorzhsuren, Ts.: Доржсурэн, Ц. 1962 Раскопки могил в горах Ноин - Ула на реке Хуни-Гол (1954 - 1957 гг.) *Монгольский археологический сборник*, Москва.

Dzis-Rayko, G. A. 1983 *Одесский археологический музей АН УССР*. Наукова думка, Киев.

Galanina, L. K. 1997 *Келермесские курганы: 《царские》 погребения раннескифской эпохи*. (Степные народы Евразии, т. 1). Институт всеобщей истории Российской академии наук, Москва.

Gorodtsov Городцов В. А. 1905 Материалы археологических исследований на берегах р. Донца Изюмского уезда Харьковской губернии. *Труды Археологического съезда* М. XIII АС. Т. I. М.

Gorotsov, В. А. 1947 "Раскопки 《Частые курганы》 близ Воронежа в 1927 г.", *Советская археология*, IX, 13 - 28.

Grakov Граков Б. Н. 1965 Заметки по скифо - сарматской археологии. *Материалы и исследования по археологии СССР* М.; Л. No. 130.

Grishin Yu. S.: Гришин, Ю. С. 1981 *Памятники неолита, бронэового и* раннего железного веков Лесостепного Забайкалья. Москва.

Grishin Гришин Ю. С. 1960 *Очерки по истории производства в Приуралье и Южной Сибири в эпоху бронзы и раннего железа. Материалы и исследования по археологии СССР.* No. 90. Москва.

Grokov, B. N. 1971 Скифы. Изд - во Московского университета, Москва.

Gushchina, Zasetskaya Гущина И. И., Засецкая И. П. 1989 Погребения Зубовско - Воздвиженского типа из раскопок Н. И. Веселовского в Прикубанье. *Труды Государственного Исторического музея М.* Вып. 70. М.

Iessen, A. A. 1954 "Некоторые памятники VIII-VII вв, до н. э. на Северном Кавказе", in D. B. Shrlov (ed.), Вопросы скифов - сарматсской археологии (по материалам конференции ИИМК АН СССР 1952 г.). Изд - во Академии наук СССР, Москва, 112 – 113.

Il'inskaya, V. A. 1968 *Скифы Днепровского лесостепного Левобережья (курганы Посулья).* Наукова думка. Киев.

Il'inskaya, V. A. and Terenozhkin, A. I. 1983 *Скифия VII-IV вв. до н. э.* Наукова думка. Киев.

Ilyushin et al. Илюшин А. М., Ковалевский С. А. 1999 Итоги исследования древностей раннего железного века кузнецкой комплексной археолого - этнографической экспредицией. *Итоги изучения скифской эпохи Алтая и сопредельных территорий.* Барнаул. сс. 60 – 64.

Isamiddinov, M, Rapen, K., Grene, F. 2001 Raskopki na gorodishche Koktepa, *Arkhologicheskie issledovaniya v Uzbekistane 2000 god*, Samarkand, pp.79 – 86.

Kanimetov, A., Marshak, B. I., Ploskikh, V. M., Sher, Ya. A.(eds.) 1983 *pamyatniki kul'tury i iskusstva Kirgizii: Katalog vystavki*, Leningrad.

Khabdulina, Malyutina Хабдулина М. К., Малютина Т. С. 1982 Погребальный комплекс V-IV вв. До н. э. иэ Челябинской области. *Краткие сообщения Института археологии М.* Вып. 170.

Ковалев, А. А. Клад с реки Будун-Гол с котлами "скифского типа" и ритуальными треножниками "дин": к вопросу о судьбах трофейного металлолома в евразийских степях". Археология Евразийских степей, 2023, pp.38 – 68.

Konovalov P. B.: Коновалов, П. Б. 1976 *Хунну в Забайкалье.* Улан - Удэ.

Konovalov P. В.: Коновалов, П. Б. 1980 К колекции хуннских бронэ. *Советская археология* 1980 - 4, cc. 263 - 268.

Kosyanenko, V. M. and Flerov, V. S. 1978 "Бронзовые литые котлы Нижнего Подонья (К вопросу о типологии и хронологии)", Советская археология No. 1, 192 - 205.

Kubarev Кубарев Б. Д. 1979 Оленный камень с р. Чуи. *Древние культуры Сибири и Тихоокеанского бассейна*. Новосибирск. сс. 163 - 169.

Kungurov et al. Кунгуров А. Л., Горбунов В. В. 2001 Случайные археологические находки с верхнего Чумыша (по материалам музея с. Победа.) *Проблемы изучения древней и средневековой истории*. Барнаул. сс. 111 - 126.

Kuznetsova, T. M. and Kuznetsov, S. V. 2005 "Курганы скифского времени у пос. Днепропрудный и с. Большая Белозерка (Краткий очерк)", in V. I. Gryaev et al. (eds.), *Древности Евразии: от ранней бронзы до раннего Средневековья: Памяти В. С. Ольховского*. Институт археологии РАН, Москва, 317 - 322.

Kyzlasov Кызласов. Л. Р. 1960 *Таштыкская эпоха в истории Хакасско-Минусской котловины*. Москва.

Kyzlasov, L. R. 1972 Sakskaya Kollektisya s Issyk-Kulya, In Yalin, V.L. (ed.) *Novoe v arkheologii*, Moskva, 102 - 107.

Levasheva et al. Левашева В. П., Рыгдылон Э. Р. 1952 Шалаболинский клад бронзовых котлов, хранящийся в Минусинском музее. *Краткие сообщения института истории материальной культуры*. Выпуск XLⅢ. сс. 132 - 137.

Lopatin Лопатин В. А. 1997 Позднесарматское захоронение из степного Заволжья. *Археологическое наследие Саратовского края. Охрана и исследования в 1996 году*. Саратов.

Maksimenko Максименко В. Е. 1983 *Савроматы и сарматы на Нижнем Дону*. Ростов-на-Дону.

Maksimenko, Smirnov, Gorbenko, Luk'yashko Максименко В. Е., Смирнов К. Ф., Горбенко А. А., Лукьяшко С. К. 1984 Курган у пос. Шолоховский. Смирнов К. Ф., *Сарматы и утверждение их политического господства в Скифии*. М.

Maksimenko, V. E., Klyuchnikov, V. V. and Gurkin, S. V. 2001

"Исследование могильника 《Частые курганы II》 на Нижнем Дону в 2000 году (Предварительная рубрикация)", in V. I. Guliaev (ed.), *Археология Среднего Дона в скифскую эпоху: труды потуданской археологической экспедиции ИА РАН 1993 - 2000 гг.: Сборник статей.* Москва. 220 - 225.

Maksimova, A. G., Mershchiev, M. S., Vajnberg, B. I., Levina, L. M. 1968 *Drevnosti Chardary*, Alma-Ata.

Mamontov Мамонтов В. И. 1993 Раннесарматское погребение у пос. Вертячий на Дону. *Древние культуры Подонцовья.* Вып. 1. Луганск.

Mannai-ool Маннай-оол М. Х. 1970 *Тува в скифское время: Уюкская культура.* Москва.

Mantcevich, A. P. 1961 "Бронзовые котлы в собрании государственного Эрмитажа (Который из кургана Солоха)", in V. F. Gaidukevich (ed.), *Исследование по археологии СССР: сборник статей в честь М. И. Артамонова.* Ленинградского Университета. Ленинград, 145 - 150.

Mantcevich, A. P. 1987 *Курган Солоха: Публикации одной коллекции.* Искусство. Ленинград.

Marchenko Марченко И. И. 1996 *Сираки Кубани.* Краснодар.

Martynov, G. S. 1955 Issykskaya nakhodka, *Kratkie soobshcheniya instituta istorii material'noi kul'tury* 59: 150 - 56.

Matveev et al. 1988 Бронзовый котел из Савиновского могильника (Среднее Притоболье.) Советская археология. No.1, 241 - 243.

Matveev et al. Матвеев А. В., Матвеева Н. П. 1988 Бронзовый котел из Савиновского могильника (Среднее Притоболье.) *Советская археология.* 1988 - No. 1. cc. 241 - 243.

Matveeva Матвеева Н. П. 1993 *Саргатская культура на Среднем Тоболе.* Новосибирск.

Matyushchenko et al. Матющенко М. И., Татаурова Л. В. 1997 *Могильник Сидоровка в Омском Прииишимье.* Новосибирск.

Medvedev, A. P. 1999 *Раний железный век Лесостепного Подонья: археология и этнокультурная история I тысячелетия до н. э.* Наука, Москва.

Melyukova, A. I. (ed.) 1989 *Степи европейской части СССР в скифо-сарматское время.* (Археология СССР). Наука, Москва.

Minasyan Минасян Р. С. 1986. Литье бронзовых котлов у народов степей Евразии. (Ⅶ в. до н. э. -Ⅴ в. н. э.) *Археологический сборник Государственного Эрмитажа*. 27.

Minasyan, F. P. 1986 "Литье бронзовых котлов у народов степей Евразии. (Ⅶ в. до н. э. - Ⅴ в. н. э.)", *Археологический сборник*, 27, 61 - 78.

Minyaev S. S.; Миняев, С. С. 1998 *Дырестуйский могильник* (Археологические памятники Сюнну вып. 3). Санкт - Петербург.

Mogil'nikov et al. Могильников В. А., Уманский А. П. 1999 Бронзовые котлы из Новотроицких куранов. *Вопросы археологии и истории Южной Сибири*. Барнаул. сс. 111 - 130.

Mogil'nikov Могильников В. А. 1997 *Население Верхнего Приобья в середине - второй половине I тысячелетия до н. э.* Москва.

Molodin Молодин В. И. 1985 *Бараба в эпоху бронзы*. Новосибирск.

Mordvintseva, Sergatskov Мордвинцева В. И., Сергацков И. В. 1995 Богатое саматское погребение у станции Бердия. *Российская археологии М.* No. 4.

Moshkva (ed.) Мошкова М. Г. (отд. ред.) 1992 *Степная полоса Азиатской части СССР в скифо - сарматское время. Археологии СССР*. Москва.

Mozolevskiy, B. M. 1973 "Скифские погребения у с. Нагорные близ г. Орджоникидзе на Днепропетровщине", in V. A. Il'inskaya, A. I. Terenozhkin and E. V. Chernenko (eds.), *Скифские древности*. Наукова думка. Киев. 187 - 234.

Mozolevskiy, B. M. 1979 *Товста Могила*. Наукова думка. Киев.

Mukhopad Мухопад С. Е. 1984 Сарматские погребения с бронзовыми котлами в Орельско - Самарском междуречье. *Проблемы археологии Поднепровья*. Вып. 1. Днепропетровск.

Mys'kov, Kiyashko, skripkin Мыськов Е. П., Кияшко А. В., Скрипкин А. С. 1999 Погребение сарматской знати с Есауловского Аксая. *Нижневолжский археологический вестник*. Вып. 2. Волгоград.

OAK OAK 1918 *OAK за 1913 - 1915 гг.* Петроград.

Petrenko, V. G. 1967 *Правобережья среднего Приднепровья в Ⅴ-Ⅲ вв. до н. э.* (Свод археологических источников, вып. Д 1 - 4). Наука, Москва.

Privalova, O. Ya., Zarayskaya, N. P. and Privalov, A. I. 1982 "Двугорбая могила", in Terenozhkin A. I., Mozolevskiy, B. M. and Chernenko, E. V. (eds.), *Древности степной Скифии: сборник научных трудов*. Наукова думка, Киев. 148 – 178.

Puzikova, A. I. 1966 "Новые курганы скифского времени в Белгородской области", *Краткие сообщения Института археологии*, вып. 107, 80 – 91.

Puzikova, A. I. 2001 *Курганные могильники скифского времени Среднего Подонья (Публикация комплексов)*. Индрик, Москва.

Raev Раев Б. А. 1979 Каталог археологических коллекций Музея истории Донского казачества. Новочеркасск.

Rudenko. S. I.: Руденко, С. И. 1962 *Культура хуннов и Ноинулинские курганы*. Москва - Пенинград.

Rygdylon *et al.* Рыгдылон Э. Р., Хороших П. П. 1959 Коллекция бронзовых котлов Иркутского музея. *Советская археология* 1959 – No. 1. сс. 253 – 258.

Savchenko, E. I. 2001 "Могильник скифского времени 《Терновое I – Колбино I》 на среднем Дону (погребальный обряд)", in V. I. Guliaev (ed.), *Археология среднего Дона в скифскую эпоху: труды потуданской археологической экспедиции ИА РАН, 1993 – 2000 гг.: сборник статей*. Москва, 53 – 143.

Sergatskov Сергацков И. В. 2000 *Сарматские курганыыы на Иловле*. Волгоград.

Shchukin Щукин М. Б. 1992 Некоторые замечания к хронологии Зубовско - Воздвиженской группы и проблема ранних алан. *Античная цивилизация и варварский мир*. Ч. 1. Новочеркасск.

Shnadshtein Шнадштейн Е. В 1970 Отчет о раскопках Черноярского отряда Астраханской экспедиции Ленинградское отделение Института археологии Академии Наук СССР в. 1970 г.//Архив Институт археологии Российской Академии наук. Р – 1, No. 4711.

Shramko Шрамко Б. А. 1962 *Древности Северского Донца*. Харьков.

Shramko, B. A. 1976 "Новые находки на Бельское городище и некоторые формирования и семантики образов звериного стиля", in A. I. Melyukova and M. G. Moshkova (eds.), *Скифо - сибирский звериный стиль в искусстве народов Евразии*. Наука, Москва, 194 – 209.

Skoryi, S. A., khokhorovs'ki, Ya., Grigoe'ev, V. P. and Rydzevs'ki, Ya. 1999 "Центральная могила Великого Рижанімьского кургану" Археологія, 1, 94 – 105.

Skoryi, S. A., Khorovs'ki, Ya., Grygor'ev, V. P. and Rydzevs'ki, Ya. 1999 "Центральна могила Великого Рижанімського кургану", Археологія, 1, 100.

Skripkin Скрипкин А. С. 1970 Случайиые находки сарматских котлов на территории Волгоградской области. С. А. No. 4.

Skripkin Скрипкин А. С. 1990 *Азиатская Сарматия*. Саратов.

Skripkin Скрипкин А. С. 2000 О китайскихф традициях в сарматской культуре. *Античная цивилизация и варварский мир*. Краснодар.

Smirnov Смирнов К. Ф. 1964 *Савроматы*. М.

Symonovich, E. A. 1969 "Два бронзовых котла с Нижнего Поднепровья" in L. A. Evtyukhova (ed.), *Древности Восточной Европы*. Наука. Москва, 230 – 232.

Terenozhkin, A, I., Il'inskaya, V. A., Chernenko, E. V. and Mozolevskiy, B. N. 1973 "Скифские курганы Никопольщины", in V. A. Il'inskaya, A. I. Terenozhkin and E. V. Chernenko (eds), *Скифские древности*. Наукова думка, Киев, 113 – 186.

Terenozhkin, A. I. and Mozolevskiy, B. N. Мелитопольский курган. Наукова думка, Киев. 1988.

Terenozhkin, S. I. and MOzolevskiy, B. N. 1988 *Мелитопольский курган*. Наукова думка. Киев.

Tishkin *et al*. Тишкии А. А., Горобутов В. В. 2003 Исследования погребарьно - поминальных памятников кочевников в центральном Алтае. *Проблемы археологии, этнографии, антропологии Сибири и сопредельных территороий*. ТОМ IX, часть I. Новосибирск.

Törbat Ts. *et al*.: Төрбат, Ц., Ч. Амартувшин, У. Эрдэнэбат 2003 *Эгийн голын сав нутаг дахь археологийн дурсгалууд*. Улаанбаатар.

Troitskaya *et al*. Троицкая Т. Н., Молодин В. И., Соболев В. И. 1980 *Археологическая карта Новосибирской обрасти*. Новосибирск.

Troitskaya *et al*. Троицкая Т. Н., Новиков А. В. 2004 *Археология Западно - Сибирской равнины*. Новосибирск.

Vainshtein *et al*. Вайнштейи С. И., Дьяконова В. П. 1966 Памятники в могильнике Кокэль конца I тысячелетия до нашей эрыпервых веков нашей эры. *Труды тувинской комплексной археологоэтнографической экспедиции*. II. Москва - Ленинград. cc. 185 – 291.

Vinogradov, V. B. 1972 *Центральный и Северо - Восточный Кавказ в скифское время (VII –IV века до н. э.)*. Чечено - ингушское книжное изд - во, Грозный.

Yakobenko, E. V. 1974 *Скіфи Східного Криму в V –III ст. До н. е.* Наукова думка. Київ.

Yudin Юдин А. И. 1997 Сарматские погребения из курганов у с. Верхний Еруслан. *Археологическое наследие Саратовского края. Охрана и исследования в 1996 году*. Саратов.

Zadneprovskii, Yu. A. 1962 *Drevnezemledel'cheskaya kul'tura Fergany*, Materialy i issledovaniya po arkheologii SSSR 118, Moskva/Leningrad.

Zamyatin, C. N. 1946 "Скифский могильник 《Частые курганы》 под Воронежом", Советская археология, VIII, 9 – 50.

Zasetskaya, Marchenko Засецкая И. П., Марченко И. И. 1995 Классификация стеклянных канфаров позднеэллинистического и раннеримского времени. *Археологический сборник Государственного Эрмитажа*. Л. No. 32.

Батчаев В. М. 1984 《Гуннский котелл из селения Хабаз》. *Советская Археология* 1：256 – 258.

Боковенко Н. А. и Засецкая И. П. 1993 《Происхождение котлов 《гуннского типа》 Восточной Европы в свете проблемы хунно - гуннских связей》. *Петербургский археологический вестник* 3：73 – 88.

Вайнштейн С. И. 1970 《Раскопки могильника Кокэль в 1962 году (погребения казылганской и сыын - чурекской культур)》. *Труды тувинской комплексной археолого - этнографической экспедиции* 3：7 – 79.

Галдан, Г. Батдалай, Б. Амартувшин, Ч, Сэлэнгэ аймгийн Хүдэр сумаас олдсон хүрэл тогоо, Монголын археологи – 2016, 2017, pp.327 – 334.

Гаряинов В. А. 1980 《Гуннское погребение в пещере Южного Приуралья》. *Советская Археология* 4：259 – 262.

Дьяконова В. П. 1970 《Большие курганы - кладбища на могильнике》. *Труды тувинской комплексной археолого - этнографической экспедиции*

3: 80 - 209.

Левина Л. М. 1971 Керамика Нижней и Средней Сырдарьи в I тысячелетии н. э. (*Труды Хорезмской археолого - этнографической экспедиции*, Ⅶ). Москва: 《Наука》.

Левина Л. М. 1993 《Джетыасарские склепы》. *Низовья Сырдарьи в древности, выпуск Ⅱ: Джетыасарская культура, часть Ⅰ: склепы*. Москва: Институт этнологии и антропологии. сс. 33 - 198.

Нудельман Г. А. 1967 《Гуннский котел из Молдавии》. *Советская Археология* 4: 306 - 308.

Редіна Э. Ф. и О. А. Росохацький 1994 《До вивчення гунських старожитностей Північно - Захіжного Причорномор'я》. *Археологія* 3: 152 - 155.

后　　记

　　本书研究的对象其实比较简单,就是在北方草原流行的一种铸造的金属大锅,这些锅大部分都有圈足,主要是铜质的,晚期也有铁质的,也有一些陶质的。说起这事,得追溯到20世纪90年代。1996年,我师从林梅村教授攻读硕士研究生,研究方向是丝绸之路考古。其实,对于丝绸之路考古,我是"先天不足",四年本科,除了基本要学的考古知识,我把主要的精力都放在新石器时代考古了。当时的我除了本科时听过林先生的"丝绸之路考古"一课外,对先生擅长的丝绸之路考古可以说是基本不懂,只是觉得丝绸之路涉及的时空更为广阔,历史画面更为丰富多彩,研究起来可以纵横捭阖。因此,到研究生阶段,要研究什么题目,自己完全没方向。先生一开始希望我研究摩尼教,特别是通过一些考古发现研究摩尼教在南方的传播历史。我也很努力地读了一些相关的书,慢慢觉得这个题目不太容易再推进了。在上"碑铭所见中西文化交流"讨论课的时候,情况出现了转机。学生们在林先生的带领下一起读"师同鼎"的铭文,其中提到周人缴获北方戎人的战利品中有"铺",一般认为,这里所说的"铺"可能就是"鍑"。先生刚好有一篇匈牙利学者鄂第赠他的长文,专门讨论铜鍑的。先生很敏锐地认识到这个问题的重要性,建议我做进一步的研究。就这样,从熟悉这些材料开始,确定了以这种铜器作为研究对象,撰写自己的学位论文。开题的时候,赵化成、徐大进、齐东方等老师也认为这个题目很好,而且告之,日本有几个学者也对铜鍑很感兴趣,曾在他们专门针对草原研究的讨论会上一起研究这种器物,而且已经有一些成果发表了。并介绍当时在北大访问的日本学者谷丰信先生,请他联系当时还在东京国立博物馆工作的高浜秀先生,希望得到他的帮助。很快,高浜秀先生寄赠了他和雪嶋宏一先生的大作。这些重要的研究成果,为我撰写论文奠定了坚实的基础。徐天进老师馈赠了他画的一份非常少见的铜鍑的图,现收藏于日本出光美术馆。为了配合论文的写作,我还去内蒙古、宁夏和陕西进行考察,收集资料。工作后,利用在新疆工作的有利条件,同时也充分重视去国内外考察的机会,收集研究已知和新收获的铜鍑材料。可以说,铜鍑成了我的学术敏感点,只要发现和铜鍑有关的信息,我都会心潮澎湃,眼睛放光,尽量收入囊中!

我的论文主要从整体的角度,对欧亚草原地区流行的铜鍑做类型学的研究,梳理铜鍑演变的大势和主要脉络。根据铜鍑流行的特点,把它们分为早晚两个大群。早期主要根据耳的变化进行分类,晚期主要根据器物底部特征进行分类。另外对其起源、分布、时代特点以及用途进行了初步的研究。之后陆续又修改、发表了论文的一些部分,另外还撰写、发表了一些新的文章。先生认为我的这些研究还很重要,一直鼓励我结集出版。有的学者曾告诉我,俄罗斯的德米登科也正在研究铜鍑,我一直期待能和他见面。2010年,他到北京学术访问,找到了我,和我交流了研究铜鍑的心得,并惠赠了他新出版的研究铜鍑的专著。他的研究主要关注萨罗马泰和萨尔马泰人使用的铜鍑,比较关注制作技术,正好是我不太熟悉的部分,很有参考价值。2012年,我收到了高浜秀先生寄赠的大作《鍑の研究》,后来林俊雄先生又赠了一本给我。这就是前面所述,草原考古研究会十多年讨论、研究铜鍑的集体成果。仔细翻看他们的研究成果,首先对他们扎实仔细的资料搜集工作深感敬佩,收集的铜鍑材料大大多于以前,应当是当时世界上收集最全的专著。其次是每件样品的相关信息比较细致全面,包括文献的出处以及背后的故事。再次是相关的研究也比较深入。面对这样的研究成果,觉得自己和铜鍑有缘,和研究铜鍑的学者也非常有缘。当年我要研究铜鍑的时候,刚好也是这些学者完成了阶段性的研究,他们的研究成果成为我入门的基础。在我正在为专著冲刺的时候,他们集大成的研究成果又及时地放在我的眼前,可以让我更好地参考他们收集的铜鍑资料以及研究成果。

《鍑の研究》一书是多位学者的研究成果汇集在一起形成的,反映的是各自负责区域内铜鍑的情况,对于铜鍑的分类等问题并不完全统一。他们每个人的分类都有自己的理由,而我的论文是一个人的视角,对铜鍑的分类有一个总体上的考虑,虽然或多或少和日本、俄罗斯学者的相同或者相异,但表述了我个人对铜鍑体系的看法。另外,我的论文里有的研究还比较有特点,其中也有不少个人的创见,其他学者鲜有涉及,因此,这些部分也算是比较有价值的研究成果。考虑到这些因素,觉得自己的研究成果应当发表出来,一是对我十多年来关注、研究鍑的总结,算是对导师和自己的一个交待;二是算一个学术中介,可以把世界上一百多年来对鍑的收集和研究反映出来,供学术界,特别是中国学者参考。

关于鍑的研究是个非常大的课题,现在回想起来,当初在对欧亚草原所知甚少的情况下,就以此纵贯近两千年、横跨两大洲近万公里的一种器物作为研究对象,可谓初生牛犊不怕虎,现在想起来还唏嘘于怀,后怕不已!当时的研究显然比较单薄,因为还没有积累足够的背景知识。硕士毕业至今的时光里,我基本是以长城地带及新疆考古为基础,填补铜鍑流行时空中的各种相关材料和知识。特别是利用写作《马背上的信仰:欧亚草原动物风格艺术》一书的机会,把另外一个流行时空比铜鍑还广大的动物风格艺术(也称为"野兽纹""动物纹")梳理了一遍。在博士论文基础上撰写另外一本花费近十年时间的专著《新疆史前晚期社会的考古学研究》时,以新疆为核心区域,对比研究了欧亚草原史前近三千年的相关材料。最重要的是,在张良仁教授的帮助下,2012年7月至8月,利用去俄罗斯图瓦、米努辛斯克、莫斯科和圣彼得堡等地的学术考察,2013年又考察了俄罗斯阿尔泰山地区的遗址、墓地和博物馆,亲眼观摩博物馆中收藏的铜鍑,了解铜鍑当年扮演重要角色的地域的风土人情。通过这些考察和研究,现在虽然不敢说已经准备得很充分了,但基本上可以说,欧亚草原的历史对于我来说已经是充满了大量材料的立体的画卷了。现在回头看铜鍑,相对而言,就有了一个丰富的 Context,认识较十几年前更为深化。也许在本书中没有特别反映出我的这个认识变化,但能非常明显地体会到知识的丰富和认识的升华。

客观地说,由于铜鍑大量为征集品,或者出土时共存的器物不是太多,或者发现时很多现象没有被重视,大量相关信息没有得到收集和记录。另外,欧亚草原的文化仍然在继续研究的过程中。因此,今天对铜鍑的认识还是不足的。各个区域铜鍑具体是什么时间、如何出现的,受到谁的启发,具体来自哪个区域传播的影响,是人群的迁徙还是器物的传播,是铜鍑实物还是想法和样式的传播,各个区域铜鍑的用途如何,铜鍑不同的装饰有何含义,为什么铜鍑如此钟爱圈足,为什么铜鍑能在如此广阔的时空中流行而器形变化不大等,都是尚待继续研究的棘手问题。相信在已有研究成果、将来新发现和新视角的基础之上,这些问题渐渐能得到合理客观的认识。

最后要特别感谢所有在我研究铜鍑道路上帮助过我的相关机构和人员。

1996年,为了收集资料,同时实地感受流行铜鍑的地区,要到发现铜鍑的一些地区实地考察。那是我的第一次学术之旅,我访问了内蒙古、宁夏和陕西。我虽然来自西南边疆,当第一次踏入呼和浩特的地界时,北方边疆城市的风貌还是给我留下非常深刻的印象。在内蒙古的考察,我得到了孙危同学的大力帮助,同时也是在那里,第一次拜见了林干、魏坚、黄雪寅等诸位先生和女士。印象深刻的是在孙危同学的带领下去林幹先生家拜访,还有魏坚先生请我这个年轻懵懂的后生到饭馆撮了一顿,当时就我们三个人,他居然点了一箱啤酒,让我第一次领教了魏先生的热情和海量!这个忘年交一直持续至今,我们现在负责的新疆考古工地(吉木萨尔县北庭故城遗址和奇台县唐朝墩遗址)距离不超过30公里,经常相互走动,真是一种难得的缘分。另外就是在内蒙古博物馆发现一件和塔加尔文化铜鍑非常相似的铜鍑,承内蒙古博物馆傅宁先生、苏东女士提供出土地点、尺寸及详细情况。在宁夏的考察得到了李进增、罗丰先生的热情帮助。李进增先生亲自带我参观了西夏陵。在固原博物馆的库房还发现了没有发表的铜鍑。也是在这次考察中,第一次和罗丰先生有了直接的交流,他还邀我去他当时在固原的家里,参观他丰富的藏书。罗丰先生家简直就是小型图书馆,据我所知,有的书当时在中国可能只有一两本。特别值得感谢的是,罗丰先生帮忙题写了本书的书名。在陕西的时候,在钱耀鹏老师的安排下,住在西北大学的招待所,拜见了周伟洲先生。安家瑶老师当时正在西安工作,正要启动大明宫的全面发掘,在她的帮助下,我参观了原生状态下的大明宫遗址。那真是一次终生难忘的学术之旅,精彩的场景时常浮现在眼前,庆幸自己当时能拜见到那么多可爱可敬的老师们!

走上工作岗位以后,有很多机会在新疆考察,也得到了新疆很多先生的热情帮助。最重要的帮助是祁小山老师把他在新疆各地拍的铜鍑照片给我参考。甘肃省文物考古研究所所长王辉提供了民和县征集的一件铜鍑。陕西省秦始皇陵博物院曹玮院长惠贻了他收集的陕北发现的铜鍑信息和图片。潘玲教授赠送了2015年她出版的关于中国北方晚期铜鍑研究的专著,其中又增加了很多新材料,特别是辽宁省北票喇嘛洞墓地出土的可靠材料,而且对一些铜鍑进行了精确的断代,潘玲出色的研究成果成为本书的重要参考。

本书的线图请吐鲁番学研究院的舍秀红帮助进行重绘,中国社会科学院考古研究所技师江玉杰也给予了帮助。北大2011级考古系本科毕业生张璐、中国国家博物馆霍宏伟等很多同志为论文提供了铜鍑的新材料。在论文最后的修改过程中,史砚忻、刘慧、牧金山、王涛在百忙中给特别的帮助,帮忙录入、整理中外文的文献目录。谨在此表达衷心的感谢!

特别感谢中国社会科学院考古研究所边疆考古研究中心为本书的完成提供了大力支持。特别感谢国家社科基金后期资助,为本书提供了一个整理、修改和正式出版的机会,同时也因此得到相关专家提出的很多有益的修改意见。特别感谢上海古籍出版社的吴长青、宋佳和余念姿,感谢吴长青为本书立项所作的种种努力,感谢责编宋佳和余念姿为本书出版付出的心血。

时光荏苒,从授命于业师林梅村先生关注铜鍑,到如今已经过去了近十六年。铜鍑的研究成了我认识和进入欧亚草原考古的门径,虽然是窄门,但别有洞天,也算是一条捷径,奠定了我工作以后的研究基础。这次在硕士论文的基础上,把二十几年来收集的铜鍑资料以及初步的研究以专著的方式构筑起来,达到一个阶段性总结的目标,方便学界进一步地研究这种特别的金属容器。尽管如此,我对鍑的了解还远远不够,不单是材料的匮乏,特别是经过考古发掘出土的材料非常少,而且我对于整个欧亚草原游牧文化的认识也有待深入。其实,研究得越深,越会发现更多的未知,期望这本书能引起大家的兴趣和关注,算是抛砖引玉,成为大家研究时的一个有用的线索和基础。我想,于我,也算是一个不错的纪念,于师于友,也当是一个菲薄的感激和报答。

图书在版编目（CIP）数据

草原之鍑：礼仪神器与欧亚草原社会世俗生活／郭物著．－－上海：上海古籍出版社，2024.12．－－ISBN 978－7－5732－1452－2

Ⅰ．K866.4

中国国家版本馆 CIP 数据核字第 2024RR4461 号

草原之鍑：礼仪神器与欧亚草原社会世俗生活

郭　物　著

上海古籍出版社出版发行

（上海市闵行区号景路 159 弄 1－5 号 A 座 5F　邮政编码 201101）

（1）网址：www.guji.com.cn

（2）E-mail：guji1@guji.com.cn

（3）易文网网址：www.ewen.co

上海商务联西印刷有限公司印刷

开本 700×1000　1/16　印张 35.5　插页 2　字数 618,000

2024 年 12 月第 1 版　2024 年 12 月第 1 次印刷

ISBN 978－7－5732－1452－2

K·3774　定价：178.00 元

如有质量问题，请与承印公司联系